2022

한국세무사회주관 국가공인 자격시험대비

S라인
전산세무 2급

김운주 저

86회~98회 기출문제 수록

시험 접수 및 기출문제 연습방법

1. 한국세무사회 자격시험 홈페이지 (http://license.kacpta.or.kr)에 로그인을 한다. 회원가입이 되어 있지 않으면 반드시 회원가입을 하여야 한다. 회원가입을 하지 않으면 시험접수 및 기출문제 다운로드 등을 할 수 없다.

2. 회원가입을 할 때에는 본인의 증명사진을 스캔한 파일을 등록하여야 한다.
   (합격 후 자격증에 부착될 사진임)

3. 2022년 전산세무2급 시험 일정은 다음과 같다.

회차	원서접수	시험일자	합격자발표
100회	01.05~01.11	02.13 (일)	03.03 (목)
101회	03.10~03.16	04.10 (일)	04.27 (수)
102회	05.03~05.09	06.04 (토)	06.23 (목)
103회	07.06~07.12	08.06 (토)	08.25 (목)
104회	08.31~09.06	10.02 (일)	10.20 (목)
105회	11.02~11.08	12.03 (토)	12.22 (목)

4. 2022년 S라인 전산회계1급 교재에서는 86회~98회 기출문제를 수록하고 있다. 추가로 기출문제를 연습하고 싶은 독자분들은 웹하드 http://www.webhard.co.kr, 아이디 sosbook1, 패스워드 sosbook0 으로 접속하여 기출문제 다운로드가 가능하다.

케이랩 설치방법

1. 한국세무사회 자격시험 홈페이지 (http://license.kacpta.or.kr)에 들어가서 "[케이 랩] 수험용 프로그램 다운로드" 를 클릭한다. (로그인 필요 없음)

2. 안내에 따라 프로그램을 설치한다. (가급적이면 기본경로에 설정 권장)

실습데이터 설치요령

1. 웹하드(http://www.webhard.co.kr)에 접속하여 아이디 sosbook1, 패스워드 sosbook0으로 실습데이터를 다운로드 한다.
   홈페이지에서 자료실 - 전산세무 자료실 순서대로 들어가서 2022년 S라인 전산세무2급 실습데이터를 다운로드 한다.

2. 다운로드 받은 파일을 압축을 푼다.

3. 케이렙 프로그램을 실행시킨 회사등록 메뉴를 실행시킨다.

4. 상단의 회사코드재생성 메뉴를 실행시킨다.

머리말 - 독자를 위한 편지

본 교재의 특징은 다음과 같다.

첫째, 과거 기출문제를 완벽하게 교재에 반영하였다.

둘째, 최대한 쉽게 설명하도록 집필하였다. 문장은 되도록 쉽고 간결한 표현을 사용하였으며, 풍부한 예제를 통해 이해를 돕고자 하였다.

셋째, 국가직무능력표준 (NCS : National Competency Standards)에 대응하도록 집필하였다. 국가직무능력표준은 산업현장에서 직무를 수행하기 위해 요구되는 지식, 기술, 소양 등의 내용을 국가가 산업부문별, 수준별로 체계화 한 것을 말한다.

넷째, 독자들에 대한 사후관리의 약속이다.

교재를 통해 의문사항은 메일 realcpa@hanmail.net 또는 카카오톡 아이디 "realcpa1"를 추가하여 문의하면 최대한 친절하게 답변드릴 것을 약속드린다.
물이 고이면 썩는 법이고, 현실에 안주하는 자는 결국 뒤처지는 법이다. 저자는 이 교재를 통해 다른 책들은 범접할 수 없는 정도의 열정을 쏟아부었다. S라인 시리즈를 통해 독자분들이나 저자나 인생의 터닝 포인트 역할을 할 수 있기를 기대해본다.
마지막으로 본서를 출간하는 데 도움을 주신 솔로몬북 허병관 사장님과 이 책이 좋은 책이 되도록 편집해 주신 권아정님, 그리고 이 책을 선택해주신 독자분들께 감사의 말씀을 전한다.

2021. 12
저 자

머리말 – 선생님들을 위한 편지

안녕하십니까? S라인 전산세무회계 시리즈의 저자 김운주입니다. 본 교재에 대해 강의를 하고자 하실 때 도움이 되시기 바라며 몇 자 적어봅니다.

주요 내용은 국가직무능력표준(NCS)의 적용입니다. 공부하는 학생들 입장에서는 단순히 전산세무2급 과정을 수료했다가 아니라, 이 과정을 통해 "부가가치세 부속서류 작성이 가능하다." 또는 "근로소득 원천징수 작업을 할 수 있다." 등의 능력치를 기준으로 평가하게 됩니다.

첫째, 각 단원 시작 전에 "왜 이 내용을 공부해야 하는지 목적"이 나와 있습니다. 단순하게 지식만 전달하면 수업이 지루할 수 있으나 왜 이 내용을 배우는지 알게 된다면 보다 학생들을 수업에 집중시킬 수 있으리라 생각합니다.

둘째, 각 주제별로 출제경향이 있습니다. 저는 전산세무 시험이 국가공인으로 승인이 된 10회부터 가장 최근의 기출문제까지 출제경향을 면밀하게 분석했습니다. 전산세무2급 시험에서 어느 부분이 자주 출제되었는지 쉽게 보여주므로 유용할 것으로 생각합니다.

셋째, 각 단원 마지막에는 학습자가 얼마만큼 학업성취를 했는지 확인할 수 있는 지표가 마련되어 있습니다. 중요하지만 학생들이 어려워하는 부분을 쉽게 찾아볼 수 있도록 하였습니다.

국가직무능력표준 홈페이지의 자료에 근거하여 교안을 작성해 보면 다음과 같습니다.

[출제 기준 시안]

Ⅰ. 자격 정의

대분류	02.경영·회계·사무	중분류	03.재무·회계	소분류	02.회계
자격종목명		회계·감사		분류번호	02030201
자격종목정의		기업 및 조직 내·외부에 있는 의사결정자들이 효율적인 의사결정을 할 수 있도록 유용한 정보를 제공하며, 제공된 회계정보의 적정성을 파악하는 능력이다.			

Ⅱ. 능력단위별 출제기준(시안)

재무회계 분야의 산업현장 직무능력 수준은 다음과 같습니다. 이 시험은 대체적으로 3수준(실무자) 내지는 4수준(중간관리자) 수준의 시험입니다.

직능수준	세분류	회계·감사	세무	직무경험 연차
6수준	전문가	회계 전문가	세무 전문가	수준5에서 1-3년 정도
5수준	책임자	회계 책임자	세무 책임자	수준4에서 1-3년 정도
4수준	중간관리자	회계 중간관리자	세무 중간관리자	수준3에서 1-4년 정도
3수준	실무자	회계 실무자	세무 실무자	수순2에서 1-3년 정도

전산세무2급 시험범위는 이론은 재무회계 10점, 원가회계 10점, 부가가치세 및 소득세 10점 정도가 출제되고, 실무는 전표관리(일반전표 약 15점 + 매입매출전표 약 15점), 부가가치세 관리(약 10점), 결산관리 (약 15점), 원천징수관리 (약 15점)으로 출제됩니다.

강의 중에는 다음의 수행준거 항목을 지도해 주실 것을 건의드립니다. (다음 내용들은 저자의 사견이 아니라 NCS 홈페이지에서 발췌한 것입니다).

능력 단위 분류번호	전표관리 0203020101_14v2	능력단위 수준	3수준
능력단위 정의	전표관리란 회계상 거래를 인식하고, 전표 작성 및 이에 따른 증빙서류를 처리 및 관리하는 능력이다.		
평 가 방 법	지필평가 : 복합형	시 간	20분
	실무평가 : 시뮬레이션	시 간	20분

	능력단위 요소 (세 부 항 목)	수 행 준 거 (세 세 항 목)
평가 내용	0203020101_14v2.1 회계상 거래 인식하기	1.1 회계상 거래를 인식하기 위하여 회계상 거래와 일상생활에서의 거래를 구분할 수 있다. 1.2 회계상 거래를 구성 요소별로 파악하여 거래의 결합관계를 차변 요소와 대변 요소로 구분할 수 있다. 1.3 회계상 거래의 결합관계를 통해 거래 종류별로 구분하여 파악할 수 있다. 1.4 거래의 이중성에 따라서 기입된 내용의 분석을 통해 대차평균의 원리를 파악할 수 있다.
	0203020101_14v2.2 전표 작성하기	2.1 회계상 거래를 현금거래 유무에 따라 사용되는 입금 전표, 출금 전표, 대체 전표로 구분할 수 있다. 2.2 현금의 수입 거래를 파악하여 입금 전표를 작성할 수 있다. 2.3 현금의 지출 거래를 파악하여 출금 전표를 작성할 수 있다. 2.4 현금의 수입과 지출이 없는 거래를 파악하여 대체 전표를 작성할 수 있다.
	0203020101_14v2.3 증빙서류 관리하기	3.1 발생한 거래에 따라 필요한 관련 서류 등을 확인하여 증빙여부를 검토할 수 있다. 3.2 발생한 거래에 따라 관련 규정을 준수하여 증빙서류를 구분·대조할 수 있다. 3.3 증빙서류 관련 규정에 따라 제 증빙자료를 관리할 수 있다.
관련 지식	- 회계상 거래와 일상생활에서의 거래를 구분하는 지식 - 교환거래, 손익거래, 혼합거래 - 거래의 이중성 - 입금·출금·대체 전표에 대한 지식 - 증빙서류의 종류 - 증빙서류 관리 관련 규정	
평가 시설· 장비	- 컴퓨터 - 복합기 - 계산기 - 회계관련 프로그램 - OA 관련 프로그램	

능력단위	부가가치세 신고	능력단위 수준	4수준
분류번호	0203020205_14v2		
능력단위 정의	이 능력단위는 상품의 거래나 서비스의 제공에서 얻어지는 이윤에 대해 과세되는 금액에 대하여 세법에 따라 신고 및 납부 업무를 수행하는 능력이다.		
평가 방법	지필평가: 복합형	시간	10분
	실무평가: 시뮬레이션	시간	20분

	능력단위 요소 (세부 항목)	수 행 준 거 (세세 항목)
평가 내용	0203020205_14v2.1 세금계산서 발급·수취하기	1.1 세금계산서의 발급방법에 따라 세금계산서를 발급하고 발급명세를 국세청에 전송할 수 있다. 1.2 수정세금계산서 발급사유에 따라 세금계산서를 수정 발행할 수 있다. 1.3 부가가치세법에 따라 세금계산서 및 계산서 합계표를 작성할 수 있다.
	0203020205_14v2.2 부가가치세 부속서류 작성하기	2.1 부가가치세법에 따라 수출실적명세서를 작성 할 수 있다. 2.2 부가가치세법에 따라 대손세액공제신고서를 작성하여 세액공제를 받을 수 있다. 2.3 부가가치세법에 따라 매입세액 불공제분에 대한 계산근거서류를 작성할 수 있다. 2.4 부가가치세법에 따라 신용카드매출전표 등 수령금액 합계표를 작성해 매입세액을 공제 받을 수 있다. 2.5 부가가치세법에 따라 부동산임대공급가액명세서를 작성하고 간주임대료를 계산할 수 있다. 2.6 부가가치세법에 따라 건물 등 감가상각자산취득명세서를 작성 할 수 있다. 2.7 부가가치세법에 따라 의제매입세액공제신고서를 작성하여 의제매입세액공제를 받을 수 있다.
	0203020205_14v2.3 부가가치세 신고하기	3.1 부가가치세법에 따른 과세기간을 이해하여 예정·확정 신고를 할 수 있다. 3.2 부가가치세법에 따라 납세지를 결정하여 상황에 맞는 신고를 할 수 있다. 3.3 부가가치세법에 따른 일반과세자의 간이과세자 여부를 판단할 수 있다. 3.4 부가가치세법에 따른 부가가치세의 과세대상인 재화의 공급과 용역의 공급의 범위를 판단 할 수 있다. 3.5 부가가치세신고요령에 따른 부가가치세 신고서를 작성 할 수 있다. 3.6 세금계산서관련 세법에 따라 발행·수취 된 세금계산서와 국세청 이세로 데이터와 상호대조하여 수정할 수 있다. 3.7 홈택스 전자신고 규정에 따라서 전자신고를 할 수 있다.
관련 지식	- 세금계산서 발급방법 - 수정세금계산서 발급사유와 발급절차 - 매입처별, 매출처별 세금계산서 합계표 작성 방법 - 영세율의 개념 - 대손세액의 처리절차의 이해 - 공제받지 못할 매입세액의 이해 - 신용카드매출전표관련 지식 - 부동산임대 용역에 대한 지식 및 간주임대료 계산방법 - 고정자산 취득명세서를 작성해야 하는 사유에 대한 지식 - 의제매입세액 공제에 대한 지식 - 과세기간 및 예정신고대상 및 확정 신고대상 - 총괄납부사업자 및 사업자단위신고자 - 일반과세자와 간이과세자의 차이 - 과세되는 재화의 공급의 범위 - 과세되는 용역의 공급의 범위 - 일반과세자와 간이과세자의 차이 - 세액공제 대상 및 공제되지 않는 세액 - 부속명세서와 부가가치세신고서와의 관련성 - 이세로데이타의 제공범위 및 활용 - 홈택스 전자신고 규정
평가 시설· 장비	- 컴퓨터 - 프린터기 - 계산기 - 세무정보 프로그램 - OA 관련 프로그램 (스프레드시트, 파워포인트, 한글)

능력단위	결산관리	능력단위 수준	4수준
분류번호	0203020104_14v2		

능력단위 정의	이 능력단위는 재무상태를 파악하기 위하여 재무상태표일 현재의 자산, 부채, 자본을 측정·평가하고 회계기간의 수익, 비용을 확정하여 재무성과를 파악함과 동시에 각 계정을 정리하여 장부를 마감하고 재무제표를 작성하는 능력이다.

평가방법	지필평가 : 복합형	시 간	20분
	실무평가 : 시뮬레이션	시 간	20분

	능력단위 요소 (세부항목)	수 행 준 거 (세세항목)
평가 내용	0203020104_14v2.1 결산분개하기	1.1 회계 관련 규정에 따라 제반서류를 준비할 수 있다. 1.2 손익계정에 관한 결산정리사항을 분개할 수 있다. 1.3 자산·부채계정에 관한 결산정리사항을 분개할 수 있다.
	0203020104_14v2.2 장부마감하기	2.1 회계 관련 규정에 따라 주요장부를 마감할 수 있다. 2.2 회계 관련 규정에 따라 보조장부를 마감할 수 있다. 2.3 회계 관련 규정에 따라 각 장부의 오류를 수정할 수 있다. 2.4 자본거래를 파악하여 자본의 증감여부를 확인할 수 있다.
	0203020104_14v2.3 재무제표 작성하기	3.1 회계 관련 규정에 따라 재무상태표를 작성할 수 있다. 3.2 회계 관련 규정에 따라 손익계산서를 작성할 수 있다. 3.3 회계 관련 규정에 따라 자본변동표를 작성할 수 있다. 3.4 회계 관련 규정에 따라 현금흐름표를 작성할 수 있다. 3.5 회계 관련 규정에 따라 이익잉여금처분계산서를 작성할 수 있다. 3.6 회계 관련 규정에 따라 재무제표에 대한 주석사항을 표시할 수 있다.

관련 지식	- 기업실무에 적용되는 회계 관련 규정 - 계정과목에 대한 지식 - 재무제표 상호연계성

평가 시설· 장비	- 컴퓨터 - 복합기 - 계산기 - 회계관련 프로그램 - OA 관련 프로그램

능력단위	원천징수	능력단위 수준	4수준
분류번호	0203020204_14v2		
능력단위 정의	원천징수란 근로소득, 퇴직소득, 이자소득, 배당소득, 연금소득, 사업소득, 기타소득을 소득자에게 지급할 때 소득자가 납부해야 할 세금을 징수하여 대신 과세당국에 납부하기 위하여 수반되는 소득 및 세액 계산, 세무신고 및 납부, 연말정산 등을 수행하는 능력이다.		
평가 방법	지필평가: 복합형	시 간	10분
	실무평가: 시뮬레이션	시 간	10분

	능력단위 요소 (세 부 항 목)	수 행 준 거 (세 세 항 목)
평가 내용	0203020204_14v2.1 근로소득 원천징수하기	1.1 임직원의 인적공제사항을 소득세법에 따라 세무정보시스템 또는 급여대장을 작성·관리할 수 있다. 1.2 회사의 급여규정에 따라 임직원 및 일용근로자의 기본급, 수당, 상여금 등의 급여금액을 정확하게 계산할 수 있다. 1.3 세법에 의한 임직원 및 일용근로자의 급여액에 대한 근로소득금액을 과세 근로소득과 비과세 근로소득으로 구분하여 계산할 수 있다. 1.4 간이세액 기준에 따라 급여액에 대한 산출된 세액을 공제 후 지급할 수 있다. 1.5 중도퇴사자에 대한 근로소득 정산에 의한 세액을 환급 또는 추징할 수 있다. 1.6 근로소득에 대한 원천징수 결과에 따라 원천징수이행상황신고서를 작성 및 신고 후 세액을 납부할 수 있다. 1.7 세법이 정한 서식에 따라 근로소득에 대한 원천징수영수증 발급·교부 및 지급명세서를 기한 내 제출할 수 있다. 1.8 원천징수세액 환급받을 환급세액이 있는 경우 납부세액과 상계 및 환급 신청할 수 있다. 1.9 기 신고한 원천징수 수정 또는 경정요건이 발생할 경우 수정신고 및 경정청구할 수 있다.
	0203020204_14v2.9 근로소득 연말정산하기	9.1 근로자의 근로소득원천징수부를 확인하여 총 급여 및 원천징수세액을 계산할 수 있다. 9.2 세법에 따라 연말정산대상자의 소득공제신고서와 소득공제증명자료를 접수할 수 있다. 9.3 소득공제 요건에 따라 소득공제신고서가 작성되고 증명서류가 제출되었는지 검토할 수 있다. 9.4 소득공제신고서의 내용에 따라 세액을 계산하고 근로소득 지급명세서를 근로자에게 발급할 수 있다. 9.5 연말정산결과에 따라 원천징수이행상황신고서와 지급명세서를 작성하여 전자신고 및 전자제출 할 수 있다.
관련 지식	- 회사 급여규정　　　　- 소득세법 규정　　　　- 회사의 퇴직급여 규정 - 관련 세법　　　　　　- 국민연금법, 공무원연금법, 군인연금법 - 퇴직연금제도의 이해　- 한국표준산업분류　　　- 소득세법 - 조세조약　　　　　　- 연말정산의무자　　　　- 연말정산 시기 - 연말정산 대상소득　　- 연말정산 소득공제 및 세액감면 - 근로소득지급명세서 및 근로소득원천영수증	
평가 시설· 장비	- 컴퓨터　　　　- 프린터기　　　- 계산기　　　- 세무정보 프로그램 - OA 관련 프로그램 (스프레드시트, 파워포인트, 한글)	

능력 단위	원가계산	능력단위 수준	4수준
분류번호	0203020103_14v2		
능력단위 정의	원가계산이란 기업운영에 있어 원가분석 및 정보를 제공·활용하기 위해 원가요소 분류, 배부, 계산하는 능력이다.		
평가방법	지필평가 : 복합형	시 간	20분
	실무평가 : -	시 간	-

평가내용	능력단위 요소 (세부 항목)	수 행 준 거 (세세 항목)
	0203020103_14v2.1 원가요소 분류하기	1.1 회계 관련 규정에 따라 원가와 비용을 구분할 수 있다. 1.2 회계 관련 규정에 따라 제조원가의 계정흐름에 대해 분개할 수 있다. 1.3 회계 관련 규정에 따라 원가를 다양한 관점으로 분류할 수 있다.
	0203020103_14v2.2 원가배부하기	2.1 원가계산 대상에 따라 직접원가와 간접원가를 구분할 수 있다. 2.2 원가계산 대상에 따라 합리적인 원가배부기준을 적용할 수 있다. 2.3 보조부문의 개별원가와 공통원가를 집계할 수 있다. 2.4 보조부문의 개별원가와 공통원가를 배부할 수 있다.
	0203020103_14v2.3 원가계산하기	3.1 원가계산시스템의 종류에 따라 원가계산방법을 선택할 수 있다. 3.2 업종 특성에 따라 개별원가계산을 할 수 있다. 3.3 업종 특성에 따라 종합원가계산을 할 수 있다. 3.4 업종 특성에 따라 표준원가계산을 할 수 있다.
	0203020103_14v2.4 원가정보 활용하기	4.1 회계 관련 규정에 따라 재무제표 작성에 필요한 원가정보를 제공할 수 있다. 4.2 원가계산방법에 따라 달라지는 원가정보를 제공할 수 있다. 4.3 경영진의 의사결정에 필요할 때 원가분석 정보를 제공할 수 있다.
관련지식	- 원가개념 - 원가의 다양한 관점에 따른 분류 방법 - 원가배부방법 - 원가계산방법 - 원가분석 정보 작성 방법	- 원가흐름에 대한 분개 방법 - 원가배부기준 - 원가회계시스템의 종류와 절차 - 원가흐름
평가시설·장비	- 컴퓨터 - 복합기 - 계산기 - 회계관련 프로그램 - OA 관련 프로그램	

차례

머리말 ··· 5
차례 ··· 13

1부 재무회계 이론 / 19

제1장 당좌자산 ··· 20
  01 현금및현금성자산과 유사항목 ··· 21
  02 매출채권 ·· 23
  03 기타 당좌자산 ·· 33

제2장 재고자산 ··· 37
  01 재고자산의 의의 ··· 37
  02 재고자산의 취득원가(= 자산의 구입가격 + 매입부대비용) ········· 39
  03 재고자산의 수량결정 ·· 41
  04 재고자산의 단가결정 ·· 43
  05 재고자산의 타계정으로 대체 ·· 47
  06 재고자산의 저가평가 ·· 48

제3장 유형자산 ··· 51
  01 취득원가의 결정 ··· 51
  02 유형자산의 평가 ··· 55
  03 유형자산의 처분 ··· 59
  04 유형자산의 교환 ··· 60
  05 정부보조금에 의한 자산의 취득 ·· 61
  06 유형자산의 손상차손 ·· 63
  07 재평가 모형 ··· 65

제4장 무형자산 ··· 66
  01 무형자산의 의의 ··· 66
  02 무형자산의 종류 ··· 66
  03 무형자산의 취득원가 ·· 67
  04 영업권 ·· 67
  05 개발비 ·· 68
  06 무형자산의 상각 ··· 69

제5장 유가증권과 투자자산 ··· 73
  01 유가증권의 분류 ··· 73
  02 유가증권의 취득 ··· 73

03 유가증권의 평가 ·· 74
　　04 유가증권의 보유와 관련된 손익 ·· 75
　　05 유가증권의 처분 ·· 76
　　06 유가증권의 분류변경 ·· 78
　　07 유가증권의 재무제표 표시 ·· 79
　　08 그 외 투자자산 ·· 80
　　09 기타비유동자산 ·· 81

제6장 부　채 ··· 82
　　01 유동부채와 비유동부채 ··· 82
　　02 유동부채의 회계처리 ·· 82
　　03 충당부채 ·· 87
　　04 사채와 현재가치 평가 ··· 89

제7장 자　본 ··· 93
　　01 각 항목의 구분 ·· 93
　　02 각 상황별 회계처리 ·· 96
　　03 이익잉여금의 처분 ·· 98
　　04 재무상태표일 이후 발생한 사건(일반기업회계기준 24장) ········· 98
　　05 자본변동표 ··· 99

제8장 수익과 비용 ··· 103
　　01 손익계산서 양식 ··· 103
　　02 판매비와관리비와 영업외비용 ··· 104
　　03 수익과 비용의 인식 ·· 105
　　04 수익의 인식시기 ··· 107
　　05 수익과 비용의 회계처리 ··· 109

제9장 외화환산회계 ··· 113
　　01 화폐성자산과 비화폐성자산 ··· 113
　　02 외화관련 회계처리 ·· 114

제10장 회계변경과 오류수정 ·· 117
　　01 회계변경의 의의와 유형 ··· 117
　　02 회계변경의 회계처리방법 ·· 119
　　03 오류수정 ·· 120

제11장 재무제표의 작성과 표시 ··································· 123
　　01 재무회계의 의의 ··· 123
　　02 재무제표 ·· 123
　　03 재무회계 개념체계의 목적 ·· 125
　　04 회계정보의 질적특성 ··· 126
　　05 재무제표의 기본가정 ··· 127
　　06 중간재무제표 ·· 128

2부 원가회계 이론 / 129

제1장 원가회계의 기초 · 130
- 01 원가회계의 개념정리 · 130
- 02 원가의 분류 · 133
- 03 제조원가와 비제조원가 · 136
- 04 원가의 흐름 · 136
- 05 제조원가명세서와 손익계산서 · 137
- 06 원가요소의 측정 · 138
- 07 매출관련 재무비율 · 139
- 08 원가의 구성 · 139

제2장 간접원가의 배부 · 142
- 01 원가배분 · 142
- 02 제조간접비의 예정배부 · 143
- 03 보조부문원가배분 - 상호 용역수수에 관한 방법 · 145
- 04 이중배부율법 · 148

제3장 개별원가계산 · 149
- 01 개별원가계산의 의의 · 149
- 02 작업지시서와 작업원가표 · 150
- 03 종합원가계산과 개별원가계산의 비교 · 150
- 04 정상원가계산 · 151
- 05 활동기준 원가계산 · 152

제4장 종합원가계산 · 153
- 01 원가의 집계 · 154
- 02 완성품환산량 · 154
- 03 종합원가계산 원가의 흐름 · 155
- 04 공손품의 회계처리 · 160

제5장 결합원가계산 · 162
- 01 결합원가계산의 의의 · 162
- 02 결합원가의 배분 · 163
- 03 주산품과 부산물 · 165

3부 부가가치세 이론 / 167

제1장 부가가치세 기초이론 · 168
- 01 총 칙 · 169

제2장 과세거래 · 177
- 01 과세대상 · 177

           02 과세시기 : 언제 과세할 것인가? ··· 182
           03 재화공급의 장소 ··· 183
   제3장 영세율과 면세 ··· 184
           01 영세율 ·· 184
           02 면 세 ·· 186
           03 영세율과 면세의 차이 ··· 192
           04 면세의 포기 ··· 193
   제4장 과세표준과 매출세액의 계산 ·· 194
           01 과세표준의 계산 ··· 194
           02 과세표준의 계산특례 ··· 196
           03 과세와 면세가 동시에 있는 경우의 과세표준 ··· 199
           객관식문제 ··· 202
   제5장 매입세액과 결정세액의 계산 ·· 204
           01 매입세액의 계산 ··· 204
           02 공제받지 못할 매입세액(부법17②) ··· 208
           03 공통매입세액의 안분계산(부령61①) ··· 209
           04 세액공제 ··· 210
   제6장 세금계산서 ·· 212
           01 세금계산서 ··· 212
   제7장 신고와 납부 ·· 216
           01 신고와 납부절차 ··· 216
           02 가산세(부법22) ·· 219
   제8장 간이과세 ·· 230
           01 간이과세자와 일반과세자의 비교 ··· 230
           02 간이과세의 포기(부법30) ··· 231
           03 재고매입세액과 재고납부세액 ·· 231

4부 소득세 이론 / 233

   제1장 소득세의 기초이론 ·· 234
           01 소득세의 의의 ··· 234
           02 각 소득의 비교 ··· 236
           03 소득세의 신고, 납부기한 ·· 237
           04 납세지 ·· 238
   제2장 종합소득 ·· 239
           01 이자소득과 배당소득 ··· 239
           02 사업소득 ··· 242
           03 근로소득 ··· 245

04 연금소득, 기타소득 ··· 249
종합문제 ··· 255

제3장 종합소득과세표준의 계산 ·· 257
01 소득공제 - 인적공제 ··· 259
02 연금보험료 공제 ··· 260
03 소득공제 - 특별소득공제 ··· 261
04 특별세액공제 ··· 263

제4장 소득세의 신고, 납부 ·· 269
01 소득세 과세표준의 신고 ··· 269
02 결손금과 이월결손금 공제 ··· 270
03 소득세의 계산구조 ··· 270
04 원천징수 ··· 272

5부 전산실습 / 273

제1장 프로그램과 실습데이터의 설치 ·· 274
01 프로그램의 설치 ··· 274

제2장 일반전표입력 ··· 275
01 일반전표 실습데이터의 설치 ··· 275
02 일반전표입력의 방법의 사례 ··· 277
종합문제 ··· 281

제3장 매입매출전표입력 ··· 298
01 매입매출전표의 의의와 유형 ··· 298
02 매입매출전표의 작성방법 ··· 302
종합문제 ··· 308

제4장 부가가치세 전산실습 ··· 326
01 세금계산서합계표 ··· 326
02 계산서합계표 ··· 326
03 신용카드매출전표수령금액명세서 ··· 327
04 신용카드매출표발행금액집계표 ··· 331
05 매입자발행세금계산서합계표 ··· 332
06 공제받지 못할 매입세액명세 ··· 333
07 대손세액공제 신고서 ··· 346
08 부동산임대공급가액명세서 ··· 352
09 건물관리명세서 ··· 359
10 영세율첨부서류제출명세서 ··· 359
11 수출실적명세서 ··· 361
12 내국신용장·구매확인서, 영세율매출명세서 ·· 367

13 의제매입세액공제신고서 … 368
  14 재활용폐자원 공제신고서 … 376
  15 건물등 감가상각취득명세서 … 379
  16 그 밖의 부가가치세신고부속서류 … 380
  17 부가가치세신고서 … 380

제5장 결 산 … 397
  01 결산의 절차 … 397
  02 결산의 작업내용 … 397
  03 재무제표의 마감 … 408

제6장 원천징수 … 425
  01 사원등록 … 425
  02 급여자료입력 … 434
  03 연말정산추가자료 입력 … 444
  04 원천징수이행상황신고서 … 466

6부 기출문제 / 471

  제86회 기출문제 … 473
  제87회 기출문제 … 491
  제88회 기출문제 … 508
  제90회 기출문제 … 528
  제91회 기출문제 … 544
  제92회 기출문제 … 563
  제93회 기출문제 … 584
  제94회 기출문제 … 605
  제95회 기출문제 … 623
  제96회 기출문제 … 644
  제97회 기출문제 … 666
  세무사회 자격시험 홈페이지를 이용하여 기출문제 연습하기 … 684
  제98회 기출문제 … 686

부 록   부가가치세 전자신고와 원천징수 전자신고 … 708

1부

재무회계 이론

1장 당좌자산
2장 재고자산
3장 유형자산
4장 무형자산
5장 유가증권과 투자자산
6장 부 채
7장 자 본
8장 수익과 비용
9장 외화환산회계
10장 회계변경과 오류수정
11장 재무제표의 작성과 표시

각 내용에 대한 근거는 다음과 같이 줄여서 표시합니다.
- 기준 : 일반기업회계기준
- 기결 : 일반기업회계기준 결론도출근거
- 기실 : 일반기업회계기준 실무지침

제1장 당좌자산

당좌자산의 종류에는 다음의 것들이 있다. 괄호안의 숫자는 케이렙 프로그램에서 코드번호에 해당한다. 케이렙 프로그램에서는 101번~145번이 해당된다.

① 현금 (101)
② 당좌예금 (102) : 수표발행이 가능한 예금
③ 보통예금 (103)
④ 정기예금 (105)
⑤ 정기적금 (106)
⑥ 단기매매증권 (107)
⑦ 외상매출금 (108)
⑧ 받을어음 (110)
⑨ 단기대여금 (114)
⑩ 미수수익 (116)
⑪ 미수금 (120)
⑫ 소모품 (122)
⑬ 선급금 (131)
⑭ 선급비용 (133)
⑮ 가지급금 (134)
⑯ 부가세대급금 (135)
⑰ 선납세금 (136)
⑱ 임직원등단기채권 (137)

참고

1. 당좌자산의 코드번호 범위 내에 매도가능증권(123), 만기보유증권(124)도 있는데, 같은 이름의 계정과목이 투자자산에도 있다. 여기에서는 혼동할 여지가 있어서 열거하지 않았다.
2. 대손충당금(109번, 111번 등)은 자산의 차감적 평가계정이다.
3. 현금과부족(141)은 당좌자산 코드번호 범위 내에 있으나, 성격이 임시계정이다. 당좌자산이라고 할 수 없으므로 열거하지 않았다.
4. 일부 교재들은 소모품(122)을 재고자산으로 소개하고 있으나 케이렙 프로그램에서는 당좌자산 코드번호 범위 내에 있으므로, 당좌자산편에서 열거하였다.

제1장 · 당좌자산

01 현금및현금성자산과 유사항목

현금및현금성자산은 통화 및 타인발행수표 등 통화대용증권과 당좌예금, 보통예금 및 큰 거래비용 없이 현금으로 전환이 용이하고 이자율 변동에 따른 가치변동의 위험이 중요하지 않은 금융상품으로서 취득 당시 만기일이 3개월 이내 인 것을 말한다(기준 2.35).

① 현금및현금성자산

통화 및 타인 발행수표, 보통예금, 당좌예금, 우편환증서, 기일도래 공사채 이자표, 배당금지급통지표, 지점전도금 등...

* 외부보고 목적으로는 이러한 계정과목을 통합하여 현금및현금성자산으로 보고하지만 내부 관리목적으로는 구분하여 표시할 수 있다.

② 단기금융상품

정기예금, 적금, 사용제한예금, 표지어음, 금전신탁, 양도성예금증서(CD), 어음관리구좌(CMA), 환매체(RP)

* 단, 취득일로부터 만기가 3개월 이내인 것은 현금및현금성자산으로 분류하며, 만기가 1년 이상 남아 있는 것은 장기금융상품으로 보고한다.

③ 단기매매증권 : 국공채, 회사채, 주식, 수익증권 등(단, 현금성자산제외)

* 단, 이자율 변동에 따른 가치변동의 위험이 중요하지 않은 유가증권은 현금성자산에 해당한다.

④ 기타

- 직원가불금 및 차용증서 : 단기대여금
- 우표 및 수입인지 : 통신비, 세금과공과
- 선일자수표 : 어음상 매출채권
- 당좌차월 : 당좌예금에서 차감하는 것이 아니라 단기차입금등으로 보고
- 당좌개설보증금 : 특정현금과예금 (장기금융상품)
- 금융상품 중 1년 이후 만기도래 : 장기금융상품

1부 • 재무회계 이론

◯ 예제 1. 현금및현금성자산과 유사항목

다음 자료를 보고 20x1년 12월 31일 현재의 현금및현금성자산의 금액을 구하시오.
① 통화 : 9,000,000원
② 타인발행수표 : 2,000,000원
③ 타인발행어음 : 4,000,000원
④ 선일자수표 : 500,000원
⑤ 보통예금 : 5,000,000원(이 중에서 1년간 사용제한 된 예금이 1,000,000원)
⑥ 양도성 예금증서 : 3,000,000원
　(취득일 : 20x1년 8월 1일, 만기 20x2년 1월 31일)
⑦ 당좌예금 : A은행 10,000,000원, B은행 : -2,000,000원(당좌차월한도 : 5,000,000원)

현금및현금성자산 : 통화, 타인발행수표, 보통예금 (사용제한 예금은 제외), 당좌예금
= 9,000,000 + 2,000,000 + 4,000,000 + 10,000,000 = 25,000,000원
* 타인발행어음과 선일자수표는 매출채권으로 분류된다.
* 보통예금 중 사용제한 예금은 단기금융상품에 해당한다.
* 당좌예금의 잔액이 -가 되는 경우에는 당좌예금에서 차감하는 것이 아니라, 당좌차월(단기차입금)로 처리한다.

당좌예금과 당좌차월

기업이 대금을 지불할 때 수표를 발행하여 지불하는 경우가 있는데 이 때 사용되는 것이 당좌예금이다. 당좌예금은 지불수단의 편의를 위해 사용되는데 거래 상대방에게 금액을 기록하여 수표를 지급하면 상대방은 수표를 은행 등에 가져가면 현금으로 전환이 가능하다.
단, 당좌예금의 잔액이 -가 되는 경우가 있는데 이러한 경우 당좌차월이라고 한다(단기차입금으로 처리할 수도 있다). 당좌예금과 당좌차월은 순액으로 보고하는 것이 아니라 따로따로 보고하여야 한다.

제1장 · 당좌자산

> **사례**
>
> 당좌예금 잔액이 5,000,000원이 있는 상태에서 원재료 10,000,000원 구입 시 수표를 발행하여 결제하는 경우
> (차) 원 재 료   10,000,000   (대) 당 좌 예 금   5,000,000
>   당 좌 차 월   5,000,000
> 위 사례 이후 현금 8,000,000원을 당좌예금 계좌에 입금하는 경우
> (차) 당 좌 차 월   5,000,000   (대) 현   금   8,000,000
>   당 좌 예 금   3,000,000

02 매출채권

외상매출금과 받을어음을 합쳐 매출채권이라고 하며 매출채권의 각 상황별 증가, 감소요인은 다음과 같다.

매출채권

기 초	회 수
	대손발생
(순)외상매출액	할 인
	기 말

여기에서 학습할 내용은 다음의 항목들이 있다.

- 매출채권 증가사유 : 외상매출 (순매출액의 개념)
- 매출채권 감소사유 : 회수, 대손, 어음 등의 할인

1. (순)매출액의 개념

총매출액에서 매출에누리, 매출환입, 매출할인을 차감하면 순매출액이 된다. 참고로 매출운임은 매출액에서 차감하는 것이 아니라 판매비와관리비로 처리하는 것에 주의한다.

① 매출에누리

판매한 제품의 하자가 있어서 가격을 에누리 해주는 것을 말한다.

② 매출환입

판매한 제품의 하자가 커서 반품되어 돌아온 것을 말한다.

1부 · 재무회계 이론

참고

전산입력시에는 각 차감적 계정에 대하여 어떤 매출에 관련된 성격인지 확인한 후 회계처리 하여야 한다. 예를 들어 "매출할인"을 검색하면 여러 개가 검색되는데, 상품매출(401번)에 대한 매출할인은 403번, 제품매출(404번)에 대한 매출할인은 406번으로 처리하여야 한다.

③ 매출할인

약정된 기간 내에 조기결제를 하는 경우 일정 금액을 할인해 주는 것

참고

매출할인의 조건

2/10, n/30 : 10일 이내에 결제해주면 2%를 할인해주고, 적어도 30일 이내에는 결제하여야 한다.

○ 예제 2. 순매출액의 계산

다음 자료를 이용하여 기업회계상 매출액을 계산하시오.
총매출액은 10,000,000원 (단, 매출할인 조건은 2/15,n/30이며 전액 15일 이내에 결제 받았다.) 이며, 매출에누리가 30,000원, 매출환입이 40,000원, 매출운임이 10,000원이 있다.

해답

10,000,000원 - 200,000원 - 30,000원 - 40,000원 = 9,730,000원
* 매출할인은 총매출액의 2%이며, 매출운임은 매출액에서 차감하지 않는다.

참고

신용카드 매출

신용카드로 상품이나 제품을 매출할 때에도 외상매출금으로 회계처리한다. 신용카드사로부터 매출대금을 받을 때에는 일부 금액을 공제하게 되는데, 이 금액은 수수료비용(판매비와관리비)로 처리한다.

(1) 제품을 1,000,000원에 판매하고, 신용카드로 결제 받는 경우 (부가세 무시)
　(차) 외상매출금　　　　　　　　1,000,000　　　(대) 제품매출　　　　　　　　1,000,000

(2) 신용카드사로부터 수수료 4%를 공제한 금액이 당사 보통예금 계좌에 입금되는 경우
　(차) 보통예금　　　　　　　　　　960,000　　　(대) 외상매출금　　　　　　　1,000,000
　(차) 수수료비용　　　　　　　　　 40,000

제1장 · 당좌자산

2. 대손회계

1) 의의

채권의 회수가 불가능할 것으로 예상되는 경우에는 대손충당금을 설정하게 된다. 대손충당금은 채권의 차감적 성격이며, 매출채권에서 직접 가감하여 표시할 수 있다(기준 2.43).

> 매출채권 잔액이 5,000,000원이고, 대손충당금이 50,000원인 경우
> 방법1) 매 출 채 권   5,000,000
>   대손충당금   (50,000)   4,950,000
>
> 방법2) 매 출 채 권   4,950,000

2) 대손충당금의 설정

대손충당금을 얼마만큼 설정할 것인지에 대해서는 다음의 방법들이 있다.

① 매출채권 잔액 비율법

기말 결산시 매출채권 잔액에 비례하여 대손충당금을 설정하는 방법이다. 재무상태표 관점에서 우수하며, 추가로 입력할 대손충당금은 다음과 같이 계산한다.

> 기말채권잔액 × 대손설정률 − 이미 설정되어 있는 대손충당금

○ 예제 3. 대손충당금의 설정 (매출채권 잔액 비율법)

기말 현재 매출채권 잔액은 2,000,000원이며 현재 대손충당금 잔액은 12,000원이다. 매출채권 잔액의 1%만 대손충당금으로 설정한다고 했을 때, 추가로 설정할 대손충당금은 얼마인가?

해답

2,000,000원 × 1% − 12,000원 = 8,000원

② 매출액 비례법

외상매출금액의 일정비율만큼 대손충당금을 설정하는 방법이다. 매출채권 잔액 비율법이 재무상태표 관점에서 우수한 방법이라면, 매출액 비례법은 손익계산서 관점에서 우수한 방법이라고 할 수 있다.

③ 연령분석법

채권의 발생시점에 따라 대손율을 다르게 하여 대손충당금을 설정하는 방법이다.

발생한지 얼마 안된 채권은 회수가능성이 상대적으로 높으므로 낮은 대손충당금 설정률을 적용하고, 발생하지 오래된 채권은 회수가능성이 상대적으로 낮으므로 높은 대손충당금 설정률을 적용하는 방법이다.

○ 예제 4. 대손충당금의 설정 (연령분석법)

주)갑을은 외상매출금의 대손을 연령분석법으로 추정한다. 20x1년 12월 31일 현재의 대손추정 관련 내용은 다음과 같다.

기 간	금 액	대손추정율
60일 이하	10,000,000원	5%
60일 이상	5,000,000원	20%

20x1년말에 재무상태표상에서 회사의 대손충당금은 얼마로 계상하여야 하는가?

해답

10,000,000원 × 5% + 5,000,000 × 20% = 1,500,000원

기말 결산시 대손충당금을 추가로 설정할 때에는 매출채권에 대해서는 대손상각비(판매비와관리비), 기타채권에 대해서는 기타의대손상각비(영업외비용)로 처리하고, 대손충당금이 감소할 때에는 대손충당금환입(판매비와관리비에서 차감)을 인식한다(기준 6.17의2).

○ 예제 5. 대손충당금이 감소하는 경우의 회계처리

기말 현재 매출채권 잔액은 2,000,000원이며 현재 대손충당금 잔액은 32,000원이다. 매출채권 잔액의 1%만 대손충당금으로 설정한다고 했을 때, 올바른 회계처리는?

제1장 · 당좌자산

해답

대손충당금 감소액 = 2,000,000원 × 1% − 32,000원 = −12,000원
(차) 대손충당금　　　12,000　　　(대) 대손충당금환입　　　12,000

참고

800번대 대손충당금환입과 900번대 대손충당금환입

케이렙 프로그램에서 전표입력시 대손충당금환입을 검색하면 851번과 908번이 검색된다.
계정과목 및 적요등록 메뉴에서 800번대는 판매비와관리비이고, 900번대는 영업외수익 항목이다. 전산입력을 할 때에는 매출채권에 대한 대손충당금환입은 800번대, 그 외의 채권에 대한 대손충당금환입은 900번대에 반영된다고 생각하면 된다.

3) 대손발생시 회계처리

매출채권의 대손이 발생하는 경우에는 대손발생한 금액과 대손충당금 잔액을 비교하여 회계처리한다. 대손발생시에는 우선 대손충당금과 상계하고, 대손충당금 잔액을 초과하여 대손이 발생하는 금액은 대손상각비(판매비와관리비)로 처리한다.

① 대손충당금 잔액 > 대손발생한 채권
　(차) 대손충당금　　　××　　　(대) 매출채권　　　××

② 대손충당금 잔액 < 대손발생한 채권
　(차) 대손충당금　　　××　　　(대) 매출채권　　　××
　(차) 대손상각비　　　××

단, 매출채권이 아닌 기타의 채권(대여금, 미수금 등)의 대손이 발생하는 경우에는 기타의대손상각비(영업외비용)로 회계처리 한다.

○ 예제 6. 매출채권의 대손 관련 회계처리

다음 각각의 독립적인 상황에 대하여 회계처리 하시오.
(1) 외상매출금 1,000,000원이 거래처의 파산으로 인하여 회수 불가능하게 되었다. 대손에 대한 회계처리를 하시오. 단, 대손충당금 잔액은 2,000,000원이 있다.
(2) 외상매출금 1,000,000원이 거래처의 파산으로 인하여 회수 불가능하게 되었다. 대손에 대

1부 • 재무회계 이론

한 회계처리를 하시오. 단, 대손충당금 잔액은 600,000원이 있다.

해답

(1) (차) 대손충당금　　　　　　　1,000,000　　(대) 외상매출금　　　　　1,000,000
(2) (차) 대손충당금　　　　　　　　600,000　　(대) 외상매출금　　　　　1,000,000
　　(차) 대손상각비　　　　　　　　400,000

○ 예제 7. 기타채권의 대손 관련 회계처리

다음 각각의 독립적인 상황에 대하여 회계처리 하시오.
(1) 단기대여금 중 5,000,000원이 회수가 불가능하게 되어 대손처리한다. 단, 대손충당금 잔액은 3,000,000원이 있다.
(2) 기말 결산시 매출채권 잔액의 1%만큼 대손충당금을 설정하고자 한다. 기말 현재 매출채권 잔액은 50,000,000원이고, 대손충당금 잔액은 600,000원이라고 할 때 회계처리를 행하시오.

해답

(1) (차) 대손충당금　　　　　　　3,000,000　　(대) 단기대여금　　　　　5,000,000
　　　 기타의대손상각비　　　　　2,000,000
(2) (차) 대손충당금　　　　　　　　100,000　　(대) 대손충당금환입　　　　100,000

4) 대손세액공제를 적용하는 경우의 회계처리

　전산세무2급 시험부터는 부가가치세 전산실습이 시험에 출제되면서 부가가치세법상 대손세액공제도 고려하는 문제가 출제될 수도 있다. 대손세액공제는 일정 요건을 충족하는 경우에 대손처리하는 채권금액의 10/110만큼 부가세예수금을 공제해 주는 제도이다. (대손세액공제에 대한 자세한 설명은 부가가치세 이론편에서 설명하기로 한다).
　대손세액공제 대상인 채권의 회수가 불가능한 경우에는 차변에 10/110만큼 부가세예수금을 기록하여 감소시켜 준다.

○ 예제 8. 대손세액공제를 적용하는 경우의 회계처리

외상매출금 1,100,000원이 거래처의 파산으로 인하여 회수 불가능하게 되었다. 대손에 대한 회계처리를 하시오. 단, 대손충당금 잔액은 2,000,000원이 있으며 대손세액공제 대상이라고 가정한다.

제1장 · 당좌자산

해답

(차) 대손충당금	1,000,000	(대) 외상매출금	1,100,000
(차) 부가세예수금	100,000		

문제에서 외상매출금 1,100,000원의 대손이 발생하였다고 했는데, 대손세액공제 대상이라고 하였다. 다시 말해 공급가액 1,000,000원, 세액 100,000원으로 구성되었다고 할 수 있다.

---

5) 대손처리한 채권의 회수

대손처리한 채권의 회수는 다음 2개의 회계처리로 구성된다.
① 대손처리 회계처리의 취소
② 채권을 현금 등으로 회수

예를 들어 외상매출금 1,000,000원을 대손처리하고, 다음과 같이 회계처리 했다고 가정해보자.

(차) 대손충당금　　　　　　1,000,000　　(대) 외상매출금　　　　　　1,000,000

이 채권을 현금으로 회수한다면, 다음의 회계처리를 결합하게 된다.

① 대손처리의 취소
　(차) 외상매출금　　　　　　1,000,000　　(대) 대손충당금　　　　　　1,000,000

② 채권 회수의 분개
　(차) 현　　　금　　　　　　1,000,000　　(대) 외상매출금　　　　　　1,000,000

이 때 대손충당금은 차변과 대변에 동시에 기록하였으므로 이를 제거하면 다음과 같다.

(차) 현　　　금　　　　　　1,000,000　　(대) 대손충당금　　　　　　1,000,000

한편 앞의 대손처리한 연도와 대손처리한 채권의 회수연도를 비교할 필요가 있다.

① 당기에 대손처리한 채권을 회수 : 대변에 대손충당금 또는 대손상각비로 처리
② 전기에 대손처리한 채권을 회수 : 대변에 대손충당금으로 처리

1부 · 재무회계 이론

○ 예제 9. 대손처리한 채권의 회수

다음 내용을 보고, 올바르게 회계처리 하시오. 단, (1)과 (2)가 연결되는 문제이며, (3)과 (4)가 연결되는 문제이다. 그리고, 연도에 주의하여 회계처리 하시오.

(1) 20x1년 8월 25일
외상매출금 1,000,000원외 회수가 불가능하게 되어 대손처리한다. 대손충당금 잔액은 없다고 가정한다.

(2) 20x1년 9월 25일
앞의 (1)에서 대손처리한 외상매출금 1,000,000원을 현금으로 회수하였다.

(3) 20x1년 10월 10일
외상매출금 1,000,000원의 회수가 불가능하게 되어 대손처리한다. 대손충당금 잔액은 없다고 가정한다.

(4) 20x2년 3월 15일
앞의 (3)에서 대손처리한 외상매출금 1,000,000원을 현금으로 회수하였다.

해답

(1) (차) 대손상각비　　　　　　　1,000,000　　(대) 외상매출금　　　　1,000,000
(2) (차) 현금　　　　　　　　　　1,000,000　　(대) 대손상각비　　　　1,000,000
앞의 (1)의 취소분개와 외상매출금 현금회수 분개가 합쳐진 것이다.

(3) (차) 대손상각비　　　　　　　1,000,000　　(대) 외상매출금　　　　1,000,000
(4) (차) 현금　　　　　　　　　　1,000,000　　(대) 대손충당금　　　　1,000,000
대손처리한 다음 연도에 채권을 회수하는 경우에는 대변에 비용을 기록하지 않는다. 대변에 대손충당금을 증가시키는 회계처리를 한다.

3. 받을어음의 할인, 추심, 배서

1) 어음의 할인

어음의 만기 이전에 처분하는 것을 말한다. 어음의 할인에는 받을어음을 처분했다고 가정하는 매각거래와 받을어음을 담보로 제공하고 자금을 차입했다고 가정하는 차입거래로 구분된다. 한편 어음할인액은 다음과 같이 계산할 수 있다.

> 할인액 = 만기가치 × 할인율 × 남은일수 / 365(윤년 366일)

○ 예제 10. 받을어음의 할인

(주)성남은 만기가 73일 남은 받을어음 10,000,000원을 연 이자율 10% 조건으로 할인하고, 대금은 당좌예금에 입금하였다. 매각거래의 경우와 차입거래의 경우에 대하여 각각 회계처리를 행하시오. 본 문제에 한하여 1년은 365일로 가정한다.

(1) 매각거래의 경우
 (차)   (대)

(2) 차입거래의 경우
 (차)   (대)

해답

할인금액은 다음과 같이 계산한다. 10,000,000원 × 10% × 73일/365일 = 200,000원

(1) 매각거래의 경우
 (차) 매출채권처분손실 200,000 (대) 받 을 어 음 10,000,000
   당 좌 예 금   9,800,000

(2) 차입거래의 경우
 (차) 이 자 비 용   200,000 (대) 단기차입금   10,000,000
   당 좌 예 금   9,800,000

2) 어음의 추심

어음의 추심은 만기가 도래한 어음을 다른 기관에 추심(회수)을 의뢰하여 회수하는 것을 말한다. 어음의 추심은 적게 받는 금액만큼 수수료비용이라는 판매비와관리비를 인식한다.

○ 예제 11. 어음의 추심

다음의 거래에 대하여 회계처리를 하시오.
제품매출로 인하여 보유하고 있던 약속어음 8,000,000원이 만기가 되어 은행에 추심을 의뢰하고, 추심수수료 100,000원을 제외한 금액이 보통예금에 입금되었다.

해답

(차) 수수료비용	100,000	(대) 받 을 어 음	8,000,000
보 통 예 금	7,900,000		

3) 어음의 배서

어음의 배서는 물품을 구입하면서 대금을 지급할 때 현금 대신 어음으로 지급하는 것을 말한다. 전산입력시에는 거래처에 특히 주의한다.

○ 예제 12. 어음의 배서

(주)소녀는 (주)시대로부터 상품을 5,000,000원에 구입하면서 대금은 (주)카라로부터 받은 어음으로 결제하였다. 회계처리를 행하시오. 단, 부가가치세는 무시한다.

해답

(차) 상 품	5,000,000	(대) 받을어음((주)카라)	5,000,000

03 기타 당좌자산

현금및현금성자산, 매출채권을 제외한 당좌자산들에는 다음의 것들이 있다.

1. 정기예금

1년 이내의 만기를 정하고 매월 일정금액을 납입하기로 하고 납입하는 예금을 말한다. 만약 기간이 1년을 초과하는 경우에는 장기성예금이라는 투자자산으로 처리한다.

2. 단기매매증권

유가증권 중에서 단기간 자금운용목적이면서 시장성이 있는 경우 유동자산으로 구분할 수 있다. 단기매매증권은 투자자산 부분에서 다시 설명하기로 한다.

3. 단기대여금

기업이 다른 기업에 자금을 대여한 것으로서 회수기일이 1년 이내의 것을 말한다.

4. 미수금

매출채권이 일반적 상거래에서 발생한 채권이라면 미수금은 일반적 상거래 이외에서 발생한 채권을 말한다. 일반적상거래란 회사의 주된 영업활동과 관련된 것을 말한다.

5. 선급금

기업이 물품대금을 미리 지급한 금액을 말한다.

6. 선급비용

선불로 지급하는 비용과 관련하여 발생주의에 따라 강제적으로 인식하는 자산을 말한다. 예를 들어 회계기간 중에 1년분 보험료를 선불로 납부하였다면 기간 미경과분은 선급비용이 된다.

7. 미수수익

후불로 지급받는 수익과 관련하여 발생주의에 강제적으로 인식하는 자산을 말한다. 예를 들어 자금을 대여하고 이자를 받기로 하였는데, 결산일까지 이자회수기일이 도래하지 않은 경우 결산일까지 발생주의에 따라 수익을 인식하는데 이것을 미수수익이라고 한다.

8. 가지급금

대표자, 임원에게 자금을 영업과 무관하게 대여하거나 또는 미리 지급하는 출장비와 같이 비용이 발생한 것은 확실하나 정확한 금액을 알지 못하는 경우 사용한다.

9. 선납세금(선납법인세)

법인세나 소득세에 대한 선급금의 성격을 가진 자산으로 원천납부세액과 중간예납세액 등이 해당된다. 원천징수세액에 대하여 대가를 받는 입장에서는 선납세금, 대가를 지급하는 입장에서는 예수금으로 회계처리한다.

10. 부가세대급금

부가가치세가 과세되는 물품을 구입하면서 세금계산서 등을 수취한 경우에 부담하는 부가가치세 매입세액을 말한다. 물품을 매입할 때에는 부가가치세 부담액까지 지급하여 대가를 지급하게 된다. 부가세대급금은 부가가치세의 선급금 성격이므로 자산으로 처리한다. 참고로 부가가치세 매출세액은 부가세예수금이라는 부채로 처리한다.

부가차치세 매출세액에서 매입세액을 차감하여 납부세액을 계산하는데, 납부세액은 미지급세금으로 처리한다. 일반적으로 세액공제나 단수차액은 잡이익, 가산세는 세금과공과나 잡손실로 처리한다.

11. 전도금 (=소액현금)

현금이 기업내에서 다른 부서로 이동한 것을 말한다. 현금 및 현금성자산의 범위에 해당된다.

12. 현금과부족

당좌자산이라기 보다는 비망계정으로 분류한다(케이렙 프로그램상 코드번호가 당좌자산의 코드 범위에 있으므로 이절에서 설명한다). 장부상 현금과 실제현금이 차이가 발생하는 경우에 인식한다.

13. 매도가능증권, 만기보유증권

매도가능증권과 만기보유증권 중 1년 이내에 만기가 도래하거나 1년 이내에 처분이 확실시 되는 유가증권은 유동자산으로 보고할 수 있다. 자세한 내용은 유가증권과 투자자산 편을 참고한다.

○ 예제 13. 기타의 당좌자산 회계처리

다음의 각 상황에 대하여 회계처리 하시오.

(1) 외상매출금 1,000,000원을 회수하면서 600,000원은 어음으로 회수하고, 잔액은 3개월 만기 대여금으로 전환하였다.

(2) 정기예금(원금 : 1,000,000원)이 만기가 되어 이자 50,000원이 발생하였다. 이자에 대한 원천징수세액 7,000원을 공제하고, 원금과 이자 1,043,000원은 보통예금 계좌에 입금하였다.

(3) 원재료를 1,0000,000원에 구입하기로 하고, 계약금으로 300,000원을 수표를 발행하여 지급하였다.

(4) 마케팅 부서에서 광고계약을 하게하고, 1,000,000원을 지급하고 전도금으로 처리했었다. 금일 광고비로 1,200,000원을 지출했다는 보고를 받고, 추가 지출액으로 현금 200,000원을 지급하였다.

(5) 영업부 사원에게 지방출장을 명하고, 500,000원을 지급한 후 가지급금으로 처리했었다. 금일 직원이 출장비로 460,000원을 지출했다는 보고를 받고, 잔액은 현금으로 회수하였다.

(6) 2기 확정신고기간의 부가가치세 매출세액은 2,000,000원, 부가가치세 매입세액은 1,500,000원이다. 부가가치세 정리분개를 하되, 납부할 세액은 미지급세금 계정을 사용한다.

(7) 앞의 (6)에서 계산한 부가가치세 500,000원을 늦게 신고납부하여 가산세 60,000원과 함께 보통예금에서 이체하여 납부하였다. 가산세는 세금과공과 계정을 사용한다.

(8) 신규 거래처에 상품을 3,000,000원에 매입하기로 계약을 하였다.

해답

(1) (차) 받을어음　　　　　　　　　600,000　　(대) 외상매출금　　　　　　1,000,000
　　(차) 단기대여금　　　　　　　　400,000

1부 · 재무회계 이론

(2) (차) 보통예금   1,043,000   (대) 정기예금   1,000,000
    (차) 선납세금   7,000   (대) 이자수익   50,000

(3) (차) 선급금   300,000   (대) 당좌예금   300,000

(4) (차) 광고선전비   1,200,000   (대) 전도금   1,000,000
                                      (대) 현금   200,000

(5) (차) 여비교통비   460,000   (대) 가지급금   500,000
    (차) 현금   40,000

(6) (차) 부가세예수금   2,000,000   (대) 부가세대급금 1,500,000
                                      (대) 미지급세금   500,000

(7) (차) 미지급세금   500,000   (대) 보통예금   560,000
    (차) 세금과공과   60,000

(8) 분개 없음 : 주문이나 계약만 한 것은 회계상의 거래가 아니다.

제2장 재고자산

01 재고자산의 의의

재고자산은 기업이 판매목적으로 보유하는 자산을 말하며 상품, 원재료, 재공품 (반제품을 포함), 제품, 저장품 등이 있다. 재고자산은 다음과 같은 사유로 증가 및 감소한다.

재고자산	
기초 (포함여부)	매출원가
	타계정으로 대체
(순)매입액	기말 (= 수량 × 단가)

회사의 재고자산 포함여부는 법적소유권의 이전여부에 따라 평가해야 한다.

1) 운송중인 상품 : 귀속여부의 결정

	선적지조건	도착지조건
판매상품	불포함	포 함
매입상품	포 함	불포함

2) 위탁판매상품, 수탁판매상품, 시송품 …

수익의 인식기준에 따라 처리하여야 한다.

① 위탁상품 : 판매전까지는 위탁자의 소유로 본다(재고자산 포함).
② 수탁상품 : 판매전까지는 위탁자의 소유로 본다(재고자산 불포함).
③ 시 송 품 : 매입의사 표시 전 까지는 판매자의 소유로 본다(재고자산 포함).

3) 특별주문품
생산완료시점에 소유권이 이전되는 것으로 본다.

4) 담보제공상품
담보제공의 경우에는 소유권이 이전된 것이 아니므로 주석으로만 표시하고, 재고자산에 포함한다.

○ 예제 1. 재고자산의 포함여부

다음 중 회사의 재고자산에 포함되는 항목은 "포함", 포함되지 않는 것은 불포함으로 표시하시오.
(예시) 담보로 제공한 상품 ·· (포함)
(1) 수탁자에게 적송한 위탁상품 ·· (   )
(2) 위탁자로부터 판매를 의뢰받는 수탁상품 ······································ (   )
(3) 선적지 인도조건으로 매입한 운송중인 원재료 ····························· (   )
(4) 도착지 인도조건으로 매출하는 운송중인 제품 ····························· (   )
(5) 제작이 완료된 특별주문품 (가공하는 입장) ··································· (   )
(6) 거래 상대방이 아직 매입의사를 표시하지 않은 시송품 ················ (   )

해답

(1) 포함   (2) 불포함   (3) 포함   (4) 포함   (5) 불포함   (6) 포함

참고

서비스업을 하는 경우 재고자산의 존재여부

서비스기업의 경우 제품을 제조하거나 물품을 매입하는 것이 아니므로 매출원가를 계산하는데 어려움이 있다. 일반기업회계기준에서는 재고자산 원가는 서비스 제공에 직접 종사하는 인력의 노무원가와 기타 직접 관련된 재료원가와 기타원가로 구성된다고 서술되어 있다. 예를들어 차량 정비소의 경우 교체용 부품이나 정비작업에 직접 종사한 자의 인건비가 매출원가 및 재고자산에 반영된다.

제2장 · 재고자산

02 재고자산의 취득원가(= 자산의 구입가격 + 매입부대비용)

재고자산의 취득원가는 해당 자산의 구입가격에서 취득에 소요된 매입부대비용을 합산한 금액으로 하고, 매입에누리, 매입환출, 매입할인등은 차감하여 계산한다. 매입부대비용에는 취득세, 관세 등과 같은 제세공과금과 매입운임 등이 포함된다.

> 재고자산의 취득원가 = 매입금액 + 매입부대비용 - 매입에누리, 환출, 할인

단, 운임의 경우에는 **매입운임과 원재료를 제품 제조를 위하여 이동하는데 소요되는 운임은 취득원가에 포함**하도록 규정하고 있으나 그 외의 운임은 비용으로 처리하여야 한다. 그리고, 성격이 상이한 **재고자산을 일괄하여 취득하는 경우에는 공정가액의 비율에 따라 취득원가를 안분**한다.

◉ 예제 2. 재고자산의 일괄취득

회사는 상품과 원재료를 일괄하여 700,000원에 취득하였으며, 매입운임으로 20,000원을 추가로 지출하였다. 취득당시 상품의 공정가액이 500,000원이고, 원재료의 공정가액이 300,000원일 때 상품과 원재료의 취득가액은 각각 얼마인가?

해답

상품 450,000원, 원재료 270,000원
전체 매입금액은 720,000원이고, 상품과 원재료의 공정가액 비율인 5:3의 비율로 안분하면 상품의 취득원가는 450,000원, 원재료의 취득원가는 270,000원이 된다.

단, 다음의 경우에는 재고자산의 원가에 포함 할 수 없으며, 발생기간의 비용으로 인식하여야 한다.
① 재료원가, 노무원가 및 기타 제조원가 중 비정상적으로 낭비된 부분
② 추가생산단계에 투입하기 전에 보관이 필요한 경우 외의 보관비용
③ 재고자산을 현재의 장소에 현재의 상태로 이르게 하는 데 기여하지 않은 간접원가
④ 판매원가

예제 3. 재고자산의 취득원가

다음 중 재고자산의 원가에 산입이 가능 한 것은 O, 재고자산의 원가에 산입이 불가능 한 것은 × 표시를 하시오.
(1) 판매하는 제품의 운반비용 ·· (   )
(2) 상품 취득시 발생한 매입운임 ·· (   )
(3) 제품 제조 중 비정상적으로 낭비된 부분 ·· (   )
(4) 원재료를 공장으로 운반하면서 발생한 운반비 ······································ (   )

해답

(1) ×   (2) O   (3) ×   (4) O

참고

관세와 관세환급금

케이렙 프로그램에서 계정과목및적요등록을 보면 관세환급금이라는 계정과목이 등록되어 있다. 관세환급금의 성격은 자산의 차감적 평가계정이다.

	재 고 자 산		
0146	상 품	1.일 반 재 고	
0147	매 입 환 출 및에누리	3.환 출 차 감	0146
0148	매 입 할 인	4.할 인 차 감	0146
0149	관 세 환 급 금	5.관 세 차 감	0146

상품이나 원재료를 수입하는 경우에는 관세를 부담하게 된다. 그런데, 수입한 상품을 그대로 다른 국가에 수출하거나 원재료를 가공하여 제품을 만든 후 수출하는 경우가 발생할 수 있다. 이러한 경우에는 국내에서 소비한 것이 아닌데 관세를 부담한 것이므로 환급을 신청하게 된다. 관세와 관련한 회계처리는 다음과 같다.

① 원재료를 매입하면서 관세 100,000원을 현금 납부
　(차) 원재료　　　　　　　　　100,000　　　(대) 현금　　　　　　　　　100,000
② 앞의 ①의 원재료를 가공하여 완성된 제품을 수출하고, 관세환급을 신청한 결과 100,000원의 환급액을 통보 받음
　(차) 미수금　　　　　　　　　100,000　　　(대) 관세환급금(제품 차감)　　100,000

03 재고자산의 수량결정

1) 계속기록법

① 의의 : 재고자산이 입·출고 될 때마다 수량을 계속 기록하여 판매량과 재고량을 결정하는 방법이다.

② 계산방법

> i. 기말재고수량을 구한다.
>   기초재고 + 당기매입 - 당기판매 = 기말재고
> ii. 판매시에는 매출원가와 재고자산 감소를 즉시 인식한다.
> iii. 기말에 실사를 하면서 재고자산감모손실(영업외비용)을 인식한다.

③ 장단점 : **통제목적에 적합**하나 **기장사무가 증가**되고 불편하다.

2) 실사법(실재재고조사법)

① 의의 : 정기적으로 재고자산을 파악하여 재고량을 파악하고 판매가능수량과의 차이를 모두 판매수량으로 추정

② 계산순서

> i. 당기판매수량을 구한다.
>   기초재고 + 당기매입 - 기말실제재고 = 당기판매
> ii. 기말에 한꺼번에 매출원가와 재고자산변화를 인식한다.

③ 장단점 : **기장사무가 간단**하고 외부목적에 충실하나 **통제목적에 부적합**하다.

3) 실무적인 방법(두 방법의 병행)

① 우선 계속기록법에 따라 기록한다.
② 기말에 실제수량 및 금액을 파악한다.
③ 저가법에 따라 장부상에 기록한다.

예제 4. 계속기록법과 실사법의 병행

기초 상품 재고액은 1,000,000원이고, 당기 상품 매입액은 19,000,000원이다. 매출원가는 17,000,000원이고, 기말 상품 재고액은 1,800,000원이다. 장부상 재고와 실제 재고의 차이는 전액 비정상적으로 발생한 재고자산감모손실이다. 재고자산감모손실 금액은 얼마인가?

해답

1,000,000 + 19,000,000 − 17,000,000 − 1,800,000 = 1,200,000원

상 품			
기초재고	1,000,000	매출원가	17,000,000
당기매입	19,000,000	재고자산감모손실	**1,200,000**
		기말재고	1,800,000

참고

매입채무와 재고자산의 관계

상품 등의 재고자산을 외상으로 매입하는 경우에는 상품와 외상매입금이 동시에 증가한다. 만약에 모든 거래가 외상으로 이루어진다면, 외상매입금과 상품은 다음의 관계를 가지게 된다.

외상매입금			상 품	
상환	기초잔액		기초재고	매출원가
기말잔액	**외상매입**	⇒	**당기매입**	기말재고

T계정의 속성상 차변합계와 대변합계가 일치하고, 상품을 외상으로 매입하는 경우에 외상매입금과 상품에 동시 반영되는 것을 이용하여 금액을 추정할 수 있다.

04 재고자산의 단가결정

1. 단가결정방법의 종류

1) 개별법
재고자산 각각 원가를 관리하는 방법으로 통상적으로 교환되기 어려운 재고자산이나 고가물에 대하여 적용한다.

2) 선입선출법과 후입선출법
선입선출법 (FIFO : First in first out)은 먼저 구입한 재고부터 먼저 판매된다는 가정이고, 후입선출법 (LIFO : Last in first out)은 나중에 구입한 재고부터 먼저 판매된다는 가정이다. 이 둘을 비교하면 다음과 같다.

(1) 선입선출법(재무상태표 중심)
- 장점
    ① 실제물량흐름과 일치하고 적용이 쉽다.
    ② 인플레이션 또는 디플레이션이 진정되므로 이익조작 가능성이 적다.
    ③ **기말재고자산이 가장 최근에 원가로 표시**되므로 재고자산가액은 현행원가 근사치로 표현된다.
- 단점
    ① 현행수익에 과거 원가를 대응시키므로 대응원칙에 충실하지 못한다.
    ② 물가가 상승할수록 과거원가가 매출수익에 대응하여 당기순이익이 과대 표시된다.

(2) 후입선출법 (손익계산서 중심)
- 장점
    ① **현행수익에 현행원가가 대응**되기 때문에 대응원칙에 충실하다.
    ② 물가 상승시 가공이익을 배제하여 절세효과를 얻을 수 있다.
- 단점
    ① 기말재고자산이 과거의 가격으로 기록되어 현행가치로 나타내지 못한다.
    ② 청산의 문제가 발생한다.
    * 청산의 문제 : 후입선출법을 적용하는 경우 기말 재고수량이 급격하게 감소하면 오히려 선입선출법과 반대의 결과가 나오는 현상

* 후입선출법의 경우 이익조작의 가능성이 있으므로, 후입선출법으로 재고자산을 평가하는 경우에는 다른 방법으로 평가할 때와 차이를 주석으로 기재하도록 한다.

예제 5. 후입선출법 청산의 문제

(주)수정은 20x1년에 사업을 개시하였으며 20x1년의 기초 상품수량은 100개이며 단위당 원가는 10,000원이었다.
(1) 20x1년 중에 상품을 단위당 원가 11,000원에 900개를 매입하였으며, 당기 중에 900개를 판매하였다. 선입선출법과 후입선출법에 따른 매출원가와 기말재고를 각각 구하여라.
(2) 앞의 문제에 이어서 20x2년 중에는 상품을 단위당 원가 12,000원에 900개를 매입하고, 기초재고를 포함하여 1,000개를 판매하였다. 선입선출법과 후입선출법에 따른 매출원가를 각각 구하여라.

해답

(1) 20x1년
① 매출원가
- 선입선출법 : 100개 × 10,000원 + 800개 × 11,000원 = 9,800,000원
- 후입선출법 : 900개 × 11,000원 = 9,900,000원
② 기말재고 : 기초에 100개가 있었는데, 당기에 900개를 매입하고 900개를 판매하였으므로, 기말재고수량은 100개이다.
- 선입선출법 : 최근에 매입한 순서대로 100개를 계산한다.
  11,000원 × 100개 = 1,100,000원
- 후입선출법 : 먼저 매입한 순서대로 100개를 계산한다.
  10,000원 × 100개 = 1,000,000원

(2) 20x2년
① 매출원가 : 기말재고가 0이므로, 기초재고와 당기매입분이 모두 매출원가가 된다.
- 선입선출법 : 기초재고 1,100,000원 + 당기매입분 10,800,000원 = 11,900,000원
- 후입선출법 : 기초재고 1,000,000원 + 당기매입분 10,800,000원 = 11,800,000원
② 기초재고 : 재고수량이 0이므로 선입선출법, 후입선출법 둘 다 0원이 된다.

물가가 상승하면 일반적으로 선입선출법의 기말재고가 후입선출법 보다 과대평가 되지만 재고수량이 급격하게 감소하는 경우에는 반대의 효과가 발생하게 되는데 이를 청산의 효과라고 한다.

---

3) 평균법

각 재고자산을 판매할 때는 처음 구입분과 나중 구입분이 평균적으로 계산하는 방법
- 계속기록법 + 평균법 : 이동평균법 (MAM : Moving average method)
- 실사법 + 평균법 : 총평균법 (WAM : Weighted average method)

제2장 · 재고자산

4) 매출가격환원법 (소매재고법) – 문단 21~22

주로 백화점등과 같은 유통업 등에서만 사용가능하며 재고자산에 대하여 원가율을 산정하는 것이 특징이다. 원가율은 "원가/매가" 로 산정되는데 기말 판매 가능한 재고자산의 판매가격이 1억원이고, 원가율이 60%라면 기말 재고자산을 6,000만원으로 계산하는 방법이다.

2. 계산방법

1) 선입선출법

① 실사법
- 1단계 : 기말재고수량을 구한다.
- 2단계 : 나중에 구입한 순서대로 재고자산을 합산한다.

② 계속기록법
- 1단계 : 재고자산 매입 시에는 단가별로 따로 적어준다.
    예) 1/1 기초 @ 300원 50개 15,000원
        5/1 매입 @ 250원 40개 10,000원
- 2단계 : 재고자산 판매시에는 먼저 구입한 것부터 감산해 준다.
    예) 30개를 판매하였다면
        1/1 기초 @ 300원 20개   6,000원
        5/1 매입 @ 250원 40개 10,000원

2) 후입선출법

후입선출법에서 재고자산변화만 반대로 조정한다.

3) 평균법

① 총평균법(WAM : weighted average method) : 실사법 적용
- 1단계 : 총평균단가를 구한다.

$$총평균단가 = \frac{기초재고액 + 당기매입액}{기초재고수량 + 당기매입수량}$$

- 2단계 : 총평균단가에 실제기말재고수량을 곱한다.

② 이동평균법 (MAM : moving average method)
- 1단계 : 재고자산 매입시마다 이동평균단가를 구하여준다.

$$이동평균단가 = \frac{매입직전재고가액 + 매입가액}{매입직전재고수량 + 매입수량}$$

- 2단계 : 이동평균단가에서 판매수량을 곱하여 매출원가를 구한다.
- 3단계 : "기말재고 = 기초재고 + 당기매입 - 매출원가" 로 기말재고를 구한다.

4) 각 평가방법의 비교

물가가 상승하고, 기말재고가 감소하지 않는 경우를 가정하며 물가하락시에는 반대가 된다.

기말재고금액, 당기순이익, 세전이익, 법인세비용	LIFO ≤ WAM ≤ MAM ≤ FIFO
매출원가, 순현금흐름	LIFO ≥ WAM ≥ MAM ≥ FIFO

5) 소매재고법

유통업 등에서만 적용가능한 방법으로 우선 원가율을 계산한 후 기말재고자산의 판매가능금액에서 원가율을 곱하여 기말재고자산 금액을 계산하는 방법이다.

일반기업회계기준에서 인정되는 재고자산평가방법과 인정되지 않는 평가방법

(1) 인정되는 방법
  개별법, 선입선출법, 이동평균법, 총평균법, 후입선출법, 소매재고법
  (단, 소매재고법은 유통업 등에서만 적용가능하다.)
(2) 인정되지 않는 방법 : 매출총이익법 등
  * 후입선출법은 일반기업회계기준에서는 인정되지만 국제회계기준에서는 인정되지 않는다.

05 재고자산의 타계정으로 대체

재고자산을 통해 매출원가나 제조원가를 계산하는 경우에는 통상적으로 다음과 같이 계산할 수 있다. 상품을 예로 든다면,

$$\text{매출원가} = \text{기초재고} + \text{당기매입} - \text{기말재고}$$

로 계산할 수 있다. 그러나 만약에 판매 이외의 용도로 재고자산이 감소했다면 그 금액은 매출원가에 포함시키면 안 될 것이다.

재고자산의 타계정대체란, 재고자산이 비정상적인 용도로 감소하는 것을 의미한다. 전표입력시에는 반드시 적요란에 타계정으로 대체를 해주어야 정확한 원가계산이 가능하다.

○ 예제 6. 타계정으로 대체

기초 상품 재고액이 10,000,000원, 당기 상품 매입액이 90,000,000원, 재고자산을 거래처에 무상으로 제공한 금액이 5,000,000원이고, 기말 재고상품이 15,000,000원 이라면 매출원가는 얼마인가?

해답
10,000,000 + 90,000,000 − 5,000,000 − 15,000,000 = 80,000,000원

06 재고자산의 저가평가

1) 의 의

① 재고자산은 취득원가를 재무상태표가액으로 하나 **시가가 취득원가보다 낮은 경우에는 시가를 재무상태표가액**으로 한다.
② 재고자산의 시가가 장부가액 이하로 하락하여 발생한 평가손실은 **재고자산의 차감계정으로 표시**하고 매출원가에 가산한다.
③ 저가법의 적용에 따른 평가손실을 초래했던 상황이 해소되어 새로운 시가가 장부가액보다 상승한 경우에는 **최초의 장부가액을 초과하지 않는 범위 내에서 평가손실을 환입**하고 매출원가에서 차감한다.

2) 계산방법

- 1단계 : 저가법 적용기준을 확인한다 (제품군별, 재고자산별 등을 적용한다. 단, 재고자산 총액기준은 적용할 수 없다). 원재료의 경우 현행대체원가, 그 외 재고자산은 순실현가능가치를 시가의 개념으로 사용한다.
- 2단계 : 기준별로 재고자산 저가금액들을 합계한다.
  원재료 : 제품을 저가평가하는 경우만 적용
  → min [① 역사적원가 ② 현행대체원가]
  그 외 : min [① 역사적원가 ② 순실현가능가치]

* 역사적원가 : 과거 구입금액
* 현행대체원가 : 동일한 자산을 취득하는데 소요되는 원가
* 순실현가능가치 : 판매금액에서 판매부대비용을 차감한 금액

○ 예제 7. 재고자산의 저가평가

회사 재고자산 평가액이 다음과 같을 때 저가평가 하시오.

구 분	원 가	현행대체원가	순실현가능가치
원 재 료	50,000	45,000	40,000
재 공 품	60,000	65,000	55,000
제 품	100,000	150,000	140,000

해답

제품 100,000, 재공품 55,000, 원재료 50,000
→ 원재료는 제품의 원가가 순실현가능가치 이하로 하락할 때에만 원재료를 저가평가한다.

3) 재고자산평가손실과 재고자산감모손실

재고자산의 시가가 장부가액 이하로 하락하여 발생한 평가손실은 재고자산의 차감계정으로 표시하고 매출원가에 가산한다. 재고자산의 장부상 수량과 실제 수량과의 차이에서 발생하는 감모손실의 경우 정상적으로 발생한 감모손실은 매출원가에 가산하고 비정상적으로 발생한 감모손실은 영업외비용으로 분류한다. 저가평가한 재고자산의 금액이 회복 시에는 평가손실을 인식하기 전 최초가액을 한도로 환입이 가능하다. 만일 재고자산평가손실의 환입이 발생하는 경우에는 매출원가에서 차감하여 표시한다.

① 원가성이 없는 경우(수량감소) : 재고자산감모손실 (영업외비용)로 평가
② 원가성이 있는 경우(수량감소) : 재고자산평가손실(매출원가 또는 제조원가)에 포함
③ 단가가 하락한 경우 : 매출원가로 처리

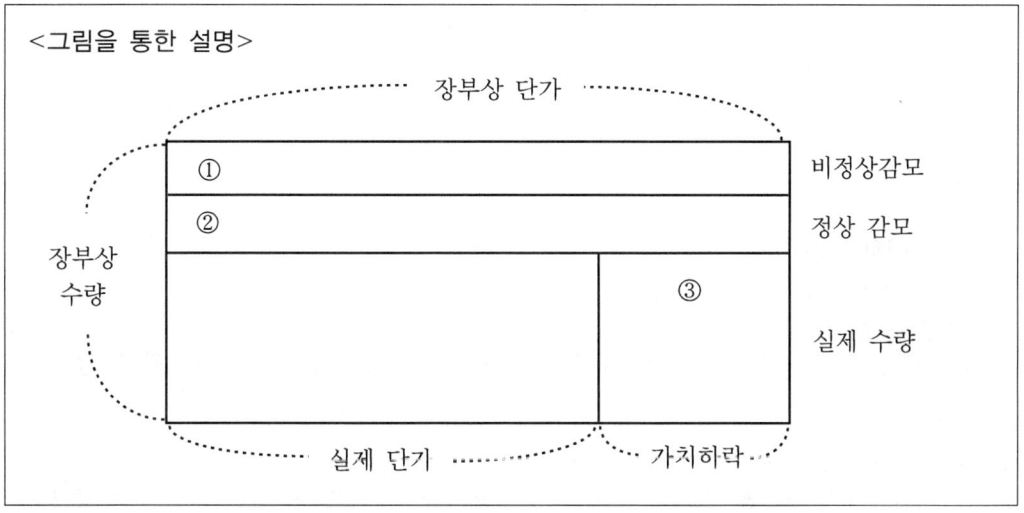

1부 · 재무회계 이론

○ 예제 8. 재고자산감모손실과 평가손실

장부상 상품의 수량이 500개, 실제 상품의 수량이 450개(단, 10개는 비정상감모분이고, 40개는 정상감모분이다)이다. 그리고, 상품의 장부상 단가는 1,000원인데, 실제 단가는 900원이다. 필요한 회계처리를 행하여라.

해답

① 비정상감모 : 10개 × 1,000원 = 10,000원
   (차) 재고자산감모손실   10,000   (대) 상품(타계정으로 대체)   10,000
② 정상감모 : 40개 × 1,000원 = 40,000원
   (차) 상품매출원가   40,000   (대) 상   품   40,000
   * 실무 프로그램에서는 결산일에 위의 회계처리를 하지 않는다. 결산자료입력에서 기말 상품금액을 950,000원으로 기록하면 자동으로 매출원가를 40,000원만큼 더 인식하게 된다.
③ 평가손실 : 450개 × 100원 = 45,000원
   (차) 재고자산평가손실(매출원가)   45,000   (대) 재고자산평가충당금   45,000
   * 재고자산평가충당금은 재고자산의 차감적 성격이다.

저가법을 적용하게 되는 사유 - 69회 출제

재고자산의 시가가 취득원가보다 하락한 경우에는 저가법을 사용하여 재고자산의 장부금액을 결정하게 된다. 관련 사유들은 다음과 같다.
① 보고기간말로부터 1년 또는 정상영업주기 내에 판매되지 않았거나 생산에 투입할 수 없어 장기체화 된 경우
② 손상을 입은 경우
③ 완성하거나 판매하는 데 필요한 원가가 상승한 경우
④ 진부화하여 정상적인 판매시장이 사라지거나 기술 및 시장여건등의 변화에 의해서 판매가치가 하락한 경우

제3장 유형자산

유형자산은 기업이 사업을 위해 사용하는 자산으로 형체가 있는 자산이면 유형자산, 형체가 없으면 무형자산으로 구분한다. 유형자산의 종류에는 토지, 건물, 구축물, 기계장치, 차량운반구, 공구와기구, 비품 등이 있다. 한편 유형자산의 증감사유는 다음과 같다.

유, 무형자산

기 초	감가상각(상각)
취 득	처 분
자본적지출	기 말

이번 장에서는 유형자산의 증가사유인 취득, 자본적지출, 유형자산의 감소사유인 감가상각, 처분에 대하여 학습하기로 한다.

01 취득원가의 결정

1) 외부구입

취득가액 + 매입부대비용(취득세, 운반비, 설치비, 보험료, 시운전비, 관세 등)

○ 예제 1. 외부구입

다음의 각 상황에 대하여 취득원가를 각각 구하시오.
(상황 1) 토지를 50,000,000원에 취득하였고, 인근 법무사 사무실에 토지 취득에 따른 등기를 의뢰하여 추가로 100,000원이 발생하였다.
(상황 2) 기계장치를 20,000,000원에 취득하면서 배송료 20,000원, 설치비 30,000원, 시운

전비 30,000원을 추가로 부담하였다.
(상황 3) 비품을 수입하면서 비품 매입대금 3,000,000원을 이체하여 지급하고, 관세 200,000원, 부가가치세 320,000원을 추가로 지급하였다.

해답

(1) 50,100,000원　　(2) 20,080,000원
(3) 3,200,000원(부가가치세는 별도로 부가세대급금이라는 자산으로 인식한다.)

---

2) 현물출자, 증여, 기타 무상으로 취득

취득한 유형자산의 공정가치를 취득원가로 한다.

참고

현물출자 : 주식을 취득시 현금이 아닌 유형자산으로 취득하는 것을 말함

○ 예제 2. 무상수증과 현물출자

다음의 각 상황에 따른 회계처리를 하시오.
(1) 대표이사가 50,000,000원에 취득했던 토지를 회사에 무상으로 기증해 주었다. 거래일 당시 토지의 공정가치는 80,000,000원이었고, 토지의 취득세로 1,000,000원을 현금으로 납부하였다.
(2) 공정가액 70,000,000원인 기계장치를 취득하면서 액면금액 5,000원, 공정가치 6,800원인 주식 10,000주를 발행하여 취득하였다.

해답

(1) (차) 토　　지	81,000,000	(대) 자산수증이익	80,000,000
		현　　금	1,000,000
(2) (차) 기 계 장 치	70,000,000	(대) 자 본 금	50,000,000
		주식발행초과금	20,000,000

3) 취득시 강제적으로 국공채를 매입하여야 하는 자산

(국공채매입가액 － 국공채공정가액)을 취득원가에 산입한다.

제3장 · 유형자산

○ **예제 3. 국공채 매입이 수반되는 경우**

회사는 토지를 취득하였으며, 등기를 하면서 다음의 영수증을 추가로 받았다. 적절한 회계처리를 행하시오. 단, 토지 취득시 회계처리는 적절하게 하였으며, 대금은 보통예금으로 입금하였고, 별도의 세금계산서를 수취하지는 않았다.

영 수 증						
(주)솔로몬 귀하 사건명 : 소유권이전					
보수액			공과금		
적요	금액	비고	적요	금액	비고
보 수 료	20,000		등 록 세	3,560,670	
			교 육 세	257,050	
			인증지대	164,000	
			채 권	351,280	
소 계	20,000		제 증 명	20,000	
부가가치세	2,000		합 계	4,353,000	
입금액 : 4,375,000원 환불액 : 0					
위와 같이 영수합니다. 20x1년 2월 11일 사무소 : 서울 성북구 동소문동 5가 8 법무사 : 최 진 아 (인)					

해답

(차) 토 지   4,375,000   (대) 보 통 예 금   4,375,000
  * 토지의 자본적 지출과 관련된 매입세액은 불공제되므로 부가세대급금으로 기록하지 않고, 토지 취득원가에 포함시킨다.

4) 토지와 건물 등을 일괄구입

토지와 건물을 일괄하여 구입하는 경우 토지는 감가상각을 하지 않고, 건물은 감가상각을 하므로, 해당연도부터 손익에 영향을 미치게 되므로, 토지와 건물의 취득원가에 배분한다.

① 건물 **사용시 : 토지와 건물의 공정가액 비율로 취득가액을 안분계산**
② 건물 **철거시 : 건물의 순철거비용까지 토지원가**에 산입

1부 · 재무회계 이론

◉ 예제 4. 토지와 건물의 일괄구입

다음의 각 상황에 대하여 토지와 건물의 취득원가를 구하여라.
(1) 토지와 건물을 600,000,000원에 보통예금에서 이체하여 취득하였다. 토지의 공정가치는 420,000,000원이고, 건물의 공정가치는 210,000,000원이었다(건물은 사용 예정이다).
(2) 토지와 건물을 일괄하여 350,000,000원에 취득하였으며, 건물은 20,000,000원의 비용을 들여 철거하였다. 단, 철거중에 발생한 부산물은 3,000,000원에 처분하였을 때 취득원가는?

해답

(1) 토지 : 400,000,000원, 건물 : 200,000,000원(토지와 건물의 공정가액 비율이 2 : 1이다.)
(2) 토지 : 350,000,000원 + 20,000,000원 - 3,000,000원 = 367,000,000원, 건물 : 0

단, 사용중인 건물을 철거하는 경우에는 건물의 장부금액은 처분손실에 반영한다. 예제를 통해 확인해 보도록 하자.

◉ 예제 5. 사용중인 건물의 철거

(주)솔로몬은 사용중이던 건물(취득원가 200,000,000원, 감가상각누계액 180,000,000원)을 현금 10,000,000원을 지급하고 철거하였다. 회계처리를 하시오. 단, 부가가치세는 무시한다.

해답

| (차) 감가상각누계액 | 180,000,000 | (대) 건물 | 200,000,000 |
| (차) 유형자산처분손실 | 30,000,000 | (대) 현금 | 10,000,000 |

취득원가에서 감가상각누계액을 차감한 금액을 장부금액이라고 한다. 장부금액이 20,000,000원인 자산을 철거하면서 현금 10,000,000원을 지급하므로 유형자산처분손실은 30,000,000원이 된다.

5) 장기연불구입

취득시점의 현금구입가격(주의 : 회수금액의 현재가치가 아님)을 취득원가로 하며, 명목가액과 현재가치와의 차액은 회수시점에 이자수익으로 인식한다.

6) 자가건설로 인한 취득

① 고정제조간접비는 건설 중인 원가에 포함하여야 한다.

② 자가건설에 대한 차입금 이자가 발생하는 경우
- **원칙 : 이자비용**으로 인식(일반기업회계기준 18장 문단 18.4)
- **특례 : 회사의 선택에 따라 유형자산의 취득원가에 포함할 수 있음**
  (손실 등 환율변동손익 중 이자비용의 조정으로 볼 수 있는 부분만 금융비용에 포함한다.
  단, 차입금에 대한 연체이자는 자본화대상 금융비용에 포함하지 않으므로 주의하여야 한다.)

금융비용자본화

1) 자본화대상 자산
   유형자산, 무형자산 및 투자자산과 제조, 매입, 건설, 또는 개발(이하 "취득"이라 한다)이 개시된 날로부터 의도된 용도로 사용하거나 판매할 수 있는 상태가 될 때까지 1년 이상의 기간이 소요되는 재고자산을 말한다(기준 18.1).
2) 자본화대상 금융비용항목(기준 18.2)
   ㈎ 장·단기차입금과 사채에 대한 이자비용
   ㈏ 사채발행차금상각(환입)액
   ㈐ 채권·채무의 현재가치평가 및 채권·채무조정에 따른 현재가치할인차금상각액
   ㈑ 외화차입금과 관련된 환율변동손익 중 이자비용의 조정으로 볼 수 있는 부분
   ㈒ 리스이용자의 금융리스이자비용
   ㈓ 차입금 등에 이자율위험회피회계가 적용되는 경우 위험회피수단의 평가손익과 거래손익
   ㈔ 차입과 직접 관련하여 발생한 수수료
   ㈕ 기타 이와 유사한 금융비용
   * 차입금연체이자, 어음할인을 통한 이자비용, 운용리스료는 제외된다.

7) 교환으로 인한 취득, 국고보조금(정부보조금)을 통한 취득 : 4절에서 설명함

02 유형자산의 평가

1) 자본적지출과 수익적지출(기준 10.14)

구 분	자본적지출	수익적지출
용 도	성능향상, 내용연수증가	성능유지
회계처리	해당 자산의 금액증가	당기에 비용처리
사례	건물증축, 엘리베이터 설치 차량등의 엔진교환	건물 도색, 유리창 교체 차량등의 주유

1부 · 재무회계 이론

기타주의사항
전표입력을 하면서 500번대는 제조원가, 800번대는 판매비와일반관리비의 성격임을 주의하셔서 계정번호를 부여하여야 한다.

○ 예제 6. 자본적 지출과 감가상각

다음의 각 상황에 대하여 회계처리 하시오. 단, 부가가치세는 무시하며 각 상황은 연결되는 문제이다.
(1) 20x1년 1월 1일 기계장치를 5,000,000원에 현금취득 하였다.
(2) 20x1년말 결산시 감가상각을 한다. 잔존가액은 없으며, 내용연수는 5년이며, 정액법으로 감가상각한다.
(3) 20x2년 1월 1일 기계장치에 대하여 현금 200,000원을 지출하여 주요부품을 보다 좋은 성능의 부품으로 교체하였다. 기계장치의 내용연수는 1년 더 추가될 것으로 예상된다.
(4) 20x2년말 결산시 감가상각을 한다.

해답

(1)	(차) 기 계 장 치	5,000,000	(대) 현 금	5,000,000
(2)	(차) 감가상각비	1,000,000	(대) 감가상각누계액	1,000,000
(3)	(차) 기 계 장 치	200,000	(대) 현 금	200,000
(4)	(차) 감가상각비	840,000	(대) 감가상각누계액	840,000

(그림을 통한 설명)

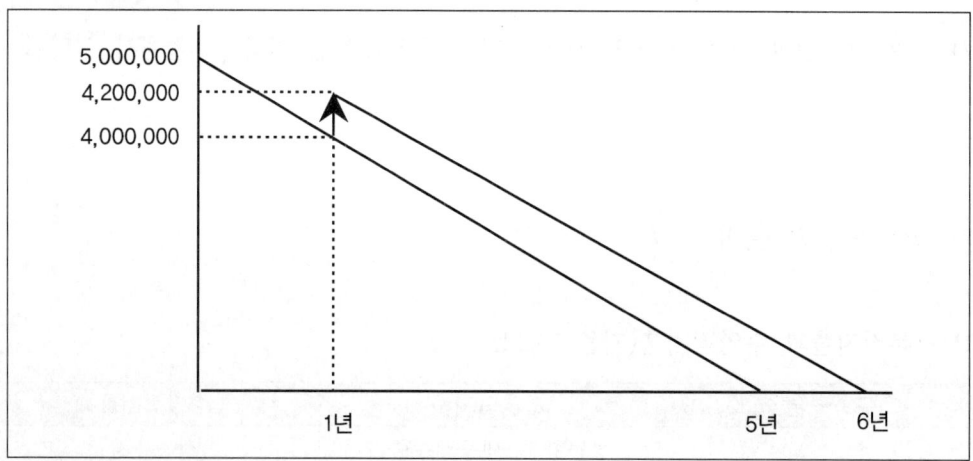

(1) 5,000,000원에 취득
(2) 1,000,000원 상각 : 장부가액이 4,000,000원으로 변화
(3) 자본적지출로 인하여 장부가액 200,000원 증가
(4) 감가상각을 할 때에는 내용연수가 1년 더 연장된 것으로 계산

2) 감가상각

① 의 의

감가상각의 주목적은 취득원가의 배분이며 자산의 재평가는 아니다. 유형자산의 감가상각대상 금액은 내용연수에 걸쳐 합리적이고, 체계적인 방법으로 배분한다.

② 보고방법

유형자산의 감가상각비를 인식하면 해당금액을 감가상각누계액으로 인식한다. 예를들어 80,000원을 감가상각하면 다음과 같이 회계처리 한다.

| (차) 감가상각비 | 80,000 | (대) 감가상각누계액 | 80,000 |

만약에 건물의 취득원가가 800,000원이고, 감가상각누계액이 80,000원이라면 다음과 같이 보고한다.

재 무 상 태 표

| 건 물 | 800,000 | |
| 감가상각누계액 | (80,000) | 720,000 |

상각방법	감가상각비 인식액	상각률
정액법	(취득원가 − 잔존가치) × 상각률	$\dfrac{1}{내용연수}$
정률법	미상각잔액 × 상각률	$1 - \sqrt[내용년수]{\dfrac{잔존가치}{취득원가}}$
연수합계법	(취득원가 − 잔존가치) × 상각률	$\dfrac{연차역순}{연수합계}$
이중체감법	미상각잔액 × 상각률	상각률은 정액법의 2배
생산량비례법	(취득원가 − 잔존가치) × 상각률	$\dfrac{당기실제산출량}{추정총생산량}$
작업시간 비례법	〃	$\dfrac{당기실제가동시간}{추정총기계작업시간}$

* 수익비용의 대응에 가장 충실한 방법은 생산량비례법 또는 작업시간비례법이 된다.

1부 · 재무회계 이론

예제 7. 감가상각비의 계산

취득원가가 100,000,000원, 잔존가액이 10,000,000원으로 추정되는 기계장치를 구입하였다. 이 기계장치는 5년간 총 1,500 시간동안 사용할 수 있을 것으로 추정된다. 회사는 이 기계장치를 1월 1일에 취득하여 한 해 동안 400시간 동안 사용하였다. 그리고, 2년째에는 350시간, 3년째에는 330시간, 4년째에는 320시간, 5년째에는 100시간 동안 사용하였다. 각 연도별 인식할 감가상각비는 얼마인가? (단, 정률은 0.369라고 가정한다.)

	정액법	연수합계법	정률법	작업시간비례법
1년째 감가상각비				
2년째 감가상각비				
3년째 감가상각비				
4년째 감가상각비				
5년째 감가상각비				

해답

	정액법	연수합계법	정률법	작업시간비례법
1년째 감가상각비	18,000,000	30,000,000	36,900,000	24,000,000
2년째 감가상각비	18,000,000	24,000,000	23,283,900	21,000,000
3년째 감가상각비	18,000,000	18,000,000	14,692,141	19,800,000
4년째 감가상각비	18,000,000	12,000,000	9,270,741	19,200,000
5년째 감가상각비	18,000,000	6,000,000	5,853,218	6,000,000

③ 기중 취득 또는 처분

기중에 취득한 유형자산은 취득한 날부터 결산일까지 월할상각하고, 기중에 처분하는 유형자산은 처분하는 달까지 월할상각을 한 후 처분에 대한 회계처리를 한다.

예제 8. 기중 취득 또는 중도 처분시 감가상각

다음의 물음에 답하여라.
(1) 20x1년 7월 1일에 기계장치를 10,000,000원에 취득하였으며 내용연수는 5년이고, 잔존가액은 0원이다. 정액법으로 감가상각한다면 20x1년도에 감가상각할 금액은?
(2) 위의 자산을 20x2년 3월 31일에 처분하고자 한다. 20x2년에 감가상각할 금액은?
(3) 위의 자산을 8,500,000원에 처분하였다면 유형자산처분손익은 얼마인가?
(4) 만일 처분하는 시점에 감가상각을 하지 않고, 유형자산처분손익을 인식한다면 손익계산서 상 어떻게 영향을 미치겠는가?

해답

(1) 1년에 2,000,000원을 감가상각하므로 6개월에는 1,000,000원을 감가상각한다.
(2) 10,000,000원 × 1년/5년 × 3월/12월 = 500,000원
(3) 장부가액이 8,500,000원(= 10,000,000원 - 1,000,000원 - 500,000원)인 유형자산을 8,500,000원에 처분하므로, 처분손익은 발생하지 않는다.
(4) 각 상황에 따라 20x2년에 반영될 금액은 다음과 같다.
　　처분전에 감가상각을 한 경우 : 판매비와관리비 500,000원, 영업외비용 0원
　　처분전에 감가상각을 하지 않은 경우 : 판매비와관리비 0원, 영업외비용 500,000원
　　→ 만약 유형자산의 처분시에 감가상각을 하지 않고, 처분에 대한 회계처리를 하는 경우에는 법인세차감전이익에는 영향이 없으나 영업이익이 과대계산된다.

03 유형자산의 처분

차량운반구의 감소액은 처분금액이 아니라 취득가액과 감가상각누계액으로 하여야 하며, 외상으로 거래한 경우에는 외상매출금이 아니라 미수금으로 처리한다. 풀이과정을 단계별로 나타내면 다음과 같다.

예제 9. 유형자산의 처분

취득가액 10,000,000원, 감가상각누계액 3,000,000원인 차량을 6,000,000원(부가세별도)에 외상으로 처분하였다. 단, 처분일 까지 감가상각금액은 무시한다.
1단계 : 공급가액과 세액을 입력한 후 받는 대가를 기록
　　　　(차) 미 수 금　　　　6,600,000　　(대) 부가세예수금　　　　600,000

2단계 : 차량운반구의 취득가액과 감가상각누계액을 기록
       (차) 감가상각누계액   3,000,000   (대) 차량운반구   10,000,000
3단계 : 처분손실 또는 처분이익을 인식
       (차) 유형자산처분손실   1,000,000

04 유형자산의 교환

1) 동종자산의 교환

제공한 자산의 장부가액을 취득원가로 한다. 단, 현금을 일부 거래하며 그 금액이 중요한 경우에는 이종자산의 교환으로 본다(일반적으로 동종자산을 서로 교환할 때, 교환되는 자산 공정가액의 25%를 초과하면 현금수수금액이 중요한 것으로 본다. 동종자산 교환은 사용중인 유형자산이 물리적 형태만 변경된 상태로 계속 기업에 효익을 가져다 준다고 보고 처분손익을 인식하지 않는다.

2) 이종자산의 교환

(1순위) 제공한 자산의 공정가치, (2순위) 새로 취득한 자산의 공정가치

다시 말해 과소(과대)평가된 유형자산을 교환시에 손익을 인식하겠다는 의미이다. 단, 사용중인 유형자산의 공정가치는 경우에 따라 합리적으로 측정이 불가능한 경우도 있으므로 이 경우에는 새로 취득하게 되는 유형자산의 공정가치를 취득원가로 한다.

○ 예제 10. 유형자산의 교환

다음 유형자산의 교환에 대한 회계처리를 하시오. 단, 각 상황은 서로 독립적이라고 가정한다.
(사례 1) 아반테(취득가액 10,000,000원, 감가상각누계액 2,000,000원)를 처분하면서 공정가치가 7,000,000원인 소나타를 취득하였다.
(사례 2) 아반테 (취득가액 10,000,000원, 감가상각누계액 2,000,000원)를 처분하면서 공정가치가 7,000,000원인 컴퓨터를 취득하였다.

제3장 • 유형자산

해답

(1) (차) 감가상각누계액　　　　2,000,000　　(대) 차량운반구(구)　　10,000,000
　　　 차량운반구(신)　　　　　8,000,000
　　→ 처분손익을 인식하지 않음

(2) (차) 감가상각누계액　　　　2,000,000　　(대) 차량운반구(구)　　10,000,000
　　　 비　　품　　　　　　　　7,000,000
　　　 유형자산처분손실　　　　1,000,000
　　→ 처분손익 인식

05 정부보조금에 의한 자산의 취득

참고

국고보조금이 일반기업회계기준에서 정부보조금으로 용어가 변경되었다. 본 교재에서는 개정된 용어인 정부보조금으로 설명하여야 하나 시험에서는 가끔 국고보조금이라는 용어로 출제되기도 하므로 혼용해서 설명하기로 한다.

1) 의 의

정부보조금은 정부기관 등에서 영업수익 보전목적 또는 자산취득을 조건으로 보조해 주는 금액을 말한다. 시험에서는 자산취득을 전제로 하는 정부보조금이 중요하다.

2) 각 상황별 회계처리

(1) 정부보조금 수령시

① 영업수익 보전목적인 경우
　　(차) 현 금 등　　　　　　　(대) 영업외수익
② 자산취득 조건인 경우
　　(차) 현 금 등　　　(대) 정부보조금(현금차감) - 상환의무가 없는 경우
　　　　　　　　　　　(대) 장기(또는 단기)차입금 - 상환의무가 있는 경우

(2) 정부보조금으로 자산 취득시

정부보조금을 원하는 용도대로 사용하였으므로 정부보조금을 차감하여 준다.

(차) 유 형 자 산   (대) 현 금 등
(차) 정부보조금 (현금차감)   (대) 정부보조금 (자산차감)

(3) 정부보조금으로 취득한 자산을 상각하는 경우

일반기업회계기준에서는 정부보조금을 내용연수에 걸쳐 상각하는 금액만큼 감가상각비에서 차감하도록 하고 있으므로 다음과 같이 회계처리한다.

(차) 정부보조금 (자산차감)   (대) 감가상각누계액
(차) 감가상각비

(4) 정부보조금으로 취득한 자산을 처분하는 경우

정부보조금도 감가상각누계액에 준하여 회계처리한다.

(차) 감가상각누계액   (대) 유 형 자 산
(차) 정부보조금(자산차감)   (대) 유형자산처분이익
(차) 현 금 등

○ 예제 11. 정부보조금 관련 회계처리

다음 자료에 의하여 정부보조금 관련 회계처리를 하시오. 단, 각 상황은 계속 연결되는 상황이라고 가정한다.

(1) 20x1년 6월 1일 정부보조금으로 보통예금 20,000,000원을 수령하였으며, 이 중에서 10,000,000원은 프로젝트 성공시 3년 후에 상환할 의무가 있다.
(2) 20x1년 7월 1일 앞의 정부보조금 지원금을 통해 시설장치를 20,000,000원에 취득하고, 대금은 보통예금으로 결제하였다. 단, 부가가치세는 무시한다.
(3) 20x1년말 결산시 시설장치에 대하여 감가상각을 한다. 단, 정액법으로 상각하며, 내용연수는 10년이며, 잔존가액은 없다고 가정한다.
(4) 20x1년말 감가상각 후 해당 시설장치를 현금 15,000,000원을 받고 처분한다.

해답

(1) (차) 보 통 예 금   20,000,000   (대) 장기차입금   10,000,000
                                              정부보조금   10,000,000
                                              (예금차감)

제3장 · 유형자산

(2)	(차) 시 설 장 치	20,000,000	(대) 보 통 예 금	20,000,000
	정부보조금	10,000,000	정부보조금	10,000,000
	(예금차감)		(시설장치 차감)	
(3)	(차) 감가상각비	500,000	(대) 감가상각누계액	1,000,000
	정부보조금	500,000		
	(시설장치 차감)			

    * 1년에 2,000,000원을 상각하여야 하나 취득일이 7월이므로 6월분만 상각한다.
    ** 정부보조금도 6개월분을 상각하며, 이 금액은 결과적으로 감가상각비를 감소시킨다.
    *** 부분 재무상태표에는 시설장치 20,000,000원, 감가상각누계액(차감) 1,000,000원, 정부보조금(차감) 9,500,000 원이 남게 된다.

(4)	(차) 현 금	15,000,000	(대) 시 설 장 치	20,000,000
	감가상각누계액	1,000,000	유형자산처분이익	5,500,000
	정부보조금	9,500,000		

06 유형자산의 손상차손

1) 의 의

유형자산의 가치가 급격하게 하락하여 회복 불가능한 경우에는 손상차손을 인식한다. 만일 회수가능가액 (시장가치와 사용가치 중 큰 금액)이 급격하게 하락하여 회복이 불가능한 경우에는 손상차손을 인식하고, 유형자산의 차감계정으로 표시하여야 한다. 만일 자산의 가치가 회복되었다면, 처음부터 감가상각을 하지 않았을 때 장부금액을 한도로 회복할 수 있다.

○ 예제 12. 유형자산의 손상차손

다음 각 거래일의 회계처리를 하시오. 단, 본 문제들은 서로 연결되는 문제이다.
(1) 20x1. 1. 1 기계장치를 50,000,000원에 현금으로 취득하였다. (부가가치세 무시)
(2) 20x1.12.31 기계장치를 감가상각한다. 내용연수 5년, 잔존가액은 없으며, 정액법으로 상각한다.
(3) 20x2.12.31 감가상각을 한 후 확인한 결과 기계장치의 사용가치는 15,000,000원이고, 시장가치는 10,000,000원이며 회복이 불가능한 것으로 판단되었다.
(4) 20x3.12.31 감가상각을 한 후 확인한 결과 기계장치의 사용가치가 22,000,000원으로 회복된 것을 확인하였다.

해답

(1) 20x1. 1. 1
  (차) 기계장치   50,000,000   (대) 현금   50,000,000
(2) 20x1.12.31
  (차) 감가상각비   10,000,000   (대) 감가상각누계액   10,000,000
(3) 20x2.12.31
  (차) 감가상각비   10,000,000   (대) 감가상각누계액   10,000,000
  (차) 유형자산손상차손   15,000,000   (대) 손상차손누계액   15,000,000
  * 장부금액이 30,000,000원에서 사용가치와 시장가치 중 큰 금액인 15,000,000원으로 조정
(4) 20x3.12.31
  (차) 감가상각비   5,000,000   (대) 감가상각누계액   5,000,000
  (차) 손상차손누계액   10,000,000   (대) 유형자산손상차손환입   10,000,000
  ** 15,000,000원으로 조정하였고 잔여 내용연수가 3년이므로 5,000,000원 감가상각
  *** 손상차손을 인식하지 않았을 때 감가상각후 금액을 한도로 회복가능

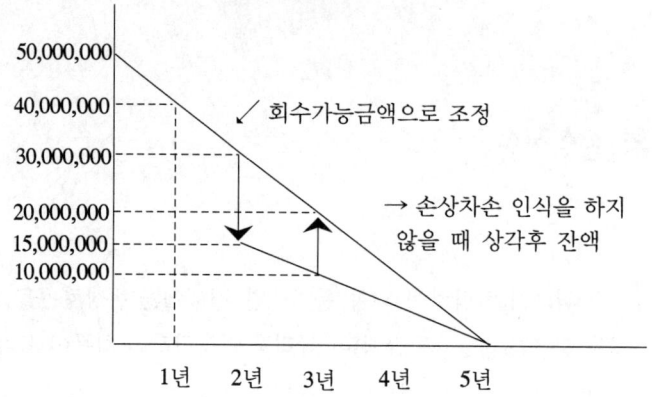

07 재평가 모형

취득일 이후 재평가일의 공정가치로 자산금액을 수정하는 모형을 말한다. 자산 재평가는 매 보고기간말 할 필요는 없으며 3년, 5년 등의 주기별로 평가할 수 있다. 재평가이익은 자본항목(기타포괄손익누계액)으로 처리하고, 재평가손실은 비용으로 처리한다.

○ 예제 13. 재평가모형

다음 각 거래일의 회계처리를 하시오. 단, 본 문제들은 서로 연결되는 문제이다.
(1) 20x1년초에 토지를 100,000,000원에 취득하였다. 20x1년 말 재평가를 하였는데, 토지를 130,000,000원으로 재평가하였다.
(2) 20x2년말 토지를 재평가한 결과 토지의 가치는 90,000,000원으로 확인되어 재평가다.

해답

(1) (차) 토　　지　　　　　　　　　30,000,000　　(대) 재평가잉여금　　　　　　30,000,000
　　　　(기타포괄손익누계액)
(2) (차) 재평가잉여금　　　　　　　30,000,000　　(대) 토　　지　　　　　　　　40,000,000
　　　　(기타포괄손익누계액)
　　(차) 재평가손실　　　　　　　　10,000,000
　　　　(영업외비용)

제4장 무형자산

01 무형자산의 의의

무형자산은 재화의 생산이나 용역의 제공, 타인에 대한 임대 또는 관리에 사용할 목적으로 기업이 보유하고 있으며, 물리적 형체가 없지만 식별가능하고, 기업이 통제하고 있으며, 미래 경제적 효익이 있는 비화폐성자산을 말한다.

02 무형자산의 종류

1. 종 류

영업권(외부취득한 것만 해당), 특허권, 라이선스, 저작권, 상표권(상표명 및 출판권 포함), 프랜차이즈, 소프트웨어 등

2. 무형자산의 인식요건

무형자산의 인식요건은 식별가능성, 통제가능성, 미래의 경제적 효익의 유입가능성이다. (일반 11.2, 11.5, 11.6) 다음의 경우에는 무형자산의 인식요건을 충족하지 못하므로 자산으로 인식하지 않는다.

① 숙련된 종업원 : 충분히 통제가 어려우므로 무형자산 제외
② 고객과의 관계 : 충성도를 지속시킬 수 있는 권리가 없으면 통제가 불가능하므로 제외
③ 판매비, 관리비, 기타 간접지출, 명백한 비효율로 인한 손실, 무형자산을 운용하는 직원의 훈

련 관련 지출 : 비용처리
④ 창업비, 개업비, 교육훈련비, 광고선전비, 조직개편비용 등 : 경제적 효익에 미치는 기간이 단기이므로 비용처리

03 무형자산의 취득원가

1) **원칙** : 구입원가 + 자산을 사용할 수 있도록 준비하는 데 직접 관련되는 지출
2) **무형자산과 기타의 자산을 일괄하여 취득한 경우**
   총 취득원가를 무형자산과 기타의 자산의 공정가치에 비례하여 배분한 금액을 각각 무형자산과 기타의 자산의 취득원가로 한다.
3) **교환을 통하여 취득한 경우** : 교환으로 제공한 자산의 공정가치로 측정

○ 예제 1. 무형자산 취득원가의 계산

다음 각 상황별로 무형자산의 취득원가를 구하시오.
(1) 홈페이지를 구축하면서 도메인 사용료 100,000원, 서버구축비 400,000원, 작업자의 인건비 1,000,000원이 발생함
(2) 공정가액 60,000,000원인 특허권을 취득하면서 액면금액 5,000원, 공정가액 7,000원인 주식 10,000주를 교부하여 취득
(3) 신입사원을 채용하면서 채용모집비 200,000원, 교육훈련비 2,800,000원을 지출
(4) 신제품 개발을 하면서 8,000,000원의 비용이 발생함(단, 관련 비용은 모두 자산 인식요건을 충족함), 그리고, 특허출원비용으로 300,000원이 추가발생함

해답
(1) 1,500,000원   (2) 70,000,000원   (3) 0   (4) 8,300,000원

04 영업권

일반기업회계기준에서 영업권은 합병이나 영업양도 등과 같이 유상으로 취득한 것만 인정한다. 영업권은 흡수되는 기업의 초과수익력을 의미한다. 합병등을 하면서 순자산 금액 보다 더 많은 금

액을 지불하는 경우의 차액은 영업권으로 처리한다.

> **예제 2. 영업권의 회계처리**

(주)대형은 (주)소형에게 현금 100,000,000원을 지급하고 흡수합병 하였다. 회계처리를 하시오. 합병 당시 (주)소형의 재무상태는 다음과 같다.

재무상태표

제품	80,000,000	단기차입금	90,000,000
기계장치	120,000,000	장기차입금	80,000,000
임차보증금	50,000,000	자본금	80,000,000

해답

합병을 하게 되면, 자산과 부채가 모두 승계된다. 순자산 금액 보다 더 지급하는 부분은 영업권으로 한다.

(차) 제품	80,000,000	(대) 단기차입금	90,000,000
(차) 기계장치	120,000,000	(대) 장기차입금	80,000,000
(차) 임차보증금	50,000,000	(대) 현금	100,000,000
(차) 영업권	20,000,000		

05 개발비

개발비를 자산으로 인식하기 위해서는 신제품 또는 신기술의 개발과 관련이 있어야 하고, 개발단계에서 발생한 지출이어야 한다. 연구단계에서 발생한 지출은 비용으로 인식하고, 개발단계에서 발생한 지출만 자산으로 회계처리한다. 단, 연구단계의 지출인지 개발단계의 지출인지 구분할 수 없는 경우에는 모두 연구단계의 지출로 본다.

연구단계란 개발을 준비하기 위한 탐색과정 등에서 지출된 원가이다.

㈎ 새로운 지식을 얻고자 하는 활동
㈏ 연구결과 또는 기타 지식을 탐색, 평가, 최종 선택 및 응용하는 활동
㈐ 재료, 장치, 제품, 공정, 시스템, 용역 등에 대한 여러 가지 대체 안을 탐색하는 활동
㈑ 새롭거나 개선된 재료, 장치, 제품, 공정, 시스템, 용역 등에 대한 여러 가지 대체 안을 제안,

설계, 평가 및 최종 선택하는 활동

개발단계는 연구단계 보다 진전된 상태이다. 단, 개발 단계의 지출이라도 명백한 비효율적 발생 원가는 자산의 원가가 될 수 없다. 개발단계의 사례는 다음과 같다.

㈎ 생산 전 또는 사용 전의 시작품과 모형을 설계, 제작 및 시험하는 활동
㈏ 새로운 기술과 관련된 공구, 금형, 주형 등을 설계하는 활동
㈐ 상업적 생산목적이 아닌 소규모의 시험공장을 설계, 건설 및 가동하는 활동
㈑ 새롭거나 개선된 재료, 장치, 제품, 공정, 시스템 및 용역 등에 대하여 최종적으로 선정된 안을 설계, 제작 및 시험하는 활동

○ 예제 3. 개발비의 취득원가

신제품 개발과 관련한 지출내역은 다음과 같다. 무형자산의 취득원가는 총 얼마인가?
(1) 연구결과를 탐색하여 최종 선택을 하는데 발생한 지출 : 20,000,000원
(2) 새로운 여러 가지 대체 안을 제안하고, 최종 선택하는 활동 : 25,000,000원
(3) 새로운 기술과 관련된 공구, 금형, 주형 등을 설계하는 활동 : 30,000,000원
(4) 새롭거나 개선된 제품등에 대하여 최종적으로 선정된 안을 제작 : 35,000,000원
  (단, 이 중에서 5,000,000원은 비효율적으로 발생하였음)

해답

60,000,000원
(1)과 (2)는 연구단계 지출이므로 자산요건을 충족하지 못하였고, (3)과 (4)의 지출 중에서 비효율적으로 발생한 지출을 제외하여 계산

06 무형자산의 상각

1) 무형자산의 상각기간

무형자산의 상각기간은 **독점적·배타적인 권리를 부여하고 있는 관계 법령이나 계약에 정해진 경우를 제외하고는 20년을 초과할 수 없다.** 현실적으로 무형자산의 내용연수를 합리적으로 추정하기는 힘들므로, 중소기업의 경우에는 무형자산의 내용연수 및 잔존가치의 결정을 법인세법의 규정

1부 • 재무회계 이론

에 따를 수 있다. 무형자산을 상각하는 동안 내용연수에 대한 추정이 적절하지 않다는 것이 명백해지면 상각기간의 변경이 가능하다. **상각은 자산이 사용 가능한 때부터** 시작한다. 무형자산의 보고방법에 대해서는 **직접상각과 간접상각을 모두 인정**해주고 있으나 직접상각을 하는 경우에는 당기 무형자산의 변동내역을 주석으로 기재하여야 한다.

> 당기에 1,000,000원에 취득한 특허권을 200,000원 상각한 경우
> * 직접상각 : (차) 무형자산상각비   200,000   (대) 특 허 권   200,000
>   간접상각 : (차) 무형자산상각비   200,000   (대) 무형자산상각누계액 200,000

유형자산과 달리 무형자산은 직접상각을 허용하고 있다. 직접상각을 하는 경우 무형자산의 금액은 상각후 금액으로 표시된다. 무형자산 상각금액은 무형자산의 기초금액에서 잔여내용연수를 반영하여 계산한다.

○ 예제 4. 무형자산 상각금액의 계산

당기 회계연도는 20x2.1.1 ~ 20x2.12.31 이다. 특허권은 20x1년 초에 취득한 것이며, 특허권의 기초금액은 8,000,000원이다. 내용연수는 5년이며, 정액법으로 상각한다고 할 때, 20x2년에 상각할 금액은 얼마인가?

해답

답 : 2,000,000원
기초 금액이 8,000,000원이고, 잔여내용연수 4년 동안 매년 2,000,000원을 상각하게 된다. 다시 말해 처음 10,000,000원에 취득하여 전기에 2,000,000원을 상각하고, 기초금액(=전기말 금액)이 8,000,000원이 된 것이다.

2) 무형자산의 상각방법

무형자산의 상각대상금액을 내용연수 동안 합리적으로 배분하기 위해 다양한 방법을 사용할 수 있다. 이러한 상각방법에는 정액법, 체감잔액법(정률법 등), 연수합계법, 생산량비례법 등이 있다. **다만, 합리적인 상각방법을 정할 수 없는 경우에는 정액법**을 사용한다.

3) 무형자산의 잔존가치

① 원칙 : **잔존가치는 없는 것을 원칙**으로 한다. 다만, 경제적 내용연수보다 짧은 상각기간을 정한 경우에 상각기간이 종료될 때 제3자가 자산을 구입하는 약정이 있거나, 그 자산에 대한 거래시장이 존재하여 상각기간이 종료되는 시점에 자산의 잔존가치가 거래시장에서 결정될 가능성이 매우 높다면 잔존가치를 인식할 수 있다.

② 무형자산의 잔존가치를 유사한 환경에서 사용하다가 매각된 동종 무형자산의 매각가격을 이용하여 추정할 수 있다. 잔존가치를 결정한 후에는 가격이나 가치의 변동에 따라 증가시키지 않는다.

○ 예제 5. 무형자산의 잔존가치가 남게 되는 경우

(주)서울은 해태리아라는 햄버거 프랜차이즈 사업을 하고 있다. 프랜차이즈에 대하여 통상적으로 7년의 기간을 두고 상각을 하며 가맹비는 210,000,000원이다. 그런데, (주)서울은 3년후에 업종을 변경할 예정이고, 3년후에 가맹점 고객은 상호를 유지하거나 (주)경기에 90,000,000원에 양도가 가능하다. 이번에 프랜차이즈에 가입한 ㈜서울은 프랜차이즈 가입 후 3년 후에 약정가격으로 양도할 예정이라고 할 때 매년 인식할 무형자산상각비는 얼마인가?

해답

3년 경과후 제3자에게 양도약정이므로, 3년간 장부가액을 120,000,000원 만큼 차감하게 된다. 따라서 매년 인식할 무형자산상각비는 40,000,000원이다.

4) 무형자산의 손상차손

① 무형자산의 회수가능가액이 장부가액에 중요하게 미달하게 되는 경우에는 장부금액을 회수가능가액으로 조정하고 그 차액을 손상차손으로 인식한다.

② 가치가 회복되는 경우에는 그 자산이 손상차손을 인식하지 않았을 때 상각후 잔액을 한도로 하여 그 초과액을 손상차손환입으로 처리한다.

예제 6. 무형자산손상차손

(주)웅진은 신기술 A를 개발하여 그동안 개발비(무형자산)로 15,000,000원을 인식하였으나, 경쟁사인 (주)미래가 보다 좋은 기술의 개발에 성공함에 따라 A기술의 개발을 중단하기로 하였다. 적합한 회계처리는? 단, 직접차감 하시오.

해답

(차) 무형자산손상차손　　　　　15,000,000　　(대) 개 발 비　　　　　15,000,000

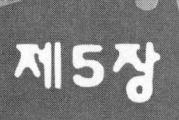

제5장 유가증권과 투자자산

유가증권	
기 초	처 분
취 득	평가손실
평가이익	기 말

01 유가증권의 분류

유가증권이란 회사가 자금운용 등의 목적으로 보유하고 있는 주식이나 채권을 말하며, 다음과 같이 분류할 수 있다.

1) 단기매매증권
단기매매증권으로 분류하기 위해서는 다음의 요건을 모두 충족하여야 한다.
① 단기간 자금운용목적으로 취득
② 시장성이 있음

2) 만기보유증권 : 만기까지 보유할 목적인 채권을 말한다.
3) 지분법 적용 투자주식 : 기업을 지배할 목적으로 소유하는 주식을 말한다.
4) 매도가능증권 : 그 외의 주식과 채권을 말한다.

02 유가증권의 취득

1) 원 칙
취득을 위하여 제공한 대가의 시장가격으로 한다. 취득수수료의 경우 단기매매증권 취득수수료는 비용(영업외비용)으로 처리하고, 그 외의 유가증권의 취득과 관련한 비용은 취득원가에 포함한다.

○ 예제 1. 유가증권의 취득

다음을 회계처리 하시오.
(1) 단기간 자금운용목적으로 시장성 있는 주식을 2,000,000원에 취득하였으며 취득수수료 1% 와 함께 보통예금으로 지급하였다.
(2) 장기투자목적으로 시장성 있는 주식을 2,000,000원에 취득하였으며 취득수수료 1%와 함께 보통예금으로 지급하였다. 단, 중대한 영향력은 없다.
(3) 다른 기업이 발행한 액면금액 100,000,000원인 채권을 현금 98,000,000원에 취득하였다. 채권의 만기는 3년이고, 채권은 만기까지 보유할 의도와 능력이 있다.

해답

(1) (차) 단기매매증권	2,000,000	(대) 보통예금		2,020,000
수수료비용	20,000			
(2) (차) 매도가능증권	2,020,000	(대) 보통예금		2,020,000
(3) (차) 만기보유증권	98,000,000	(대) 현　　금		98,000,000

03 유가증권의 평가

유가증권을 평가시에는 재무상태표일 현재의 종가로 측정한다. 만일 재무상태표일이 증권거래일이 아닌 경우에는 그 전 영업일의 종가를 공정가치로 할 수 있다. (12월 31일이 일요일이고, 12월 30일이 토요일이라서 증권시장이 개장하지 않는 경우에는 12월 29일의 종가로 평가하게 된다).

1) 단기매매증권 : 공정가치법

① 기말공정가치 〉 장부금액

(차) 단기매매증권　　　　　　　×××　　(대) 단기매매증권평가이익(영업외수익)　×××

② 기말공정가치 〈 장부금액

(차) 단기매매증권평가손실(영업외비용)　×××　　(대) 단기매매증권　×××

2) 매도가능증권(주식)

시장성 있는 매도가능증권은 단기매매증권과 마찬가지로 공정가액법으로 측정하되 **평가손익은 기타포괄손익누계액**으로 인식한다. 반면 시장성 없는 매도가능증권의 공정가액은 원가법으로 평가하여야 한다. 원가법으로 평가하는 경우에는 평가손익을 인식하지 않는다.

① 기말공정가액 〉 장부가액

(차) 매도가능증권　　　　　　　　×××　　(대) 매도가능증권평가이익　　　　×××
　　　　　　　　　　　　　　　　　　　　　　　　(기타포괄손익누계액)

② 기말공정가액 〈 장부가액

(차) 매도가능증권평가손실　　　　×××　　(대) 매도가능증권　　　　　　　　×××
　　(기타포괄손익누계액)

이와 같이 매도가능증권의 평가손익을 손익계산서에 즉시 반영하지 않고 재무상태표 계정을 사용하는 이유는 매도가능증권에 대한 손익의 귀속시기를 처분하는 시점까지 뒤로 미루겠다는 의도이다.

04 유가증권의 보유와 관련된 손익

유가증권은 채권과 주식으로 나누어 볼 수 있는데, 채권을 보유하고 있으면 이자를 받게 되고, 주식을 보유하고 있으면 배당을 받게 된다. 단, 여기에서 주의할 점이 있는데, 주식배당을 받는 경우에는 별도의 회계처리를 하지 않는다는 점이다. 주주들 입장에서 주식배당을 받으면 주식수는 증가하지만 1주당 금액이 감소하여 보유하고 있는 유가증권의 총액은 일정하기 때문이다.

○ 예제 2. 이자와 배당금 수령의 회계처리

다음 각 상황에 따른 회계처리를 하시오.
(1) 보유하고 있는 채권에 대하여 이자가 1,000,000원 발생하여, 소득세 140,000원을 원천납부하고, 나머지 잔액이 보통예금에 입금되었다.
(2) 보유중인 주식에 대하여 현금배당 2,000,000원이 결정되어 보통예금에 입금되었다.
(3) 보유중인 주식에 대하여 주식배당이 결정되어 1,000주를 배정받았다.

1부 · 재무회계 이론

해답

(1) (차) 선납세금	140,000	(대) 이자수익		1,000,000
보통예금	860,000			
(2) (차) 보통예금	2,000,000	(대) 배당금수익		2,000,000
(3) 분개 없음				

05 유가증권의 처분

유가증권의 취득가액이 아니라 장부가액을 기준으로 처분손익을 반영하는데 주의하여야 한다. 한편 처분과 관련한 수수료는 수수료비용으로 하지 말고, 유가증권의 처분손익 (단기매매증권처분이익 등)으로 반영하여야 한다. 왜냐하면, 유가증권의 처분은 회사의 주된 영업이 아니므로 판매비와관리비가 아니라 영업외손익에 반영하여야 하기 때문이다.

참고

기존에는 유가증권은 종목별로 이동평균법이나 총평균법만 가능했으나 일반기업회계기준에서는 합리적인 방법이라면 다른 방법도 가능하게 되었다.

○ 예제 3. 단기매매증권의 회계처리

다음 거래를 보고, 올바른 회계처리를 행하시오. 단, 단기매매증권에는 거래처를 기록하시오.
(1) 20x1.12.10 단기매매증권 A 10,000주를 1주당 10,000원에 현금으로 취득하였다.
(2) 20x1.12.15 단기매매증권 B 10,000주를 1주당 20,000원에 현금으로 취득하였다.
(3) 20x1.12.31 단기매매증권 A의 기말 공정가치는 1주당 11,000원, 단기매매증권 B의 기말 공정가치는 1주당 18,000원이 되었다. 단, 평가이익과 평가손실은 상계하여 회계처리한다.
(4) 20x2. 3.10 단기매매증권 A를 1주당 10,500원에 6,000주를 처분하였다. 처분대금은 전액 보통예금으로 받았다.

해답

(1) (차) 단기매매증권(A)	100,000,000	(대) 현금	100,000,000
(2) (차) 단기매매증권(B)	200,000,000	(대) 현금	200,000,000
(3) (차) 단기매매증권(A)	10,000,000	(대) 단기매매증권(B)	20,000,000

제5장 · 유가증권과 투자자산

	단기매매증권평가손실	10,000,000		
(4) (차)	보 통 예 금	63,000,000	(대) 단기매매증권(A)	66,000,000
	단기매매증권처분손실	3,000,000		

단기매매증권의 평가손익과 처분손익을 계산할 때에는 다음과 같이 구할 수 있다.

> 단기매매증권평가손익 = Σ (1주당 공정가치 − 1주당 장부금액) × 보유주식수
> 단기매매증권처분손익 = Σ (1주당 처분금액 − 1주당 장부금액) × 처분주식수

O 예제 4. 매도가능증권의 회계처리

다음 거래를 보고, 올바른 회계처리를 행하시오.
(1) 20x1.12.10 매도가능증권 10,000주를 1주당 10,000원에 현금으로 취득하였다.
(2) 20x1.12.31 매도가능증권의 기말 공정가치는 1주당 12,000원이 되었다.
(3) 20x2.12.31 매도가능증권의 기말 공정가치는 1주당 11,000원이 되었다.
(4) 20x3.12.31 매도가능증권을 1주당 10,500원에 6,000주를 처분하였다. 처분대금은 전액 보통예금으로 받았다.

해답

(1) (차) 매도가능증권　　　　　100,000,000　　(대) 현　　　금　　　　100,000,000
(2) (차) 매도가능증권　　　　　 20,000,000　　(대) 매도가능증권평가이익　 20,000,000
　　이 때까지 부분 재무상태표를 보면 다음과 같다.

매도가능증권	매도가능증권평가이익
120,000,000	20,000,000

(3) (차) 매도가능증권평가이익 10,000,000　(대) 매도가능증권 10,000,000
　　→ 매도가능증권평가이익을 우선 감소시켜야 한다.
(4) (차) 매도가능증권평가이익　 6,000,000　　(대) 매도가능증권　　　　66,000,000
　　　　보 통 예 금　　　　　63,000,000　　(대) 매도가능증권처분이익　 3,000,000
　　→ 보유중인 매도가능증권의 60%를 감소시켰으므로 매도가능증권평가이익도 60% 감소시켜야 한다.
단기매매증권의 평가손익이 영업외손익으로 반영되는 반면 매도가능증권의 평가손익은 기타포괄손익누계액 항목으로서 재무상태표에 반영된다. 따라서 매도가능증권의 평가손익잔액과 처분손익은 장부금액이 아니라 취득가액을 기준으로 다음과 같이 계산한다.

> 매도가능증권평가손익 = Σ (1주당 공정가치 − 1주당 취득가액) × 보유주식수
> 매도가능증권처분손익 = Σ (1주당 처분금액 − 1주당 취득가액) × 처분주식수

1부 · 재무회계 이론

06 유가증권의 분류변경

각 유가증권별로 분류변경 가능여부는 다음과 같다. 단, 다른 유가증권으로 분류변경하게 되는 경우에는 **선평가 후대체**의 원칙에 따른다.

1) 단기매매증권 ↔ 다른 유가증권

단기매매증권은 다른 유가증권과목으로 분류변경할 수 없으며, 다른 유가증권과목의 경우에도 단기매매증권으로 분류변경을 할 수 없다.

다만, 단기매매증권이 시장성을 상실한 경우에는 매도가능증권으로 분류하여야 한다. 회계처리는 먼저 단기매매증권에 대한 평가를 먼저 한 다음 대체에 대한 회계처리를 한다. (선평가 후대체)

○ 예제 5. 유가증권의 분류변경

보유중인 단기매매증권이 시장성을 상실하여 매도가능증권으로 재분류 하고자 한다. 단기매매증권의 장부가액은 5,000,000원이었고, 시장성을 상실한 후 공정가액은 3,000,000원으로 파악하고 있다. 올바른 회계처리를 행하시오.

해답

선평가 후대체의 원칙에 따라 평가를 먼저 한후 계정과목을 대체한다.
(차) 단기매매증권평가손실   2,000,000   (대) 단기매매증권   2,000,000
(차) 매도가능증권   3,000,000   (대) 단기매매증권   3,000,000

2) 매도가능증권 ↔ 만기보유증권

매도가능증권은 만기보유증권으로 분류변경할 수 있으며 만기보유증권도 매도가능증권으로 분류변경할 수 있다.

참고

유가증권의 손상차손

유형자산과 무형자산의 손상차손과 마찬가지로 유가증권도 손상차손이라는 제도가 있다. 매도가능증권평가손실은 손익계산서상 비용에 해당하지 않지만, 손상차손은 영업외비용으로 회계처리한다. 매도가능증권의 손상차손을 인식할 때는 관련 매도가능증권평가손익을 제거하고, 영업외비용을 인식하게 된다.

제5장 • 유가증권과 투자자산

(사례) 매도가능증권 15,000,000원, 매도가능증권평가손실 5,000,000원이 있는 상태에서 매도가능증권의 가치가 2,000,000원으로 하락하고, 회복이 불가능하다.
(차) 매도가능증권손상차손   18,000,000   (대) 매도가능증권   13,000,000
                                                (대) 매도가능증권평가손실   5,000,000

 유가증권의 재무제표 표시

1) 단기매매증권의 분류

단기매매증권은 유동자산으로 분류한다. 이 경우, 단기매매증권을 단기투자자산 등의 과목으로 통합하여 재무상태표에 표시할 수 있다.

2) 유동자산으로 분류할 수 있는 매도가능증권

매도가능증권(코드 178번)과 만기보유증권(코드 181번)은 투자자산으로 분류한다. **다만, 재무상태표일로부터 1년 내에 만기가 도래하거나 또는 매도 등에 의하여 처분할 것이 거의 확실한 매도가능증권과, 재무상태표일로부터 1년 내에 만기가 도래하는 만기보유증권은 유동자산으로 분류한다.** 매도가능증권과 만기보유증권을 투자자산으로 분류하는 경우에는 장기투자증권 등의 과목으로 통합하여 표시할 수 있고, 유동자산으로 분류하는 경우에는 단기투자자산 등의 과목으로 통합하여 재무상태표에 표시할 수 있다.

```
               단기투자자산
              ┌─────────────┐
              │  단기매매증권  │
              └─────────────┘
```

* 유동자산으로 분류하는 매도가능증권(123번)이나 만기보유증권(124번)과 단기매매증권, 단기대여금, 단기금융상품 등은 단기투자자산으로 분류한다. 위의 그림과 같이 단기투자자산이 단기매매증권 보다 범위가 넓다고 이해하면 된다.

1부 · 재무회계 이론

08 그 외 투자자산

1) **장기성예금** : 만기가 1년 이상 남아있는 예금
2) **장기금융상품** : 만기가 1년 이상 남아있는 금융상품
3) **지분법적용투자주식** : 기업지배목적으로 보유하고 있는 주식으로 통상 20% 이상의 지분율을 요구하고 있다.
4) **투자부동산** : 투자차익을 목적으로 소유하고 있는 토지나 건물
5) **특정현금과예금** : 당좌개설보증금 등과 같이 장기간 사용이 제한된 예금을 말한다.
6) **장기대여금** : 받기로 한 기간이 1년 이상 남아있는 대여금

* 만기보유증권, 매도가능증권, 장기대여금을 합쳐 장기투자자산으로 보고할 수 있다. 단, 지분법적용투자주식은 별도로 보고하여야 한다.

◎ 예제 6. 투자자산의 회계처리

다음을 회계처리 하시오.
(1) 부동산 투기목적으로 토지를 100,000,000원에 취득하였다. 대금은 수표를 발행하여 지급하였다.
(2) 앞의 (1)에서 취득한 부동산을 120,000,000원을 받고 처분하였다. 대금은 전액 보통예금에 입금되었다.
(3) 국민은행에 당좌거래 계약을 하고, 당좌개설보증금 10,000,000원과 수표용지대금 10,000원을 보통예금에서 이체하여 지급하였다.

해답

(1) (차) 투자부동산	100,000,000	(대) 당좌예금	100,000,000
(2) (차) 보통예금	120,000,000	(대) 투자부동산	100,000,000
		(대) 투자자산처분이익	20,000,000
(3) (차) 특정현금과예금	10,000,000	(대) 보통예금	10,010,000
(차) 수수료비용	10,000		

제5장 • 유가증권과 투자자산

09 기타비유동자산

기타비유동자산은 비유동자산의 속성을 지니고 있으면서 업무에 사용되지 않고, (유형자산, 무형자산이 아니면서), 투자손익이 발생하지 않는 (투자자산이 아닌) 자산을 말한다.

1) **임차보증금** : 건물 등의 세입자가 임차시 지급하는 보증금으로 계약종료시 돌려받게 되는 금액을 말한다.
2) **장기성매출채권** : 일반적 상거래에서 발생한 회수기간이 1년 이상인 채권을 말한다.
3) **장기미수금** : 일반적 상거래 이외에서 발생한 회수기간이 1년 이상인 채권을 말한다.
4) **장기선급금** : 1년 이상의 기간 동안 미리 대가를 지급한 금액을 말한다.
5) **전신전화가입권** : 전화 등을 사용할 수 있는 권리를 말한다.
6) **부도어음과수표** : 어음이나 수표에 대하여 지급을 제시하였으나 발행인의 부도로 인하여 회수하지 못한 어음이나 수표를 말한다. 이 경우 거절증서작성비용까지 부도어음과수표의 금액에 포함한다. 참고로 거래처 부도시 외상매출금은 대손처리하는 경우가 일반적이지만 받을어음은 일단 부도어음과수표로 회계처리(거절증서 작성비용도 포함) 하였다가 세법상 대손요건 충족시 대손처리하는 경우가 일반적이다.

○ 예제 7. 기타비유동자산의 회계처리

다음을 회계처리 하시오.
(1) 건물1동을 사용하기로 계약을 하고, 보증금 50,000,000원과 월세 6,000,000원을 보통예금에서 이체하여 지급하였다.
(2) 보유중인 받을어음 20,000,000원을 만기일에 거래 은행에 지급제시를 하였으나 부도가 발생하였다는 통보를 받았다. 회사는 거절증서 작성비용으로 현금 100,000원을 별도로 지출하고, 받을어음 발행인에게 함께 청구하였다.

해답

(1)	(차) 임차보증금	50,000,000	(대) 보통예금	56,000,000
	(차) 임차료	6,000,000		
(2)	(차) 부도어음과수표	20,100,000	(대) 받을어음	20,000,000
			(대) 현금	100,000

제6장 부 채

01 유동부채와 비유동부채

1) 유동부채와 비유동부채의 분류기준
부채는 1년을 기준으로 유동부채와 비유동부채로 분류한다. 보고기간 종료일로부터 1년 또는 정상영업주기 이내에 자원의 유출이 예상되는 경우에는 유동부채로 분류하고, 1년 또는 정상영업주기를 초과하는 경우에는 비유동부채로 보고한다.

2) 유동부채와 비유동부채의 사례
① 유동부채

외상매입금, 지급어음, 미지급금, 예수금, 부가세예수금, 가수금, 선수금, 미지급비용, 선수수익, 미지급세금, 유동성장기부채 등

② 비유동부채

사채, 장기차입금, 퇴직급여충당부채, 퇴직연금충당부채, 장기외상매입금, 장기지급어음, 장기미지급금 등

02 유동부채의 회계처리

1) 매입채무와 미지급금
재고자산의 외상구입시에는 외상매입금, 어음을 발행하여 대가를 지급할 때는 지급어음으로 처리한다. 재고자산이 아닌 것을 구입할 때는 미지급금으로 회계처리한다. 어음의 경우에도 마찬가

지로 재고자산을 구입하면서 어음을 발행하면 지급어음으로 회계처리하고, 재고자산이 아닌 것을 구입하면서 어음을 발행하면 미지급금으로 회계처리한다.

○ 예제 1. 유동부채의 회계처리

다음의 각 상황에 따른 회계처리를 하시오. 단, 부가가치세는 무시한다.
(1) 상품을 500,000원에 매입하고, 대금은 어음을 발행하여 지급하였다.
(2) 외상매입금 1,000,000원을 상환하면서 800,000원은 어음을 발행하여 지급하고, 잔액은 2개월 만기 차입금으로 전환할 것을 합의하였다.
(3) 기계장치를 10,000,000원에 구입하면서 대금은 어음을 발행하여 지급하였다.

해답

(1)	(차) 상 품		500,000	(대) 지 급 어 음	500,000
(2)	(차) 외상매입금		1,000,000	(대) 지급어음	800,000
				(대) 단기차입금	200,000
(3)	(차) 기 계 장 치		10,000,000	(대) 미 지 급 금	10,000,000

2) 선수금의 회계처리

계약금을 미리 지급하는 경우에는 선급금(자산)으로 처리하고, 계약금을 미리 받는 경우에는 선수금으로 처리한다.

상품권을 발행하는 경우에는 선수금으로 회계처리하고, 상품권을 회수한 때에 수익으로 인식한다. 만일 상품권의 기간이 경과하여 물품 제공의무가 소멸하는 경우에는 영업외수익으로 처리한다.

○ 예제 2. 선수금의 회계처리

다음을 회계처리 하시오.
(1) 제품을 판매하기로 하고, 계약금으로 현금 1,000,000원을 미리 받았다.
(2) 제품을 3,000,000원에 판매하고, 미리 지급한 계약금 1,000,000원을 공제한 잔액은 보통예금에 입금하였다. 단, 부가가치세는 무시한다.
(3) 상품권을 10,000,000원에 발행하고 대금은 전액 보통예금에 입금하였다.
(4) 상품을 9,000,000원에 판매하고, 대금은 전액 상품권을 회수하였다.
(5) 발행했던 상품권 1,000,000원의 유효기간이 경과하여 물품 지급의무가 소멸하게 되었다.

1부 · 재무회계 이론

해답

(1)	(차) 현금	1,000,000	(대) 선수금	1,000,000
(2)	(차) 보통예금	2,000,000	(대) 제품매출	3,000,000
	(차) 선수금	1,000,000		
(3)	(차) 보통예금	10,000,000	(대) 선수금	10,000,000
(4)	(차) 선수금	9,000,000	(대) 상품매출	9,000,000
(5)	(차) 선수금	1,000,000	(대) 잡이익*	1,000,000

* 실무에서는 잡이익 대신에 영업외수익 코드번호 범위 내에서 상품권기간경과이익 등의 적당한 계정과목을 등록하여 사용할 수도 있다.

참고

상품권을 발행하면 선수금이라는 부채로 처리하여야 한다. 만약에 실수로 상품권 발행시 매출로 잘못 처리했다면 다음의 영향을 받게 된다.
① 부채 과소계상   ② 수익 및 순이익 과대계상

3) 예수금의 회계처리

소득을 지급하는 자가 원천징수하는 세금에 대해서는 예수금으로 회계처리한다. 예수금은 급여, 퇴직금등의 소득을 지급할 때 발생한다. 급여를 지급할 때에는 소득세 외에 국민연금, 건강보험 등도 같이 원천징수를 하는데, 국민연금과 건강보험은 회사 부담분을 같이 납부하여야 한다. 회사 부담분 국민연금은 세금과공과, 회사 부담분 건강보험은 복리후생비로 처리한다.

○ 예제 3. 예수금의 회계처리

다음을 회계처리 하시오.
(1) 월급날이 되어 다음과 같이 급여를 지급하였다. 급여는 보통예금에서 이체하여 지급하였다.

직 종	총급여액	건강보험	소득세등	차인지급액
생산직	8,000,000원	350,000원	250,000원	7,400,000원
사무직	7,000,000원	300,000원	200,000원	6,500,000원
합 계	15,000,000원	650,000원	450,000원	13,900,000원

(2) (1)에서 원천징수한 금액과 회사부담분 건강보험료를 보통예금에서 이체하여 지급하였다.

해답

(1)	(차) 임　　금(제)	8,000,000	(대) 예 수 금	1,100,000
	급　　여(판)	7,000,000	(대) 보 통 예 금	13,900,000

(2) (차) 예 수 금	1,100,000	(대) 보통예금	1,750,000
복리후생비(제)	350,000		
복리후생비(판)	300,000		

4) 유동성장기부채

본래는 비유동부채이나 시간이 경과함에 따라 만기가 1년 이내에 도래하는 채무는 유동성장기부채로 변경해 주어야 한다. 유동성장기부채는 유동부채에 해당한다.

○ 예제 4. 유동성장기부채

다음을 회계처리 하시오.
(1) 20x1년 7월 1일 기업은행으로부터 3년 후에 갚기로 하고, 현금 30,000,000원을 차입하였다.
(2) (1)의 20x3년 12월 31일 결산시 차입금의 만기가 1년 이내로 남은 것을 확인하고, 유동성대체를 한다.

해답

(1) (차) 현 금	30,000,000	(대) 장기차입금	30,000,000
(2) (차) 장기차입금	30,000,000	(대) 유동성장기부채	30,000,000

참고

기업구매자금 대출제도

상품이나 원재료등의 대금을 결제할 때에 은행 등의 금융기관에 구매자금대출을 받아 외상대금을 결제할 수 있게 하는 제도이다. 이 제도를 이용할 경우 매출을 한 기업의 입장에서는 대금을 빨리 회수하는 효과가 있으며, 매입을 한 기업의 입장에서는 이자비용을 부담하지만, 매입할인 조건이 있는 경우 조기결제로 인한 혜택을 볼 수 있고, 기업어음제도개선을 위한 세액공제를 받을 수 있다.

○ 예제 5. 기업구매자금 대출제도

다음을 회계처리 하시오.
(1) 2월 1일 상품을 5,000,000원에 외상으로 매입하였다. 부가가치세는 무시한다.
(2) 2월 8일 기업구매자금대출 5,000,000원을 받아서 2월 1일 외상매입금을 상환하였다.

해답

(1)	(차) 상 품	5,000,000	(대) 외상매입금	5,000,000
(2)	(차) 외상매입금	5,000,000	(대) 단기차입금	5,000,000

5) 부가가치세의 정리

부가가치세 매출세액은 부가세예수금, 부가가치세 매입세액은 부가세대급금으로 회계처리한다. 부가가치세는 각 신고기간 종료일에 정리분개를 하여야 한다. 부가가치세를 추가로 납부해야 하는 경우에는 미지급세금, 부가가치세 환급을 받는 경우에는 미수금으로 처리한다.

추가적으로 전자신고세액공제나 단수차이 등을 통해 적게 납부하는 부가가치세는 잡이익으로 처리하고, 가산세를 부담하게 되면 세금과공과금으로 처리한다. 부가가치세는 신용카드로 납부할 수도 있는데, 카드수수료가 발생하면 수수료비용으로 처리한다.

예제 6. 부가가치세의 정리

다음을 회계처리 하시오.
(1) 부가가치세 매출세액은 3,000,000원, 부가가치세 매입세액은 1,800,000원이다. 부가가치세 정리분개를 하시오.
(2) 앞의 부가가치세 납부세액을 현금으로 납부하였다.
(3) 부가가치세 매출세액은 500,000원, 매입세액은 399,999원이다. 단수차이를 고려하여 정리분개를 하시오.
(4) 신고한 부가가치세 100,000원을 늦게 신고하여 가산세 5,000원과 함께 현금납부 하였다.
(5) 미지급세금으로 기록되어 있는 부가가치세 100,000원을 신용카드로 납부하면서 카드수수료 3,000원과 함께 신용카드로 결제하였다.

해답

(1)	(차) 부가세예수금	3,000,000	(대) 부가세대급금	1,800,000
			(대) 미지급세금	1,200,000
(2)	(차) 미지급세금	1,200,000	(대) 현금	1,200,000
(3)	(차) 부가세예수금	500,000	(대) 부가세대급금	399,999
			(대) 미지급세금	100,000
			(대) 잡이익	1
(4)	(차) 미지급세금	100,000	(대) 현금	105,000
	(차) 세금과공과금	5,000		
(5)	(차) 미지급세금	100,000	(대) 미지급금	103,000
	(차) 수수료비용	3,000		

03 충당부채

1) 의 의

충당부채는 과거사건이나 거래의 결과에 의한 현재의무로서, 지출의 시기 또는 금액이 불확실하지만 그 의무를 이행하기 위하여 자원이 유출될 가능성이 매우 높고 또는 당해 금액을 신뢰성 있게 추정할 수 있는 의무를 말한다. 충당부채는 재무상태표 반영시 추정치를 일부 포함하고 있다. 충당부채는 금액이 확정되지 않아도 재무제표에 반영하는 사례라고 할 수 있다.

2) 퇴직급여충당부채와 유사계정

퇴직급여충당부채는 회계연도말 현재 전임직원이 일시에 퇴직할 경우 지급하여야 할 퇴직금에 상당하는 금액으로 계산한다(일반기업회계기준 문단 21.8). 실무에서는 1년 이상 근속한 임직원에 한하여 퇴직금을 지급하는 것이 일반적이나 기업회계기준에서는 1년 이상 근속의 기준 조건이 없음에 유의한다. 손익계산서상 인식할 퇴직급여 금액은 T계정을 이용하여 계산할 수 있다.

퇴직급여충당부채

퇴직금 지급액	기초 금액
기말금액	퇴직급여 (손익계산서에 반영될 금액)

3) 그 외 충당부채

그 외 충당부채에는 주로 건설업에서 발생하는 하자보수충당부채, 약정기간 이내 무상수리를 약정해 주는 판매보증충당부채, 경품이 있는 경우 경품충당부채 등이 있다. 앞으로 구조조정을 할 것이 확실하고 이에 따른 비용금액을 합리적으로 추정할 수 있으면 구조조정에 대한 충당부채를 설정할 수 있다.

단, 수선충당부채나 미래의 예상 영업손실은 부채의 정의에 부합하지 아니할 뿐만 아니라 충당부채의 인식요건을 충족시키지 못하므로 충당부채로 인식하지 아니한다. 대손충당금이나 재고자산평가손실충당금은 충당부채가 아니라 자산의 차감적평가계정에 해당한다.

이러한 충당부채등은 앞으로 언젠가는 비용이 발생할 금액들이지만 언제 얼마만큼 발생할지는 확실하지 않은 공통점이 있다.

4) 퇴직금의 외부적립과 내부적립

① 내부적립수단과 외부적립수단

회사는 직원의 퇴사에 대비하여 일정금액을 준비하여야 한다. 임직원의 퇴사에 대비한 방법으로는 퇴직급여충당부채를 설정하는 내부적립(퇴직에 대비한 금액이 회사 내부에 있음)의 방법과 퇴직보험이나 퇴직연금과 같은 외부적립(퇴직에 대비한 금액이 외부 금융기관에 있음)으로 나누어진다.

② 퇴직보험 (퇴직보험예치금)

참고로 퇴직보험의 경우에는 2006년부터는 신규가입이 불가능하고, 2010년까지에 한해서 추가 납입만이 가능하다. 그리고, 앞으로 퇴직연금이 퇴직보험의 자리를 대신할 것이다.

③ 퇴직연금

퇴직연금은 퇴직보험을 대신하여 생겨난 제도이다. 퇴직연금에는 확정급여형이 있고, 확정기여형이 있다. 확정급여형은 회사가 퇴직연금을 관리하며, 해당 퇴직연금은 퇴직연금운용자산으로 처리하였다가 기말 결산시 비용으로 인식할 수 있다. 반면 확정기여형은 종업원이 퇴직연금을 관리하게 되며, 퇴직연금을 지급할 때에는 퇴직급여로 처리하게 된다.

○ 예제 6. 퇴직금 관련 회계처리

다음의 거래를 회계처리 하시오. 단, 다음의 경우는 각각 독립된 상황이다.
(1) 확정기여형으로 퇴직연금 12,000,000원을 보통예금에서 이체하여 지급하였다.
(2) 확정급여형으로 퇴직연금 18,000,000원을 보통예금에서 이체하여 지급하였다.
(3) 앞의 (2)에서 퇴직연금 전액에 대하여 충당부채를 설정한다.

해답

(1) (차) 퇴 직 급 여   12,000,000   (대) 보 통 예 금   12,000,000
(2) (차) 퇴직연금운용자산   18,000,000   (대) 보 통 예 금   18,000,000
(3) (차) 퇴직연금충당부채전입액   18,000,000   (대) 퇴직연금충당부채   18,000,000

참고

제품보증충당부채

제품보증충당부채는 일정기간 이내에 하자 발생시 무상수리 예상비용에 대하여 설정한다. 기말 결산시에는 "제품매출액 × 예상 보증비율 - 이미 지급한 품질보증비용"이 기말 제품보증충당부채 잔액이 되도록 회계처리 한다.

(1) 하자 발생시 : (차) 제품보증비 (대) 현금 등
(2) 기말 결산시 : (차) 제품보증비 (대) 제품보증충당부채

참고

충당부채, 우발부채, 우발자산

(1) 충당부채 : 다음 요건을 모두 충족하여야 한다. 재무상태표상 부채에 기록한다.
  ① 과거 사건이나 거래의 결과에 의한 현재 의무이다.
  ② 그 의무를 이행하기 위하여 자원이 유출될 가능성이 매우 높다.
  ③ 당해 금액을 신뢰성 있게 추정할 수 있다.
(2) 우발부채 : 앞의 충당부채 중 일부 요건을 충족하지 못한 경우에 인식한다. 발생 가능성이 매우 낮지 않는 한 주석으로 기재한다. 소송이나 손실부담 계약이 해당된다.
(3) 우발자산 : 우발부채의 반대개념이다. 발생 가능성이 매우 높은 경우에만 주석으로 기재한다.

04 사채와 현재가치 평가

사채에 대한 회계처리를 위해서는 우선 현재가치평가를 이해하여야 한다. 어떤 기업에서 현재의 100만원과 1년 후의 110만원이 서로 같다고 생각한다면 이자율은 10%가 된다. 마찬가지로 현재의 100만원의 2년 후의 가치를 알고자 한다면 100만원에서 1.1을 두 번 곱해서 121만원을 계산할 수 있다. 반대로 1년 후의 110만원은 1.1을 나누어서 현재 100만원과 같다고 표현할 수도 있다. 이를 공식으로 나타내면 다음과 같다.

미래가치	현재가치
미래가치 : $(1+i)^n$	현재가치 : $(1+n)^{-n} = \dfrac{1}{(1+i)^n}$

* 단, I는 이자율, n은 기간

○ 예제 7. 현재가치

할인율이 10%일 때 3년 후의 1,000만원의 현재가치는 얼마인가?

해답

$10,000,000 \times \dfrac{1}{(1+0.1)^3} = 7,513,148$

1부 · 재무회계 이론

현재가치로 평가 하여야 하는 자산과 부채에는 일반적인 채권, 채무, 사채, 희석증권, 장기연불조건의 매매거래, 장기금전대차거래등이 있다.

단, 다음의 경우에는 기간이 장기의 경우에도 현재가치의 평가가 배제되는 항목이므로 별도로 알아두도록 한다.

- 장기의 선급금과 선수금 및 이와 유사한 성질의 계정과목
- 이연법인세자산과 이연법인세부채(회사와 법인세법상 법인세가 다른 경우 발생)
- 전세권, 전신전화가입권, 회원권, 임차보증금, 기타보증금 등

1) 사 채

사채를 발행하면 만기까지 약정된 기간에 이자를 지급하고, 사채의 만기시에 액면금액을 상환하게 된다. 사채발행시 발생하는 비용은 사채발행금액에서 차감하며, 다음과 같이 계산한다. 사채발행금액과 액면금액과의 차이는 사채할인발행차금(할인발행시) 또는 사채할증발행차금(할증발행시)으로 회계처리한다.

> 사채발행금액 = 액면이자의 현재가치 + 원금의 현재가치 − 사채발행비
>   = 각 기간별 현금흐름의 합계

○ 예제 8. 사채의 발행가액 계산

(주)주영은 20x1년 1월 1일에 액면금액 10,000,000원, 액면이자율 8%, 시장이자율 10%, 만기 3년, 이자는 매년말 한번 지급하는 사채를 발행하였다. 사채의 발행가액은 얼마인가?

해답

☞ 발행가액

$$\frac{800,000}{(1+0.1)} + \frac{800,000}{(1+0.1)^2} + \frac{800,000}{(1+0.1)^3} + \frac{10,000,000}{(1+0.1)^3} = 9,502,630원$$

사채의 액면이자율이 시장이자율보다 낮은 경우에는 할인발행을 하게 되고 시장이자율보다 더 높은 이자를 지급하는 경우에는 할증발행을 하게 된다. 이때 발행가액과 액면가액의 차이를 할인발행 하는 경우에는 사채할인발행차금, 할증발행 하는 경우에는 사채할증발행차금 이라 한다. 사채할인발행차금은 부채의 차감적평가계정, 사채할증발행차금은 부채의 가산적 평가계정이라 할 수 있다.

- 액면이자율 < 시장이자율 ⇒ 할인발행 ⇒ 액면금액 - 할인차금
- 액면이자율 > 시장이자율 ⇒ 할증발행 ⇒ 액면금액 + 할증차금

2) 사채할인(할증) 발행차금의 상각

매년 사채할인(할증)발행차금의 상각액은 "사채장부가액 × 시장이자율 − 액면이자" 로 계산한다.

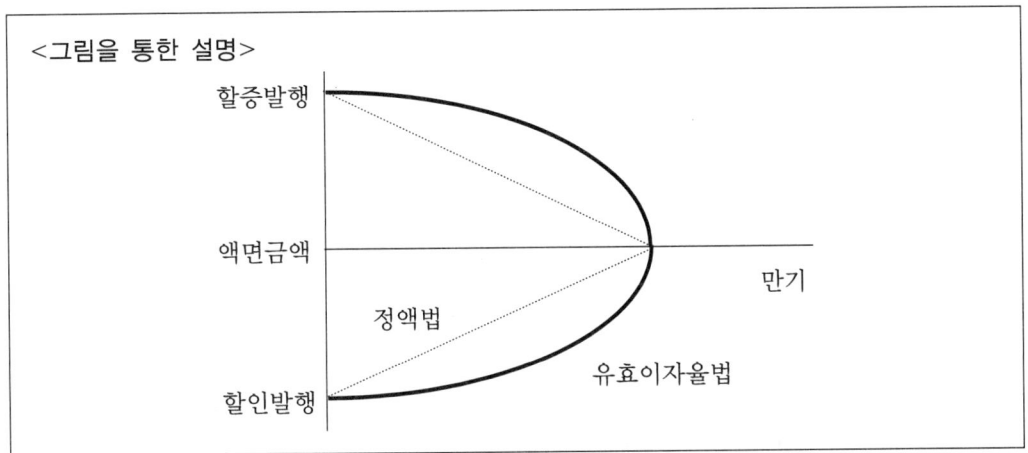

가로축을 기간, 세로축을 장부가액으로 봤을 때 점선은 매년 일정한 금액의 사채할인(할증)발행차금을 상각하는 경우 장부가액의 변동을 의미하며 실선은 유효이자율법에 따라 상각하는 경우 금액의 변동을 의미한다. 유효이자율법의 경우 할증발행이나 할인발행이나 초기에는 적은 금액이 상각되었다가 점차 많은 금액을 상각하게 된다. 일반기업회계기준은 유효이자율법만 인정한다.

3) 발행일 이후의 시장가격

사채를 발행한 경우 액면이자율은 약정에 의해 지급되지만 시장이자율과 같은 주변 환경은 변화할 수 있다. 시장이자율이 변화한다는 것은 사채의 현재가치를 계산할 때 할인액 (분모요소)이 변화한다는 것을 의미하므로 다음과 같은 연관관계가 있다.
① 시장이자율이 상승하면 사채 발행금액 감소
② 시장이자율이 하락하면 사채 발행금액 증가

4) 자기사채

회사가 발행한 사채의 다시 취득한 경우에는 사채의 상환으로 보아 회계처리한다. 즉, 해당 사채의 액면금액과 할인발행차금을 차감하여 보고한다.

예제 9. 자기사채

(주)주영이 20x1년 12월 31일에 액면금액이 10,000,000원이고, 사채할인발행차금 잔액이 181,818원원인 자기사채를 9,800,000원에 현금으로 취득한다면 회계처리는?

해답

1단계 : 사채 액면가액과 사채할인발행차금의 제거
  (차) 사 채   10,000,000 (대) 사채할인발행차금   181,818*
  * 10,000,000 − 9,818,182 = 181,818
2단계 : 사채 취득대가의 기록
                  (대) 현   금   9,800,000
3단계 : 사채상환손익의 인식
                  (대) 사채상환이익   18,182

 자 본

01 각 항목의 구분

1) 자본금
① 자본금 : 회사가 발행한 주식액면금액의 총계를 말한다.
② 우선주자본금 : 의결권이 없는 대신 **우선적으로 배당을 받을 권리가 있는 주식**의 액면금액을 말한다.

2) 자본잉여금
① 주식발행초과금 : 주식발행시 액면금액보다 더 높은 금액으로 주식을 발행한 경우 그 차액을 말한다.
② 감자차익 : 주식을 감소시킨 경우 추가로 증가하는 자본잉여금을 말한다.
③ 기타자본잉여금 : **자기주식처분이익**은 기타자본잉여금에 해당하는 항목이다.

3) 자본조정
① 주식할인발행차금

주식을 발행할 때 액면금액보다 낮은 금액으로 할인발행하는 경우 그 차액을 의미한다. 주식을 할인발행하는 경우 우선적으로 주식발행초과금과 상계하여 회계처리한다.

○ 예제 1. 자본조정의 회계처리

액면금액 5,000원인 주식 10,000주를 1주당 4,000원에 발행하고, 대금은 현금으로 수취하였다. 단, 장부상 주식발행초과금 잔액이 1,000,000원이 있다.

해답

(차) 현　　　금　　　　　　40,000,000　　(대) 자　본　금　　　　　　50,000,000

1부 · 재무회계 이론

주식발행초과금	1,000,000
주식할인발행차금	9,000,000

* 우선, 주식발행초과금부터 상계하여 제거하고, 그 초과액은 주식할인발행차금으로 인식한다.

② 자기주식 : 회사가 발행한 주식을 다시 취득한 것을 말한다. 자기주식과 관련한 회계처리는 2절에서 설명하기로 한다.
③ 자기주식처분손실 : 회사가 매입한 자기주식 금액보다 적은 금액을 받고 처분한 경우 손실을 말한다.
④ 미교부주식배당금 : 주주총회에서 주식을 배당하기로 하고 아직 발행하지 않은 것을 말한다.

○ 예제 2. 주식배당의 회계처리

다음을 회계처리 하시오. 단, 서로 연결되는 문제이다.
(1) 주주총회에게 주주들에게 50,000,000원의 주식배당을 할 것을 결의하였다.
(2) 주식배당에 대하여 액면금액 5,000원인 주식 10,000주를 배당하였다.

해답

(1) (차) 이월이익잉여금	50,000,000	(대) 미교부주식배당금	50,000,000
(2) (차) 미교부주식배당금	50,000,000	(대) 자 본 금	50,000,000

주식배당을 받는 주주 입장에서 회계처리

주주입장에서 주식배당을 받는 경우에는 주식수는 증가하나 1주당 금액이 감소하게 되어 보유하고 있는 주식의 금액에는 변화가 없다. 따라서, 주식배당을 받는 경우에는 회계처리를 하지 않는다.

4) 기타포괄손익누계액

손익항목의 성격이 있으나 손익귀속시기를 뒤로 미루기 위하여 인식하는 항목들이다.

① 매도가능증권평가이익(손실)

투자주식에 대하여 기말 평가시 이익(손실)이 발생한 것을 말한다. 매도가능증권평가이익과 매도가능증권평가손실은 서로 상계하여 보고하여야 한다.

② 해외사업환산이익(손실)

영업·재무활동이 본점과 독립적으로 운영되는 해외지점, 해외사업소 또는 해외소재 지분법적용대상회사의 경우에 환산손익은 기타포괄손익누계액으로 한다.

③ 파생상품평가이익(손실)

기업의 위험회피 목적으로 투자하는 금융상품을 파생상품이라고 하는데, 기말 결산시 이에 대한 평가손익을 인식한다.

○ 예제 3. 매도가능증권평가손익

다음을 회계처리 하시오.
20x1년 결산시 매도가능증권 관련 계정잔액은 다음과 같다.

잔액	합계	계정과목	합계	잔액
35,000,000	35,000,000	매도가능증권		
		...		
		매도가능증권평가이익	5,000,000	5,000,000

이 매도가능증권의 기말 공정가액이 29,000,000원인 경우 회계처리를 하시오.

해답

(차) 매도가능증권평가이익   5,000,000   (대) 매도가능증권   6,000,000
　　매도가능증권평가손실   1,000,000

* 매도가능증권을 평가할 때 매도가능증권평가이익이 있는 경우에는 우선 제거하고, 초과액을 매도가능증권평가손실로 인식한다.

5) 이익잉여금

① 이익준비금 : 상법상 **현금배당액의 10분의 1이상**을 자본의 2분의 1에 달할 때까지 적립해야 하는 준비금을 말한다.
② 기업합리화적립금 : 조특법에 의해 세액공제를 받는 경우 의무적으로 적립할 금액이다.
③ 임의적립금 : 그 외 회사가 필요한 경우 설정할 수 있는 적립금을 말한다. 배당평균적립금 등이 여기에 해당한다.

02 각 상황별 회계처리

1) 주식발행시

주식을 발행할 때 발행가액이 액면금액보다 더 크면 주식발행초과금 (자본잉여금), 더 작으면 주식할인발행차금 (자본조정)으로 기록한다. 단, 회사가 주식을 발행할 때 할인발행과 할증발행을 같이 하는 경우에는 주식발행시 주식발행초과금과 주식할인발행차금을 서로 상계하여 보고하여야 한다. 예를 들면, 회사가 주식을 할인발행할 때 계정별원장에서 주식발행초과금을 검토한 후 우선 주식발행초과금의 감소로 처리하고, 초과 할인발행 금액에 대하여는 주식할인발행차금으로 인식한다.

○ 예제 4. 주식발행의 회계처리

다음을 회계처리 하시오. 단, 서로 독립되는 문제이다.
(1) 액면금액 5,000원인 주식 1,000주를 1주당 6,000원에 발행하고, 주식발행비용 100,000원을 제외한 금액을 현금으로 받았다.
(2) 액면금액 5,000원인 주식 1,000주를 1주당 7,000원에 발행하고, 주식발행비용은 100,000원은 현금으로 지급하고, 발행대금을 보통예금으로 받았다.

(1)	(차) 현　　　금	5,900,000	(대) 자　본　금	5,000,000
			주식발행초과금	900,000
(2)	(차) 보 통 예 금	7,000,000	(대) 자　본　금	5,000,000
			주식발행초과금	1,900,000
			현　　　금	100,000

2) 자기주식 관련 회계처리

자기주식을 취득하는 경우에는 이를 자본조정으로 회계처리 한다. 자기주식은 바로 처분하거나 소각하여야 하며, 다음의 계정과목을 인식하게 된다.

① 자기주식을 소각하는 경우

액면금액 보다 적은 금액을 지급하여 취득한 후 소각하면 감자차익을 인식하고, 액면금액 보다 많은 금액을 지급하여 취득한 후 소각하면 감자차손을 인식한다.

② 자기주식을 재발행 하는 경우

취득가액 보다 더 많은 금액을 받고 재발행 하면 자기주식처분이익을 인식하고, 취득가액 보다 적은 금액을 받고 재발행 하면 자기주식처분손실을 인식한다.

○ 예제 5. 자기주식의 소각

다음을 회계처리 하시오.
(1) 자기주식 (액면금액 5,000원) 100주를 현금 400,000원을 지급하고 취득하였다.
(2) 위의 자기주식을 소각하였다.

해답

(1)	(차) 자 기 주 식	400,000	(대) 현 금	400,000	
(2)	(차) 자 본 금	500,000	(대) 자 기 주 식	400,000	
			감 자 차 익	100,000	

○ 예제 6. 자기주식의 처분

다음을 회계처리 하시오.
(1) 자기주식 (액면금액 5,000원) 100주를 현금 400,000원을 지급하고 취득하였다.
(2) 위의 자기주식을 500,000원에 현금을 받고 처분하였다.

해답

(1)	(차) 자 기 주 식	400,000	(대) 현 금	400,000	
(2)	(차) 현 금	500,000	(대) 자 기 주 식	400,000	
			자기주식처분이익	100,000	

03 이익잉여금의 처분

1) 이익잉여금의 처분

회사의 손익계산서 등이 확정되면 이익잉여금의 처분에 대한 결정을 하고, 이익잉여금처분계산서를 작성하게 된다. 이익잉여금처분계산서에는 주로 배당에 관한 내용과 준비금등을 적립액을 반영하게 된다. 일반기업회계기준 24장에서는 이익잉여금의 처분에 의한 배당금 지급예정액은 부채로 기록하지 않은 것으로 언급하고 있다.

그러므로, 재무상태표에서는 이익잉여금처분계산서상 미처분이익잉여금이 재무상태표에 반영된다. 예를 들어 20x1년 재무제표에 대해 20x2년 2월에 이익잉여금 처분에 대한 결정이 있었다면 이 내용은 20x1년 재무제표에 반영하는 것이 아니라 20x2년 2월에 회계처리를 하여야 한다.

2) 임의적립금의 이입

회사가 크게 결손이 발생하여 이월이익잉여금만으로 부족한 경우에는 이익잉여금으로 적립한 금액을 다시 이입하여야 한다.

04 재무상태표일 이후 발생한 사건(일반기업회계기준 24장)

재무상태표일 후 발생한 사건은 재무상태표일과 재무제표가 사실상 확정된 날 사이에 발생한 기업 재무상태에 영향을 미치는 사건을 말한다.

재무상태표일 후 발생한 사건은 재무제표상 금액의 수정여부에 따라 두 가지 유형으로 분류한다. 수정을 요하는 재무상태표일 후 발생한 사건은 재무상태표일 현재 존재하였던 상황에 대한 추가적 증거를 제공하는 사건으로서 재무제표상의 금액에 영향을 주는 사건을 말한다.

수정을 요하지 않는 재무상태표일 후 발생한 사건은 재무상태표일 현재 존재하지 않았으나 재무상태표일 후에 발생한 상황에 대한 증거를 제공하는 사건을 말한다.

재무상태표일 후에 이사회에서 승인한 배당을 포함한 잉여금의 처분은 재무상태표일 시점에서는 없었던 사항이므로 재무상태표에 반영하지 않는 것이다.

> **참고**
>
> **특수한 배당 : 무상증자, 주식분할, 주식병합**
> (1) 무상증자 : 주주들한테 대금을 받지 않고, 주식을 발행하는 것을 말한다. 기업의 이익잉여금이 감소하고, 자본금이 증가하는 효과가 있다.
> (2) 주식분할 : 주식을 분할하여, 1주당 액면금액을 감소시키는 대신 유통주식수를 증가시키는 것을 말한다. 자본금 총액에는 변화가 없다.
> (3) 주식병합 : 주식분할의 반대 성격이다.

05 자본변동표

자본변동표는 자본의 크기와 그 변동에 관한 정보를 제공하는 재무보고서로서, 자본을 구성하고 있는 자본금, 자본잉여금, 자본조정, 기타포괄손익누계액, 이익잉여금(또는 결손금)의 변동에 대한 포괄적인 정보를 제공한다.

기업의 자본은 주식의 발행, 당기순이익의 발생 등의 사유로 증가하고, 주식의 감소, 당기순손실 발생, 현금배당의 결의 및 지급 등의 사유로 감소하게 된다.

1부 · 재무회계 이론

○ 자본변동표 사례문제

다음은 20x2년도 자본변동표 내역이다.

자 본 변 동 표
제11기 20x2년 1월 1일부터 20x2년 12월 31일까지

(주)성민상사 (단위 : 원)

구 분	자본금	자본잉여금	자본조정	기타포괄손익누계액	이익잉여금	총 계
20x2.1.1(보고금액)	10,000,000	5,000,000	1,000,000	0	4,000,000	20,000,000
회계정책변경누적효과					(500,000)	(500,000)
전기오류수정					(300,000)	(300,000)
수정후 이익잉여금					3,200,000	19,200,000
연차배당					(600,000)	(600,000)
처분후 이익잉여금					2,600,000	18,600,000
중간배당						
유상 증자(감자)						
당기순이익(손실)					2,400,000	2,400,000
자기주식 취득						
매도가능증권평가손익						
20x2.12.31	10,000,000	5,000,000	1,000,000	0	5,000,000	21,000,000

한편 20x3년 중에 자본과 관련된 정보는 다음과 같다. 우선 각 사례별로 회계처리를 한 후 20x31년도 자본변동표에 적당한 금액을 기록하여라.

[1] (주)성민상사는 액면금액 5,000원인 주식 1,000주를 1주당 4,800원에 현금발행하였다. 주식발행초과금은 전기연도 자본변동표를 참고하며 전기의 자본잉여금은 전액 주식발행초과금이었다.

(차)   (대)

[2] (주)성민상사는 액면금액 5,000원인 자기주식 100주를 1주당 6,000원에 현금취득하였고, 기말 현재까지 보유하고 있다.

(차)   (대)

[3] 당기에 장기보유목적으로 (주)마스터시스템의 주식 1,000주를 1주당 3,500원에 취득하였다 (중대한 영향력을 행사하지 못한다). 이 주식의 기말 공정가액은 1주당 3,800원으로 변화하였다.
(차)   (대)

[4] 당기에 중간배당으로 현금으로 700,000원을 지급하였다. 배당금은 결의 즉시 주주들에게 현금으로 지급되었다.
(차)   (대)

[5] 20x3년 귀속 당기순이익은 3,000,000원이다. 이 자료의 회계처리는 생략한다.

[1]~[5]의 자료를 이용하여 빈칸의 자본변동표의 내용을 완성하시오. 단, 금액이 음수(-)인 경우에는 금액에 괄호를 사용하여 표시하기로 한다.

구 분	자본금	자본잉여금	자본조정	기타포괄손익누계액	이익잉여금	총 계
20x3.1.1(보고금액)						
회계정책변경누적효과						
전기오류수정						
수정후 이익잉여금						
연차배당						
처분후 이익잉여금						
중간배당						
유상 증자(감자)						
당기순이익(손실)						
자기주식 취득						
매도가능증권평가손익						
20x3.12.31						

1부 · 재무회계 이론

해답

[1] (차) 현   금   4,800,000   (대) 자 본 금   5,000,000
        주식발행초과금   200,000
[2] (차) 자 기 주 식   600,000   (대) 현   금   600,000
[3] (차) 매도가능증권   300,000   (대) 매도가능증권평가이익   300,000
[4] (차) 이월이익잉여금   700,000   (대) 현   금   700,000

자 본 변 동 표

구 분	자본금	자본잉여금	자본조정	기타포괄손익누계액	이익잉여금	총 계
20x3.1.1(보고금액)	10,000,000	5,000,000	1,000,000	0	5,000,000	21,000,000
회계정책변경누적효과						
전기오류수정						
수정후 이익잉여금						
연차배당						
처분후 이익잉여금					5,000,000	5,000,000
중간배당					-700,000	-700,000
유상 증자(감자)	5,000,000	-200,000				4,800,000
당기순이익(손실)					3,000,000	3,000,000
자기주식 취득			-600,000			-600,000
매도가능증권평가손익				300,000		300,000
20x3.12.31	15,000,000	4,800,000	400,000	300,000	7,300,000	27,800,000

제8장 수익과 비용

01 손익계산서 양식

손익계산서는 일정기간의 경영성과를 나타내는 재무제표로서 다음과 같이 작성한다.

	중단사업이 없는 경우	중단사업이 있는 경우
손익계산서 양식	(1) 매출액 (2) 매출원가 (3) 매출총손익 (4) 판매비와관리비 (5) 영업손익 (6) 영업외수익 (7) 영업외비용 (8) 법인세차감전순손익 (9) 법인세비용 (10) 당기순손익 (11) 주당손익	(1) 매출액 (2) 매출원가 (3) 매출총손익 (4) 판매비와관리비 (5) 영업손익 (6) 영업외수익 (7) 영업외비용 (8) 법인세비용차감전계속사업손익 (9) 계속사업손익법인세비용 (10) 계속사업손익 (11) 중단사업손익(법인세효과 차감후) (12) 당기순손익 (13) 주당손익

중단사업손익은 중단사업으로부터 발생한 영업손익과 영업외손익으로서 사업중단직접비용과 중단사업자산손상차손을 포함하며, 법인세효과를 차감한 후의 순액으로 보고하고 중단사업손익의 산출내역을 주석으로 기재한다. 이 때 중단사업손익에 대한 법인세효과는 손익계산서의 중단사업 손익 다음에 괄호를 이용하여 표시한다. 수험목적으로는 대개 중단사업이 없는 경우로 출제되며, 개정된 손익계산서 양식부터 맨 마지막에 당기순손익이 아닌 주당손익이 기재되는 것에 대하여 주의하여야 한다.

1부 · 재무회계 이론

02 판매비와관리비와 영업외비용

판매비와관리비는 기업의 주된 영업활동과 관련하여 발생하는 비용이고, 영업외비용은 기업의 주된 영업활동 이외의 용도로 발생하는 비용이다. 판매비와관리비, 영업외비용에 해당하는 계정과목에는 다음의 것들이 있다.

판매비와관리비	급여 (생산직은 제조원가 - 임금), 잡급, 퇴직급여, 복리후생비, 여비교통비, 접대비, 통신비, 수도광열비, 세금과공과금, 감가상각비, 임차료, 수선비, 보험료, 운반비, 도서인쇄비, 교육훈련비, 수수료비용, 광고선전비, 연구비, 대손상각비, 차량유지비, 잡비 등
영업외비용	이자비용, 단기매매증권평가손실, 단기매매증권처분손실, 외화환산손실, 외환차손, 유형자산처분손실, 투자자산처분손실, 기부금, 재해손실 등

그 외 실수하기 쉬운 것 중의 하나가 매출이나 매입의 차감계정이다. 매출과 매입의 차감계정에는 다음의 것들이 있다.
① 매출의 차감적 평가계정 : 매출에누리, 매출환입, 매출할인
② 매입의 차감적 평가계정 : 매입에누리, 매입환출, 매입할인

○ 예제 1. 손익계산서 관련 오류의 영향

(주)솔로몬의 회계자료는 다음과 같다. 아래 자료외에는 없는 것으로 가정하고 물음에 답하여라.

총매출액	90,000,000원	매출할인	1,000,000원
기초상품재고액	10,000,000원	당기상품매입액	60,000,000원
기말상품재고액	20,000,000원	급여	15,000,000원
접대비	5,000,000원	기부금	2,000,000원
이자수익	1,000,000원	법인세	3,000,000원

(물음 1) 순매출액, 매출원가, 매출총이익, 영업이익, 법인세차감전이익, 당기순이익은 각각 얼마인가?

(물음 2) 만약 실수로 매출할인을 판매비와관리비로 잘못 분류 하였다면 손익계산서에 어떠한 영향을 미치겠는가?

(물음 3) 물음1의 답안에서 실수로 접대비를 영업외비용으로 잘못 분류 하였다면 손익계산서에 미치는 영향은 어떠한가?

해답

(1) 순매출액 : 총매출액 90,000,000 − 매출할인 1,000,000 = 89,000,000원
매출원가 : 기초상품 10,000,000 + 당기매입 60,000,000 − 기말상품 20,000,000 = 50,000,000원
매출총이익 : 39,000,000원
영업이익 : 매출총이익 39,000,000 − 판매비와관리비 20,000,000 = 19,000,000원
법인세차감전순이익 : 영업이익 19,000,000 + 영업외수익 1,000,000 − 영업외비용 2,000,000
= 18,000,000원
당기순이익 : 법인세차감전순이익 18,000,000 − 법인세 3,000,000 = 15,000,000원

(2) 매출할인을 실수로 판매비와관리비로 처리했다면 기업의 매출액을 90,000,000원으로 계산하게 된다.
매출액 90,000,000원, 매출원가 50,000,000원에서 매출총이익 40,000,000원
판매비와관리비를 21,000,000원으로 계산하므로 영업이익은 19,000,000원이 된다.
매출할인을 판매비와관리비로 잘못 분류하면 매출총이익은 과대계산되고, 영업이익에는 영향이 없다.

(3) 접대비 5,000,000원을 실수로 영업외비용으로 처리한 경우에는
매출총이익 39,000,000원에서 판매비와관리비를 15,000,000원으로 하여 영업이익 24,000,000원이
계산된다.
여기에서 영업외수익은 1,000,000원이고, 영업외비용을 7,000,000원으로 계산하면 법인세차감전순
이익은 18,000,000원이 된다.
따라서 영업이익은 5,000,000원 과대계산되고, 법인세차감전순이익에는 영향이 없다.

03 수익과 비용의 인식

1. 수익의 인식

수익은 경제적 효익이 유입됨으로써 자산이 증가하거나 부채가 감소하고 그 금액을 신뢰성 있게 측정할 수 있을 때 인식한다. 이는 수익의 인식이 자산의 증가나 부채의 감소와 동시에 이루어짐을 의미한다.
① 수익은 실현되었거나 또는 실현가능한 시점에서 인식한다.
② 수익은 그 가득과정이 완료되어야 인식한다.

재화의 판매로 인한 수익인식 조건
일반기업회계기준에서는 재화의 판매로 인한 수익인식 조건으로 다음과 같이 제시하고 있다.
① 재화의 소유에 따른 유의적인 위험과 보상이 구매자에게 이전된다.
② 수입금액을 신뢰성 있게 측정할 수 있다.

③ 경제적 효익의 유입 가능성이 매우 높다.
④ 판매자는 판매한 재화에 대하여 소유권이 있을 때 통상적으로 행사하는 정도의 관리나 효과적인 통제를 할 수 없다.

2. 비용의 인식

비용은 경제적 효익이 사용 또는 유출됨으로써 자산이 감소하거나 부채가 증가하고 그 금액을 신뢰성 있게 측정할 수 있을 때 인식한다. 이는 비용의 인식이 자산의 감소나 부채의 증가와 동시에 이루어짐을 의미한다.

3. 수익비용 대응의 원칙 사례

① 장기건설공사의 수익인식

원가가 발생한 금액만큼 진행률을 산정하여 수익으로 인식한다.

② 감가상각비

감가상각자산의 내용연수에 걸쳐 비용화한다.

③ 대손충당금

매출채권의 일정금액만큼 대손충당금으로 설정하여 비용화한다.

④ 금융비용자본화

장기간 건설하는데 소요되는 자산을 건설하는데 있어서 차입금이 발생한 경우 차입금의 이자에 대해서도 자산의 취득원가에 산입할 수 있다.

⑤ 퇴직급여충당부채 등

직원의 근속기간이 길어지거나 지출한 급여액이 증가할수록 퇴직금도 많이 지급을 하여야 하므로 기말에 퇴직급여충당부채를 설정한다.

수익의 인식시기

1. 재화의 판매

재화의 판매로 인한 수익은 다음 조건이 모두 충족될 때 인식한다.

㈎ 재화의 소유에 따른 위험과 효익의 대부분이 구매자에게 이전된다.
㈏ 판매자는 판매한 재화에 대하여 소유권이 있을 때 통상적으로 행사하는 정도의 관리나 효과적인 통제를 할 수 없다.
㈐ 수익금액을 신뢰성 있게 측정할 수 있다.
㈑ 경제적 효익의 유입 가능성이 매우 높다.
㈒ 거래와 관련하여 발생했거나 발생할 거래원가와 관련 비용을 신뢰성 있게 측정할 수 있다.

2. 용역의 제공

용역의 제공으로 인한 수익은 용역제공거래의 성과를 신뢰성 있게 추정할 수 있을 때 진행기준에 따라 인식한다. 다음 조건이 모두 충족되는 경우에는 용역제공거래의 성과를 신뢰성 있게 추정할 수 있다고 본다.

㈎ 거래 전체의 수익금액을 신뢰성 있게 측정할 수 있다.
㈏ 경제적 효익의 유입 가능성이 매우 높다.
㈐ 진행률을 신뢰성 있게 측정할 수 있다.
㈑ 이미 발생한 원가 및 거래의 완료를 위하여 투입하여야 할 원가를 신뢰성 있게 측정할 수 있다.

3. 수익인식시기의 사례

일반기업회계기준 16호 수익에서 언급하고 있는 수익인식의 사례는 다음과 같다.

매출의 분류	수익인식시기
제품·상품매출	제품, 상품이 인도되는 때
공 사 수 익	진행률에 의해 판단
용 역 매 출	〃
위 탁 매 출	수탁자의 판매시기

대행업, 전자쇼핑몰	판매수수료를 받기로 한때
시 용 매 출	소비자의 매출수락시
할 부 매 출	상품이 인도되는 때
상 품 권 판 매 시	일단 선수금으로 회계처리 후 상품권 회수시 정산
부 동 산 의 판 매 시	법적소유권 이전시기와 구매자의 사용수익일 중 빠른날
임 대 업	임차인으로부터 임대료를 수취하기로 한때
설치및검사조건부판매	구매자에게 재화가 인도되어 설치, 검사가 완료된 때
반 품 가 능 판 매	실질적으로 반품 위험이 없어진 때
이 자 수 익	유효이자율을 적용하여 발생주의 기준 인식
배 당 금 수 익	배당금을 받을 권리와 금액이 확정되는 때
로 열 티 수 익	관련 계약에 따라 발생기준 적용

1) 공사수익

완성시 인식할 총 공사수익에서 진행률을 곱하여 계산한다. 단, 공사손실이 예상되는 경우에는 그 손실금액을 미리 인식한다.

○ 예제 2. 진행기준

(주)한나건설은 건물신축계약에 대하여 100,000,000원에 도급하였다. 이 공사의 총원가 추정액은 70,000,000원이다. 올해 공사를 시작하여 35,000,000원의 공사원가가 발생하였다면 공사수익은 얼마인가?

해답

- 1단계 : 공사진행률의 계산 = 공사비누적액/총원가추정액
  = 35,000,000원 / 70,000,000원 = 50%
- 2단계 : 공사수익의 인식 = 도급금액 × 진행률 − 전기까지 인식한 수익금액
  = 100,000,000 × 50% = 50,000,000원

제8장 · 수익과 비용

○ 예제 3. 공사손실이 예상되는 경우

다음은 마포건설의 진행중인 공사내역이다. 20x1년의 공사이익 또는 공사손실은 얼마인가?
(1) 공사기간 : 20x1.7.1 ~ 20x1.12.31
(2) 도급금액 : 1,000,000,000원
(3) 총예상원가 : 800,000,000원
(4) 당기발생원가 : 300,000,000원
(5) 20x1년 결산시 추가로 발생할 공사원가는 500,000,000원이 아니라 900,000,000원으로 예상된다.

해답

200,000,000원 공사손실
총예상 공사원가가 1,200,000,000원인 것이므로 도급금액 1,000,000,000원 보다 200,000,000원이 손실이다. 공사손실의 발생이 예상되는 경우에는 손실을 미리 인식한다.

2) 기타 수익인식기준

① 상표권, 특허권, 소프트웨어, 음반저작권, 영화필름 등의 자산을 사용하게 한 대가로 수취하는 수수료와 로열티는 계약의 실질적인 내용에 따라 수익으로 인식한다.
② 이자수익은 원칙적으로 유효이자율을 적용하여 발생주의에 근거하여 인식하며, 배당금 수익은 배당금을 받을 권리와 금액이 확정되는 시점에 인식한다.

05 수익과 비용의 회계처리

이론편에서는 계정과목별 회계처리 요령만 설명하고, 분개문제는 전산실습의 일반전표입력편에서 연습해 보기로 한다.

1. 급여 관련 회계처리

(1) 급여의 지급

1단계 : 사무직은 급여, 생산직은 임금을 기록한다. 상여금이 나오기도 한다.

(차) 급여(판)
(차) 임금(제)
2단계 : 소득세와 4대보험 등 공제할 금액을 기록한다.
　　　　　　　　(대) 예수금
3단계 : 차인 지급액을 기록한다.
　　　　　　　　(대) 보통예금 등

(2) 예수금의 납부

급여 지급시 원천징수한 예수금에서 회사 부담분 국민연금(세금과공과), 건강보험(복리후생비)를 인식한다. 전표입력시에는 판매비와관리비, 제조원가를 구분하여야 한다.
(차) 예수금　　　　　(대) 보통예금 등
(차) 세금과공과
(차) 복리후생비

(3) 잡급 : 일용직 근로자에게 지급하는 인건비는 잡급으로 처리한다.

2. 복리후생비와 접대비

지출대상이 임직원인 경우에는 복리후생비, 거래처인 경우에는 접대비로 처리한다.

3. 임차료와 임대료

건물이나 기계장치등 사용료에 대해서 임차인(대금을 지급하는 회사) 입장에서는 임차료, 임대인(대금을 받는 회사) 입장에서는 임대료로 처리한다.

일반전표입력시 임대료를 검색하면 2개의 코드번호가 검색되는데, 임대업을 하는 기업은 매출에 해당하는 400번대 임대료 계정을 사용하고, 임대업이 주업이 아닌 기업은 영업외수익에 해당하는 900번대 임대료 계정을 사용한다.

4. 세금관련 회계처리

취득세, 등록세, 관세 등과 같이 자산의 취득과 관련한 세금은 자산으로 회계처리한다.재산세, 자동차세 등과 같이 자산의 보유와 관련한 세금은 세금과공과라는 비용으로 회계처리 한다.

5. 간주임대료에 대한 부가가치세의 회계처리

(1) 간주임대료에 대한 부가가치세를 건물주가 부담하는 경우

(차) 세금과공과　　　　(대) 부가세예수금

(2) 간주임대료에 대한 부가가치세를 세입자가 부담하는 경우

(차) 세금과공과　　　　(대) 미지급금

6. 교육훈련비

강사료 등을 지급하는 경우에 발생하는 원천징수세액은 예수금으로 회계처리한다.

7. 보험료

보험료의 납입은 결산분개와 연관지어 정리하여야 한다.

(1) 보험료 납입시 비용처리한 경우

결산일에 보험료 미경과분 만큼 "(차) 선급비용　(대) 보험료"로 회계처리

(2) 보험료 납입시 선급비용(자산)으로 처리한 경우

결산일에 보험료 경과분 만큼 "(차) 보험료　(대) 선급비용"으로 회계처리

8. 가스요금, 수도요금 등의 회계처리

(1) 제조원가에 해당하는 경우 : 코드번호 515번 가스수도료로 처리
(2) 판매비와관리비에 해당하는 경우 : 코드번호 815번 수도광열비로 처리

9. 외주가공비

원재료의 가공하는 과정을 다른 기업에 의뢰하는 경우에는 외주가공비로 처리한다. 외주가공비에 대해서 대가를 미지급할 때에는, 문제에서 일반적 상거래라는 문구가 있으면 외상매입금으로 처리하고, 그렇지 않으면 미지급금으로 처리한다.

10. 배당금의 수령

(1) 현금배당을 받는 경우 : (차) 현금 등   (대) 배당금수익
(2) 주식배당을 받는 경우 : 분개없음 (주식수는 증가하나 1주당 금액이 감소하여 주가총액은 일정하다).

11. 전기오류수정이익

중대한 오류는 전기분 재무제표를 재작성 하여야 하므로 현실적으로 출제하기 힘들고, 중대하지 않은 오류만 대비하면 된다.

전기에 인식할 비용에 대한 회계처리를 누락하였다가 당기에 발견하면 전기오류수정손실(영업외비용 900번대)로 처리하고, 전기에 인식할 수익에 대한 회계처리를 누락하였다가 당기에 발견하면 전기오류수정이익(영업외수익 900번대)로 처리한다.

12. 재해손실과 보험금수익

(1) 재해 발생시 : (차) 재해손실   (대) 자산
(2) 보험금 수령시 : (차) 현금 등 (대) 보험금수익
미결산은 폐지되었으므로 사용하지 않는다.

13. 기부금

기업이 생산한 제품으로 기부를 하는 경우에는 적요란에 "8.타계정으로 대체"를 선택하여야 한다.

14. 자산수증이익

자산을 기증받는 경우에는 자산의 공정가치만큼 자산수증이익을 인식한다.

15. 채무면제이익

차입금을 면제 받거나 일부만 상환하면서 채무관계를 종결하는 경우에는 채무면제이익을 인식한다.

제9장 외화환산회계

01 화폐성자산과 비화폐성자산

외화환산에서 화폐성자산이란 환율이 변동할때마다 평가를 하여야 하는 자산을 말하며, 비화폐성자산이란 그렇지 않은 자산을 말한다. 일반기업회계기준에서는 화폐성자산, 부채만 재무상태표일의 환율을 적용하여 외화환산을 한다.

계정과목 분류상 외화환산손익과 외환차익은 영업외손익으로 회계처리하고, 해외지점 자체를 외화환산하는데서 발생하는 해외사업

수험목적으로는 화폐성자산과 비화폐성자산의 구분이 중요한데, 각각 대표적인 것을 열거하면 다음과 같다.

1) 화폐성자산, 부채
외상매출금, 받을어음, 단기대여금, 장기대여금, 미수금, 미지급금 등

2) 비화폐성자산, 부채
선급금, 선수금, 토지, 건물, 기계장치, 차량운반구, 임차보증금, 임대보증금, 이연법인세자산, 이연법인세부채 등

1부 · 재무회계 이론

02 외화관련 회계처리

1) 기말평가와 상환.회수시 회계처리

외화환산은 화폐성자산, 부채에 대해서만 하는데 크게 화폐성자산, 부채를 기준환율로 기말에 평가하는 경우와 상환, 회수할 때의 경우로 나누어 환산을 하게 된다. 이 경우 손실을 인식하는 경우도 있고, 이익을 인식하는 경우도 있는데, 이를 정리하면 다음과 같다.

	손 실	이 익
기말 결산시	외화환산손실	외화환산이익
상환, 회수시	외환차손	외환차익

2) 외화로 선수금을 받고 나중에 외화로 매출한 경우

이 경우에는 선수금을 받은 시기와 실제 매출을 한 시기가 다르므로 선수금을 받은 시점의 환율과 실제 매출을 한 시점의 환율을 고려하여 매출액을 계산하여야 한다.

회계처리를 할 때에는 부가가치세법에 의한 경우와 일반기업회계기준에 의한 경우가 차이가 있다. 부가가치세법에 의한 매출액은 선수금에 대해서는 환가한 금액, 나머지는 선적일의 환율을 환산하여 계산한다. 반면 일반기업회계기준에 의한 매출은 전액 선적일의 기준환율을 곱하여 계산한다.

시험에서는 두가지 방법으로 출제 가능하므로 회계처리를 알아두는 것이 유용하다.

○ 예제 1. 외화환산손익 및 외환차손익

다음 거래에 대하여 회계처리를 하시오.
20x0.12.1　상품을 $ 10,000를 판매하기로 하고, 계약금으로 $ 1,000를 받았다. 이 때 환율은 $1 = 1,200원이다. 대가는 수령 즉시 원화로 환가하여 현금으로 보유중이다.
20x0.12.15　상품을 $ 10,000를 판매하고, 계약금을 공제한 잔액은 외상으로 하였다. 이 때 환율은 $1 = 1,250원이다. 부가가치세법에 의한 경우와 일반기업회계기준에 의한 경우를 각각 회계처리 하시오.
20x0.12.31　기말 결산시 환율은 $1 = 1,300원이었다.
20x1.1.10　외상매출금 전액을 현금으로 회수하였으며, 이 때 $1 = 1,200원이다.

해답

20x0.12.1
(차) 현   금   1,200,000   (대) 선 수 금   1,200,000

20x0.12.15
① 부가가치세법에 의한 회계처리
(차) 선 수 금   1,200,000   (대) 매   출   12,450,000
    외상매출금   11,250,000

☞ 선수금 $ 1,000 에 대해서는 20x0년 12월 1일 시점인 $1 = 1,200 이 적용되며, 외상매출금 $ 9,000에 대해서는 20x0년 12월 15일 시점인 $1 = 1,250이 적용된다.

② 일반기업회계기준에 의한 회계처리
(차) 선 수 금   1,200,000   (대) 매   출   12,500,000
    외상매출금   11,250,000
    외 환 차 손   50,000

☞ 선적일의 기준환율 1,250원을 적용하여 매출액 12,500,000원을 계산한다. 선수금 1,200,000원을 차감하고, 외상매출금 $ 9,000에 대해서는 20x0년 12월 15일 시점인 $1 = 1,250이 적용하면 11,250,000원을 인식하게 된다. 미리 받은 선수금에 대해서는 50,000원의 외환차손이 발생한다. 선수금을 $1당 1,200원일 때 받음으로서 50,000원의 손실을 인식하게 된다.

20x0.12.31
(차) 외상매출금   450,000   (대) 외화환산이익   450,000

☞ 외상매출금이 $ 9,000 이었는데, $1 당 금액이 ₩ 50원만큼 상승하였으므로 외화환산이익으로 ₩ 450,000만큼 인식하게 된다.

20x1.1.10
(차) 현   금   10,800,000   (대) 외상매출금   11,700,000
    외환차손   900,000

☞ 외상매출금 장부상 금액은 11,700,000원이나 대금 회수시 환율변동으로 인해 실제 회수할 수 있는 금액은 10,800,000원이므로 900,000원 만큼 외환차손을 인식하게 된다.

3) 외화차입금의 상환이나 외화대여금의 회수

이 경우에는 이자비용과 이자수익을 고려하여야 한다. 이 경우에는 우선 외화로 금액을 기록한 후 원화로 옮겨 적으면 실수를 줄일 수 있다.

○ 예제 2. 외화차입금의 상환과 외화대여금의 회수

다음의 독립된 거래에 대하여 회계처리를 하시오.

(1) 단기대여금 $ 10,000(원화로 환산한 금액은 10,000,000원)을 회수하면서 이자 $ 1,000와 함께 보통예금 계좌로 입금하였다. 회수시점 $1의 금액은 1,100원이다.

(2) 단기차입금 $ 10,000(원화로 환산한 금액은 10,000,000원)을 상환하면서 이자 $ 1,000와 함께 보통예금 계좌에서 이체하였다. 상환시점 $1의 금액은 1,100원이다.

해답

(1) (차) 보통예금　　　　　$ 11,000(환율 1,100원)　　(대) 단기대여금　　$ 10,000(환율 1,000원)
　　　　　　　　　　　　　　　　　　　　　　　　　　　(대) 이자수익　　　$ 1,000(환율 1,100원)
　　에서 금액을 원화로 기록하고, 마지막에 외환차손익을 계산한다.

　　(차) 보통예금　　　　　　12,100,000　　(대) 단기대여금　　　　10,000,000
　　　　　　　　　　　　　　　　　　　　　　　(대) 이자수익　　　　　 1,100,000
　　　　　　　　　　　　　　　　　　　　　　　(대) 외환차익　　　　　 1,000,000

(2) (차) 단기차입금　$ 10,000 (환율 1,000원)　(대) 보통예금　$ 11,000 (환율 1,100원)
　　(차) 이자비용　　$ 1,000 (환율 1,100원)
　　에서 금액을 원화로 기록하고, 마지막에 외환차손익을 계산한다.

　　(차) 단기차입금　　　　　10,000,000　　(대) 보통예금　　　　　12,100,000
　　(차) 이자비용　　　　　　 1,100,000
　　(차) 외환차손　　　　　　 1,000,000

제10장 회계변경과 오류수정

회계변경과 오류수정은 다음의 차이가 있다.

- 회계변경 : GAAP (일반적으로 인정된 회계원칙) → GAAP
  (단, 회계변경은 회계정책의 변경과 회계추정의 변경으로 구분된다.)
- 오류수정 : non GAAP → GAAP

01 회계변경의 의의와 유형

1. 회계정책의 변경

1) 의 의

회계정책의 변경은 재무제표의 작성과 보고에 적용하던 회계정책을 다른 회계정책으로 바꾸는 것을 말한다.

> **사례**
> 회계정책의 변경사례에는 재고자산 평가방법의 변경, 유가증권의 취득단가산정방법 등

2) 회계변경사유

매기 동일한 회계정책 또는 회계추정을 사용하면 비교가능성이 증대되어 재무제표의 유용성이 향상되므로 재무제표를 작성할 때 일단 채택한 회계정책이나 회계추정은 유사한 종류의 사건이나 거래의 회계처리에 그대로 적용하여야 한다. 단, 다른 회계정책이나 회계추정의 채택이 더 합리적이라고 기업이 입증할 수 있을 때에 한해서는 회계변경을 정당화할 수 있다.

① 정당한 회계변경
(가) 회계정책 또는 회계추정의 변경을 통하여 회계정보의 유용성을 높이는 경우
→ 회계변경의 정당성 입증 필요
(나) 기업회계기준이 새로 제정되거나 개정됨에 따라 회계정책을 변경하는 경우
→ 회계변경의 정당성을 입증할 필요가 없음

참고

단순히 세법의 규정을 따르기 위한 회계변경이나 이익조정을 주된 목적으로 한 회계변경은 정당한 회계변경으로 보지 아니한다.

단, 다음의 경우에는 회계변경으로 보지 않는다.
ⓐ 중요성의 판단에 따라 기업회계기준과 다르게 회계처리하던 항목들의 중요성이 커지게 되어 기업회계기준을 적용하는 경우. 예를 들면, 품질보증비용을 지출연도의 비용으로 처리하다가 중요성이 증대됨에 따라 충당금설정법을 적용하는 경우
ⓑ 과거에는 발생한 경우가 없는 새로운 사건이나 거래에 대하여 회계정책을 선택하거나 회계추정을 하는 경우

2. 회계추정의 변경

1) 의 의

회계추정의 변경은 기업환경의 변화, 새로운 정보의 획득 또는 경험의 축적에 따라 지금까지 사용해오던 회계적 추정치의 근거와 방법 등을 바꾸는 것을 말한다.

만일 회계정책의 변경과 회계추정의 변경이 애매한 경우에는 회계추정의 변경으로 본다. 예를 들면 비용으로 처리하던 특정지출의 미래 경제적 효익을 인정하여 자본화하는 경우에는 회계정책의 변경효과와 회계추정의 변경효과를 구분하는 것이 불가능한 것이 일반적이다.

사례

회계추정의 변경사례에는 대손의 추정, 재고자산의 진부화 여부에 대한 판단과 평가, 우발부채의 추정, 비유동자산의 상각방법 변경, 감가상각자산의 내용연수 또는 잔존가액의 추정

제10장 • 회계변경과 오류수정

> **참고**
> 단, 감정평가전문가의 확인만으로는 이익조작의 가능성이 있기 때문에 추정내용연수의 변경이 정당화되지 아니한다.

○ 예제 1 회계정책의 변경과 회계추정의 변경

다음에서 통해 회계정책의 변경은 ①, 회계추정의 변경은 ②를 선택하여라.
(1) 기계장치 내용연수를 10년에서 5년으로 변경 ···················· (   )
(2) 단기매매증권 평가방법을 총평균법에서 이동평균법으로 변경 ··············· (   )
(3) 차량운반구 잔존가액을 5,000,000원에서 3,000,000원으로 변경 ············· (   )
(4) 대손충당금 설정을 매출액비례법에서 매출채권잔액율법으로 변경 ············ (   )

해답

(1) ②   (2) ①   (3) ②   (4) ②

---

02 회계변경의 회계처리방법

① 전진법
일단 공시된 재무제표는 최종적이며 수정할 수 없다는 입장으로 회계변경의 효과는 당기 및 당기 이후의 기간에만 영향을 미친다.

② 소급법
변경연도 기초시점에서 자산과 부채에 미친 누적효과를 계산하여 기초 이익잉여금을 수정하고, 이와 관련된 자산과 부채를 소급적으로 수정하는 방법이다.
비교재무제표를 공시할 경우에는 비교대상이 되는 과거연도의 재무제표를 새로운 방법으로 수정하여 재작성 하여야 한다.

③ 회계정책의 변경과 회계추정의 변경시 회계처리

구 분	회계정책의변경	회계추정의 변경
의 의	회계 적용방법의 변경	회계 추정치의 변경
회계처리 방법	소급법	전진법

④ 두 방법의 장단점

구 분	전 진 법	소 급 법
장 점	재무제표의 신뢰성확보 적용이 간편	재무제표의 비교가능성 확보 미래손익 추정용이
단 점	재무제표의 비교가능성 상실	신뢰성 상실

03 오류수정

1) 의 의

오류수정이란 전기 또는 그 이전의 재무제표에 포함된 회계적 오류를 당기에 발견하여 이를 수정하는 것을 말한다. 오류수정의 원인에는 계산상의 실수, 기업회계기준의 잘못된 적용, 사실판단의 잘못, 부정, 과실 또는 사실의 누락 등의 사유가 있다.

2) 오류수정의 회계처리

당기에 발견한 당기의 오류는 수정분개를 통해 수정분개를 통해 과목재분류나 당기손익을 조정하면 되지만 당기에 발견한 전기의 오류는 복잡해진다. 우선 성격에 따라 중대한 오류와 중대하지 않은 오류로 구분하여 다음과 같이 회계처리한다.

구 분	중대한 오류	중대하지 않은 오류
회계처리방법	소급법	당기손익처리
전기오류수정효과	이월이익잉여금	전기오류수정손익
비교재무제표	재작성	-
가상적정보등의 주석공시	• 중대한 오류판단근거 • 비교재무제표상의 수정금액과 재작성된 사실 • 오류발생연도와 그영향을 받는 기간의 재계산된 주요재무정보	-

제10장 • 회계변경과 오류수정

오류에는 자동적오류와 비자동적 오류가 있다. 자동적 오류란 거래당시 발생한 오류를 인위적으로 수정하지 않더라도, 오류의 반대작용으로 인해 재무제표에 미치는 영향이 자동적으로 상계되는 오류이다. 이해하기 쉽게 설명한다면 세무조정을 했을 때 유보의 효과가 있는 오류이다.

> **재고자산의 평가상 오류**
> 1기 : 기초재고액 + 당기매입액 - 기말재고액(과대)=매출원가(과소) ⇒ 당기순이익(과대)
> 2기 : 기초재고액(과대) + 당기매입액 - 기말재고액=매출원가(과대) ⇒ 당기순이익(과소)
> * 전기 (오류발생) → 당기 (반대작용) → 당기말 (오류소멸) 의 유형

자동조정 오류에는 재고자산 평가와 관련된 오류, 선급비용 등의 미계상에 대한 오류등이 있다. 재고자산을 과대 (또는 과소) 평가를 하더라도 다음연도에는 판매되어 소멸될 것이므로, 자동으로 오류가 조정된다.

반면, 비자동적 오류는 거래당시 발생한 오류를 인위적으로 수정하지 않는 경우, 그 다음연도에 자동적으로 상계되지 않는 오류를 말한다.

> **자동조정 오류의 사례**
> (1) 20x1년 7월 1일에 1년분 자동차 보험료로 2,400,000원을 현금납부하고, 비용처리 하였다. 그리고, 12월 31일 결산시 아무런 회계처리를 하지 않았다.
> - 회사의 처리 : 분개 없음
> - 올바른 처리 : (차) 선급비용   1,200,000   (대) 보 험 료   1,200,000
> (3) 20x2년 중에 보험기간이 만료되었다.
> - 회사의 처리 : 분개 없음
> - 올바른 처리 : (차) 보 험 료   1,200,000   (대) 선급비용   1,200,000
> → 다음 연도가 되면 회사의 처리와 올바른 처리의 차이가 소멸하는데 이를 자동조정오류라고 한다.

○ 예제 2 전기오류수정손익

다음을 회계처리 하시오.
(1) 전기에 외상매출금 중 2,000,000원이 소멸시효가 경과하였으나 이를 대손처리 하지 않았다가 당기중에 발견하였다. 단, 중대하지 않은 오류라고 가정한다.
(2) 전기에 본사 건물 감가상각비가 전년도에 20,000,000원만큼 과대 계상된 오류를 발견하였다. 단, 중대한 오류라고 가정한다.

1부 • 재무회계 이론

해답

(1) (차) 전기오류수정손실(영업외비용) 2,000,000   (대) 외상매출금   2,000,000
(2) (차) 감가상각누계액   20,000,000   (대) 전기오류수정이익(이익잉여금) 20,000,000

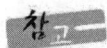

오류가 재무제표에 영향을 미치는 사례

(1) 자본적 지출과 수익적 지출을 잘못 처리한 경우
  ① 자본적 지출을 수익적 지출로 처리하면 : 자산 과소평가, 비용 과대평가, 이익 과소평가
  ② 수익적 지출을 자본적 지출로 처리하면 : 자산 과대평가, 비용 과소평가, 이익 과대평가
(2) 판매비와관리비를 영업외비용으로 처리한 경우
  : 영업이익 과대평가, 법인세차감전순손익이나 당기순손익에는 영향 없음
(3) 단기매매증권평가손익(영업외손익)을 매도가능증권평가손익(기타포괄손익누계액)을 잘못 처리한 경우
  ① 단기매매증권평가이익을 매도가능증권평가이익처럼 처리
    : 순이익 과소평가, 총자본에는 영향 없음
  ② 매도가능증권평가이익을 단기매매증권평가이익처럼 처리
    : 순이익 과대평가, 총자본에는 영향 없음

제11장 재무제표의 작성과 표시

01 재무회계의 의의

재무회계는 주로 기업의 외부이용자들에게 재무적 정보를 보고하기 위한 회계이다. 재무적 정보를 제공하는 수단에는 재무제표가 있다. 재무제표는 정해진 회계원칙에 따라 작성하게 된다.
 현재 우리나라에서는 한국채택 국제회계기준(K-IFRS)과 일반기업회계기준(K-GAAP)을 사용하고 있다. 한국채택 국제회계기준은 주로 대기업 등에서 사용하고, 중소기업에서는 주로 일반기업회계기준을 사용한다.

02 재무제표

1) 종류 (문단 2.4)
재무상태표, 손익계산서, 현금흐름표, 자본변동표, 현금흐름표, 주석

2) 재무상태표의 작성원칙
① 유동성배열법 : 유동성이 큰 항목부터 배열한다(문단 2.19).
② 총액기준 : 자산과 부채는 원칙적으로 상계표시하지 않는다. 단, 다른 부분에서 요구하거나 허용하는 경우에는 예외로 한다(문단 2.42).
③ 1년기준 : 유동자산과 유동부채, 비유동자산과 비유동부채는 1년 또는 정상영업주기를 기준으로 분류한다(문단 2.20, 문단 2.22).
④ 잉여금 구분 : 자본잉여금과 이익잉여금을 구분하여 표시한다.
⑤ 비망계정 표시 금지 : 현금과부족, 가지급금 등과 같은 비망계정은 제외하고 표시한다.

3) 손익계산서의 작성원칙

① **발생주의** : 수익과 비용은 그것이 발생한 시기에 정당하게 배분하여야 한다.
② **수익비용의 대응** : 각 발생원천에 따라 수익과 비용을 적절하게 대응하여야 한다.
③ **총액주의** : 수익과 비용은 상계하지 않고 각각 총액으로 기록하여야 한다.
④ **구분표시의 원칙** : 손익성격에 따라 매출총손익, 영업손익, 당기순이익등과 같이 구분하여야 한다.

4) 재무제표의 한계

① 추정에 의한 측정치를 포함하고 있다. (대손충당금, 감가상각비 등)
② 화폐단위로 측정된 정보를 주로 제공한다. 따라서 화폐단위로 측정이 불가능하면서 중요한 정보를 제대로 표시하지 못할 수도 있다.
③ 대부분 과거에 발생한 거래나 사건에 대한 정보를 나타낸다.
④ 재무제표는 특정 기업실체에 관한 정보를 제공하며, 산업 또는 경제 전반에 관한 정보를 제공하지는 않는다.

5) 재무제표의 구성요소

① **재무상태표** : 자산, 부채, 자본
   ⅰ) 자산 : 미래에 경제적 효익이 기대되는 기업의 자원
      - 과거의 거래나 사건의 결과로 인하여 발생
      - 반드시 지출을 동반하는 것은 아님 (예: 자산수증이익, 주식발행)
      - 반드시 물리적 형태를 가져야 하는 것은 아님 (예 : 외상매출금, 무형자산)
   ⅱ) 부채 : 미래에 예상되는 자원의 희생
      - 부채도 원칙적으로 과거의 거래나 사건의 결과로 인하여 발생
      - 채무, 금액, 시기가 반드시 확정일 필요는 없음 (예 : 충당부채)
② **손익계산서** : 수익, 비용
③ **자본변동표** : 소유주에 의한 투자, 소유주에 의한 분배, 포괄손익
④ **현금흐름표**
   : 영업활동에 의한 현금흐름, 재무활동에 의한 현금흐름, 투자활동에 의한 현금흐름
⑤ **주석** : 다른 재무제표의 내용을 보충하는 성격

6) 재무제표의 기간별 비교

① 기간별 비교가능성을 위해 전기의 모든 계량정보를 당기와 비교하는 형식으로 표시

② 재무제표 항목의 표시와 분류방법이 변경되는 경우에는 당기와 비교하기 위하여 전기의 항목을 재분류하고, 재분류 항목의 내용, 금액, 이유 등을 주석으로 기재

03 재무회계 개념체계의 목적

1) 재무회계개념체계의 목적

다음에 일관성 있는 지침을 제공

① 회계기준제정기구 : 회계기준을 제정 또는 개정, 적용
② 재무제표의 이용자 : 작성된 재무제표를 해석
③ 재무제표의 작성자 : 회계기준을 해석·적용
④ 외부감사인 : 회계기준 적용의 적정성을 판단

단, 개념체계의 내용이 특정 회계기준과 상충되는 경우에는 그 회계기준이 개념체계에 우선한다.

2) 재무제표의 작성과 표시의 일반원칙

① **계속기업**으로서 존속가능성을 평가하여야 한다.

> **사례**
> 5년 후 청산예정인 기업에서 차량운반구를 취득하였다면 내용연수는 5년 이내로 하여야 할 것이다.

② 재무제표의 작성과 표시에 대한 **책임은 경영진**에게 있다.
③ 중요하지 않은 항목은 성격이나 기능이 유사한 항목과 표시할 수 있다.

> **사례**
> 단기매매증권과 단기대여금을 별도로 표시할 수도 있지만, 합쳐서 단기투자자산으로 보고할 수도 있다.

④ **기간별 비교가능성**을 제고하기 위하여 전기 재무제표의 모든 계량정보를 당기와 비교하는 형식으로 표시한다.
⑤ 재무제표 항목의 표시나 **분류방법이 변경되는 경우**에는 당기와 비교하기 위하여 전기의 항목을 **재분류**하고, 재분류 항목의 내용, 금액 및 재분류가 필요한 이유를 **주석으로 기재한다.**

> 기존에 외상매출금 계정만 사용하였으나 수출거래가 증가하는 경우 외화외상매출금이라는 별도의 계정과목을 추가해서 사용할 수도 있다.

④ 회계정보의 질적특성

회계정보의 질적특성이란 회계정보가 유용하기 위해 갖추어야 할 주요 속성을 말한다. 회계정보의 질적특성은 목적적합성과 신뢰성으로 나누어진다. 목적적합성과 신뢰성은 상충관계가 발생할 수 있다. (목적적합성을 강조하면 신뢰성이 다소 희생된다.)

1) 목적적합성

정보이용자가 의사결정을 하는데 유용한 속성을 말하며, 예측가치, 피드백가치, 적시성으로 나누어진다.

① 예측가치 : 정보이용자가 미래 기업의 상태를 예측하는 데 활용될 수 있는 능력
② 피드백가치 : 당초 예측치를 확인 또는 수정되게 할 수 있는 능력
③ 적시성 : 정보가 의사결정에 반영될 수 있도록 적시에 제공

2) 신뢰성

회계정보가 유용하기 위해서는 신뢰할 수 있는 정보이어야 한다. 신뢰성의 하부속성에는 표현의 충실성, 검증가능성, 중립성이 있다.

① 표현의 충실성 : 재무제표상 회계수치가 회계기간말 현재 기업실체가 보유하는 자산과 부채의 크기를 충실하게 나타내야 하며 필요한 정보가 누락되어서는 안된다.
② 검증가능성 : 동일한 경제적 사건이나 거래에 대하여 동일한 측정방법을 적용할 경우 다수의 독립적인 측정자가 유사한 결론에 도달할 수 있어야 한다.
③ 중립성 : 회계정보의 제공에 대해서는 편의가 없이 중립적이어야 한다.

참고로, 목적적합성을 희생한다고해서 무조건 신뢰성이 지켜지는 것은 아니다. 분식회계와 같이 목적적합성과 신뢰성을 동시에 상실하는 경우도 있다.

제11장 • 재무제표의 작성과 표시

 재무제표의 기본가정

일반회계기준에서 제시하고 있는 재무제표의 기본가정에는 기업실체의 가정, 계속기업의 가정, 기간별 보고의 가정이 있다.

1) 기업실체의 가정
기업을 소유주와는 독립적으로 존재하는 회계단위로 간주하고, 이 회계단위의 관점에서 경제활동에 대한 재무정보를 측정, 보고하는 것을 말한다.

2) 계속기업의 가정
기업실체는 그 목적과 의무를 이행하기에 충분할 정도로 장기간 존속한다고 가정하는 것을 말한다.

3) 기간별보고의 가정
기업실체의 존속기간을 일정한 기간 단위로 분할하여 기간별로 재무제표를 작성하는 것을 말한다. 참고로 화폐측정의 가정은 2006년에 폐지되었으니 주의한다. 국제회계기준에서는 재무제표의 기본가정으로 계속기업의 가정만 언급하고 있으니 다른 자격시험을 공부할 독자들은 알아두도록 하자.

보수주의

선택 가능한 회계처리가 2가지 이상 있는 경우에는 가급적이면 이익을 적게 보고하는 원칙을 말한다. 보수주의를 적용하여 이익을 적게 보고하면 세금부담이 줄어들고, 주주들의 배당압력도 약해질 것이므로 기업의 자금유출을 줄일 수 있다.
보수주의의 사례에는 개발비에서 연구단계인지 개발단계인지 구분할 수 없을 때 모두 연구단계로 처리하는 사례, 우발자산 보다는 우발부채를 더 많이 주석으로 공시하는 사례, 재고자산의 평가손실은 인식하나 평가이익은 인식하지 않는 사례, 효익을 측정하기 어려운 광고비를 자산으로 처리하지 않고 비용으로 처리하는 사례등이 있다.

1부 · 재무회계 이론

06 중간재무제표

분기별로 재무제표를 작성하는 경우

- 재무상태표의 경우

	당해연도	비교연도
1/4분기	20x2년 3월 31일 현재	20x1년 12월 31일 현재
2/4분기	20x2년 6월 30일 현재	20x1년 12월 31일 현재
3/4분기	20x2년 9월 30일 현재	20x1년 12월 31일 현재
4/4분기	20x2년 12월 31일 현재	20x1년 12월 31일 현재

- 손익계산서와 자본변동표, 현금흐름표의 경우

	당해연도	비교연도
1/4분기	20x2년 1/1~ 3/31	20x1년 1/1~ 3/31
2/4분기	20x2년 1/1~ 6/30	20x1년 1/1~ 6/30
3/4분기	20x2년 1/1~ 9/30	20x1년 1/1~ 9/30
4/4분기	20x2년 1/1~12/31	20x1년 1/1~12/31

* 단, 손익계산서는 분기별로 중간기간도 비교공시함

중간재무제표는 말 그대로 회계기간 중간 중에 적시성을 위해 작성하는 재무제표이다. 중간재무제표에는 재무상태표, 손익계산서, 자본변동표, 현금흐름표 및 주석등이 있다(기준 29.2). 연차재무제표와 동일한 양식으로 작성함을 원칙으로 하되, 정보이용자를 오도하지 않는 범위 내에서 계정과목을 요약 또는 일괄 표시할 수 있다(기준 29.3). 중간재무제표는 다음과 같이 작성한다 (기준 29.4).

중간재무제표에는 주석으로 회계정책 및 추정의 변경, 기업결합 및 사업의 중단, 주식과 채권의 발행 등 직전 회계연도 후에 발생한 재무상태와 경영성과의 중요한 변동과 관련된 거래나 회계사건을 기재한다.

최종 중간기간의 재무제표는 별도로 작성하지 아니할 수 있으나 법령이나 계약 등에 의하여 중간재무제표를 정기적으로 작성하는 기업이 최종 중간기간의 재무제표를 별도로 작성하지 않는 경우에는 연차재무제표에 최종 중간기간의 매출액, 당기순이익, 주당순이익 등 주요 경영성과와 최종 중간기간의 회계추정변경 내용 및 영향을 주석으로 기재한다(기준 29.7). 중간재무제표는 연차재무제표와 동일한 회계정책을 사용하여야 한다(기준 29.8). 따라서 계절적, 주기적, 일시적으로 발생하는 수익도 다른 중간기간 중에 미리 인식하거나 이연하지 않는다(기준 29.13).

2부

원가회계 이론

1장   원가회계의 기초
2장   간접원가의 배부
3장   개별원가계산
4장   종합원가계산
5장   결합원가계산

제1장 원가회계의 기초

01 원가회계의 개념정리

우선 재무회계와 관리회계의 차이를 비교하면 다음과 같다.

	재무회계	관리회계
대상	외부 및 내부이해관계자	내부 이해관계자
목적	유용한 재무적 정보제공	의사결정에 활용
작성기준	일반적으로 인정된 회계기준	특정한 양식이 없음

단, 원가회계는 재무회계의 성격과 관리회계의 성격이 동시에 존재한다.

우선 원가를 공부하는데 가장 애로점은 처음에 학습할 때 용어자체가 익숙하지 않다는 점이다. 우선 원가회계에서 사용되는 용어들을 알아보자. 그 외에 나머지 부분은 그때마다 확인해 보도록 하자.

① 원가(cost)

특정 목적을 달성하기 위해 소멸된 경제적 자원의 희생을 말한다. 수익획득에 사용한다면 비용, 수익활동에 아직 사용되지 않았으면 자산, 수익활동에 기여하지 못하고 소멸하였으면 손실이라고 한다.

② 원가대상(cost object)

원가를 측정하고자 하는 대상을 말한다. 제품의 원가를 측정한다면 제품이 원가대상이 된다. 그 외에 원가대상이 될 수 있는 것에는 부문, 활동, 작업, 서비스 등 다양한 것들이 있다.

③ 원가배분(cost allocation)

원가집합에 집계된 간접원가를 일정한 배분기준에 따라 원가대상에 배분하는 것을 의미한다. 예를 들어 같은 공장에서 오토바이와 자전거를 생산한다면 공장건물 임차료를 오토바이와 자전거에 배분하여야 하는데 이를 원가배분이라고 한다.

ㅇ 예제 1. 원가배분

공장건물의 월 임차료는 9,000,000원이다. 공장에서는 오토바이와 자전거를 생산하고 있는데, 오토바이의 생산면적은 300평이고, 자전거의 생산면적은 100평이다. 오토바이와 자전거에 배분될 임차료는 각각 얼마인가?

해답

오토바이 : 6,750,000원, 자전거 : 2,250,000원

---

④ 원가행태(cost behavior)

조업도 수준에 따라 변화하는 원가양상을 의미하며 변동원가와 고정원가로 구분할 수 있다.

⑤ 원가동인(cost driver)

원가대상 중 총원가의 변화를 유발시키는 원인을 말한다. 예를 들어 전력비는 작업시간이 길어질수록 전력비 발생금액이 증가하는데, 여기에서는 전력비의 원가동인은 작업시간이 되는 셈이다.

⑥ 조업도(volume)

기업이 보유한 자원의 활용정도 또는 작업, 산출량을 의미한다. 조업도가 증가할 수록 총수익이나 총원가가 증가하게 된다.

⑦ 관련범위(relevant range)

원가와 조업도 간에 일정한 관계가 유지되는 범위를 의미한다.

ㅇ 예제 2. 관련범위

더존학원은 복사기를 임차하여 사용하고 있다. 월별로 복사 6,000장까지는 복사기 임차비용이 120,000원인데, 월 6,000장을 초과하면 그때부터 1장당 20원씩 추가원가가 발생한다. 이 경우 관련범위는?

2부 · 원가회계 이론

해답
0장 ~ 6,000장

⑧ 매몰원가(sunk cost)

매몰원가란 이미 발생하여 더 이상 회수할 수 없는 원가를 말한다. 의사결정시에는 매몰원가를 고려해서는 안된다.

○ 예제 3. 매몰원가

전산세무회계 시험을 준비하던 정안슭씨는 시험에 낙방하고, 다음 시험에 재도전할지, 시험을 포기할지 고민중이다. 시험을 준비하면서 그동안 500,000원의 비용이 발생했었고, 재도전을 한다면 추가로 200,000원의 비용이 발생하는 대신 합격가능성이 70% 정도 될 것이며, 합격시 연봉이 현재보다 500,000원 정도 증가할 것으로 예상하고 있다. 이 경우 매몰원가는 얼마인가?

해답
매몰원가는 회수불가능한 원가로서 지금까지 발생한 500,000원이다.

⑨ 기회원가 (opportunty cost)

두가지 이상 대안이 있을 경우 선택을 통하여 포기하게 되는 다른 대안 중 최대이익이나 최소비용을 의미한다.

○ 예제 4. 기회원가

수진기업은 A프로젝트, B프로젝트, C프로젝트 중에서 어느 투자안을 선택할지 고민중이다. A프로젝트는 100억원의 이익, B프로젝트는 80억원의 이익, C프로젝트는 70억원의 이익이 예상되어 A프로젝트를 선택하였을 때 기회비용은?

해답
기회비용은 어느 대안을 선택함으로서 포기하게 되는 최대이익을 말하며, 여기에서는 80억원이 된다.

예제 5. 용어정리

다음 용어들과 연관 되는 개념을 연결하시오.

내용		개념
① 변동원가, 고정원가	• •	원가동인
② 총원가 변동과 관련된 요인	• •	원가행태
③ 원가 흐름이 일정하게 유지되는 범위	• •	조업도
④ 보유 자원의 활용 및 산출량	• •	관련범위
⑤ 특정 대안 선택으로 포기하는 최대이익	• •	매몰원가
⑥ 이미 발생하여 회수불가능한 원가	• •	기회원가

해답

① 원가행태, ② 원가동인, ③ 관련범위, ④ 조업도, ⑤ 기회원가, ⑥ 매몰원가

---

02 원가의 분류

1) 원가행태에 따른 분류

① 변동원가

조업도가 0일때는 총원가도 0이며, 조업도 증가에 따라 총원가도 비례하여 증가하는 원가를 **순수변동원가**, 고정원가가 일부 포함되어 있는 경우를 혼합원가 또는 **준변동원가**라고 한다.

2부 · 원가회계 이론

② 고정원가

조업도와 무관하게 총원가가 일정한 원가를 **순수고정원가**, 조업도가 일정부분을 넘어서면 총고정비가 한 단계 증가하는 원가를 **준고정원가**라고 한다. 조업도와 총원가의 관계를 그래프로 표시하면 다음과 같다.

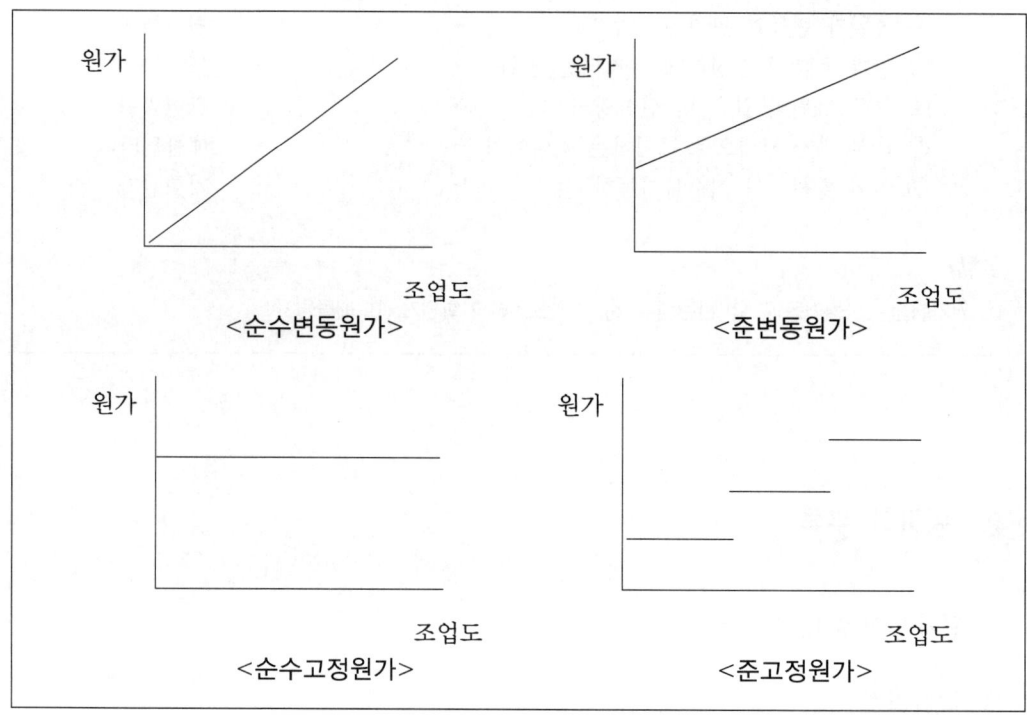

조업도 증가에 따른 변동원가와 고정원가는 다음과 같은 관계를 가진다.
- 변동원가 : 총 원가는 증가, 단위당 원가는 일정
- 고정원가 : 총 원가는 일정, 단위당 원가는 감소

○ 예제 6. 원가의 행태

다음 사례를 보고 순수변동원가, 준변동원가, 순수고정원가, 준고정원가 여부를 판단하시오.
(1) 제품 1개당 일정량 만큼 소비되는 재료의 원가 ·················( )
(2) 시간급으로 고용하기로 하고 지급하는 생산공장 아르바이트의 인건비 ·········( )
(3) 공장 건물의 임차료 ·································( )
(4) 사용하지 않을 때 기본요금이 있고, 통화시간에 따라 추가적으로 발생하는
    통신비 ··( )

(5) 공장건물의 화재보험료 ···( )
(6) 제품 100개까지 포장가능한 포장지의 원가 ·······································( )

해답
(1) 순수변동원가 (2) 순수변동원가 (3) 순수고정원가 (4) 준변동원가 (5) 순수고정원가 (6) 준고정원가

2) 제조활동에 따른 분류

우선 원가는 제품 제조에 사용되는 재료비, 공장직원의 인건비에 해당하는 노무비, 그 외의 제품원가를 구성하는 경비로 나누어 볼 수 있다. 그리고, 이러한 원가들은 어떠한 제품을 생산하는데 있어서 연관이 있는지에 따라 추적가능성이 있는 직접원가와 추적가능성이 없는 간접원가로 구분된다. 제조활동에 따라 원가를 구분할때는 직접재료비, 직접노무비, 제조간접비로 구분할 수 있다.

	추적가능성 有 (직접원가)	추적가능성 無 (간접원가)
재료비	직접재료비	간접재료비
노무비	직접노무비	간접노무비
경 비		간접경비
		제조간접비

직접재료비와 직접노무비는 추적가능성이 있으므로 이러한 원가만을 **기초원가**(= prime cost ; 기본원가, 직접원가)라고 부르기도 한다. 직접노무비와 제조간접비는 원재료에 가공을 한 것이므로 이것을 **가공원가**(= processing cost)라고 한다.

원가행태와 제조활동에 따른 원가분류의 관계
① 직접재료비 : 변동비만 있다.
② 직접노무비 : 변동비만 있다.
③ 제조간접비 : 변동비일수도 있고, 고정비일수도 있다.

03 제조원가와 비제조원가

제조원가는 제품의 생산과 관련하여 발생한 원가만을 포함하여야 하며 그 외의 비용은 제품의 제조원가에 포함해서는 안된다. 제품을 생산하는데 필요한 제조원가 중 일부는 기말재고로 남아 비용으로 인식하는 시기가 제품 처리시로 연기되므로 판매비와 관리비로 처리하여 당기에 비용으로 인식할 때와 당기순이익에 있어서 차이를 보이기 때문이다. 제조원가와 판매비와 관리비의 예를 들어보면 다음과 같다.

제조간접비 (500번대)	판매비와 관리비 (800번대)
• 생산에 소요되는 설비자산의 감가상각비, 수선유지비 • 공장건물의 감가상각비, 보험료 • 공장사무실의 운영비, 소모품비 • 공장의 전력비, 동력비 등	• 판매부서에서 사용하는 설비자산의 감가상각비, 수선유지비 • 사무실건물의 감가상각비, 보험료 • 본사사무실의 운영비, 소모품비 • 사무실의 전력비, 동력비 등

04 원가의 흐름

원가의 흐름은 다음과 같이 이루어진다.

05 제조원가명세서와 손익계산서

제품의 생산요소를 투입해서 제품으로 전환되는 과정까지의 원가흐름은 모두 재공품계정으로 집계되며 당기완성품 원가는 당기제품제조원가로 제품계정에 대체되는데 재공품에서 제품으로 대체되는 과정을 보고식으로 작성한 명세표를 제조원가명세서라고 한다. 제조원가명세서에서 작업한 당기제품제조원가는 손익계산서상 제품매출원가를 산출하는데 정보를 제공한다.

```
                    제조원가명세서          20x1.1.1~20x1.12.31
직접재료비
   기초재료매입액        ₩  ×××
   당기매입액               ×××
   사용가능재료             ×××
   기말재료재고액      (−)  ××                       ×××
직접노무비                                           ×××
제조간접비                                           ×××
당기총제조원가                                   ₩  ×××
기초재공품재고액                                     ×××
   합  계                                          ×××
기말재공품재고액                                 (−) ×××
당기제품제조원가                                 ₩  ×××
```

```
                    손익계산서             20x1.1.1~20x1.12.31
매출액                                           ₩  ×××
매출원가
   기초제품재고액          ×××
   당기제품제조원가        ×××
   판매가능제품원가        ×××
   기말제품재고액      (−) ×××                       ×××
매출총이익                                       ₩  ×××
판매비와 관리비                                     ×××
영업이익                                            ×××
     :                                             :
당기순이익                                          ×××
```

제조원가명세서와 다른 재무제표의 관계
① 손익계산서와 관계 : 제조원가명세서상 당기제품제조원가는 손익계산서의 제품매출원가를 계산하는 과정에서 사용된다.
② 재무상태표와 관계 : 재무상태표의 원재료, 재공품은 제조원가명세서 작성시 참고자료가 된다.

2부 · 원가회계 이론

06 원가요소의 측정

원재료가 제품제조에 사용되면 이를 직접재료비라고 한다. 임금, 잡급, 퇴직급여는 노무비로 집계되며, 그 외에 복리후생비, 여비교통비, 세금과공과, 감가상각비, 보험료, 운반비, 외주가공비, 소모공구비, 간접재료비, 간접노무비 등은 제조간접비로 집계되어 재공품에 대체된다.

노무비나 경비의 경우 그 성격에 따라 선불로 지급하기도 하고, 후불로 지급하기도 한다. 선급으로 지급하는 경우와 후불로 지급하는 경우를 비교하면 다음과 같이 표현할 수 있다.

1) 선급의 경우

선급경비	
기 초	당기발생
당기지급	기 말

2) 후급의 경우

미지급경비	
당기지급	기 초
기 말	당기발생

○ 예제 7. 원가요소의 측정

(1) 회사의 전월 선급보험료는 300,000원이고, 당월 납입금액은 700,000원이다. 당월말 현재 선급보험료가 200,000원일 때, 당기 발생한 보험료는 얼마인가?

(2) 전월 회사의 미지급임금은 1,000,000원이고, 당기 임금지급액은 15,000,000원이다. 당월 말 현재 임금미지급액이 3,000,000원일 때 임금소비액은 얼마인가?

해답

선급보험료	
기초 300,000	당기발생 800,000
당기지급 700,000	기말 200,000

미지급임금	
당기지급 15,000,000	기초 1,000,000
기말 3,000,000	당기발생 17,000,000

제1장 · 원가회계의 기초

07 매출관련 재무비율

① 개념

$$매출총이익률 = \frac{매출총이익}{매출액}, \quad 매출원가대이익률 = \frac{매출총이익}{매출원가}$$

② 그림을 통한 설명

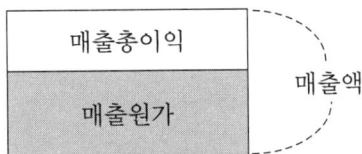

○ 예제 8. 매출관련 재무비율

(1) 매출액이 1,200,000원이고, 원가의 20%를 이익으로 가산해서 판매한다면 매출원가는 얼마인가?
(2) 매출액이 5,000,000원인데 매출총이익률이 20%라면 매출원가는 얼마인가?

해답

(1) 매출원가 + 매출원가 × 20% = 매출액 이므로, 매출액 ÷ 1.2 = 매출원가
    1,200,000원 ÷ 1.2 = 1,000,000원
(2) 매출총이익이 차지하는 비율이 20%이면, 매출원가가 차지하는 비율은 80%이다.
    5,000,000원 × 80% = 4,000,000원

08 원가의 구성

① 직접원가 = 직접재료비 + 직접노무비 + 직접제조경비
② 제조간접비 = 간접재료비 + 간접노무비 + 간접제조경비
③ 제조원가 = 직접원가 + 제조간접비
④ 판매원가 = 제조원가 + 판매비와관리비
⑤ 판매가격 = 판매원가 + 기대이익(판매이익)

2부 · 원가회계 이론

			기대이익	
		판매관리비		
	제조간접비			
직접재료비				판매가격
직접노무비	직접원가	당기총제조원가	판매원가	
직접제조경비				

<원가의 구성도>

○ 예제 9. 원가의 구성

다음 자료를 이용하여 원가구성도를 완성하시오.
(1) 직접재료비는 1,000,000원, 가공비는 5,000,000원이다. 당기총제조원가는 얼마인가?
(2) 기본원가는 3,000,000원이고, 당기총제조원가는 5,000,000원이다. 제조간접비는 얼마인가?
(3) 제조간접비는 직접노무비의 200%이다. 가공원가가 4,500,000원일때 직접노무비는 얼마인가?
(4) 기본원가는 3,000,000원이다. 회사는 직접노무비의 300%를 제조간접비로 배부하고 있으며, 당기총제조원가는 6,000,000원이다. 직접재료비는 얼마인가?

해답

(1) 6,000,000원
 : 가공비는 직접노무비 + 제조간접비이므로 1,000,000 + 5,000,000 = 6,000,000원
(2) 2,000,000원
 : 기본원가는 직접재료비 + 직접노무비이므로 3,000,000 + 제조간접비 = 당기총제조원가 5,000,000원에서 제조간접비는 2,000,000원이 된다.
(3) 1,500,000원
 : 제조간접비는 직접노무비의 2배이고, 가공원가 4,500,000원이다. 가공원가 4,500,000원을
(4) 2,000,000원
 : 기본원가가 3,000,000원이고, 당기총제조원가가 6,000,000원이라는 것은 제조간접비가 3,000,000원이라는 것을 의미한다. 제조간접비가 직접노무비의 3배이므로, 직접노무비는 1,000,000원이고, 직접재료비는 2,000,000원이 된다.

제1장 • 원가회계의 기초

○ 예제 10. 원가의 구성

다음 자료를 이용하여 원가구성도를 완성하시오.

- 직접재료비　　200,000
- 직접노무비　　150,000
- 직접제조경비　　130,000
- 간접재료비　　100,000
- 간접노무비　　60,000
- 간접제조경비　　70,000
- 일반관리비　　60,000
- 판　매　비　　40,000
- 기대이익은 판매원가의 20%

			판매이익 (　　)	
		판매관리비 (　　)		판매가격 (　　)
	제조간접비 (　　)		총 원 가 (　　)	
직접재료비 (　　)	직접원가 (　　)	제조원가 (　　)		
직접노무비 (　　)				
직접경비 (　　)				

해답

직접재료비 200,000원, 직접노무비 150,000원, 직접경비 130,000원
직접원가 480,000원, 제조간접비 230,000원
제조원가 710,000원, 판매관리비 100,000원
총원가 810,000원, 판매이익 162,000원, 판매가격 972,000원

제2장 간접원가의 배부

01 원가배분

원가배분이란 각각의 원가를 집합하여 합리적인 기준에 따라 강제적으로 원가대상에 배분하는 과정이다. 그리고, 원가배분이 여러단계에 걸쳐 진행되면 원가대상을 중간원가대상과 최종원가대상으로 구분하기도 한다.

원가배분의 기준은 원칙적으로는 **인과관계를 우선적으로 반영**하여야 하나 인과관계가 명확하지 않은 경우에는 차선으로 부담능력(매출액기준)이나 수혜기준등을 고려하여 결정한다.

직접비는 인과관계가 명확하므로 정확한 원가계산이 가능하나 간접비는 인과관계가 완벽하게 명확한 것이 아니므로 배분의 문제가 발생하게 된다. 정확한 원가계산을 위해서는 직접비의 비중을 높여야 한다.

○ 예제 1. 인과관계의 파악

다음의 각 제조원가별로 인과관계를 제시해 보시오.
(1) 공장건물 감가상각비 ··· (   )
(2) 공장 직원 식당운영비 ··· (   )
(3) 기계장치 수선비 ··· (   )
(4) 공장 전력비 ··· (   )
(5) 공장건물 관리비 ··· (   )

해답
(1) 점유면적   (2) 종업원 인원수   (3) 수선횟수   (4) 작업시간
(5) 점유면적(일반적으로 건물 관리비는 면적을 기준으로 계산함)

02 제조간접비의 예정배부

제조간접비는 제품에 직접 추적할 수 없는 간접원가이고, 정확한 원가가 뒤늦게 확정되는 특성이 있다. 그러므로, 정상원가계산에서는 제조간접비의 원가를 예정배부하게 된다. 예정배부를 할 때에는 우선 원가동인에 따른 예정배부율을 구한 뒤 여기에서 실제발생량을 곱하여 계산한다(예정배부율에서 예정배부액을 곱하는 것이 아님에 주의한다).

	실제배부	예정배부
제조간접비 배부율	$\dfrac{\text{실제발생액}}{\text{실제총배부기준}}$	$\dfrac{\text{예산}}{\text{예정총배부기준}}$
제품별 배부액	실제배부율 × 제품별 실제배부기준	예정배부율 × 제품별 실제배부기준

○ 예제 2. 제조간접비의 예정배부 (1)

㈜연지는 작업시간을 기준으로 전력비를 예정배부 하고 있다. 작업시간이 1,000시간일 때 전력비 10,000,000원으로 예상하고 있다. 당월 실제 작업시간은 1,100시간이었고, 실제 발생한 전력비는 10,500,000원이었다.
(1) 제조간접비 예정배부율은 얼마인가?
(2) 제조간접비 예정배부액은 얼마인가?
(3) 실제발생액과 비교하였을 때 과대배부 또는 과소배부는 어떻게 되는가?

해답

(1) 10,000,000원/시간 1,000시간 = 10,000원/시간
(2) 10,000원/시간 × 1,100시간 = 11,000,000원
(3) 실제 발생액이 10,500,000원인데 11,000,000원을 예상하였으므로 500,000원 과대배부가 된다.

○ 예제 3. 제조간접비의 예정배부 (2)

다음 물음에 답하시오. 단, 서로 독립된 문제이다.

(1) 제조간접비 실제 발생액은 2,000,000원이고, 제조간접비는 200,000원 과대배부 된 것이다. 예정배부액은 얼마인가?
(2) 당사는 제조간접비를 작업시간 기준으로 예정배부 한다. 당기에 제조간접비는 100,000원만큼 과대배부 되었으며, 실제 제조간접비 발생액은 1,500,000원이다. 당기 작업시간이 8,000시간일 때 제조간접비 예정배부율은 시간당 얼마인가?

(3) 당사는 제조간접비를 작업시간 기준으로 예정배부 한다. 당기에 제조간접비는 100,000원만큼 과소배부 되었으며, 실제 제조간접비 발생액은 2,500,000원이다. 제조간접비 예정배부율이 작업시간당 3,000원이라면 실제 작업시간은 몇 시간인가?

해답

(1) 2,200,000원 (실제 금액인 2,000,000원을 예정배부했어야 하나 200,000원 과대배부 하였음)
(2) 200원
제조간접비 실제발생액이 1,500,000원이고, 100,000원 과대배부 되었으므로 예정배부액은 1,600,000원 이다. 예정배부율은 1,600,000원 ÷ 8,000시간 = 작업시간 당 200원
(3) 제조간접비 실제발생액이 2,500,000원인데, 100,000원 과소배부 되었으므로 예정배부액은 2,400,000원이다. 실제작업시간은 예정배부액 2,400,000원 ÷ 3,000원 = 800 작업시간

일반기업회계기준에서는 이러한 예정배부의 방법이 이익조작의 가능성이 있으므로 원가의 예정배부를 인정하지 않고 있다(단, 국제회계기준에서는 인정하고 있다). 그러므로 차액만큼은 원가확정시 실제배부금액으로 고쳐주어야 한다.

제조간접비 배부차이를 처리하는 방법은 영업외손익법과 원가배분법이 있다. 영업외손익법은 차액을 영업외손익으로 회계처리 하는 방법이고, 원가배분법은 배부차이를 기말재고와 매출원가에 비례하여 배분하는 방법이다. 제조간접비를 과소 배부한 경우에는 매출원가 또는 관련 재고자산에 부족배부한 금액을 비례하여 추가적으로 배부하여야 하며, 과대배부한 경우에는 감소시켜야 한다.

○ 예제 4. 예정제조간접비의 배부차이

다음 자료를 이용하여 기말 제조간접비 부족배부액 100,000원을 비례배분법으로 배부할 경우 원가총액기준에 따른 경우와 원가요소에 따른 경우에 배부할 금액은 각각 얼마인가?

	기말재공품	기말제품	매출원가
직접재료비	25,000원	8,000원	150,000원
직접노무비	30,000원	17,000원	270,000원
제조간접비	<u>55,000원</u>	<u>45,000원</u>	<u>400,000원</u>
합계	110,000원	70,000원	820,000원

해답

(1) 원가총액기준 : 기말재공품, 기말제품, 매출원가의 합계금액이 110,000원, 70,000원, 820,000원, 합계 1,000,000원이므로 부족배부액 100,000원을 11/100, 7/100, 82/100의 비율로 배분한다.
→ 재공품 : 11,000원, 제품 : 7,000원, 매출원가 : 82,000원
(2) 원가요소기준 : 제조간접비 배부차이가 발생하는 원인은 직접재료비나 직접노무비가 아니라 제조간접

제2장 · 간접원가의 배부

비에서 차이가 발생하므로, 기말재공품, 기말제품, 매출원가에 포함된 제조간접비인 55,000원, 45,000원, 400,000원을 기준으로 배분한다.
→ 재공품 : 11,000원, 제품 : 9,000원, 매출원가 : 80,000원

위의 예제의 회계처리는 다음과 같이 할 수 있다. 분개의 요령을 파악하기 위한 것이므로 원가총액기준에 의한 회계처리만 제시해 보도록 한다. 원가요소기준은 금액만 변경하면 된다.

(차) 재공품　　　　　　　　　　11,000　　(대) 제조간접비　　　　　　　　100,000
(차) 제품　　　　　　　　　　　 9,000
(차) 매출원가　　　　　　　　　80,000

03 보조부문원가배분 – 상호 용역수수에 관한 방법

제품을 생산하는 경우에는 여러부문을 걸쳐 생산하게 되는데, 이를 제조부문과 보조부문으로 나눌 수 있다. 제조부문은 제품제조와 직접 연관된 부문이고, 보조부문은 이러한 제조부문을 보조해 주는 역할을 한다.

그리고, 보조부문간에도 서로 용역을 주고 받을 수 있는데, 보조부문간 용역수수를 어떻게 하느냐에 따라 직접배분법, 단계배분법, 상호배분법으로 구분할 수 있다.

	보조부문간 원가배부	장점	단점
직접배분법	무시함	간편함	부정확
단계배분법	일부만 고려	중간성격	
상호배분법	완전고려 (연립방정식 이용)	정확함	복잡함

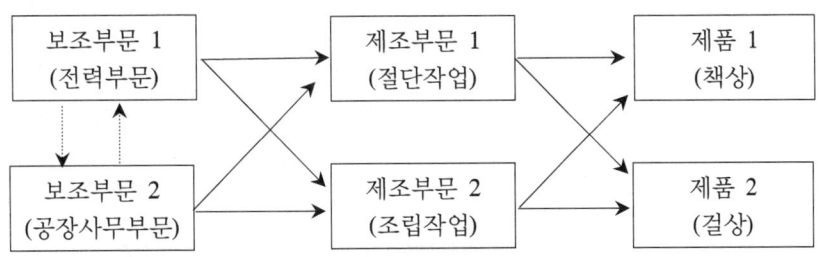

예제 5. 보조부문의 원가계산

보조부문과 제조부문의 발생원가와 용역제공비율이 다음과 같을 때 원가배분방법에 따라 제조부문의 원가를 계산하여라.

제공 \ 사용	보조부문 A	보조부문 B	제조부문 C	제조부문 D
발생원가	800,000	600,000	1,500,000	2,000,000
A	–	25%	37.5%	37.5%
B	20%	–	30%	50%

(1) 직접배분법에 따라 원가를 배분할 때 제조부문 C, D의 원가합계는?
(2) 단계배분법 (A를 먼저 배분)에 따라 원가를 배분할 때 제조부문 C, D의 원가는?
(3) 단계배분법 (B를 먼저 배분)에 따라 원가를 배분할 때 제조부문 C, D의 원가는?
(4) 상호배분법에 따라 원가를 배분할 때 제조부문 C, D의 원가는?

해답

(1) 직접배분법에 따른 원가계산

제공 \ 사용	보조부문 A	보조부문 B	제조부문 C	제조부문 D
발생원가	800,000	600,000	1,500,000	2,000,000
A	(800,000)		400,000	400,000
	A 800,000원을 C, D에 1:1* 의 비율로 배분			
B		(600,000)	225,000	375,000
	B 600,000원을 C, D에 3:5의 비율로 배분			
합 계	0	0	2,125,000	2,775,000

* 37.5 : 37.5를 약분함

(2) 단계배분법에 따른 원가계산 : A를 먼저 배분

제공 \ 사용	보조부문 A	보조부문 B	제조부문 C	제조부문 D
발생원가	800,000	600,000	1,500,000	2,000,000
A	(800,000)	200,000	300,000	300,000
	A 800,000원을 B, C, D에 25 : 37.5 : 37.5의 비율로 배분			
B		(800,000)	300,000	500,000
	B 800,000원을 C, D에 3 : 5의 비율로 배분			
합 계			2,100,000	2,800,000

(3) 단계배분법에 따른 원가계산 : B를 먼저 배분

제공 \ 사용	보조부문		제조부문	
	A	B	C	D
발생원가	800,000	600,000	1,500,000	2,000,000
A	(920,000)		460,000	460,000
	② A 920,000원을 C,D에 1:1의 비율로 배분			
B	120,000	(600,000)	180,000	300,000
	① B 600,000원을 A,C,D에 2:3:5의 비율로 배분			
합 계			2,140,000	2,760,000

(4) 상호배분법 : 우선 연립방정식을 세워 계산한다.
   A = 800,000 + 0.2B
   B = 600,000 + 0.25A
   여기에서 위의 식에서 B를 A에 대입하면,
   A = 800,000 + 0.2 × (600,000 + 0.25A) = 920,000 + 0.05A
   양변에 0.05A를 차감하면,
   0.95A = 920,000원, 따라서 A = 968,421원이 되고, 아래의 식에서 A에 968,421원을 대입하면 B의 새로운 원가는 842,105원이 된다.

제공 \ 사용	보조부문		제조부문	
	A	B	C	D
발생원가	800,000	600,000	1,500,000	2,000,000
A	(968,421)	242,105	363,158	363,158
	A 968,421원을 B,C,D에 25 : 37.5 : 37.5의 비율로 배분			
B	168,421	(842,105)	252,632	421,052
	B 842,105원을 A,C,D에 2:3:5의 비율로 배분			
합 계	0	0	2,115,790	2,784,210

지금까지의 배분방법에 따라 계산된 제조부문의 원가와 총원가는 다음과 같다.

	제조부문 A	제조부문 B	총원가
직접배분법	2,125,000	2,775,000	4,900,000
단계배분법(A먼저 배부)	2,100,000	2,800,000	4,900,000
단계배분법(B먼저 배부)	2,140,000	2,760,000	4,900,000
상호배분법	2,115,790	2,784,210	4,900,000

한편 보조부문의 원가배부는 보조부문의 원가 전부를 제조부문에 배부하는 것이므로 보조부문의 원가 배부 방법에 따라 각 제조부문별 원가는 달라지나 총원가는 일정하게 계산된다.

04 이중배부율법

고정비에 대하여는 최대사용량을 기준으로 변동비에 대하여는 실제사용량을 기준으로 원가를 배분하는 방법이다.

ㅇ 예제 6. 이중배부율법

㈜윤미의 제조작업은 제1부문과 제2부문으로 나누어지며, 공통으로 발생하는 제조원가는 변동원가 60,000,000원, 고정원가 30,000,000원으로 구성되어 있으며 작업시간을 기준으로 원가배분을 하며 이중배부율법을 적용하고 있다. 제1부문의 최대작업가능시간은 월 360시간인데 당월의 실제 작업시간은 300시간이고, 제2부문의 최대작업가능시간은 월 240시간인데 당월의 실제 작업시간은 150시간이다. 각 부문별 배분될 고정원가와 변동원가는?

해답

	제1부문	제2부문
최대작업가능시간	360시간	240시간
실제작업시간	300시간	150시간
고정원가 30,000,000원	18,000,000	12,000,000
변동원가 60,000,000원	40,000,000	20,000,000

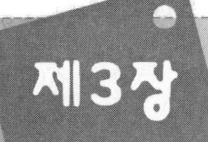

제3장 개별원가계산

> **→ 들어가기에 앞서**
> 강의자 입장에서는 아래 부분을 반드시 전달해 주시고, 수험자 입장에서는 단원 학습이 끝나고 나서 해당 부분을 숙지했는지 확인하여야 합니다.
> (1) 종합원가계산과 개별원가계산의 차이점을 비교할 수 있어야 한다.
> (2) 제조간접비를 배부하여 당기총제조원가를 계산할 수 있어야 한다.

1장에서는 원가의 흐름에 대하여 학습하였고, 2장에서는 제조간접원가에 대하여 학습하였는데, 원가계산을 어떻게 하느냐에 따라 개별원가계산과 종합원가계산으로 구분할 수 있다. 개별원가계산은 제품마다 원가계산을 하는 방법으로 각 작업별로 원가계산을 한다. 즉, 원가의 흐름에서 재공품에 해당하는 부분을 여러 작업마다 원가계산을 하는 방법이다.

제조원가	재공품	제품	매출원가
직접재료원가 직접노무원가 제조간접원가	작업 #101 작업 #102 작업 #103	제품	매출원가

01 개별원가계산의 의의

개별원가계산은 각 제품 또는 작업별로 원가를 계산하는 것으로 직접원가는 발생한 원가를 그대로 집계할 수 있으나 간접원가는 추적가능성이 없으므로 일정한 기준을 사용하여 배분하여야 한다. 원가계산방법의 구분은 다음과 같이 할 수 있다.

생산되는 제품의 종류에 따라 개별원가계산과 종합원가계산으로, 제조간접비의 측정에 따라 실제원가, 정상원가, 표준원가로, 재고가능원가의 구성에 따라 전부원가계산과 변동원가계산으로 나누어진다. 이를 도식화 하면 다음과 같다.

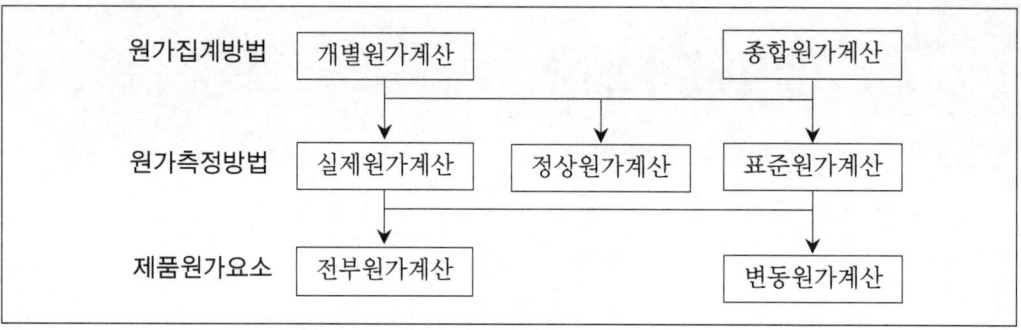

이 관계에서 가로축은 서로 상충관계에 있으나 세로축은 서로 결합관계에 있다. 예를들어 개별원가계산을 적용하면서 실제원가계산, 전부원가계산의 동시적용은 가능하지만, 개별원가계산을 적용하면서 종합원가계산을 적용하는 것은 불가능하다는 의미이다. 이 관계를 바탕으로 이론상 12가지(= 2 × 3 × 2)의 원가회계시스템을 만들 수 있다.

02 작업지시서와 작업원가표

1) 작업지시서 : 주문 받은 제품별로 작업내용을 기록하는 서식
2) 작업원가표 : 일정한 작업에 대한 원가를 개별 제품별로 기록, 집계하기 위하여 사용되는 서식 원가집계표에서 완성품은 제품으로 대체되고, 미완성분은 기말 재공품으로 남게 된다.

03 종합원가계산과 개별원가계산의 비교

	종합원가계산	개별원가계산
생산형태	동종제품 대량생산	다품종 주문생산
원가계산방법	기간별, 공정별 평균화 과정	작업지시서별 원가계산
핵심과제	완성품 환산량의 계산	제조간접비의 배부
기말재공품 평가	기말재공품환산량 × 환산량단위원가	미완성 작업지시서에 기록된 원가
장 단 점	원가계산간편, 경제적이다. 그러나, 제품원가가 상대적으로 부정확하다.	정확한 제품원가계산이 가능하나 원가관리에 많은 노력과 비용이 필요하다.

04 정상원가계산

직접재료비, 직접노무비는 실제 금액을 기준으로 원가계산을 하고, 제조간접비는 예정배부액을 이용하여 제품의 원가를 계산하는 방법이다.

○ 예제 1. 정상원가계산

(주)은영은 직접노무원가를 기준으로 제조간접비를 배부하고 있다. 다음 자료를 보고 각 제품에 배부될 제조간접비를 계산하시오.

	제품 A	제품 B	제품 C	합계
직접재료비	8,000,000	7,000,000	6,000,000	21,000,000
직접노무비	6,000,000	5,000,000	4,000,000	15,000,000
제조간접비	?	?	?	22,500,000

해답

제조간접비 총액은 직접노무비 총액의 150%이다. 따라서 각 제품에 배분될 제조간접비는 다음과 같다.
 제품 A : 9,000,000원, 제품 B : 7,500,000원, 제품 C : 6,000,000원

05 활동기준 원가계산

제조간접원가를 각 원가동인별로 배부율을 계산하여 구하는 방법이다.

$$\Sigma \text{ (각 원가동인별 예정배부기준} \times \text{각 원가동인별 실제발생액)}$$

<활동기준원가계산 사례>

원가요소	원가동인	원가총액	제품A원가동인	제품B원가동인
전력비	작업시간	5,000,000원	300시간	200시간
			3,000,000원	2,000,000원
건물임차료	사용면적	6,000,000원	200평	100평
			4,000,000원	2,000,000원
검사원가	검사회수	3,000,000원	30회	10회
			2,250,000원	750,000원

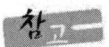

정확한 원가계산을 하기 위한 방법

1) 간접비 보다는 직접비의 비중을 높인다.
   간접비는 추적가능성이 불가능하여 원가배분을 하여야 하나 직접비는 추적가능성이 있으므로 보다 정확한 원가계산을 할 수 있다.
2) 단일 배부기준 보다는 다양한 배부기준을 적용한다.
   실무적으로 제조간접비의 종류는 다양하다. 가급적이면 다양하게 제조간접비의 배부기준을 적용하면 한가지 기준만을 적용할 때 보다 정확한 원가계산을 할 수 있다.

제4장 종합원가계산

종합원가계산이란 평균화과정을 통하여 제품단위원가를 계산하는 방식으로 주로 대량생산시스템에서 사용하는 원가계산 방법이다. 평균화 과정이란 종합원가 시스템의 특성상 대량의 제품을 생산하게 되는데, 실무적으로는 각 재공품들의 진행률이 각기 다르겠지만 원가를 기준으로 하여 미완성된 재공품에 대하여는 평균적으로 완성도를 정하는 방법을 의미한다.

개별원가계산에서는 작업지시서나 제조원가표에 따라 원가계산을 하는 반면 종합원가계산은 각 공정별로 원가를 계산한다.

제조원가	재공품			제품	매출원가
직접재료원가 가공원가 (직접노무비, 제조간접비)	→	제1공정	→ 제2공정	제품	매출원가

01 원가의 집계

종합원가계산의 기본과제는 재공품계정의 차변에 기록된 기초재공품과 당기투입원가를 당기완성품과 기말재공품에 배분하는 것이다. 그리고, 완성품과 기말재공품을 배분하기 위해서는 이 둘을 동질화 시켜줄 공통분모가 필요한데 이를 완성품환산량이라고 한다.

종합원가계산에서는 편의상 원가를 재료비와 가공비, 두가지로 구분한다. 이렇게 구분하는 이유는 재료비와 가공비의 원가의 흐름이 서로 다르기 때문이다. 일반적으로 재료비는 공정초기에 원가가 전액 투입되는 경우가 많은 반면 가공비는 공정전반에 걸쳐 원가가 균등하게 발생하기 때문이다(물론 시험에서는 원가흐름의 가정이 주어지는 대로 접근하여야 한다).

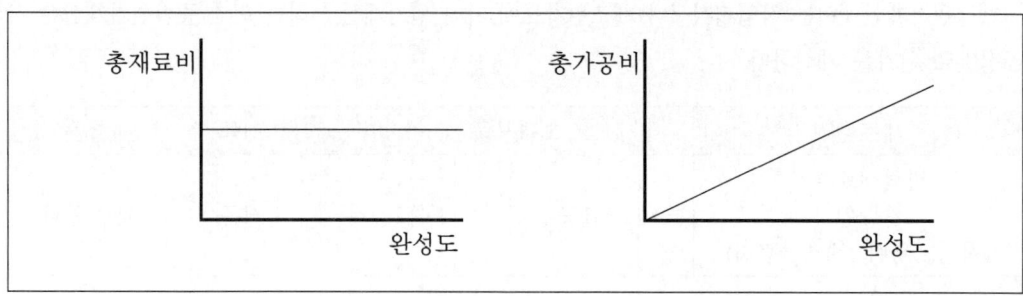

02 완성품환산량

완성품환산량은 완성품이나 재공품에 대하여 몇 개에 해당하는 원가가 발생하였는지 계산하는 자료이다. 완성품 환산량은 다음과 같이 계산할 수 있다.

> 완성품환산량 = 물량단위 × 완성도
> 단, 완성품환산량에서 완성도란 물리적인 공정진척도가 아니라 투입정도를 의미한다.

예제 1. 기초재공품이 없는 경우 완성품환산량의 계산

다음의 각 상황에서 완성품 환산량을 구하시오. 단, 기초재공품은 없다고 가정한다.
(1) 모든 원가의 흐름은 동일하다. 당기 완성수량은 1,000개이고, 기말 재공품의 수량은 200개인데, 완성도는 50% 이다.
(2) 재료비는 공정초기에 전액 투입되고, 가공비는 공정전반에 걸쳐 균등하게 발생한다. 당기 완성수량은 2,000개이고, 기말 재공품의 수량은 500개인데, 완성도는 40%이다.
(3) 재료비는 공정초기에 전액 투입되고, 가공비는 공정전반에 걸쳐 균등하게 발생한다. 당기 완성수량은 3,000개이고, 기말 재공품의 수량은 1,000개인데, 완성도는 25%이다.
(4) 재료비는 공정초기에 80%가 투입되고, 완성시에 나머지가 투입된다. 가공비는 공정전반에 걸쳐 균등하게 발생한다. 당기 완성수량은 2,500개이고, 기말 재공품의 수량은 1,000개인데, 완성도는 20%이다.

완성품환산량	(1)	(2)	(3)	(4)
재료비				
가공비				

해답

(1) 재료비, 가공비 동일함 : 1,000개 + (200개 × 50%) = 1,100개
(2) 재료비 : 2,000개 + 500개 = 2,500개
　가공비 : 2,000개 + (500개 × 40%) = 2,200개
　* 재료비의 경우 공정초기에 전액 투입되므로, 완성도 100%로 계산한다.
(3) 재료비 : 3,000개 + 1,000개 = 4,000개
　가공비 : 3,000개 + (1,000개 × 25%) = 3,250개
(4) 재료비 : 2,500개 + (1,000개 × 80%) = 3,300개
　가공비 : 2,500개 + (1,000개 × 20%) = 2,700개

03 종합원가계산 원가의 흐름

종합원가계산은 원칙적으로 기초재공품과 당기투입원가 (=착수원가)를 완성품과 기말재공품에 배분하는 과정이다.

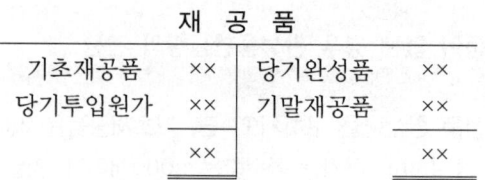

1) 평균법
기초재공품원가와 당기투입원가를 평균화 하여 당기완성품과 기말재공품에 배분하는 방법이다.

```
            재 공 품
    ┌─────────────┬─────────────
    기초재공품    │ ↗ 당기완성품
    당기착수액    │ ↘ 기말재공품
```

2) 선입선출법
기초재공품원가가 우선 당기완성품에 대체되고 당기착수원가는 나머지 완성분과 기말재공품에 배분된다고 가정하는 방법이다.

```
            재 공 품
    ┌─────────────┬─────────────
    기초재공품    │ → 당기완성품
    ─────────────┼─────────────
                 │ ↗ 당기완성품
    당기착수액   │
                 │ ↘ 기말재공품
```

평균법과 선입선출법은 다음과 같이 비교할수 있다.

	평 균 법	선입선출법
기초재공품의 처리	당기투입원가와 합산하여 당기완성품과 기말재공품에 완성품 환산량에 따라 배분	우선적으로 당기완성품에 배분
장점	계산이 상대적으로 간편	정확한 기간별 성과평가 가능
단점	기간별 성과가 부정확함	계산이 상대적으로 복잡

평균법과 선입선출법의 차이는 기초재공품의 완성품환산량만큼 차이가 발생한다. 만약에 기초재공품의 완성품환산량이 없다면 평균법과 선입선출법은 같은 결과가 계산된다.

제4장 • 종합원가계산

완성품환산량의 계산
(1) 평균법의 완성품환산량 계산 = 당기완성수량 + 기말재공품의 완성품환산량
(2) 선입선출법의 완성품환산량 계산 = 평균법의 완성품환산량 − 기초재공품의 완성품환산량

○ 예제 2. 선입선출법의 완성품환산량

다음의 각 상황에서 선입선출법에 의한 완성품 환산량을 구하시오.
단, 모든 문제에 대하여 기초재공품의 수량은 500개이고, 완성도는 20%라고 가정한다.
(1) 모든 원가의 흐름은 동일하다. 당기 완성수량은 1,000개이고, 기말 재공품의 수량은 200개인데, 완성도는 50%이다.
(2) 재료비는 공정초기에 전액 투입되고, 가공비는 공정전반에 걸쳐 균등하게 발생한다. 당기 완성수량은 2,000개이고, 기말 재공품의 수량은 500개인데, 완성도는 40%이다.
(3) 재료비는 공정초기에 전액 투입되고, 가공비는 공정전반에 걸쳐 균등하게 발생한다. 당기 완성수량은 3,000개이고, 기말 재공품의 수량은 1,000개인데, 완성도는 25%이다.
(4) 재료비는 공정초기에 80%가 투입되고, 완성시에 나머지가 투입된다. 가공비는 공정전반에 걸쳐 균등하게 발생한다. 당기 완성수량은 2,500개이고, 기말 재공품의 수량은 1,000개인데, 완성도는 20%이다.

완성품환산량	(1)	(2)	(3)	(4)
재료비				
가공비				

해답

(1) 재료비 : 1,000개 + 100개 − 100개 = 1,000개
    가공비 : 1,000개 + 100개 − 100개 = 1,000개
(2) 재료비 : 2,000개 + 500개 − 500개 = 2,000개
    가공비 : 2,000개 + 200개 − 100개 = 2,100개
(3) 재료비 : 3,000개 + 1,000개 − 500개 = 3,500개
    가공비 : 3,000개 + 250개 − 100개 = 3,150개
(4) 재료비 : 2,500개 + 800개 − 400개 = 2,900개
    가공비 : 2,500개 + 200개 − 100개 = 2,600개

2부 · 원가회계 이론

○ 예제 3. 평균법의 완성품환산량

다음 자료를 이용하여 완성품의 원가와 기말재공품의 원가를 각각 구하시오. 단, 원가계산시 평균법을 적용하여 계산한다.

(1) 재료비는 공정초기에 전액 투입되고, 가공비는 공정전반에 걸쳐 균등하게 발생한다. 기초재공품 수량은 1,000개, 당기착수량은 9,000개이고, 이 중에서 8,000개가 완성되고, 나머지 2,000개는 기말재공품이며 완성도는 50%이다.
기초 재공품에 포함된 재료비는 500,000원, 당기에 착수에 사용된 재료비는 4,500,000원이다. 기초재공품에 포함된 가공비는 400,000원, 당기의 착수에 사용된 가공비는 5,000,000원이다.

(2) 재료비는 공정초기에 60%가 투입되고, 가공비는 공정전반에 걸쳐 균등하게 발생한다. 기초재공품 수량은 3,000개, 당기착수량은 8,000개이고, 이 중에서 9,000개가 완성되고, 나머지 2,000개는 기말재공품이며 완성도는 50%이다.
기초 재공품에 포함된 재료비는 440,000원, 당기에 착수에 사용된 재료비는 2,110,000원이다. 기초재공품에 포함된 가공비는 600,000원, 당기의 착수에 사용된 가공비는 7,000,000원이다.

해답 1

재료비 1,000,000원 + 가공비 600,000원 = 1,600,000원

재공품(재료비)		재공품(가공비)	
기 초 500,000원	완 성 품 8,000개 4,000,000원	기 초 400,000원	완 성 품 8,000개 4,800,000원
당기착수 4,500,000원	기 말 2,000개 1,000,000원	당기착수 5,000,000원	기 말 1,000개 600,000원

해답 2

재료비 300,000원 + 노무비 760,000원 = 1,060,000원

재공품(재료비)		재공품(가공비)	
기 초 440,000원	완 성 품 9,000개 2,250,000원	기 초 600,000원	완 성 품 9,000개 6,840,000원
당기착수 2,110,000원	기 말 1,200개 300,000원	당기착수 7,000,000원	기 말 1,000개 760,000원

* 재료비의 경우 공정초기에 60%의 원가가 발생하는 것에 유의한다.

○ 예제 4. 선입선출법 적용시 종합원가계산

다음 자료를 이용하여 완성품의 원가와 기말재공품의 원가를 각각 구하시오. 단, 원가계산시 선입선출법을 적용하여 계산한다.

(1) 기초재공품 수량은 4,000개이고 완성도는 75%이다. 당기 착수량은 18,000개이다. 당기 완성수량은 17,000개이고, 기말 재공품의 완성도는 40%이다. 기초재공품의 재료비는 200,000원, 가공비 180,000원이었으며, 당기착수액은 재료비 1,080,000원, 가공비는 1,440,000원이었다. 단, 재료비는 공정초기에 전액 투입되고 가공비는 공정전반에 걸쳐 균등하게 발생한다.

(2) 재료비는 공정초기에 전액 투입되고 가공비는 공정전반에 걸쳐 균등하게 발생한다. 기초재공품 수량은 2,000개 (완성도 25%)이며 재료비 2,000,000원, 가공비 1,000,000원으로 구성되어 있다. 반면 당기 완성수량은 10,000개이고, 기말재공품 수량은 1,000개인데, 완성도는 50%이다. 단, 당기에 착수한 재료비는 10,800,000원이고, 당기에 발생한 가공비는 10,000,000원이다.

해답 1

재료비 300,000원 + 가공비 180,000원 = 480,000원

재공품(재료비)				재공품(가공비)			
기 초	4,000 200,000원	기초 ⇒ 완성	4,000 200,000원	기 초	3,000 180,000	기초 ⇒ 완성	3,000 180,000
당기착수	1,080,000원	착수 ⇒ 완성	13,000 780,000원	당기착수	1,440,000	착수 ⇒ 완성	14,000 1,260,000
		기 말	5,000 300,000원			기 말	2,000 180,000

해답 2

재료비 1,200,000원 + 가공비 500,000원 = 1,700,000원

재공품(재료비)				재공품(가공비)			
기 초	2,000 2,000,000	기초 ⇒ 완성	2,000 2,000,000원	기 초	500 1,000,000	기초 ⇒ 완성	500 1,000,000원
당기착수	10,800,000	착수 ⇒ 완성	8,000 9,600,000원	당기착수	10,000,000	착수 ⇒ 완성	9,500 9,500,000원
		기 말	1,000 1,200,000원			기 말	500 500,000원

2부 • 원가회계 이론

04 공손품의 회계처리

재공품을 가공해서 제품을 생산하다 생산하다보면 제품으로 완성되는 경우도 있지만 불량품도 발생하게 되는데 이를 공손품이라고 한다. 제품을 생산하다보면 제조하고 있는 제품이 판매 가능한지 품질을 검사하게 되는데, 공손품의 완성품 환산량은 해당 재공품 수량에 검사시점의 완성도를 기준으로 계산한다.

공손은 다시 정상공손과 비정상공손으로 나누어 지는데 정상공손이란 양질의 제품을 생산하기 위해서는 반드시 발생하는 것으로 제품원가를 구성하며 보통 "완성수량의 몇 %, 또는 검사수량의 몇 %" 등의 기준으로 적용한다. 비정상공손은 허용된 범위를 벗어나는 공손으로 회피가능하고, 통제할 수 있는 공손이다. **공손을 회계처리 할 때에는 정상공손원가는 제품의 원가로 기록하고, 비정상공손은 영업외 비용(재고자산감모손실)으로 기록한다.**

한편, 공손을 반영한 원가의 흐름은 다음과 같이 표현할 수 있을 것이다. 평균법을 가정하면 다음과 같이 T계정으로 나타낼수 있다.

재 공 품

기초재공품 + 당기착수를 합산하여 배분	당기 완성품원가
	공손품
	기말재공품

○ 예제 5. 공손품 수량의 계산

(주)논현은 종합원가계산을 적용하고 있다. 기초재공품은 없으며 당기 완성수량은 10,000개이고, 공손품이 500개, 기말재공품은 1,000개였다. 공손품은 공정이 40%정도 진행된 시점에서 실시하며 기말재공품의 완성도는 30%이다. 재료비는 공정초기에 전액 투입되며, 가공비는 공정전반에 걸쳐 균등하게 발생한다. 당기에 착수한 재료비 총액은 4,600,000원이고, 가공비 총액은 21,000,000원이다.

(1) 공손품이 모두 원가성이 없다고 가정하면 완성품과 기말재공품에 배분될 금액은 각각 얼마인가?

(2) 만일 검사를 통과한 수량의 3%가 정상공손이라면 정상공손수량과 비정상공손수량은 각각 얼마인가?

제4장 • 종합원가계산

해답

(1) 당기완성품 24,000,000원, 기말재공품 1,000,000원

재공품(재료비)		
당기착수액 4,600,000원	당기완성 10,000	4,000,000원
	공손품 500	200,000원
	기말재공품 1,000	400,000원

재공품(가공비)		
당기착수액 21,000,000원	당기완성 10,000	20,000,000원
	공손품 200	400,000원
	기말재공품 300	600,000원

(2) 공손수량 500개 중에서, 검사를 통과한 수량은 10,000개 (기말재공품은 검사진행시점까지 도달하지 않음)이므로 정상공손은 300개이고, 나머지 200개는 비정상공손이다.

정상공손의 원가배분 - 평균법을 적용하는 경우

(1) 검사시점 완성도 > 기말 재공품 완성도
 : 기말재공품은 검사를 하지 않았으므로, 공손품 원가는 전액 당기 완성품 원가에 배분한다.
(2) 검사시점 완성도 < 기말 재공품 완성도
 : 기말재공품도 검사를 했으므로, 공손품 원가는 당기 완성품과 기말 재공품에 배분한다.

작업폐물의 회계처리

작업폐물이란 제품 제조시 발생하는 찌꺼기(scrap)등을 의미한다. 공손품은 재가공하여 제품 생산을 할 수도 있지만 작업폐물은 처분가치가 거의 없다는데서 차이가 발생한다. 만일 작업폐물을 처분하여 대가를 받을 수 있다면 다음과 같이 회계처리 한다.
(차) 현　　　금　　　　　　　　　　(대) 제조간접비(또는 잡이익)

제5장 결합원가계산

01 결합원가계산의 의의

1) 결합제품

결합제품이란 동일한 원재료를 사용하여 동일한 공정에서 생산되는 두 개 이상의 제품을 말한다. 그리고, 결합제품에 동시에 발생한 원가를 결합원가라고 하는데 재무제표 작성을 위해 결합원가를 강제배분 하여야 한다.

2) 결합제품의 특성

① 분리점에 도달할 때까지는 개별적으로는 각 제품을 식별할 수 없다.
② 한 제품을 생산하는 과정에서 다른 제품도 같이 생산하게 된다.
③ 인위적으로 제품배합을 조정할 수는 있으나 한계가 있다.

3) 용어의 정의

① 주산품 : 주로 생산하고자 하는 제품
② 부산물 : 주산품을 생산하면서 같이 생산되나 상대적으로 가치가 떨어지는 제품
③ 연산품 : 동일한 재료를 사용하여 동일 공정에서 주산물과 부산물을 명확히 구분할 수 없는 두 종류 이상의 제품이 생산될 때의 제품으로 생산 계획에 따라 제품 구성의 조정이 곤란한 특성이 있다.
④ 등급품 : 연산품과 유사하나 주로 동종 제품으로서 규격, 중량, 순도 등을 인위적으로 조정할 수 있는 제품
⑤ 분리점 : 결합공정을 거쳐 산출된 각 제품을 개별적으로 식별할 수 있는 제조과정
⑥ 결합원가 : 분리점에 이르기까지 결합제품을 생산하는 과정에서 발생한 모든 제조원가
⑦ 분리원가 : 분리점 이후 추가적으로 발생하는 원가

제5장 • 결합원가계산

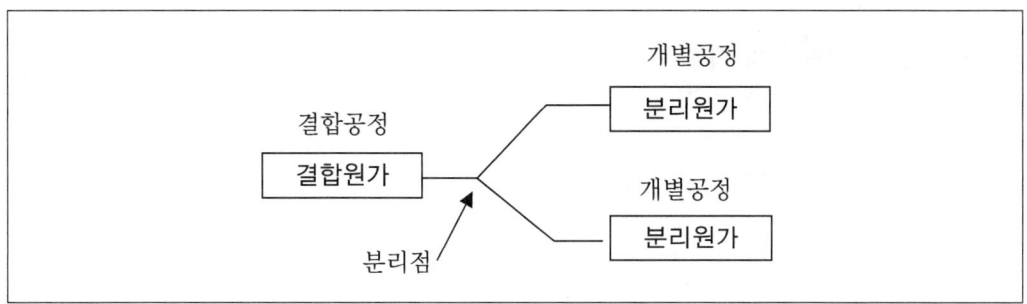

02 결합원가의 배분

결합원가는 제품 상호간의 인과관계나 수혜정도를 합리적으로 추정하기 어려우므로 다음과 같은 기준을 적용할 수 있다.

1) 배분기준

① 분리점에서의 순실현가치법

순실현가치란 최종판매가치에서 분리점 이후의 개별원가를 차감한 값이다. 분리원가에는 제조원가 뿐만 아니라 판매비와 관리비도 포함된다.

② 분리점에서의 상대적 시장가치법

분리점에서 각 제품의 시장가치를 알 수 있을 때 적용한다.

③ 균등이익률법

개별원가의 크고 적음에 관계없이 모든 제품의 원가를 균등하게 결합원가를 배분하는 방법이다. 단, 실무적으로는 각 제품의 생산관리자가 노력하여 원가를 절감하더라도 결합원가를 많이 배분 받아서 성과에 반영이 되지 않기 때문에 잘 사용하지 않는 방법이다.

④ 물량기준법

물량을 기준으로 결합원가를 배분하는 방법이다.

예제 1. 결합원가의 배분

(주)동양유업은 우유를 이용하여 치즈, 요구르트, 아이스크림을 생산하고 있다. 치즈는 3,000,000원의 추가가공원가를 들여 12,000,000원에 판매하며, 요구르트는 5,000,000원의 추가원가를 들여서 15,000,000원에 판매하며, 아이스크림은 8,000,000원의 원가를 추가하여 20,000,000원에 판매한다. 한편 공통으로 사용된 우유의 원가는 14,570,000원이다.
(1) 판매가치법을 이용하면 각 제품에 배분되는 결합원가는 얼마인가?
(2) 순실현가치법을 이용하면 각 제품에 배분되는 결합원가는 얼마인가?

해답

(1) 판매가치 : 치즈 12,000,000원, 요구르트 15,000,000원, 아이스크림 20,000,000원이고, 판매가치의 합계는 47,000,000원이다. 결합원가 14,570,000원을 배분하면,

① 치즈 : $14,570,000원 \times \dfrac{12,000,000}{47,000,000} = 3,720,000원$

② 요구르트 : $14,570,000원 \times \dfrac{15,000,000}{47,000,000} = 4,650,000원$

③ 아이스크림 : $14,570,000원 \times \dfrac{20,000,000}{47,000,000} = 6,200,000원$

(2) 순실현가치 : 치즈 9,000,000원, 요구르트 10,000,000원, 아이스크림 12,000,000원이고, 순실현가치의 합계는 31,000,000원이다.

① 치즈 : $14,570,000원 \times \dfrac{9,000,000}{31,000,000} = 4,230,000원$

② 요구르트 : $14,570,000원 \times \dfrac{10,000,000}{31,000,000} = 4,700,000원$

③ 아이스크림 : $14,570,000원 \times \dfrac{12,000,000}{31,000,000} = 5,640,000원$

03 주산품과 부산물

1) 부산물의 특성
① 주산품에 비하여 판매가치가 상대적으로 낮다.
② 작업폐물은 원재료의 찌꺼기로써 처분가치가 없거나 오히려 처분비용이 들지만 부산물은 판매가능하고, 추가가공을 할 수도 있다.
③ 부산물만을 목적으로는 생산되지 않는다.

2) 부산물의 회계처리방법
부산물의 회계처리에는 중요하지 않기 때문에 외부판매 하지 않겠다는 의도가 깔려있다. 부산물을 인식하는 회계처리방법에는 다음과 같이 두가지가 있다.

① 생산시점에 순실현가치로 인식하는 방법

- 생산시 : (차) 부　산　물(순실현가치)　×××　(대) 재 공 품*　×××
  * 주산품의 제조원가에서 차감

- 판매시 : (차) 현　　　금　×××　(대) 부 산 물　×××

② 판매시점에 순실현가치로 인식하는 방법

- 생산시 : 비망기록
- 판매시 : (차) 현　　　금　×××　(대) 잡 이 익　×××

종합원가계산 방식의 종류
① 단일종합원가계산 : 1개의 공정에서 단일제품을 생산하는 경우에 사용
② 공정별종합원가계산 : 2개 이상의 공정에서 단일제품을 생산하는 경우에 사용
③ 조별종합원가계산 : 여러 종류의 제품을 여러 공정으로 대량생산하는 경우에 사용
④ 등급별종합원가계산 : 동일한 공정에서 2개 이상의 제품을 생산하는 경우에 사용
⑤ 연산품종합원가계산 : 동일한 재료를 사용하여 2개 이상의 제품을 생산하는 경우에 사용

3부
부가가치세 이론

1장 부가가치세 기초이론
2장 과세거래
3장 영세율과 면세
4장 과세표준과 매출세액의 계산
5장 매입세액과 결정세액의 계산
6장 세금계산서
7장 신고와 납부
8장 간이과세

제1장 부가가치세 기초이론

부가가치세 오리엔테이션

> 부가가치세 신고서 : 부가가치 모듈 - 부가가치세 I - 부가가치세신고서
> - 케이렙 프로그램의 임의의 회사를 선택해서 일반과세자 부가가치세 신고서에 입력하시오.
> (1) 작업대상 기간은 2022년 1기 확정신고기간 (4월1일 ~ 6월 30일)이다.
> (2) 4월~6월 매출내역은 다음과 같다.
> ① 세금계산서를 발급한 매출 : 공급가액 100,000,000원, 세액 10,000,000원
> ② 신용카드매출전표를 발급한 매출 : 공급가액 50,000,000원, 세액 5,000,000원
> ③ 현금영수증을 발급한 매출 : 공급가액 30,000,000원, 세액 3,000,000원
> ④ 간이영수증을 발급한 매출 : 공급가액 20,000,000원, 세액 2,000,000원
> ⑤ 영세율세금계산서를 발급한 매출 : 40,000,000원
> ⑥ 해외 직수출분 : 35,000,000원
> (3) 4월~6월 매입내역은 다음과 같다.
> ① 원재료를 매입하면서 세금계산서 수취 : 공급가액 15,000,000원, 세액 1,500,000원
> ② 기계장치를 취득하면서 세금계산서 수취 : 공급가액 10,000,000원, 세액 1,000,000원
> ③ 접대비 관련 지출을 하면서 세금계산서 수취 : 공급가액 1,000,000원, 세액 100,000원
> (4) 전자신고세액공제를 해서 1만원의 세액공제를 받는다.
> (5) 예정신고기간에 영세율과세표준을 10,000,000원만큼 적게 신고하여 25,000원의 가산세를 부담하게 되었다.

제1장 · 부가가치세 기초이론

구분				정기신고금액		
				금액	세율	세액
과세표준및매출세액	과세	세금계산서발급분	1	100,000,000	10/100	10,000,000
		매입자발행세금계산서	2		10/100	
		신용카드·현금영수증발행분	3	80,000,000	10/100	8,000,000
		기타(정규영수증외매출분)	4	20,000,000		2,000,000
	영세	세금계산서발급분	5	40,000,000	0/100	
		기타	6	35,000,000	0/100	
	예정신고누락분		7			
	대손세액가감		8			
	합계		9	275,000,000	㉮	20,000,000
매입세액	세금계산서수취분	일반매입	10	16,000,000		1,600,000
		수출기업수입분납부유예	10			
		고정자산매입	11	10,000,000		1,000,000
	예정신고누락분		12			
	매입자발행세금계산서		13			
	그 밖의 공제매입세액		14			
	합계(10)-(10-1)+(11)+(12)+(13)+(14)		15	26,000,000		2,600,000
	공제받지못할매입세액		16	1,000,000		100,000
	차감계 (15-16)		17	25,000,000	㉯	2,500,000
납부(환급)세액(매출세액㉮-매입세액㉯)					㉰	17,500,000
경감공제세액	그 밖의 경감·공제세액		18			10,000
	신용카드매출전표등 발행공제등		19			
	세액 합계		20		㉱	10,000
예정신고미환급세액			21		㉲	
예정고지세액			22		㉳	
사업양수자의 대리납부 기납부세액			23		㉴	
매입자 납부특례 기납부세액			24		㉵	
가산세액계			25		㉶	25,000
차감.가감하여 납부할 세액(환급받을세액)(㉰-㉱-㉲-㉳-㉴-㉵+㉶)			26			17,515,000
총괄납부사업자가 납부할 세액(환급받을 세액)						

구분		금액	세율	세액
16.공제받지못할매입세액				
공제받지못할 매입세액	49	1,000,000		100,000
공통매입세액면세등사업분	50			
대손처분받은세액	51			
합계	52	1,000,000		100,000
18.그 밖의 경감·공제세액				
전자신고세액공제	53			10,000
전자세금계산서발급세액공제	54			
택시운송사업자경감세액	55			
현금영수증사업자세액공제	56			
기타	57			
합계	58			10,000
25.가산세명세				
사업자미등록등	59		1/100	
세금계산서	지연발급 등	60		1/100	
	지연수취	61		5/1,000	
	미발급 등	62		2/100	
전자세금발급명세	지연전송	63		3/1,000	
	미전송	64		5/1,000	
세금계산서합계표	제출불성실	65		5/1,000	
	지연제출	66		3/1,000	
신고불성실	무신고(일반)	67		뒤쪽	
	무신고(부당)	68		뒤쪽	
	과소·초과환급(일반)	69		뒤쪽	
	과소·초과환급(부당)	70		뒤쪽	
납부불성실		71		뒤쪽	
영세율과세표준신고불성실		72	10,000,000	5/1,000	25,000
현금매출명세서불성실		73		1/100	
부동산임대공급가액명세서		74		1/100	
매입자 납부특례	거래계좌 미사용	75		뒤쪽	
	거래계좌 지연입금	76		뒤쪽	
합계		77			25,000

01 총 칙

1. 부가가치세의 의의 (부법1)

부가가치세는 기업이 일정기간 동안 새로이 창출한 재화나 용역을 부과대상으로 하는 조세이다. 부가가치세법상 재화라 함은 재산적 가치가 있는 모든 유체물과 무체물을 말한다. 용역이라 함은 재화 이외의 재산적 가치가 있는 모든 역무 및 기타 행위를 말한다.

유체물에는 상품·제품·원료·기계·건물과 기타 모든 유형적 물건을 포함하며 무체물에는 동력·열 기타 관리할 수 있는 자연력 및 권리등으로서 재산적 가치가 있는 유체물이외의 모든 것을 포함한다. 재화를 공급하는 사업의 구분은 통계청장이 고시하는 당해 과세기간 개시일 현재의 한국표준산업분류를 기준으로 한다. (부령1)

2. 우리나라 부가가치세 과세방법의 특징

① 전단계세액공제법

부가가치세 과세방법에는 이론적으로 두가지 방법이 있을 수 있다.

첫 번째는 전단계거래액공제법으로 매출액에서 매입액을 차감한 후 부가가치세 세율을 곱하여 납부세액을 계산하는 방법이다.

또다른 방법으로는 전단계세액공제법이다. 전단계세액공제법은 매출액에서 부가가치세 세율을 곱하여 매출세액을 계산한 후 수취한 세금계산서상 매입세액을 차감하여 납부세액을 결정한다. 우리나라 부가가치세법에서는 전단계세액공제법을 채택하고 있다.

> **상품을 100원에 매입하여 150원에 판매한다면...**
> ① 전단계거래액 공제법
>   ☞ 부가가치 : 50원, 부가가치세 : 5원
> ② 전단계세액공제법 : 우리나라 부가가치세법은 전단계세액공제법에 의한다.
>   ☞ 매출세액 15원 - 매입세액 10원 = 납부세액 5원

② 소비형부가가치세

소득이 아니라 소비하는 자가 부담하는 소비세이다. 소비에 대해서는 일일이 장부를 기록하여 신고할 수 없기 때문에 거래수단으로 세금계산서가 이용되며 생산에 필요한 자본재에 대한 매입세액도 세금계산서를 수취하였다면 공제받게 된다.

③ 간접세

납세의무자와 부담하는 자가 서로 같은 세금을 직접세, 납세의무자와 부담하는 자가 서로 다른 세금을 간접세라고 한다. 간접세의 경우 조세저항은 적으나 소득재분배 면에서 보면 불평등한 문제점이 있다(이러한 역진성을 해결하기 위한 제도로 면세제도가 있다).

④ 일반소비세

소비에 대해 과세를 하며 면세로 규정지은 것을 제외하고 과세한다. 반면 생산하는 입장에서 세금을 부담하는 것이 아니므로 징수가 용이하고, 탈세를 줄일수 있다.

⑤ 소비지국과세원칙

국경세 조정을 통해 두 나라 이상의 이중과세 방지하는 제도이다. 그러므로, 수출하는 재화 등에 대해서 세율을 0으로 영세율제도의 취지도 여기에 있다.

3. 납세의무자(부법2)

1) 납세의무자의 의의
① 영리목적이든 비영리목적이든 관계없이 사업상 독립적으로 재화 또는 용역을 공급하는 사업자는 부가가치세를 납부할 의무가 있다.
② 납세의무자에는 개인·법인(국가·지방자치단체와 지방자치단체조합을 포함한다.)과 법인격없는 사단·재단 기타 단체를 포함한다.

2) 사업자의 구분

공급 대상에 따른 분류	과세사업자 (부가가치세가 과세되는 재화나 용역을 공급하는 사업자)	과세 방식에 따른 분류	일반과세자 (일반적인 사업자)
			간이과세자 (직전 1역년간 공급대가가 4,800만원 미만인 개인사업자로 간이과세 배제업종에 해당하지 않는 자)
	면세사업자 (부가가치세가 면세되는 재화나 용역을 공급하는 사업자)		

3) 부동산매매업의 특례(부칙1①)

부동산매매, 중개를 사업목적으로 나타내지 않더라도 거래행위가 수익을 목적으로 하고, 1과세기간 중에 1회 이상 부동산을 취득하고, 2회이상 판매한 경우 부동산매매업으로 본다.

4) 농가부업(부칙1③)

소득세가 과세되는 농가부업은 과세되나 소득세가 비과세되는 농가부업은 비과세된다. 단, 민박, 음식물판매, 특산물제조, 전통차제조 등과 유사한 활동은 독립사업으로 본다.

4. 사업자등록(부법5)

사업을 개시하고자 하는 사업자는 관할 세무서에 사업개시일로부터 20일 이내에 관할 세무서에 사업자 등록을 하여야 한다. 사업자등록 신고를 하는 경우 관할 세무서장은 특별한 하자가 없는 경우 3일 이내(토요일, 일요일, 공휴일은 제외)에 사업자등록증을 발급하여야 한다. 다만, 신규로 사업을 개시하고자 하는 자는 사업개시일전이라도 등록할 수 있다. (부법5①) 사업자 등록을 하지 않은 경우에는 다음의 불이익이 있다.

3부 • 부가가치세 이론

① 사업자 등록전 20일 이전 매입세액을 공제 받을 수 없다.

그런데, 사업자등록을 사업개시일로부터 20일 이내에 하더라도 이러한 경우가 있을수 있다. 예를들어 8월 1일에 사업을 개시하고 8월 16일에 사업자등록을 했다면 문제될 점이 없으나 8월 10일날 매입을 하였다면 사업자등록번호가 없기 때문에 매입세액공제를 받을 수가 없다. 이러한 문제점을 보완하고자 세금계산서의 비고란에 대표자의 주민등록번호를 기재하면 부가가치세 매입세액공제가 가능하다.

② 부가가치세 납부시 미등록 가산세로 공급가액의 1%를 부담하여야 한다.

이때 주의할점은 가산세가 적용되는 시기에 대한 것인데, 사업자등록을 한 날의 전일까지 공급가액의 1% 가산세가 적용된다. 예를들어, 회사가 9월 1일에 개업을 했는데, 10월 10일날 사업자등록을 했다면 9월 1일부터 10월 9일까지의 과세 공급가액에 대하여 가산세가 적용된다.

○ 예제 1. 우리나라 부가가치세의 특징

다음 중 부가가치세에 대한 설명으로 맞으면 O, 틀리면 ×로 표시하시오.
(1) 국가 및 지방자치단체는 부가가치세법상 납세의무자가 아니다. ……………………… (   )
(2) 매출액에서 매입액을 차감한 후 세율을 곱하는 전단계거래액 공제법을 채택하고 있다.
   ……………………………………………………………………………………………… (   )
(3) 부가가치세는 소비에 대하여 과세한다. ……………………………………………… (   )
(4) 납세의무자와 담세자가 일치하는 직접세이다. ………………………………………… (   )
(5) 납세의무자는 영리성이 있어야 한다. …………………………………………………… (   )
(6) 사업자등록은 사업개시일로부터 15일 이내에 하여야 한다. ………………………… (   )
(7) 사업자등록일 전에는 어떠한 경우라도 매입세액공제를 받을 수 없다. …………… (   )
(8) 사업 개시전 사업자등록도 가능하다. …………………………………………………… (   )
(9) 사업자등록을 법정기일까지 하지 못한 경우 사업자등록을 신고한 과세기간 종료일까지
   공급가액에 대하여 미등록가산세가 적용된다. ……………………………………… (   )
(10) 사업자등록 신고를 받은 관할 세무서장은 3일 이내(토요일, 일요일, 공휴일 포함)에
    사업자등록증을 발급하여야 한다. ……………………………………………………… (   )

해답

(1) × : 납세의무가 될 수 있다   (2) × : 전단계세액공제법
(3) O   (4) × : 간접세이다
(5) × : 영리성과 무관   (6) × : 20일
(7) × : 주민등록번호를 기재하여 가능   (8) O
(9) × : 사업자등록일 전일까지 공급가액 (10) × : 토요일, 일요일, 공휴일 제외

5. 부가가치세 과세기간(부법3)

1) 일반적인 경우의 과세기간

1.1 ~ 3.31	4.1 ~ 6.30	7.1 ~ 9.30	10.1 ~ 12.31
1기		2기	
예정신고 (4.25까지 신고)	확정신고 (7.25까지 신고)	예정신고 (10.25까지 신고)	확정신고 (1.25까지 신고)

* 간이과세자의 경우에는 위와 다르게 1월 1일부터 12월 31일까지를 과세기간으로 한다.

2) 특수한 경우의 과세기간

① 당해 사업을 개시한 경우(부법3②)

사업개시일로부터 과세기간 종료일까지를 부가가치세 과세기간으로 한다. 단, 사업개시전 사업자등록을 한 경우에는 사업자등록일부터 과세기간이 시작된다.

(사례) 4월 22일에 사업개시 → 4월 22일 ~ 6월 30일

② 당해 사업을 폐업한 경우(부법3③)

과세기간 개시일부터 폐업일 까지로 한다.

(사례) 8월 20일에 폐업시 → 7월 1일 ~ 8월 20일

③ 과세유형이 변경되는 사업자(부법3)

ⅰ. 간이과세자가 간이과세자에게 적용되는 규정을 포기하고 일반과세자가 되는 경우
- 과세기간 개시일 ~ 신고일이 속하는 달의 마지막날 : 간이과세자
- 다음달 1일 ~ 그 달이 속하는 과세기간 종료일 : 일반과세자

ⅱ. 공급대가 초과 등의 사유로 간이과세 규정이 적용되거나 적용되지 않게 된 경우
- 일반과세자에서 간이과세자로 전환 : 6월 30일까지는 일반과세자, 그 이후 간이과세자
- 간이과세자에서 일반과세자로 전환 : 6월 30일까지 간이과세자, 그 이후 일반과세자

6. 납세지 (부령4)

1) 사업장

사업장은 사업자 또는 그 사용인이 상시 주재하여 거래의 전부 또는 일부를 행하는 장소로 한다. 다만, 다음 각호의 사업에 있어서는 당해 각호에 규정하는 장소를 사업장으로 한다.

① 광업 : 광업사무소 소재지

[보충설명]
국내에서 석탄채굴을 하는 지역은 강원도의 태백, 정선, 경상북도의 문경 등이다. 두 개 이상의 행정구역에 걸쳐서 석탄을 채굴하는 경우에 석탄의 채굴장소로 사업장을 정하기는 곤란하기 때문에 한 곳에서 신고납부 할 수 있도록 광업사무소의 소재지를 사업장으로 하는 것이다.

② 제조업 : 최종제품을 완성하는 장소(다만, 따로 제품의 포장만을 하거나 용기에 충전만을 하는 장소는 제외한다.)

③ 건설업, 부동산매매업, 운수업
법인사업자는 등기부상의 소재지, 개인은 업무총괄장소

[보충설명]
부동산매매업이란 토지나 건물을 저렴하게 매입 한 후, 가격이 오르면 판매하는 업종을 말한다. 만일 부동산매매업에서 사업장을 부동산소재지로 한다면, 부동산을 살 때마다 사업자등록을 하고, 팔게 되면 폐업신고를 해야 하는 번거로움이 생긴다. 따라서 부동산매매업은 법인의 등기부상 소재지를 사업장으로 한다. 건설업도 마찬가지로 건설착수시마다 사업자등록을 하고, 완성되면 폐업을 할 수는 없는 일이므로 마찬가지로 법인의 등기부상 소재지를 사업장으로 한다.

④ 부동산임대업 : 당해 부동산의 등기부상의 소재지. 단, 다음 각목에 해당하는 자가 부동산임대를 하는 경우에는 업무총괄장소로 한다.

[보충설명]
부동산매매와 달리 부동산임대는 장기간 같은 장소에서 사업을 하게된다. 따라서 부동산임대업은 부동산의 소재지로 해도 무리가 없다. 실무적으로는 같은 건물 안에서도 4층과 8층만 소유한 상태에서 임대를 한다면, 4층과 8층을 각각의 사업장으로 보아야 한다는 실무지침사례가 있다.

「전기사업법」에 의한 전기사업자, 「한국토지공사법」에 의한 한국토지공사, 「한국철도시설공단법」에 의하여 설립된 한국철도시설공단, 「전기통신사업법」에 의한 전기통신사업자, 「한국도로공사법」에 의한 한국도로공사, 「금융기관부실자산 등의 효율적 처리 및 한국자산관리공사의 설립에 관한 법률」에 의한 한국자산관리공사, 「지방공기업법」에 의하여 설립된 지방공사로서 재정경제부령이 정하는 것, 「예금자보호법」에 의한 예금보험공사 및 정리금융기관, 「농업협동조합의 구조개선에 관한 법률」에 의한 농업협동조합자산관리회사 「부동산투자회사법」에 의한 기업구조조정부동산투자회사, 「한국농촌공사 및 농지관리기금법」에 따른 한국농촌공사

⑤ 무인자동판매기를 통하여 재화를 공급하는 사업 : 그 사업에 관한 업무를 총괄하는 장소

[보충설명]
자판기 1대 자체는 수입규모가 영세하지만 자판기 설치대수가 많아지면 수입규모는 상당히 커질 수 있다. 예를들어 어느 사업자가 강남역(강남세무서 관할), 종각역(종로세무서 관할), 신촌역(마포세무서 관할)에서 자판기 운영 수입금액이 각각 4,500만원, 4,200만원, 4,000만원이라고 한다면, 간이과세자 규정을 적용하지 않는다. 업무총괄장소 개념으로 접근했을 때 합계가 4,800만원을 초과하므로 일반과세자 규정을 적용해야 한다.

⑥ 수자원개발공사, 전기통신사업자, 국가및지방자치단체가 공급하는 사업 : 그 사업에 관한 업무를 총괄하는 장소

⑦ 부가통신사업자 : 주된 사업장 소재지.

2) 직매장과 하치장, 임시사업장

부가가치세는 사업장마다 신고·납부하여야 한다. 예를들어 여러개의 지점을 설치한 백화점이 있다면 각 백화점의 지점마다 사업자등록을 하여야 한다. 이러한 지점을 직매장이라고 한다.

한편, 단순히 물건을 보관하기 위한 장소가 있는데 이를 하치장이라고 한다. 하치장은 사업장으로 보지 않으므로 별도로 등록할 필요가 없다.

그리고, 특정 짧은 기간에만 이벤트 형식으로 재화를 판매하거나 용역을 공급하는 장소를 설치할 수도 있는데 이를 임시사업장이라고 한다. (부법4조의 2) 임시사업장은 기존사업장에 포함되는 것으로 보나, 임시사업장의 설치기간이 10일 이상인 경우에는 사업개시일 10일전까지 임시사업장의 관할세무서장에게 제출하여야 한다.

3) 주사업장 총괄납부(부령5)

원칙적으로 부가가치세는 각 사업장마다 신고 및 납부하여야 하지만 이에 대한 예외규정으로 주사업장 총괄납부와 사업자단위 신고납부가 있다.

사업자에게 2 이상의 사업장이 있는 경우로서 대통령령이 정하는 바에 따라 주된 사업장 관할 세무서장에게 신고(단, **종된 사업장을 신설**하는 경우에는 그 신설하는 **종된 사업장 관할세무서장에게 신고**)하여 대통령령이 정하는 바에 의하여 주된 사업장에서 총괄하여 납부할 수 있다. 단, 주사업장총괄납부를 하더라도 신고는 각 사업장별로 해야 한다.

법인의 주사업장은 본점 또는 지점에서 선택하나 개인은 주사무소만 주사업장으로 할 수 있으며 총괄납부를 포기하고자 하는 사업자는 주사업장 포기신고서를 사업연도 개시 20일전까지 주된 사업장 관할 세무서장에게 제출한다.

4) 사업자단위 과세제도

사업자단위 총괄 신고납부는 부가가치세의 납부 뿐만 아니라 신고까지 본점 또는 주사무소에서 할 수 있는 제도를 말한다. 법인사업자의 경우 주사업장 총괄납부의 경우 주된 사업장을 선택할 수 있고 사업자단위 총괄 신고납부는 본점에서만 가능한 것에 주의한다.

	주사업장총괄납부	사업자단위과세제도
총괄(주)사업장	법인 : 본점, 지점 개인 : 주사무소	본점(주사무소)만 가능
신 고	각 사업장	본점(주사무소)
납 부	총괄사업장	본점(주사무소)
세금계산서 관련	각 사업장	본점(주사무소)
포 기	과세기간 개시일 20일전에 포기신고	과세기간 개시일 20일전에 포기신고. 단, 사업자단위 과세제도의 승인을 얻은날로부터 5년이 경과하는 날이 속하는 과세기간까지는 포기불가

* 예를들어 20x2년 1월 1일부터 주사업장총괄납부나 사업자단위과세제도를 적용받고 싶다면, 20x1년 12월 11일까지 신고를 하여야 한다.

제2장 과세거래

부가가치세의 과세대상에는 재화의 공급, 용역의 공급, 재화의 수입등이 있다. 재화라 함은 재산적 가치가 있는 모든 유체물과 무체물을 말하며 용역이라 함은 재화 이외의 재산적 가치가 있는 모든 역무 및 기타 행위를 말한다(부법1). 여기서 말하는 유체물의 범위는 다음과 같다(부령1).

① 유체물에는 상품·제품·원료·기계·건물과 기타 모든 유형적 물건을 포함한다.
② 무체물에는 동력·열 기타 관리할 수 있는 자연력 및 권리등으로서 재산적 가치가 있는 유체물이외의 모든 것을 포함한다.

여기에서 보면 용역의 수입은 제외되어 있는데, 용역의 수입은 저장이 되지 않으므로 부가가치세 과세대상에서 제외된다.

01 과세대상

1. 재화의 공급

1) 재화의 실질공급 (부령14)

 i. **매매거래** : 현금판매·외상판매·할부판매·장기할부판매·조건부 및 기한부판매·위탁판매 기타 매매계약에 의하여 재화를 인도 또는 양도하는 것
 ii. **가공거래** : **자기가 주요자재의 전부 또는 일부를 부담**하고 상대방으로부터 인도받은 재화에 공작을 가하여 새로운 재화를 만드는 가공계약에 의하여 재화를 인도하는 것(단, **건설업**은 자기가 주요자재의 전부를 부담하여도 **용역의 공급**으로 본다.)
 iii. **교환거래** : 재화의 인도대가로서 다른 재화를 인도받거나 용역을 제공받는 교환계약에 의하여 재화를 인도 또는 양도하는 것
 iv. **기타거래** : 경매·수용·현물출자 기타 계약상 또는 법률상의 원인에 의하여 재화를 인도 또는 양도하는 것

단, 재화의 이동이 있더라도 다음의 경우에는 재화의 공급으로 보지 않는다(부법6).

ⅰ. 어음, 수표 및 화폐대용증권 거래
ⅱ. 조세의 물납
ⅲ. 담보제공
ⅳ. 법인사업자의 사업의 포괄적 양도
ⅴ. 공매 및 강제경매 : 국세징수법에 의한 공매 및 민사집행법에 의한 강제경매에 의한 재화의 인도는 재화의 공급으로 보지 않는다.

2) 재화의 간주공급(=재화공급의 의제)(부법6)

재화의 공급은 개인적인 욕구충족에 사업용 재화를 소비하는 경우 이를 과세하지 아니하면 부가가치세의 부담없는 소비가 가능하게 되어 과세형평이 침해되므로 간주공급 규정을 둔다. 재화의 간주공급 사례에는 다음의 것들이 있으며 매입세액 불공제를 설명한 후 재화공급의 의제에 대한 취지를 설명하기로 한다.

① 자가공급(부령15)

ⅰ. 면세전용
과세사업을 위하여 생산, 취득한 재화를 면세사업을 위하여 사용하는 경우이다.
ⅱ. 비영업용 소형승용차와 그 유지를 위한 재화
과세사업을 위하여 취득한 재화를 비영업용 소형승용차로 사용하거나 그 유지를 위하여 사용하는 경우 과세거래로 본다(단, 매입세액 불공제분은 제외).
ⅲ. 판매목적 타사업장 반출
단, 총괄납부 또는 사업자단위 신고납부를 하면 과세되지 않는다. 그러나 총괄납부사업자라고 하더라도 세금계산서를 교부하고, 관할세무서장에게 신고한 경우에는 재화의 공급으로 본다.

② 개인적 공급(부령16)

자기의 사업과 관련하여 생산, 취득한 재화를 업무와 무관한 용도로 임원이나 종업원들의 개인적인 목적을 위하여 소비된 재화에 대하여 과세하게 된다. 단, 다음의 경우에는 재화의 간주공급으로 보지 않는다.

ⅰ. 매입세액이 공제되지 아니한 재화
ⅱ. 사용인등에게 무상으로 공급하는 작업복, 작업모, 작업화

iii. 직장체육비, 직장연예비와 관련된 재화
iv. 특별재난지역에 공급하는 물품

③ 사업상 증여

자기의 사업과 관련하여 생산, 취득한 재화를 자신의 고객, 거래처, 불특정 다수인에게 접대목적으로 재화를 소비하는 경우이거나 경품 등으로 소비자에게 공급하는 경우 부가가치세를 부담한다. (견본품으로 제공하는 재화는 과세대상이 아니다.)

④ 폐업시 잔존재화

사업자가 사업을 폐지하거나 폐업으로 간주되는 경우 사업장에 잔존하는 재화중 매입세액공제를 받은 재화는 사업자 자신이 비사업자인 자신에게 공급하는 것으로 본다. 단, 매입세액이 공제되지 않은 재화는 제외한다.

<매입세액공제를 받았는지 여부에 따른 재화의 간주공급 대상 여부>

		매입세액공제를 받은 것만 과세	매입세액공제를 받지 않은 것도 과세
재화의 실질공급			○
자가공급	면세전용	○	
	비영업용소형승용차와 유지	○	
	타사업장반출		○
개인적 공급		○	
사업상 증여		○	
폐업시 잔존재화		○	

재화의 간주공급시 과세표준은 시가를 원칙으로 한다. 단, 재화의 자가공급 중에 면세전용의 경우로서 감가상각자산인 경우에는 감가상각자산의 특례(4절에서 설명)를 적용하며 타사업장 반출로 과세가 되는 경우에는 원가를 과세표준으로 한다.

재화의 간주공급에 대한 공급시기는 자가공급, 개인적공급, 사업상증여의 경우에는 사용 또는 소비되는 때, 폐업시 잔존재화는 폐업하는 때 재화의 공급이 있는 것으로 본다(부령21).

2. 용역의 공급

1) 용역공급의 의의

용역의 공급은 계약상 또는 법률상의 모든 원인에 의하여 역무를 제공하거나 재화·시설물 또는 권리를 사용하게 하는 것으로 한다. 대가를 받지 아니하고 타인에게 용역을 공급하거나 고용관계에 의하여 근로를 제공하는 것은 용역의 공급으로 보지 아니한다(부법7 ③). 단 2012년 7월부터 특수관계인에게 대한 부동산의 무상임대는 과세된다.

2) 용역공급의 범위

다음의 것들은 용역의 공급으로 보아 과세한다(부령2).

```
1. 건설업
2. 숙박 및 음식점업
3. 운수업
4. 방송통신 및 정보서비스업
5. 금융 및 보험업
6. 부동산업 및 임대업. 다만, 전·답·과수원·목장용지·임야 또는 염전임대업을 제외한다.
7. 전문, 과학 및 기술서비스업, 사업시설관리 및 사업지원서비스업
8. 공공행정, 국방 및 사회보장행정
9. 교육서비스업
10. 보건 및 사회복지서비스업
11. 예술, 스포츠 및 여가관련 서비스업
12. 협회 및 단체, 수리 및 기타 개인서비스업
13. 가구내 고용활동 및 달리 분류되지 않는 자가생산활동
14. 국제 및 외국기관의 사업
```

3) 부수재화의 공급

그리고, 재화나 용역을 공급하다보면 주된 거래인 재화 또는 용역의 공급대가에 통상적으로 포함되어 공급되는 재화 또는 용역이 있는데, 이를 부수재화나 용역이라고 한다. 부수재화나 용역은 주된 재화의 속성에 따라 과세여부를 판단한다(부령3).

3. 재화의 수입

1) 재화의 수입의 의의(부법8)

재화의 수입은 외국으로부터 도착된 물품을 우리나라에 인취하는 것(보세구역을 경유하는 것은 보세구역으로부터 인취하는 것)으로 한다. 수출신고된 물품으로서 선(기)적되지 아니한 물품을 보세구역으로부터 인취하는 경우를 제외한다.

2) 보세구역(부령20)

보세구역이란 외국물건 또는 일정한 내국물건에 대하여 관세법에 의하여 관세의 부과가 유보되는 지역을 말하며 「관세법」에 의한 보세구역, 「자유무역지역의 지정 및 운영에 관한 법률」에 의한 자유무역지역 등을 말한다.

① 해외에서 보세구역으로 반입되는 경우(부법8)

재화의 수입중 보세구역을 경유하는 것은 보세구역으로부터 인취하여야 재화의 수입으로 본다.

② 보세구역에서 보세구역이 아닌 국내로 반입되는 경우(부령21①11호)

사업자가 보세구역 내에서 보세구역 이외의 국내에 재화를 공급하는 경우에 당해 재화가 수입재화에 해당하는 때에는 수입신고수리일

③ 보세구역 내에서 다른 사업자에게 공급(부령21①12호)

- 수입재화가 아닌 경우 : 인도하는 때 과세
- 수입재화인 경우 : 실물인취에 따른 당해 재화의 수입신고수리일
- 단, 해외 반출 목적의 인도는 과세하지 않는다.

④ 국내에서 보세구역으로 공급

수출이 아닌 일반적인 재화의 공급으로 본다. 영세율적용대상에 열거되어 있지 않으며 소비하는 지역이 해외가 아니기 때문이다.

> **○ 예제 1. 부가가치세 과세대상**
>
> 다음 중 부가가치세 과세대상은 ○, 과세대상이 아닌 것은 ×를 하시오.
> (1) 재화의 수입 ·· (   )

3부 · 부가가치세 이론

(2) 증여세의 물납 ·· (   )
(3) 담보제공 ·· (   )
(4) 용역의 무상공급 (부동산 임대제외) ·· (   )
(5) 특수관계인에 대한 부동산무상임대 ··· (   )
(6) 폐업시 잔존재화 ·· (   )
(7) 재화의 교환 ··· (   )
(8) 어음, 수표거래 ·· (   )
(9) 종업원에게 무상제공하는 작업복 ·· (   )
(10) 법인사업자의 사업의 포괄양도 ·· (   )

해답

(1) ○   (2) ×   (3) ×   (4) ×   (5) ○   (6) ○   (7) ○   (8) ×   (9) ×   (10) ×

02 과세시기 : 언제 과세할 것인가?

부가가치세는 원칙적으로 재화나 용역의 공급시점에 과세된다. 그런데, 실무적으로는 다양한 거래방법이 있고, 언제를 과세시기로 보는지에 따라 부가가치세 신고금액이 달라질 수도 있다.

1. 일반적인 공급시기

1) 재화의 형태별 공급시기(부령21)

1. 현금판매·외상판매 또는 할부판매 : 재화가 인도되거나 이용가능하게 되는 때
2. 장기할부판매의 경우에는 대가의 각 부분을 받기로 한 때
   단, 장기할부판매란 인도일의 다음날부터 최종의 부불금의 지급기일까지의 기간이 1년 이상으로 납입회수가 2회 이상이어야 한다.
3. 조건부 판매 : 조건이 성취되거나 기한이 경과되어 판매가 확정되는 때
4. 완성도기준지급 또는 중간지급조건부로 : 대가의 각 부분을 받기로 한 때
5. 재화의 공급으로 보는 가공의 경우 : 가공된 재화를 인도하는 때
6. 무인판매기를 이용하여 재화를 공급하는 경우에는 당해 사업자가 무인판매기에서 현금을 인취하는 때
7. 수출재화의 경우 : 수출재화 선적일
8. 위탁판매 또는 대리인에 의한 매매의 경우 : 대리인의 공급

제2장 · 과세거래

보충설명 완성도기준지급
대금을 "계약금 + 중도금 + 잔금" 등 3회 이상 분할해서 거래하고, 계약기간이 6개월 이상인 지급조건을 말한다.

2) 용역의 형태별 공급시기

1. 통상적인 공급의 경우 : 역무의 제공이 완료되는 때
2. 완성도 기준지급·중간지급·장기할부 또는 기타 조건부로 용역을 공급 : 그 대가의 각 부분을 받기로 한 때

03 재화공급의 장소

1) 재화가 공급되는 장소
① 재화의 이동이 필요한 경우에는 재화의 이동이 개시되는 장소
② 재화의 이동이 필요하지 아니한 경우에는 재화가 공급되는 시기에 재화가 소재하는 장소

2) 용역이 공급되는 장소는 다음 각호에 규정하는 곳으로 한다.
① 역무가 제공되거나 재화·시설물 또는 권리가 사용되는 장소
② 국내외에 걸쳐 용역이 제공되는 국제운송의 경우에 사업자가 비거주자 또는 외국법인인 때에는 여객이 탑승하거나 화물이 적재되는 장소

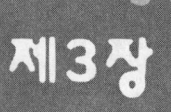
영세율과 면세

01 영세율

영세율이란 부가가치세 과세대상이기는 하지만 부가가치세 세율을 0% 인 거래를 말한다. 영세율 거래는 주로 수출하는 재화등에 적용이 되는데, 부가가치세는 소비지국 과세원칙에 따라 수출하는 재화등은 소비지역이 국내가 아니라 해외이기 때문에 부가가치세를 납부하지 않는 것이다. 단, 영세율이 적용되는 경우 전단계의 거래에서 창출된 부가가치에 대한 매입세액을 전액 공제하여 부가가치세의 부담을 완전히 제거하는 제도이다.

1. 영세율 적용대상

영세율 적용대상에는 다음의 것들이 있다(부법11).

1) 수출하는 재화(부령24)

① 직수출

내국물품(우리나라 선박에 의하여 체포된 수산물을 포함한다)을 외국으로 반출하는 것

② 대행위탁수출(대외무역법)

국내의 사업장에서 계약과 대가수령 등 거래가 이루어지는 것으로서 중계무역 방식의 수출, 위탁판매수출, 외국인도수출, 위탁가공무역 방식의 수출등이 해당한다. 단, 수출업자가 받는 수출대행수수료는 국내용역 공급에 해당하므로 영세율 대신 과세가 적용된다.

③ 기타수출

(가) 사업자가 「한국국제협력단법」에 의한 한국국제협력단에 공급하는 재화(한국국제협력단이

동법 제7조의 규정에 의한 사업을 위하여 당해 재화를 외국에 무상으로 반출하는 경우에 한한다)
(나) 사업자가 다음 각목의 요건에 의하여 공급하는 재화

> 가. 국외의 비거주자 또는 외국법인(이하 이 조에서 "비거주자등"이라 한다)과 직접 계약에 의하여 공급할 것
> 나. 대금을 외국환은행에서 원화로 받을 것
> 다. 비거주자등이 지정하는 국내의 다른 사업자에게 인도할 것
> 라. 국내의 다른 사업자가 비거주자등과 계약에 의하여 인도받은 재화를 그대로 반출하거나 제조·가공후 반출할 것

2) 내국신용장에 의한 간접수출(부령24)

사업자가 재정경제부령이 정하는 내국신용장 또는 구매확인서에 의하여 공급하는 재화[금지금을 제외한다.] 내국신용장 또는 구매확인서에 의한 간접수출은 영세율 세금계산서 발급의무가 있다.

3) 선박 또는 항공기의 외국항행용역(부령25)

외국항행용역은 선박 또는 항공기에 의하여 여객이나 화물을 국내에서 국외로, 국외에서 국내로 또는 국외에서 국외로 수송하는 것을 말하며 외국항행사업자가 자기의 사업에 부수하여 행하는 재화 또는 용역의 공급으로서 다음 각호에 규정하는 것을 포함한다.

> 가. 다른 외국항행사업자가 운용하는 선박 또는 항공기의 탑승권을 판매하거나 화물운송계약을 체결하는 것
> 나. 외국을 항행하는 선박 내 또는 항공기내에서 승객에게 공급하는 것
> 다. 자기의 승객만이 전용하는 버스를 탑승하게 하는 것
> 라. 자기의 승객만이 전용하는 호텔에 투숙하게 하는 것

한편 운송주선업자가 국제복합운송계약에 의하여 화주로부터 화물을 인수하고 자기책임과 계산하에 타인의 선박 또는 항공기 등의 운송수단을 이용하여 화물을 운송하고 화주로부터 운임을 받는 국제운송용역과 「항공법」에 의한 상업서류송달용역은 외국항행용역에 포함된다.

4) 기타 외화획득재화, 용역(부령26)

① 국내에서 비거주자나 외국법인에게 공급하는 재화나 용역
    수출하는 재화의 기타수출과 유사, 단, 수출대행수수료는 과세적용

② 수출재화의 임가공용역
  단, 사업자가 부가가치세를 별도로 기재한 세금계산서를 발급하면 과세적용
③ 외국항행선박에 대한 공급
  단, 사업자가 부가가치세를 별도로 기재한 세금계산서를 발급하면 과세적용
④ 외국인 관광객에 대한 관광알선용역, 관광 기념품
⑤ 기타영세율 거래 : 국내소재 외국공공기관 등에 공급, 조세특례제한법에서 열거하는 경우
  (예 : 장애인보장구 등)

2. 영세율의 신고

영세율이 적용되는 경우 부가가치세 예정, 확정신고시 영세율임을 증명하는 서류를 제출하여야 한다. 미제출시 영세율 과세표준 신고불성실가산세가 적용된다.

02 면 세

면세는 주로 생활필수품 등에 대하여 부가가치세를 과세하지 않는 제도이다. 단, 면세항목은 매입세액공제를 해주지 않는 측면에서 영세율과 차이가 있다.

1. 면세항목

부가가치세법에서 공시하고 있는 부가가치세 면세항목 중 주요내용에는 다음의 것들이 있다(부법12). 부가가치세가 과세되는 것은 세금계산서를 발급하지만 부가가치세가 면세되는 것은 계산서를 발급한다. 참고로 법인사업자와 직전연도 공급가액이 2억원 이상인 개인사업자는 의무적으로 전자계산서를 발급하여야 한다.

1) 기초생활필수품과 용역
① 미가공 식료품(부령28)

미가공식료품은 다음 각호에 규정하는 것으로서 가공되지 아니하거나 탈곡·정미·정맥·제분·정육·건조·냉동·염장·포장 기타 원생산물의 본래의 성질이 변하지 아니하는 정도의 1차 가공을 거쳐 식용에 공하는 것으로 한다.

제3장 • 영세율과 면제

② 국내생산 비식용 미가공 농,축,수,임산물

미가공식료품은 국내산, 수입산을 불문하고 면세이나 비식용의 경우에는 국내생산분만 면세가 된다.

③ 연탄과 무연탄 : 단, 유연탄, 갈탄, 착화탄은 과세된다.

④ 수돗물

⑤ 여성 생리용품과 영유아용 분유와 기저귀 등

⑥ 여객운송용역

단, 다음의 것들은 과세된다. 고속버스는 2015년부터 면세항목으로 개정되었다.

> 가. 「항공법」에 규정하는 항공기에 의한 여객운송용역
> 나. 전세버스운송, 택시운송, 자동차대여사업
> 다. 수중익선, 에어쿠션선, 자동차운송 겸용 여객선, 항해시속 20노트이상의 여객선
> 라. 「철도건설법」에 규정된 고속철도에 의한 여객운송용역

2) 국민후생용역

① 의료보건용역과 혈액(부령29)

: 단, 소매로 판매하는 의약품은 과세된다. 그 외 미용목적의 성형수술, 애완동물의 진료용역도 부가가치세가 과세된다.

② 교육용역(부령30)

교육용역은 정부의 허가 또는 인가를 받은 학교 · 학원 · 강습소 · 훈련원 · 교습소 기타 비영리단체 및 「청소년활동진흥법」 청소년수련시설에서 학생 · 수강생 · 훈련생 · 교습생 또는 청강생에게 지식 · 기술등을 가르치는 것으로 한다.

③ 우표(수집용 제외), 인지, 증지, 복권, 공중전화

④ 주택과 그 부수토지의 임대 (국민주택규모)

주택의 임대는 면세되며, 주택의 공급의 경우 국민주택규모(약25.7평) 이하인 경우에만 면세된다.

	국민주택규모 이하	국민주택규모 초과
주택의 임대	면세	면세
주택의 공급	면세	과세

⑤ 법 소정 제조담배

20개비 기준 200원 이하의 담배로서 영세율 적용 제외분을 말한다.

3) 문화관련 재화와 용역

① 도서(도서대여 포함), 신문, 잡지, 통신(광고는 과세)

신문, 잡지, 정기간행물, 관보, 뉴스통신, 전자출판물은 면세된다.

② 예술창작품(골동품 제외), 예술행사, 문화행사, 비직업운동경기

비영리목적의 예술창작품, 예술행사, 문화행사, 비직업운동경기는 면세된다.

③ 동물원, 식물원, 도서관, 과학관, 박물관 등의 입장

4) 부가가치 구성요소 용역

① 토지의 공급 : 단, 토지의 임대는 과세

② 법 소정 인적용역(연구, 개발)
- 개인의 사업소득을 구성하는 용역 등
- 법인 또는 단체의 학술연구용역, 기술연구용역, 국선변호인의 용역 등

③ 금융보험용역

5) 기타 재화, 용역

국가, 지방자치단체, 지방자치단체조합이 공급하는 재화 또는 용역. 공익목적단체가 공급하는 법 소정 재화, 용역, 조세특례제한법상 면세의 주요내용

---

1. 「우정사업운영에 관한 특례법」에 의한 우정사업조직이 「우편법」 제15조제1항에 규정된 부가우편역무중 소포우편물을 방문접수하여 배달하는 용역(택배는 과세)
2. 「철도건설법」에 규정하는 고속철도에 의한 여객운송용역(KTX는 과세)
3. 부동산 임대업, 도·소매업, 음식·숙박업, 골프장·스키장운영업, 기타 운동시설 운영업. 다만, 다음 각 목의 어느 하나에 해당하는 경우는 제외한다.

제3장 • 영세율과 면제

○ 예제 1. 과세, 영세율, 면세의 구분

다음 자료에서 부가가치세 과세대상은 "과", 영세율적용대상은 "영", 면세적용대상은 "면"으로 기록하시오.

(예시) 기계장치의 처분 ·············· (과)
(1) 토지의 임대 ···················· (　　)   (2) 허가받지 않은 교육용역 ······ (　　)
(3) 수출하는 재화 ·················· (　　)   (4) 고속철도(KTX) 운송용역 ····· (　　)
(5) 수집용 우표 공급 ··············· (　　)   (6) 내국신용장에 의한 간접수출 · (　　)
(7) 수입한 원목 ···················· (　　)   (8) 일반우표 ······················ (　　)
(9) 신문광고 ······················· (　　)   (10) 도서의 대여 ·················· (　　)
(11) 복권의 구입 ··················· (　　)   (12) 외국항행용역 ················· (　　)
(13) 해외 직수출 ··················· (　　)   (14) 재화의 수입 ·················· (　　)
(15) 금융보험용역 ·················· (　　)   (16) 수돗물 ······················· (　　)
(17) 도서의 공급 ··················· (　　)   (18) 시내버스 운송용역 ············ (　　)
(19) 국민주택규모 초과하는 주택의 공급 ········ (　　)
(20) 약국에서 소매로 판매하는 의약품 ·········· (　　)

해답

(1) 과　(2) 과　(3) 영　(4) 과　(5) 과　(6) 영　(7) 과　(8) 면　(9) 과　(10) 면
(11) 면　(12) 영　(13) 영　(14) 과　(15) 면　(16) 면　(17) 면　(18) 면　(19) 과　(20) 과

참고

건물과 토지의 과세여부

① 원칙

구 분	공　　　급	임　　　대
건 물	① 원칙 : 과세 ② 국민주택의 공급 : 면세	① 원칙 : 과세 ② 주택의 임대용역 : 면세
토 지	면세	① 원칙 : 과세 ② 주택에 부수되는 토지임대용역:면세

② 부수토지의 면세여부 파악
본래 토지의 임대는 과세이지만, 주택의 부수토지에 대해서는 면세를 적용한다. 주택의 부수토지(면세)의 면적은 다음과 같이 계산한다.

> (유형1) 단층 건물인 경우
> - 1단계 : 건물
>   주택 > 상가 : 건물 전체면세, 주택 ≤ 상가 : 주택부분만 면세
> - 2단계 : 부수토지
>   도시계획구역 내 : 주택면적의 5배까지 면세
>   도시계획구역 외 : 주택면적의 10배까지 면세

그림을 통한 설명
토지의 임대는 과세이지만 주택의 부수토지는 면세이다. (단, 면세되는 부수토지의 제한이 있다.)

① 주택의 임대면적이 더 넓은 경우

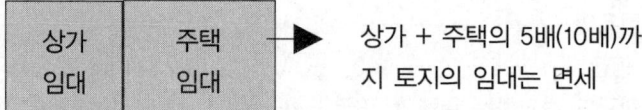

상가 + 주택의 5배(10배)까지 토지의 임대는 면세

② 주택과 상가의 면적이 같거나, 상가의 임대면적이 더 넓은 경우

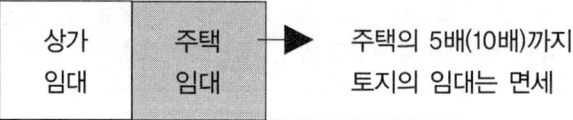

주택의 5배(10배)까지 토지의 임대는 면세

○ 예제 2. 부수토지의 면세여부

도시계획 구역 내에서 단층건물을 임대하고 있는데, 상가의 면적은 100평이고, 주택의 면적은 50평이다. 그리고, 건물에 따른 부수토지는 500평인 경우 면세되는 건물과 토지의 임대면적은?

해답

면세 건물 : 50평(건물면적이 더 좁으므로 건물 50평만 면세)
부수토지 : 50평 × 5배 = 250평 면세(250평 과세)

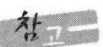

과세대상과 면세대상

면 세	과 세
마른오징어	구운오징어
가공한 쌀	가공한 과일
포장하지 않은 두부, 김치, 젓갈	포장한 두부, 김치, 젓갈
국내에서 생산된 애완동물	외국에서 생산된 애완동물
연탄과 무연탄	유연탄, 갈탄, 착화탄
수도물	포장하여 생산하는 생수
마을버스, 시내버스, 고속버스	전세버스, 택시
지하철, 무궁화호, 새마을호	KTX, 항공기
선박의 여객용 운송용역	유람선, 고속정
약국의 조제용역, 의사의 치료용역 (미용목적성형, 수의사는 과세)	의약품 구입비용
국민주택규모의 임대용역	상가의 임대용역
인허가 받은 교육용역	인허가 받지 않은 교육용역
일반우표	수집용 우표
20개비 기준 200원 이하의 담배	일반담배
비영리 목적 예술창작품	골동품
비영리 목적 문화사업	영리목적 문화사업 (영화사업 등)
토지의 공급	토지의 임대
국선변호사의 변호용역	일반변호사의 변호용역
도서, 신문, 잡지의 판매	광고

03 영세율과 면세의 차이

영세율과 면세간에는 다음의 차이가 있다.

		영세율	면세
	목 적	소비지국 과세원칙	역진성 완화
	대 상	수출 등 외화획득거래	생활필수품 등의 거래
	매출세액	납부하지 않음	납부하지 않음
	세 율	0%	-
	매입세액	환급받음 (완전면세)	환급받지 않음 (부분면세)
부가가치세법상의무	사업자등록의무	○	×
	세금계산서 발급	○	×
	매출처별세금계산서 합계표제출	○	×
	신고, 납부의무	○	×
	매입처별세금계산서 합계표제출	○	○
	대리납부의무	×	○

대리납부의무

국내 사업장이 없는 비거주자 또는 외국법인이 국내사업장과 관련이 없이 우리나라에서 역무를 제공하거나 재화·시설물을 또는 권리를 사용하게 하는 경우 그 대금을 지급하는 자는 부가가치세를 징수하여 대리납부 하여야 한다. 이 경우 세관장이 수입세금계산서를 발급하게 된다.
그 이유는 비거주자 또는 외국법인이 공급을 하는 경우 부가가치세를 납부하지 않을 가능성이 있어 불평등을 초래하기 때문이다. 단, 과세사업자는 매입세액공제를 받으면 추가로 납부할 세액이 0 이므로 대리납부의무를 적용하지 않는다.
대리납부 의무를 미이행 하는 경우에는 부가가치세액의 10/100의 가산세를 부담하게 된다(부법34).

04 면세의 포기

　면세재화, 용역의 공급에 대하여 일정한 경우에는 부가가치세의 면제를 받지 아니할 수 있는데 이를 면세포기라고 한다. 면세포기를 할 수 있는 대상은 영세율 적용대상인 재화와 용역과 공익단체 중 학술연구단체와 기술연구단체가 공급하는 재화와 용역이다(부령47).

　면세포기를 하고자 한다면 면세포기신고서에 의하여 세무서장에게 신고하고 사업자 등록을 하여야 한다. 면세포기에 대한 제출기한은 규정이 없으므로 언제든지 가능하며 2가지 이상 업종을 영위하는 경우에는 부분적으로 면세포기가 가능하다.

　면세포기의 남용을 방지하기 위해 면세포기를 한 사업자는 면세포기 신고일로부터 3년이 경과해야 면세사업자로 변경할 수 있으며 다시 면세적용을 받고자 하는 사업자는 면세적용신고서를 제출하여야 한다(부령47조②③).

제4장 과세표준과 매출세액의 계산

01 과세표준의 계산

1. 거래 유형별 과세표준의 계산

① 금전으로 대가를 받는 경우 : 그 대가
② 금전 이외의 대가를 받는 경우 : 자기가 공급한 재화나 용역의 시가
  [보충설명] 여기에서 시가란, 특수관계가 없는 자와 계속반복적으로 거래되는 가격을 말한다.
③ 과세표준에는 다음의 것들도 포함
  - 장기할부판매의 경우 이자상당액
  - 대가의 일부로 받는 보험료, 운송비, 포장비, 하역비 등
  - 개별소비세, 주세, 교통세, 환경세, 교육세 및 농어촌특별세
④ 재화의 무상공급의 경우에는 자기가 공급한 재화의 시가. 단, 용역의 무상공급은 과세되지 않는다. (단, 특수관계자에게 부동산을 무상으로 임대하는 경우에는 2012년 7월 1일부터 임대용역의 시가만큼 과세된다.)
⑤ 외상판매, 할부판매(부법48②) : 인도시기의 총거래금액
⑥ 장기할부판매, 완성도기준지급조건부 재화 및 용역의 공급(부법 48③,④)
  : 대가의 각 부분을 받기로 한 금액
⑦ 수입한 재화(부법13④) : 관세과세가격 + 관세 + 개별소비세, 주세, 교통·에너지·환경세 + 교육세, 농어촌특별세
⑧ 외국환으로 받은 수출거래(부령51)
  - 공급시기 전에 받아 원화로 환산 : 그 환가한 금액
  - 공급시기 또는 그 이후 받는 외화금액 : 선적일의 기준환율 또는 재정환율

2. 과세표준의 포함항목과 제외항목

과세표준이란 부가가치세의 대상이 되는 기준이 되는 금액을 말한다. 과세표준의 확정시 포함

하는 항목과 포함하지 않는 항목에는 다음의 것들이 있다.

구 분	내 용
과세표준에 포함되는 항목 (부기통 13-48-2)	① 대가의 일부로 받는 운송비, 포장비, 하역비, 보험료 등 ② 장기할부판매, 할부판매 등의 이자 상당액 ③ 개별소비세, 주세, 교통세, 교육세, 농어촌특별세, 관세 등
과세표준에 포함되지 않는 항목 (부법13②, 부법48⑤,⑧,⑨)	① 부가가치세 ② 매출에누리, 매출환입, 매출할인 ③ 공급받는자에게 인도되기 전 파손, 훼손, 멸실된 재화 ④ 국고보조금(정부보조금)과 공공보조금 ⑤ 반환조건부 용기, 포장비용 ⑥ 구분기재된 종업원 등의 봉사료 ⑦ 대가의 지연지급으로 인하여 지급받는 연체이자
과세표준에 공제하지 않는 항목(부법13③)	① 대손금 ② 판매장려금(현물 제공시는 시가만큼 과세표준 포함) ③ 하자보증금

○ 예제 1. 부가가치세 포함여부

다음의 각 경우에 대하여 과세표준을 각각 구하여라. 단, 여기에서 모든 거래는 부가가치세 별도의 금액을 말한다.
(사례) 현금 1,000,000원에 제품을 판매 ·· (1,000,000원)
(1) 2,000,000원짜리 제품을 판매하면서 운반비 50,000원을 추가로 청구하여 판매함
 ·· (   )
(2) 제품을 5,000,000원에 판매하였으나 운송 도중 전부 파손됨 ············ (   )
(3) 제품을 1,800,000원에 외상판매하였는데, 거래처의 파산으로 회수불가 … (   )
(4) 구매를 많이 한 거래처에 원가 2,000,000원, 시가 3,000,000원인 제품을 추가로 제공함 ·· (   )
(5) 수입한 원재료의 물품가액은 3,800,000원이고, 관세는 200,000원임 …… (   )

해답
(1) 2,050,000원   (2) 0원   (3) 1,800,000원   (4) 3,000,000원   (5) 4,000,000원

3부 • 부가가치세 이론

02 과세표준의 계산특례

1. 재화의 간주공급에 대한 과세표준(부령50②)

1) 원 칙

사 유		과세표준
자가공급	면세전용	원칙은 시가이나 감가상각자산은 특례적용
	비영업용소형승용차의 사용 또는 유지와 관련된 재화	시가
	타사업장반출	취득가액 (취득관련 세금포함)을 원칙으로 하나 취득가액에 일정액을 가산하여 공급하는 경우 그 공급가액
개인적 공급		시가
사업상 증여		시가
폐업시 잔존재화		시가

[보충설명] 타사업장 반출의 과세여부

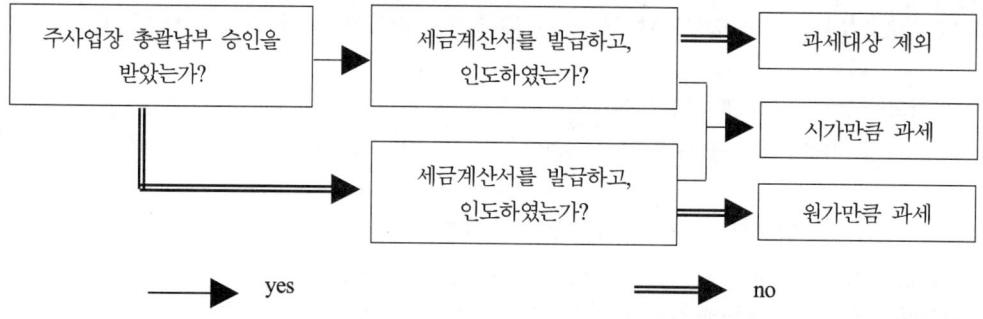

2) 감가상각자산의 자가공급(간주공급)시 과세표준의 계산

과세사업에 사용하기로 하고 매입세액공제를 받은 후 면세사업에 사용한다면 본래는 매입세액공제를 받을 수 없는 것인데 부당하게 매입세액공제를 받은 결과가 된다. 부가가치세법에서는 이를 재화의 간주공급으로 보아 자기에게 과세한 것으로 보고, 부가가치세를 과세하게 된다. 단, 상각성자산을 자가공급하여 재화의 간주공급으로 과세된 경우에는 감가상각을 고려하여 과세표준을 계산하여야 한다. (감가상각자산이 아닌 경우에는 시가로 평가한다.) 건물이나 구축물을 부가가치세 과세기간 (6월)이 지날때마다 5% 체감되며, 기타 상각성자산은 25%씩 차감된다. 결론적으로

제4장 · 과세표준과 매출세액의 계산

건물은 10년, 기타 상각성 자산은 2년이상 과세사업에 사용하다면 실질적으로 재화의 간주공급 규정을 받지 않게 된다.

해당자산	과세표준
건축 또는 구축물	취득가액 × {1 − (5% × 경과된 기간의 수)}
기타 상각성 자산	취득가액 × {1 − (25% × 경과된 기간의 수)}

* 단, 2001년 12월 31일 이전에 취득한 건물, 구축물은 10%를 적용한다.

재화의 간주공급은 세금계산서 발급대상이 아니므로 세금계산서상 과세-기타란에 반영하게 된다.

○ 예제 2. 면세전용시 과세표준

(1) 20x1년 3월 5일에 15,000,000원에 취득한 차량운반구를 과세사업에 사용하다가 20x2년 2월 10일에 면세사업에 사용하는 것으로 용도를 변경하는 경우 과세표준은?
(2) 20x1년 10월 10일에 100,000,000원에 취득한 건물을 과세사업에 사용하다가 20x5년 1월 30일에 면세사업에 사용하는 것으로 용도를 변경한 경우 과세표준은?

해답

(1) 7,500,000원   (2) 65,000,000원

---

3) 간주임대료

부동산 등의 임대를 하는데 있어서는 월세를 납부하는 방법과 보증금을 받는 방법이 있다. 그런데 월세는 세금계산서를 발급하여야 하고, 보증금에 대해서는 임대인 입장에서는 부채이기 때문에 세금계산서를 발급하지 않게 된다. 그러면 보증금을 받고 임대를 해주는 임대사업자와 월세를 받고 임대를 해주는 임대사업자 간에 형평성의 문제가 발생하게 된다. 이를 조정하게 위해 사업자가 부동산임대용역을 공급하고 전세금 또는 임대보증금을 받는 경우에는 전세금 또는 임대보증금에 대한 이자상당액을 임대료로 간주하여 과세하여야 하는데 이를 간주임대료에 대한 부가가치세라고 한다.

$$과세표준 = 보증금등 적수 \times 국세청장이 정한 이자율 \times \frac{1}{365} \left(윤년 : \frac{1}{366}\right)$$

관련서식으로는 부동산임대공급가액 명세서가 있으며 간주임대료는 세금계산서 발급대상이 아니므로 간주임대료에 대해서는 과세-기타란에 해당금액을 반영하게 된다. 2021년 4월 현재 국세청장이 정한 이자율은 1.2%이다. (2022년 3월에 개정될 가능성이 있다)

간주임대료는 세금계산서 발급대상이 아니다. 그리고 주택의 임대는 면세항목이므로 주택에 대하여는 간주임대료를 계산하지 않는다.

예제 3. 간주임대료의 계산

1기 확정신고를 하며, 건물의 일부를 다음과 같이 임대하였다. 부가가치세법상 과세대상인 간주임대료는 얼마인가? 단, 국세청장이 정하는 이자율은 1.2%로 가정하고, 1년은 365일로 하여 계산한다. 간주임대료 계산시 1원 미만은 버림을 할 것
(1) 상가 : 20x1년 1월 1일 ~ 20x1년 12월 31일 계약, 임대보증금 100,000,000원
(2) 주택 : 20x0년 6월 1일 ~ 20x1년 5월 31일 계약, 임대보증금 5,000,000원

해답

(1) 상가 : 100,000,000원 × 1.2% × 91일*/ 365일 = 299,178원
   * 4월, 5월, 6월
(2) 주택의 임대는 면세이므로 간주임대료를 계산하지 않는다.

한편 간주임대료의 공급시기는 각 과세기간 종료일(예정신고의 경우 예정신고기간의 종료일)이다. 간주임대료에 대한 부가가치세는 약정에 따라 임대인이 부담할 수도 있고, 임차인이 부담할 수도 있다. 통상적으로는 임대인이 간주임대료에 대한 부가가치세를 부담하는 것으로 하며, 회계처리는 다음과 같이 처리한다.

보증금이자가 500,000원이 계산된 경우의 회계처리
(1) 임대인이 간주임대료에 대한 부가가치세를 부담하는 경우
   매입매출전표 : 거래유형 14. 건별, 공급가액 : 500,000원, 세액 : 50,000원
   일반전표입력 : (차) 세금과공과   50,000   (대) 부가세예수금   50,000

(2) 임차인이 부담하는 경우
   일반전표입력 : 간주임대료는 세금계산서를 받지 못하므로 매입세액공제가 불가
   (차) 세금과공과   50,000   (대) 미 지 급 금   50,000

03 과세와 면세가 동시에 있는 경우의 과세표준

1. 토지와 건물을 동시에 공급하는 경우

재무회계에서 토지와 건물을 일괄하여 구입하는 경우의 회계처리에 대하여 학습한 적이 있었다. 여기에서는 반대로 토지와 건물을 일괄하여 공급하는 입장에서 살펴 보기로 한다. 이 경우 토지의 공급으로 보는 것은 계산서를 발급해야 하고, 건물의 공급으로 보는 것은 세금계산서를 발급하여야 하므로 이를 구분하는 것이 중요하다.

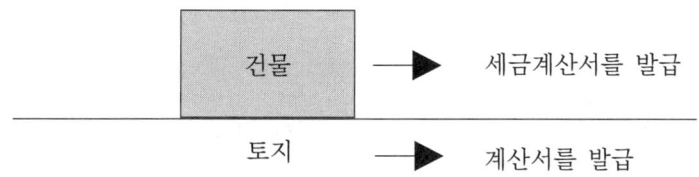

1) 토지와 건물등의 공급가액을 구분하여 공급하는 경우
실제 건물등의 거래금액을 과세표준으로 한다.

2) 토지와 건물의 공급가액이 구분되지 않은 경우
이 경우에는 토지와 건물의 공급가액을 안분하여 계산하여야 하는데 그 방법은 다음과 같다(감정가액 – 공시지가 – 기타 국세청장이 정한 방법 순서대로 적용한다).

> **○ 예제 4. 토지와 건물의 일괄공급**

지구부동산에서는 토지와 건물을 일괄하여 600,000,000원(부가세별도)에 처분하고, 대금을 현금으로 받았다. 토지와 건물과 관련된 자료는 다음과 같다.

구 분	감정가액	공시지가	취득가액	감가상각누계액
토 지	472,500,000	330,000,000	400,000,000	0
건물(상가)	157,500,000	220,000,000	250,000,000	150,000,000

(1) 토지와 건물의 공급가액 배분시 감정가액, 공시지가, 장부금액 중 어느 기준으로 안분하여야 하는가?
(2) 토지와 건물의 공급가액은 각각 얼마인가?
(3) 토지와 건물의 처분에 대하여 부가세예수금을 반영하여 회계처리를 하시오.

해답

(1) 감정가액이 가장 우선한다.

(2) 토지 : $600,000,000 \times \dfrac{472,500,000}{(472,500,000+157,500,000)} = 450,000,000$원

건물 : $600,000,000 \times \dfrac{157,500,000}{(472,500,000+157,500,000)} = 150,000,000$원

(3) (차) 현   금   615,000,000   (대) 부가세예수금   15,000,000
     감가상각누계액   150,000,000   토   지   400,000,000
                                                                건   물   250,000,000
                                                                유형자산처분이익   100,000,000

2. 겸영사업자의 안분계산

과세사업과 면세사업을 공통으로 하는 사업자를 겸영사업자라고 한다. 겸영사업자가 사용하던 재화를 공급하는 경우 부가가치세의 과세여부는 다음과 같이 판단한다.

- 과세 사업에 사용하던 재화의 공급 : 전체 과세
- 면세 사업에 사용하던 재화의 공급 : 전체 면세
- 공통적으로 사용하던 재화의 공급 : 과세와 면세의 안분계산 (직전 과세기간의 공급가액 기준)

[보충설명] 면세사업에 사용하던 재화의 공급
예를들어 병원은 면세사업자에 해당한다. 그런데, 병원에서 앰뷸런스로 사용하던 차량운반구가 노후화되어 중고차시장에 처분을 한다고 가정해보자. 매우 드물게 발생할 상황 때문에 사업자등록 정정을 하고, 겸영사업자로 전환하기는 곤란할 것이다. 따라서 면세사업에 사용하던 재화를 공급하는 것은 면세사업에 부수되는 것으로 보아 면세로 처리한다.

1) 공통사용 재화의 공급

해당 재화의 공급가액을 직전기 과세공급가액과 면세공급가액의 비율만큼 안분계산하여 과세금액을 판단한다. 단, 건물 등의 경우에는 공급가액 대신에 사용 면적 비율로 안분계산한다.

$$\text{과세표준} = \text{당해재화의공급가액} \times \dfrac{\text{직전기과세공급가액(과세사용면적)}}{\text{직전기총공급가액(총사용면적)}}$$

제4장 • 과세표준과 매출세액의 계산

※ 예외(안분계산을 생략하는 경우)

당해 재화의 공급가액 전액을 과세표준으로 하는 경우
① 직전기 총공급가액의 5% ≥ 면세공급가액(취지 : 면세비율이 낮음, 단, 거래금액이 5,000만원 이상인 경우에는 안분계산을 하여야 한다.)
② 재화의 공급가액이 50만원 미만인 경우(공급가액이 소액)
③ 신규사업자의 경우(직전 과세기간이 없음)

○ 예제 5. 공통사업 사용재화의 공급

다음의 경우에 대하여 과세표준을 각각 구하여라.
(1) 전세버스사업과 시내버스사업을 동시에 영위하는 사업자이다. 사용하던 정비기구를 20,000,000원 (부가세별도)에 처분하였다. 처분일자는 20x1년 7월이며, 20x1년 1기 시내버스 공급가액은 2,000,000,000원이고, 20x1년 1기 전세버스 공급가액은 3,000,000,000원이다. 정비기구 매각시 과세표준은 얼마인가?
(2) 신문과 광고서비스를 겸영하는 회사에서 공통으로 사용하던 재화를 20x1년 2기에 3,500,000원에 공급하였다. 단, 20x1년 1기의 신문 공급가액은 2억원, 광고 공급가액은 5억원이다. 해당 재화의 공급으로 인한 과세표준은?
(3) 앞의 사례에서 공급가액 150,000원에 공급하는 경우 과세표준은?

해답

(1) 과세공급가액 비율인 12,000,000원을 과세표준으로 한다.
(2) 3,500,000 × 500,000,000/700,000,000 = 2,500,000원
(3) 공급가액이 50만원 이하이므로 안분하지 않고, 전액을 과세표준으로 한다.

3부 · 부가가치세 이론

객관식문제

1. 금전이외의 대가를 받는 경우에 부가가치세의 과세표준은? (10회)

   ① 자기가 공급한 재화의 원가
   ② 금전이외로 받은 물품의 시가
   ③ 자기가 공급한 재화의 시가
   ④ 금전이외로 받은 물품의 원가

2. 다음 중 부가가치세법상 과세표준에 포함되는 것은? (53회)

   ① 비반환조건부 용기 대금
   ② 대가와 구분 기재된 봉사료
   ③ 매출할인
   ④ 재화 또는 용역의 공급과 관련없이 수령한 국고보조금

3. 과일 도매업만을 영위하는 개인사업자 박과일씨에 대한 부가가치세법관련 설명 중 가장 옳은 것은? (39회)

   ① 청과물 배달용 트럭을 중고차매매상사에 유상처분할 경우, 그에 대하여 세금계산서를 교부하여서는 아니된다.
   ② 신용카드매출분에 대하여는 부가가치세신고시 과세표준에 포함하여야 한다.
   ③ 당해 업종이 소득세법상 면세대상이므로 종합소득세 신고의무는 없다.
   ④ 부가가치세 신고시 당해 사업장 임차료에 대한 매입세액은 공제받을 수 있다.

제4장 · 과세표준과 매출세액의 계산

4. 다음 자료에 의해 부가가치세 과세표준을 계산하면? 단, 당해 사업자는 주사업장총괄납부승인을 받지 아니하였다. (38회 수정)

- 상품 외상판매액(공급가액) : 30,000,000원
- 자기의 타사업장으로의 반출액 (공급가액) : 2,000,000원
- 판매처로 운송하는 도중 교통사고로 인해 파손된 상품(원가) : 1,000,000원
  ※ 단, 위 외상판매액에는 반영되어 있다.
- 판매실적에 따라 거래처에 현금으로 지급한 장려금 : 3,000,000원

① 30,000,000원 ② 31,000,000원
③ 32,000,000원 ④ 33,000,000원

1 ③ 2 ① 3 ① 4 ②

[1] ③
[2] ① 비반환조건부 용기대금은 과세표준에 포함하여야 한다.
[3] ① 우에는 주된 사업이 면세이므로 그 고정자산도 면세분 매출에 해당되어 부가가치세법상 세금계산서 교부대상은 아니다. 즉, 소득세법상 계산서 교부대상임에 유의.
[4] ② 30,000,000 + 2,000,000 − 1,000,000 = 31,000,000원

제5장 매입세액과 결정세액의 계산

01 매입세액의 계산

1) 매입세액의 종류

원칙적으로 매입세금계산서를 수취하는 경우 매입세액공제가 가능하며 그 외 매입세액공제가 가능한 방법으로는 다음의 방법들이 있다.

```
세금계산서상의 매입세액
(+) 신용카드 등 이면확인분      … 신용카드계산서(직불카드 영수증) 이면확인분
(+) 의제매입세액공제           … 면세매입가액 × 2/102
(+) 재활용 폐자원 매입세액      … 면세매입가액 × 3/103(중고자동차 10/110)
(+) 재고매입세액              … 간이과세자 → 일반과세자의 경우 적용
(+) 과세사업전환매입세액        … 면세사업 용도로 취득한 재화를 과세사업용도로전환
(-) 매입세액 불공제            … 세금계산서 미수취분이나 영업무관 자산 등
매입세액공제액
```

① 신용카드 등 이면확인분

일반과세자로부터 신용카드매출전표의 이면에 세액과 공급받는 자의 사업자등록번호를 기재하고 확인을 받은 경우에는 매입세액을 공제받을 수 있다.

② 의제매입세액공제(부령74의5)

과세사업자가 면세로 공급받은 농산물 등을 원재료로 하여 과세되는 재화 또는 용역을 공급하는 경우 소정의 율을 곱한 금액을 매입세액으로 의제하여 매출세액에서 차감한다.
- 제조업 (중소기업 및 개인사업자에 한함) : 4/104
- 음식점업의 경우에는 법인은 6/106, 개인은 8/108을 적용하며 과세유흥장소는 2/102로 한다.

단, 과세표준이 2억원 이하인 개인사업자는 2021년 12월 31일까지는 9/109로 한다. (추후에 개정 또는 연장 가능성 있음)
• 그 외의 업종 : 2/102

의제매입세액공제의 한도
(1) 법인사업자 : 해당과세기간 면세농산물 등과 관련한 과세표준의 30%
 (단, 2021년 12월 31일까지는 40%이며, 관련 규정은 개정 또는 연장 가능성 있음)
(2) 개인사업자
 과세표준 2억원 이하는 50%, 2억원 초과는 40%
 (단, 2021년 12월 31일까지는 추가공제율이 적용되며, 관련 규정은 개정 또는 연장 가능성 있음)

참고로 의제매입세액공제를 받기 위해서는 농어민으로부터 구입할때는 상관없으나 사업자로부터 매입시에는 계산서를 수취하거나 신용카드등매출전표를 수취하여야 한다. 그리고, 매입한 원재료나 상품 중 운반비와 같은 취득부대비용은 의제매입세액공제 계산시 제외하여야 한다.

한편 간이과세자의 경우에는 음식점업과 제조업만 8/108(과세유흥장소 4/104) 또는 9/109의 의제매입세액공제를 받을 수 있으며 음식점업 이외의 업종에서 간이과세자의 의제매입세액공제는 불가능하다.

예제 1. 의제매입세액공제

(주)동원은 제조업을 영위하는 중소기업 법인사업자이며 2기에 매입한 원재료 내역은 다음과 같다. 의제매입세액 공제금액을 계산하시오. 단, 한도액은 검토하지 않는다.
① 10월 8일 사업자인 이마트에서 통조림 제조에 사용할 생선을 52,000,000원에 매입하고 영수증을 수취하였다.
② 11월 7일 농어민인 윤정환으로부터 귤을 41,600,000원에 취득하였다. 이 중에서 절반인 20,800,000원은 그대로 소매상에게 공급하고, 나머지만 오렌지잼 제조에 사용하였다.
③ 12월 31일 사업자인 태양유통에서 통조림 제조에 사용할 고등어를 3,120,000원에 구입하고 신용카드로 결제하였으나 아직 사용한 원재료는 없다.

해답
(20,800,000원 + 3,120,000원) × 4/104 = 920,000원

③ 재고매입세액공제

간이과세자가 일반과세자로 전환하는 경우 매입세액에 대하여 불평등한 면을 해소해 주기 위한 세액공제이다. 반대로 일반과세자에서 간이과세자로 전환하는 경우에는 재고납부세액을 부담한다.

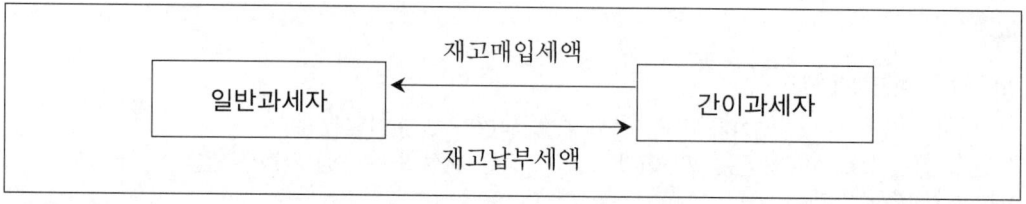

④ 재활용폐자원매입세액공제(조특법 108)

폐자원을 매입하여 재활용품을 생산하는 사업자의 경우에는 일반적으로 부가가치세가 과세되는 매출이 발생하나 매입의 경우에는 주로 사업자가 아닌 자와 거래를 하기 때문에 세금계산서를 수취하지 않아 매입세액공제를 받지 못하게 된다. 그래서 이러한 사업자들에게는 특례로 폐자원 매입금액의 3/103을 (단, 중고자동차는 10/110) 매입세액공제로 인정을 해준다. 그리고, 부가가치세법에서는 재활용폐자원에 대한 매입세액공제에 대하여 폐자원 매출 공급가액의 80% 한도로만 폐자원 매입을 허용하고 있다.

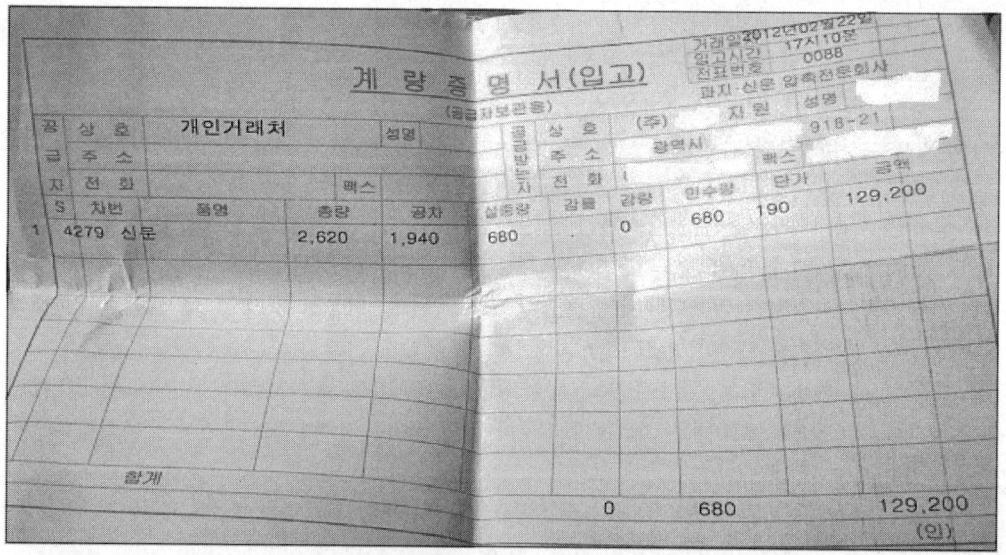

* 재활용폐자원의 경우에는 주로 사업자가 아닌 개인으로부터 폐자원을 매입한다. 따라서 세금계산서를 발급하지 못하고, 영수증등을 발행하는 경우가 일반적이다.

제5장 • 매입세액과 결정세액의 계산

○ 예제 2. 재활용폐자원 매입세액공제

법인사업자인 정일상사는 고철을 수집하여 새로운 제품을 생산한다. 1기 부가가치세 과세표준은 예정신고 때 80,000,000원, 확정신고 때 120,000,000원이었다.
1기 예정신고기간에는 재활용폐자원에 대한 매입세액공제로 1,500,000원(과세표준 : 53,000,000원)을 받았다. 세금계산서를 수취한 고철 매입액이 27,000,000원이라고 할 때, 1기 확정신고기간에 받을 수 있는 재활용폐자원매입금액(과세표준)의 한도는 얼마인가?

해설

1기 총 한도액은 과세표준의 80%인 160,000,000원
* (80,000,000 + 120,000,000) × 80% = 160,000,000원
1기 예정신고기간에 53,000,000원, 세금계산서 수취를 통해 27,000,000원에 대한 매입세액공제를 받았으므로 80,000,000원에 대한 금액(여기에서 3/103을 곱한 금액까지 세액공제)까지 재활용폐자원 매입세액공제가 가능하다.
한편 간이과세자의 경우 재활용폐자원매입세액공제를 인정해 주고 있지 않으므로 주의를 요한다.

⑤ 과세사업전환 매입세액공제

앞절에서 과세사업 목적을 위해 취득한 재화를 면세사업 용도로 전환하는 경우 재화의 간주공급 규정에 따라 부가가치세가 과세된다고 하였다. 반대로 면세사업 목적을 위해 취득한 재화를 과세사업 용도로 전환하는 경우에는 반대로 매입세액공제가 가능해진다.

○ 예제 3. 과세사업전환 매입세액공제

(주)지식은 출판사업을 하는 면세사업자이다. 20x1년 5월에 인쇄기를 10,000,000원 (공급가액)에 취득하여 사용하였다가 20x2년 5월에 사업의 종목을 과세사업인 복사서비스로 변경하였다. 공제 받을 수 있는 매입세액은 얼마인가?

해설

기계장치의 감가율은 과세기간이 한번 경과할 때마다 25%이다. 본 문제에서는 2회 경과하였으므로 10,000,000원에서 50%가 차감된 5,000,000원이다. 따라서 공제 받을 수 있는 매입세액은 500,000원이다.

② 공제받지 못할 매입세액(부법17②)

다음의 경우에는 매입세액이 공제되지 아니한다.

① 세금계산서 미수취, 합계표의 미제출, 부실기재의 경우 ② 사업자 등록 전 매입세액 ③ 업무 무관지출 관련 매입세액	법인세법상 손금으로 인정받지 못함
④ 간주임대료 관련 매입세액 ⑤ 토지 관련 매입세액 ⑥ 비영업용 소형승용차의 구입과 그 유지에 관한 매입세액 ⑦ 면세사업 관련 매입세액 ⑧ 접대비 및 이와 유사한 비용에 대한 매입세액	법인세법상 손금으로는 인정받음

[보충설명] 매입세액이 불공제 되는 소형승용차
① 영업용의 범위 : 매출과 직접 연관되는 경우에만 영업용이다. 자동차매매업, 운수업, 렌트카 등이 이에 해당한다. 단순히 직원 출퇴근 및 출장용의 경우에는 업무용으로 분류한다.
② 소형승용차 : 8인승 이하면 소형승용차로 분류한다. 단, 1,000cc 이하의 승용차, 125cc 이하의 오토바이는 매입세액 공제가 되니 주의하도록 한다.

참고로 세금계산서 미수취, 부실기재, 합계표의 미제출, 부실기재의 경우, 사업자 등록전 매입세액의 경우, 업무 무관지출 관련 매입세액의 경우에는 회사에 잘못이 있으므로 법인세법상 비용으로도 인정되지 아니한다. 그러나 토지관련매입세액, 비영업용 소형승용차의 구입과 그 유지에 관한 매입세액, 면세사업 관련 매입세액, 접대비 및 이와 유사한 비용에 대한 매입세액의 경우에는 회사에 잘못이 있기보다는 부가가치세 규정에 의한 것일 뿐이므로 법인세법에서는 비용으로 인정을 해준다.

특히 과세사업과 면세사업을 겸업하는 사업자의 경우에는 매입세액 안분계산의 문제가 발생하게 된다. 예를들어 과세사업인 전세버스사업과 면세사업인 시내버스사업을 겸업하는 사업자가 자동차 정비기구를 매입한 경우에는 매입세액 금액을 과세사업분과 면세사업분에 대하여 공급가액 비율로 안분을 해주어야 한다. 그리고, 확정신고시에는 예정신고기간의 계산분까지 합산하여 정산 과정을 거쳐야 한다.

03 공통매입세액의 안분계산(부령61①)

1. 공제받지 못할 매입세액의 계산

1) 건물 등을 취득하는 경우
건물 등을 취득하는 경우에는 과세사용면적과 면세사용면적 비율에 따라 안분계산하여 공제받지 못할 매입세액을 계산한다.

2) 건물 이외의 재화를 취득하는 경우
① 예정신고 또는 개인사업자의 경우

총공급가액을 과세공급가액과 면세공급가액 비율에 따라 안분계산 한다. 단, 매입한 재화를 동일 과세기간에 처분하는 경우에는 직전 과세기간의 공급가액 비율에 따라 안분계산한다.

$$공통매입세액 \times 면세(예정)공급가액 / 총(예정)공급가액$$

② 공급가액이 없는 경우

신규 사업의 개시 등으로 과세기간 중에 매입만 하고, 공급가액이 없는 경우에는 해당 과세기간의 매입세액을 기준으로 안분계산한다.

$$공통매입세액 \times 면세매입금액 / 총매입금액$$

③ 확정신고시 정산을 하는 경우

①에서 예정신고기간에 신고한 금액과 확정신고기간의 금액을 합산하여 불공제액을 계산한다. 단, 예정신고시 계산한 기불공제매입세액은 제외한다.

$$(예정+확정)공통매입세액 \times (예정+확정)면세공급가액/총(예정+확정)공급가액$$
$$- 기불공제 매입세액$$

3부 · 부가가치세 이론

○ 예제 4. 매입세액의 안분계산과 정산

다음은 2기 신고기간의 공통매입자료와 공급가액에 대한 자료이다.

구 분	공통매입 (VAT별도)	과세사업 공급가액	면세사업 공급가액	공급가액 합계
7.1~ 9.30	35,000,000	400,000,000	300,000,000	700,000,000
10.1~12.31	45,000,000	500,000,000	400,000,000	900,000,000
합 계	80,000,000	900,000,000	700,000,000	1,600,000,000

(1) 2기 예정신고기간의 매입세액불공제 세액을 계산하여라.
(2) 2기 확정신고기간의 매입세액 정산금액에 대하여 계산하여라.

해답

(1) $3,500,000 \times \dfrac{300,000,000}{400,000,000+300,000,000} = 1,500,000$원

(2) $8,000,000 \times \dfrac{700,000,000}{1,600,000,000} - 1,500,000 = 2,000,000$원

04 세액공제

1) 신용카드 매출전표세액공제

사업자의 경우 상대방이 신용카드로 거래를 하게 되면 과세소득이 쉽게 포착이 된다. 신용카드의 사용이 많아질수록 그만큼 세원이 쉽게 노출되는데 이것은 그만큼 성실하게 세금을 납부하게 된다는 반증이 되기도 한다.

연간 수입금액이 10억원 이하인 개인사업자의 경우 신용카드로 매출을 하는 경우에는 발급금액 또는 결제금액의 1.3%를 세액공제를 해준다. 단, 한도는 연간 1,000만원을 초과할 수 없다.

2) 대손세액공제(부법 17의 2)

대손세액공제를 이해하기 위해 간략하게 사례를 제시해보기로 한다.

① 20x1.12.20 상품을 1,000,000원 (부가세별도)에 외상판매

→ (차) 외상매출금   1,100,000   (대) 부가세예수금   100,000
                                      (대) 상품매출   1,000,000

② 20x2. 6.30 거래처 파산으로 인하여 외상매출금 1,100,000원이 회수불가
→ (차) 부가세예수금   100,000   (대) 외상매출금   1,100,000
   (차) 대손충당금(또는 대손상각비) 1,000,000

공급자 입장에서는 시가 1,000,000원의 상품을 공급하고, 부가가치세 100,000원까지 납부하였으나 대금을 회수하지 못한 상황이다. 이 경우 부가가치세법에서는 **대손금액의 10/110만큼 부가가치세를 공제해 주는데 이를 대손세액공제라고 한다.**

추가로 대손세액공제에 대하여 정리할 사항들은 다음과 같다.
① 대손세액공제는 확정신고기간에만 가능하다.
② 세법상 인정되는 대손사유로는 **파산, 강제집행, 사망·실종, 회사정리인가, 채권시효소멸, 부도 6개월 경과** 회수기일이 6개월 이상 경과한 30만원 이내의 소액채권등의 경우에만 인정하여 준다. (부도가 6개월을 경과하지 않은 경우에는 대손세액공제를 받을 수 없는 사실에 주의하여야 한다.)
③ 대손발생시와 대손변제시 공급자와 공급받는자는 다음과 같이 처리하여야 한다.

	대손발생시	대손변제시
공급자	대손세액공제 신고서 작성 대손세액가감란에 - 기록	대손세액공제 신고서 -로 작성 대손세액가감란에 + 기록
공급받는자	공제받지못할매입세액에 기록	대손세액공제 대손변제에 작성 기타공제매입세액공제

3) 전자신고에 대한 세액공제(조특법 104의8)

납세자가 직접 전자신고방법에 의하여 부가가치세 신고를 하는 경우에는 당해 납부세액에서 1만원을 공제하거나 환급세액에 가산한다. 다만, 간이과세자에 대하여는 환급제도가 없으므로, 공제세액이 납부세액을 가감한 후의 금액을 초과하는 때에는 그 초과하는 금액은 이를 없는 것으로 본다.

4) 전자세금계산서 발급세액공제

전자세금계산서 발급세액공제는 법인사업자에게 적용되지 않는다.

5) 택시운송사업자 경감세액공제

일반택시운송사업자만 기재하며, 납부세액의 95%(2016년 개정)에 해당하는 금액을 기재한다.

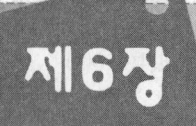 

제6장 세금계산서

01 세금계산서

사업자간에 부가가치세가 과세되는 거래를 할 때에는 세금계산서를 발급하여야 한다. 세금계산서는 일반과세사업자(면세사업자나 직전연도 공급대가가 4,800만원 미만인 간이과세자는 세금계산서를 발급할 수 없다)가 재화나 용역을 공급할 때, 그 공급가액과 세액을 표시한 세금영수증을 말한다.

1. 세금계산서의 필수적 기재사항

세금계산서가 정당한 것으로 인정받을려면 다음의 필수적기재사항을 모두 올바르게 기재하여야 한다(부법16).

① 공급자의 등록번호, 상호, 성명
② 공급받는자의 등록번호
③ 작성연월일
④ 공급가액과 세액

그 외의 세금계산서에서 기재되는 것은 임의적 기재사항이라고 한다.

2. 세금계산서의 발급의무 면제

단, 거래의 특성상 다음과 같이 세금계산서를 발급하기가 현실적으로 어려운 업종은 세금계산서 발급의무가 면제된다.
① 택시 노점, 행상, 무인자판기
② 소매업 (거래 상대방이 요구하는 경우에는 발급), 목욕, 이발, 미용업

③ 재화의 간주공급
④ 부동산임대용역 중 간주임대료
⑤ 영세율 적용대상 중 일부 : 직수출, 국외제공용역, 외국항행용역 등
⑥ 여객운송업 (단, 전세버스는 세금계산서 발급가능)

3. 세금계산서의 종류

① 전자세금계산서

법인사업자와 연간 (과세+면세)공급가액이 2억원 이상인 개인사업자에 대해서는 전자세금계산서를 발급하도록 하고 있다. 기업이 전자세금계산서를 발급하는 경우에는 발급일 다음날까지 국세청에 전송내역을 신고하여야 한다. 전자세금계산서를 적법하게 발급 및 전송하면 세금계산서합계표 작성의무가 면제된다.

② 종이세금계산서

전자세금계산서 발급대상이 아닌 사업자는 종이세금계산서의 발급이 가능하다. 공급가액이 기준금액 이하인 개인사업자도 전자세금계산서 발급은 가능하다.

4. 세금계산서의 발급특례

(1) 월합계세금계산서

단, 특정거래처와 거래량이 많은 경우에는 1개월 이내의 기간을 정해 10일 이내에 세금계산서를 일괄하여 발급할 수 있다. 예를 들어, 3월 1일부터 3월 31일까지 거래내역에 대해서 일괄적으로 4월 10일까지 세금계산서를 발급할 수 있다.

(2) 수정세금계산서

수정세금계산서 발급이 가능한 사유와 작성일자는 다음과 같다.
① 공급된 재화가 환입
  : 재화가 환입된 날을 작성일자로 하고, 비고란에 당초 세금계산서 작성일을 기록

② 계약의 해지로 인하여 재화 또는 용역이 공급되지 아니한 경우
  : 계약해지일을 작성일자로 함

③ 계약의 해지 등으로 공급가액의 증감이 발생하는 경우
  : 공급가액의 증감사유가 발생한 날

④ 재화나 용역의 공급시기가 속하는 과세기간 종료 후 25일 이내에 내국신용장이 개설되었거나 구매확인서가 발급된 경우
　: 당초 세금계산서 작성일을 작성일자로 하고, 비고란에 내국신용장 개설일을 기록

(3) 세금계산서 발급시기 특례

① 선발급 세금계산서 (부법9③)

사업자가 다음에 경우에는 재화나 용역을 공급하기 전 세금계산서를 발급하였다면 그 발급시기를 공급시기로 본다.

- 선발급이 허용되는 경우
  i. 사업자가 공급시기 도래 전 대가의 일부 또는 전부를 받고 세금계산서를 발급하는 경우
  ii. 사업자가 공급시기 도래이전에 세금계산서를 발급하고, 공급시기 7일 이내에 대가를 공급받는 경우
  iii. 7일이 경과하더라도 약정서 등에서 대금청구시기와 지급시기가 별도로 기재되어 있고, 전사적자원관리시스템에 보관하고, 대금청구시기와 지급시기가 30일 이상 차이가 나지 않는 경우

② 공급시기 이후를 작성일자로 세금계산서를 발급하는 경우

사실과 다른 세금계산서로 인정되지 않는다. 공급자는 가산세가 적용되며, 공급받는자는 공급시기가 속하는 과세기간에 세금계산서를 받은 경우에는 매입세액공제는 가능하나 가산세가 부과되며, 공급시기의 과세기간 이후에 세금계산서를 받은 경우에는 매입세액공제가 되지 않는다.

○ 예제 2. 세금계산서의 작성일자

다음의 경우 세금계산서 작성일자를 어느 날짜로 하여야 하는가? (단, (5)번은 공급시기를 답하시오)
(예시) 8월 10일 제품을 인도하고, 대금을 1개월 후에 받기로 함 ·············· (8월 10일)
(1) 5월 10일 장기할부판매로 제품을 매월 10일에 1,000,000원씩 24개월 할부
　(총 24,000,000원)로 판매하기로 하고, 5월분 세금계산서를 발급 ············· (　　)
(2) 6월 20일에 제품을 판매하였는데, 이 중의 일부가 7월 10일에 환입 ············· (　　)
(3) 9월 한달간 거래에 대하여 월합계세금계산서를 발급 ························· (　　)

(4) 자기가 주요자재의 일부를 부담하고 가공(제조업)을 함. 가공이 완료된 날은
    6월 28일이며, 가공된 재화가 인도된 날은 7월 1일이다. ·················· (   )
(5) 3월 30일에 수출신고가 수리되었으며 4월 3일에 선적하여 수출 ············ (   )
(6) 9월 20일에 수탁자에게 물품판매를 의뢰하여 제품을 발송하였으며, 수탁자가
    10월 2일에 판매함 ··· (   )

해답

(1) 5월 10일   (2) 7월 10일   (3) 9월 30일   (4) 7월 1일   (5) 4월 3일   (6) 10월 2일

---

(4) 매입자발행세금계산서

① 공급받는자(발행하는 사업자) : 간이과세자 및 면세사업자를 포함한 모든 사업자
② 공급자(발행 받는 사업자) : 세금계산서 발급의무가 있는 사업자
③ 발행대상 거래 : 거래 건당 공급대가 10만원 이상
④ 거래사실 확인신청 : 매입자발행세금계산서를 발급하려는 자는 세금계산서 발급시기가 속하는 과세기간의 종료일로부터 3개월 이내에 거래사실확인신청서에 거래사실을 객관적으로 입증할 수 있는 서류를 첨부하여 신청인의 관할세무서장에게 거래사실의 확인을 신청하여야 한다.

제7장 신고와 납부

01 신고와 납부절차

1. 예정신고

1) 법인사업자

예정신고기간에도 부가가치세 신고 및 납부의무가 있다. 단, 직전 과세기간 공급가액이 1억5천만원 미만인 영세한 법인사업자는 예정고지납부를 한다.

2) 일반과세자에 해당하는 개인사업자

① 원칙 : 직전 과세기간 납부액의 1/2 만큼 고지서에 의한 납부를 한다. (1,000원 이하는 버림) 단, 납부할 세액이 50만원 이하인 경우에는 고지납부도 하지 않는다.
② 예정신고 선택가능자 : 예정신고기간의 수입금액이 직전 과세기간의 1/3에 미달하는 자는 예정신고를 하는 방법을 선택할 수 있다.

3) 간이과세자

간이과세자는 6월이 되는 달에 직전연도 납부세액의 1/2를 고지납부하게 된다.

2. 확정신고

사업자는 각 과세기간 종료일로부터 25일 이내에 과세표준과 납부세액 및 환급세액을 관할세무서장에게 신고하여야 한다. 단, 예정신고 및 조기환급신고를 한 경우에는 그 부분은 확정신고기간에서 제외하여야 한다.

<예정신고와 확정신고의 차이>

	예정신고	확정신고
개인사업자	원칙 : 고지납부	신고납부
일반환급	환급되지 않음	환급가능
가산세	신고하지 않음	신고의무 있음
대손세액공제	신고할 수 없음	신고 가능
공통매입세액	안분계산	정산
누락분의 처리	확정신고시 누락분 기록	결정 및 경정

3. 환 급

1) 환 급

① 환급세액은 각 과세기간별로 그 확정신고기한 경과후 30일내(조기환급의 경우에는 15일이내)에 사업자에게 환급하여야 한다.

② 관할세무서장은 결정·경정에 의하여 추가로 발생한 환급세액을 지체없이 사업자에게 환급하여야 한다.

2) 조기환급

① 조기환급대상 : 영세율 적용 사업자이거나 사업설비(감가상각자산)를 신설, 취득, 확장, 증축하는 경우에는 조기환급이 가능하다.

② 조기환급기간 : 예정신고서 또는 확정신고서를 제출한 경우에는 환급신고를 한 것으로 본다(부령73②). 이 경우 관할세무서장은 신고기한으로부터 15일 이내에 환급하여야 한다.

단, 예정 및 확정신고기간이 아닌 경우에는 조기환급기간으로 할 수 있다. 즉, 3월, 6월, 9월, 12월이 예정 및 확정신고에 따른 기간이면 조기환급은 나머지 달인 1월, 2월, 4월, 5월, 7월, 8월, 10월, 11월이 된다. 각 조기환급기간의 25일 이내에 영세율등 조기환급신고를 하여야 한다.

○ 예제 1. 조기환급

(주)나래는 조기환급을 받기 위해 조기환급신청을 하고자 한다. 5월 14일에 사업설비를 추가로 신설하였다면 (①)까지 신고를 하며 (②)일 이내에 환급이 된다. 빈칸에 들어갈 일자와 일수는?

3부 · 부가가치세 이론

해답
① 6월 25일, ② 15일

---

4. 기한후 신고

확정신고기간까지 부가가치세 신고납부의무를 이행하지 못한 경우 관할세무서장이 결정하여 통지하기 전까지 신고 및 납부를 하는 것을 기한후 신고라고 한다. 기한후 신고는 정해진 신고기간까지 신고 및 납부의무를 이행하지 못한 경우 늦게라도 신고할 수 있게 함으로써 가산세를 줄이는 효과가 있다.

5. 수정신고와 경정

1) 수정신고

수정신고란, 예정신고 또는 확정신고를 법정 기한 내에 제출한 자로써 신고 사항에 누락이나 오류가 있는 경우, 정부가 부가가치세 과세표준과 납부(환급)세액을 결정하여 통지하기 전까지 과소납부한 세금을 수정하여 신고하는 것을 말한다.

2) 경 정

경정이란, 확정신고를 하지 않거나 확정신고의 내용에 오류 또는 탈루가 있을 때, 기재사항이 잘못되었거나 기타 부가가치세 포탈우려가 있을 때 확정된 납세의무에 대한 내용을 다시 바로 잡는 것을 말한다. 원칙은 세금계산서 등의 자료로 조사하나 증거자료가 없거나 허위인 경우 추계결정 가능하며 납세의무자의 과세표준, 납부세액 또는 환급세액을 바로 잡는 효과가 있다.

02 가산세(부법22)

　예정신고 및 확정신고시 부가가치세법에서 요구하고 있는 의무를 이행하지 못하는 경우 가산세 등의 불이익을 받게 된다. 부가가치세법상 가산세에는 다음의 종류가 있다. 가산세는 시험에서 빈출되는 영역이므로 정확한 학습이 요구된다.

1. 미등록가산세

　사업개시일로부터 20일 이내에 사업자등록을 하지 않는 경우에는 미등록가산세가 부과된다. 일반과세자의 경우 사업자등록신청일의 전일까지 공급가액에 대하여 1%의 가산세가 적용되며, 간이과세자의 경우에는 공급가액의 0.5%의 가산세가 적용된다. 한편 타인(단, 배우자 등은 타인으로 보지 않는다) 명의로 사업자등록을 한 경우에도 사업자미등록 가산세와 동일한 가산세가 부과된다.

○ 예제 2. 미등록가산세의 계산

법인사업자가 다음의 경우 사업자미등록가산세는 얼마인가?
3월 5일 사업개시하였으나 사업자등록은 4월 25일에 사업자등록을 하였다.
3월 5일부터 4월 5일까지 공급가액 : 50,000,000원
4월 5일부터 4월 24일까지 공급가액 : 30,000,000원
4월 25일부터 6월 30일까지 공급가액 : 110,000,000원

해답
(50,000,000 + 30,000,000) × 1% = 800,000원

2. 세금계산서 불성실 가산세

전자세금계산서 전송시에는 세금계산서 합계표 제출을 하지 않을 수 있으므로, 여기에서는 참고로만 알아두도록 한다.

1) 세금계산서 관련 가산세
① 미발급등 가산세
ⅰ. 미발급 : 사업자가 재화, 용역의 공급시기가 속하는 과세기간의 신고기한까지 세금계산서를 발급하지 않은 경우에는 공급가액의 2%의 가산세가 부과된다. 단, 전자세금계산서 발급대상인 사업자가 종이세금계산서를 발급한 경우에는 공급가액의 1%만큼 가산세를 적용한다.
ⅱ. 가공발급 : 재화나 용역을 공급하지 않고, 세금계산서를 발급하거나 발급받은 경우에는 공급가액의 3%만큼 가산세가 적용된다.
ⅲ. 허위발급(타인명의 발급) : 재화나 용역을 공급하고 실제로 재화나 용역을 공급하거나 공급하고 타인명의로 발급하는 경우를 말한다. (공급가액의 2%) 단, 둘 이상의 사업장을 가진 사업자가 자신의 다른 사업장 명의로 세금계산서를 발급하는 경우에는 공급가액의 1%만큼 가산세를 적용한다.

② 지연발급, 지연수취 가산세
ⅰ. 지연발급 : 사업자가 세금계산서 발급시기가 지난 후 해당 재화나 용역의 공급시기가 속하는 과세기간(본래 공급시기 후 발급특례 규정에 따라 세금계산서를 발급하는 경우에는 재화나 용역의 공급일이 속하는 과세기간말의 다음달 25일) 내에 발급하는 경우

> 5월 30일 거래에 대해서 세금계산서 발급을 하지 못한 경우
> ① 7월 25일 까지 발급 : 지연발급으로 보아 공급가액 1%
> ② 7월 26일 이후 발급 : 미발급으로 보아 공급가액 2%

ⅱ. 지연수취
① 사업자가 세금계산서 발급시기가 지난 후 해당 재화나 용역의 공급시기가 속하는 과세기간 내에 발급받는 경우
② 매입 세금계산서합계표상 공급가액을 과다하게 신고한 경우

제7장 • 신고와 납부

> 5월 30일 거래에 대해서 세금계산서를 지연수취한 경우
> ① 7월 25일 까지 수취 : 매입세액은 공제 가능하나 0.5% 가산세 부과
> ② 7월 26일 이후 수취 : 매입세액공제 불가(부가가치세법 시행령 75조 7호)
>   단, 다음의 요건을 모두 충족하는 경우에는 매입세액공제를 하고 가산세를 부과한다.
>   ⅰ. 확정신고기간 종료일로부터 6개월 이내
>   ⅱ. 과세표준 수정신고서와 경정청구서를 세금계산서와 함께 제출하고
>   ⅲ. 거래 사실이 확인되어 납세지 관할세무서장 등이 결정 또는 경정하는 경우

2) 전자세금계산서발급명세 관련 가산세

① 전자세금계산서 발급명세서 미전송기간내 : 전자세금계산서 발급의무 사업자가 재화, 용역의 공급시기가 속하는 과세기간 말의 다음달 25일까지 전자세금계산서발급명세를 전송한 경우 공급가액의 0.3%

② 전자세금계산서 발급명세서 미전송기간경과 : 전자세금계산서 발급의무 사업자가 재화, 용역의 공급시기가 속하는 과세기간 익월 25일까지 세금계산서 발급 명세를 전송하지 않은 경우 공급가액의 0.5%

전자세금계산서 전송기한

전자세금계산서의 전송은 발급한 달의 다음날까지 하여야 하고, 그 이후에 발급내역을 전송하게 되면 가산세의 대상이 된다. 예를 들어 5월의 전자세금계산서 발급대상 거래에 대하여 전송기한에 따른 가산세 적용여부는 다음과 같다.

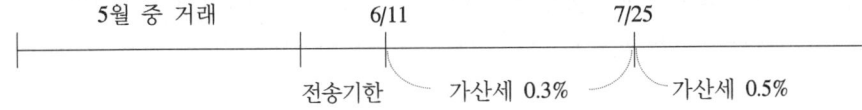

법인이 5월에 재화나 용역을 공급하고 세금계산서를 발급하였다면 월합계세금계산서를 적용하더라도 원칙적으로 6월 11일까지 전송내역을 발송하여야 하며 그렇지 않으면 가산세 적용 대상이 된다. 그리고, 각 과세기간 종료일로부터 25일을 경과하여 신고하게 되면 추가적인 가산세를 부담하여야 한다.
1기 확정신고기간 (4월~6월)의 거래에 대해서는 7월 25일까지 부가가치세를 신고, 납부 하게 되는데, 7월 25일까지도 전송을 하지 않는다면, 거래처의 부가가치세 신고에 대해서까지 영향을 받게 된다. 각 과세기간의 신고기한이 속하는 7월과 익년 1월의 경우에는 전자세금계산서의 거래내역을 국세청 전산 시스템을 통해 조회하여야 하는데, 이를 제출하지 않으면 거래 상대방의 부가가치세 신고시에도 불편한 점이 발생할 것이기 때문이다.

3부 · 부가가치세 이론

○ 예제 2. 세금계산서 관련 가산세

다음 각 상황별 세금계산서 관련 가산세 금액을 계산하시오. 단, 해당 문제들은 각각 독립적인 상황에서 발생한 것이다.

(1) 5월 25일에 공급가액 1,000,000원, 세액 100,000원인 상품을 매출하고, 7월 30일에 세금계산서를 발급하였다.
(2) 5월 25일에 공급가액 1,000,000원, 세액 100,000원인 상품을 매출하고, 7월 10일에 세금계산서를 발급하였다.
(3) 법인사업자가 5월 25일에 공급가액 1,000,000원, 세액 100,000원인 상품을 매출하고, 종이세금계산서를 발급하였다.
(4) 5월 25일에 공급가액 1,000,000원, 세액 100,000원인 상품을 매입하고, 7월 25일까지 세금계산서를 발급받지 않았다. 수정신고도 하지 않았다.
(5) 5월 25일에 공급가액 1,000,000원, 세액 100,000원인 상품을 매입하고, 7월 10일에 세금계산서를 발급받았다.
(6) 5월 25일에 공급가액 1,000,000원, 세액 100,000원인 상품을 매출하고 전자세금계산서를 발급하였는데, 7월 10일에 전자세금계산서 발급명세를 전송하였다.

해답

(1) 세금계산서 미발급 : 1,000,000원 × 2% = 20,000원
(2) 세금계산서 지연발급 : 1,000,000원 × 1% = 10,000원
(3) 세금계산서 미발급 : 1,000,000원 × 1% = 10,000원
 (전자세금계산서 발급대상 사업자가 종이세금계산서를 발급하면 공급가액의 1% 가산세가 부과된다)
(4) 0 : 신고기한 종료일까지 세금계산서를 수취하지 않으면 매입세액공제가 되지 않으며, 가산세도 적용되지 않는다.
(5) 세금계산서 지연수취 : 1,000,000원 × 0.5% = 5,000원
(6) 전자세금계산서 발급명세 전송불성실가산세(지연전송) : 1,000,000원 × 0.3% = 3,000원

---

3) 세금계산서합계표 관련 가산세

전자세금계산서를 적법하게 발급 및 전송하면 세금계산서합계표 제출은 하지 않아도 된다. 그러나 이 중 하나를 잘못한 경우에는 세금계산서합계표를 의무적으로 제출하여야 한다.

① 제출불성실 : 공급가액의 0.5%
  사업자가 매출처별 세금계산서합계표를 제출하지 않은 경우
  * 단, 제출기한이 지난 후 1개월 이내에 제출하는 경우에는 50% 감면

② 부실기재 : 공급가액의 0.5%
* 세금계산서 합계표의 기재사항 중 거래처별 등록번호, 공급가액의 전부 또는 일부가 기재되지 않거나 사실과 다른 경우 : 해당 공급가액의 1%

③ 지연제출 : 공급가액의 0.3%
매출처별 세금계산서합계표를 예정신고를 할 때 제출하지 못하여 확정신고를 할 때 매출처별 세금계산서 합계표를 제출하는 경우

④ 매입처별세금계산서 합계표의 공급가액을 과다하게 기재한 경우 : 과다기재한 공급가액의 0.5% 만큼 가산세가 적용된다.

가산세 중복적용 배제

다음의 가산세가 중복하여 적용되는 경우에는 다음의 우선순위에 따라 가산세를 계산하여야 한다.

(1순위) 세금계산서 타인명의 발급(3%)
(2순위) 세금계산서 미발급(2%)
(3순위) 세금계산서 지연발급(1%)
(4순위) 전자세금계산서 발급명세 미전송 세금계산서합계표제출불성실(0.5%)

3. 신고불성실가산세

① 부당무신고가산세, 부당초과환급가산세 : 부당하게 무신고한 세액(또는 환급받은 세액)의 40% 만큼 가산세 적용
② 그 외 무신고 : 무신고한 세액의 20% 만큼 가산세 적용
③ 그 외 과소신고 : 과소신고한 세액의 10% 만큼 가산세 적용
④ 단 과소신고 및 초과환급 가산세(수정신고)와 무신고가산세(기한후 신고)는 수정신고시 다음과 같은 감면규정이 적용된다.

수정신고에 따른 신고불성실가산세 감면	기한후신고에 따른 무신고가산세 감면
(1) 1개월 이내 : 90% 감면	(1) 1개월 이내 50% 감면
(2) 1개월 초과 3개월 이내 : 75% 감면	(2) 1개월 초과 3개월 이내 : 30% 감면
(3) 3개월 초과 6개월 이내 : 50% 감면	(3) 3개월 초과 6개월 이내 : 20% 감면
(4) 6개월 초과 1년 이내 : 30% 감면	
(5) 1년 초과 1년 6개월 이내 : 20% 감면	
(6) 1년 6개월 초과 2년 이내 : 10% 감면	

3부 • 부가가치세 이론

* 예를들어 예정신고기간에 신고할 내용을 확정신고기간에 신고하는 경우에는 3개월 이내 수정신고하게 된다. 이 경우 75%가 감면되므로 본래 부담할 신고불성실가산세의 25%를 실제 부담하게 된다.

참고

부당무신고의 범위(국령26의2⑥)
1. 이중장부의 작성 등 장부의 허위기장
2. 허위증빙 또는 허위문서(이하 이 조에서 "허위증빙등"이라 한다)의 작성
3. 허위증빙등의 수취(허위임을 알고 수취한 경우에 한한다)
4. 장부와 기록의 파기
5. 재산을 은닉하거나 소득·수익·행위·거래의 조작 또는 은폐
6. 그 밖에 국세를 포탈하거나 환급·공제받기 위한 사기 그 밖에 부정한 행위

○ 예제 4. 신고불성실가산세

1기 예정신고시에 자료를 일부 누락을 하여 1기 확정신고시에 수정신고한 부가가치세세액이 500,000원이다(단, 부당과소신고에는 해당하지 않는다). 부담해야 할 신고불성실가산세는 얼마인가?

해답

500,000원 × 10% × 25% = 12,500원

4. 납부지연가산세

2020년 세법개정으로 기존의 국세기본법상 가산금과 납부불성실가산세가 합쳐져서 납부지연가산세라는 명칭으로 개정되었다. 납부지연가산세는 다음과 같이 계산한다. 부가가치세는 신고납부하므로, 수험목적으로는 ①의 가산세만 숙지하면 된다.

납부지연가산세 : 다음 ①, ②의 합계
① 미달납부(초과환급)세액 × 2.2/10,000 × 미납일수
② 미달납부(초과환급)세액 × 3% - 납세고지일 이후에 납부하는 경우에만 적용

한편 미납일수의 계산은 법정신고기한 다음날부터 납부일까지로 계산한다.
예를 들어 1기 예정신고를 4월 25일까지 하여야 하는데, 7월 25일 확정신고시 같이 하였다면 미납일수는 91일이 되고, 2기 예정신고를 10월 25일에 하여야 하는데, 다음연도 1월 25일에 하였다면 미납일수는 92일이 된다.

제7장 • 신고와 납부

ㅇ 예제 5. 납부지연가산세

2기 예정신고 때 일부자료의 신고를 누락하였다. 2기 예정신고분에 대하여 다음연도 1월 25일에 수정신고하면서 부가가치세를 추가로 2,500,000원을 추가 납부하였다. 납부지연가산세는 얼마인가? (미납일수 92일)

해답

2,500,000원 × 2.2/10,000 × 92일 = 50,600원

5. 영세율과세표준신고불성실가산세

미달하게 신고한 영세율과세표준에 대하여 0.5%의 가산세를 부과한다. 영세율과세표준 신고불성실가산세도 신고불성실가산세와 마찬가지로 수정신고시 동일한 감면혜택이 있다.

ㅇ 예제 6. 영세율과세표준신고불성실가산세

다음 자료에 의하여 영세율과세표준 신고불성실 가산세는 얼마인가?
단, 예정신고기간에 신고할 내용을 확정신고기간에 신고한 것이라고 가정한다.
(1) 내국신용장에 의한 간접수출(1건 : 공급가액 10,000,000원)
  - 전자세금계산서는 발급하였으나 부가가치세 신고시 누락
(2) 해외직수출 (1건 : 공급가액 15,000,000원)
(3) 국내소비자에게 간이영수증 매출 (1건 : 공급가액 2,000,000원)
(4) 국내 사업자에게 정당한 사유없이 세금계산서 미발급(1건 : 공급가액 5,000,000원)

해답

(10,000,000원 + 15,000,000원) × 0.5% × 0.25* = 31,250원
* 75%가 감면되므로 0.25를 곱한 금액만큼 가산세가 계산된다.

6. 현금매출명세서, 부동산임대공급가액명세서 제출불성실가산세

법소정 사업자가 수입금액명세서를 제출하지 않거나 사실과 다르게 기재한 경우 수입금액(차액)에 대하여 1% 만큼 가산세를 적용한다. 여기에서 법소정 사업자란 변호사, 공인회계사, 세무

사, 건축사, 변리사, 관세사, 병원 및 의원, 예식장업 등의 사업자가 해당된다.

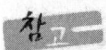

현금매출명세서 등의 제출 (부령 55조)

① 다음 각 호의 사업 중 해당 업종의 특성 및 세원관리(稅源管理)를 고려하여 대통령령으로 정하는 사업을 하는 사업자는 예정신고 또는 확정신고를 할 때 기획재정부령으로 정하는 현금매출명세서를 함께 제출하여야 한다.
  1. 부동산업
  2. 전문서비스업, 과학서비스업 및 기술서비스업
  3. 보건업
  4. 그 밖의 개인서비스업
② 부동산임대업자는 기획재정부령으로 정하는 부동산임대공급가액명세서를 예정신고 또는 확정신고를 할 때 함께 제출하여야 한다.

이 장의 요약

가산세 적용

예제6까지는 가산세에 대하여 한가지 가산세만 계산하도록 하였으나, 실제로는 한건의 거래누락에 대하여 여러 가지의 가산세가 적용될 수 있는데, 이를 요약하면 다음과 같다.

	세금계산서 관련 가산세	신고불성실	납부지연	영세율과표 신고불성실
과세-세금계산서	○	○	○	×
과세-기타	×	○	○	×
영세율-세금계산서	○	×	×	○
영세율-기타	×	×	×	○

제7장 · 신고와 납부

ㅇ 예제 7. 예정신고누락분 관련 가산세의 반영(1)

1기예정신고기간에 전자세금계산서 (공급가액 : 10,000,000원, 세액 : 1,000,000원)를 발급하였으나 세액의 신고를 누락하여 확정신고를 하면서 추가로 신고 및 가산세까지 납부를 하였다. (전자세금계산서는 적법하게 발급 및 전송하였다.) 신고불성실가산세, 납부지연가산세 등을 모두 반영하여라(미납일수 91일).

해답

(1) 신고불성실가산세 : 1,000,000원 × 10/100 × 25%* = 25,000원
  * 3개월 이내 수정신고시 75% 감면 적용
(2) 납부지연가산세 : 1,000,000원 × 2.2/10,000 × 91일 = 20,020원

ㅇ 예제 8. 예정신고누락분 관련 가산세의 반영(2)

2기예정신고기간에 다음의 자료를 신고누락하여 확정신고를 하면서 추가로 신고 및 가산세까지 납부를 하였다. (전자세금계산서는 적법하게 발급 및 전송하였다.). 추가로 납부할 가산세를 모두 반영하여 계산하여라(미납일수 92일).
(1) 전자세금계산서를 발급한 매출 : 공급가액 2,000,000원, 세액 200,000원
(2) 전자세금계산서를 수취한 원재료매입 : 공급가액 1,000,000원, 세액 100,000원

해답

(1) 신고불성실가산세 : (200,000 - 100,000) × 10/100 × 25%* = 2,500원
  * 3개월 이내 수정신고시 75% 감면 적용
(2) 납부지연가산세 : (200,000 - 100,000) × 2.2/10,000 × 92일 = 2,024원

예제 9. 예정신고누락분 관련 가산세의 반영(3)

1기예정신고기간에 다음의 자료를 신고누락하여 확정신고를 하면서(4월 25일), 7월 25일에 추가로 신고 및 가산세까지 납부를 하였다. 추가로 납부할 가산세를 계산하여라. 미납일수는 91일로 한다.
(1) 전자세금계산서를 발급한 매출 : 공급가액 3,000,000원, 세액 300,000원
   (전자세금계산서의 발급내역은 적법하게 국세청에 발급 및 전송하였음)
(2) 세금계산서를 수취한 원재료매입 : 공급가액 1,200,000원, 세액 120,000원
(3) 해외 직수출을 누락 : 공급가액 1,500,000원

해답

(1) 신고불성실가산세 : 180,000 × 10/100 × 25%* = 4,500원
(2) 납부지연가산세 :180,000 × 2.2/10,000 × 91일 = 3,603원
(3) 영세율과세표준신고불성실가산세 : 1,500,000원 × 0.5% × 25%* = 1,875원
 * 3개월 이내 수정신고시 75% 감면 적용

예제 10. 예정신고누락분 관련 가산세의 반영(4)

1기 예정신고기간에 다음의 자료를 신고누락하여 확정신고를 하면서 추가로 신고 및 가산세까지 납부를 하였다. 미납일수는 91일이며 가산세를 계산하시오.
(1) 현금영수증을 발급한 매출 : 공급가액 6,000,000원(부가세별도)
(2) 현금영수증을 수취 원재료 매입 : 공급가액 3,000,000원(부가세별도)
(3) 접대비로 지출 세금계산서 : 공급가액 2,000,000원, 세액 200,000원

해답

(1) 신고불성실가산세 : 300,000 × 10/100 × 25%* = 7,500원
 * 3개월 이내 수정신고시 75% 감면 적용
(2) 납부지연가산세 :300,000 × 2.2/10,000 × 91일 = 6,006원

예제 11. 확정신고누락분 가산세의 반영(1)

1기 확정신고기간에 다음의 자료를 신고누락하여 수정신고를 하면서 8월 19일에 추가로 신고 및 가산세까지 납부를 하였다.
(1) 전자세금계산서를 발급한 매출 : 공급가액 6,000,000원, 세액 600,000원
  (전자세금계산서 발급내역은 적법하게 발급 및 전송하였음)
(2) 현금영수증을 수취한 원재료 매입 : 공급가액 3,000,000원, 세액 300,000원
(3) 접대비로 지출하고 수취한 매입전자세금계산서 : 공급가액 2,000,000원, 세액 200,000원

해답

(1) 신고불성실가산세 : 300,000원 × 10/100 × 10%* = 3,000원
 * 1개월 이내 수정신고시 90% 감면 적용
(2) 납부지연가산세 : 300,000원 × 2.2/10,000 × 25일 = 1,650원

예제 12. 확정신고누락분 가산세의 반영(2)

2기 확정신고기간에 다음의 자료를 신고누락하여 수정신고를 하면서 다음연도 3월 16일에 추가로 신고 및 가산세까지 납부를 하였다(미납일수는 50일).
(1) 전자금계산서를 발급한 매출 : 공급가액 6,000,000원, 세액 600,000원
  (전자세금계산서 발급내역은 적법하게 발급 및 전송하였음)
(2) 현금영수증을 수취한 원재료 매입 : 공급가액 3,000,000원, 세액 300,000원
(3) 접대비로 지출하고 수취한 매입전자세금계산서를 매입세액공제 받음 : 공급가액 2,000,000원, 세액 200,000원

해답

(1) 신고불성실가산세 : 500,000원 × 10/100 × 25%* = 25,000원
 * 1개월 초과 3개월 이내 수정신고시 75% 감면
(2) 납부지연가산세 : 500,000원 × 2.2/10,000 × 50일 = 5,500원

제8장 간이과세

01 간이과세자와 일반과세자의 비교

구 분	일반과세자	간이과세자
적용대상 사업자	간이과세사업자가 아닌 사업자	직전 1역년의 공급대가가 8,000만원(부동산임대, 과세유흥장소는 4,800만원) 미만인 개인사업자 법인사업자는 간이과세자가 될 수 없다.
적용배제업종	없다.	광업, 도매업, 부동산매매업, 전문자격사업, 개별소비세법에 따른 유흥업, (일정한) 부동산임대업, 제조업(최종소비자에게 공급하는 것은 제외), 기타 국세청장이 정하는 기준에 의한 것
매출세액	공급가액×10%	공급대가× 10%× 업종별부가가치율
매입세액	매입세액 (매입세액으로 공제)	매입세액×업종별부가가치율 (세액공제로 공제)
세금계산서 발급	발급 가능	직전연도 공급대가가 4,800만원 미만인 경우에는 발급불가
신용카드매출 전표발행세액공제	법인사업자 : 혜택없음 개인사업자 : 발행금액×1.3% (한도 : 연간 1,000만원)	일반적인 경우 : 일반과세자 개인사업자와 동일
예정신고	법인사업자는 신고납부 개인사업자는 고지납부	직전 과세기간 납부액의 1/2를 예정배부 (단, 부과금액이 50만원 미만이면 면제)
납부의무면제	없음	당해 과세기간 공급대가가 4,800만원 미만인 경우 (단, 재고납부세액, 미등록가산세는 납부해야 함)

간이과세자는 직전 1역년간의 공급대가가 8,000만원(단, 부동산임대업 또는 과세유흥장소를 경영하는 사업자는 4,800만원 미만) 미만인 개인사업자로서 간이과세 적용을 신청한 개인사업자를

말한다. 법인사업자는 간이과세자가 될 수 없다. 만일 2개 이상 사업장을 가지고 있는 사업자는 공급대가의 합계액을 계산하여 적용여부를 판단해야 한다.

02 간이과세의 포기(부법30)

간이과세를 포기하고자 하는 경우에는 변경된 과세유형을 적용하고자 하는 달의 전달 말일까지 간이과세포기신고서를 제출하여야 한다. 간이과세 포기의 신고일이 속하는 과세기간의 개시일부터 그 신고일이 속하는 달의 말일까지의 기간과 그 신고일이 속하는 달의 다음 달 1일부터 당해 일이 속하는 과세기간의 종료일까지의 기간을 각각 1과세기간으로 한다. 신고한 개인사업자는 그 적용받고자 하는 달의 1일부터 3년이 되는 날이 속하는 과세기간까지는 일반과세자에 관한 규정을 적용받아야 한다(부법30).

03 재고매입세액과 재고납부세액

세금계산서 등을 적법하게 수취한 매입의 경우 간이과세자는 업종별 부가가치율을 추가로 곱한 금액만큼만 매입세액공제를 받으므로, 간이과세자는 일반과세자 보다 매입세액공제를 적게 받는다. 만일 과세유형이 변경되는 경우에는 그 차이를 조정해 줄 필요가 있다.

일반과세자에서 간이과세자로 변경되는 경우에는 재고납부세액을 부담하게 되고, 간이과세자에서 일반과세자로 변경되는 경우에는 재고매입세액을 공제받게 된다.

2021년 7월 1일 이후 시행되는 규정

	2021.6.30.까지 규정	2021.7.1. 이후 규정
세금계산서 발급	발급불가	발급하는 것이 원칙 (예외) ① 세금계산서 발급면제 업종 ② 직전연도 공급대가 4,800만원 미만 ③ 신규 또는 최초 간이과세적용자
매입자발행세금계산서 수정세금계산서	(규정 없음)	발급 가능
신용카드매출전표 매입세액공제	간이과세자로부터 매입시 매입세액공제 불가	세금계산서 발급의무가 있는 간이과세자 공급분이면서, 부가가치세가 별도로 구분되는 신용카드매출전표 수령시 매입세액 공제 가능
세금계산서 관련의무	(규정 없음)	매출처별세금계산서합계표 제출의무 세금계산서 관련 가산세
매입세금계산서 수취세액공제	세금계산서상 매입세액 × 업종별부가가치율	세금계산서등을 발급받은 재화와 용역의 공급대가 × 0.5%
의제매입세액공제	음식점업, 제조업 적용 가능	적용하지 않음
신용카드매출전표 발행세액공제	(일반) 발행금액 × 1.3% (음식숙박업) 발행금액 × 2.6%	발행금액 × 1.3%로 단일화
예정신고	고지납부	예정부과기간에 세금계산서를 발급한 간이과세자는 예정신고

4부

소득세 이론

1장 소득세의 기초이론
2장 종합소득
3장 종합소득과세표준의 계산
4장 소득세의 신고, 납부

제1장 소득세의 기초이론

01 소득세의 의의

소득세는 거주자(국내에 주소를 두거나 183일 이상의 거소를 둔 개인)와 국내원천소득이 있는 비거주자의 소득에 대하여 부과하는 조세로서 다음과 같은 특징을 가진다.

① 열거주의 과세방법

소득세는 열거된 항목에 대하여만 과세한다. 단, 이자소득, 배당소득은 열거되지 않은 소득도 열거된 것과 유사한 소득이라면 과세대상이 되는 유형별 포괄주의에 따라 과세한다. 이것을 유형별포괄주의라고 한다.

② 종합과세

담세력에 상응한 과세를 위해 모든 소득을 합산하여 과세한다.
* 예외 : 분리과세, 분류과세

③ 인적공제 : 개인의 형평을 고려하여 부양가족에 따라 세금이 달라질수 있다. 소득세법은 응능(應能)과세제도이다. 응능과세제도는 능력에 따라 과세하는 제도이다.

④ 누진세율 : 6 ~ 45% (총 8단계)

과세표준	세 율
~ 1,200만원 이하	6%
1,200만원 ~ 4,600만원	72만원원 + 1,200만원 초과소득 × 15%
4,600만원 ~ 8,800만원	582만원 + 4,600만원 초과소득 × 24%
8,800만원 ~ 1억 5천만억원	1,590만원 + 8,800만원 초과소득 × 35%
1억 5천만원 초과 ~ 3억원	3,760만원 + 1억 5천만원 초과소득 × 38%

제1장 • 소득세의 기초이론

과세표준	세 율
3억원 초과 ~ 5억원 이하	9,460만원 + 3억원 초과소득 × 40%
5억원 초과 ~ 10억원 이하	1억 7,060만원 + 5억원 초과소득 × 42%
10억원 초과	3억 8,460만원 + 10억원 초과소득 × 45%

○ 예제 1. 산출세액의 계산

다음의 과세표준이 계산된 경우의 소득세를 계산하여라. 단, 각 문제들은 서로 독립적인 상황이다.
(1) 과세표준이 4,000만원인 경우
(2) 과세표준이 1억원인 경우

해답

(1) 720,000원 + (28,000,000원 × 15%) = 4,920,000원
(2) 15,900,000원 + (12,000,000원 × 35%) = 20,100,000원

---

⑤ 광범위한 원천징수제도

이자소득, 배당소득, 사업소득, 근로소득, 연금소득, 기타소득, 퇴직소득에 걸쳐 원천징수제도가 있다(양도소득은 원천징수제도가 없다).

참고

예납적 원천징수와 완납적 원천징수

예납적 원천징수는 원천징수를 하더라도 나중에 소득세 확정신고를 다시 해야 하는 것을 말한다. 한편 완납적 원천징수는 원천징수만으로 납세의무가 종결되는 것을 말한다.
근로소득의 경우에는 월급여액 수령시 간이세액표에 따라 원천징수를 하지만 연말정산을 통해 다시 계산하므로 예납적 원천징수에 해당한다. 반면 퇴직소득의 경우에는 원천징수만으로 납세의무가 종결되므로 완납적 원천징수에 해당한다.

⑥ 개인단위 과세

소득세는 원칙적으로 사업장이 아니라 개인을 단위로 과세한다.

4부 • 소득세 이론

⑦ 주소지 과세원칙

소득세의 납세지는 사업장 소재지가 아니라 거주자의 주소지로 한다.

02 각 소득의 비교

소득은 종합소득, 퇴직소득, 양도소득으로 나누어 볼 수 있다(소법4). 그리고, 종합소득은 6가지 소득으로 구분된다.

구 분		필요경비	원천징수	소득공제	이월결손금
종합소득	이자소득	×	○	×	×
	배당소득	×	○	○	×
	사업소득	○	△	×	○
	근로소득	×	○	○	×
	연금소득	×	○	○	×
	기타소득	○	○	×	×
퇴직소득		×	○	○	×
양도소득		○	×	×	×

* 사업소득의 경우 원칙은 원천징수 적용을 하지 않으나 일부 자유직업소득에 대하여는 원천징수를 하게 된다.

○ 예제 2. 소득금액의 계산

다음은 유현목씨의 당해 소득 내역이다. 다음의 자료를 모두 반영했을 때 종합소득과세표준은 얼마인가?
(1) 사업소득이 3,000만원이 있으며 필요경비로 2,000만원을 입증하였다.
(2) 총급여액이 500만원이 있으며 근로소득공제가 350만원이 있다.
(3) 기타소득이 2,000만원이 있으며 필요경비로 1,600만원이 인정된다.
(4) 당해 퇴직금으로 2,000만원을 받았으며 퇴직소득공제는 1,000만원이다

해답

1,550만원
사업소득금액 : 3,000만원 − 2,000만원 = 1,000만원

근로소득금액 : 500만원 − 350만원 = 150만원
기타소득금액 : 2,000만원 − 1,600만원 = 400만원
퇴직소득은 종합소득에서 제외된다.

한편 사업소득이 있는 자를 사업자라고 하며 장부를 기장하고, 중간예납 의무를 부담한다. 분리과세란 원천징수 등의 방법으로 종합소득세 확정신고 이외의 방법으로 과세하는 것을 말하며, 분류과세는 종합소득, 퇴직소득, 양도소득 등 세가지 소득으로 구분하여 과세한다.

03 소득세의 신고, 납부기한

사업연도 : 1/1 ~ 12/31(변경 불가능)			
1/1	5/31	11/30	12/31
사업연도개시	소득세신고납부	중간예납	사업연도종료

* 예외 : 출국시 → 1월1일 ~ 출국일, 입국시 → 입국일 ~ 12월 31일, 사망시 → 1월1일 ~ 사망일

04 납세지

1) 소득세의 납세지

① 거주자에 대한 소득세의 납세지는 그 주소지로 한다. 다만, 주소지가 없는 경우에는 그 거소지로 한다.
② 비거주자에 대한 소득세의 납세지는 국내사업장(국내사업장이 2개 이상 있는 경우에는 주된 국내사업장)의 소재지로 한다. 다만, 국내사업장이 없는 경우에는 국내원천소득이 발생하는 장소로 한다.

2) 원천징수한 소득세의 납세지

① **원천징수하는 자가 거주자인 경우에는 그 거주자의 주된 사업장의 소재지**. 다만, 주된 사업장외의 사업장에서 원천징수를 하는 경우에는 그 사업장의 소재지, 사업장이 없는 경우에는 그 거주자의 주소지 또는 거소지로 한다.
② 원천징수하는 자가 비거주자인 경우에는 그 비거주자의 주된 국내사업장의 소재지. 다만, 주된 국내사업장외의 국내사업장에서 원천징수를 하는 경우에는 그 국내사업장의 소재지, 국내사업장이 없는 경우에는 그 비거주자의 거류지 또는 체류지로 한다.
③ 소득세를 원천징수하는 자가 법인인 경우에는 그 법인의 본점 또는 주사무소의 소재지
단, 납세지가 변경된 때에는 그 변경된 날부터 15일 이내에 대통령령이 정하는 바에 의하여 그 변경 후의 납세지 관할세무서장에게 신고하여야 한다(소법10).

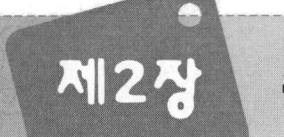

제2장 종합소득

01 이자소득과 배당소득

1. 이자소득의 범위

이자소득은 당해연도에 발생한 다음 각호의 소득으로 한다(소법16).

① 국가 또는 지방자치단체가 발행한 채권 또는 증권의 이자와 할인액
② 내국법인이 발행한 채권 또는 증권의 이자와 할인액
③ 국내에서 받는 예금(적금·부금·예탁금과 우편대체를 포함한다. 이하 같다)의 이자와 할인액
④ 「상호저축은행법」에 의한 신용계(신용계) 또는 신용부금(신용부금)으로 인한 이익
⑤ 외국법인의 국내지점 또는 국내영업소에서 발행한 채권이나 증권의 이자와 할인액
⑥ 외국법인이 발행한 채권 또는 증권의 이자와 할인액
⑦ 국외에서 받는 예금의 이자
⑧ 대통령령이 정하는 채권 또는 증권의 환매조건부매매차익
⑨ 대통령령이 정하는 저축성보험의 보험차익
⑩ 대통령령이 정하는 직장공제회초과반환금
⑪ 비영업대금의 이익
⑫ 위의 소득과 유사한 소득으로서 금전의 사용에 따른 대가의 성격이 있는 것

* 주의 : 손해배상금 연체이자는 이자소득이 아닌 것에 주의한다.

2. 배당소득의 범위

배당소득은 당해연도에 발생한 다음 각호의 소득으로 한다(소법17).

① 내국법인으로부터 받는 이익이나 잉여금의 배당 또는 분배금
② 법인으로 보는 단체로부터 받는 배당 또는 분배금

③ 의제배당
④ 「법인세법」에 의하여 배당으로 처분된 금액
⑤ 국내 또는 국외에서 받는 대통령령이 정하는 집합투자기구로부터의 이익
⑥ 외국법인으로부터 받는 이익이나 잉여금의 배당 또는 분배금
⑦ 「국제조세조정에 관한 법률」 제17조의 규정에 따라 배당받은 것으로 간주된 금액
⑧ 제43조의 규정에 따른 공동사업에서 발생한 소득금액 중 동조제1항의 규정에 따른 출자공동사업자에 대한 손익분배비율에 상당하는 금액
⑨ 위의 소득과 유사한 소득으로서 수익분배의 성격이 있는 것
* 단, 신탁법에 의한 공익신탁(종교, 자선, 학술등의 공공이익)의 이익은 비과세소득이다.

3. 금융소득의 과세방식

1) 소득의 구분

(1) 무조건 분리과세

① 비실명금융소득 - 42% (단, 금융실명제 위반의 경우 90%)
② 직장공제회 초과반환금 - 기본세율
③ 민사집행법에 의한 부동산 경매입찰을 위하여 법원에 납부하는 보증금 및 경락대금에서 발생하는 소득 - 14%
④ 법인으로 보는 단체 이외의 단체중 수익을 구성원에게 배분하지 않는 단체로서 단체명을 표기하여 금융거래를 하는 단체가 금융기관으로부터 받는 금융소득 - 14%
⑤ 세금우대종합저축에서 발생하는 이자소득 및 배당소득 - 9%

(2) 무조건 종합과세

국외원천소득을 비롯하여 원천징수규정이 적용되지 않는 소득

(3) 조건부 종합과세

① 비영업대금의 이익 - 25%
② 그 외의 이자소득, 배당소득 - 14%

금융소득의 경우 과세방식이 약간 복잡하다. 소액의 금융소득만 있는 경우에는 원천징수를 한 이후 굳이 행정력을 낭비하면서 추가적으로 종합과세를 할 이유가 없다. 그리고, 일부 금융소득은 조세정책적 차원에서 별도의 세율로 관리할 필요도 있다.

2) 과세방법

- 무조건분리과세 : 분리과세만으로 납세의무 종결
- 조건부종합과세 + 무조건종합과세 > 2,000만원 : 모두 종합과세
- 조건부종합과세 + 무조건종합과세 ≤ 2,000만원 : 조건부종합과세 대상은 분리과세

○ 예제 1. 금융소득의 과세방식

다음은 장세원씨의 이자소득 및 배당소득 내역이다. 종합소득 과세표준에 반영될 금액과 원천징수만으로 납세의무가 종결되는 소득은 각각 얼마인가?

(1) 은행예금이자 : 10,000,000원
(2) 국외원천 수입이자 : 10,000,000원
(3) 직장공제회초과반환금 : 5,000,000원

해답

- 종합소득과세표준 : 10,000,000원(국외원천 수입이자)
- 원천징수만으로 납세의무 종결 : 15,000,000원(은행예금이자, 직장공제회초과반환금)

4. 수입의 인식시기

① 이자소득

- 일반적인 경우 : 현금주의에 의한다(실제 지급받은 일).
- 예외(약정일) : 기명 공채와 사채, 직장공제회 초과반환금, 비영업대금이익

② 배당소득

- 무기명주식 : 지급일
- 기명주식 : 잉여금처분결의일(단, 배당금을 3개월 이내에 지급하지 못하는 경우에는 잉여금처분결의일로부터 3개월이 되는 날)
- 의제배당 : 해당 사유가 발생한 날

02 사업소득

1) 사업소득의 범위 : 사업소득은 다음의 열거된 것을 말한다.

① 농업(수입금액 합계액이 10억원 이하인 작물재배업을 제외한다. 이하 같다) 및 임업, 어업에서 발생하는 소득
② 광업에서 발생하는 소득
③ 제조에서 발생하는 소득
④ 전기·가스 및 수도사업에서 발생하는 소득
⑤ 수도, 하수 및 폐기물 처리, 원료 재생업에서 발생하는 소득
⑥ 건설업에서 발생하는 소득
⑦ 도매업 및 소매업에서 발생하는 소득
⑧ 운수업 및 창고업에서 발생하는 소득
⑨ 숙박 및 음식점업에서 발생하는 소득
⑩ 정보통신업에서 발생하는 소득
⑪ 금융 및 보험업에서 발생하는 소득
⑫ 부동산업에서 발생하는 소득. 다만, 「공익사업을 위한 토지 등의 취득 및 보상에 관한 법률」 제4조에 따른 공익사업과 관련하여 지역권·지상권(지하 또는 공중에 설정된 권리를 포함한다)을 설정하거나 대여함으로써 발생하는 소득은 제외한다.
⑬ 전문, 과학 및 기술서비스업(대통령령으로 정하는 연구개발업은 제외한다)에서 발생하는 소득
⑭ 사업시설관리, 사업 지원 및 임대 서비스업에서 발생하는 소득
⑮ 교육서비스업에서 발생하는 소득
⑯ 보건업 및 사회복지서비스업(대통령령으로 정하는 사회복지사업은 제외한다)에서 발생하는 소득
⑰ 예술, 스포츠 및 여가 관련 서비스업에서 발생하는 소득
⑱ 협회 및 단체(대통령령으로 정하는 협회 및 단체는 제외한다), 수리 및 기타 개인서비스업에서 발생하는 소득
⑲ 가구내 고용활동에서 발생하는 소득
⑳ 복식부기의무자가 차량 및 운반구 등 대통령령으로 정하는 사업용 유형고정자산을 양도함으로써 발생하는 소득. 다만, 양도소득에 해당하는 경우는 제외한다.

2) 비과세 사업소득

① 농가부업소득 : 농가부업규모의 축산소득 등
② 전통주 제조소득 : 소득금액 연간 1,200만원 이하
③ 산림소득 : 조림기간 5년이상으로 연간 600만원 이하의 금액
④ 작물재배업 : 연간 수입금액 합계액이 10억원 이하인 경우
⑤ 논, 밭을 작물생산에 이용하게 함으로써 발생하는 소득
⑥ 1주택 소유자의 주택임대소득(고가주택 제외)
⑦ 대통령령으로 정하는 어로어업

3) 법인세법에 비해 사업소득이 가지는 특징

① 유가증권, 투자유가증권, 고정자산 등의 처분손익등을 인식하지 않는다.
② 이자, 배당등의 소득은 해당 다른 소득으로 분류한다.
③ 인건비와 퇴직급여충당금에 대하여 대표자는 설정하지 않는다. 단, 사용자 본인의 건강보험료는 필요경비에 산입이 가능하다.
④ 개인사업자가 인출하는 자금은 가지급금이 아니므로 법인세법상 규정을 받지 아니한다.

4) 사업소득에서 주의할 점

① 거주자가 재고자산을 가사용으로 소비하기 위하여 타인에게 지급한 것도 총수입금액에 산입한다. (매출로 간주한다).
② 국세환급가산금은 총수입금액에 산입하지 않는다.
③ 선급비용을 인정해 준다. 따라서 선급비용은 자산이므로 필요경비에 산입하지 않는다.
④ 1회 1만원을 초과하는 접대비는 신용카드 등을 사용하여야 인정된다.
⑤ 자산의 취득관련 세금은 소득세법에서도 자산처리하므로 필요경비 인정대상이 아니다.

5) 사업소득의 원천징수와 연말정산

사업소득의 경우 원칙적으로 원천징수 대상이 아니지만 자유직업소득의 경우에는 3% (봉사료 등의 수입금액은 5%)를 원천징수한다. 그리고, 보험모집인, 방문판매원, 음료품배달원의 경우에는 소득자의 선택에 따라 종합소득세 신고 대신 연말정산도 가능하다.

6) 사업소득의 수입시기

① 상품, 제품 등의 판매 : 인도한 날

② 무인판매기에 의한 판매 : 사업자가 무인판매기에서 현금을 인출한 때

③ 인적용역의 제공 : 용역대가를 지급받기로 한 날 또는 용역의 제공을 완료한 날 중 빠른 날

④ 위탁판매 : 수탁자가 물품을 판매한 날

◎ 예제 2. 사업소득금액의 계산

다음 자료에서 소득세법상 사업소득금액(필요경비차감)은 총 얼마인가?

(1) 수입금액 내역
  ① 매출액 200,000,000원
  ② 단기매매증권처분이익 2,000,000원
  ③ 이자수익 3,000,000원

(2) 필요경비 내역
  ① 매출원가 40,000,000원
  ② 종업원 급여 80,000,000원(대표자 급여 50,000,000원이 포함된 금액임)
  ③ 사무실 임차료 10,000,000원

- 총수입금액 : 200,000,000원(단기매매증권처분이익은 비과세, 이자수익은 이자소득)
- 총필요경비 : 80,000,000원(대표자 급여는 필요경비로 인정받지 못함)
- 사업소득금액 : 120,000,000원

부당행위계산부인

부당행위계산부인이란 ① 조세부담을 부당하게 감소시킬 목적으로 ② 특수관계인과 거래를 하는 것을 말한다. 부당행위계산부인 사례에는 ① 고가매입과 저가양도, ② 저리대여 및 고리차용 ③ 불공정합병, 불공정 증자, ④ 무수익자산의 매입, ⑤ 불량채권의 양수 등이 있다.
부당행위계산부인은 필요경비(비용)를 과다하게 인식한다는 측면이 있으므로, 소득 중에서 필요경비가 인정되는 사업소득, 기타소득, 양도소득에서 발생하게 된다.

03 근로소득

1. 근로소득의 범위

① 근로의 제공으로 인하여 받는 봉급, 급료, 보수, 세비, 임금, 상여, 수당 등
② 법인의 주주총회 등의 결의에 따라 상여로 받는 소득
③ 법인세법상 상여로 처분되는 금액
④ 퇴직함으로서 받는 소득으로서 퇴직소득에 속하지 않는 소득
⑤ 종업원 등이 지급받는 직무발명보상금 (연 500만원까지는 비과세이며, 초과분은 과세된다)

* 회사로부터 무상으로 받는 작업복은 과세대상이 아니다.
* 현실적인 퇴직으로 인하여 받는 금액은 명칭 여부와 관계없이 퇴직소득으로 구분한다. 과거에는 퇴직공로금이나 퇴직위로금을 근로소득으로 구분했던적도 있었으나 현행 소득세법에서는 퇴직소득으로 분류한다.
* 재직중에 지급받는 직무발명보상금은 근로소득이며, 퇴사후에 받는 경우에는 기타소득으로 분류한다.

2. 비과세소득 : 중요한 것만

① 연장근로 : 월정액급여 210만원 (직전연도 연간 총급여 3,000만원 이하인 자) 이하인 생산직근로자가 받는 연 240만원 이내의 금액
② 식대 : 식사를 제공받지 않고, 별도로 지급되는 식사대로 월 10만원 이내의 금액
③ 자가운전 : 종업원 소유의 차량을 업무등에 이용하는 경우 운전보조금으로 월 20만원 이내의 금액
④ 연구비 : 교육기관의 육성회로부터 교원이 받는 연구보조비로 월 20만원 이내의 금액
⑤ 취재수당 : 언론기관의 기자가 받는 취재수당으로 월 20만원 이내의 금액
⑥ 근로자가 벽지에 근무함으로서 받는 수당
⑦ 육아수당 : 만 6세 이하의 자녀가 있는 경우에 지급하는 월 10만원 이내의 수당
⑧ 국외근로 : 원칙은 월 100만원, 원양어선, 국외항행 선박 선원, 국외 건설근로자는 월 300만원 이내 비과세
⑨ 500만원 이하의 직무발명보상금
⑩ 4대보험료 사용자 부담분

* 사택제공이익 : 출자임원은 근로소득, 종업원과 비출자임원은 비과세
* 주택자금대여이익 : 중소기업의 종업원이 주택의 구입, 임차에 소요되는 자금을 저리 또는 무상으로 대여받음으로써 얻는 이익만 비과세하며, 나머지는 근로소득으로 과세

4부 · 소득세 이론

○ 예제 3. 근로소득금액의 계산

다음은 사무직 근로자 박선영씨의 급여내역이다. 과세대상 급여와 비과세대상 급여를 각각 계산하여라.
(1) 기본급 : 2,000,000원
(2) 상여금 : 1,000,000원
(3) 자가운전보조금 : 300,000원(회사 업무를 위하여 종업원 소유의 차량을 사용)
(4) 식대 : 150,000원(식사를 제공받고 있음)
(5) 야근수당 : 200,000원

해답
- 과세 : 2,000,000 + 1,000,000 + 100,000 + 150,000 + 200,000 = 3,450,000원
- 비과세 : 200,000원

3. 근로소득자의 원천징수 절차

급여지급시 간이세액에서 원천징수 → 연말정산 → 소득세 환급 또는 추가납부

4. 근로소득공제

근로소득은 필요경비가 인정되지 않으므로 비과세소득을 제외한 총급여액에서 근로소득공제를 차감하여 근로소득금액을 계산여야 한다. 단, 근로소득공제 금액은 2천만원을 한도로 한다.

총급여액(비과세소득제외)	근로소득공제
500만원 이하	총급여액의 70%
500만원 ~ 1,500만원	350만원 + 500만원 초과액의 40%
1,500만원 ~ 4,500만원	750만원 + 1,500만원 초과액의 15%
4,500만원 ~ 1억원	1,200만원 + 4,500만원 초과액의 5%
1억원 초과	1,475만원 + 1억원 초과액의 2%

제2장 • 종합소득

○ 예제 4. 근로소득공제

총급여액(비과세소득 제외)이 38,000,000원일 때 근로소득금액은 얼마인가?

해답

근로소득공제가 10,950,000원(=7,500,000원+23,000,000원×15%)이므로 근로소득금액은 27,050,000원이다.

5. 일용근로자의 과세방법

일용근로자란 ① 일당 또는 시간당으로 수당을 받으며 ② 동일 고용주에게 3개월(건설현장은 1년, 하역현장은 제한 없음) 이상 고용되어 있지 않은 자를 말한다.

1일 15만원만큼 소득공제가 되며, 6%의 세율을 적용하여 원천징수세액을 계산한다. 산출세액의 55%는 근로소득세액공제가 된다. 단, 원천징수금액이 1,000원 이하인 경우에는 원천징수의무는 면제된다. 그러나 이 경우에도 원천징수이행상황신고서 등에는 원천징수내역을 기록하여야 한다. 일용근로자의 지급명세서는 분기의 마지막 달의 다음달 말일까지 제출한다.

○ 예제 5. 일용근로자의 원천징수

(1) 1일 20만원을 지급받는 일용근로자의 1일당 원천징수세액은?
(2) 1일 16만원을 지급받는 일용근로자(단 하루만 근무하는 자임)의 원천징수세액은?

해답

(1) 1,350원, (2) 0원
(1) (200,000 − 150,000) × 6% × (1 − 0.55) = 1,350원
(2) (160,000 − 150,000) × 6% × (1 − 0.55) = 270원
원천징수세액이 1,000원 이하이므로 원천징수의무가 면제된다.

6. 근로소득의 수입시기

① 급여 : 근로를 제공한 날
② 잉여금 처분에 의한 상여 : 당해 법인의 잉여금처분 결의일
③ 인정상여 : 당해 사업연도 중의 근로를 제공한 날

4부 · 소득세 이론

④ 주식매수선택권 : 행사한 날
⑤ 직무발명보상금 : 지급받는 날
⑥ 미지급급여의 귀속시기 의제
   - 1월~11월분 급여 : 12월 말
   - 12월분 급여 : 다음연도 2월말까지 미지급시 2월말 지급으로 의제

잉여금처분에 의한 상여금의 귀속시기
① 법인의 손익귀속시기 : 잉여금처분대상 사업연도
② 근로자 입장에서 근로소득의 귀속시기 : 잉여금처분 결의일

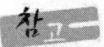

근로소득 세액공제

근로소득이 있는 거주자 (국외근로소득자도 적용함)는 다음의 금액을 근로소득 세액공제로 적용한다.

근로소득에 대한 종합소득산출세액*	근로소득세액공제
130만원 이하	산출세액 × 55%
130만원 초과	715,000원 + (산출세액 - 1,300,000원) × 30%

* 종합소득 산출세액 × $\dfrac{근로소득금액}{종합소득금액}$ = 근로소득에 대한 종합소득 산출세액

단, 다음의 한도를 적용한다.

총급여액	공제한도
3,300만원 이하	74만원
3,300만원 초과 ~ 7,000만원	둘 중 큰 금액 (1) 74만원 - (총급여액 - 3,300만원) × 0.8% (2) 66만원
7,000만원 초과	둘 중 큰 금액 (1) 66만원 - (총급여액 - 7,000만원) × 1/2 (2) 50만원

04 연금소득, 기타소득

1. 연금소득

1) 연금소득의 범위

연금소득은 당해연도에 발생한 다음 각호의 소득으로 한다.
1. 「국민연금법」에 의하여 지급받는 각종 연금
2. 「공무원연금법」·「군인연금법」·「사립학교교직원연금법」 또는 「별정우체국법」에 의하여 지급받는 각종 연금
3. 대통령령이 정하는 퇴직보험의 보험금을 연금형태로 지급받는 경우 당해 연금 또는 이와 유사한 것으로서 퇴직자가 지급받는 연금
4. 「조세특례제한법」제86조의2의 규정에 의한 연금저축에 가입하고 연금형태로 지급받는 소득(동조제3항에 규정된 산식에 의하여 계산한 연금소득을 말한다. 이하 같다)

4의2. 「근로자퇴직급여 보장법」 또는 「과학기술인공제회법」에 따라 지급받는 연금
5. 제1호부터 제4호까지 및 제4호의2의 소득과 유사하고 연금형태로 지급받는 것으로서 대통령령이 정하는 것

2) 비과세 연금소득

: 유족연금, 장애연금, 장해연금, 상이연금 등 성격

3) 연금소득공제 : 한도 900만원 (총 연금액 4,100만원 이상)

총연금액	연금소득공제
350만원 이하	총연금액
350만원 초과 700만원 이하	350만원 + (350만원 초과액의 40%)
700만원 초과 1,400만원 이하	490만원 + (700만원 초과액의 20%)
1,400만원 초과	630만원 + (1,400만원 초과액의 10%)

* 연감 공적연금소득이 5,166,666원일때 연금소득공제를 차감하면 연금소득금액이 100만원이 된다.

4) 선택적분리과세

사적연금 소득의 합계액이 1,200만원 이하인 경우에는 분리과세를 선택할 수 있다.

2. 기타소득

1) 기타소득의 종류

(1) **상금 · 현상금 · 포상금 · 보로금** 또는 이에 준하는 금품
(2) **복권 · 경품권 기타 추첨권**에 의하여 받는 당첨금품
(3) 「**사행행위 등 규제 및 처벌특례법**」에 규정하는 행위에 참가하여 얻은 재산상의 이익
(4) 「**한국마사회법」에 따른 승마투표권**(이하 "승마투표권"이라 한다), 「**경륜 · 경정법**」에 따른 승자투표권(이하 "승자투표권"이라 한다), 「**전통소싸움경기에 관한 법률**」에 따른 소싸움경기투표권(이하 "소싸움경기투표권"이라 한다) 및 「**국민체육진흥법**」에 따른 체육진흥투표권(이하 "체육진흥투표권"이라 한다)의 **구매자가 받는 환급금**
(5) 저작자 또는 실연자 · 음반제작자 · 방송사업자외의 자가 **저작권 또는 저작인접권의 양도 또는 사용의 대가로 받는 금품**
(6) 다음 각 목의 자산 또는 권리의 양도 · 대여 또는 사용의 대가로 받는 금품
    가. 영화필름
    나. 라디오 · 텔레비전방송용 테이프 또는 필름
    다. 기타 가목 및 나목과 유사한 것으로서 대통령령이 정하는 것
(7) **광업권 · 어업권 · 산업재산권 및 산업정보, 산업상 비밀, 상표권 · 영업권**(대통령령이 정하는 점포임차권을 포함한다), 토사석의 채취허가에 따른 권리, 지하수의 개발 · 이용권 그 밖에 이와 유사한 자산이나 권리를 양도하거나 대여하고 그 대가로 받는 금품
(8) **물품 또는 장소를 일시적으로 대여**하고 사용료로서 받는 금품
(9) 공익사업과 관련한 **지역권 · 지상권**(지하 또는 공중에 설정된 권리를 포함한다)**을 설정 또는 대여**하고 받는 금품 (그 외의 지역권, 지상권의 설정, 대여는 사업소득)
(10) 계약의 위약 또는 **해약으로 인하여 받는 위약금과 배상금**
(11) **유실물의 습득 또는 매장물의 발견으로 인하여 보상금**을 받거나 새로 소유권을 취득하는 경우 그 보상금 또는 자산
(12) **무주물의 점유로 소유권을 취득**하는 자산
(13) 거주자 · 비거주자 또는 법인과 대통령령이 정하는 특수관계에 있는 자가 그 대통령령이 정하는 특수관계로 인하여 당해 거주자 · 비거주자 또는 **법인으로부터 받는 경제적 이익**으로서 급여 · 배당 또는 증여로 보지 아니하는 금품. 다만, 우리사주조합원이 당해 법인의 주식을 그 조합을 통하여 취득한 경우에 그 조합원이 소액주주에 해당하는 자인 때에는 그 주식의 취득가액과 시가와의 차액으로 인하여 발생하는 소득을 제외한다.
(14) **슬롯머신**(비디오게임을 포함한다) 및 투전기 기타 이와 유사한 기구(이하 "슬롯머신 등"이라 한다)를 이용하는 행위에 참가하여 받는 **당첨금품 · 배당금품** 또는 이에 준하는 금품

(이하 "당첨금품등"이라 한다)

(15) 문예·학술·미술·음악 또는 사진에 속하는 창작품(「신문 등의 자유와 기능보장에 관한 법률」에 의한 정기간행물에 게재하는 삽화 및 만화와 우리나라의 창작품 또는 고전을 외국어로 번역하거나 국역하는 것을 포함한다)에 대한 **원작자로서 받는 소득**으로서 다음 각 목의 1에 해당하는 것

    가. 원고료

    나. 저작권사용료인 인세

    다. 미술·음악 또는 사진에 속하는 창작품에 대하여 받는 대가

(16) **재산권에 관한 알선수수료**

(17) **사례금**

(18) 대통령령으로 정하는 소기업·소상공인 공제부금의 해지일시금

(19) 다음 각 목의 어느 하나에 해당하는 **인적용역을 일시적으로 제공**하고 지급받는 대가

    가. 고용관계 없이 다수인에게 **강연**을 하고 **강연료** 등의 대가를 받는 용역

    나. **라디오·텔레비전방송** 등을 통하여 해설·계몽 또는 연기의 심사 등을 하고 보수 또는 이와 유사한 성질의 대가를 받는 용역

    다. 변호사·공인회계사·세무사·건축사·측량사·변리사 기타 **전문적 지식 또는 특별한 기능을 가진 자가 당해 지식 또는 기능을 활용하여 보수 또는 기타 대가를 받고 제공하는 용역**

    라. 가목부터 다목까지 외의 용역으로서 **고용관계 없이 수당 또는 이와 유사한 성질의 대가를 받고 제공하는 용역**

(20) 「법인세법」 제67조의 규정에 의하여 **기타소득으로 처분된 소득**

(21) 대통령령이 정하는 **개인연금저축의 해지일시금**(불입계약기간 만료후 연금외의 형태로 지급받는 금액을 포함한다)

(22) 퇴직전에 부여받은 주식매수선택권을 퇴직후에 행사하거나 고용관계 없이 **주식매수선택권을 부여받아 이를 행사함으로써 얻는 이익**

(23) **뇌물**

(24) **알선수재 및 배임수재**에 의하여 받는 금품

(25) 퇴직 이후에 받는 직무발명보상금

2) 기타소득의 필요경비의제

① 필요경비가 입증금액과 80% 중 큰 금액으로 인정되는 것

ⅰ. 「공익법인의 설립·운영에 관한 법률」의 적용을 받는 공익법인이 주무관청의 승인을 받아

시상하는 상금 및 부상과 다수가 순위 경쟁하는 대회에서 입상자가 받는 상금 및 부상
ii. 계약의 위약 또는 해약으로 인하여 받는 위약금과 배상금으로서 주택입주 지체상금

② 필요경비가 입증금액과 60% 중 큰 금액으로 인정되는 소득
i. 광업권·어업권·산업재산권 및 산업정보, 산업상 비밀, 상표권·영업권(대통령령이 정하는 점포임차권을 포함한다), 토사석의 채취허가에 따른 권리, 지하수의 개발·이용권 그 밖에 이와 유사한 자산이나 권리를 양도하거나 대여하고 그 대가로 받는 금품
ii. 문예·학술·미술·음악 또는 사진에 속하는 창작품(「신문 등의 자유와 기능보장에 관한 법률」에 의한 정기간행물에 게재하는 삽화 및 만화와 우리나라의 창작품 또는 고전을 외국어로 번역하거나 국역하는 것을 포함한다)에 대한 **원작자로서 받는 소득**으로서 다음 각목의 1에 해당하는 것
    가. 원고료
    나. 저작권사용료인 인세
    다. 미술·음악 또는 사진에 속하는 창작품에 대하여 받는 대가
iii. 다음 각 목의 어느 하나에 해당하는 인적용역을 일시적으로 제공하고 지급받는 대가
    가. 고용관계 없이 다수인에게 강연을 하고 강연료 등의 대가를 받는 용역
    나. 라디오·텔레비전방송 등을 통하여 해설·계몽 또는 연기의 심사 등을 하고 보수 또는 이와 유사한 성질의 대가를 받는 용역
    다. 변호사·공인회계사·세무사·건축사·측량사·변리사 기타 전문적 지식 또는 특별한 기능을 가진 자가 당해 지식 또는 기능을 활용하여 보수 또는 기타 대가를 받고 제공하는 용역
    라. 가목부터 다목까지 외의 용역으로서 고용관계 없이 수당 또는 이와 유사한 성질의 대가를 받고 제공하는 용역

③ 실제 입증한 필요경비만 인정(원천징수만으로 납세의무 종결)
i. 승마(승자)투표권의 환급금 : 승마(승자)투표권의 단위투표금액의 합계액
ii. 슬롯머신 당첨금품 : 당첨당시 슬롯머신에 투입한 금액
iii. 복권 당첨금품 : 복권 구입액

3) 과세방법

소득지급시에는 소득금액의 20%만큼을 원천징수하며 복권등의 당첨소득의 경우 3억원을 초과하는 경우에는 30%를 원천징수한다. 단, 원천징수세액이 1만원 이하인 경우에는 원천징수의무가

면제된다(예를 들어 1,000원에 취득한 복권의 당첨금이 51,000원이라면, 필요경비 1,000원을 공제하고, 세율 20%를 곱하면 10,000원 이하이므로 원천징수의무가 면제된다).

다음의 경우에는 기타소득의 종합과세와 20% 세율의 분리과세를 선택할 수 있다.
① 연간 기타소득금액이 300만원 이하인 경우
② 계약의 위약 또는 해약으로 인하여 계약금이 대체되는 위약금, 배상금
③ 종업원 등이 퇴직 후 지급받는 직무발명보상금에 대하여 소득금액 300만원 이내

4) 원천징수되지 않는 기타소득
① 광업원, 어업권, 산업재산권 등의 권리의 양도 및 대여
② 손해배상금
③ 뇌물
④ 원천징수할 소득세가 1만원 이하인 경우
⑤ 건별로 승마투표권, 승자투표권, 소싸움경기투표권, 체육진흥투표권의 권면에 표시된 금액의 합계액이 10만원 이하이고 다음 각 목의 어느 하나에 해당하는 경우
   가. 적중한 개별투표당 환급금이 10만원 이하인 경우
   나. 단위투표금액당 환급금이 단위투표금액의 100배 이하이면서 적중한 개별투표당 환급금이 200만원 이하인 경우
⑥ 슬롯머신 등에 따른 당첨금품등이 건별로 200만원 이하인 경우

ㅇ 예제 6. 기타소득 원천징수세액의 계산

다음은 기타소득의 지급내역이다. 각 상황별 기타소득의 원천징수세액을 계산하시오. 단, 지방소득세는 제외한 금액으로 계산하시오.
(1) 지상권을 대여 하고 1,000,000원을 받음 ·· (   )
(2) 고용관계 없이 강의를 하고 2,000,000원을 받음 ·· (   )
(3) 뇌물로 받은 10,000,000원 ·· (   )
(4) 원고료 1,500,000원 ·· (   )
(5) 복권당첨소득 100,000원(복권 구입비 1,000원) ·· (   )

해답

(1) 80,000원   (2) 160,000원   (3) 0원   (4) 120,000원   (5) 19,800원

소득과 소득금액의 관계

이자소득	= 이자소득금액
배당소득 + 배당소득공제	= 배당소득금액
사업소득 − 필요경비	= 사업소득금액
근로소득 − 근로소득공제	= 근로소득금액
연금소득 − 연금소득공제	= 연금소득금액
기타소득 − 필요경비	= 기타소득금액
퇴직소득 − 퇴직소득공제	= 퇴직소득금액
양도소득 − 필요경비	= 양도소득금액

* 여기에서 소득 대신에 총수입금액이라는 표현을 사용하기도 한다. 그리고, 소득금액 계산시 비과세소득(예 : 작물재배업에서 발생하는 소득, 1세대 1주택이하의 주택임대소득 등)과 원천징수만으로 납세의무가 종결되는 소득(예 : 일용근로자의 소득, 연간 2,000만원 이하의 일반적인 이자소득 등)은 제외하고 계산하여야 한다.

종합문제

다음의 소득을 보고, 어느 소득에 보기 중에서 해당하는지 선택하시오.

| ① 이자소득 | ② 배당소득 | ③ 사업소득 | ④ 근로소득 | ⑤ 연금소득 |
| ⑥ 기타소득 | ⑦ 퇴직소득 | ⑧ 양도소득 | ⑨ 비과세 또는 비열거소득 | |

[1] 비영업대금의 이익 ·· (   )
[2] 국내 또는 국외에서 받는 대통령령이 정하는 집합투자기구로부터의
    이익 ·· (   )
[3] 고용관계 없이 다수인에게 강연을 하고 강연료 등의 대가를 받는 용역 ······ (   )
[4] 신탁법에 의한 공익신탁(종교, 자선, 학술등의 공공이익)의 이익 ············ (   )
[5] 대통령령이 정하는 직장공제회초과반환금 ·· (   )
[6] 부동산업, 임대업 및 사업서비스업에서 발생하는 소득 ···························· (   )
[7] 「국민연금법」에 의하여 지급받는 각종 연금 ·· (   )
[8] (10억원 이하의) 작물재배업에서 발생하는 소득 ·· (   )
[9] 언론기관의 기자가 받는 취재수당으로 월 20만원 이내의 금액 ·············· (   )
[10] 고정자산 등의 처분손익 ·· (   )
[11] 법인세법상 상여로 처분되는 금액 ·· (   )
[12] 퇴직전에 부여받은 주식매수선택권을 퇴직후에 행사하거나 고용관계
    없이 주식매수선택권을 부여받아 이를 행사함으로써 얻는 이익 ············ (   )
[13] 월정액급여 210만원 이하인 생산직근로자가 받는 연 240만원 이내의 금액, 전년도 총급여
    액은 3,000만원 이하이다. ·· (   )
[14] 복권·경품권 기타 추첨권에 의하여 받는 당첨금품 ·································· (   )
[15] 지역권·지상권(지하 또는 공중에 설정된 권리를 포함한다)을 설정
    또는 대여하고 받는 금품(공익법인 아님) ·· (   )
[16] 개인사업자 명의의 국내에서 받는 예금의 이자 ·· (   )
[17] 근로의 제공 등으로 인하여 받는 급여 ·· (   )
[18] 원고료 등의 소득(문예창작이 주된 소득이 아님) ······································ (   )
[19] 금융 및 보험업에서 발생하는 소득 ·· (   )
[20] 법인으로 보는 단체로부터 받는 분배금 ·· (   )

4부 · 소득세 이론

[1] 이자소득	[2] 배당소득	[3] 기타소득	[4] 비과세소득
[5] 이자소득	[6] 사업소득	[7] 연금소득	[8] 비과세소득
[9] 비과세소득	[10] 비열거소득	[11] 근로소득	[12] 기타소득
[13] 비과세소득	[14] 기타소득	[15] 사업소득	[16] 이자소득
[17] 근로소득	[18] 기타소득	[19] 사업소득	[20] 배당소득

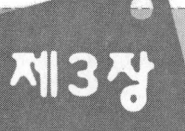 

종합소득과세표준의 계산

이번 단원은 객관식 문제 보다는 전산실습을 학습할 때 필요한 단원이다. 특히 기본공제, 추가공제, 특별소득공제, 특별세액공제에 대하여 완벽하게 학습을 해두어야 한다.

연말정산 관련 부분은 이론 보다는 실기파트에서 더 중요하므로, 이론 부분에서는 간략하게 제목 위주로 소개하고, 실기 부분에서 자세히 설명하기로 한다.

<종합소득공제 요약>

구분		대상	공제액 및 한도
인적 공제	기본공제*	본인, 배우자, 형제자매, 직계존비속	1인당 150만원
	추가공제	경로우대자 공제	1인당 100만원
		장애인공제	1인당 200만원
		부녀자공제 (요건 있음)	연 50만원
		한부모공제 (부녀자공제와 중복적용 불가)	연 100만원
물적 공제	연금보험료 공제	종합소득이 있는 거주자로 공적연금 (국민연금 등) 납입한 자	전액
	특별 소득공제	(1) 보험료 공제 　　건강보험, 고용보험, 장기요양보험**	전액
		(2) 주택자금공제 　① 주택마련저축불입액의 40% 　② 주택임차금차입금 상환액의 40%	
세액 공제	근로소득 세액공제	130만원 이하 : 55% 130만원 초과분 : 30% (한도 고려)	총급여액에 따라 50만원~74만원
	자녀세액 공제	1명의 경우 : 연 15만원 2명의 경우 : 연 30만원 3명 이상 : 연 30만 + 2명 초과하는 1명당 30만원	자녀세액공제의 경우 7세이상 (7세미만의 미취학 아동 포함)에 대해서만 적용한다.
		(당해 연도 출산 및 입양한 경우) 첫째인 경우 : 연 30만원 둘째인 경우 : 연 50만원 셋째 이상인 경우 : 연 70만원	
	연금계좌 세액공제	연금계좌 납입액의 12% (단, 총급여액이 5,500만원 이하이면서 종합소득금액이 4,000만원 이하인 자는 15%)	연금계좌납입액의 한도는 400만원
	특별 세액공제	① 표준세액공제 근로소득자로서 특별세액공제 및 특별소득공제 미신청자는 연 13만원. 근로소득자가 아닌자는 연 7만원 ② 항목별 세액공제 - 보험료 : 납입액의 12% - 교육비, 의료비, 기부금 : 납입액의 15% - 월세액 : 납입금액의 10%	한도는 본문 내용 참고

01 소득공제 - 인적공제

1) 기본공제
생계를 같이 하는 부양가족으로서 1인당 150만원을 소득공제 한다.

① 본인

② 배우자 : 연간 소득금액이 100만원 이하인 자. 단, 총급여액이 500만원 이하이고 다른 소득이 없는 경우에는 기본공제 대상자에 포함한다.

③ 기타 부양가족(본인과 배우자의 직계존속, 형제자매, 자녀 등)
- 연간소득금액이 100만원 이하이고 (연간 총급여액이 500만원 이하이고 다른 소득이 없는 자도 포함), 60세 이상 또는 만 20세 이하인 자
- 장애인 : 연간 소득금액이 100만원 이하인 자
- 직계비속(자녀) : 직계비속이 장애인이고, 직계비속의 배우자도 장애인인 경우에는 직계비속의 배우자도 기본공제 대상에 포함한다.
- 동거 입양자 : 민법 또는 입양특례법에 따라 6개월 이상 입양한 양자 및 사실상 입양상태에 있는 사람으로서 거주자와 생계를 같이 하는 18세 미만의 자를 말한다.

사례

2022년도 연말정산이라면...
- 2002년 1월 1일 이후에 출생 지녀, 형제자매 : 20세 이하 공제가능
- 1962년 12월 31일 이전에 출생 형제자매, 부모 : 60세 이상 공제 가능

기타주의사항

(1) 배우자와 부양가족의 연간 소득금액에는 종합소득금액, 퇴직소득금액, 양도소득금액을 포함한다.
(2) 배우자와 기타 부양가족의 사망은 공제 가능하나, 배우자와 이혼은 공제 불가능하다.
(3) 공제대상가족이 동시에 다른 거주자의 공제대상 가족에 해당하는 경우에는 이 중 1명의 공제대상 가족으로 한다.
(4) 배우자와 자녀의 경우 별거중이라도 공제가 가능하다. (예 : 기러기 아빠의 처자식에 대한 기본공제 가능) 부모나 형제자매의 경우에는 생계를 같이 하거나 실질적으로 부양하여야 공제가 가능하다.

(5) 본인 또는 배우자의 직계존속이 재혼한 경우에는 직계존속의 배우자도 기본공제 대상자에 포함한다, 단, 사실혼(혼인신고를 하지 않음)은 해당되지 않는다.
(6) 본인과 배우자의 형제자매는 기본공제 대상자이지만 형부, 형수, 제수 등은 기본공제 대상자가 아니다.
(7) 당해연도에 장애가 치유된 경우에는 당해까지는 기본공제가 가능하다.
(8) 소득금액 산정시 비과세 소득과 분리과세만으로 납세의무가 종결되는 소득은 제외하고 공제가능 여부를 판단하여야 한다.
(9) 소득과 소득금액은 서로 다른 개념이다. 소득은 총급여액이나 수입금액 같이 벌어들인 금액을 의미하고, 여기에서 필요경비 등을 차감한 것이 소득금액이다. 예를 들어 사업자가 1억원의 수입금액을 얻었는데, 관련 비용이 6천만원이라면 소득금액은 4천만원이 되는 것이다.
(10) 연간 기타소득금액이 300만원 이하인 거주자는 분리과세와 종합과세를 선택하여 적용할 수 있다. 부양가족 중에서 기타소득금액이 300만원 이하이고 다른 소득금액이 100만원 이하인 자가 있을 때, 해당 부양가족이 분리과세로 소득세 신고를 한다면 기본공제 대상자에 포함이 가능하다.

2) 추가공제 : 기본공제 대상자 중 다음에 해당하는 사람에 한하여 추가공제 한다.

- 장애인 : 1인당 200만원
- 경로자 : (70세 이상 → 1인당 100만원)
- 부녀자 : 종합소득금액이 3천만원 이하인 여성으로 배우자가 있는 여성 또는 배우자 없는 여성으로 기본공제대상자가 있는 세대주 여성 (50만원)
- 한부모 소득공제 : 배우자가 없는 자로서 부양자녀(20세이하)가 있는자 (연 100만원을 공제하며 부녀자공제와 중복적용되는 경우에는 한부모 소득공제만 적용한다.)

기타주의사항

(1) 항시 치료를 요하는 중증환자도 장애인 범위에 포함된다.
(2) 부녀자공제와 한부모공제가 중복적용 되는 경우에는 한부모 추가공제를 이용한다.

02 연금보험료 공제

국민연금법, 공무원연금법등에 의한 본인 국민연금납부액에 소득공제가 가능하다. 단, 사적연금은 2014년 귀속 연말정산부터 연금세액공제라는 명칭으로 별도 규정을 적용받는다.

03 소득공제 - 특별소득공제

1) 보험료공제
본인이 근로소득자로서 납입한 국민건강보험료, 고용보험료에 대해서는 전액 소득공제를 한다.

2) 주택자금공제 : 세대주인 근로소득자에 한하여 적용
① 근로자주택마련저축불입액 × 40% (한도 240만원)
과세연도 중 주택을 소유하지 않은 총급여액 7천만원 이하이면서 근로자인 세대주가 납입하는 금액

② 국민주택임차자금의 원리금상환액 × 40%

③ 장기주택저당차입금의 이자상환액
(개정 : 단, 2주택을 보유한 기간이 3개월을 초과한 경우에는 그 과세기간에 지급한 이자상환액은 근로소득금액에서 공제하지 아니함)
한도 : ① + ②는 한도 300만원, ① + ② + ③의 한도는 500만원
(단, 장기주택저당차입금이 대통령령이 정하는 요건(30년이상)을 충족하면 1,800만원)

3) 신용카드등 사용금액에 대한 소득공제
근로소득이 있는 거주자 (일용근로자는 제외)가 본인, 배우자 및 직계존비속 (연령무관, 소득은 고려 - 형제자매는 제외된다)이 사용한 신용카드, 직불카드, 현금영수증 등의 금액이 있는 경우에 근로소득금액에서 공제가능하다. 단 다음의 경우에는 공제를 배제한다.

① 보험료, 교육비등으로 지출한 금액
(유치원도 신용카드사용소득공제 불가, 취학 후 아동의 학원비는 신용카드사용소득공제 가능)
② 법인의 비용으로 사용한 금액
③ 지방세법에 의한 취득세, 등록세 과세대상 자산을 취득한 금액 (주택, 자동차 등)
④ 제세공과금, 아파트관리비, 고속도로통행료, 전기료, 수도료 등
⑤ 해외에서 사용한 금액
⑥ 물품 또는 용역의 거래없는 신용카드 거래금액 (가공거래)
⑦ 신규로 출고되는 자동차 구입비용(단, 중고자동차는 매입금액의 10% 만큼 소득공제 가능)
⑧ 기부금 및 소득공제를 받는 월세액
⑨ 상품권 등 유가증권 구입비

4부 · 소득세 이론

⑩ 정치자금기부금이나 지정기부금을 카드로 결제하여 납부하는 경우
⑪ 세액공제를 받은 월세액
* 신용카드사용소득공제와 의료비 공제는 중복적용이 가능하다.
* 일반 신용카드 사용분은 300만원 한도로 소득공제가 가능하나, 전통시장사용분과 대중교통비 사용분이 있는 경우에는 최대 400만원 한도로 소득공제가 가능하다.

기타주의사항

(1) 세대주가 아닌 세대원인 근로자는 주택마련저축 납입액 공제가 불가능하다.
(2) 2주택 이상 또는 국민주택규모 초과 주택을 보유한 근로자(세대원 포함) 청약저축 납입액에 대한 주택마련저축 공제가 불가능하다.
(3) 주택자금공제 적용시 어린이집이나 임대주택과 같은 사업용 주택을 보유하는 경우에도 주택 수에서 제외되는 것이 아니므로 2주택 여부 판단시 합산하여 판단하여야 한다.
(4) 구주택을 보유하고 있는 상태에서 신주택을 취득하여 일시적으로 2주택이 되어도 12월 31일 현재 1주택인 경우에는 신주택에 대하여 장기주택저당차입금의 이자상환액을 공제 받을 수 있다.
(5) 형제자매가 사용한 신용카드 사용액은 공제 받을 수 없다.
(6) 교육비 세액공제와 신용카드사용소득공제는 원칙적으로 중복적용이 불가능하다. 단, 미취학아동의 학원 및 체육시설에 대한 수강료의 경우에는 중복공제가 가능하다.

참고

특별소득공제 및 특별세액공제 적용대상 : 단, 배우자, 장애인 부양가족은 나이제한 없음

구 분	배우자	직계존속	직계비속	형제자매	나이제한	소득제한
보험료 - 4대보험	×	×	×	×	본인만	본인만
보험료 - 보장성	O	O	O	O	있음	있음
보험료 - 장애인전용	O	O	O	O	없음	있음
의료비	O	O	O	O	없음	없음
교육비 - 대학원, 직업능력	×	×	×	×	본인만	본인만
교육비 - 유·초·중·고·대	O	×	O	O	없음	있음
장애인특수교육비	O	O	O	O	없음	없음
주택자금	×	×	×	×	본인만	본인만
기부금(일반)	O	O	O	O	없음	있음
기부금(정치자금,우리사주)	×	×	×	×	본인만	본인만
신용카드	O	O	O	×	없음	있음

소득세 특별공제 종합한도 신설

2013년 귀속 연말정산부터는 특별소득공제를 2,500만원으로 제한하는 규정이 신설되었다. 단, 2014년부터 일부가 소득공제에서 세액공제로 전환됨에 따라 한도액의 중요성은 크게 감소하였다.
- 한도가 있는 소득공제 : 주택자금공제, 신용카드사용소득공제, 개인연금저축, 우리사주조합출자에 대한 소득공제 등
- 한도제외 소득공제 : 인적공제, 근로소득공제, 건강보험, 고용보험, 국민연금 등

04 특별세액공제

1) 보험료 세액공제

기본공제대상자를 위하여 보장성 보험 납입금액이 있는 경우에는 다음 금액의 12%(장애인 전용 보험은 15%)를 세액공제 한다.

① 기타 보장성 보험료 : 연간 100만원 한도
② 장애인 전용 보험료 : 연간 100만원 한도(보험증서에 장애인전용 보험이라고 명시된 것에 한한다.)

> **사례**
>
> 근로소득이 있는 거주자가 본인의 자동차 보험료로 2,400,000원, 자녀 (소득없는 장애인)를 피보험자로 하는 장애인 전용 보험료 600,000원을 납입한 경우
> => ① 자동차보험 1,000,000원(한도) × 12% = 120,000원
>   ② 장애인전용 보험 600,000원 × 15% = 90,000원
>   ③ 합계 : 120,000원 + 90,000원 = 210,000원

기타주의사항

(1) 기본공제대상자가 아닌 부양가족을 위해 지출한 보험료는 세액공제를 받을 수 없다.
(2) 근로기간이 아닌 기간에 지출한 보험료는 보험료 세액공제를 받을 수 없다.
(3) 해외에서 지출한 보험(예 : 여행자 보험)은 공제대상이 아니다.
(4) 장애인전용보험의 보험료의 대상금액이 100만원을 초과하는 경우, 초과액을 보장성보험으로 공제하는 것은 불가능하다.

2) 의료비 세액공제

근로소득이 있는 거주자가 기본공제 대상자 (나이제한 및 소득제한을 받지 아니한다.)를 위하여 다음의 의료비가 있는 경우에는 지출 금액의 15%(난임수술비는 30%, 미숙아 선천성이상아는 20%)를 세액공제 한다.

① 한도

- 일반의료비 : 일반의료비 − 총급여액 × 3%(한도 700만원)
- 전액공제 의료비(본인, 65세 이상 경로우대자 의료비, 장애인 의료비, 난임, 미숙아 등)
  전액공제 의료비 - 일반의료비가 총급여액의 3% 미달시 그 미달액
- 단, 시력보정용 안경이나 콘텍트렌즈는 1인당 연간 50만원 한도 인정

② 의료비 제외항목

미용·성형수술비, 보약구입비 등은 의료비공제 항목에서 제외된다.

사례

총급여액이 50,000,000원인 근로소득자의 의료비 내역은 다음과 같다. 의료비 세액공제는 얼마인가?
(1) 본인 맹장수술비 : 3,000,000원
(2) 6세 자녀의 다리 수술비 : 6,000,000원
(3) 배우자의 산부인과 병원비(난임 아님) : 3,500,000원

(해답)
(1) 총급여액 50,000,000원의 3%는 1,500,000원이다. 일반의료비의 합계가 9,500,000원이므로 총급여액의 3%를 초과하는 의료비는 8,000,000원인데, 의료비 한도인 7,000,000원을 초과한다.
(2) 세액공제 대상 의료비 : 전액공제 의료비 3,000,000원 + 일반 의료비 7,000,000원
(3) 의료비 세액공제액 : 10,000,000원 × 15% = 1,500,000원

기타주의사항

(1) 의료비 지출액 중 보험회사로부터 보전받은 부분은 제외한다.
    (상해보험에 가입한 자가 의료비로 300만원을 지출했는데, 보험사로부터 200만원을 지원받았다면 100만원만 의료비 공제)
(2) 간병비 비용은 의료비 공제 제외한다. 단, 산후조리원은 총급여액 7,000만원 이하인 근로소득자만 공제받을 수 있으며 회당 200만원을 한도로 한다.
(3) 국외에서 지출한 의료비는 공제대상에서 제외한다.

3) 교육비 세액공제

근로소득이 있는 거주자가 기본공제 대상자 (나이제한은 없으나 소득제한은 있다.)를 위하여 다음의 교육비 지출액이 있는 경우에는 지출액의 15%를 세액공제 한다.

① 본인 : 초,중,고,대학교, 대학원, 직업능력개발훈련비(고용보험법에 의한 근로자수강지원금 제외) 전액 공제 가능

② 부양가족(직계존속은 제외되는 것에 주의한다.)
- 취학전 아동 (보육원, 유치원, 체육시설, 어린이집 및 유치원의 특별활동비와 급식비 등) : 300만원 한도
- 초,중,고 : 300만원 한도(학교급식비, 학교 교과서 및 학교 교재비, 보충수업비, 학교에서 구입하는 보충수업 교재비등 포함)
- 체험학습비는 학생 1인당 연간 30만원을 한도로 한다.
  (교복 구입비용 : 중·고등학생의 경우에 한하며, 학생 1인당 연 50만원을 한도로 한다.)
- 대학교 : 900만원 한도

③ 장애인 특수교육비(직계존속도 공제가능)

근로자가 기본공제대상자인 장애인을 위하여 재활교육을 실시하는 교육기관에 지급하는 특수교육비 → 전액공제 (나이 및 소득제한 없음)

기타주의사항

(1) 대학원 교육비는 본인 지출분만 공제 가능하다.
(2) 초, 중, 고등학생의 학원비는 교육비 공제대상에서 제외되나 초등학교 입학연도 1월~2월분의 학원비는 교육비 세액공제가 가능하다.
(3) 유학자격이 있는 부양가족에 대한 국외 교육비는 공제 가능하다.

4) 월세세액공제

해당 과세기간 총급여액이 7,000만원 이하인 근로자와 기본공제 대상자(종합소득금액 6,000만원 초과자는 제외)이 납부한 월세액의 10%를 세액공제한다. 단, 월세액공제는 75만원(월세금액 750만원)을 초과하는 경우에는 그 초과하는 금액은 없는 것으로 한다. 2017년부터 고시원 등의 준거주시설도 월세액공제 범위에 추가되었다.

5) 연금계좌세액공제 : 2001.1.1 이후 가입

종합소득이 있는 거주자가 연금계좌에 납입한 금액의 12%.
단, 총급여액이 5,500만원 이하(종합소득금액 4,000만원 이하)의 경우 15%.

연금저축 납입액	400만원 한도 종합소득금액 1억원 또는 총급여액 1억2천만원 초과인 거주자는 연 300만원 한도	(연금저축+퇴직연금) 700만원 한도
퇴직연금	(단독 700만원 한도)	

* 단, 2000.12.31 이전에 가입한 경우에는 개인연금저축공제(소득공제)를 적용한다.

6) 기부금 세액공제

본인과 기본공제대상자가 납부한 기부금에 대하여 세액공제 한다. (나이제한을 받지 않는다) 세액공제 비율은 기부금이 1천만원 이하인 경우 대상액의 15%, 1천만원 초과인 경우 대상액의 30%를 세액공제 한다.

(주의 : 일반적인 특별세액공제는 근로소득자만 가능하나 기부금의 경우에는 사업소득자도 공제받을 수 있다).

① 정치자금

기부정치자금의 100/110은 세액공제(한도는 10만원), 초과분은 법정기부금으로 처리한다. 정치자금과 우리사주조합기부금은 본인 지출분만 공제가능하다.

② 법정기부금 (종합소득금액의 100% 한도)

- 국가 및 지방자치단체에 기부한 금액
- 국방헌금
- 국공립학교에 기부한 금액
- 사립학교에 시설비, 교육비, 연구비, 장학금 등의 용도로 기부
- 국공립대학 병원, 사립대학병원, 국립암센터, 지방의료원, 대한적십자사가 운영하는 병원등에 시설비, 교육비, 연구비 용도로 지출하는 금액
- 대한적십자사회비
- 자원봉사용역(8시간 기준 1일 5만원 + 자원봉사용역에 부수되는 재료비, 용역비) 등

③ 우리사주조합기부금 : 종합소득금액의 30% 한도

④ 지정기부금 (종합소득금액의 30%한도)

ⅰ. 다음의 비영리법인 등의 고유목적사업비로 지출하는 기부금

- 사회복지사업법에 따른 사회복지법인
- 유아교육법, 유치원, 초중등교육법, 고등교육법에 의한 학교 (국공립은 법정기부금)
- 정부로부터 인허가를 받은 학술연구단체, 장학단체, 문화예술단체, 환경보호단체
- 기획재정부령이 정하는 지정기부금 단체
- 불우이웃돕기성금, 노동조합비 등

⑤ 10% 기부금 : 종교단체 기부금

⑥ 비지정기부금(기타기부금) : 동창회, 종친회, 향우회, 신용협동조합, 새마을금고 등의 기부금

기부금 이월공제

기부금한도초과액이 발생하여 기부금공제를 받지 못한 경우에는 다음과 같이 이월공제기간 내에 기부금 세액공제를 받을 수 있다.
* 2014년 이전 : 법정기부금은 3년, 지정기부금은 5년
* 2014년~2018년 : 법정, 지정 구분없이 5년
* 2019년 이후 : 법정, 지정 구분없이 10년

기타주의사항

(1) 법정기부금의 범위에는 자원봉사용역도 해당된다. 이 경우 1일 8시간을 기준으로 봉사일수당 5만원 만큼 법정기부금으로 인정해 준다.

7) 자녀 세액공제

종합소득이 있는 거주자의 기본공제대상자에 해당하는 자녀의 숫자만큼 종합소득 산출세액에서 공제한다.

(1) 기본세액공제 : 6세 이하 자녀는 제외한 인원으로 한다.

① 2명 이하 : 1인당 15만원
② 2명 초과 : 30만원 + (2명 초과 인원 × 30만원)
　　* 자녀 1인 : 15만원, 2인 : 30만원, 3인 : 60만원, 4인 : 90만원

(2) 출산 및 입양

• 자녀가 첫째인 경우 : 30만원

- 자녀가 둘째인 경우 : 50만원
- 자녀가 셋째 이상인 경우 : 70만원

본인의 총급여액 및 소득공제를 확인하여야 하는 소득공제, 세액공제

다음의 경우에는 소득자의 소득금액을 확인한 후 공제여부를 판단하여야 한다.
(1) 부녀자 공제 : 종합소득금액이 3,000만원 이하여야 적용가능
(2) 주택청약종합저축 소득공제, 월세액 세액공제 : 총급여액 7,000만원 이하인 근로자만 가능
(3) 연금계좌세액공제

제4장 소득세의 신고, 납부

01 소득세 과세표준의 신고

1) 각 소득별 과세표준의 신고절차

① 이자소득, 배당소득

일반적으로 2천만원 이하의 경우에는 원천징수만으로 납세의무 종결, 2천만원 초과시 종합소득세 신고

② 사업소득

- 원천징수가 적용되지 않는 사업소득 : 종합소득세 신고 납부
- 원천징수가 적용되는 사업소득 : 종합소득세 신고, 납부를 하면서 추가납부 또는 환급

③ 근로소득

- 매월 급여수령시 간이세액표에 따라 원천징수
- 2월 급여지급시 연말정산, 2월말까지 지급조서 납부
- 근로소득만 있는 경우 연말정산시 납세의무가 종결되나 다른 소득이 있는 경우에는 종합소득세 신고를 한다.

④ 기타소득

- 분리과세만으로 납세의무 종결 : 복권 당첨소득 등
- 원천징수를 하지 않고, 종합소득 신고, 납부 : 무형자산 양도, 뇌물 등
- 원천징수를 하고, 종합소득세 신고, 납부를 하면서 추가납부 또는 환급 : 일반적인 기타소득

⑤ 퇴직소득

- 원천징수만으로 납세의무 종결

02 결손금과 이월결손금 공제

1) 결손금 공제

사업소득에 대해서 결손금이 발생할 수 있다. 단, 부동산임대업에서 발생한 결손금(주택임대업은 제외)은 다른 소득과 통산할 수 없다.

2) 공제순서 : 사업소득에 대한 결손금만 타 소득과 공제가 가능하다.

> 사업소득 중 부동산임대업에서 발생한 소득 → 근로소득 → 연금소득 → 기타소득 → 이자소득 → 배당소득

3) 세액감면과 세액공제의 중복적용시 공제순서

가급적이면 이월공제가 되지 않는 사항부터 공제한다. 추계시에는 장부기장의 신빙성도 없기 때문에 이월결손금 공제도 인정하지 않는다.

4) 이월결손금 공제

사업소득에 한하여 이월결손금 공제가 가능하다. 이월결손금 공제 가능기간은 15년이다.

03 소득세의 계산구조

1) 소득세 계산구조

종합소득과세표준부터 차감납부할 세액까지 계산구조는 다음과 같다.

```
      종합소득과세표준
         × 세율 (6% ~ 45%)
      종합소득산출세액
    - 세액공제, 세액감면   근로소득세액공제, 특별세액공제 등
      종합소득결정세액
         + 가산세
    - 기납부세액   중간예납세액, 원천징수세액
      차감납부할세액
```

2) 세율 : 6%~45% (8단계 누진세 구조)

과세표준	세 율
~ 1,200만원 이하	6%
1,200만원 ~ 4,600만원	72만원원 + 1,200만원 초과소득 × 15%
4,600만원 ~ 8,800만원	582만원 + 4,600만원 초과소득 × 24%
8,800만원 ~ 1억 5천만억원	1,590만원 + 8,800만원 초과소득 × 35%
1억 5천만원 초과 ~ 3억원	3,760만원 + 1억 5천만원 초과소득 × 38%
3억원 초과 ~ 5억원 이하	9,460만원 + 3억원 초과소득 × 40%
5억원 초과 ~ 10억원 이하	1억 7,060만원 + 5억원 초과소득 × 42%
10억원 초과	3억 8,460만원 + 10억원 초과소득 × 45%

3) 가산세

소득세법상 가산세는 여러 가지가 있으나 전산세무2급에서는 한두가지 정도만 알아두도록 한다.

① 증빙불비 가산세 : 1회 3만원을 초과하는 경비를 지출할 때는 세금계산서, 신용카드 등 법적 증명자료를 갖추어야 한다. 기타증명자료를 수취한 경우에는 2%의 가산세가 붙는다.
② 신고불성실가산세, 납부지연가산세 : 부가가치세법상 가산세와 유사하다.

4) 중간예납

사업소득자만 중간예납의무를 가진다. 11월에 중간예납의무를 부담하게 된다.

5) 분납

납부할 세액이 1,000만원을 초과하는 경우에는 2개월 이내에 분납이 가능하다.
① 납부할 세액이 1,000만원 초과 ~ 2,000만원 이하 : 1,000만원 초과 세액
② 납부할 세액이 2,000만원 초과 : 1/2

04 원천징수

1) 원천징수세율

① 이자소득, 배당소득
  - 일반적인 경우 : 14%
  - 비영업대금의 이익 : 25%
  - 비실명채권, 증권의 이자 : 42%(일반), 90%(금융실명제 위반)

② 사업소득(자유직업소득) : 3%(봉사료는 5%)

③ 근로소득 : 간이세액표(일용직은 6%)

④ 기타소득 : 20% (3억 초과 복권당첨소득은 30%)

2) 원천징수의 신고납부

① 원칙 : 징수일의 다음달 10일까지 원천징수이행상황신고를 제출

② 반기별 납부사업자 : 상시 고용인원이 20인 이하인 소규모 업체로서 세무서장의 승인을 얻은 경우에는 1~6월분에 대해서는 7월 10일, 7월~12월분에 대해서는 1월 10일까지 원천징수이행상황신고서를 제출한다.

소액부징수

징수할 세액이 일정금액 이하인 경우에는 징수를 하지 않는 규정을 말한다.
* 납세조합의 징수세액이 1,000원 미만
* 근로소득자(일용근로자 포함)의 원천징수세액이 1,000원 미만
* 사업소득이 있는 자의 경우 중간예납세액이 50만원 미만 (개정 가능성 있음)
* 기타소득자의 원천징수세액이 10,000원 이하

5부

전산실습

1장   프로그램과 실습데이터의 설치
2장   일반전표입력
3장   매입매출전표입력
4장   부가가치세 전산실습
5장   결 산
6장   원천징수

제1장 프로그램과 실습데이터의 설치

01 프로그램의 설치

1. 케이렙 교육용 프로그램의 설치

(1) 한국세무사회 자격시험 홈페이지 (http://license.kacpta.or.kr)에 접속하여 케이렙 다운로드 배너를 클릭한 후 다운로드 받은 파일을 실행하여 설치한다.

(2) 바탕화면에 다음과 같이 생긴 아이콘을 클릭하면 교육용 프로그램을 작업할 수 있다.

 바탕화면에 아이콘이 생성되지 않았다면 컴퓨터 화면의 왼쪽 하단에서 프로그램 → KcLep폴더 → KcLep를 클릭하여 프로그램을 시작할 수도 있다.

(3) 실행을 하면 시작화면이 나오는데, 본인이 학습하고자 하는 급수와 작업한 내용이 저장되어 있는 드라이브, 회사 등을 선택하고, 작업할 수 있다.

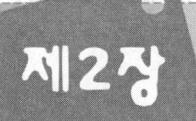

제2장 일반전표입력

> **→ 들어가기에 앞서**
> 강의자 입장에서는 아래 부분을 반드시 전달해 주시고, 수험자 입장에서는 단원 학습이 끝나고 나서 해당 부분을 숙지했는지 확인하여야 한다.
> (1) 수업 시작 전 교재 실습데이터 설치 및 회사코드재생성 여부를 확인해 주셔야 합니다.
> (2) 본 교재는 중간에 회사를 변경하면서 작업할 것을 요구하고 있습니다. 문제 풀이시 학생들이 적법한 회사에서 작업하고 있는지 확인해 주셔야 합니다.
> (3) 입금전표, 출금전표, 대체전표에 대해서 설명해 주셔야 합니다.
> (4) 거래처명을 기록해야 하는 계정과목들을 알려주셔야 합니다.
> (5) 타계정으로 대체에 대한 적요를 설명해 주셔야 합니다.
> (6) 그 외 각 상황별 분개방법을 지도해 주셔야 합니다.

01 일반전표 실습데이터의 설치

(1) 회사코드 체계

실제 전산세무2급 시험에서는 기초정보관리 (회사등록, 거래처등록 등)가 출제되지 않으며, 전산회계1급 과정을 수료하고, 전산세무2급을 시작하는 독자들은 굳이 기초정보관리부터 다시 학습을 하지 않아도 된다고 판단된다.

따라서 어느 정도 입력이 되어 있는 자료에서 추가로 실습을 하는 방식으로 교재작업을 하고자 한다. 회사코드의 체계는 다음과 같이 정하였다.

회사코드	내 용
5262번	62회 기출문제 백데이터
5263번	63회 기출문제 백데이터
...	...
5297번	97회 기출문제 백데이터

(2) 실습데이터의 설치방법

실습데이터를 받기 전에 교육용프로그램의 설치를 이미 했어야 한다.

① 실습데이터 설치방법
　1. 웹하드(http://www.webhard.co.kr)에 접속하여 아이디 sosbook1, 패스워드 sosbook0으로 실습데이터를 다운로드 한다.
　　홈페이지에서 자료실 - 백데이터 자료실 순서대로 들어가서 2022년 S라인 전산세무2급 실습데이터를 다운로드 한다.
　2. 다운로드 받은 파일을 압축을 푼다.
　3. 케이렙 프로그램을 실행시킨 회사등록 메뉴를 실행시킨다.
　4. 상단의 회사코드재생성 메뉴를 실행시킨다.

② 실습 작업시 주의사항
　본 교재는 문제 중간에 회사 변경을 하면서 작업할 것을 요구하고 있다. 중간에 전표입력이 누락되거나 잘못되더라도 뒷부분 작업시 미치는 영향을 최소화하기 위한 것이다.

제2장 • 일반전표입력

 일반전표입력의 방법의 사례

일반전표입력은 다음의 순서에 따라 작업하게 된다.

① 입력하고자 하는 날짜 또는 월을 선택한다.

예를들어 1월 2일, 1월 5일의 거래를 각각 입력한다고 가정하자. 메뉴에서 1월만 기록하고, 일자는 기록하지 않고 작업을 하면, 1월 전체의 거래 입력이 가능하고, 1월 2일로 기록을 한다면 1월 2일에 발생한 거래만 입력이 가능하다. 수험목적으로는 1월 2일까지 입력하는 방법을 추천한다.

② 날짜를 입력한 후 구분에 커서를 가져다 대면 전표의 유형을 기록한다.
  1. 출금 : 대변에 현금만 기록하게 되는 회계처리에서 사용한다.
  2. 입금 : 차변에 현금만 기록하게 되는 회계처리에서 사용한다.
  3. 대체차변, 4. 대체대변 : 그 외의 거래에서 사용한다.
  5. 결산차변, 6. 결산대변 : 결산자료 입력후 자동분개로서 생성된다. 자세한 설명은 결산 파트에서 설명하기로 한다. (5번과 6번은 가급적 사용하지 않는 것이 좋다.)

③ 출금전표나 입금전표를 선택한 경우에는 상대 계정과목을 입력한다(입금전표나 출금전표 선택시에 반대편에 현금이 자동으로 설정된다).

구분	계정과목
채권	외상매출금, 받을어음, 미수금, 선급금, 단기대여금, 장기대여금 등 실무에서는 당좌예금, 보통예금도 거래처를 기록해야 한다.
채무	외상매입금, 지급어음, 미지급금, 선수금, 단기차입금, 장기차입금, 유동성장기부채 등

④ 거래처 코드란에서 F2를 누르면 거래처 목록이 생성되고, 아니면 거래처 코드를 입력하는 메뉴에서 "+"를 누른 다음 원하는 거래처를 앞에서 두글자 이상 입력한 후 엔터를 치면 거래처 목록이 나타난다.

여기에서 원하는 거래처를 선택한 후 금액을 입력한다. 물론 코드번호를 알고 있다면 직접 입력해 주면 된다. F2 코드도움을 받은 후 입력란에 회사이름을 기록하여 회사를 검색할 수도 있다.

277

⑤ 적요는 거래내역을 나중에 확인할 수 있도록 보조해 주는 역할을 한다. 거래에 따라 가장 가까운 적요번호를 선택해 준다.

다른 전표를 사용하는 경우에도 유사한 방법으로 입력할 수 있다. 전산세무회계 시험에서는 특별한 경우를 제외하고 적요의 입력을 생략해도 좋다고 명시하고 있으나 실무적으로는 적요의 입력을 하는 것이 일반적이다. 우선 기본적인 기능의 활용을 위해 간단하게 일반전표입력을 연습하도록 한다.

○ 예제 1. 일반전표 입력 방법

회사코드 5262번 (주)소망에서 다음의 일반전표입력 작업을 하시오. (편의상 적요의 입력은 생략한다.)

[1] 4월 30일 영업부에서는 법정단체인 무역협회에 일반회비로 500,000원을 현금으로 지급하였다.

해답

[1] 4월 30일

    (차) 세금과공과(판)   500,000   (대) 현금   500,000

* ① 전표입력 일자 기록
   ② 대변에 현금만 나오는 거래는 구분에서 출금으로 선택
   ③ 상대계정과목과 금액을 입력

[2] 5월 10일 (주)한국에 대한 전기 외화외상매출금(계정과목:외상매출금) $600,000를 전액 보통예금으로 지급받았다. 단, 전기말 외화자산 평가는 적절하게 하였다.

제2장 • 일반전표입력

- 2021년 12월 31일 기준환율 : 1,200원/$
- 2022년 5월 10일 입금시 적용환율 : 1,100원/$

해답

[2] 1월 20일
 (차) 보통예금 660,000,000 (대) 외상매출금((주)한국) 720,000,000
   외환차손 60,000,000

일	번호	구분	계정과목	거래처	적요	차변	대변
10	00005	차변	0103 보통예금			660,000,000	
10	00005	대변	0108 외상매출금	00404 (주)한국			720,000,000
10	00005	차변	0952 외환차손			60,000,000	

* ① 현금이 나오지 않는 거래는 구분에서 차변, 대변을 사용
 ② 채권, 채무는 거래처를 기록
  - 채권 : 외상매출금, 받을어음, 미수금, 선급금, 단기대여금, 장기대여금 등
  - 채무 : 외상매입금, 지급어음, 미지급금, 선수금, 단기차입금, 장기차입금 등

[3] 5월 11일 다음 통장거래를 일반전표입력메뉴에 입력하시오. 단, 이자소득세는 자산계정으로 처리한다.(3점)

일자	출금액	입금액	내 역
5/11	-	169,200원	예금결산이자는 200,000원이며, 이자소득세 30,800원을 차감한 금액을 보통예금계좌에 입금하였다.

해답

[3] 5월 11일
 (차) 보통예금 169,200 (대) 이자수익 200,000
   선납세금 30,800

[4] 5월 29일 당사는 당사의 주식 4,000주(1주당 액면가액 5,000원)를 1주당 4,000원으로 매입 소각하였다. 대금은 보통예금계좌에서 이체하여 지급하였다.

해답

[4] 5월 29일
 (차) 자본금 20,000,000 (대) 보통예금 16,000,000
           감자차익 4,000,000

[5] 12월 10일 본사 영업부의 4대보험 및 근로소득세 납부내역은 다음 표와 같다. 회사는 보통예금으로 동 금액을 납부하였다. 국민연금은 세금과공과 계정을 사용하고 건강보험과 장기요양보험은 복리후생비, 고용보험 및 산재보험은 보험료 계정을 사용한다.

구 분	근로소득세	지방소득세	국민연금	건강보험	장기요양보험	고용보험	산재보험
회사 부담분			50,000원	30,000원	2,000원	550원	1,200원
본인 부담분	100,000원	10,000원	50,000원	30,000원	2,000원	850원	
계	100,000원	10,000원	100,000원	60,000원	4,000원	1,400원	1,200원

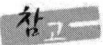

[5] 5월 25일
 (차) 예수금   192,850   (대) 보통예금   276,600
   세금과공과(판)   50,000
   복리후생비(판)   32,000
   보험료(판)   1,750

한편 일반전표입력에서 F12 조회를 클릭하거나 일반전표입력을 종료했다가 다시 열어보면 날짜 순서대로 정렬됨을 확인할 수 있다.

전표입력의 삭제와 입력일자 변경

① 전표입력의 삭제 : 일자 왼쪽의 빈칸을 클릭하고, F5를 누르거나 화면 좌측상단의 "X" 모양의 아이콘을 클릭한다. (상단의 삭제한 데이터를 클릭하고 완전삭제나 복구를 할 수 있다.)
② 입력일자 변경 : 일자 왼쪽의 빈칸을 클릭하고, F4 복사 옆에 있는 "▼"을 클릭하여, 복사 또는 이동을 할 수 있다.
③ 거래처등록이 필요한 경우 : 거래처코드란에서 F2코드도움을 눌렀을 때 거래처가 등록되어 있지 않은 경우에는 F3을 눌러서 거래처 등록이 가능하다. 거래처코드란에 "+"를 누른 후 신규등록도 가능하다.

문제에서 주어진 각각의 회사코드로 변경한 후 일반전표입력을 하시오.

> 공통사항
> (1) 타계정대체를 제외하고 적요의 입력은 생략한다. 고정자산 등록은 생략한다.
> (2) 문제에서 거래처의 신규등록을 요구하는 경우에는 유형은 동시로 한다.

63회 기출문제 : 회사코드 5263번 ㈜세진에서 작업할 것 - 회사코드에 유의한다.

[1] 2월 1일 당사는 (주)호주무역에게 대여한 단기대여금 20,000,000원을 회수불능채권으로 보아 전액 대손처리 하였다.(대손충당금은 조회하여 처리하시오)

[2] 2월 20일 업무용승용차를 구입하기 위하여 액면금액 1,000,000원의 10년 만기 무이자부 국공채를 액면금액으로 현금으로 매입하였다. 당 회사는 해당 국공채를 만기까지 보유할 예정이며, 보유할 수 있는 의도와 능력이 충분하다. 구입당시의 만기보유증권의 공정가액은 600,000원이다.

[3] 2월 28일 당사는 1월 10일에 매출처인 (주)부도로부터 외상매출금 50,000,000원에 대하여 어음을 받아 소지하고 있었으나, (주)부도의 자금사정 악화로 2월 28일자로 금융기관으로부터 최종부도처리 되었음이 확인되었다.(대손세액공제 등 부가가치세는 고려하지 말것)

[4] 3월 1일 비사업자인 김갑수로부터 토지와 건물을 70,000,000원에 일괄 취득함과 동시에 당좌수표를 발행하여 전액 지급하였다. 토지와 건물의 공정가치는 아래와 같다.

> ·토지의 공정가치 : 60,000,000원   ·건물의 공정가치 : 40,000,000원

[5] 3월 15일 영업부에서 원재료로 사용하기 위해 구입한 미가공식용품(취득원가:1,000,000원)을 거래처 직원을 위한 선물로 지급하였다.(3점)

64회 기출문제 : 회사코드 5264번 ㈜세종기업에서 작업할 것 - 회사코드에 유의한다.

[1] 2월 28일 당사는 제품 판매 후 3년 이내에 발생하는 하자에 대해서는 무상으로 수리하여 주고 있다. 전기말에 장기제품보증부채로 계상한 금액은 50,000,000원이고, 당일 제품의 하자보증에 따른 비용으로 7,000,000원이 당좌수표로 지출되었다.

[2] 5월 25일 회사는 보통주(액면가액 주당 5,000원) 1,000주를 주당 4,500원에 발행하면서, 주금을 보통예금으로 납입받았다. 발행당시 주식발행초과금의 잔액은 200,000원이며, 신주발행수수료 150,000원은 현금으로 지급하였다.

[3] 7월 3일 본사 건물에 대하여 전년도에 납부하였던 전기료 중 과오납부한 금액인 300,000원이 당사 보통예금으로 입금되어 오류를 수정하였다. 중대한 오류가 아니다.(잡이익계정은 사용하지 마시오)

[4] 12월 20일 자기주식(액면가액 5,000원) 100주를 주당 8,000원에 취득하고 현금을 지급하였다.

[5] 12월 25일 본사 영업부서에 근무하는 직원인 김정숙씨의 급여명세서를 아래와 같이 확정하고 12월15일에 가불한 1,000,000원을 차감후 보통예금에서 지급하였다. 가불시 '임직원등 단기채권'계정으로 회계처리하였다.(공제액은 하나의 계정과목으로 처리한다)

성명	급여	상여금	국민연금 등 본인부담액	소득세 (지방소득세 포함)	가불금	차감지급액
김정숙	2,000,000원	800,000원	170,000원	30,000원	1,000,000원	1,600,000원

종합문제

65회 기출문제 : 회사코드 5265번 ㈜한양기업에서 작업할 것 - 회사코드에 유의한다.

[1] 4월 20일 공상은행으로부터 2017년에 차입한 외화장기차입금 $200,000을 이자비용 $6,000과 함께 국민은행 보통예금에서 상환하였다. 하나의 전표로 입력할 것.

· 2021년 12월 31일 기준환율 : 1,070원/$　　· 2022년 4월 20일 기준환율 : 1,100원/$

[2] 4월 25일 미지급세금으로 회계처리 되어 있는 1기 예정신고분의 부가가치세 3,000,000원과 신용카드수수료 30,000원을 포함하여 국민카드로 납부하였다.(미지급금으로 회계처리 할 것)

[3] 5월 8일 ㈜성완의 파산으로 인해 회수할 수 없는 채권으로서, 전기에 대손충당금과 상계하였던 받을어음 50,000,000원 중 20,000,000원이 국민은행 보통예금에 입금되었다.(대손변제세액은 고려하지 말 것)

[4] 7월 23일 거래처인 ㈜설현상사에 대한 외상매출금 20,000,000원을, 금전소비대차계약으로 전환처리하여 36개월간 대여하기로 하였다.

[5] 12월 10일 투자 목적으로 건물을 100,000,000원에 취득하고, 대금은 당좌수표를 발행하여 지급하였다.

5부 · 전산실습

66회 기출문제 : 회사코드 5266번 ㈜온누리기업에서 작업할 것 - 회사코드에 유의한다.

[1] 2월 1일 원재료 운반에 사용하는 트럭의 자동차세 100,000원을 보통예금으로 지급하였다.(3점)

[2] 2월 22일 전기말 ㈜세청상사에 대한 단기대여금(외화로 단기대여 $2,000, 대여시 환율 : 900원/$)을 금일 보통예금계좌로 회수하였다.(단, 회수시 적용된 환율은 1,200원/$이다)

[3] 2월 24일 판매부서사원 유재석의 2월 급여 2,000,000원에 대하여 근로자 부담분 사회보험료(국민연금 100,000원, 건강보험 80,000원, 장기요양보험료 10,000원), 근로소득세 90,000원 및 지방소득세 9,000원을 차감한 나머지 1,711,000원을 보통예금에서 이체하였다.

[4] 4월 25일 부가가치세 제1기 예정분에 대한 납부세액 20,550,000원(미지급세금에 반영되어 있음)과 국세카드납부에 따른 수수료(결제대금의 1%)를 법인카드(우리카드)로 납부하였다. 하나의 전표로 입력하시오.

[5] 4월 30일 당사가 보유하는 한경상사 주식에 대하여 2,000,000원이 중간배당되어 당사의 보통예금에 입금되었다.(단, 원천징수세액은 고려하지 말 것)

종합문제

67회 기출문제 : 회사코드 5267번 ㈜만세공업에서 작업할 것 - 회사코드에 유의한다.

[1] 4월 10일 (주)세무에 보통예금 계좌에서 5,000,000원을 6개월 후 회수조건으로 빌려주었다.

[2] 4월 15일 대표이사의 주소가 변경되어 법인 등기부등본을 변경등기하고 이에 대한 등록면허세 120,000원과 등록관련 수수료 100,000원을 현금으로 지급하였다.(하나의 전표로 입력할 것)

[3] 5월 10일 제품(원가 800,000원, 시가 1,100,000원)을 국군장병 위문금품으로 전달하였다.(국군장병 위문금품은 법인세법상 법정기부금에 해당한다)

[4] 5월 12일 본사건물에 대한 감가상각비가 전년도에 25,000,000원만큼 과대계상된 오류를 발견하였다. 본 사항은 중대한 오류로 판단된다.

[5] 6월 12일 1,000,000원에 취득하였던 자기주식을 모두 소각하였다. 자기주식의 소각일 현재 공정가치는 1,200,000원이고, 액면가액은 500,000원이다.

68회 기출문제 : 회사코드 5268번 ㈜태풍에서 작업할 것 - 회사코드에 유의한다.

[1] 2월 15일 당사는 매출거래처인 ㈜역삼에 선물을 하기 위해 ㈜홍삼에서 홍삼을 250,000원에 구입하고, 전액 당사의 비씨카드로 결제하였다(단, 부가가치세는 고려하지 않는다).

[2] 3월 2일 전기요금 800,000원(본사관리부 300,000원, 공장 500,000원)이 보통예금 통장에서 자동 인출되었다.(하나의 전표로 입력할 것)

[3] 3월 8일 1년 이내 처분할 목적으로 주식시장에 상장되어 있는 (주)세무의 주식을 주당 12,000원의 가격으로 1,000주를 매입하였으며, 이 매입과정에서 대한증권에 주당 100원의 수수료가 발생하였다. 주식 매입과 관련된 모든 대금은 보통예금에서 이체하였다(단, 수수료는 영업외비용으로 처리한다).

[4] 3월 30일 업무용화물차량을 구입하면서 취득세 600,000원을 현금으로 납부하고, 국채(액면가액 300,000원, 공정가치 250,000원)도 액면가액으로 현금구입한 후 등록을 완료하였다. 단, 국채는 단기매매증권으로 처리한다.(하나의 전표로 입력할 것)

[5] 5월 31일 사무직원 김용남씨의 5월분 급여 내역은 다음과 같으며 공제금액을 차감하고, 현금 지급 하였다.

- 급여 2,000,000원(비과세 식대 100,000원 포함)
- 4대보험 내역(김용남씨와 회사부담액은 반반이라고 가정하되, 산재보험은 전액 회사부담)

  | · 국민연금 90,000원 | · 건강보험 140,000원 |
  | · 고용보험 20,000원 | · 산재보험 10,000원 |

- 소득세 20,000원, 지방소득세 2,000원

종합문제

69회 기출문제 : 회사코드 5269번 ㈜대흥에서 작업할 것 - 회사코드에 유의한다.

[1] 3월 1일 액면가액 10,000,000원의 사채를 발행하여 12,000,000원이 보통예금 계좌로 입금되었다. 사채발행 관련 수수료 2,500,000원은 현금으로 지급하였다.(하나의 전표로 입력하시오)

[2] 3월 10일 사업축소를 위하여 당사의 주식 2,000주(액면 @5,000원)를 1주당 4,000원에 매입 후 즉시 소각 하고 대금은 현금으로 지급하였다.(하나의 전표로 입력하시오)

[3] 3월 30일 영업부 김홍국 차장은 부산출장에서 돌아와 출장 전 현금으로 지급된 출장비 500,000원(지급시 선급금 처리)에 대한 지출내역을 다음과 같이 제출하였다. 모든 비용에 대해 적격증빙을 첨부하였으며, 잔액 50,000원은 현금으로 반환하였다.(단, 부가가치세는 고려하지 않으며 선급금의 거래처입력은 생략한다)

· KTX 승차권 구입 : 100,000원   · 현지 택시비 : 50,000원   · 거래처 미팅시 식대 : 300,000원

[4] 5월 21일 투자 목적으로 토지를 50,000,000원에 현금으로 매입하였고, 취득 과정에서 취득세 3,000,000원을 현금으로 납부하였다.

[5] 8월 29일 제품을 매출하고 인천상사로부터 수취한 어음 3,300,000원이 부도처리 되었다는 것을 거래처 주거래은행으로부터 통보받았다.

70회 기출문제 : 회사코드 5270번 ㈜대흥에서 작업할 것 - 회사코드에 유의한다.

[1] 9월 5일 8월분 전자제품 소매판매에 따른 신용카드 매출액(외상매출금) 1,000,000원 중 신한카드사 수수료 50,000원을 제외한 잔액 950,000원이 보통예금 통장으로 입금되었다.

[2] 9월 12일 당사의 대주주 이부자에게 차입하였던 단기차입금 5,000,000원을 전액 면제받았다.

[3] 9월 21일 회사는 공장직원에 대해 확정기여형 퇴직연금(DC형)에 가입하고 있으며, 당월 불입액인 5,000,000원을 보통예금에서 이체하였다.

[4] 10월 5일 대박상사로부터 매출대금으로 받아 두었던 받을어음 1,100,000원의 대손이 확정되어 대손처리하였다. 단, 현재 대손충당금 잔액은 800,000원이 있다.(하나의 전표로 처리한다)

[5] 10월 10일 전자제품 제조공장 관련 토지를 유시진으로부터 구입하고 9월 29일에 지급한 계약금 10,000,000원을 제외한 나머지 잔금인 90,000,000원과 토지취득 관련 취득세 3,000,000원을 보통예금에서 이체하였다. 단, 당일 토지의 소유권 등기는 완료하였으며, 하나의 전표로 입력할 것.

종합문제

71회 기출문제 : 회사코드 5271번 ㈜성빈에서 작업할 것 - 회사코드에 유의한다.

[1] 1월 13일 1월 11일에 ㈜한성자동차에서 구입한 법인 업무용차량에 대한 미지급금 33,000,000원 중 20,000,000원은 법인 보통예금에서 이체하고, 잔액은 한아름은행과의 신용대출 조건(1년이내 상환 조건)에 따른 차입금으로 전액 지급하였다.(하나의 전표로 입력할 것)

[2] 1월 17일 ㈜소영물산에 대한 장기대여금 11,000,000원이 소멸시효가 완성되어 대손처리를 하였다. 필요한 자료를 조회하여 대손에 관한 회계처리를 하시오.

[3] 2월 16일 ㈜미남상사의 제품외상매출금 11,000,000원에 대하여 조기회수에 따른 매출할인액(할인율: 외상매출금의 3%)을 차감한 나머지 금액이 보통예금으로 입금되었다. 다만, 매출할인액에 대하여는 매입매출전표에 반영 되었음.

[4] 3월 15일 캘리미디어의 외상매출금 $40,000(외상매출금 인식 당시 적용환율은 1$당 1,200원임)이 전액 외화로 보통예금에 입금 되었다. 입금시점의 적용환율은 1$당 1,100원이다.

[5] 3월 21일 액면가액 10,000,000원(3년 만기)인 사채를 9,700,000원에 할인발행하였으며, 대금은 전액 보통예금으로 입금되었다.

72회 기출문제 : 회사코드 5272번 ㈜청용에서 작업할 것 - 회사코드에 유의한다.

[1] 6월 17일 영업부서에서는 판매활성화를 위해 인터넷쇼핑몰 통신판매업신고를 하면서 등록면허세 40,500원을 보통예금으로 지급하였다.

[2] 6월 19일 ㈜발산실업에게 지급해야할 외상매입금 10,000,000원 중에서 50%는 당사발행 당좌수표로 지급하였고 나머지 50%는 채무를 면제받았다.

[3] 6월 23일 영업부 사원에 대해 확정기여형 퇴직연금상품을 가입하고, 3,000,000원을 보통예금 계좌에서 이체하다.

[4] 7월 21일 보유중인 자기주식(취득가액 9,500,000원)을 ㈜다현물산에게 9,000,000원에 매각하고, 대금은 다음 달에 받기로 하였다.(단, 재무상태표에 자본잉여금 항목을 고려하여 자기주식처분이익은 자기주식처분손실과 즉시 상계하기로 하고 하나의 전표로 입력할 것)

[5] 10월 1일 원재료를 매입하기 위해 ㈜빙고전자와 계약하고, 계약금 7,000,000원은 당사발행 약속어음(만기 2개월)으로 지급하였다.

종합문제

73회 기출문제 : 회사코드 5273번 ㈜소망에서 작업할 것 - 회사코드에 유의한다.

[1] 7월 2일 회사는 부족한 운영자금문제를 해결하기 위해 ㈜해일기업으로부터 제품 판매대금으로 받은 약속어음 30,000,000원(만기일: 9월 30일)을 대박은행에 할인하고 할인비용 300,000원을 제외한 금액을 현금으로 수령하였다.(약속어음의 할인은 매각거래에 해당하며, 하나의 전표로 입력할 것)

[2] 7월 25일 주주총회의 승인을 얻어 당사의 보통주 1,000주(주당액면가액 5,000원)를 소각하기 위하여 주당 5,500원에 매입하고 현금을 지급하였다. 취득한 주식은 전액을 즉시 소각하였다. (하나의 전표로 입력 할것)

[3] 8월 7일 을미상사에 대한 외상매입금 5,000,000원에 대하여 ㈜갑동에서 제품판매 대금으로 받은 4,000,000원의 받을어음을 배서양도로 결제하고, 나머지 금액인 1,000,000원은 당좌수표를 발행하여 지급하였다.(하나의 전표로 입력 할 것)

[4] 9월 9일 전기에 대손처리한 ㈜우현물산의 외상매출금 3,200,000원이 보통예금으로 회수되었다.(단, 전기에 대손처리 시 부가가치세법상 대손세액공제는 받지 아니하였다)

[5] 9월 16일 정기예금(예치기간:2022.01.01.~2022.09.16.)이 만기가 되어 10,000,000원(원금 9,000,000원, 이자 1,000,000원) 중 이자소득에 대한 원천징수세액이 차감된 잔액이 보통예금에 입금되었다. (이자소득에 대한 원천징수세율을 15.4%로 가정하며, 원천징수세액은 자산계정으로 처리 하며, 하나의 전표로 입력 할 것)

62회 해답

[1] 1월 11일
　　(차) 세금과공과(판)　　　　　　500,000　　(대) 보통예금　　　　　　500,000
[2] 1월 20일
　　(차) 보통예금　　　　　　660,000,000　　(대) 외상매출금((주)한국)　720,000,000
　　　　외환차손　　　　　　 60,000,000
[3] 4월 20일
　　(차) 보통예금　　　　　　　169,200　　(대) 이자수익　　　　　　200,000
　　　　선납세금　　　　　　　 30,800
[4] 5월 29일
　　(차) 자본금　　　　　　　20,000,000　　(대) 보통예금　　　　　 16,000,000
　　　　　　　　　　　　　　　　　　　　　　　감자차익　　　　　　　4,000,000
[5] 5월 25일
　　(차) 예수금　　　　　　　　192,850　　(대) 보통예금　　　　　　276,600
　　　　세금과공과(판)　　　　　 50,000
　　　　복리후생비(판)　　　　　 32,000
　　　　보험료(판)　　　　　　　 1,750

63회 해답

[1] 2월 1일
　　(차) 대손충당금　　　　　　9,000,000　　(대) 단기대여금((주)호주무역) 20,000,000
　　　　기타의 대손상각비(954)　11,000,000
* 대여금에서 발생한 항목이므로 판관비의 대손상각비를 적용하지 않고 기타의 대손상각비(영업외손익)를 적용하여야 한다.
[2] 2월 20일
　　(차) 차량운반구　　　　　　　400,000　　(대) 현금　　　　　　　1,000,000
　　　　만기보유증권(181)　　　　600,000
[3] 2월 28일
　　(차) 부도어음과수표((주)부도)　50,000,000　(대) 받을어음((주)부도)　50,000,000
　* 계정별원장 조회를 통하여 (주)부도의 50,000,000 받을어음 확인

해답 및 해설

[4] 3월 1일
(차) 토지 42,000,000 (대) 당좌예금 70,000,000
건물 28,000,000
[5] 3월 15일
(차) 접대비(판) 1,000,000 (대) 원재료 1,000,000
(적요 : 8.타계정으로 대체액)

64회 해답

[1] 2월 28일
(차) 장기제품보증부채 7,000,000 (대) 당좌예금 7,000,000
[2] 5월 25일
(차) 보통예금 4,500,000 (대) 자본금 5,000,000
주식발행초과금 200,000 현금 150,000
주식할인발행차금 450,000
[3] 7월 3일
(차) 보통예금 300,000 (대) 전기오류수정이익(912) 300,000
[4] 12월 20일
(차) 자기주식 800,000 (대) 현금 800,000
[5] 3월 15일
(차) 급여(801) 2,000,000 (대) 예수금 200,000
상여금(803) 800,000 임직원등단기채권(김정숙) 1,000,000
보통예금 1,600,000

65회 해답

[1] 4월 20일
(차) 외화장기차입금(공상은행) 214,000,000 (대) 보통예금 226,600,000
이자비용 6,600,000
외환차손 6,000,000
[2] 4월 25일
(차) 미지급세금 3,000,000 (대) 미지급금(국민카드) 3,030,000
수수료비용(판) 30,000
[3] 5월 8일
(차) 보통예금 20,000,000 (대) 대손충당금(111) 20,000,000

[4] 7월 23일
(차) 장기대여금(179)   20,000,000   (대) 외상매출금   20,000,000
    (거래처 : ㈜설현상사)   (거래처 : ㈜ 설현상사)
[5] 12월 10일
(차) 투자부동산(183)   100,000,000   (대) 당좌예금   100,000,000

66회 해답

[1] 2월 1일
(차) 세금과공과(제)   100,000   (대) 보통예금   100,000
[2] 2월 22일
(차) 보통예금   2,400,000   (대) 단기대여금(114)(㈜세청상사) 1,800,000
                                      외환차익(907)   600,000
[3] 2월 24일
(차) 급여(판)   2,000,000   (대) 보통예금   1,711,000
                                      예 수 금   289,000
[4] 4월 25일
(차) 미지급세금   20,550,000   (대) 미지급금(또는 미지급비용) 20,755,500
    수수료비용(판)   205,500   (거래처:우리카드)
[5] 4월 30일
(차) 보통예금   2,000,000   (대) 배당금수익   2,000,000
(중간배당금은 배당금을 지급하는 회사가 처리하는 계정과목이므로 배당금수익만이 인정된다)

67회 해답

[1] 4월 10일
(차) 단기대여금(거래처:㈜세무) 5,000,000   (대) 보통예금   5,000,000
[2] 4월 15일
(차) 세금과공과(판)   120,000   (대) 현금   220,000
    수수료비용(판)   100,000
[3] 5월 10일
(차) 기부금(953)   800,000   (대) 제품   800,000
                                      (적요 : 8 . 타계정으로 대체)
[4] 5월 12일
(차) 감가상각누계액(203)   25,000,000   (대) 전기오류수정이익 25,000,000
(중대한 오류이므로 잡이익처리하지 않고 자본계정과목의 일종인 전기오류수정이익으로만 분개하여야 한다)

해답 및 해설

[5] 6월 12일
(차) 자 본 금 500,000 (대) 자기주식 1,000,000
    감자차손 500,000

68회 해답

[1] 2월 15일
(차) 접대비(판) 250,000 (대) 미지급금 또는 미지급비용(비씨카드) 250,000
[2] 3월 2일
(차) 전력비(제) 500,000 (대) 보통예금 800,000
    전력비(판) 또는 수도광열비(판) 300,000
[3] 3월 8일
(차) 단기매매증권 12,000,000 (대) 보통예금 12,100,000
    수수료비용(965) 100,000
[4] 3월 30일
(차) 차량운반구 650,000 (대) 현   금 900,000
    단기매매증권 250,000
[5] 5월 31일
(차) 급여 2,000,000 (대) 예수금 147,000
                             현   금 1,853,000

69회 해답

[1] 3월 1일
(차) 보통예금 12,000,000 (대) 사   채 10,000,000
    사채할인발행차금 500,000   현   금 2,500,000
[2] 3월 10일
(차) 자본금 10,000,000 (대) 현   금 8,000,000
                             감자차익 2,000,000
[3] 3월 30일
(차) 여비교통비(판) 150,000 (대) 선급금 500,000
    접대비(판) 300,000
    현   금 50,000
[4] 5월 21일
(차) 투자부동산 53,000,000 (대) 현   금 53,000,000
[5] 8월 29일
(차) 부도어음과수표(인천상사) 3,300,000 (대) 받을어음(인천상사) 3,300,000

70회 해답

[1] 9월 5일
  (차) 보통예금   950,000   (대) 외상매출금(심한카드)   1,000,000
     수수료비용(판)   50,000

[2] 9월 12일
  (차) 단기차입금(이부자)   5,000,000   (대) 채무면제이익   5,000,000

[3] 9월 21일
  (차) 퇴직급여(제조)   5,000,000   (대) 보통예금   5,000,000

[4] 10월 5일
  (차) 대손충당금(111)   800,000   (대) 받을어음(대박상사)   1,100,000
     대손상각비(판)   300,000

[5] 10월 10일
  (차) 토지   103,000,000원   (대) 선급금(유시진)   10,000,000원
                   보통예금   93,000,000원

71회 해답

[1] 1월 13일 일반전표입력
  (차) 미지급금((주)한성자동차)   33,000,000   (대) 보통예금   20,000,000
                       단기차입금(한아름은행)   13,000,000

[2] 1월 17일
  (차) 대손충당금(180)   4,000,000   (대) 장기대여금((주)소영물산) 11,000,000
     기타의대손상각비   7,000,000

[3] 2월 16일
  (차) 보통예금   10,670,000   (대) 외상매출금(미남상사)   10,670,000

[4] 3월 15일
  (차) 보통예금   44,000,000   (대) 외상매출금(캘리미디어)   48,000,000
     외환차손   4,000,000

[5] 3월 21일
  (차) 보통예금   9,700,000   (대) 사채   10,000,000
     사채할인발행차금   300,000

해답 및 해설

72회 해답

[1] 6월 17일 일반전표입력
(차) 세금과공과(판) 40,500원   (대) 보통예금 40,500원

[2] 6월 19일 일반전표입력
(차) 외상매입금 10,000,000원   (대) 당좌예금 5,000,000원
　　(거래처 : ㈜발산실업)　　　　　　채무면제이익 5,000,000원

[3] 6월 23일 일반전표입력
(차) 퇴직급여(806) 3,000,000원   (대) 보통예금 3,000,000원

[4] 7월 21일 일반전표입력
(차) 미수금(거래처:㈜다현물산) 9,000,000원   (대) 자기주식 9,500,000원
　　자기주식처분이익 300,000원
　　자기주식처분손실 200,000원

[5] 10월 1일 일반전표입력
(차) 선급금(㈜빙고전자) 7,000,000원   (대) 지급어음(㈜빙고전자) 7,000,000원

73회 해답

[1] 7월 2일 일반전표입력
(차) 현금 29,700,000원   (대) 받을어음(㈜해일기업) 30,000,000원
　　매출채권처분손실 300,000원

[2] 7월 25일 일반전표입력
(차) 자본금 5,000,000원   (대) 현금 5,500,000원
　　감자차손 500,000원

[3] 8월 7일 일반전표입력
(차) 외상매입금(을미상사) 5,000,000원   (대) 당좌예금 1,000,000원
　　　　　　　　　　　　　　　　　　　받을어음(㈜갑동) 4,000,000원

[4] 9월 9일 일반전표입력
(차) 보통예금 3,200,000원   (대) 대손충당금 3,200,000원

[5] 9월 16일 일반전표입력
(차) 선납세금 154,000원   (대) 정기예금 9,000,000원
　　보통예금 9,846,000원   　　이자수익 1,000,000원

제3장 매입매출전표입력

01 매입매출전표의 의의와 유형

1) 의의

케이렙 전표입력 메뉴에는 일반전표입력과 매입매출전표가 있다. 부가가치세신고서와 관련이 없으면 일반전표입력에 입력하고, 관련이 있으면 매입매출전표에 기록한다. 매입매출전표는 해당 월과 날짜를 입력한 후 거래유형을 기록하게 되는데, 거래유형에 따라 부가가치세 신고서에 반영되는 유형이 서로 달라지게 된다.

2) 거래유형

매출의 경우 10번대, 매입의 경우 50번대 거래유형을 선택하게 된다.

① 매출거래

코드	유형	내 용
11	과세	세금계산서를 발급한 과세매출
12	영세	내국신용장에 의한 간접수출로서 영세율세금계산서를 발급한 매출
13	면세	계산서를 발급한 면세매출
14	건별	영수증등을 발급한 과세매출
15	종합	간이과세자의 매출
16	수출	영세율이 적용되는 분으로 세금계산서 미발급분 해외직수출분 등이 해당
17	카과	신용카드로 과세되는 매출을 한 경우
18	카면	신용카드로 면세되는 매출을 한 경우
19	카드영세	신용카드로 영세율 매출을 한 경우
20	면세건별	영수증 등을 발행한 면세매출

제3장 · 매입매출전표입력

21	전자화폐	전자화폐 결제에 의한 매출
22	현금과세	현금영수증을 발급한 과세매출
23	현금면세	현금영수증을 발급한 면세매출
24	현금영세	현금영수증을 발급한 영세율매출

부가가치세가 과세되는 물품을 판매하면서 세금계산서, 신용카드, 현금영수증 등이 중복될 수 있는데, 세금계산서가 가장 우선순위가 있으며 이를 요약하면 다음과 같다.

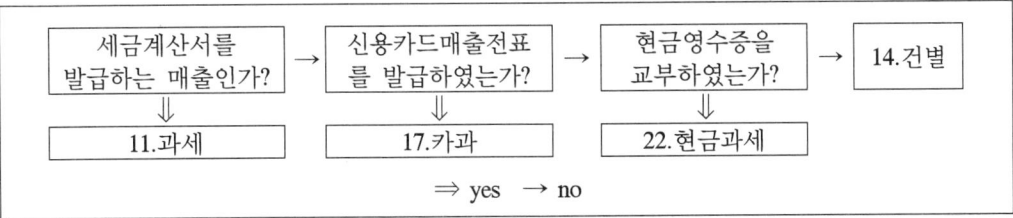

○ 예제 1. 매출 거래유형의 선택(1)

각 상황에 따른 거래 유형을 다음의 보기 중에서 선택하시오.

보기	11. 과세, 12.영세, 13.면세 14. 건별, 16.수출, 17. 카과, 18.카면

(예시) 과세 상품을 판매하고, 세금계산서를 발급함 ················· (11.과세)

(1) 해외 직수출을 하면서 제품을 공급함 ························· (　　)
(2) 부가가치세가 면세되는 제품을 판매하고 계산서를 발급함 ··········· (　　)
(3) 개인소비자에게 과세 제품을 판매하고, 영수증을 발급함 ············ (　　)
(4) 신용카드로 부가가치세가 면세되는 제품을 판매함 ················ (　　)
(5) 부가가치세가 과세되는 제품을 판매하면서, 세금계산서도 발급하지 않고,
　　신용카드로 결제 받음 ······································· (　　)
(6) 부가가치세가 과세되는 제품을 판매하면서, 세금계산서도 발급하고,
　　신용카드로 결제 받음 ······································· (　　)
(7) 내국신용장에 의한 간접수출을 하고, 영세율세금계산서를 발급 ······· (　　)
(8) 직접 생산한 과세제품을 거래처에 무상으로 제공함 ················ (　　)

해답

(1) 16.수출　(2) 13.면세　(3) 14.건별　(4) 18.카면　(5) 17.카과　(6) 11.과세　(7) 12.영세　(8) 14.건별

예제 2. 매출 거래유형의 선택(2)

각 상황에 따른 거래 유형을 다음의 보기 중에서 선택하시오.

보기	1.카드영세, 2.면세건별, 3.전자화폐, 4.현금과세, 5.현금영세, 6.현금면세

(1) 내국신용장에 의한 간접수출을 하고, 신용카드로 결제 받음 ………………… (   )
(2) 과세 제품을 판매하고, 현금영수증을 발급함 ………………………………… (   )
(3) 과세 제품을 인터넷 판매하고, 전자화폐로 결제 받음 ………………………… (   )
(4) 면세 제품을 판매하고, 현금영수증을 발급함 ………………………………… (   )
(5) 내국신용장에 의한 간접수출을 하고, 현금영수증을 발급함 ………………… (   )

해답

(1) 1.카드영세   (2) 4.현금과세   (3) 3.전자화폐   (4) 6. 현금면세   (5) 5. 현금영세

② 매입거래

코드	유형	내 용
51	과세	세금계산서를 수취한 과세매입
52	영세	영세율세금계산서를 수취한 영세매입
53	면세	계산서를 수취한 면세매입
54	불공	매입세액공제를 받지 못하는 세금계산서 수취매입*
55	수입	수입세금계산서를 수취한 매입
56	금전	금전등록시 영수증 거래
57	카과	신용카드로 거래한 과세매입 (이면확인분)
58	카면	신용카드로 면세재화를 매입
59	카영	신용카드로 영세율 매입을 한 경우 사용함
60	면건	간이영수증등을 수취한 면세매입
61	현과	현금영수증을 수취한 과세매입
62	현면	현금영수증을 수취한 면세매입

참고

세금계산서를 받았으나 매입세액이 불공제 되는 경우
(1) 세금계산서 미수취, 세금계산서 합계표 제출 불성실한 경우
(2) 사업자등록 20일 이전 매입세액
(3) 업무무관 매입세액

(4) 토지 관련 매입세액
(5) 비영업용 소형승용차의 구입, 임차, 유지에 대한 매입세액
    (단, 비영업용이란 자동차매매업, 운수업, 렌트카 이외의 경우를 말하며, 소형승용차는 8인승 이하를 말한다. 단, 1,000cc 이하의 승용차와 125cc 이하의 오토바이는 매입세액 공제가 가능하다.)
(6) 면세 관련 매입세액
(7) 접대비 관련 매입세액

○ 예제 3. 매입거래유형의 선택

각 상황에 따른 거래 유형을 다음의 보기 중에서 선택하시오.

보기	51.과세, 52.영세, 53.면세, 54.불공, 55.수입, 57.카과, 58.카면

(1) 부가가치세가 과세되는 원재료를 매입하고, 세금계산서 수취 ·················· (   )
(2) 업무용 승용차(2,000cc, 5인승)를 구입하고, 세금계산서를 수취 ·················· (   )
(3) 거래처 선물을 구입하고, 세금계산서를 수취 ·················· (   )
(4) 신용카드로 부가가치세가 과세되는 원재료를 매입함 ·················· (   )
(5) 원재료를 수입하고, 수입세금계산서를 수취함 ·················· (   )
(6) 수출용 제품의 가공을 위탁하고, 영세율 세금계산서를 수취 ·················· (   )

해답

(1) 51.과세 (2) 54.불공 (3) 54.불공 (4) 57.카과 (5) 55.수입 (6) 52.영세

5부 · 전산실습

02 매입매출전표의 작성방법

여기에서는 매입매출전표 사례를 통해 전산실습을 하는 것을 연습해 보기로 한다.

○ 전산실습 사례

다음 문제를 보고 회사코드 5262번 ㈜소망의 매입매출전표를 작업하시오.
 - 회사 선택에 주의할 것

[1] 4월 10일 다음은 당일에 제품을 공급하고 발행한 전자세금계산서이다. 적절한 회계처리를 하시오.(3점)

전자세금계산서(공급받는자 보관용)								승인번호	20220820-410000012-7c00mk0	
공급자	등록번호	125-81-77559		종사업장번호		공급받는자	등록번호	130-42-27256	종사업장번호	
	상호(법인명)	㈜소망	성명	홍길동			상호(법인명)	서울상사	성명	이범수
	사업장주소	서울시 구로구 새말로 97					사업장주소	서울시 마포구 마포대로 58		
	업태	제조,도소매,무역	종목	전자제품			업태	소매	종목	전자제품
	이메일						이메일			
작성일자		공급가액		세액		수정사유		비고		
2022-04-10		4,000,000		400,000		해당없음				
월	일	품목	규격	수량	단가		공급가액	세액	비고	
4	10	전자제품		1			4,000,000	400,000		
합계금액		현금		수표		어음		외상미수금	이 금액을 (영수,청구)함	
4,400,000		400,000				2,000,000		2,000,000		

[2] 4월 12일 영도상사에 제품 A를 6,000,000원(공급가액)에 공급하고, 이에 대한 전자세금계산서를 교부하였다. 단, 전월에 계약금으로 받은 600,000원을 제외한 판매대금 잔액은 다음 달 말일에 수취하기로 하였다.(3점)

[3] 4월 15일 광고를 목적으로 ㈜우리상사에서 4월 1일 매입한 판촉용 수건에 하자가 있어 반품하고 수정전자세금계산서(공급가액 -100,000원, 부가가치세 -10,000원)를 교부받고 대금은 미지급금과 상계처리 하였다.(3점)

제3장 • 매입매출전표입력

[4] 4월 17일 대표이사가 업무를 위해 제주도에 방문하여 업무용승용차(998cc)를 (주)탐라렌트카에서 3일간 렌트하고(렌트대금 500,000원, 부가가치세 별도) 전자세금계산서를 수령하였다. 대금은 다음달 10일에 지급하기로 하였다.(임차료 계정과목으로 처리할 것)(3점)

[5] 4월 30일 일본 노무라사로부터 수입한 공장용 기계부품과 관련하여 양산세관으로부터 아래와 같은 내용의 수입 전자세금계산서를 발급받았고, 관련 부가가치세는 금일 전액 보통예금에서 납부하였다.(3점)

작성일자	품목	공급가액	세액	합계	비고
4월 30일	기계부품	15,500,000원	1,550,000원	17,050,000원	영 수

해답

(1) 매입매출전표를 작성할 때에는 다음의 순서에 따라 작성한다.
   ① 월/일을 이용하여 날짜를 입력한다.
   ② 거래유형을 선택한다.
   ③ 품명, 수량, 단가, 공급가액, 세액을 입력한다.
       단, 14.건별과 17.카과, 57.카과등과 같이 부가가치세가 과세되면서 세금계산서로 거래하지 않는 경우에는 금액에 전체금액을 입력하면 공급가액과 세액으로 분리된다.
   ④ 거래처에 거래상대방 상호등을 입력한다.
   ⑤ 분개유형을 입력한다. (0: 분개없음, 1: 현금, 2: 외상, 3 : 혼합, 4:카드)
       - 분개없음은 매입매출전표에서 분개를 하지 않는 경우 사용한다.
       - 모든 대금을 현금으로 거래한 경우에는 1.현금을 사용하면 매출시에는 입금전표, 매입시에는 출금전표가 생성된다.
       - 2. 외상을 선택하면 공급대가 전액이 매출시에는 외상매출금, 매입시에는 외상매입금으로 표시된다.
       - 신용카드로 거래한 경우에는 4.카드로 한다.
       - 그 외의 대가거래는 3.혼합을 선택한다.

5부 · 전산실습

(2) 작성사례

[1] 매입매출전표 4월 10일

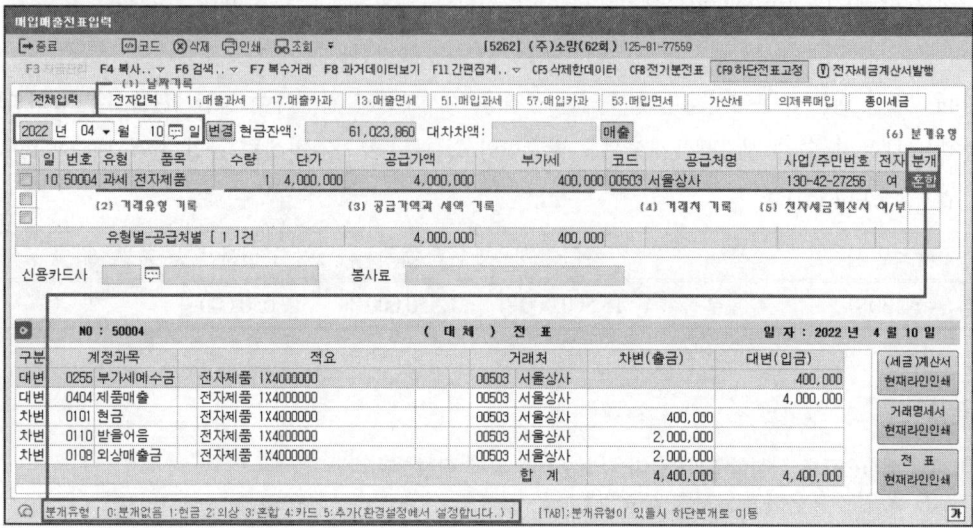

[2] 매입매출전표 4월 12일

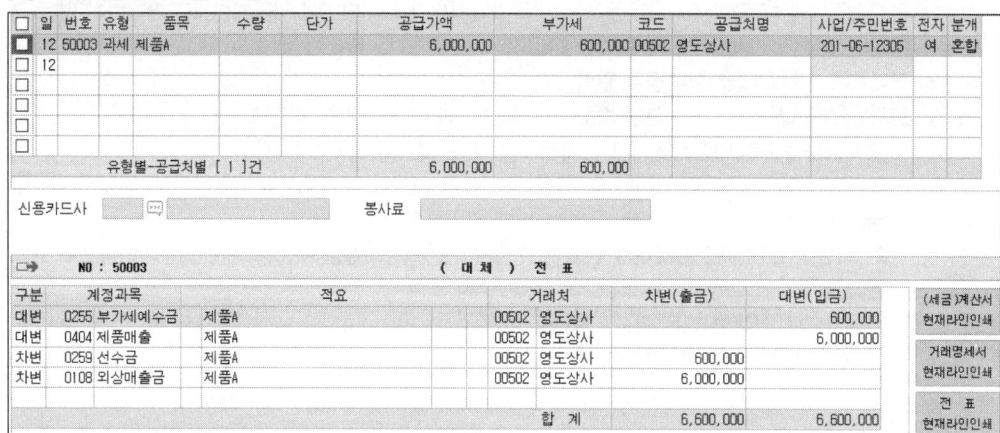

[3] 매입매출전표 4월 15일

□	일	번호	유형	품목	수량	단가	공급가액	부가세	코드	공급처명	사업/주민번호	전자	분개
□	15	50003	과세	수건			-1,000,000	-100,000	00214	(주)우리상사	120-81-12449	여	혼합
□	15												
			유형별-공급처별 [1]건				-1,000,000	-100,000					

NO : 50003   (대 체) 전 표

구분	계정과목	적요	거래처	차변(출금)	대변(입금)
차변	0135 부가세대급금	수건	00214 (주)우리상사	-100,000	
차변	0833 광고선전비	수건	00214 (주)우리상사	-1,000,000	
대변	0253 미지급금	수건	00214 (주)우리상사		-1,100,000
			합 계	-1,100,000	-1,100,000

[4] 매입매출전표 4월 17일

일 자 : 2021년 4월 17일

구분	계정과목	적요	거래처	차변(출금)	대변(입금)
차변	0135 부가세대급금	임차료	00312 (주)탐라렌	50,000	
차변	0819 임차료	임차료	00312 (주)탐라렌	500,000	
대변	0253 미지급금	임차료	00312 (주)탐라렌		550,000
			합 계	550,000	550,000

[5] 매입매출전표 4월 30일

□	일	번호	유형	품목	수량	단가	공급가액	부가세	코드	공급처명	사업/주민번호	전자	분개
□	30	50007	수입	기계부품			15,500,000	1,550,000	00505	양산세관	104-81-34567	여	혼합
□	30												
			유형별-공급처별 [1]건				15,500,000	1,550,000					

(차) 부가세대급금   1,550,000   (대) 보통예금   1,550,000

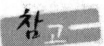

환경등록

앞의 매입매출전표를 입력할 때 기본적으로 매출은 상품매출, 매입은 상품매입으로 기본계정이 설정되어 있었다. 제조업 기업의 경우에는 매출을 제품매출, 매입은 원재료로 나오게 하는 것이 효율적이다. 환경등록의 회계메뉴에서 분개유형 설정을 수정하면 된다.

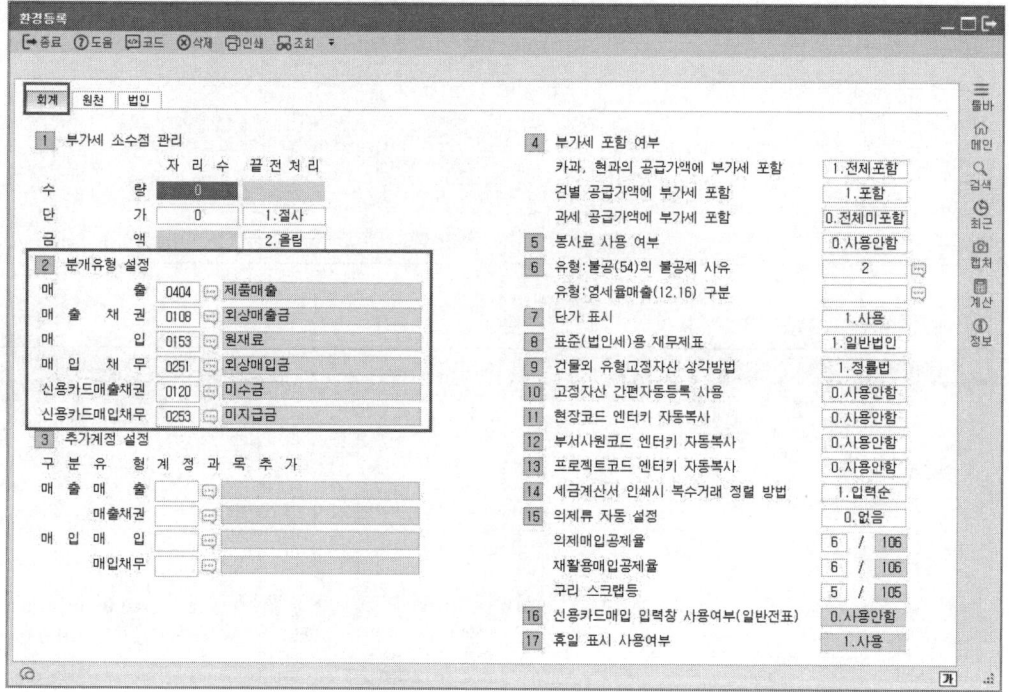

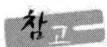

그 외 매입매출전표에서 주의할 사항들

(1) 세금계산서 거래(11.과세, 51.과세, 54.불공, 55.수입)는 공급가액을 기록하면 추가로 10% 세액이 기록되고, 그 외의 거래는 공급대가를 기록하면 공급가액과 세액으로 나누어진다. 단, 원하는 금액과 다른 금액이 반영된 경우 덮어쓰기 방식으로 수정가능하다.

(2) 앞의 (1)에 대한 예를들면 다음과 같다.
① 거래유형이 11.과세이고 공급가액(부가세 별도) 1,100,000원
   : 공급가액란에 1,100,000원 기록하면 공급가액 1,100,000원, 세액 110,000원으로 반영
② 거래유형이 11.과세이고 공급대가(부가세 포함) 1,100,000원
   : 공급가액란에 1,000,000원을 기록하면 공급가액 1,000,000원, 세액 100,000원으로 반영
   (공급대가에서 1.1을 나누면 공급가액이 된다)
③ 거래유형이 17.카과이고, 공급가액(부가세 별도) 1,100,000원
   : 공급가액란에 1,210,000원을 기록하면 공급가액 1,100,000원, 세액 110,000원으로 반영
④ 거래유형이 17.카과이고, 공급대가(부가세 포함) 1,100,000원

: 공급가액란에 1,100,000원을 기록하면 공급가액 1,000,000원, 세액 100,000원으로 반영
(3) 반품이 발생하는 경우에는 공급가액과 세액이 음수(-)가 되도록 기록하여 회계처리한다.
(4) 세금계산서의 발급과 신용카드매출전표의 거래가 중복되는 경우에는 거래유형을 일단 11.과세로 하고, 분개에서 외상매출금이나 미수금을 선택한 후 카드매출을 선택한다.
(5) 과세사업과 면세사업에 동시에 사용될 재화를 매입하는 경우에는 거래유형을 54.불공으로 하고, 불공제 사유를 공통매입세액 안분계산분으로 한다.

종합문제

문제에서 주어진 회사코드에서 각각 매입매출전표입력을 하시오. (단, 재고자산의 타계정으로 대체의 경우를 제외하고, 적요의 입력은 생략한다). - 회사코드에 주의할 것

63회 기출문제 - 회사코드 5263번 ㈜세진의 매입매출전표 입력을 하시오.

[1] 4월 4일 ㈜장금상회에 제품 200개(단위당 가격 100,000원, 부가가치세 별도)를 공급하고 전자세금계산서를 발행하였으며, 대금은 전액 외상으로 하였다.

[2] 4월 30일 ㈜엘룬으로부터 원재료 공급가액 21,000,000원(부가가치세 별도)을 매입하고 전자세금계산서를 받았다. 작년에 지급한 선급금 5,000,000원을 제외한 잔액을 보통예금으로 지급하였다.

[3] 5월 1일 ㈜삼정에 제품을 공급하고 전자세금계산서(공급가액 10,000,000원, 세액 1,000,000원)를 교부하였다. 대금은 지난달 말에 계약금으로 3,000,000원을 수령하였으며, 나머지는 이 달 말에 받기로 하다.

[4] 5월 11일 수출업자인 ㈜한미상사에 내국신용장(Local L/C)에 의하여 공급가액 10,000,000원의 제품을 납품하고 영세율전자세금계산서를 발급하였다. 대금은 공급일 현재 내국신용장 개설은행에서 미지급 상태 이다.

[5] 5월 25일 본사에서 사용하던 건물을 ㈜신방에 44,000,000(부가가치세 포함)에 매각하고, 전자세금계산서를 발행하였다. 대금은 ㈜나이스에 대한 원재료 외상매입액 30,000,000원을 ㈜신방에서 대신 변제하기로하고, 나머지 잔액은 보통예금으로 입금받았다. 해당 건물 취득원가는 100,000,000원이며 처분시까지 감가상각누계액은 40,000,000원이다.

종합문제

64회 기출문제 - 회사코드 5264번 ㈜세종기업의 매입매출전표 입력을 하시오.

[1] 7월 9일 대표이사의 업무용 소형승용자동차(3,300cc)의 주차권을 칠성빌딩으로부터 500,000원(부가가치세 별도)에 현금으로 구입하고, 전자세금계산서를 수취하였다.

[2] 7월 23일 당사는 공장의 생산직 사원들을 격려하기 위해 사과 10상자(1상자당 40,000원)에 구입하면서 은원마트로부터 전자계산서를 교부받았다. 해당 대금 중 100,000원은 현금지급하고, 나머지 잔액은 외상으로 하였다.

[3] 7월 31일 ㈜명품가방에서 판매목적용 상품을 공급받았으며, 대금의 결제는 5,500,000원을 보통예금으로 지급하였으며 잔액은 외상으로 처리하였다. 동 거래와 관련하여 발급받은 전자세금계산서 내역은 다음과 같다.

전자세금계산서(공급받는자 보관용)					승인번호	20220820-410000012-7c00mk0		
공급자	등록번호	105-87-51111	종사업장번호		공급받는자	등록번호	125-81-77559	종사업장번호	
	상호(법인명)	㈜명품가방	성명	김선영		상호(법인명)	㈜세종기업	성명	한민성
	사업장주소	서울 영등포구 버드나무로 101				사업장주소	서울 강남구 강남대로 478		
	업태	도소매,무역,제조	종목	가방,신발수출		업태	제조,도소매	종목	전자제품
	이메일	cafri@nate.com				이메일	melon@san.go.kr		
작성일자		공급가액		세액		수정사유	비고		
2022-07-31		10,000,000		1,000,000		해당없음			
월	일	품목	규격	수량	단가	공급가액	세액	비고
07	31	가방		20	500,000	10,000,000	1,000,000	
합계금액		현금		수표		어음	외상미수금	이 금액을 (영수,청구)함	
11,000,000		5,500,000					5,500,000		

[4] 8월 5일 소비자인 최창진씨에게 제품을 판매하고, 판매대금 770,000원(부가가치세 포함)은 신용카드 (현대카드)로 결제받았다.

[5] 10월 31일 당사는 제품 제조에 사용하던 기계장치를 중국의 (주)베이징에 수출하고, 매각대금은 다음달 말일 받기로 하였다. 매각자산의 당기 감가상각비는 고려하지 않기로 한다.

· 매각대금 : 60,000위안(적용환율 : 1위안당 180원)
· 취득가액 : 20,000,000원
· 전기말 감가상각누계액 : 12,000,000원

65회 기출문제 – 회사코드 5265번 ㈜한양기업의 매입매출전표 입력을 하시오.

[1] 7월 14일 ㈜웅전으로부터 원재료(4,000개, 단위당 원가 10,000원)를 매입하고, 영세율전자세금계산서를 수취하였다. 대금은 ㈜웅전에 대한 대여금(상환기한 2022.12.13.)과 상계하기로 하였다.

[2] 7월 18일 ㈜미생에 다음과 같이 제품을 할부판매하고, 전자세금계산서를 교부하였다. 할부금은 약정기일에 보통예금에 입금되었다.

인도일	2022.7.18. (총 공급가액 40,000,000원, 총 세액 4,000,000원)				
할부 내역	구 분	1차할부	2차할부	3차할부	4차할부
	약정기일	2022.7.18.	2022.8.18.	2022.10.18.	2022.12.18.
	공급가액	10,000,000원	10,000,000원	10,000,000원	10,000,000원
	세 액	1,000,000원	1,000,000원	1,000,000원	1,000,000원

[3] 8월 6일 ㈜나이스로부터 건물을 50,000,000원(부가가치세별도)에 구입하고, 전자세금계산서를 수령하였다. 회사는 자금사정이 어려워 대금지급 대신 보유 중인 자기주식 8,000주(1주당 취득가액 5,000원) 전부를 지급하였고, 부가가치세는 보통예금으로 지급하였다.

[4] 9월 15일 공장 생산부서에서 사용할 컴퓨터를 ㈜세종상사에서 구입하고, 대금 2,200,000원(부가가치세 포함) 현금으로 지급하고, 현금영수증(지출증빙용)을 발행 받았다.(자산으로 처리할 것)

[5] 9월 21일 ㈜예림상사에 상품을 2,000,000원(부가가치세 별도)에 외상으로 판매하고, 전자세금계산서를 발급하였다. 판매대금은 다음달 말일에 받기로 하였다.

종합문제

66회 기출문제 - 회사코드 5266번 ㈜온누리기업의 매입매출전표 입력을 하시오.

[1] 4월 1일 제품 20,000,000원(부가가치세 별도)을 ㈜성한[대표자:윤주원(631201-1512151)]에게 현금판매하고 전자세금계산서를 교부하였다. ㈜성한의 사업개시일은 2022년 4월 5일, 사업자등록신청일은 2022년 4월 15일이다.

전자세금계산서(공급자 보관용)					승인번호	20220820-410000012-7c00mk0	
공급자	등록번호	133-81-22211	종사업장번호		등록번호		종사업장번호
	상호(법인명)	㈜온누리기업	성명	한세영	상호(법인명)		성명 윤주원
	사업장주소	서울시 강남구 강남대로 478			사업장주소	서울 강서구 초록마을로 162-19	
	업태	제조, 도소매	종목	전자제품외	업태		종목
	이메일	kkorrd@naver.com			이메일		
작성일자		공급가액		세액	수정사유	비고	
2022.4.1		20,000,000		2,000,000	해당없음	631201-1512151	

월	일	품목	규격	수량	단가	공급가액	세액	비고
4	1	전자제품				20,000,000	2,000,000	

합계금액	현금	수표	어음	외상미수금	이 금액을 (영수, 청구)함
22,000,000	22,000,000				

[2] 4월 2일 Local L/C에 의하여 ㈜무한상사에 제품을 100,000,000원에 공급하고, 영세율 전자세금계산서를 발행하였다. 대금은 다음달 10일까지 지급 받기로 하였다.

[3] 4월 3일 알파상사로부터 원재료(수량 1,250개, 단가 16,000원, 부가가치세 별도)를 외상으로 매입하고 전자세금계산서를 수취하였다.

[4] 4월 30일 공장에서 사용하던 기계장치(취득원가 2,000,000원, 감가상각누계액 1,200,000원)를 세무상사에 600,000원(부가가치세 별도)에 외상으로 매각하고 전자세금계산서를 발급하였다. (단, 매각년도의 감가상각비계산은 생략한다)

[5] 5월 31일 당사는 ㈜라디오스타가 보유하고 있는 상표권을 10,000,000원(부가가치세 별도)에 취득하고 전자세금계산서를 수취하였으며, 상표권 취득에 대한 대가로 당사의 주식을 1,500주 발행하여 교부하였다. 당사의 주식에 대한 정보는 아래와 같다. 하나의 전표로 입력하시오.

· 주식의 액면가액 : 주당 5,000원   · 주식의 시가 : 주당 10,000원

5부 · 전산실습

67회 기출문제 – 회사코드 5267번 ㈜만세공업의 매입매출전표 입력을 하시오.

[1] 4월 3일 알파상사에 제품을 8,000,000원(부가가치세 별도)에 판매하고, 전자세금계산서를 교부하였다. 단, 전월에 계약금으로 받은 800,000원을 제외한 판매대금 잔액은 다음 달 말일에 수취하기로 하였다.

[2] 4월 21일 ㈜한영으로부터 원재료 100개(단가 @100,000원, 부가가치세 별도)를 매입하면서 전자세금계산서를 수취하였다. 대금 중 80%는 당좌수표로 지급하고 잔액은 다음 달에 지급하기로 하였다.

[3] 4월 25일 공장에 새로운 기계장치 설치를 다모서비스에 의뢰하고 3,850,000원(부가세 포함)을 보통예금에서 계좌이체한 후, 지출증빙용 현금영수증을 수취하였다.

[4] 5월 5일 프랑스 알퐁스사로부터 수입한 공장용 기계장치와 관련하여 인천세관으로부터 43,000,000원 (부가가치세 별도)의 전자수입세금계산서를 수취하고, 관련 부가가치세는 보통예금에서 이체하였다. 단, 유형자산 회계처리는 생략할 것.

[5] 5월 27일 ㈜대양유통으로부터 수건을 3,000,000원(부가가치세 별도)에 외상으로 구입하고 전자세금계산서를 수취하였으며, 동 수건은 영업부서의 판매거래처에 체육대회 경품으로 제공하였다.

전자세금계산서(공급받는자 보관용)					승인번호	20220820-410000012-7c00mk0			
공급자	등록번호	101-86-54365	종사업장번호		공급받는자	등록번호	984-09-80909	종사업장번호	
	상호(법인명)	㈜대양유통	성명	방수원		상호(법인명)	㈜만세공업	성명	윤주원
	사업장주소	서울 강남구 테헤란로38길 43				사업장주소	서울 강남구 강남대로 482		
	업태	도소매	종목	잡화		업태	제조,도소매	종목	전자제품 외
	이메일	daeyang@naver.com				이메일	kkorrd@naver.com		
작성일자		공급가액		세액	수정사유	비고			
2022.5.27		3,000,000		300,000	해당없음				
월	일	품목	규격	수량	단가	공급가액	세액	비고	
5	27	수건				3,000,000	300,000		
합계금액		현금		수표	어음	외상미수금	이 금액을 (영수,청구)함		
3,300,000						3,300,000			

종합문제

68회 기출문제 - 다음 자료를 이용하여 회사코드 5268번 ㈜태풍의 매입매출전표 입력을 하시오.

[1] 8월 1일 한글상회에 제품(공급가액 10,000,000원, 부가가치세 별도)을 판매하고 전자세금계산서를 발급하였다. 판매대금은 6월 30일에 수령한 계약금 2,000,000원을 제외한 잔액을 한글상회 발행어음(만기 2023.2.28.)으로 받았다.(3점)

[2] 8월 4일 수출업체인 ㈜한중에 제품용 가구 6,000,000원을 동 날짜로 받은 구매확인서에 의해 납품하고 전자세금계산서를 발급한 후 대금은 전액 현금으로 받았다.(3점)

[3] 8월 5일 ㈜판촉에 제품광고료(공급가액 3,000,000원, 부가가치세 별도)를 다음달 말일에 지급하기로 하고 전자세금계산서를 발급받았다.(3점)

[4] 8월 25일 매출거래처에 선물할 목적으로 (주)왕갑으로 부터 노트북을 1,500,000원(부가가치세 별도)에 구입하였고 대금은 현금으로 지급한 후 전자세금계산서를 발급받았다.(3점)

[5] 8월 26일 영업부 사무실에서 사용할 목적으로 사무용품점 (주)오피스코리아에서 필기구 세트를 현대카드로 아래와 같이 구입하였다(사무용품비로 처리하시오).(3점)

```
카드종류
    현대카드            신용승인
회원번호
    4903-0302-3245-9958
매출일자
    2022/08/26  13:52:46
일반    일시불           금액    30,000
은행확인                 세금     3,000
판매자                   합계    33,000
대표자         이성수
사업자등록번호  117-09-52793
가맹점명       (주)오피스코리아
가맹점주소     서울 양진구 신정4동 973-12
              서명      semusa
```

69회 기출문제 – 다음 자료를 이용하여 회사코드 5269번 ㈜대흥의 매입매출전표 입력을 하시오.

[1] 1월 26일 다음은 제품을 공급한 후 발급한 전자세금계산서이다. 적절한 회계처리를 하시오.(3점)

전자세금계산서(공급자 보관용)					승인번호	20220820-410000012-7c00mk0		
공급자	등록번호	107-85-51700	종사업장번호		공급받는자	등록번호	123-06-09096	종사업장번호	
	상호(법인명)	㈜대흥	성명	홍길동		상호(법인명)	세현상사	성명	조세현
	사업장주소	서울시 강남구 삼성동 251-3				사업장주소	서울시 금천구 가산동		
	업태	제조,도소매,무역	종목	전자제품		업태	소매	종목	전자제품
	이메일					이메일			
작성일자	공급가액		세액		수정사유	비고		
2022-01-26	70,000,000		7,000,000		해당없음			
월	일	품목	규격	수량	단가	공급가액	세액	비고
1	26	전자제품		1,000	70,000	70,000,000	7,000,000	
합계금액	현금		수표		어음	외상미수금	이 금액을 (영수,**청구**)함	
77,000,000					30,000,000	47,000,000		

[2] 2월 6일 수지상사에 1월 2일에 외상 판매하였던 제품 중 10개(1개당 공급가액 80,000원, 부가가치세 8,000원)가 불량품으로 판명되어 반품됨에 따라 반품 전자세금계산서를 발급하였다. 대금은 외상매출금과 상계처리하기로 하였다.(3점)

[3] 2월 9일 비사업자인 이상경(거래처 등록할 것. 코드:510, 주민번호:800615-1835420)에게 제품을 판매하고 대금은 보통예금으로 1,100,000원(공급대가)을 수령하면서 현금영수증을 발급하였다.(3점)

[4] 3월 3일 ㈜바로캐피탈로부터 영업부 업무용 승용차(계약일 3월 2일, 리스조건: 운용리스, 2년 약정, 1,000,000원/월)의 3월분 리스료에 대한 전자계산서를 교부 받았으며 대금은 다음 달 말일에 지급하기로 하였다.(리스료에 대한 계정은 판매관리비 중 임차료 계정과목을 사용하기로 한다)(3점)

[5] 3월 23일 과세제품 생산에 사용중이던 기계장치(취득가액 50,000,000원, 감가상각누계액 35,700,000원)를 ㈜전주에 15,000,000원(부가가치세 별도)에 매각하고 전자세금계산서를 발급하였다. 10,000,000원은 보통예금으로 수령하였으며, 나머지는 ㈜전주에서 발행한 어음으로 수령하였다.(3점)

종합문제

70회 기출문제 - 다음 자료를 이용하여 회사코드 5270번 ㈜소풍의 매입매출전표 입력을 하시오.

[1] 8월 2일 ㈜노원에 제품을 5,100,000원(부가가치세 별도)에 공급하고 전자세금계산서를 발급하였다. 2,400,000원은 ㈜노원의 당좌수표로 수령하고, 나머지는 ㈜노원이 ㈜강북으로부터 받은 받을어음으로 수취하였다.

[2] 8월 10일 제품제조에 사용하던 기계장치를 알파상사에 다음과 같이 매각하고 전자세금계산서를 발급하였다. 관련 매각대금은 전액 1개월 후에 받기로 하였다.

- 공급가액 : 8,000,000원(부가가치세 별도)
- 취득가액 : 5,000,000원(감가상각누계액 1,500,000원)

[3] 8월 31일 공장직원들의 회식비로 현금 330,000원(부가가치세 포함)을 세원식당(일반과세자)에 지불하고 현금영수증을 발급받았다.

[4] 11월 1일 에스주유소(일반과세자)에서 공장에서 사용하는 트럭에 주유한 후 110,000원(공급대가)을 삼성카드로 결제하였다.

[5] 11월 8일 공장부지로 사용할 목적으로 취득한 토지에 대한 소유권이전 절차에서 발생된 법무사 수수료 2,200,000원(부가가치세 포함)을 김안양 법무사사무소에 현금으로 지불하고 종이세금계산서를 수취하였다.

71회 기출문제 - 다음 자료를 이용하여 회사코드 5271번 ㈜성빈의 매입매출전표 입력을 하시오.

[1] 1월 3일 구매확인서에 의해 원재료를 매입하고 다음의 영세율전자세금계산서를 발급받았다. (외상대금은 3개월 후에 지급하기로 함)

영세율전자세금계산서(공급자 보관용)					승인번호	20220820-410000012-7c00mk0			
공급자	등록번호	120-81-33139	종사업장번호		공급받는자	등록번호	125-81-77559	종사업장번호	
	상호(법인명)	㈜태양	성명	손태양		상호(법인명)	㈜성빈	성명	박우빈
	사업장주소	서울시 강남구 강남대로 478				사업장주소	서울시 강남구 영동대로 701		
	업태	제조	종목	전자제품		업태	제조, 도소매	종목	전자제품
	이메일	psa1121@naver.com				이메일	t552ash@nate.com		
작성일자		공급가액		세액		수정사유		비고	
2022-01-03		15,000,000		0		해당없음			
월	일	품목	규격	수량	단가	공급가액	세액	비고	
1	3	원재료				15,000,000	0		
합계금액		현금		수표		어음	외상미수금	이 금액을 (영수, 청구)함	
15,000,000		4,000,000					11,000,000		

[2] 1월 14일 매출거래처인 ㈜대진에 선물할 명절선물용으로 ㈜파란마을로부터 선물세트 20,000,000원(부가가치세 별도)을 구입하고, 전자세금계산서를 수취한 후 15,000,000원은 당사 보통예금에서 이체하였고, 나머지 대금은 일주일 후에 지급하기로 하였다.

[3] 2월 8일 프랑스 뉴월드사에 수출할 제품 $20,000를 선적 완료하였다. 2월 1일에 선적지인도조건으로 수출계약을 체결하였고, 대금은 전액 2월 13일에 받기로 하였다. 환율은 다음과 같다. (공급시기의 회계처리만 할 것)

| 2월 1일 : 1,000원/$ | 2월 8일 : 1,100원/$ | 2월 13일 : 1,200원/$ |

[4] 3월 11일 김갑순에게 제품을 판매하고 판매대금은 전액 보통예금으로 입금되었고, 다음의 현금영수증을 발급하였다. 단, 거래처 입력은 생략하여도 무방함.

```
              ㈜성빈
       125-81-77559      박우빈
       서울 강남구 영동대로 701
              현금(소득공제)
   구매 2022/03/11/17:06
   거래번호 : 0026-0107
              제품명      수량      금액
              PC-110      1      550,000
          2043655000009
                          과세물품가액  500,000
                          부  가  세    50,000
                          합      계   550,000
                          받 은 금 액  550,000
```

[5] 3월 30일 생산부서 직원들의 명절선물로 굴비 20상자(1상자당 50,000원)를 구입하면서, 롯데마트로부터 전자계산서를 수취하였으며, 대금은 보통예금에서 500,000원을 이체하고, 잔액은 다음달 말일에 지급하기로 하였다.

5부 · 전산실습

72회 기출문제 - 다음 자료를 이용하여 회사코드 5272번 ㈜청용의 매입매출전표 입력을 하시오.

[1] 1월 25일 일본 거래처인 HONEYJAM.CO.에서 상품을 수입하면서 통관절차에 따라 부산세관으로부터 아래와 같이 수입전자세금계산서를 수취하고 부가가치세를 보통예금계좌에서 이체하여 납부하였다.

수입전자세금계산서(공급받는자 보관용)					승인번호	20220820-410000012-7c00mk0		
공급자	등록번호	121-83-00561			등록번호	105-81-33130	종사업장번호	
	상호(법인명)	부산세관	성명	부산세관장	상호(법인명)	㈜청용	성명	한수빈
	세관주소	부산 중구 중앙동4가 17			사업장주소	서울시 마포구 동교로 2031		
	수입신고번호 또는 일괄발급기관	1326345678			업태	제조	종목	전자제품
					이메일			
작성일자	공급가액		세액		수정사유		비고	
2022-01-25	20,000,000		2,000,000		해당없음			
월	일	품목	규격	수량	단가	공급가액	세액	비고
		수입신고필증참고						
합계금액				22,000,000				

[2] 2월 28일 영업부서에서는 제품광고료 110,000원(부가가치세 포함)을 힘겨레신문사에 전액 보통예금 에서 이체하고 지출증빙용 현금영수증을 수취하였다.

[3] 5월 7일 수출업체인 ㈜한류에 제품을 동 날짜로 받은 구매확인서에 의해 납품하고 다음의 영세율전자세금계산서를 발급하였다. 대금은 전액 보통예금으로 받았다.

영세율전자세금계산서(공급받는자 보관용)					승인번호	20220820-410000012-7c00mk0		
공급자	등록번호	105-81-33130	종사업장번호		등록번호	130-81-55668	종사업장번호	
	상호(법인명)	㈜청용	성명	한수빈	상호(법인명)	㈜한류	성명	정쌍룡
	사업장주소	서울시 마포구 동교로 203			사업장주소	서울시 강남구 역삼로 1504-20		
	업태	제조	종목	전자제품	업태	도소매	종목	전자제품
	이메일				이메일			
작성일자	공급가액		세액		수정사유		비고	
2022-05-07	10,000,000		0		해당없음			
월	일	품목	규격	수량	단가	공급가액	세액	비고
5	7	조립컴퓨터		10	1,000,000	10,000,000	0	
합계금액	현금		수표		어음	외상미수금	이 금액을 (영수, **청구**)함	
10,000,000	10,000,000							

종합문제

[4] 6월 30일 공장에서 사용하던 다음의 화물트럭을 ㈜호랑전자에 매각하면서 전자세금계산서를 발급하고 매각대금은 다음달 말일에 받기로 하였다.(취득 시 매입세액공제를 받았음)

구분	공급가액	부가가치세
매각대금	12,000,000원	1,200,000원
취득금액	30,000,000원	3,000,000원

* 매각일 현재 감가상각누계액 : 15,000,000원

[5] 9월 28일 판매거래처인 ㈜동해의 체육대회에 후원할 목적으로 수건 200장(한장당 3,000원)을 송화타월에서 구입하고 대금은 현금 600,000원(부가가치세 별도)을 지급하고 종이세금계산서를 수취하였다.

63회 해답

[1] 4월 4일 유형:11.과세, 공급가액:20,000,000, 부가세:2,000,000원, 거래처명:㈜장금상회, 전자:여
    (차) 외상매출금   22,000,000   (대) 제품매출   20,000,000
                                                                            부가세예수금   2,000,000

[2] 4월 30일 유형:51.과세, 공급가액:21,000,000, 부가세:2,100,000, 거래처명:㈜엘룬, 전자:여
    (차) 원재료   21,000,000   (대) 보통예금   18,100,000
        부가세대급금   2,100,000   선급금   5,000,000

[3] 5월 1일 유형:11.과세, 공급가액:10,000,000, 부가세:1,000,000, 거래처명:㈜삼정, 전자:여
    (차) 선수금   3,000,000   (대) 제품매출   10,000,000
        외상매출금   8,000,000   부가세예수금   1,000,000

[4] 5월 11일 유형:12.영세(영세율구분:3), 공급가액:10,000,000, 부가세:0, 거래처명:㈜한미상사, 전자:여
    (차) 외상매출금   10,000,000   (대) 제품매출   10,000,000

[5] 5월 25일 유형:11.과세, 공급가액:40,000,000, 부가세:4,000,000, 거래처:㈜신방, 전자:여,
    (차) 감가상각누계액(203)   40,000,000   (대) 건물   100,000,000
        외상매입금(㈜나이스))   30,000,000   부가세예수금   4,000,000
        보통예금   14,000,000
        유형자산처분손실   20,000,000

64회 해답

[1] 7월 9일 유형:54.불공(불공제사유:3), 공급가액:500,000, 부가세:50,000, 거래처명:칠성빌딩, 전자:여
    (차) 차량유지비 또는 여비교통비(판)   550,000   (대) 현금   550,000

[2] 7월 23일 유형:53.면세, 공급가액:400,000, 부가세:0, 거래처:은원마트, 전자:여
    (차) 복리후생비(제)   400,000   (대) 현금   100,000
                                                        미지급금 또는 미지급비용   300,000

[3] 7월 31일 유형:51.과세, 공급가액:10,000,000, 부가세:1,000,000, 공급처명:㈜명품가방, 전자:여
    (차) 상 품   10,000,000   (대) 보통예금   5,500,000
        부가세대급금   1,000,000   외상매입금   5,500,000

[4] 8월 5일 유형:17.카과, 공급가액:700,000, 부가세:70,000, 거래처:최창진, 신용카드사(현대카드)
    (차) 미수금(또는 외상매출금)   770,000   (대) 부가세예수금   70,000
        (거래처: 현대카드)   제품매출   700,000

[5] 10월 31일 유형:16(영세율구분:1), 공급가액:10,800,000, 부가세:0, 거래처:㈜베이징
    (차) 미수금   10,800,000   (대) 기계장치   20,000,000
        감가상각누계액(207)   12,000,000   유형자산처분이익   2,800,000

65회 해답

[1] 7월 14일 유형:52.영세, 공급가액:40,000,000, 부가세:0, 거래처명:㈜웅전, 전자:여, 분개:혼합
    (차) 원재료   40,000,000   (대) 단기대여금(㈜웅전)   40,000,000
[2] 7월 18일 유형:11.과세, 공급가액:40,000,000, 부가세:4,000,000, 거래처명:㈜미생, 전자:여, 분개:혼합
    (차) 보통예금   11,000,000   (대) 제품매출   40,000,000
        외상매출금   33,000,000   부가세예수금   4,000,000
[3] 8월 6일 유형:51.과세, 공급가액:50,000,000, 부가세:5,000,000, 거래처:㈜나이스, 전자:여, 분개:혼합
    (차) 건물   50,000,000   (대) 자기주식   40,000,000
        부가세대급금   5,000,000   자기주식처분이익   10,000,000
                                                                        보통예금   5,000,000
[4] 9월 15일 유형:61.현과, 공급가액:2,000,000, 부가세:200,000, 공급처명:㈜세종상사, 분개:혼합(또는 현금)
    (차) 부가세대급금   200,000   (대) 현 금   2,200,000
        비 품   2,000,000
[5] 9월 21일 유형:11.과세, 공급가액:2,000,000, 부가세:200,000, 거래처명:㈜예림상사, 전자:여, 분개:외상
    (차) 외상매출금   2,200,000   (대) 상품매출   2,000,000
                                                                        부가세예수금   200,000

66회 해답

[1] 4월 1일 유형:11.과세, 공급가액:20,000,000, 부가세:2,000,000, 거래처명:윤주원, 전자:여
    (차) 현금   22,000,000   (대) 제품매출   20,000,000
                                                                        부가세예수금   2,000,000
[2] 4월 2일 유형:12영세(영세율구분:3), 공급가액:100,000,000원, 세액:0원, 공급처:㈜무한상사, 전자:여
    (차) 외상매출금   100,000,000   (대) 제품매출   100,000,000
[3] 4월 3일 유형:51과세, 공급가액:20,000,000, 부가세:2,000,000, 공급처:알파상사, 전자:여
    (차) 부가세대급금   2,000,000   (대) 외상매입금   22,000,000
        원 재 료   20,000,000
[4] 4월 30일 유형:11과세, 공급가액:600,000, 세액:60,000, 거래처:세무상사, 전자:여
    (차) 미 수 금   660,000   (대) 기 계 장 치   2,000,000
        감가상각누계액(207)   1,200,000   부가세예수금   60,000
        유형자산처분손실   200,000

[5] 5월 31일 유형:51과세, 공급가액:10,000,000원, 세액:1,000,000원, 거래처:㈜라디오스타, 전자:여, 분개:혼합
　　(차) 상 표 권　　　　　　　　　10,000,000　　(대) 자 본 금　　　　　　7,500,000
　　　　부가세대급금　　　　　　　　1,000,000　　　　주식발행초과금　　　3,500,000

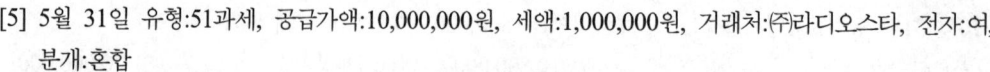

67회 해답

[1] 4월 3일 유형:11과세, 공급가액:8,000,000, 부가세:800,000, 공급처:알파상사, 전자:여,
　　(차) 외상매출금　　　　　　　　8,000,000　　(대) 제 품 매 출　　　　8,000,000
　　　　선　수　금　　　　　　　　　800,000　　　　부가세예수금　　　　　800,000
[2] 4월 21일 유형:51,과세, 공급가액:10,000,000, 부가세:1,000,000, 공급처:(주)한영, 전자:여
　　(차) 원　재　료　　　　　　　10,000,000　　(대) 당 좌 예 금　　　　8,800,000
　　　　부가세대급금　　　　　　　　1,000,000　　　　외상매입금　　　　　2,200,000
[3] 4월 25일 유형:61,현과, 공급가액:3,500,000, 부가세:350,000, 공급처:다모서비스,
　　(차) 기계장치　　　　　　　　　3,500,000　　(대) 보통예금　　　　　3,850,000
　　　　부가세대급금　　　　　　　　　350,000
[4] 5월 5일 유형:55수입, 공급가액:43,000,000, 부가세:4,300,000, 공급처:인천세관, 전자:여
　　(차) 부가세대급금　　　　　　　4,300,000　　(대) 보 통 예 금　　　　4,300,000
[5] 5월 27일 유형:54,불공(불공제사유:4), 공급가액:3,000,000, 부가세:300,000 공급처:(주)대양유통, 전자:여
　　(차) 접대비(판)　　　　　　　　3,300,000　　(대) 미지급금　　　　　3,300,000

68회 해답

[1] 8월 1일 유형:11 과세, 공급가액:10,000,000 부가세:1,000,000, 거래처:한글상회, 전자:여
　　(차) 선수금　　　　　　　　　　2,000,000　　(대) 제품매출　　　　10,000,000
　　　　받을어음　　　　　　　　　　9,000,000　　　　부가세예수금　　　1,000,000
[2] 8월 4일 유형:12 영세율(영세율구분 3), 공급가액 6,000,000, 부가세 0, 거래처명:㈜한중, 전자:여
　　(차) 현금　　　　　　　　　　　6,000,000　　(대) 제품매출　　　　　6,000,000
[3] 8월 5일 유형: 51 과세, 공급가액: 3,000,000, 부가세:300,000 거래처 : ㈜판촉, 전자 : 여 ,
　　(차) 광고선전비　　　　　　　　3,000,000　　(대) 미지급금　　　　　3,300,000
　　　　부가세대급금　　　　　　　　　300,000
[4] 8월 25일 유형:54 불공(불공사유 4) 공급가액 1,500,000, 부가세 150,000, 거래처:㈜왕갑, 전자:여, 분개:현금(혼합)
　　(차) 접대비(813)　　　　　　　1,650,000　　(대) 현 금　　　　　　　1,650,000

[5] 8월 26일 유형:57.카과, 공급가액:30,000, 부가세:3,000, 공급처:(주)오피스코리아
  (차) 사무용품비(판)   30,000 (대) 미지급금(현대카드) 33,000
    부가세대급금   3,000

69회 해답

[1] 1월 26일 유형:11.과세, 공급가액:70,000,000 부가세:7,000,000, 거래처:세현상사, 전자:여
  (차) 받을어음   30,000,000 (대) 제품매출   70,000,000
    외상매출금   47,000,000   부가세예수금 7,000,000

[2] 2월 6일 유형:11 과세, 공급가액:-800,000 부가세:-80,000, 거래처:수지상사, 전자:여
  (차) 외상매출금   -880,000 (대) 제품매출   -800,000
                    부가세예수금   -80,000

[3] 2월 9일 유형:22.현과, 공급가액:1,000,000, 부가세:100,000, 공급처:이상경
  (차) 보통예금   1,100,000 (대) 제품매출   1,000,000
                    부가세예수금   100,000

[4] 3월 3일 유형:53, 면세, 공급가액:1,000,000, 부가세:0, 거래처:(주)바로캐피탈, 전자:여
  (차) 임차료(판)   1,000,000 (대) 미지급금   1,000,000
                  (또는 미지급비용)

[5] 3월 23일 유형:11.과세, 공급가액:15,000,000, 부가세:1,500,000, 공급처:(주)전주, 전자:여
  (차) 감가상각누계액(207) 35,700,000 (대) 기 계 장 치 50,000,000
    보통예금   10,000,000   부가세예수금 1,500,000
    미수금   6,500,000   유형자산처분이익 700,000

70회 해답

[1] 8월 2일 유형:11.과세, 공급가액:5,100,000, 부가세:510,000, 공급처:(주)노원, 전자:여
  (차) 현금   2,400,000 (대) 제품매출   5,100,000
    받을어음((주)강북) 3,210,000   부가세예수금   510,000

[2] 8월 10일 유형:11과세매출, 공급가액: 8,000,000,부가세: 800,000,거래처명: 알파상사,전자:여
  (차) 감가상각누계액(207) 1,500,000 (대) 기계장치   5,000,000
    미수금   8,800,000   부가세예수금   800,000
    유형자산처분이익 4,500,000

[3] 8월 31일 유형:61.현과, 공급가액:300,000, 부가세:30,000, 공급처:세원식당
  (차) 복리후생비(제)   300,000 (대) 현금   330,000
    부가세대급금   30,000

[4] 11월 1일 유형:57카과, 공급가액 100,000 부가세 10,000 거래처:에스주유소, 분개:카드(혼합)
    (차) 차량유지비(제)   100,000   (대) 미지급금(삼성카드)   110,000
         부가세대급금   10,000   또는 미지급비용(삼성카드)

[5] 11월 8일 유형:54.불공(불공제사유:6), 공급가액:2,000,000, 부가세:200,000, 공급처:김안양 법무사 사무소, 전자:부, 분개:현금(혼합)
    (차) 토지   2,200,000   (대) 현금   2,200,000

71회 해답

[1] 1월 3일 유형:52. 영세, 공급가액:15,000,000원, 부가세:0원, 거래처:(주)태양, 전자:여
    (차) 원재료   15,000,000   (대) 현금   4,000,000
                                                                              외상매입금   11,000,000

[2] 1월 14일 유형:54.불공(사유4), 공급가액 20,000,000, 세액 2,000,000, 거래처:(주)파란마을, 전자:여, 분개:혼합
    (차)접대비(판)   22,000,000   (대) 보통예금   15,000,000
                                                                                   미지급금((주)파란마을) 7,000,000

[3] 2월 8일 유형:16수출(영세율구분:1), 공급가액:22,000,000, 부가세:0, 공급처:뉴월드사, 전자:부
    (차) 외상매출금   22,000,000   (대) 제품매출   22,000,000

[4] 3월 11일 유형: 22.현과, 거래처: 김갑순 또는 생략, 공급가액 500,000, 부가세 50,000
    (차) 보통예금   550,000   (대) 제품매출   500,000
                                                                                 부가세예수금   50,000

[5] 3월 30일 유형: 53.면세, 거래처: 롯데마트, 공급가액 1,000,000, 부가세 0, 전자: 여
    (차) 복리후생비(제)   1,000,000   (대) 보통예금   500,000
                                                                                미지급금   500,000

72회 해답

[1] 1월 25일 유형: 55.수입, 공급가액: 20,000,000원, 세액: 2,000,000원, 거래처:부산세관, 전자:여
    (차) 부가세대급금   2,000,000원   (대) 보통예금   2,000,000원

[2] 2월 28일 유형: 61.현과, 공급가액:100,000원, 세액:10,000원, 거래처:힘겨레신문사
    (차) 광고선전비(판)   100,000원   (대) 보통예금   110,000원
         부가세대급금   10,000원

[3] 5월 7일 유형:12 영세율(영세율구분:3), 공급가액:10,000,000원, 부가세:0원, 거래처:(주)한류, 전자:여
    (차) 보통예금   10,000,000원   (대) 제품매출   10,000,000원

해답 및 해설

[4] 6월 30일 유형: 11과세, 공급가액:12,000,000원, 세액:1,200,000원, 거래처:(주)호랑전자, 전자:여

(차) 미수금((주)호랑전자)	13,200,000원	(대) 차량운반구	30,000,000원
감가상각누계액	15,000,000원	부가세예수금	1,200,000원
유형자산처분손실	3,000,000원		

[5] 9월 28일 유형:54불공, 불공제사유:4, 공급가액:600,000, 부가세:60,000, 공급처:송화타월, 전자:부

(차) 접대비(판)   660,000원   (대) 현금   660,000원

*추가정답

(차) 접대비(판)   660,000원   (대) 현금   600,000원
                                         미지급금   60,000원

제4장 부가가치세 전산실습

이번 장에서는 부가가치세 전산실습에 대하여 학습한다. 본래는 프로그램 순서대로 하여야 하나 실무적으로는 부가가치세신고서를 가장 마지막에 작성하므로, 본서에서는 세금계산서 합계표부터 진행하도록 한다.

01 세금계산서합계표

세금계산서합계표는 특정기간의 매출세금계산서와 매입세금계산서의 교부내역을 나타내는 세무서식이다. 단, 전자세금계산서 발급시에는 세금계산서합계표 제출의무가 면제된다.

02 계산서합계표

계산서합계표는 특정기간의 매출계산서와 매입계산서의 발급내역을 나타내는 세무서식이다. 부가가치세가 과세되는 재화나 용역을 공급하는 경우에는 세금계산서를 주고 받지만, 부가가치세가 면세되는 재화나 용역을 공급하는 경우에는 계산서를 주고 받게 된다.

03 신용카드매출전표수령금액명세서

거래를 하는 경우에는 원칙적으로 세금계산서를 주고 받아야 하나 신용카드로 거래를 하는 것도 가능하다. 신용카드로 거래를 하는 경우 매출을 하는 입장에서는 신용카드 매출전표 발행집계표를 작성하고, 신용카드로 매입을 하는 경우에는 신용카드 매출전표 수취명세서를 작성한다. 실무적으로는 거래유형을 57.카과로 기록하면 자동으로 반영되나 시험 문제 에서는 회계처리는 생략하고, 서식만 작성하도록 요구하는 문제가 출제되고 있다. 신용카드 매출전표수령금액명세서에 기록될수 있는 것과 기록되지 않는 것은 다음과 같다.

	사 례	비 고
반 영	일반과세자로부터 신용카드매출전표나 현금영수증을 수취한 매입으로 세금계산서가 발급되지 아니한 것	부가가치세 신고서상 기타공제매입세액의 신용카드매출전표등 수취명세서 제출분에 반영된다.
미반영	① 간이과세자로부터 매입 ② 세금계산서도 동시 수취 ③ 매입세액불공제 사유로 사용 ④ 세금계산서 발급면제업종	① 일반전표에 입력 ② 거래유형을 51.과세 ③, ④ 일반전표에 입력 (매입세액공제 불가)

신용카드매출전표 수령금액합계표는 다음과 같은 순서대로 작업한다.
(1) 신용카드매출전표 수령금액합계표에 반영할 항목과 미반영 항목을 구분
(2) 월/일을 기록하고 구분을 선택
    1. 현금 : 현금영수증 수취분을 기록
    2. 복지 : 화물운전자 복지카드로 지출한 것을 기록
    3. 사업 : 사업용 신용카드(법인카드)로 지출한 것을 기록
    4. 신용 : 기타 신용카드(종업원 명의 카드 사용 등)을 기록
(3) 카드회원번호, 공급가액, 세액 등을 기록하고 저장
(4) 문제에서 요구하는 경우에는 부가가치체 신고서에서 기타공제매입세액에서 신용카드매출수령금액합계표에 금액이 반영되는지 확인

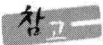

부가가치세 부속서류 작성시에는 저장 작업을 해주어야 한다.

사례문제 1. 신용카드매출전표 수령금액명세서

[1] 다음 자료를 토대로 회사코드 5262번 ㈜소망의 제1기 확정분 신용카드매출전표등수령금액합계표(갑)를 작성하시오.

단, 매입매출전표입력은 생략하되, 사용한 법인카드번호는 하나카드 1111-2222-3333-4444 이며 매입세액공제가 가능한 사항만 반영하시오. (57회 수정)

매입일자	매입내역	공급가액(원)	세액(원)	사용처(일반과세자) 상호	사용처(일반과세자) 사업자등록번호	증빙
6/3	거래처 직원 선물	80,000	8,000	나라유통	110-23-02624	신용카드
6/4	사업장 난방용 석유구입	50,000	5,000	대한상사	121-13-15168	신용카드
6/5	비영업용 소형승용차 임차료	200,000	20,000	㈜탐라렌트카	132-82-13225	현금영수증
6/6	직원회의시 커피구입비	30,000	3,000	강북상사	106-81-17069	현금영수증

해답

신용카드

2. 신용카드 등 매입내역 합계			
구분	거래건수	공급가액	세액
합 계	2	80,000	8,000
현금영수증	1	30,000	3,000
화물운전자복지카드			
사업용신용카드	1	50,000	5,000
그 밖의 신용카드			

3. 거래내역입력						그 밖의 신용카드 등 거래내역 합계		
월/일	구분	공급자	공급자(가맹점) 사업자등록번호	카드회원번호		거래건수	공급가액	세액
1 06-04	사업	대한상사	121-13-15168	1111-2222-3333-4444		1	50,000	5,000
2 06-06	현금	강북상사	106-81-17069			1	30,000	3,000
3								
		합계				2	80,000	8,000

거래처직원 선물 및 비영업용 소형승용차의 임차료는 매입세액공제 대상이 아님.

[2] 다음 자료를 이용하여 회사코드 5265번 ㈜한양기업의 제1기 확정신고 기간의 신용카드 매출전표수령등금액합계표(갑)을 작성하시오.

단, ①모든 거래처는 일반과세자이며, 매입세액공제가 가능한 사항만 반영할 것
②전표입력은 생략하고 법인카드번호는 1111-7777-1111-7777(국민카드) 이다. (59회 수정)

거래일자	거래내용	거래처명 (사업자등록번호)	공급대가 (VAT 포함)	업종	증빙자료
4/3	출장목적 항공권	엔씨티국제운송 (120-21-32311)	2,200,000원	여객운송	사업용 신용카드
4/15	사무용품 구입	문구오피스 (405-01-31248)	110,000원	소매/문구	사업용 신용카드
5/20	거래처 접대	남서식당 (123-05-54328)	440,000원	음식업	사업용 신용카드
6/20	업무용 컴퓨터 구입	디엔소프트(주) (121-81-74512)	6,600,000원	도소매/ 컴퓨터 등	사업용 신용카드

해답

신용카드매출전표등수령명세서 4월~6월

No	월/일	구분	공급자	공급자(가맹점) 사업자등록번호	카드회원번호	거래건수	공급가액	세액
1	04-15	사업	문구오피스	405-01-31248	1111-7777-1111-7777	1	100,000	10,000
2	06-20	사업	디엔소프트(주)	121-81-74512	1111-7777-1111-7777	1	6,000,000	600,000

거래처직원 선물 및 비영업용 소형승용차의 임차료는 매입세액공제 대상이 아님.

[3] 다음 자료를 이용하여 회사코드 5270번 (주)소풍의 신용카드매출전표 수령금액명세서 작성을 하시오.

아래의 자료를 바탕으로 1기 부가가치세 확정신고기간(4.1~6.30)의 신용카드매출전표등수령명세서(갑)를 작성하시오. 카드는 삼성(법인, 사업용) 카드 1234-4567-7890-0123 를 사용하였고, 거래처는 모두 일반과세자이다.(매입세액공제 가능한 거래만 반영하고 매입매출전표 입력은 생략한다) (70회)

일자	내역	공급가액	부가가치세	상호	사업자등록번호	증빙
4/1	본사 회의시 커피	40,000	4,000	할리스커피	104-04-11258	신용카드
4/4	신입사원 명함제작	20,000	2,000	청솔인쇄	114-82-01319	현금영수증
5/10	거래처 직원과 식사비	250,000	25,000	땅끝식당	303-07-81798	신용카드
5/14	사무실 프린터 토너 교체	75,000	7,500	컴박사(주)	303-83-00014	현금영수증
6/19	거래처 방문 택시비	13,000	1,300	서울교통	303-81-35784	신용카드

해답

월/일	구분	공급자	공급자(가맹점)사업자등록번호	카드회원번호	거래건수	공급가액	세액
04-01	사업	할리스커피	104-04-11258	1234-4567-7890-0123	1	40,000	4,000
04-04	현금	청솔인쇄	114-82-01319	1234-4567-7890-0123	1	20,000	2,000
05-14	현금	컴박사(주)	303-83-00014	1234-4567-7890-0123	1	75,000	7,500

* 거래처 직원과 식사비는 접대비이며 매입세액불공제 사유라서 기재하지 않음
* 택시비와 같이 세금계산서 발급이 면제되는 업종과 거래는 기재하지 않음

04 신용카드매출표발행금액집계표

회사가 신용카드 매출을 하는 경우 작성하는 세무서식이다. 실무적으로는 매입매출전표를 입력하면 자동으로 반영되며, 신용카드매출표발행금액집계표에서 기록하는 금액은 공급대가(부가가치세를 포함한 금액)로 기록하는 것에 주의하여야 한다.

문제 풀이시에는 전표입력 여부, 부가가치세신고서 반영여부를 확인하고 풀이하여야 한다. 부가가치세신고서에 반영을 요구하는 경우에는 과세표준 및 매출세액에서 "신용카드.현금영수증"란에 반영하여야 한다.

○ 사례문제 2. 신용카드매출전표발행집계표

[1] 다음의 문제를 회사코드 5264번 (주)세종공업에서 작업하시오.

다음 자료를 보고 (주)세진의 2022년 2기 예정신고기간(2022.7.1 ~ 2022.9.30) 신용카드매출전표 등 발행금액 집계표를 작성하시오. (56회 수정)

> · 7월 19일 비사업자인 최창진씨에게 제품 5,500,000원(부가가치세 포함)을 판매하고 현금영수증을 발급하였다.
> · 8월 6일 충성물산에게 제품 9,900,000원(부가가치세 포함)을 판매하고 전자세금계산서를 발급하였으며, 대금 중 5,000,000원은 현금으로, 4,900,000원은 9월 18일 비씨카드로 결제받았다.
> · 9월 27일 (주)일선상사에게 제품 8,800,000원(부가가치세 포함)을 판매하고 비씨카드로 대금결제를 받았다.

해답

2. 신용카드매출전표 등 발행금액 현황				
구 분	합 계	신용·직불·기명식 선불카드	현금영수증	직불전자지급 수단 및 기명식선불 전자지급수단
합 계	19,200,000	13,700,000	5,500,000	
과세 매출분	19,200,000	13,700,000	5,500,000	
면세 매출분				
봉 사 료				

3. 신용카드매출전표 등 발행금액중 세금계산서 교부내역			
세금계산서발급금액	4,900,000	계산서발급금액	

(1) 과세매출분+신용카드 : 13,700,000원, 과세매출분+현금영수증 : 5,500,000원
(2) 신용카드매출전표 발행금액 중 세금계산서 교부금액 : 4,900,000원

05 매입자발행세금계산서합계표

　매입자발행세금계산서는 공급하는자가 정당한 사유 없이 세금계산서의 발급을 거부하는 경우에 공급받는자가 세무서장의 승인을 얻어 매입세금계산서를 발급하는 것을 말한다. 실무 프로그램에서는 매입 거래 유형에 매입자발행 세금계산서에 대한 유형이 있으나 교육용 프로그램에서는 지원하지 않는다. 그리고, 세금계산서합계표는 직접 입력을 할 수 있는 서식이 아니므로 본서에서는 생략하기로 한다.

06 공제받지 못할 매입세액명세

매입세액불공제명세는 매입세액이 공제되지 않는 자료에 대하여 나타내는 서식이다. 실무프로그램에서는 일반적인 매입 불공제 사유에 대하여는 전표 입력시 매입세액 불공제 사유를 선택하고, 해당 입력한 내용이 자동으로 불러오기가 된다. 시험에서는 전표입력을 생략하고, 해당서식을 작성하는 문제가 가끔 출제되기도 한다.

그리고, 추가적으로 고려할 사항이 있는데, 매입세액 불공제액을 안분계산등을 하여야 하는 경우이다. 부가가치세가 과세되는 재화를 구입하여 과세사업과 면세사업에 동시에 사용하는 경우에는 면세사업에 사용된 부분만큼은 부가가치세 매입세액을 공제받을 수 없다. 단, 다음의 경우에는 안분계산을 하지 않고, 전액을 매입세액 공제를 한다.

① 면세공급가액의 비율이 5%미만 (단, 매입세액이 500만원 이상의 경우에는 안분)
② 거래금액이 50만원 미만
③ 신규로 사업을 개시한 사업자

(1) 공통매입세액의 안분

개인사업자(예정신고를 하지 않는 자), 법인의 예정신고시 작업한다. 공통매입세액 안분을 선택한 후 산식을 선택한다.

① 공통매입세액 $\times \dfrac{\text{면세공급가액}}{\text{총공급가액}}$

개인사업자의 경우 사용한다.

② 공통매입세액 $\times \dfrac{\text{면세매입가액}}{\text{총매입가액}}$

과세사업이나 면세사업의 어느 한쪽의 공급가액이 없는 경우 사용한다.

③ 공통매입세액 $\times \dfrac{\text{면세예정공급가액}}{\text{총예정공급가액}}$

법인사업자의 예정신고시 사용한다.

④ 공통매입세액 $\times \dfrac{\text{면세예정사용면적}}{\text{총예정사용면적공급가액}}$

건물이나 구축물등의 안분계산시 사용한다.

자료에서 주어진대로 공통매입공급가액, 공통매입세액, 면세예정공급가액, 총예정공급가액(과세공급가액을 기록하는 것이 아님에 주의한다) 순서대로 입력하면 매입세액불공제분이 계산되며, Esc를 누르면 본래 화면으로 복귀할 수 있다.

(2) 공통매입세액의 정산

법인사업자의 확정신고를 할 때에는 정산메뉴를 이용하여 작업한다. 정산 메뉴를 선택한 후 Tab키를 선택한 후 다음의 산식을 선택한다. 단, 자산을 취득한 후 동일한 과세기간에 매각하는 경우에는 직전 과세기간의 공급가액 기준에 따라 안분한다.

① 건물, 구축물 이외의 매입의 경우

$$총공통매입세액 \times \frac{과세기간의\ 면세공급가액}{과세기간의\ 총공급가액} - 기불공제\ 매입세액$$

② 건물, 구출물을 매입한 경우

$$총공통매입세액 \times \frac{과세기간의\ 면세사용면적}{과세기간의\ 총사용면적} - 기\ 불공제\ 매입세액$$

그리고, 확정신고기간까지 공통매입세액, 예정신고기간과 확정신고기간의 면세공급가액, 총공급가액, 기불공제매입세액을 순차적으로 입력한다. 자세한 것은 실습문제를 통해 알아보기로 한다.

(3) 납부(환급)세액의 재계산

납부(환급)세액의 재계산은 확정신고기간에만 작업하며, 다음의 요건을 모두 충족하는 경우에 작업한다.

① **과세사업과 면세사업을 겸영**하는 사업자
② **상각대산 자산을 취득하여 사용**
③ **면세공급가액의 비율이 5% 이상 증감**

사례문제 3. 공제받지 못할 매입세액명세서

[1] 다음 자료를 이용하여 회사코드 5262번 ㈜소망의 1기 예정신고기간의 공제받지 못할 매입세액명세서를 작성하시오. 불러오는 데이터는 무시하고 새로 작성한다. (35회 수정)

〈거래내역〉

- 모든 거래는 전자세금계산서 수취거래로서 부가가치세별도의 금액임.
1) 휴대폰을 10대(단가:400,000원) 구입하여 전량 거래처에 무상으로 제공하다.
2) 대표자의 업무용승용차(1,600cc)의 고장으로 인해 이의 수리비 100,000원을 서울자동차에 지출함
3) 면세사업에만 사용할 목적으로 난방기를 (주)민주산업에서 250,000원에 구입하고 당기 소모품비로 처리함.
4) 상품매입액 2,000,000원 세금계산서합계표상의 공급받는자의 등록번호가 착오로 일부 오류기재됨(전자 세금계산서는 정확히 기재됨)

해답

전자세금계산서는 정확하게 기재되었으나 착오로 인하여 합계표에 잘못 기록한 것은 불공제 대상이 아니다.

매입세액 불공제 사유	세금계산서		
	매수	공급가액	매입세액
①필요적 기재사항 누락 등			
②사업과 직접 관련 없는 지출			
③비영업용 소형승용자동차 구입·유지 및 임차	1	100,000	10,000
④접대비 및 이와 유사한 비용 관련	1	4,000,000	400,000
⑤면세사업등 관련	1	250,000	25,000
⑥토지의 자본적 지출 관련			
⑦사업자등록 전 매입세액			
⑧금·구리 스크랩 거래계좌 미사용 관련 매입세액			

[2] 다음은 회사코드 5263번 ㈜세진의 2기 예정신고기간에 발생한 매입자료이다. 기존에 입력된 자료는 무시하고 다음의 자료를 토대로 부가가치세신고서의 부속서류인 '공제받지못할매입세액명세서'를 작성하시오.

> 가. 상품(공급가액 3,000,000원, 부가가치세 300,000원)을 구입하고 세금계산서를 수취하였으나, 세금계산서에 공급받는자의 상호 및 공급받는자의 대표자 성명이 누락되는 오류가 있었다.
> 나. 대표이사가 사업과 상관없이 개인적으로 사용할 노트북을 1,000,000원(부가가치세 별도)에 구입하고 (주)세원을 공급받는자로 하여 세금계산서를 교부 받았다.
> 다. 회사의 업무용으로 사용하기 위하여 차량(배기량 2,500cc, 5인용, 승용)을 21,500,000원(부가가치세 별도)에 구입하고 세금계산서를 받았다.
> 라. 매출 거래처에 선물용으로 공급하기 위해서 우산(단가 10,000원, 수량 200개, 부가가치세 별도)을 구입하고 세금계산서를 교부받았다.

해답

매입세액불공제사유	매수	공급가액	매입세액
사업과 직접 관련 없는 지출	1	1,000,000	100,000
비영업용 소형승용자동차 구입·유지 및 임차	1	21,500,000	2,150,000
접대비 및 이와 유사한 비용 관련	1	2,000,000	200,000

[3] 회사코드 5263번 ㈜세진의 2기 예정신고기간 공급가액의 자료는 다음과 같다. 자료를 보고 당사(과세 및 면세 겸영사업자)의 2기 예정 부가가치세 신고시 부가가치세 신고부속서류 중 공제받지 못할 매입세액명세서(매입세액불공제내역)을 작성하라. 단, 아래의 매출과 매입은 모두 관련 세금계산서 또는 계산서를 적정하게 수수한 것이며, 과세분 매출과 면세분 매출은 모두 공통매입분과 관련된 것이다. 불러오는 데이터는 무시하고 새로 작성한다. (37회 수정)

구 분		공급가액(원)	세액(원)	합계액(원)	매수
매출내역	과세분	40,000,000	4,000,000	44,000,000	7
	면세분	60,000,000	-	60,000,000	3
	합계	100,000,000	4,000,000	104,000,000	10
매입내역	과세분	30,000,000	3,000,000	33,000,000	6
	공통분	50,000,000	5,000,000	55,000,000	3
	합계	80,000,000	8,000,000	88,000,000	9

해답

산식	과세·면세사업 공통매입		⑩총공급가액등	⑪면세공급가액등	면세비율(⑪÷⑩)	⑬불공제매입세액[⑪*(⑪÷⑩)]
	⑩공급가액	⑪세액				
1.당해과세기간의 공급가액기준	50,000,000	5,000,000	100,000,000	60,000,000	60.0000	3,000,000
합계	50,000,000	5,000,000	100,000,000	60,000,000		3,000,000

불공제매입세액 (3,000,000) = 세액(5,000,000) * 면세공급가액등 (60,000,000) / 총공급가액 (100,000,000)

① 공급가액, 세액
  : 예정신고기간에 과세사업과 면세사업에 공통으로 사용하기 위해 매입한 내역을 기록
② 총급가액등, 면세공급가액등 : 예정신고기간의 (매출)총공급가액과 면세공급가액 기록
③ 면세비율, 불공제매입세액은 자동으로 계산된다.

[4] 회사코드 5263번 (주)세진은 과세사업과 면세사업을 겸영하고 있다. 다음 자료를 토대로 제1기 부가가치세 예정신고시 매입세액불공제내역 서식을 작성하시오. 단, 기존의 입력된 자료는 무시하고 주어진 자료 외의 매입세액 불공제 내역은 없다고 가정한다. (50회)

(1) 공통매입세액 : 28,000,000원
(2) 공통매입가액 : 280,000,000원
(3) 기타자료

구분	과세	면세
매입가액	1,404,000,000원	120,000,000원
공급가액	1,921,000,000원	339,000,000원
예정사용면적	720㎡	180㎡

해답

공제받지못할매입세액내역	공통매입세액안분계산내역	공통매입세액의정산내역	납부세액또는환급세액재계산

산식	과세·면세사업 공통매입		⑫총공급가액등	⑬면세공급가액등	면세비율(⑬÷⑫)	⑭불공제매입세액[⑪×(⑬÷⑫)]
	⑩공급가액	⑪세액				
3.당해과세기간의 예정공급가액기준	280,000,000	28,000,000	2,260,000,000	339,000,000	15.0000	4,200,000
합계	280,000,000	28,000,000	2,260,000,000	339,000,000		4,200,000

불공제매입세액 (4,200,000) = 세액(28,000,000) * 면세공급가액등 (339,000,000) / 총공급가액 (2,260,000,000)

* 안분기준은 공급가액을 기준으로 한다. 매입가액은 신규로 사업을 개시하여 공급가액이 없는 사업자가 적용하며, 면적은 건물에 대해서만 적용이 가능하다. 문제에서는 건물구입이라는 내용이 없으므로, 공급가액을 기준으로 안분한다.

[5] 다음은 회사코드 5264번 ㈜세종기업의 1기 부가가치세 확정신고 자료 중 과세사업과 면세사업에 공통으로 사용되는 원재료 매입액에 관한 공통매입세액 내역이다. 아래자료를 이용하여 공제받지 못할 매입세액명세서를 작성하시오.(데이터를 불러오기 하지 말고 직접 입력해서 작성하시오) (48회)

(1) 과세기간의 매출(공급가액)내역

구분	과세 · 면세	금액(원)
01.01~03.31	과세매출	2,000,000,000
	면세매출	500,000,000
04.01~06.30	과세매출	1,200,000,000
	면세매출	300,000,000

(2) 예정신고시 공통매입세액불공제내역
① 공통매입세액   : 30,000,000원
② 기 불공제매입세액 : 6,000,000원

(3) 과세기간최종3월(04.01~06.30)의 내역
① 공통매입세액   : 50,000,000원

해답

산식	(15)총공통매입세액	(16)면세 사업확정 비율			(17)불공제매입세액총액 ((15)*(16))	(18)기불공제매입세액	(19)가산또는공제되는매입세액 ((17)-(18))
		총공급가액	면세공급가액	면세비율			
1.당해과세기간의 공급가액기준	80,000,000	4,000,000,000	800,000,000	20.0000	16,000,000	6,000,000	10,000,000
합계	80,000,000	4,000,000,000	800,000,000		16,000,000	6,000,000	10,000,000

가산또는공제되는매입세액 (10,000,000) = 총공통매입세액(80,000,000) * 면세비율(%)(20) - 기불공제매입세액(6,000,000)

① 총공통매입세액 : 예정 30,000,000 + 확정 50,000,000 = 80,000,000원
② 총공급가액 : 예정신고 (매출)공급가액 + 확정신고 (매출)공급가액 = 4,000,000,000원
③ 면세공급가액 : 예정신고 면세(매출)공급가액 + 확정신고 면세(매출)공급가액 = 800,000,000원
④ 기불공제 매입세액 : 예정신고기간에 공제 받지 못한 매입세액

[6] 다음은 회사코드 5264번 ㈜세종기업의 2기 부가가치세 확정신고 자료 중 과세재화와 면세재화에 공통으로 사용되는 원재료 매입액에 관한 공통매입세액 정산내역이다. 아래자료를 이용하여 공제받지못할매입세액명세서를 작성하시오. 본 문제에 한하여, 전산데이타와 상관없이 아래의 자료를 적용하기로 한다. 불러오는 데이터는 무시하고 새로 작성한다. (43회 수정)

(1) 과세기간의 매출(공급가액)내역

구분	과세·면세	금액(원)
07.01~09.30	과세매출	40,000,000
	면세매출	60,000,000
10.01~12.31	과세매출	30,000,000
	면세매출	70,000,000

(2) 예정신고시 공통매입세액불공제내역
  ① 공통매입세액 300,000원
  ② 기 불공제매입세액 180,000원

(3) 과세기간최종3월(10.01~12.31)의 내역
  ① 공통매입세액 500,000원

해답

산식	(15)총공통매입세액	(16)면세 사업확정 비율			(17)불공제매입세액총액 ((15)*(16))	(18)기불공제매입세액	(19)가산또는공제되는매입세액 ((17)-(18))
		총공급가액	면세공급가액	면세비율			
1.당해과세기간의 공급가액기준	800,000	200,000,000	130,000,000	65.0000	520,000	180,000	340,000
합계	800,000	200,000,000	130,000,000		520,000	180,000	340,000

가산또는공제되는매입세액 (340,000) = 총공통매입세액(800,000) * 면세비율(%)(65) - 기불공제매입세액(180,000)

① 총공통매입세액 : 예정신고기간 공통매입세액 300,000원과 확정신고기간 공통매입세액 500,000원을 합산한다.
② 총공급가액 : 예정신고기간과 확정신고기간의 총공급가액(매출)을 합산한다.
③ 면세공급가액 : 예정신고기간과 확정신고기간의 면세공급가액(매출)을 합산한다.
④ 기불공제매입세액 : 예정신고기간에 불공제된 매입세액을 기록한다.
⑤ 면세비율, 불공제매입세액총액, 가산 또는 공제되는 매입세액은 자동으로 계산된다.

제4장 • 부가가치세 전산실습

[7] 다음의 내용을 토대로 회사코드 5265번 ㈜한양기업의 2022년 1기 확정 부가가치세신고시 납부세액재계산을 하여 공제받지못할매입세액명세서(매입세액불공제내역)를 작성하시오. 불러오는 데이터는 무시하고 새로 작성한다. (33회)

· 2022년 과세사업과 면세사업에 공통으로 사용되는 자산의 구입내역

계정과목	취득일자	공급가액	부가가치세
기계장치	2021. 7. 1.	10,000,000원	1,000,000원
공장건물	2021. 8. 10.	100,000,000원	10,000,000원
상 품	2021. 10. 20.	1,000,000원	100,000원

* 2021년 제2기 부가세 확정신고시 공통매입세액에 대한 안분계산 및 정산은 정확히 신고서에 반영되었다.

· 2021년 및 2022년의 공급가액 내역

구 분	2021년 제2기	2022년 제1기
과세사업	100,000,000 원	80,000,000 원
면세사업	100,000,000 원	120,000,000 원

해답

자산	(20)해당재화의 매입세액	취득년월	체감률	경과된과세기간	(21)경감률[1-(체감률*경과된과세기간의수)]	(22)증가 또는 감소된 면세공급가액(사용면적)비율 당기 총공급	면세공급	직전 총공급	면세공급	증가율	(23)가산또는 공제되는 매입세액 (20)*(21)*(22)
1.건물,구축물	10,000,000	2021-08	5	1	95	200,000,000.00	120,000,000.00	200,000,000.00	100,000,000.00	10.000000	950,000
2.기타자산	1,000,000	2021-07	25	1	75	200,000,000.00	120,000,000.00	200,000,000.00	100,000,000.00	10.000000	75,000

① 해당재화의 매입세액 : 공통사업에 사용한 자산의 매입세액을 기록한다. 단, 감가상각대상 자산만 재계산을 하므로 상품은 기록하지 않는다.
② 취득년월 : 공통사업에 사용할 목적으로 취득한 자산의 취득년월을 기록한다.
③ 총공급, 면세공급 : (매출관련) 공급가액과 관련된 금액을 기록한다.
④ 경과과세기간, 경감율, 증가율, 가산 또는 공제되는 매입세액은 자동으로 계산된다.

[8] 다음 자료를 보고 회사코드 회사코드 5266번 ㈜온누리기업의 2022년 2기 부가가치세 확정신고시 공제받지못할 매입세액명세서(납부세액 재계산)를 작성하시오. 불러오는 데이터는 무시하고 새로 작성한다. (2022년 1기까지 납부세액 재계산은 올바르게 신고되었다.) (46회)

1. 과세사업과 면세사업에 공통으로 사용되는 자산의 구입명세

구 분	취득일자	공급가액	부가가치세	비고
건 물	2021.01.22	100,000,000원	10,000,000원	
비 품	2021.11.10	20,000,000원	2,000,000원	

2. 2020년, 2021년 공급가액 명세

구 분	2021년 제2기	2022년 제1기	2022년 제2기
과세사업	150,000,000원	300,000,000원	240,000,000원
면세사업	250,000,000원	200,000,000원	360,000,000원

해답

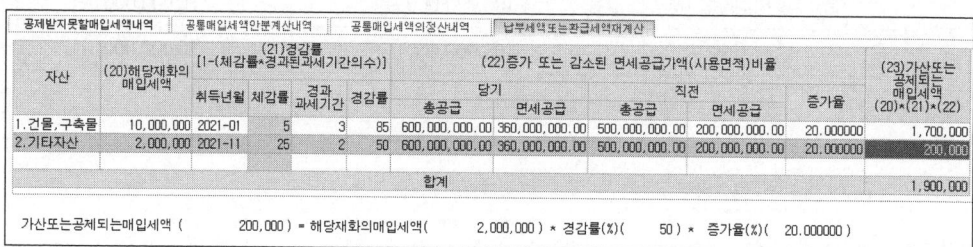

① (22) 공급가액은 예정신고기간과 확정신고기간을 합친 금액으로 기록한다.
② 직전기간은 순수하게 직전 기간이 아니라 가장 최근에 매입세액 재계산을 한 기간을 말한다. 취득기간과 당기 과세기간 사이에 재계산을 한적이 없다면 취득기간의 공급가액을 기록한다.

[9] 다음은 회사코드 5267번 ㈜만세공업의 2022년 2기 부가가치세 예정신고기간에 발생한 매입자료이다. 다음의 자료를 토대로 부가가치세신고서의 부속서류인 '공제받지못할매입세액명세서'를 작성하시오. 불러오는 데이터는 무시하고 새로 작성한다. (44회 수정)

> 가. 상품(공급가액 5,000,000원, 부가가치세 500,000원)을 구입하고 세금계산서를 수취하였으나, 세금계산서에 공급받는자의 상호 및 공급받는자의 대표자 성명이 누락되고 공급자의 성명에 날인도 되지 않은 오류가 있었다.
>
> 나. 대표이사가 사업과 상관없이 개인적으로 사용할 노트북을 1,000,000원(부가가치세 별도)에 구입하고 (주)대한상사를 공급받는자로 하여 세금계산서를 교부 받았다.
>
> 다. 회사의 공장건물을 신축하기 위하여 회사보유 토지를 평탄하게 하는 공사(자본적 지출임)를 하기 위하여 (주)일성건설에 10,000,000원(부가가치세 별도)에 외주를 주어 공사를 완료하고 세금계산서를 교부받았다(동 공사는 건물의 자본적지출이 아님).
>
> 라. 회사의 업무용으로 사용하기 위하여 차량(배기량 800cc, 4인용, 승용)을 12,000,000원(부가가치세 별도)에 구입하고 세금계산서를 받았다.
>
> 마. 거래처에 선물용으로 공급하기 위해서 볼펜(단가 1,000원, 500개, 부가가치세 별도)을 구입하고 세금계산서를 교부받았다.

해답

공제받지 못할 매입세액명세서 7월~9월

매입세액 불공제 사유	세금계산서		
	매수	공급가액	매입세액
①필요적 기재사항 누락 등			
②사업과 직접 관련 없는 지출	1	1,000,000	100,000
③비영업용 소형승용자동차 구입·유지 및 임차			
④접대비 및 이와 유사한 비용 관련	1	500,000	50,000
⑤면세사업등 관련			
⑥토지의 자본적 지출 관련	1	10,000,000	1,000,000
⑦사업자등록 전 매입세액			
⑧금·구리 스크랩 거래계좌 미사용 관련 매입세액			
합계	3	11,500,000	1,150,000

* 공급받는자의 대표자 성명과 날인은 세금계산서의 필수적 기재사항이 아니므로 기록하지 않아도 매입세액공제가 가능하다.

5부 · 전산실습

[10] 회사코드 5267번 ㈜만세공업은 2022년 9월 5일에 과세사업과 면세사업에 같이 사용하기 위하여 건물을 공급가액 100,000,000원, 부가가치세 10,000,000원을 지불하고 구입하였다. 한편 동 건물에 딸려 있는 토지는 총 400,000,000원을 지불하고 구입하였다. 2기 확정신고시 공제받지못할매입세액명세서를 작성하시오. 당사는 예정신고시 공급가액기준으로 정상적으로 공통매입세액안분계산을 하였다.(단, 불러오는 데이터는 무시하고 새로 작성하시오)   (58회)

구분	과세공급가액	면세공급가액	합계
2022년 2기 예정	800,000,000원	1,200,000,000원	2,000,000,000원
2022년 2기 확정	1,000,000,000원	2,000,000,000원	3,000,000,000원
합계	1,800,000,000원	3,200,000,000원	5,000,000,000원

해답

공제받지 못할 매입세액명세서 10월~12월

산식	(15)총공통매입세액	(16)면세 사업확정 비율			(17)불공제매입세액총액((15)*(16))	(18)기불공제매입세액	(19)가산또는공제되는매입세액((17)-(18))
		총공급가액	면세공급가액	면세비율			
1.당해과세기간의 공급가액기준	10,000,000	5,000,000,000	3,200,000,000	64.0000	6,400,000	6,000,000	400,000
합계	10,000,000	5,000,000,000	3,200,000,000		6,400,000	6,000,000	400,000

가산또는공제되는매입세액 (400,000) = 총공통매입세액 (10,000,000) * 면세비율(%)(64) - 기불공제매입세액(6,000,000)

[11] 본 문제에 한하여 회사코드 5267번 (주)만세공업은 신문사 및 광고업을 겸영하는 사업자라고 가정한다. 2021년 9월 5일 신문용지(원재료)10,000,000원(세액 1,000,000원) 및 윤전기(유형자산)를 40,000,000원(세액 4,000,000원)에 구입하였다. 이와 관련하여 제1기 부가가치세 확정신고시에 반영할 공통매입세액 재계산 내역을 '공제받지 못할 매입세액 명세서'에 반영하시오. 불러오는 데이터는 무시하고 새로 작성한다. (51회)

<관련자료> 신문사 및 광고업의 매출내역

기 별	구독료수입	광고수입	총공급가액
2021년 2기	10,000,000원	40,000,000원	50,000,000원
2022년 1기	24,000,000원	36,000,000원	60,000,000원

[참고] 윤전기 : 인쇄용 기계장치임.
 (단, 이 문제에 한하여 당사는 신문사와 광고업만을 운영한다고 가정한다)

제4장 · 부가가치세 전산실습

해답

공제받지 못할 매입세액명세서 4월~6월

자산	(20)해당재화의 매입세액	취득년월	(21)경감률[1-(체감률×경과된과세기간의수)]			(22)증가 또는 감소된 면세공급가액(사용면적)비율					(23)가산또는공제되는 매입세액 (20)×(21)×(22)
			체감률	경과과세기간	경감률	당기		직전		증가율	
						총공급	면세공급	총공급	면세공급		
2.기타자산	4,000,000	2020-09	25	1	75	60,000,000.00	24,000,000.00	50,000,000.00	10,000,000.00	20.000000	600,000

07 대손세액공제 신고서

1) 대손세액공제의 의의

대손세액공제는 부가가치세가 과세되는 거래에 대한 채권이 대손이 발생한 경우 해당 채권 금액 중에서 부가가치세에 해당하는 부분만큼은 세액공제를 해 주는 제도이다.

대손세액공제를 받을 수 있는 사유에는 파산, 강제집행, 사망·실종, 회사정리인가, 부도6월 경과, 30만원 이하의 채권으로서 회수기일이 6개월 이상 경과한 채권 등의 사유가 있다. 대손세액공제를 신고하면 대손처리한 채권에 해당하는 부가가치세 만큼 납부세액에서 차감되는 효과가 있으며 대손세액공제의 신고는 예정신고기간에는 불가능하고, 확정신고기간에만 가능하다.

2) 회계처리

대손세액공제를 받는 경우에는 일반적인 경우의 대손과 달리 부가세예수금도 감소하기 때문에 이를 반영하여 회계처리를 하여야 한다.

6월 10일 거래처에 상품을 1,000,000원(부가세 별도)에 외상판매 하였다.

6월 30일 거래처 파산으로 인해 외상매출금 1,100,000원을 대손처리하고, 대손세액공제를 신청하였다(대손충당금은 충분하다고 가정한다).
(차) 대손충당금   1,000,000   (대) 외상매출금   1,100,000
    부가세예수금   100,000

12월 10일 위의 대손처리한 채권을 현금으로 회수하였다.
(차) 현   금   1,100,000   (대) 대손충당금   1,000,000
                                         부가세예수금   100,000

3) 대손세액공제를 신청한 채권을 회수한 경우
① 채권자 입장

앞의 사례에 대한 회계처리를 하고 부가가치세 신고서의 매출세액란의 대손세액가감란에 해당 부가가치세 납부할 금액을 가산한다.

② 채무자입장

대손세액공제 신청서의 대손변제 내용을 입력하면 부가가치세 신고서의 기타공제매입세액에 금액이 자동으로 반영된다.

구 분	대손발생시	대손변제시
공급자	대손세액공제신고서(대손발생)를 작성하며, 부가가치세 신고서에서는 대손세액가감란에 －기록	대손세액공제신고서(대손발생)를 －로 기록하여 작성하며, 부가가치세 신고서에서는 대손세액가감란에 ＋기록
공급받는자	부가가치세 신고서 상의 공제받지못할 매입세액(대손처분받은세액)에 기록	대손세액공제 신청서(대손변제)에 작성하며, 신고서에서는 그밖의 공제매입세액공제에 반영

4) 주의사항

대손세액공제에서는 다음의 사항들을 주의하여야 한다. 참고로 대손세액공제는 확정신고에만 가능하다.

① 부도의 경우에는 6개월 이상 경과하여야 대손세액공제가 가능하다.
② 부가가치세 신고서의 대손세액가감이 정확하게 반영되었는지 검토한다.
③ 대손세액공제를 신청하는 경우와 대손공제받은 채권을 회수한 사건이 동시에 일어난 경우에는 대손세액가감란을 서로 상계한 금액으로 기록이 된다.
④ 대손세액공제는 재화나 용역의 공급을 통해 발생한 채권에 대해서만 인식하게 된다. 따라서 대여금 등의 대손은 대손세액공제 대상이 아니다.
⑤ 대손세액공제는 재화나 용역을 공급한 후 그 공급일로부터 10년이 지난 날이 속하는 과세기간에 대한 확정신고기한까지 신청이 가능하다. 따라서 공급일로부터 10년을 초과한 경우에는 공제대상이 될 수 없다.

사례문제 4. 대손세액공제신청서

[1] 다음 자료를 회사코드 5262번 ㈜소망의 제1기 확정분 대손세액공제신고서를 작성하시오. (56회 수정)

대손일	대손채권	대손금(원)	거래상대방			대손사유
			상호	성명	등록번호	
4/5	외상매출금	1,100,000	동협상사	신동협	120-81-12056	소멸시효완성
5/3	받을어음	550,000	나라유통	김나라	110-23-02624	1/3 부도발생
6/1	장기대여금	1,320,000	강북상사	김수남	106-81-17069	파 산

해답

대손확정일	대손금액	공제율	대손세액	거래처		대손사유
2022-04-05	1,100,000	10/110	100,000	동협상사	6	소멸시효완성

조회기간 2022 년 04 월 ~ 2022 년 06 월 1기 확정

* 부도발생의 경우 6개월 이상 경과하여야 한다.
* 장기대여금은 재화나 용역의 공급으로 인하여 발생한 것이 아니다. 부가가치세가 포함되어 있지 않으므로 대손세액공제 대상이 아니다.

[2] 다음 자료를 토대로 회사코드 5262번 ㈜소망의 2022년 1기 확정 부가가치세 신고시 대손세액공제(변제)신고서를 작성하시오. (50회 수정)

> ① 2020년 8월 21일 (주)명인건설(대표자:최명인, 129-81-66753)에 상품을 매출하고, 대금(부가가치세 포함) 15,400,000원은 대한물산 발행 약속어음으로 수령하였다. 동 어음은 거래일로부터 6개월이 지난 2022년 2월 21일에 주거래은행으로부터 부도확인을 받았다.
> ② 외상매출금 중 88,000,000원은 2019년 3월 5일 나라유통(대표자:김나라, 110-23-02624)에 대한 것이다. 이 외상매출금의 회수를 위해 당사는 법률상 회수노력을 다하였으나, 결국 회수를 못하였고, 2022년 3월 5일자로 동 외상매출금의 소멸시효가 완성되었다.
> ③ 소멸시효 완성으로 인해 2021년 1기 부가가치세 확정신고시 공제받지 못할 매입세액(대손처분받은 세액)으로 신고하였던 강북상사 (대표자:김수남, 106-81-17069)에 대한 외상매입금 3,300,000원을 2022년 4월 1일 전액 현금으로 상환하였다. 사유는 "상환"이라고 기록하시오.
> ④ 2022년 4월 10일자로 홍진상사(대표자:김홍진, 204-05-00761)에 대한 채권잔액 187,000원(부가가치세 포함)을 대손처리하다. 동 채권은 회수기일로부터 7개월이 경과된 것이며, 이 외의 셀프소프트에 대한 채권은 없다.
> ⑤ 2019년 12월 20일에 파산으로 대손처리했던 ㈜성후(대표자:윤성후, 107-81-48376)에 대한 채권액 16,500,000원 중 50%에 상당하는 금액을 2022년 4월 7일 현금으로 회수하였다. 당사는 동 채권액에 대하여 2019년 2기 부가가치세 확정신고시 대손세액공제를 적용받았다. 사유는 파산으로 기록하시오. (사유는 파산으로 적으시오)

해답

(1) 대손변제 : ③ 공급받는자 입장에서 대손처분받은 채무를 상환하는 경우에는 대손변제에 기록한다.

변제확정일	대손금액	공제율	대손금액	거래처	변제사유
2022-04-01	3,300,000	10/110	300,000	강북상사	상환

(2) 대손발생

대손확정일	대손금액	공제율	대손세액	거래처	대손사유
2022-03-05	88,000,000	10/110	8,000,000	나라유통	소멸시효완성
2022-04-10	187,000	10/10	17,000	홍진상사	소액채권
2022-04-07	-8,250,000	10/110	-750,000	㈜성후	파산

* 대손세액공제 받은 채권을 회수한 때에는 금액을 음수(-)로 기록한다.
* 회수기일이 6개월 이상 경과한 30만원 이하의 소액채권도 대손세액공제가 가능하다.

[3] 다음은 회사코드 5263번 ㈜세진의 2022년 제2기 부가가치세 확정신고와 관련된 자료이다. 다음 자료를 보고 전표입력과 대손세액공제신고서를 작성하시오. 거래상대방 상세내역은 "거래처등록"을 참조한다. 아래내용에 대하여 전표입력은 생략한다. (33회 수정)

(1) 매출처 ㈜아리수는 9월1일에 파산법에 의하여 파산하여 ㈜아리수에 대한 외상매출금 990,000원이 대손확정 되었다.

(2) 8월 7일 매출처 ㈜코마의 부도발생으로 받을어음 4,400,000원을 대손처리 하였다. (금융기관 부도확인일: 2022.8.7)

해답

(1) 일반전표입력 9월 1일
 (차) 부가세예수금   90,000   (대) 외상매출금(㈜아리수) 990,000
 (차) 대손충당금   300,000
 (차) 대손상각비   600,000
* 부도의 경우 6개월이 경과하여야 한다.
* 장부를 조회했을 때 대손충당금이 300,000원이 있으므로, 대손충당금으로 300,000원만 회계처리한다.

(2) 대손세액공제신고서 10월~12월

대손확정일	대손금액	공제율	대손세액	거래처	대손사유
2022-09-01	990,000	10/110	90,000	㈜아리수	파산

[4] 다음 자료를 이용하여 회사코드 5264번 ㈜세종기업의 2022년 제2기 확정분 대손세액공제(변제)신고서를 작성하시오.

> (1) 2021년 8월 1일 충성물산(대표자:윤충성, 132-84-56586)에 제품을 매출하고, 대금 11,000,000원(VAT 포함)은 미진상회에서 발행한 약속어음으로 수령하였다. 동 어음은 거래일로부터 6개월이 지난 2022년 5월 5일에 주거래은행으로부터 부도확인을 받았다. 당사는 충성물산 소유의 건물에 대하여 저당권을 설정하고 있다.
> (2) 외상매출금 중 33,000,000원(VAT 포함)은 2019년 10월 21일 영광상회(대표자:최영광, 132-81-21354)에 대한 것이다. 당사는 외상매출금 회수를 위하여 최선을 다하였으나, 결국 이 외상매출금을 회수하지 못하여 2022년 10월 21일에 소멸시효가 완성되었다.
> (3) 2011년 1월 3일자로 ㈜상신건업(대표자:김수경, 129-81-66753)에 재화를 공급하면서 발생한 외상매출금 2,200,000원(VAT 포함)을 회수하지 못하고 있다가, 결국 2022년 8월 27일에 법원의 ㈜상신건업에 대한 회생계획인가 결정에 따라 회수할 수 없게 되었다.

해답

대손세액공제신고서 : 10월 ~ 12월

대손확정일	대손금액	공제율	대손세액	거래처		대손사유
2022-10-21	33,000,000	10/110	3,000,000	영광상회	6	소멸시효완성

* 채무자의 재산에 대하여 저당권을 설정하고 있는 경우에는 대손세액공제가 불가능하다.
* 공급일로부터 10년이 경과한 채권은 대손세액공제를 받을 수 없다.

8 부동산임대공급가액명세서

1) 의 의

건물 임대차계약을 하는 경우에는 보증금등을 제공하는 전세계약과 매월 일정 금액을 지불하는 월세계약이 있다. 그런데, 보증금을 지급하는 경우에는 기업회계상 수익에는 해당하지 않으나 보증금을 이용하여 다른 곳에 투자할 수 있는 등의 장점이 있다. 세법에서는 이러한 보증금에 대하여 일정율을 곱하여 과세하게 되는데 이를 간주임대료라고 한다.

2) 부가가치세신고서에 반영

우선 부동산임대공급가액명세서 작성을 통해 해당 과세기간의 간주임대료(프로그램에서는 보증금이자라고 나와 있다)를 부가가치세 과세기간 종료일에 거래유형을 건별로 하여 회계처리한다. 월세 등은 세금계산서를 발행하면서 이미 반영되었을 것이므로 보증금이자 금액만큼이 공급가액의 1/10이 세액에 반영되도록 입력한다.

간주임대료에 대한 부가가치세는 임대인이 부담할 수도 있고, 임차인이 부담할 수도 있는데, (계약서에 아무런 명시가 없으면 임대인이 부담하는 것으로 한다) 각 상황별 회계처리는 다음과 같다.

- 임차인이 부담하는 경우 : (차) 세금과공과금　　(대) 현금 등
- 임대인이 부담하는 경우 : (차) 세금과공과금　　(대) 부가세예수금

작업한 내용은 부가가치세 신고서의 과세-기타란에 반영한다. 한편 계약기간 등에 대한 날짜 입력과 과세기간 중에 계약이 종료하는 경우가 있는데 이 경우에는 임대료와 관리비 입력에 주의를 요한다.

제4장 • 부가가치세 전산실습

○ 사례문제 5. 부동산임대공급가액명세서

[1] 다음 자료를 이용하여 회사코드 5262번 ㈜소망의 2기 예정신고기간의 부동산임대공급가액명세서를 작성하고 부가가치세신고서에 반영하시오.(월세와 관리비는 부가가치세 별도 금액이며, 적법하게 세금계산서를 교부하였다. 이자율은 1.2%로 가정하여 풀이한다. 부가가치세신고서 작성시 기존 자료는 삭제하고, 월세 등 부동산임대공급가액명세서의 내용을 반영하며, 전표입력은 생략한다)

· 거래처명 : 나이스상사(거래처코드 501)
· 용도 : 점포(면적 155㎡)
· 사업자등록번호 : 312-85-60155
· 동, 층, 호수 : 1동, 1층, 101호
· 임대기간별 임대료 및 관리비

임대기간	보증금(원)	월세(원)	월 관리비(원)
2021.08.01. ~ 2022.07.31.	10,000,000	1,000,000	50,000
2022.08.01. ~ 2023.07.31.	20,000,000	1,100,000	50,000

해답

부가가치세 신고서 7월~9월
과세-기타 : 금액 50,300원, 세액 5,030원

5부 · 전산실습

[2] 다음 자료를 이용하여 회사코드 5263번 ㈜세진의 2기 확정신고시 제출할 부동산임대공급가액명세서를 작성하고 부가가치세 신고서에 반영되도록 매입매출전표 입력을 하시오. 간주임대료에 대한 정기예금이자율은 1.2%로 처리한다.   (44회 수정)

층	호수	상호 (사업자번호)	면적 (㎡)	용도	임대기간	보증금(원)	월세 (원)	관리비 (원)
지하 1층	B01	㈜엘룬 (120-81-23873)	400	점포	2021.11.1. ~ 2022.10.31	23,000,000	500,000	30,000
					2022.11.1. ~ 2024.10.31	35,000,000	550,000	40,000
지상 1층	101	㈜사랑 (110-81-12442)	600	점포	2022.9.5. ~ 2024.9.4	60,000,000	300,000	50,000
지상 2층	201	㈜미림 (107-89-99357)	600	사무실	2021.4.3. ~ 2023.4.2	50,000,000	200,000	50,000

※ 월세와 관리비에 대해서는 세금계산서를 발급하고 있다.

해답

㈜엘룬, ㈜사랑, ㈜미림의 임대내역은 다음과 같다.
① ㈜엘룬은 편의상 계약내용만 표시한다.

10월 31일 이전			11월 1일 이후		
6.계약내용	금액	당해과세기간계	6.계약내용	금액	당해과세기간계
보증금	23,000,000	23,000,000	보증금	35,000,000	35,000,000
월세	500,000	500,000	월세	550,000	1,100,000
관리비	30,000	30,000	관리비	40,000	80,000
7.간주임대료	23,441	23,441 31일	7.간주임대료	70,191	70,191 61일
8.과세표준	553,441	553,441	8.과세표준	660,191	1,250,191

② ㈜사랑

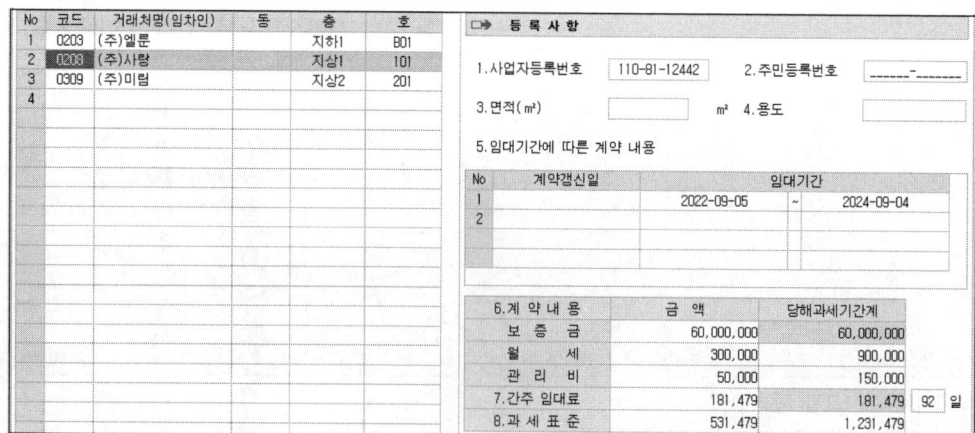

③ ㈜미림

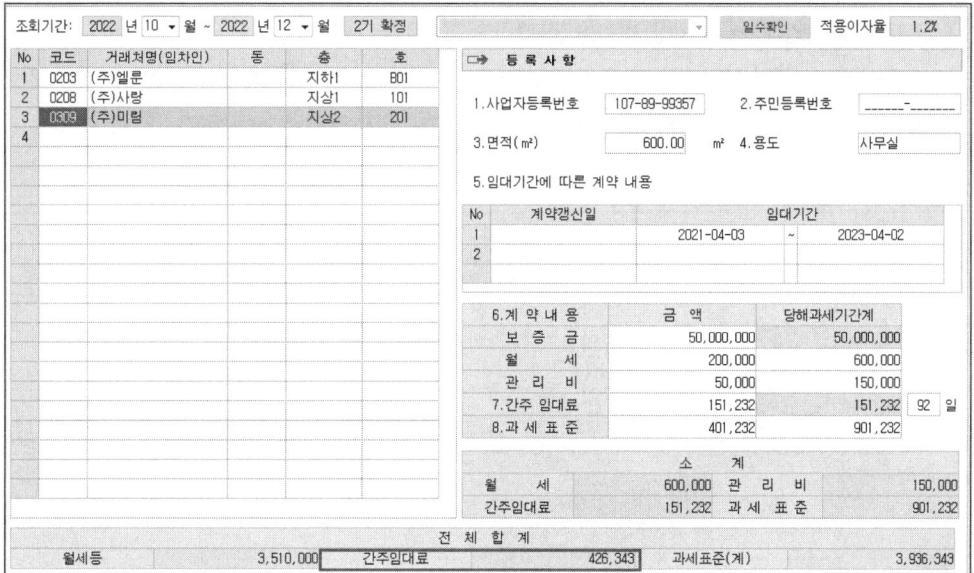

* 간주임대료 : 426,343원
* 매입매출전표 12월 31일, 거래유형 : 14.건별, 공급가액 426,343원, 세액 42,634원
  (차) 세금과공과금   42,634   (대) 부가세예수금   42,634

[3] 다음의 부동산 임대차 계약서를 토대로 회사코드 5269번 ㈜대흥의 2022년 1기 확정신고시 부동산임대공급가액명세서를 작성하고, 이를 부가가치세신고서에 반영하시오. 단, 본 문항에 한하여 (주)대흥의 주업종을 부동산임대업으로 가정하며, 임대료 수익에 대하여 매월 말일자로 전자세금계산서를 발급하였고, 전표입력은 생략한다. 적용 이자율은 1.2%로 한다. (3점)

부동산 임대차 계약서						■월세 □전세	
임대인과 임차인 쌍방은 표기 부동산에 관하여 다음 계약 내용과 같이 임대차계약을 체결한다.							
1. 부동산의 표시							
	소재지	서울시 강남구 삼성동 251-3 1동 2층 202호					
	토 지	지 목	대			면 적	
	건 물	구 조	철근콘크리트조	용 도	사무실	면 적	33㎡
	임대할부분	전체				면 적	
2. 계약내용							
제1조 (목적)위 부동산의 임대차에 한하여 임대인과 임차인은 합의에 의하여 임차보증금 및 차임을 아래와 같이 지불하기로 한다.							
보증금	金 10,000,000 원정						
계약금	金 1,000,000 원정은 계약시에 지불하고 영수함 영수자( ) (인)						
중도금	金 원정은 년 월 일에지불하며						
잔 금	金 9,000,000 원정은 2022 년 06 월 01일에 지불한다.						
차 임	金 1,000,000 (VAT 별도) 원정은 매월 말 일 (선불, 후불)에 지불한다.						
제2조 (존속기간) 임대인은 위 부동산을 임대차 목적대로 사용할 수 있는 상태로 2022년 06월 01일까지 임차인에게 인도하며 임대차 기간은 인도일로부터 2024 년 05월 31일(24개월)까지로 한다.							
제3조 (용도변경 및 전대 등) 임차인은 임대인의 동의 없이 위 부동산의 용도나 구조를 변경하거나 전대, 임차권 양도 또는 담보제공을 하지 못하며 임대차 목적 이외의 용도로 사용할 수 없다.							
제4조 (계약의 해지) 임차인이 2기 이상 차임의 지급을 연체하거나 제3조를 위반하였을 때 임대인은 즉시 본 계약을 해지 할 수 있다.							
제5조 (계약의 종료) 임대차계약이 종료된 경우에 임차인은 위 부동산을 원상으로 회복하여 임대인에게 반환한다. 이러한 경우 임대인은 보증금을 임차인에게 반환하고, 연체 임대료 또는 손해배상금이 있을 때는 이들을 제하고 그 잔액을 반환한다.							
제6조 (계약의 해제) 임차인이 임대인에게 중도금(중도금이 없을때는 잔금)을 지불하기 전까지, 임대인은 계약금의 배액을 상환하고 임차인은 계약금을 포기하고 이 계약을 해제할 수 있다.							
2022. 05. 01							
임 대 인	주 소	서울시 강남구 삼성동 251-3 2101호					
	사업자등록번호	107-85-51700	전 화		성 명	(주)대흥	(인)
	대 리 인		전 화		성 명		
임 차 인	주 소	서울시 강남구 역삼동 351-2 1-202					
	사업자등록번호	132-25-99050	전 화		성 명	엘티아이	(인)
	대 리 인		전 화		성 명		

해답

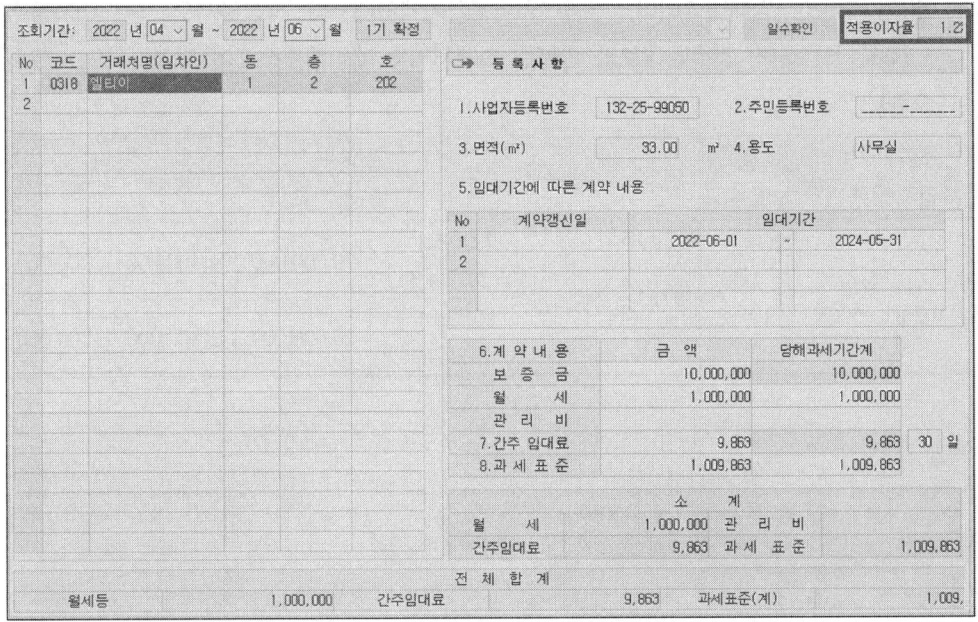

부가가치세 신고서 4월~6월
과세-기타 : 금액 9,863원, 세액 986원

5부 · 전산실습

[4] 다음 자료는 회사코드 5272번 ㈜청용의 2022년 1기 확정 부가가치세 신고기간(4월~6월)의 부동산 임대내역이다. 부동산임대공급가액명세서를 작성하시오. 단, 이자율은 1.2%를 적용하며, 간주임대료와 관련된 회계처리를 매입매출전표에 작업하시오. (72회 수정)

거래처명 사업자등록번호	층/호수	면적	용도	임대기간	보증금	월세	관리비
신미상사 102-81-95063	1층 101호	87㎡	사무실	2020.5.1 ~ 2022.4.30	10,000,000	1,500,000	200,000
				2022.5.1 ~ 2024.4.30	20,000,000	1,800,000	200,000

해답

매입매출전표 6월 30일, 거래유형 14.건별, 금액 49,972원, 세액 4,997원
 (차) 세금과공과   4,997   (대) 부가세예수금   4,997

358

09 건물관리명세서

건물관리명세서는 업종이 부동산관리업인 경우 작성하는 부가가치세 신고 첨부서류이다. 상가 또는 사무실로 사용되는 건물별로 기록하며 작성하는데, 전산세무회계시험에서는 제조업 위주로 출제하기 때문에 시험에 나오기는 어려운 서식이다.

10 영세율첨부서류제출명세서

영세율이 적용되는 매출에 대해서는 세액이 0이 되며, 매입세액이 있는 경우에는 조기환급이 가능하다. 영세율세금계산서를 발급하는 경우에는 거래실적의 확인이 가능하나, 세금계산서를 교부하지 않는 거래의 경우에는 추가적인 거래의 입증자료가 필요하다. 영세율첨부서류를 미제출하는 경우에는 영세율 공급가액의 1%가 가산세로 징수된다.

영세율이 적용되는 거래의 경우에는 대가를 외화로 받는 경우가 발행할 수 있다. 대가를 외화로 받는 경우에 환율은 다음의 기준을 적용하여 기록한다.
① 대가를 미리 받아서 원화로 환가한 경우 : 그 환가한 금액
② 그 외의 경우 : 선적일의 기준환율

> **참고**
>
> **영세율첨부서류의 종류**
> ① 수출하는 재화 : 수출신고필증, 수출대금입금증명서
> ② 외국항행용역 (항공기) : 공급가액 확정증명서
> ③ 외국항행용역 (선박) : 외국환은행이 발급한 외국입금증명원
> ④ 국외제공용역 : 외화입금명세서, 국외용역제공계약서
> ⑤ 장애인보장구 등 : 납품증명서

사례문제 6. 영세율첨부서류제출명세서

다음 자료를 이용하여 회사코드 5262번 (주)소망의 제2기 확정신고기간의 영세율첨부서류제출명세서를 작성하시오. 단, 본 문제에 한해서만 영세율 첨부서류 제출명세서의 작성대상이라 가정하며, 전표입력은 생략하며 직접수출(외상)에 해당한다고 가정한다.

서류명	발급자	발급일	선적일	금액(외화-미국)
수출대금입금증명서	신한은행	2022.12. 2	2022.12. 8	$ 150,000
수출대금입금증명서	신한은행	2022.12.10	2022.12.15	$ 100,000

* 거래기간은 2기확정신고기간 (10월~12월)으로 하며, 제출사유는 전자문서로 제출 한다고 가정한다.
* 각 일자별 $1 당 환율은 다음과 같다.
 - 12월 2일 : 1,020원   - 12월 8일 : 1,050원
 - 12월 10일 : 1,040원   - 12월 15일 : 1,060원

해답

No	(10)서류명	(11)발급자	(12)발급일자	(13)선적일자	(14)통화코드	(15)환율	당기제출금액		당기신고해당분		과세유형	영세율구분	
							(16)외화	(17)원화	(18)외화	(19)원화		코드	구분명
1	수출대금입금증명서	9800(신한은행	2022-12-02	2022-12-08	USD	1,050.0000	150,000.00	157,500,000	150,000.00	157,500,000	수출	1	직접수출(대행수출 포함)
2	수출대금입금증명서	9800(신한은행	2022-12-10	2022-12-15	USD	1,060.0000	100,000.00	106,000,000	100,000.00	106,000,000	수출	1	직접수출(대행수출 포함)

통화코드는 F2 코드도움을 누른 다음에 미국으로 검색하면 USD가 나오는 것을 확인할 수 있다.
환율은 선적일의 환율을 적용한다.

제4장 • 부가가치세 전산실습

 수출실적명세서

　수출실적명세서는 해외 직수출등을 하는 경우에 작성하는 서류이다. 특히 수출을 하는 경우에는 영세율첨부서류 제출명세서상의 선적일자와 동일하여야 한다. 수출실적명세서에는 영세율첨부서류명세서에서 제출한 내용과 일치하는 자료가 있어야 한다.
　참고로, 관세청에서 운영하는 http://portal.customs.go.kr/ 에서 통관정보 → 수출이행내역 조회에서 수출신고번호를 기록하면, 해당 거래의 진행내역을 확인할 수 있다.

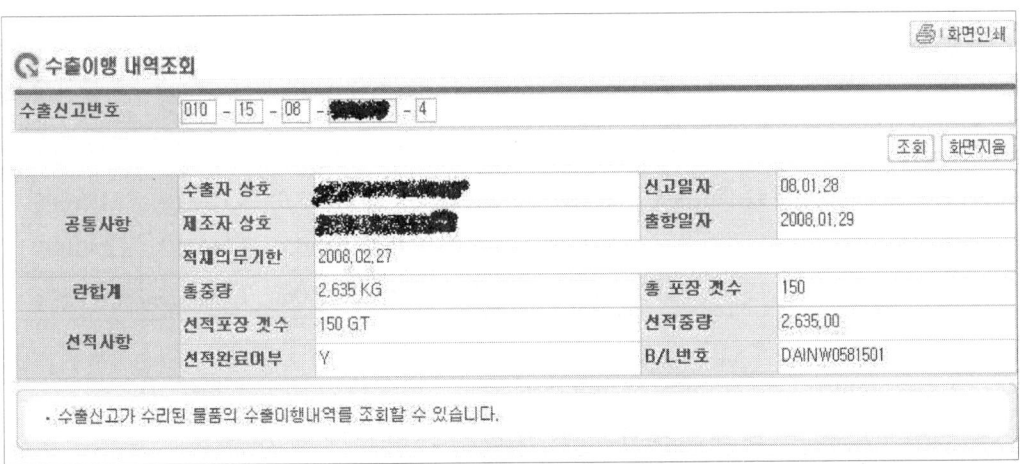

* 기업 보안을 위해 일부를 모자이크 처리하기로 한다.

　수출실적명세서를 작성할 때, 대가를 미리 받는 경우에는 환율을 잘 선택하여야 한다. 대가를 미리 받아서 환전하는 경우에는 환전시 환율을 적용하고, 선적일 또는 그 이후에 대가를 받거나 환전하는 경우에는 선적일의 기준환율을 적용한다.

사례문제 7. 수출실적명세서

[1] 다음 자료를 보고 회사코드 5262번 ㈜소망의 1기 부가가치세 확정신고(4.1 ~ 6.30)시 수출실적명세서를 작성하라. 단, 거래처는 생략하며, 아래의 모든 거래는 영세율 적용대상거래(세금계산서 교부대상이 아님)로서, 거래대금은 모두 선적일 이전에 미국 달러화(USD)로 송금받았다. (47회)

상대국	수출신고번호	선적일 (공급시기)	환전일	수출액	적용환율	
					선적 (공급)시 기준환율	환전시 적용환율
미국	02111-23-0897775	2022.04.07	2022.04.01	$10,000	1,130원/$	1,160원/$
일본	02006-41-1257663	2022.05.06	2022.05.10	$20,000	1,150원/$	1,180원/$
독일	-	2022.05.22	2022.06.22	$1,000	1,250원/$	1,240원/$
미국	02305-12-0321273	2022.06.03	2022.06.26	$2,000	1,330원/$	1,380원/$

- 수출실적명세서상 거래처는 생략한다.
- "수출신고번호"가 없는 거래는 국외제공용역 등의 거래에 해당한다.
- "환전일"은 수출대금을 원화로 환전한 날을 말한다.

해답

구분	건수	외화금액	원화금액	비고
⑨합계	4	33,000.00	38,510,000	
⑩수출재화[=⑫합계]	3	32,000.00	37,260,000	
⑪기타영세율적용	1	1,000.00	1,250,000	

No		(13)수출신고번호	(14)선(기) 적일자	(15) 통화코드	(16)환율	금액		전표정보	
						(17)외화	(18)원화	거래처코드	거래처명
1		02111-23-0897775	2022-04-07	USD	1,160.0000	10,000.00	11,600,000		
2		02006-41-1257663	2022-05-06	USD	1,150.0000	20,000.00	23,000,000		
3		02305-12-0321273	2022-06-03	USD	1,330.0000	2,000.00	2,660,000		

* 4월 7일 : 공급시기 이전에 환가했으므로 환전일의 환율 1,160원을 적용.
* 5월 6일, 6월 3일 : 공급시기 이후에 환가했으므로 선적일의 기준환율 1,150원, 1,330원을 적용.
* 5월 6일 : 기타 영세율 적용란에 기록한다. 외화는 $1,000이고, 원화는 1,250,000원.

제4장 · 부가가치세 전산실습

[2] 다음 자료를 이용하여 회사코드 5263번 ㈜세진의 2022년 제1기 예정신고기간에 대한 수출실적명세서를 작성하시오. 단, 거래처는 생략한다. (52회)

수출신고일	선적일	수출신고번호	관련서류	통화	외화금액
01.21	01.22	016-10-12-0043528	수출신고필증	USD	$15,000
02.11	02.13	016-10-12-0002153	수출신고필증	USD	$13,000

일자별 환율(원/$)	·2022.01.21 : 1,200 ·2022.02.11 : 1,100
	·2022.01.22 : 1,300 ·2022.02.13 : 1,300

해답

조회기간: 2022년 01월 ~ 2022년 03월 구분: 1기 예정   과세기간별입력

구분	건수	외화금액	원화금액	비고
⑨합계	2	28,000.00	36,400,000	
⑩수출재화[=⑫합계]	2	28,000.00	36,400,000	
⑪기타영세율적용				

No	(13)수출신고번호	(14)선(기)적일자	(15)통화코드	(16)환율	(17)외화	(18)원화	거래처코드	거래처명
1	01610-12-0043528	2022-01-22	USD	1,300.0000	15,000.00	19,500,000		
2	01610-12-0002153	2022-02-13	USD	1,300.0000	13,000.00	16,900,000		
3								

5부 · 전산실습

[3] 다음의 자료를 토대로 회사코드 5266번 ㈜온누리기업의 2022년 1기 예정신고시 수출실적명세서를 작성하시오. (34회)

(1) 수출신고필증

제출번호 99999-99-9999999		⑤신고번호 020-15-06-0138408	⑥신고일자 2022/01/20	⑦신고구분 H	⑧C/S구분
①신 고 자 강남 관세사					
②수 출 자 (주)온누리기업 부호 99999999 수출자구분 (B) 위 탁 자 (주소) (대표자) (통관고유부호) (주)세진 1-97-1-01-9 (사업자등록번호) 120-81-33158		⑨거래구분 11	⑩종류 A	⑪결제방법 TT	
		⑫목적국 JP JAPAN		⑬적재항 ICN 인천공항	
		⑭운송형태 40 ETC		⑮검사방법선택 A 검사희망일 2022/01/20	
		⑯물품소재지			
③제 조 자 (통관고유부호) 제조장소 산업단지부호		⑰L/C번호		⑱물품상태	
		⑲사전임시개청통보여부		⑳반송 사유	
④구 매 자 ABC.CO.LTD (구매자부호)		㉑환급신청인(1:수출/위탁자, 2:제조자) 간이환급 ㉒환급기관			
· 품명 · 규격 (란번호/총란수: 999/999)					
㉓품 명 ㉔거래품명			㉕상표명		
㉖모델 · 규격		㉗성분	㉘수량	㉙단가(USD)	㉚금액(USD)
			1(EA)	10,000	10,000
㉛세번부호	9999.99-9999	㉜순중량	㉝수량	㉞신고가격(FOB)	$ 10,000 ₩10,000,000
㉟송품장부호		㊱수입신고번호	㊲원산지	㊳포장갯수(종류)	
㊴총중량		㊵총포장갯수	㊶총신고가격 (FOB)	$ 10,000 ₩10,000,000	
㊷운임(₩)		㊸보험료(₩)	㊹결제금액	FOB - $ 10,000	
㊺수입화물 관리번호			㊻컨테이너번호		
㊼수출요건확인 (발급서류명)					
※신고인기재란			㊽세관기재란		
㊾운송(신고)인 ㊿기간 YYYY/MM/DD 부터 YYYY/MM/DD 까지			51신고 수리일자 2022/01/20	52적재 의무기한 2022/02/20	

(2) 추가자료

① B/L(선하증권) 상의 선적일자는 2022년 1월 25일이다.

② ㈜온누리기업은 수출대금으로 미화(통화코드 USD) $10,000를 결제받기로 계약하였다.

③ 1월 25일의 기준환율은 $1당 1,000원이다.

해답

구분	건수	외화금액	원화금액	비고
⑨합계	1	10,000.00	10,000,000	
⑩수출재화[=⑫합계]	1	10,000.00	10,000,000	
⑪기타영세율적용				

조회기간 : 2022년 01월 ~ 2022년 03월 구분 : 1기 예정 과세기간별입력

No	(13)수출신고번호	(14)선(기)적일자	(15)통화코드	(16)환율	(17)외화	(18)원화	거래처코드	거래처명
1	02015-06-0138408	2022-01-25	USD	1,000.0000	10,000.00	10,000,000	00510	ABC CO.LTD
2								

* 수출신고번호 : ⑤에서 언급
* 선적일자, 환율 : 추가자료에서 주어짐
* 거래처명 : ④ 구매자에서 언급

[4] 다음의 자료를 토대로 회사코드 5267번 (주)만세공업의 2022년 2기 확정과세기간 (10.1~12.31)의 수출실적명세서를 작성하시오.(단 전표입력과 거래처 입력은 생략한다.) (56회 수정)

① (주)만세공업은 미국 LA상사에 미화 $50,000에 해당하는 제품을 직수출하였는데, 수출신고는 10월 1일 완료하였고, 통관일은 10월 5일이며, 선하증권상의 선적일은 10월 6일로 확인되었다. 수출신고번호는 123-12-34-1234567이다.

② (주)만세공업은 일본 COCO 에 엔화 ¥1,000,000에 해당하는 기계장치를 직수출하였는데, 수출신고는 10월 10일 완료하였고, 통관일은 10월 15일이며, 선하증권상의 선적일은 10월 20일로 확인되었다.
수출신고번호는 111-22-33-1234567이다.

③ 기준환율 및 재정환율은 다음과 같다.

미국달러(USD) 환율($1당)	통화\날짜	10/1	10/5	10/6
	USD($1당)	1,000원	1,050원	1,100원

일본엔화(JPY) 환율(100엔당)	통화\날짜	10/10	10/15	10/20
	JPY(100엔당)	1,100원	1,150원	1,200원

해답

조회기간 : 2022년 10월 ~ 2022년 12월 구분 : 2기 확정   과세기간별입력

구분	건수	외화금액	원화금액	비고
⑨합계	2	1,050,000.00	67,000,000	
⑩수출재화[=⑫합계]	2	1,050,000.00	67,000,000	
⑪기타영세율적용				

No	(13)수출신고번호	(14)선(기)적일자	(15)통화코드	(16)환율	금액 (17)외화	금액 (18)원화	거래처코드	거래처명
1	12312-34-1234567	2022-10-06	USD	1,100.0000	50,000.00	55,000,000	00106	LA상사
2	11122-33-1234567	2022-10-20	JPY	12.0000	1,000,000.00	12,000,000	00510	COCO
3								

* 10월 6일(선적일) : 선적일의 기준환율을 적용한다.
* 10월 20일 : 100엔이 1,200원이므로 1엔당 12원이 된다.

12 내국신용장·구매확인서, 영세율매출명세서

영세율매출이 있는 사업자가 작성하는 서류이다. 영세율매출명세서는 매입매출전표 입력시 12.영세, 16.수출등과 같은 영세율 사유별로 집계하는 서식이다. 이중에서 내국신용장.구매확인서에 의한 공급은 내국신용장.구매확인서 작업을 한다.

○ 사례문제 8. 내국신용장.구매확인서, 영세율 매출명세서

[1] 다음은 회사코드 5267번 ㈜만세공업의 2기 확정신고기간의 영세율 매출 거래내역이다.

> 12월 1일 LA상사에 내국신용장에 의하여 제품을 10,000,000원에 공급하고 영세율전자세금계산서를 발급하였다.
> (내국신용장 번호 : 1234567890123, 발급일 : 2022년 12월 1일)
>
> 12월 2일 해외 거래처 COCO에 구매확인서에 의하여 제품을 5,000,000원에 공급하고 영세율전자세금계산서를 발급하였다.
> (구매확인서 번호 : 2345678901234, 발급일 : 2022년 12월 2일)

1. 매입매출전표 작성을 하시오. 단, 분개는 생략한다.
2. 2기 확정신고기간의 내국신용장,구매확인서 전자발급명세서를 작성하시오.
3. 2기 확정신고기간의 영세율매출명세서를 조회하시오.

해답

1. 매입매출전표
   12월 1일 거래유형 : 12.영세, 공급가액 10,000,000원, LA상사, 영세율구분 : 3
   12월 2일 거래유형 : 12.영세, 공급가액 5,000,000원, (주)세계로, 영세율구분 : 3
2. 내국신용장.구매확인서 전자발급명세서 10월~12월

2. 내국신용장·구매확인서에 의한 공급실적 합계			
구분	건수	금액(원)	비고
(9)합계(10+11)	2	15,000,000	
(10)내국신용장	1	10,000,000	
(11)구매확인서	1	5,000,000	

[참고] 내국신용장 또는 구매확인서에 의한 영세율 첨부서류 방법 변경(영 제64조 제3항 제1의3호)
▶ 전자무역기반시설을 통하여 개설되거나 발급된 경우 내국신용장·구매확인서 전자발급명세서를 제출하고 이 외의 경우 내국신용장 사본을 제출함
⇒ 2011.7.1 이후 최초로 개설되거나 발급되는 내국신용장 또는 구매확인서부터 적용

3. 내국신용장·구매확인서에 의한 공급실적 명세서								
(12)번호	(13)구분	(14)서류번호	(15)발급일	거래처정보		(17)금액	전표일자	(18)비고
				거래처명	(16)공급받는자의 사업자등록번호			
1	내국신용장	1234567890123	2022-12-01	LA상사	205-84-87903	10,000,000		
2	구매확인서	2345678901234	2022-12-02	COCO		5,000,000		

5부 · 전산실습

3. 영세율매출명세서 10월~12월 불러오기
제21조 - 내국신용장.구매확인서에 의하여 공급하는 재화 : 15,000,000원

(7)구분	(8)조문	(9)내용	(10)금액(원)
		직접수출(대행수출 포함)	
		중계무역·위탁판매·외국인도 또는 위탁가공무역 방식의 수출	
	제21조	내국신용장·구매확인서에 의하여 공급하는 재화	15,000,000
		한국국제협력단 및 한국국제보건의료재단에 공급하는 해외반출용 재화	
		수탁가공무역 수출용으로 공급하는 재화	

13 의제매입세액공제신고서

의제매입세액공제란, 예정신고와 확정신고시에 부가가치세가 면세되는 농수산물등을 가공하여 과세되는 재화나 용역을 공급하는 경우 면세매입가액의 2/102 (음식점업의 경우에는 법인은 6/106, 개인은 8/108 (과세표준 2억원 이하인 개인사업자는 2023년 12월 31일까지 9/109, 중소제조기업과 과세유흥장소는 4/104)을 공제해 주는 제도이다. (단, 면세농수산물등을 과세재화에 사용하지 않고, 다시 판매하는 경우에는 의제매입대상 금액에서 제외한다.) 의제매입세액공제신고서는 다음의 방법에 의해 입력할 수 있다.

① 전표입력에서 원재료의 적요를 수정하여 의제매입세액 원재료 차감으로 적요를 변경
② 의제매입세액공제신고서에서 직접 작성 (음식점업의 경우 비율 수정)

의제매입세액공제신고서를 작성하면 해당 의제매입세액만큼 부가가치세신고서상 그 밖의 공제매입세액으로 공제받을 수 있다. 단, 부가가치세법상 예정신고나 확정신고기간 이후에 수정신고나 기한후신고를 추가로 하는 경우에는 공제받지 못한다.

의제매입세액공제신고서를 작성할 때에는 다음의 사항들을 주의하여야 한다.
① 사업자로부터 매입을 하는 경우에는 **계산서나 신용카드 등을 수취하여야** 한다.
② 의제매입세액 계산시 매입부대비용은 제외하고 순수하게 농수산물의 매입금액만 계산하여야 한다.
③ 의제매입세액의 계산시기는 사용시기가 아니라 매입시기이다.
④ 매입한 면세 농수산물을 그대로 양도하는 경우에는 제외하고 계산하여야 한다.
⑤ 농어민으로부터 매입하는 것은 제조기업에서만 가능하다. 음식점업 같은 경우에는 사업자로부터 계산서, 신용카드, 현금영수증등을 수취하여야 한다.

추가적으로 논의할 점이 있는데, 과세기간 종료일의 회계처리이다. 자산의 취득원가는 원칙적으로 취득원가에서 매입부대비용을 합한 값과 같다. 그런데, 면세 원재료를 매입하여 의제매입세액공제를 받는 경우에는 결과적으로 자산의 실질적인 취득원가를 감소시켜야 합리적인 취득원가가 계산된다. 예를 들어 면세농산물을 매입하여 과세제품을 생산하는 기업이 원재료를 10,200,000원에 매입하여의제매입세액공제로 200,000원을 받는다면 부가가치세 과세기간 종료일에 다음과 같이 이해할 수 있다.

예를들어, 제조업(중소기업이 아님)을 하는 회사에서 원재료로 사용할 농산물을 10,200,000원에 현금 매입한다면 다음과 같이 회계처리 할 수 있다.

| ① : (차) 원 재 료 | 10,200,000 | (대) 현 금 | 10,200,000 |

그런데, 의제매입세액공제를 신청하면 200,000원의 의제매입세액이 공제가능하게 된다. 실질적으로는 다음과 같이 회계처리 하는 효과가 있다.

| ② : (차) 원 재 료 | 10,000,000 | (대) 현 금 | 10,200,000 |
| 부가세대급금 | 200,000 | | |

즉, ①로 회계처리한 내용을 ②처럼 반영하기 위해서는 부가가치세 과세기간 종료일에 다음과 같은 회계처리를 하여야 한다.

| (차) 부가세대급금 | 200,000 | (대) 원 재 료 | 200,000 |
| | | (적요 : 타계정으로 대체) | |

참고

(1) 2015년 개정세법에서 의제매입세액의 한도규정이 신설되었다. 법인사업자의 경우 의제매입세액공제 대상 매입액은 면세농수산물을 이용하여 생산한 과세표준의 40%만 인정해 준다.
예를들어 식품을 제조하는 법인의 1기 과세기간 동안 식품제조업의 공급가액이 1억원이라면, 면세농수산물 매입은 4,000만원까지만 인정해 준다는 의미이다.
(2) 매입매출전표에서 의제료매입 탭을 선택한 후 전표입력을 하면, 원재료를 취득하자마자 부가세대급금을 인식하도록 할 수도 있다. 회계처리를 비교하면 다음과 같다.

의제매입세액을 신고기간 종료일에 인식	의제매입세액을 매입시점에 인식
매입시점 　(차) 원재료 등　　(대) 현금 등 신고기간 종료일 　(차) 부가세대급금　(대) 원재료(타계정대체)	매입시점 　(차) 부가세대급금　(대) 현금 등 　(차) 원재료

(3) 의제매입세액을 매입시점에 인식하고자 하는 경우에는 매입매출전표에서 의제류설정 탭을 틀

5부 · 전산실습

릭한 후 작업하면 된다.

사례문제 9. 의제매입세액공제신고서

[1] 다음 거래를 보고 회사코드 5264번 ㈜세종기업의 2022년 2기 확정과세기간에 대한 의제매입세액공제신고서를 작성하시오. 단, 의제매입세액공제신고와 관련해서는 아래 이외의 거래는 없으며, 당사는 과세사업과 면세사업을 겸영하는 제조업자이면서 중소기업이며, 면세농산물은 과세사업에 사용된다. 전표입력은 생략하기로 한다. 그리고 2기 예정신고기간의 관련 공급가액은 20,000,000원이, 2기 확정신고기간의 공급가액은 25,000,000원이며 예정신고기간에 면세농수산물을 10,000,000원에 매입하였고, 384,615원의 매입세액공제를 받았다. (30회)

구 분	일 자	상호 또는 성명	사업자번호 또는 주민등록번호	품 명	매입가액	증 빙	수량
사업자 매입분	2022.10.01	충성물산	132-84-56586	축산물	3,003,900원	계산서	10
	2022.11.03	은원마트	110-23-21413	축산물	1,020,000원	영수증	10
	2022.12.12	미진상회	111-11-11119	해산물	3,060,000원	신용카드	10
	2022.12.21	영광상회	132-81-21354	해산물	2,099,670원	계산서	10
농,어민 매입분	2022.10.12	최창진	790530-1234567	견과류	1,999,200원	영수증	10
	2022.11.05	김정숙	840505-2123456	견과류	4,115,700원	영수증	10

제4장 • 부가가치세 전산실습

해답

각 거래처별 의제매입세액 내역은 다음과 같다. 은원마트는 영수증을 받았으므로 의제매입세액공제 대상이 아니다. 편의상 마지막 김정숙의 자료만 보여주기로 한다.

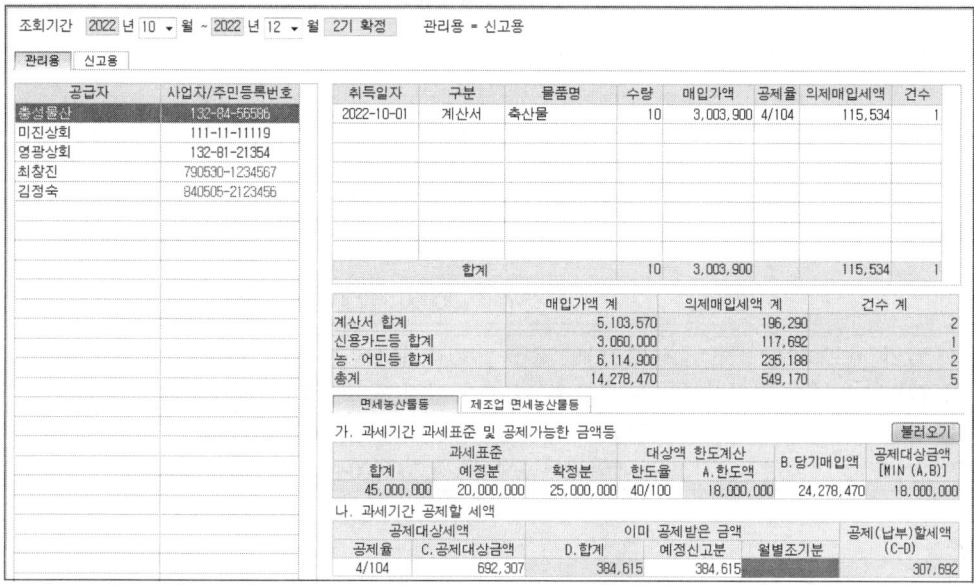

* 예정신고기간에 10,000,000원의 면세농수산물 매입이 있었으므로 8.당기매입액은 예정신고기간 10,000,000원과 확정신고기간 14,278,470원을 합한 24,278,470원이 된다.
** 이미 공제받은 금액에서 예정신고분 384,615원을 기록해 준다.

만약에 신고기간 종료일에 회계처리를 요구했다면 일반전표 12월 31일에
(차) 부가세대급금   307,693   (대) 원재료(타계정으로 대체)   307,693
로 회계처리한다.

5부 • 전산실습

[2] 회사코드 5269번 ㈜대흥은 본 문제에 한하여 음식업을 영위하는 법인으로 본다. 다음은 2022년 2기 확정신고기간동안 매입한 면세자료이다. 의제매입세액공제신고서를 작성하시오.(수량은 편의상 1로 입력하고, 의제매입세액으로 공제대상인 구입내역만 반영하고 전표입력은 생략할 것) (60회 수정)

[자료1] 확정신고기간 구입내역	구분	일자	상호 (성명)	사업자번호 (주민등록번호)	수량	매입가액 (원)	품명
	계산서매입	10/31	한길상사	214-87-29117	100	30,000,000	야채
	신용카드매입	11/24	청하상사	214-05-34424	100	80,000,000	정육
	농어민매입	12/27	이찬우	300901-1230001	100	15,000,000	쌀
[자료2] 공급가액	2022년 2기(7.1.~12.31.)의 음식업 매출과 관련한 공급가액은 500,000,000원(2기 예정 공급가액 : 242,000,000원, 2기 확정 공급가액 : 258,000,000원)이다.							
[자료3] 관련자료	· 당기 의제매입세액공제대상 면세매입금액 : 184,200,000원 · 예정신고시 의제매입세액공제액 : 4,200,000원							

해답

농민으로부터의 매입은 당해 사업자가 제조업자에 한하여 공제가능하다.

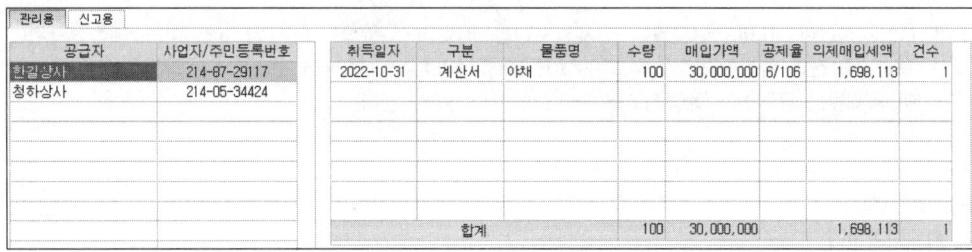

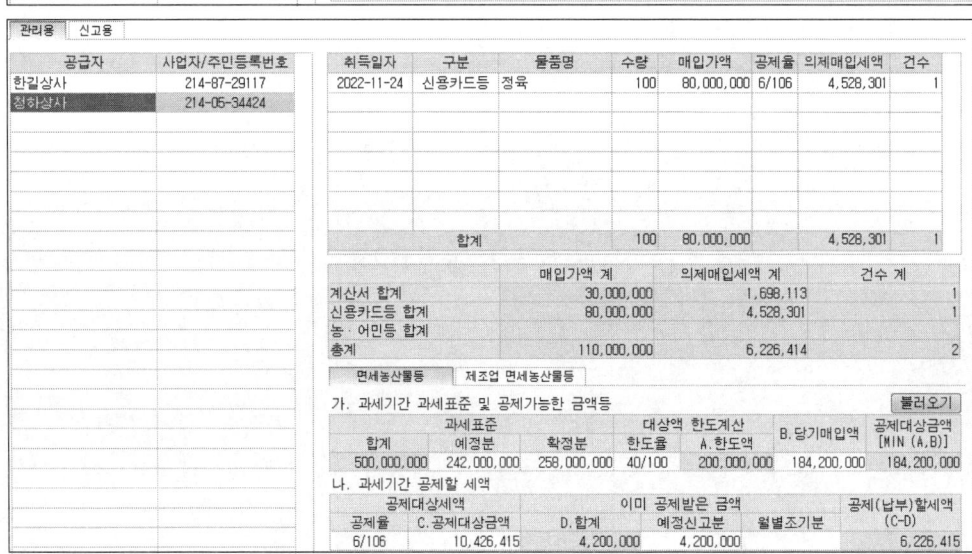

[3] 다음은 회사코드 5271번 ㈜성빈의 의제매입세액공제 대상이 되는 원재료의 매입자료 내역이다. 본 문제에 한하여 당사는 제조업을 영위하는 중소기업이라고 가정한다. 다음의 자료에 의하여 거래내용을 매입일에 매입세액을 인식하는 방법으로 매입매출전표에 입력을 하고, 제2기 확정분 의제매입세액공제신고서를 작성하시오. 2기 예정신고기간의 관련 공급가액은 75,000,000원, 2기 확정신고기간의 관련 공급가액은 80,000,000원이다. 단, 예정신고기간의 의제매입액은 10,000,000원이고, 공제받은 의제매입세액은 384,615원이다. (의제매입세액공제 대상이 되는 거래는 다음 거래뿐이라고 가정하고, 카드사용분은 외상매입금 계정과목을 사용하며, 의제매입세액공제액은 12월 1일자로 회계처리할 것) (36회 수정)

롯데마트

대한민국1등할인점
최저가격 할인점

롯데마트 111-11-11119 대표:김대우
경남 창원시 반지로 10

영수증을 지참하시면
교환/환불시 더욱 편리합니다.

[등록] 2022-12-1 14:03 POS 번호 : 1025

상품코드	단 가	수 량	금 액
001 양배추 8809093190580	60,000	100kg	6,000,000
002 토마토 8888021200126	22,500	200kg	4,500,000

부가세 과세 물품가액   0
상품가격에 이미 포함된 부가세   0
합   계   10,500,000

상품코드 앞 * 표시가 되어 있는 품목은 부가세 과세 품목입니다.

0010 대한카드   ××××/××
회 원 번 호 :   ****26817413****
카 드 매 출 :   10,500,000
승 인 번 호 : KIS   30021238
C/D일련번호 :   0392

002개 거래NO:5589 캐셔:014318 오연미

5부 · 전산실습

해답

(1) 매입매출전표 12월 1일 의제류 설정
거래유형 58.카면, 품명 : 양배추외(복수거래 사용), 공급가액 10,500,000원 : 1.의제매입세액공제 4/104
　(차) 부가세대급금　　　　　　　　403,846　　(대) 외상매입금(대한카드)　　10,500,000
　(차) 원재료　　　　　　　　　10,096,154

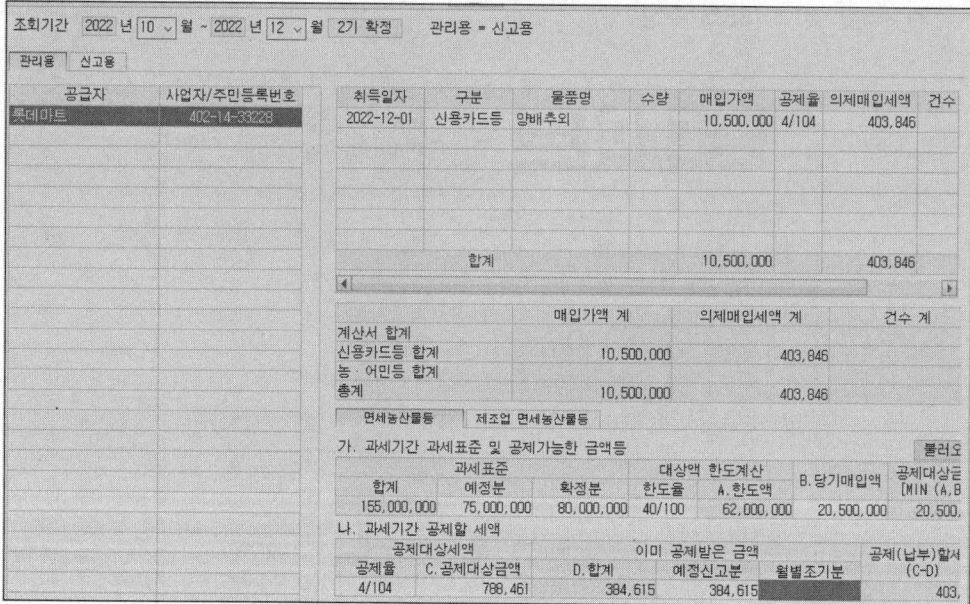

(2) 의제매입세액공제 신고서

* 당기매입액 : 예정 10,000,000원 + 확정 10,500,000원 = 20,500,000원
** 예정신고분 384,615원을 기록

[4] 회사코드 5272번 (주)청용은 본 문제에 한하여 복숭아 통조림을 제조하는 업체이며 중소기업이 아니라고 가정한다. 다음은 1기 확정신고기간 동안 매입한 면세자료이다.(수량기재는 생략) 의제매입세액 공제신고서를 작성하시오. 회계처리는 생략하며, 1기 예정신고기간의 관련 공급가액은 45,000,000원, 1기 확정신고기간의 관련 공급가액은 55,000,000원으로 가정한다. 1기 예정신고기간의 의제매입은 없다고 가정한다. (42회 수정)

구 분	일자	상 호 (성 명)	사업자번호 (주민번호)	매입가격	품 명	수량
계산서 매입분	4월6일	㈜슈퍼맨상사	113-85-34370	3,060,000원	복숭아	20
	6월4일	㈜민음화재	134-86-02168	204,000원	보험료	2
신용카드 매입분	5월2일	아름화원	214-12-12302	816,000원	화환	10
	6월3일	강한상사	128-81-78009	1,428,000원	복숭아	10
농어민 매입분	4월1일	박하은	620202-2003222	3,978,000원	복숭아	25

해답

각 거래처별 의제매입내역은 다음과 같다. 의제매입세액공제는 상품 및 원재료등 재고자산만 대상으로 하므로 보험료와 화환은 공제대상이 아니다.

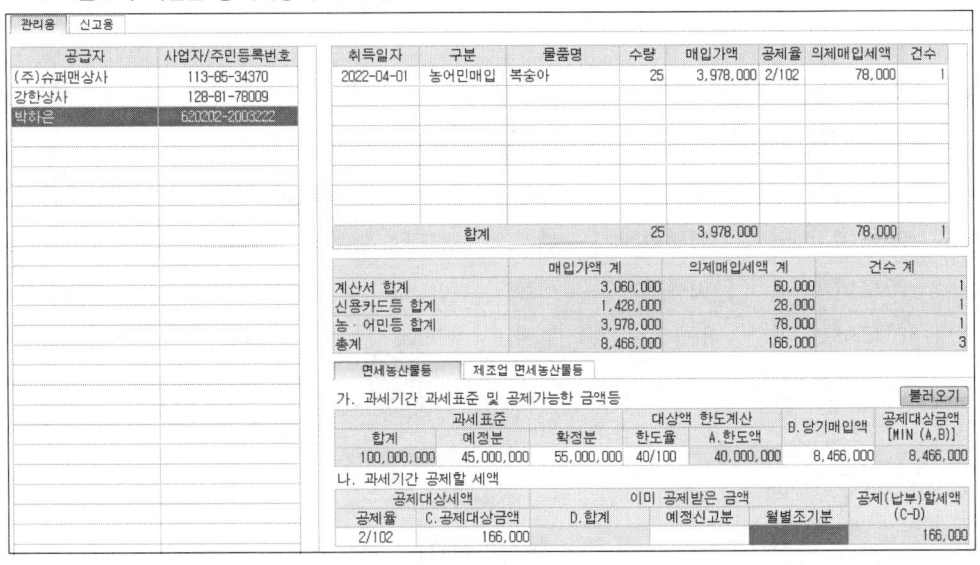

5부 · 전산실습

14 재활용폐자원 공제신고서

폐자원을 매입하여 재활용품을 생산하는 사업자의 경우에는 일반적으로 부가가치세가 과세되는 매출이 발생하나 매입의 경우에는 주로 사업자가 아닌 자와 거래를 하기 때문에 세금계산서를 수취하지 않아 매입세액공제를 받지 못하게 된다. 그래서 이러한 사업자들에게는 특례로 폐자원 매입금액의 3/103을 (단, 중고자동차는 10/110) 매입세액공제로 인정을 해준다. (세금계산서를 수취한 경우에는 이미 매입세액공제를 받았으므로 재활용폐자원 공제신고서에 기록하지 않는다).

> 매입세액 공제액 한도액
> = 재활용폐자원관련 부가가치세 과세표준 × 80% − 세금계산서 수취분 재활용폐자원 매입가액

재활용폐자원에 대한 부가가치세 매입세액도 의제매입세액과 마찬가지로 매입매출전표에 작업해서 재활용폐자원매입세액신고서에 자동으로 반영하도록 처리할 수 있다. 환경등록을 미리 해두면 매입매출전표 작업시에도 매입세액을 인식할 수 있다.

○ 사례문제 10. 재활용폐자원공제신고서

[1] 다음 자료를 이용하여 회사코드 5270번 ㈜소풍의 2기 예정신고 기간에 대한 재활용폐자원세액공제신고서를 작성하되 아래 가정에 따르시오.

거래일자	공급처명	품명	수량	공급가액(원)	관련증빙
2022.07.15	㈜제일화재	폐지	400kg	3,498,000	전자계산서
2022.07.22	㈜미리전자	비철	100kg	1,590,000	전자세금계산서
2022.08.26	유시진	고철	70kg	795,000	영수증

상호	사업자번호(주민등록번호)	대표자
㈜제일화재	118-12-06517	박화영
㈜미리전자	220-81-49926	김미래
유시진	880101-1111111	

제4장 • 부가가치세 전산실습

> [가정]
> - 재활용폐자원세액공제신고서 작성대상이 되는 거래만을 매입매출전표에 입력하되, 모두 현금거래로 간주하고 계정과목은 원재료를 사용한다.
> - 재활용폐자원에 대한 부가가치세 매입세액에 대한 회계처리는 예정신고기간 종료일에 처리하는 것으로 한다.
> - 재활용폐자원세액공제신고서는 매입매출전표입력에서 재활용폐자원매입세액 적요 설정 후 자동 불러오기로 한다.

해답

(1) (주)제일화재
   거래유형 : 53.면세, 품목 : 폐지, 수량 400, 공급가액 3,498,000원, 거래처 : (주)제일화재, 전자 : 여
   (차) 원재료(적요 7.재활용폐자원)   3,498,000   (대) 현금   3,498,000

(2) ㈜미리전자는 세금계산서를 수취하여 매입세액공제를 받으므로, 중복하여 의제매입세액공제를 받지는 않는다. 문제에서 재활용 폐자원 매입세액공제 대상만 입력하라고 했으므로, 본 문제에서는 입력하지 않는다.

(3) 유시진
   거래유형 : 60.면건, 품목 : 고철, 수량 70, 공급가액 795,000원, 거래처 : 유시진
   (차) 원재료(적요 7.재활용폐자원)   795,000   (대) 현금   795,000

(4) 재활용폐자원 매입세액공제신고서
   : 재활용폐자원매입세액의 한도계산은 확정신고기간에만 작업한다.

No	(24)공급자 성명 또는 거래처 상호(기관명)	주민등록번호또는 사업자등록번호	거래 구분	(25)구분코드	(26)건수	(27)품명	(28)수량	(29)차량번호	(30)차대번호	(31)취득금액	(32)공제율	(33)공제액 ((31)*(32))
1	(주)제일화재	118-12-06517	2.계산서	2.기타재활용폐자원	1	폐지				3,498,000	3/103	101,883
2	유시진	890101-1111111	1.영수증	2.기타재활용폐자원	1	고철				795,000	3/103	23,155

(5) 9월 30일 일반전표입력 : 재활용폐자원 매입세액의 대체
   (차) 부가세대급금   125,038   (대) 원재료(타계정으로 대체)   125,038

5부 • 전산실습

[2] 다음 자료를 이용하여 회사코드 5271번 ㈜성빈은 재활용폐자원을 수집하는 사업자이다. 다음 자료에 의하여 2기 확정신고기간의 재활용폐자원세액공제 신고서를 작성하시오. 단, 공제(납부)할 세액까지 정확한 금액을 입력한다. (71회)

거래자료	공급자	사업자번호	거래일자	품명	수량(kg)	취득금액	증빙	건수
	왕고물상	101-02-21108	2022.10.6	고철	200	4,650,000	영수증	1

추가자료	· 왕고물상은 간이과세사업자이다. · 매입매출전표입력은 생략하며, 예정신고기간 중의 재활용폐자원 신고내역은 없다. · 2기 과세기간 중 재활용관련 매출액과 세금계산서 매입액은 다음과 같다.

구분	매출액	매입공급가액(세금계산서)
예정분	58,000,000원	43,000,000원
확정분	63,000,000원	52,000,000원

해답

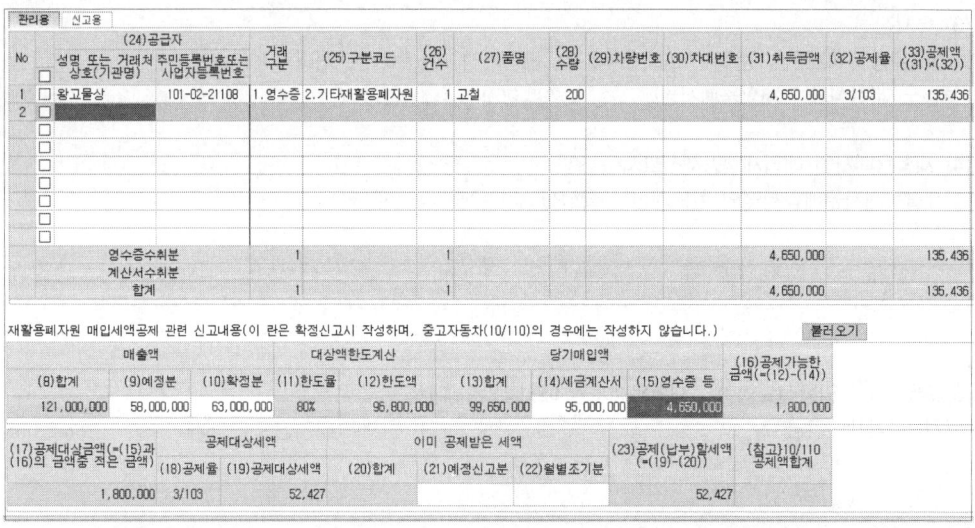

제4장 • 부가가치세 전산실습

15 건물등 감가상각취득명세서

부가가치세의 조기환급이 인정되는 경우는 두가지가 있다.

① 영세율적용 사업자의 경우
② 건물 등 설비를 신설, 증축, 투자한 사업자

이번에는 사업용 유형자산을 취득하는 경우 매입세액공제에 대하여 알아보도록 한다.

○ 사례문제 11. 건물등감가상각자산 취득명세서

[1] 회사코드 5271번 ㈜성빈에서 매입매출전표와 건물등감가상각자산 취득명세서를 작업하시오.

(1) 4월 11일 중앙상사로부터 공장에서 사용할 기계장치 (자산코드명 1, 절단기, 정률법 상각, 내용연수 5년, 경비구분은 500번대)를 20,000,000원 (공급가액)에 취득하고, 전자세금계산서를 수취하였다. 대금은 전액 현금으로 지급하였다.

(2) 1기 확정 건물등감가상각자산 취득명세서를 작성하시오.

해답

(1) 매입매출전표 4월 11일, 거래유형 51.과세, 품명 : 절단기, 공급가액 20,000,000원, 세액 2,000,000원
  거래처 : 중앙상사, 전자 : 여
  (차) 부가세대급금   2,000,000   (대) 현금   22,000,000
  (차) 기계장치   20,000,000

고정자산등록
  취득연월일 : 2022년 4월 11일, 상각방법 : 정률법, 금액 : 20,000,000원
  내용연수 : 5년, 경비구분 : 500번대/제조

(2) 건물등 감가상각자산 취득명세서

	거래처별 감가상각자산 취득명세					
월/일	상호	사업자등록번호	자산구분	공급가액	세액	건수
1 04-11	중앙상사	213-81-09019	기계장치	20,000,000	2,000,000	1
2						
	합 계			20,000,000	2,000,000	1

만약에 불러오기가 되지 않으면, F4불러오기를 클릭한 후 기계장치에 코드번호 206번을 기록한다.

16 그 밖의 부가가치세신고부속서류

1) 전자세금계산서 발급세액공제신고서
전자세금계산서 법인사업자에게 적용되지 않으므로 다루지 않기로 한다.

2) 전자화폐결제명세서
전자화폐결제명세서는 개인사업자로서 소매업자, 음식업자, 숙박업자 등이 전자화폐에 의한 매출이 발생한 경우에 작성하는 첨부서류이다. 시험에서는 법인사업자만 출제되므로, 본서에서는 생략하기로 한다.

3) 현금매출명세서
현금매출명세서는 부동산중개업, 예식장업, 보건업(병원, 의원), 기타 개인서비스업을 하는 사업자가 예정신고 또는 확정신고와 함께 제출하는 서식이다. 시험에서 출제되는 업종은 아니므로 본서에서는 생략하기로 한다.

17 부가가치세신고서

부가가치세신고서와 관련해서는 가산세에 대한 개념이 특히 중요하다. 전산세무시험에서 출제되는 유형은 대략 다음과 같다.

(1) 이미 입력되어 있는 부가가치세 신고서에서 예정신고누락분과 가산세 입력
(2) 일부 자료를 누락하여 부가가치세 수정신고를 하는 유형
(3) 입력된 자료를 무시하고, 부가가치세 신고서를 처음부터 작성하는 유형

제4장 • 부가가치세 전산실습

(유형1) 예정신고누락분을 확정신고 때 신고하는 경우

가장 일반적인 유형이다. 다음과 같은 순서대로 작업한다.

① 예정신고누락거래
    a. 전표입력을 요구하는 경우 : 전표입력 후 간편집계및기타에서 예정누락분 반영
    b. 전표입력을 요구하지 않는 경우 : 부가가치세신고서 예정신고누락분에 입력

② 부가가치세신고서를 조회한 후 가산세액계를 클릭하면 오른쪽에 가산세액을 입력하는 메뉴가 활성화된다.

③ 오른쪽에 가산세 메뉴에 가산세를 계산하여 입력한다. 주로 납부지연가산세, 신고불성실가산세, 영세율과세표준신고불성실가산세가 출제된다.

④ 전자세금계산서를 적법하게 발급 및 전송하는 경우에는 세금계산서합계표 제출의무가 없다. 따라서 전자세금계산서를 적법하게 발급 및 전송했으면 세금계산서합계표에 대한 가산세는 부과되지 않는다. 만약에 전자세금계산서를 전송하지 못했으면 세금계산서합계표 제출불성실가산세와 전자세금계산서 미전송가산세 중 하나를 적용받게 된다.

* 가산세 중복적용 배제

> 매출관련 가산세는 2가지 이상의 가산세가 중복하여 적용될 수 있으므로 다음의 우선순위 기준에 따라 한 가지만 적용한다.
> (1순위) 세금계산서 미발급가산세 : 공급가액 3% - 가산세율이 높은 것을 우선 적용
>   전자세금계산서 발급대상 사업자가 종이세금계산서 발급 : 공급가액 1%
>   세금계산서 타인명의 발급, 과다기재 발급 : 공급가액 2%
>   2개 이상 사업장이 있는 사업자가 자기의 다른 사업장 명의로 발급 : 공급가액 1%
>   세금계산서의 지연발급 : 공급가액 1%
> (2순위) 미등록가산세 : 공급가액 1%
> (3순위) 세금계산서합계표 제출불성실 가산세 : 공급가액 1% 또는 0.5%
>   전자세금계산서발급명세 미전송가산세 : 공급가액의 0.5% 또는 0.3%
>
> 매입관련 가산세는 다음과 같은 가산세가 있다. - 성격상 중복되지는 않음
> (1) 세금계산서, 신용카드매출전표 허위수취 : 공급가액 3%
> (2) 타인명의로 발급한 세금계산서를 수취 : 공급가액 2%
> (3) 세금계산서 지연수취 : 공급가액 0.5%

* 전자세금계산서를 올바르게 발급 및 전송하면 세금계산서합계표 제출의무는 없다.

가. 신고불성실 가산세
    a. 과소하게 신고 또는 초과환급 신고 세액 × 가산세율(10%, 20%, 40%) × 감면율
    b. 신고불성실가산세율은 다음과 같이 계산한다.
        - 일반 과소신고 : 10%
        - 일반 무신고 : 20%
        - 부당 무신고, 부당 과소신고 : 40%

c. 감면규정은 다음과 같다.

수정신고에 따른 신고불성실가산세 감면	기한후신고에 따른 무신고가산세 감면
(1) 1개월 이내 : 90% 감면	(1) 1개월 이내 50% 감면
(2) 1개월 초과 3개월 이내 : 75% 감면	(2) 1개월 초과 3개월 이내 : 30% 감면
(3) 3개월 초과 6개월 이내 : 50% 감면	(3) 3개월 초과 6개월 이내 : 20% 감면
(4) 6개월 초과 1년 이내 : 30% 감면	
(5) 1년 초과 1년 6개월 이내 : 20% 감면	
(6) 1년 6개월 초과 2년 이내 : 10% 감면	

* 예를들어 예정신고기간에 신고할 내용을 확정신고기간에 신고하는 경우에는 3개월 이내 수정신고하게 된다. 이 경우 75%가 감면되므로 본래 부담할 신고불성실가산세의 25%를 실제 부담하게 된다.
※ 보충설명 : 예를들어 신고불성실가산세에 해당하면서 3개월 후에 신고한다면 10%의 신고불성실가산세에 해당하면서, 신고불성실가산세의 75%를 납부하게 된다. 결과적으로 "미달신고세액 × 10% × 25%" 만큼 계산된다.)

나. 납부지연 가산세

   a. 과소하게 납부 또는 초과환급세액 × 2.2/10,000 × 기간일수

   b. 여기에서 기간이란 납부일 다음날부터 자진납부일까지의 기간을 말한다.

다. 영세율과세표준 신고불성실가산세

   a. 과소하게 신고한 영세율과세표준 × 0.5% × 감면율

   b. 영세율과세표준 신고불성실가산세도 신고불성실가산세와 동일한 가산세가 적용된다.

전자신고세액공제

납세의무자가 직접 전자신고 하는 경우에는 1기 확정신고기간과 2기 확정신고기간에 각각 10,000원의 세액공제를 적용받을 수 있다. 문제에서 전자신고를 하였다는 단서가 주어지면, 기타경감공제세액란에서 전자신고세액공제란에 10,000원을 입력한다.

제4장 · 부가가치세 전산실습

○ 사례문제 12. 가산세 - 예정신고누락분

[1] 다음 자료는 회사코드 5262번 ㈜소망의 2기 확정신고를 하려고 한다. 다음의 사항과 가산세(부당과소신고는 아님)를 반영하여 부가가치세신고서를 작성하시오. 과소납부경과일수는 91일로 한다.(주어진 자료 이외에는 부가가치세신고서를 불러올 때 자동으로 반영되는 자료를 이용하고, 부가가치세신고서 이외에 부속서류의 작성은 생략한다) (62회)

예정신고 누락내용	· 신용카드 매출(공급대가 55,000,000원) · 제품을 직수출하고 받은 외화입금증명서(공급가액 20,000,000원) · 영업부서의 2,000CC 승용차(공급가액 20,000,000원, 부가가치세 2,000,000원) 세금계산서 매입
제2기 확정신고시 기타 사항	· 전기 확정신고시 대손세액공제를 받았던 외상매출금 3,300,000원을 회수하였다. · 제2기 예정신고시 미환급세액 400,000원이 있다.

해답

① 예정신고누락분

(예정신고누락분)

구분		금액	세율	세액
7.매출(예정신고누락분)				
예 과 세금계산서	32		10/100	
정 세 기타	33	50,000,000	10/100	5,000,000
누 영 세금계산서	34		0/100	
락 세 기타	35	20,000,000	0/100	
분 합계	36	70,000,000		5,000,000
12.매입(예정신고누락분)				
세금계산서	37	20,000,000		2,000,000
예 그 밖의 공제매입세액	38			
합계	39	20,000,000		2,000,000

(공제받지못할매입세액)

구분		금액	세율	세액
16.공제받지못할매입세액				
공제받지못할 매입세액	49	20,000,000		2,000,000
공통매입세액면세등사업분	50			
대손처분받은세액	51			
합계	52	20,000,000		2,000,000
18.그 밖의 경감·공제세액				
전자신고세액공제	53			10,000
전자세금계산서발급세액공제	54			
택시운송사업자경감세액	55			
현금영수증사업자세액공제	56			
기타	57			
합계	58			10,000

② 예정신고미환급세액 400,000원 입력, 대손세액가감 300,000원 기록
③ 가산세
　* 신고불성실 : 5,000,000원 × 10% × 25%* = 125,000원
　* 납부지연 : 5,000,000원 × 91일 × 2.2/10,000 = 100,100원
　* 영세율과세표준신고불성실 : 20,000,000원 × 0.5% × 25%* : 25,000원
　* 3개월 이내분은 75%가 감면된다.

[2] 회사코드 5264번 (주)세종기업의 1기 예정 부가가치세 신고시 다음의 내용이 누락되었다. 1기 부가가치세 확정신고시 예정신고 누락분을 모두 반영하여 신고서를 작성하시오. 전산데이터에 의해 반영되는 자료는 그대로 두고, 아래의 자료만을 추가로 반영하기로 한다.(부당과소신고가 아니며, 예정신고누락과 관련된 가산세 계산시 미납일수는 90일이고, 전자신고세액공제 10,000원을 적용한다) (64회)

누락 내용	금 액	비 고
현금영수증 발행 매출	3,300,000원	공급대가
간주공급에 해당하는 사업상 증여 금액	1,000,000원	시가
직수출 매출	5,000,000원	
영세율 세금계산서를 발급받은 운반비 매입	5,000,000원	공급가액

해답

부가가치세 신고서 4월 ~ 6월

(예정신고누락분)

구분			금액	세율	세액
7.매출(예정신고누락분)					
예정누락분	과	세금계산서	33		10/100	
	세	기타	34	4,000,000	10/100	400,000
	영	세금계산서	35		0/100	
	세	기타	36	5,000,000	0/100	
	합계		37	9,000,000		400,000
12.매입(예정신고누락분)					
	세금계산서		38	5,000,000		
예	그 밖의 공제매입세액		39			
	합계		40	5,000,000		

* 가산세
  ① 신고불성실 : 400,000원 × 10% × 25% = 10,000원
  ② 납부지연 : 400,000원 × 2.2/10,000 × 90일 = 7,920원
  ③ 영세율과세표준신고불성실 : 5,000,000원 × 0.5% × 25% = 6,250원
(추가) 18. 그밖의 경감공제세액 - 전자신고세액공제 10,000원 입력

제4장 · 부가가치세 전산실습

[3] 다음 자료를 반영하여 회사코드 5266번 ㈜온누리기업의 2기 확정신고(10월~12월)에 대한 부가가치세 신고서를 작성하시오. 단, 2기 확정 과세기간의 거래는 주어진 자료 뿐이라고 가정하고, 부가가치세 신고서 이외의 부속서류 작성 및 매입매출전표의 수정·입력은 생략한다.(7점)

> · 예정신고시 누락분
>   - 직수출 30,000,000원(부정행위 아님)
>   - 매입세액공제 가능한 사업용신용카드 일반매입분 5,500,000원(공급대가) 누락
> · 확정신고기간분에 대한 사항
>   - 세금계산서 매출액 15,000,000원(공급가액)
>   → 세금계산서 매출분 중 종이세금계산서 발급분 10,000,000원(공급가액)이 포함되어 있다.
>   - 세금계산서 매입액 10,000,000원(공급가액) : 고정자산매입분 없음
>   → 매입세금계산서 중 접대비 해당분 3,000,000원(공급가액)이 포함되어 있다.

해답

① 확정신고기간 거래분 + 예정신고누락분

구분			금액	세율	세액
과세표준및매출세액	과세	세금계산서발급분 1	15,000,000	10/100	1,500,000
		매입자발행세금계산서 2		10/100	
		신용카드·현금영수증발행분 3		10/100	
		기타(정규영수증외매출분) 4		10/100	
	영세	세금계산서발급분 5		0/100	
		기타 6		0/100	
	예정신고누락분 7		30,000,000		
	대손세액가감 8				
	합계 9		45,000,000	㉮	1,500,000
매입세액	세금계산서수취분	일반매입 10	10,000,000		1,000,000
		수출기업수입분납부유예 10			
		고정자산매입 11			
	예정신고누락분 12		5,000,000		500,000
	매입자발행세금계산서 13				
	그 밖의 공제매입세액 14				
	합계(10)-(10-1)+(11)+(12)+(13)+(14) 15		15,000,000		1,500,000
	공제받지못할매입세액 16		3,000,000		300,000
	차감계 (15-16) 17		12,000,000	㉰	1,200,000
납부(환급)세액(매출세액㉮-매입세액㉰)				㉱	300,000

구분		금액	세율	세액
7.매출(예정신고누락분)				
예정누락분	과세 세금계산서 32		10/100	
	세 기타 33		10/100	
	영세 세금계산서 34		0/100	
	세 기타 35	30,000,000	0/100	
	합계 36	30,000,000		
12.매입(예정신고누락분)				
	세금계산서 37			
예정	그 밖의 공제매입세액 38	5,000,000		500,000
	합계 39	5,000,000		500,000
정누락분	신용카드매출 일반매입	5,000,000		500,000
	수령금액합계 고정매입			
	의제매입세액			
	재활용폐자원등매입세액			
	과세사업전환매입세액			
	재고매입세액			
	변제대손세액			
	외국인관광객에대한환급/			
	합계	5,000,000		500,000

② 공제받지 못할 매입세액 : 공급가액 3,000,000원, 세액 300,000원 기록

③ 가산세
  − 세금계산서 미발급 : 10,000,000원 × 1%(종이) = 100,000원
  − 영세율과세표준신고불성실 : 30,000,000원 × 0.5% × 25% = 37,500원

5부 · 전산실습

[4] 다음은 회사코드 5268번 ㈜태풍의 자료이다. 기존의 입력된 자료는 무시하고 다음 자료를 토대로 2기 확정 부가가치세신고서를 작성하시오(세부담 최소화 가정). 부가가치세신고서 이외의 과세표준명세 등 기타 부속서류의 작성은 생략한다. 단 제시된 자료 이외의 거래는 없으며, 홈택스에서 직접 전자신고하여 세액공제를 받기로 한다.(68회)

매출 자료	· 전자세금계산서 발행 과세매출액 : 400,000,000원 · 신용카드 매출액 : 66,000,000원(부가가치세 포함) · 직수출액 : 200,000,000원 · 1기 확정신고시 대손세액공제를 받았던 외상매출금 22,000,000원을 전액 회수하였다.
매입 자료	· 세금계산서 매입액 : 530,000,000원(부가가치세 별도) 세금계산서 매입액 중 500,000,000원(부가가치세 별도)은 과세상품구입과 관련한 매입액이며, 토지의 자본적 지출 관련 매입액 30,000,000원(부가가치세 별도)이 포함되어 있다. · 2기 예정신고시 누락된 세금계산서 매입액 : 10,000,000원(부가가치세 별도) · 2기 예정신고시 미환급된세액 : 1,000,000원

해답

부가가치세 신고서 10월~12월

① 매출세액, 매입세액, 예정신고누락분

구분			금액	세율	세액
과세표준및매출세액	과세	세금계산서발급분	1	400,000,000	10/100	40,000,000
		매입자발행세금계산서	2		10/100	
		신용카드·현금영수증발행분	3	60,000,000	10/100	6,000,000
		기타(정규영수증외매출분)	4		10/100	
	영세	세금계산서발급분	5		0/100	
		기타	6	200,000,000	0/100	
	예정신고누락분		7			
	대손세액가감		8			2,000,000
	합계		9	660,000,000	㉮	48,000,000
매입세액	세금계산서수취분	일반매입	10	500,000,000		50,000,000
		수출기업수입분납부유예	10			
		고정자산매입	11	30,000,000		3,000,000
	예정신고누락분		12	10,000,000		1,000,000
	매입자발행세금계산서		13			
	그 밖의 공제매입세액		14			
	합계(10)-(10-1)+(11)+(12)+(13)+(14)		15	540,000,000		54,000,000
	공제받지못할매입세액		16	30,000,000		3,000,000
	차감계 (15-16)		17	510,000,000	㉯	51,000,000
납부(환급)세액(매출세액㉮-매입세액㉯)						-3,000,000

구분		금액	세율	세액
7.매출(예정신고누락분)				
예정누락분	과세 세금계산서	32		10/100	
	세 기타	33		10/100	
	영세 세금계산서	34		0/100	
	세 기타	35		0/100	
	합계	36			
12.매입(예정신고누락분)				
	세금계산서	37	10,000,000		1,000,000
예정누락분	그 밖의 공제매입세액	38			
	합계	39	10,000,000		1,000,000
	신용카드매출 일반매입				
	수령금액합계 고정매입				
	의제매입세액				
	재활용폐자원등매입세액				
	과세사업전환매입세액				
	재고매입세액				
	변제대손세액				
	외국인관광객에대한환급/				

② 공제받지못할매입세액, 그밖의 경감공제세액, 예정신고미환급세액

구분		금액	세율	세액
16.공제받지못할매입세액				
공제받지못할 매입세액	49	30,000,000		3,000,000
공통매입세액면세등사업분	50			
대손처분받은세액	51			
합계	52	30,000,000		3,000,000
18.그 밖의 경감 공제세액				
전자신고세액공제	53			10,000
전자세금계산서발급세액공제	54			
택시운송사업자경감세액	55			
현금영수증사업자세액공제	56			
기타	57			
합계	58			10,000

구분		금액	세율	세액
경감공제세액	그 밖의 경감 · 공제세액	18			10,000
	신용카드매출전표등 발행공제등	19	66,000,000		
	합계	20		㉰	10,000
예정신고미환급세액		21		㉱	1,000,000
예정고지세액		22		㉲	
사업양수자의 대리납부 기납부세액		23		㉳	
매입자 납부특례 기납부세액		24		㉴	
가산세액계		25		㉵	
차감.가감하여 납부할세액(환급받을세액)(㉮-㉯-㉰-㉱-㉲-㉳-㉴+㉵)	26			-4,010,000
총괄납부사업자가 납부할 세액(환급받을 세액)				

[5] 다음의 자료를 이용하여 회사코드 5271번 (주)성빈의 1기 확정 부가가치세신고서를 작성하시오. 부가가치세신고서 이외에 과세표준명세 등 기타 부속서류는 작성 및 전표입력을 생략한다. 제시된 자료 이외의 거래는 없는 것으로 가정한다.(8점)

1. 매출관련 자료

구분	공급가액	부가가치세액
세금계산서 발행 매출액 (4월~6월)	100,000,000	10,000,000
신용카드 과세 매출액 (4월~6월)	5,000,000	500,000
국외에서 제공한 용역에 대한 매출액 (4월~6월)	1,000,000	-
매출거래처 담당자에게 무상으로 제공한 제품의 시가	500,000	50,000
예정신고시 현금영수증 매출 누락분	3,000,000	300,000

※ 세금계산서를 발행한 매출액은 모두 전자세금계산서로 발급, 전송하였다.

2. 매입관련 자료

구분	공급가액	부가가치세액
세금계산서 수령한 상품 구입액	10,000,000	1,000,000
세금계산서 수령한 사무실 고정자산 대금	12,000,000	1,200,000
세금계산서 수령한 접대물품(위 상품구입액과 별도)	1,000,000	100,000
매입세액공제 가능한 법인카드 사용액 (직원회식비)	2,000,000	200,000

3. 기타
· 1기 예정신고미환급 세액은 350,000원이다.
· 예정신고 누락과 관련된 가산세 계산시 미납일수는 92일이다.
· 전자신고세액공제는 고려하지 않는다.

해답

[2] 부가가치세 신고서

구분				정기신고금액		
				금액	세율	세액
과세표준및매출세액	과세	세금계산서발급분	1	100,000,000	10/100	10,000,000
		매입자발행세금계산서	2		10/100	
		신용카드·현금영수증발행분	3	5,000,000	10/100	500,000
		기타(정규영수증외매출분)	4	500,000		50,000
	영세	세금계산서발급분	5		0/100	
		기타	6	1,000,000	0/100	
	예정신고누락분		7	3,000,000		300,000
	대손세액가감		8			
	합계		9	109,500,000	㉮	10,850,000
매입세액	세금계산서수취분	일반매입	10	11,000,000		1,100,000
		수출기업수입분납부유예	10-1			
		고정자산매입	11	12,000,000		1,200,000
	예정신고누락분		12	2,000,000		200,000
	매입자발행세금계산서		13			
	그 밖의 공제매입세액		14			
	합계(10)-(10-1)+(11)+(12)+(13)+(14)		15	25,000,000		2,500,000
	공제받지못할매입세액		16	1,000,000		100,000
	차감계 (15-16)		17	24,000,000	㉯	2,400,000
납부(환급)세액(매출세액㉮-매입세액㉯)					㉰	8,450,000

5부 · 전산실습

(예정신고미환급세액)

예정신고미환급세액	21	㉣	350,000
예정고지세액	22	㉤	
사업양수자의 대리납부 기납부세액	23	㉥	
매입자 납부특례 기납부세액	24	㉦	
가산세액계	25	㉨	21,900
차감.가감하여 납부할세액(환급받을세액)(㉰-㉲-㉳-㉴-㉵-㉶-㉷+㉨)	26		8,121,900

(공제받지 못할 매입세액)

16.공제받지못할매입세액			
공제받지못할 매입세액	49	1,000,000	100,000
공통매입세액면세등사업분	50		
대손처분받은세액	51		
합계	52	1,000,000	100,000

* 가산세
  신고불성실 : 300,000원 × 10% × 25%* = 7,500원
    * 3개월 이내 신고시 75% 감면
  납부지연 : 300,000원 × 2.2/10,000 × 92일 = 6,072원

(유형2) 확정신고누락분(수정신고)

가장 어려울 수 있는 유형이다. 다음과 같은 순서대로 작업한다.

① 문제에서 전표입력을 요구하고 있는지 확인한다.
  - 전표입력을 요구하는 경우
    부가가치세 신고서 조회 ⇒ 저장 ⇒ 전표입력 ⇒ 신고구분을 2.수정신고(1차)로 선택
  - 전표입력을 생략하라고 한 경우
    부가가치세 신고서 조회 → 기간 입력 후 신고구분을 2. 수정신고 (1차)로 선택한다. → 해당 자료의 금액을 직접 수정한다.

② 가산세를 계산한다. 미납일수를 직접 계산해야 하는 경우에는 "신고납부일 다음날~납부일"까지의 기간을 계산한다.

③ 과세표준명세서를 완성한다.
  부가가치세신고서에서 F4 과표명세를 클릭 → 수입금액제외에는 유형자산처분이나 재화의 간주공급에 해당하는 금액을 기록함 → 좌측하단의 신고일자를 수정신고일로 기록함.

제4장 • 부가가치세 전산실습

○ **사례문제 13. 가산세 – 확정신고누락분**

[1] 회사코드 5265번 ㈜세진은 1기 확정신고(4월~6월)를 7월 25일에 하였는데, 이에 대한 오류내용이 발견되어 처음으로 10월 23일 수정신고 및 납부를 하였다. 부가가치세수정신고서를 작성하시오. 단, 미납일수는 90일로 하고, 매입매출전표에 입력하지 마시오. (65회)

| 오
류
사
항 | · 직수출 50,000,000원에 대한 매출누락(부정행위 아님)이 발생하였다.
· 비사업자인 최현에게 제품운반용 중고트럭을 22,000,000원(부가세 포함)에 현금판매한 것을 누락하였다.(세금계산서 미발급분이다)
· 당초 부가가치세 신고서에 반영하지 못한 제품 타계정대체액 명세는 다음과 같다. 제품제조에 사용된 재화는 모두 매입세액공제분이다.
　- 매출처에 접대목적으로 제공 : 원가 2,000,000원, 시가 2,500,000원
　- 불특정다수인에게 홍보용제품 제공 : 원가 1,000,000원, 시가 1,200,000원 |

해답

① 부가가치세 신고서 수정신고 1차
② 직수출 50,000,000원을 영세율-기타에 추가
③ 중고트럭 판매분 공급가액 20,000,000원, 매출처 접대목적으로 제공한 제품 시가 2,500,000원의 합계 22,500,000원을 과세-기타란에 기록 (불특정 다수인에게 홍보용으로 제공한 것은 가산세 대상이 아님)
④ 가산세 : ②에서 추가로 납부할 세액이 2,250,000원이다.
　- 세금계산서미발급 : 20,000,000원 × 2% = 400,000원
　- 신고불성실 : 2,250,000원 × 10% × 25%* = 56,250원
　- 납부지연 : 2,250,000원 × 2.2/10,000 × 90일 = 44,550원
　- 영세율과세표준신고불성실 : 50,000,000원 × 0.5% × 25%* = 62,500원
　* 3개월 이내 수정신고시 75% 감면

5부 • 전산실습

[2] ㈜대흥은 2기 확정신고(10월~12월)를 한 후 다음과 같은 오류를 발견하였다. 2월 28일에 수정신고하는 경우 부가가치세 수정신고서(1차)를 작성하시오. 본 문제에서 과소신고한 것은 부당과소신고가 아니며, 기존신고내용을 적색으로 기입하는 것과 과세표준 신고서는 생략한다.(69회)

가정	· 발견된 오류는 아직 신고서에 반영되지 않았으며, 오류 내용에 대한 전표입력은 생략한다. · 가산세 계산시 일수는 30일로 한다. · 아래 오류사항 이외에 추가적으로 반영할 사항은 없으며, 각종 세액공제는 모두 생략한다.
오류 사항	· 원재료를 소매로 3,000,000원(부가가치세 별도)에 매입하고 카드로 결제한 내역 1건을 누락하였다.(원재료 판매처는 일반과세자이다) · ㈜대박상사로부터 원재료를 1,000,000원(부가가치세 별도)에 매입하고 세금계산서 수취 1건을 누락하였다. · 제품을 5,000,000원(부가세 별도)에 매출하고 전자세금계산서를 발급 및 전송하였다.

해답

부가가치세 신고서 : 10월~12월, 수정신고 1차
① 납부세액 까지

	구분		정기신고금액			수정신고금액		
			금액	세율	세액	금액	세율	세액
과세표준및매출세액	과세	세금계산서발급분	1	300,000,000	10/100	30,000,000	305,000,000	10/100	30,500,000
		매입자발행세금계산서	2		10/100			10/100	
		신용카드·현금영수증발행분	3		10/100			10/100	
		기타(정규영수증외매출분)	4						
	영세	세금계산서발급분	5		0/100			0/100	
		기타	6		0/100			0/100	
	예정신고누락분		7						
	대손세액가감		8						
	합계		9	300,000,000	㉮	30,000,000	305,000,000	㉮	30,500,000
매입세액	세금계산서수취분	일반매입	10	280,000,000		28,000,000	281,000,000		28,100,000
		수출기업수입분납부유예	10						
		고정자산매입	11						
	예정신고누락분		12						
	매입자발행세금계산서		13						
	그 밖의 공제매입세액		14				3,000,000		300,000
	합계(10)-(10-1)+(11)+(12)+(13)+(14)		15	280,000,000		28,000,000	284,000,000		28,400,000
	공제받지못할매입세액		16						
	차감계 (15-16)		17	280,000,000	㉯	28,000,000	284,000,000	㉯	28,400,000
납부(환급)세액(매출세액㉮-매입세액㉯)					㉰	2,000,000			2,100,000

② 가산세
- 신고불성실 : 100,000원 × 10% × 10%* = 1,000원
 * 1개월 이내 90% 감면
- 납부지연 : 100,000원 × 2.5/10,000 × 30일 = 660원

(유형3) 부가가치세 신고서의 완성

해당 부가가치세신고서를 조회하면 아무것도 입력되어 있지 않은 상황에서 추가자료를 주고 신고서를 완성하도록 하는 문제가 출제된다. 어느 메뉴가 어디쯤에 있는지 알아야 풀이가 가능하다.

○ 사례문제 14. 부가가치세 신고서의 완성 - 가산세 제외

[1] 다음은 회사코드 5263번 ㈜세진의 1기 확정 부가가치세 신고기간에 대한 관련 자료이다. 아래 자료를 반영하여 1기 확정분 부가가치세 신고서를 작성하시오. 본 문제에 한해서 당사는 부동산임대업과 수출입업을 같이 하는 것으로 가정한다.(부가가치세 신고서 작성 시 기존자료는 삭제하고 아래 자료의 내용으로 입력하시오)(63회)

> (1) 대손이 확정된 외상매출금 2,200,000원에 대하여 대손세액공제를 적용한다.
> (2) 내국신용장에 의하여 원재료를 판매하고 영세율 세금계산서를 발행하였다 (공급가액 : 30,000,000원).
> (3) 수출신고필증 및 선하증권상에서 확인된 수출액을 원화로 환산하면 24,000,000원이다.
> (4) 현금매출로 5,500,000원(간이영수증 발행, 부가가치세 포함)이 발생하였다.
> (5) 간주임대료 관련 내역은 다음과 같다. 가정에서 주어진 자료로 계산하시오.
>
> | ・보증금 : 1억원 | ・이자율 : 1.2% |
> | ・대상기간일수 : 91일 | ・당해연도 총 일수 : 365일로 가정 |
> | ・원단위 미만은 절사할 것 | |
>
> (6) 업무용 소모품을 법인신용카드로 매입한 금액 550,000원(부가가치세 포함)이 예정신고 시 누락되었다.

해답

부가가치세 신고서 : 4월 1일 ~ 6월 30일
① 과세-기타
  * 간이영수증 : 공급가액 5,000,000원, 세액 500,000원
  * 간주임대료 : 100,000,000원 × 1.2% × 91일/365일 = 299,178원
② 영세율세금계산서 발급분은 영세율-세금계산서, 수출신고필증분은 영세율-기타
③ 예정신고누락분 매입에서 신용카드로 매입분 기록 : 공급가액 500,000원, 세액 50,000원
④ 대손세액가감 : -200,000원

5부 · 전산실습

[2] 다음은 회사코드 5267번 ㈜만세공업의 2기 확정 부가가치세신고기간에 대한 관련 자료이다. 아래 자료를 반영하여 2022년 2기 확정분 부가가치세 신고서를 작성하시오. 본 문제에 한해서 당사는 부동산임대업과 수출입업을 같이 하는 것으로 가정한다.(부가가치세 신고서 작성 시 아래 자료의 내용으로 직접 입력하시오) (67회)

> (1) 대손이 확정된 외상매출금 1,540,000원에 대하여 대손세액공제를 적용한다.
> (2) 수출신고필증 및 선하증권상에서 확인된 수출액을 원화로 환산하면 24,000,000원이다.
> (3) 매출처별세금계산서 합계표상의 금액은 공급가액 400,000,000원, 세액은 40,000,000원이다.
> (4) 매입처별세금계산서 합계표상의 금액은 공급가액 240,000,000원, 세액은 24,000,000원이다. (고정자산매입은 없다고 가정한다)
> (5) 카드매출로 7,700,000원, 현금영수증 매출로 2,200,000원, 현금매출로 220,000원이 발생하였다. (동 금액은 모두 부가가치세가 포함된 금액이다)
> (6) 임대 부동산의 간주임대료 공급가액 800,000원
> (7) 예정신고미환급세액 400,000원이 있다.

해답

부가가치세 신고서 10월~12월

구분			정기신고금액		
			금액	세율	세액
과세표준및매출세액	과세	세금계산서발급분 1	400,000,000	10/100	40,000,000
		매입자발행세금계산서 2		10/100	
		신용카드·현금영수증발행분 3	9,000,000	10/100	900,000
		기타(정규영수증외매출분) 4	1,000,000		100,000
	영세	세금계산서발급분 5		0/100	
		기타 6	24,000,000	0/100	
	예정신고누락분 7				
	대손세액가감 8				-140,000
	합계 9		434,000,000	㉮	40,860,000
매입세액	세금계산서수취분	일반매입 10	240,000,000		24,000,000
		수출기업수입분납부유예 10			
		고정자산매입 11			
	예정신고누락분 12				
	매입자발행세금계산서 13				
	그 밖의 공제매입세액 14				
	합계(10)-(10-1)+(11)+(12)+(13)+(14) 15		240,000,000		24,000,000
	공제받지못할매입세액 16				
	차감계 (15-16) 17		240,000,000	㉯	24,000,000
납부(환급)세액(매출세액㉮-매입세액㉯)				㉰	16,860,000
경감공제세액	그 밖의 경감·공제세액 18				
	신용카드매출전표등 발행공제등 19				
	세액 합계 20			㉱	
예정신고미환급세액 21				㉲	400,000
예정고지세액 22				㉳	
사업양수자의 대리납부 기납부세액 23				㉴	
매입자 납부특례 기납부세액 24				㉵	
가산세액계 25				㉶	
차감.가감하여 납부할세액(환급받을세액)(㉰-㉱-㉲-㉳-㉴-㉵+㉶) 26					16,460,000
총괄납부사업자가 납부할 세액(환급받을 세액)					

(8) 대손세액가감
1,540,000원 × 10/110을 계산하여 -로 기록

(4) 기타
현금매출 + 간주임대료

[3] 다음은 회사코드 5270번 ㈜소풍의 자료이다. 다음의 내용에 따라 1기 예정신고기간의 부가가치세 신고서를 작성하시오. 단, 부가가치세 신고서 이외의 부속서류 및 과세표준명세 입력은 생략하기로 한다. (70회)

구분	내역	금액(원)	비고
매출	전자세금계산서 발급	400,000,000 (VAT 별도)	
	신용카드매출전표 발행	33,000,000 (VAT 포함)	
	현금매출	1,100,000 (VAT 포함)	전액 현금영수증 미발행(현금영수증 의무발행업종이 아닌, 소비자와의 거래분임)
매입	세금계산서 수취	300,000,000 (VAT 별도)	기계장치 구입분 공급가액 10,000,000원(VAT 별도)과 업무용승용차(1,500 CC) 구입분 공급가액 50,000,000원(VAT 별도)이 포함된 금액이다.

해답

부가가치세 신고서 1월 ~ 3월

	구분		금액	세율	세액		구분		금액	세율	세액
과세표준및매출세액	세금계산서발급분	1	400,000,000	10/100	40,000,000	16.공제받지못할매입세액					
	과세 매입자발행세금계산서	2		10/100		공제받지못할 매입세액	49	50,000,000		5,000,000
	신용카드·현금영수증발행분	3	30,000,000	10/100	3,000,000	공통매입세액면세등사업분	50			
	기타(정규영수증외매출분)	4	1,000,000		100,000	대손처분받은세액	51			
	영세 세금계산서발급분	5		0/100		합계	52	50,000,000		5,000,000
	기타	6		0/100		18.그 밖의 경감·공제세액				
	예정신고누락분	7				전자신고세액공제	53			
	대손세액가감	8				전자세금계산서발급세액공제	54			
	합계	9	431,000,000	㉮	43,100,000	택시운송사업자경감세액	55			
매입세액	세금계산서수취분 일반매입	10	240,000,000		24,000,000	현금영수증사업자세액공제	56			
	수출기업수입분납부유예	10				기타	57			
	고정자산매입	11	60,000,000		6,000,000	합계	58			
	예정신고누락분	12								
	매입자발행세금계산서	13								
	그 밖의 공제매입세액	14								
	합계(10)-(10-1)+(11)+(12)+(13)+(14)	15	300,000,000		30,000,000					
	공제받지못할매입세액	16	50,000,000		5,000,000					
	차감계 (15-16)	17	250,000,000	㉯	25,000,000					
납부(환급)세액(매출세액㉮-매입세액㉯)				㉰	18,100,000					

[4] 다음은 회사코드 5272번 ㈜청용의 자료이다. 기존의 입력된 자료는 무시하고 다음 자료를 토대로 2기 확정 부가가치세신고서를 작성하시오(세부담 최소화 가정). 부가가치세신고서 이외의 과세표준명세 등 기타 부속서류의 작성과 전자신고세액공제는 생략한다. 단 제시된 자료 이외의 거래는 없다.(72회)

구분	거래내용	공급가액	부가가치세	비고
매출자료	세금계산서 발급 과세매출액	350,000,000	35,000,000	
	신용카드 과세매출액	20,000,000	2,000,000	
	간주공급 (사업장 증여 금액)	3,000,000	300,000	시가 (원가는 2,000,000)
	수출신고필증 및 선하증권상에서 확인된 수출액	28,000,000	0	원화환산액
매입자료	990cc 경차 구입액(영업용 사용목적) - 세금계산서 수취함	30,000,000	3,000,000	
	접대목적으로 구입한 물품 세금계산서 매입액	5,000,000	500,000	
	원재료를 구입하고 세금계산서 매입액	225,000,000	22,500,000	
	간이과세자에게 지출한 복리후생비의 법인카드 결제액(직전연도 공급대가 4,800만원 미만)	5,000,000	500,000	

해답

부가가치세 신고서 : 10월 1일 ~ 12월 31일

구분			금액	세율	세액
과세표준및매출세액	과세	세금계산서발급분 ①	350,000,000	10/100	35,000,000
		매입자발행세금계산서 ②		10/100	
		신용카드·현금영수증발행분 ③	20,000,000		2,000,000
		기타(정규영수증외매출분) ④	3,000,000	10/100	300,000
	영세	세금계산서발급분 ⑤		0/100	
		기타 ⑥	28,000,000	0/100	
	예정신고누락분 ⑦				
	대손세액가감 ⑧				
	합계 ⑨		401,000,000	㉮	37,300,000
매입세액	세금계산서수취분	일반매입 ⑩	230,000,000		23,000,000
		수출기업수입분납부유예 ⑩-1			
		고정자산매입 ⑪	30,000,000		3,000,000
	예정신고누락분 ⑫				
	매입자발행세금계산서 ⑬				
	그 밖의 공제매입세액 ⑭				
	합계(⑩)-(⑩-1)+(⑪)+(⑫)+(⑬)+(⑭) ⑮		260,000,000		26,000,000
	공제받지못할매입세액 ⑯		5,000,000		500,000
	차감계 (15-16) ⑰		255,000,000	㉯	25,500,000
납부(환급)세액(매출세액㉮-매입세액㉯)				㉰	11,800,000

구분		금액	세율	세액
16.공제받지못할매입세액				
공제받지못할 매입세액	49	5,000,000		500,000
공통매입세액면세사업분	50			
대손처분받은세액	51			
합계	52	5,000,000		500,000
18.그 밖의 경감·공제세액				
전자신고세액공제	53			
전자세금계산서발급세액공제	54			
택시운송사업자경감세액	55			
현금영수증사업자세액공제	56			
기타	57			
합계	58			

* 간이과세자로부터 신용카드매입분은 기록하지 않는다.

참고로, 부가가치세신고시 기한후신고를 요구하는 문제가 출제될 수 있다. 이때 주의할 점은 무신고가산세의 계산이다. 기한후 신고의 경우에는 무신고가산세가 적용되는데, 1개월 이내 기한후 신고시 50% 감면, 1개월 초과 3개월 이내 기한후 신고시 30% 감면(다시 말해 가산세의 70%를 부담), 3개월 초과 6개월 이내 기한후 신고시 20%가 감면되는 차이가 있다. 혹시 시험에 출제될 수 있으므로 예제를 풀어보도록 한다.

수입금액명세

세법에서는 매출액이라는 표현 대신에 수입금액이라는 표현을 사용한다. 부가가치세 신고시에도 수입금액 명세를 신고해야 하는데, 세무서 입장에서는 1기예정, 1기확정, 2기예정, 2기확정 신고기간의 수입금액의 합계를 통해 연간 매출액을 추정할 수 있게 된다.
매출은 아니지만 부가가치세가 과세되는 것(유형자산매각, 재화의 간주공급 등)은 수입금액 제외에 기록한다.

사례문제 16. 기한후신고

[1] 다음은 회사코드 5273번 (주)소망의 2기 확정 부가가치세의 기한후신고내역이다. 기존에 입력되어 있는 자료는 모두 삭제하고, 다음 자료를 반영하여 신고서를 완성하시오. 단, 신고일은 2023년 2월 28일이며, 미납일수는 34일을 적용한다. 여기에서 모든 금액은 공급가액을 의미하며 전자세금계산서는 모두 적법하게 발급 및 수취 되었다. 회계처리는 생략하고, 수입금액명세도 같이 작성하시오(부당신고는 아니다).

(1) 제품을 매출하고 전자세금계산서를 발급 : 160,000,000원
(2) 사용하던 차량운반구를 처분하고 전자세금계산서를 발급 : 40,000,000원
(3) 원재료를 매입하고 전자세금계산서를 수취 : 6,000,000원
(4) 제품을 매출하고 신용카드로 결제 받음 : 5,000,000원
(5) 해외 직수출 (제품매출) : 20,000,000원
(6) 업무용차량운반구(3,000cc, 5인승)를 매입하고 세금계산서 수취 : 24,000,000원
(7) 과표명세에서 수입금액명세(업태 – 제조, 종목 – 전자제품)등을 포함하여 완성하시오.

해답

① 부가가치세신고서 매출, 매입 기본내용
 과세 – 세금계산서 : 금액 200,000,000원, 세액 20,000,000원
 과세 – 신용카드등 : 금액 5,000,000원, 세액 500,000원
 영세율 – 기　　타 : 금액 20,000,000원

 매입-세금계산서-일반 : 금액 6,000,000원, 세액 600,000원
 매입-세금계산서-고정 : 금액 24,000,000원, 세액 2,400,000원
 매입-공제받지못할매입세액 : 금액 24,000,000원, 세액 2,400,000원

② 매입세액불공제의 경우에는 세금계산서수취분과 공제받지못할 매입세액에 동시입력한다.

③ 가산세
 • 신고불성실 : 19,900,000원 × 20/100 × **70%** = 2,786,000원
 • 납부지연 : 19,900,000원 × 2.2/10,000 × 34일 = 148,850원
 • 영세율과세표준신고불성실 : 20,000,000원 × 0.5% × **70%** = 70,000원
 * 무신고 가산세는 1개월 초과 3개월 이내 수정신고시 30%가 감면된다.

④ 수입금액명세 : 기한후과세표준, 과세표준명세, 신고일 수정 및 작성은 다음과 같이 하면 된다.
 * 신고구분은 4. 기한후 과세표준
 * 과세표준은 제조-전자제품에 185,000,000원, 수입금액 제외에 40,000,000원(차량운반구 처분)
 * 신고년월일을 2023년 2월 28일로 수정

제5장 결 산

01 결산의 절차

기업이 거래 기록부터 재무제표 작성까지는 다음의 절차에 따르게 된다.

① 전표 또는 분개장 기록
② 총계정원장 등 보조장부 작성
③ 수정전 시산표의 작성
④ 결산절차
⑤ 수정후 시산표의 작성
⑥ 재무제표작성

02 결산의 작업내용

회사가 정확한 재무제표를 작성하기 위해서는 결산작업을 수행하여야 한다. 프로그램의 작업 시 동시에 2개 이상 작업창을 열었을 때 한 곳에서 입력한 내용이 다른 작업창에 즉시 반영되는 것이 아니므로 우선 일반전표입력에서 먼저 작업을 하고, 그 다음 매입매출전표에서 작업을 하여야 한다.

1. 결산일에 일반전표입력에 시행할 내용들(수동결산작업)

1) 비망계정의 제거, 당기 오류 수정

현금과부족, 가지급금, (-)예금 등의 정리

2) 수익과 비용의 이연과 발생

결산시에 발생주의에 근거하여 수익과 비용의 인식시기를 뒤로 미루는 회계처리를 하게 된다. 비용이나 수익항목중 일정기간에 걸쳐 수익과 비용을 인식하여야 하는 경우에는 수익비용 대응의 원칙에 따라 인식하여야 한다.

(1) 선급비용, 선수수익, 미지급비용, 미수수익

선급비용과 선수수익은 선불거래를 하는 경우 사용되며 미지급비용과 미수수익은 후불거래를 하는 경우에 나타나게 된다. 대금을 선불로 지급하는 거래의 경우에는 선급비용(자산)과 선수수익(부채)이 발생하고, 대금을 후불로 지급하는 거래의 경우에는 미수수익(자산)과 미지급비용(부채)이 발생한다.

(2) 미사용 소모품의 기말결산

소모품의 경우 소모품 구입시 자산으로 처리하였다가 사용 또는 기말 결산시 비용으로 처리하는 방법과 구입시점에 비용으로 처리하였다가 결산시점에 자산으로 처리하는 방법이 있다. 실무적으로는 중요성의 원칙에 따라 후자의 방법을 사용하는 경우가 일반적이다.

3) 자산과 부채의 평가

(1) 기말공정가치로 평가하는 자산과 부채들이 있다.

① 유가증권 : 단기매매증권평가손익, 매도가능증권평가손익 등
② 외화자산, 부채 : 환율변동 고려하여 화폐성 외화자산, 외화부채가 있는 경우 환율 변동에 따라 외화환산이익 또는 외화환산손실로 기록한다. 외화환산이익과 외화환산손실은 상계하지 아니한다.
③ 유동성장기부채 : 만기가 1년 이내로 도래하는 경우 이를 유동성대체한다.
④ 재고자산의 저가평가
　　재고자산의 저가평가는 비정상적인 감모, 정상적인 감모, 단가하락으로 구분할 수 있다.
　　ⓐ 비정상적인 감모
　　　　(차) 재고자산감모손실(영업외비용)　　　(대) 재고자산(타계정으로 대체)
　　　　결산자료입력에는 실제금액을 기록
　　ⓑ 정상적인 감모
　　　　회계처리 없이 결산자료입력에 실제금액을 기록
　　ⓒ 단가하락
　　　　(차) 매출원가*　　　　　　　　　　　(대) 재고자산평가충당금(재고자산차감성격)

제5장 · 결 산

단, 단가하락시에는 다음과 같은 기준에 따라 재고자산을 저가평가한다.
* 상품, 제품, 재공품의 경우 : 역사적원가와 순실현가능가치 중 작은 금액
* 원재료의 경우 : 역사적원가와 현행대체원가 중 작은 금액
단, 제품을 저가평가하는 경우에만 원재료도 저가평가

○ 예제 1. 재고자산의 저가평가 - 감모손실

(주) 솔로몬의 재고자산에 대한 내역이다. 물음에 답하여라.

(1) 기말 원재료의 장부상 금액은 30,000,000원, 실제 금액은 28,000,000원이다. 부족액의 원인은 재고자산의 비정상적인 감모로 인한 것이다. 결산시 일반전표에서 행할 회계처리와 결산자료입력에서 기말 원재료재고액에 입력할 금액을 각각 구하시오.
(2) 기말 제품의 장부상 금액은 40,000,000원, 실제 금액은 39,000,000원이다. 부족액의 원인은 재고자산의 정상적인 감모로 인한 것이다. 결산시 일반전표에서 행할 회계처리와 결산자료입력에서 기말 제품 재고액에 입력할 금액을 각각 구하시오.

해답

(1) 일반전표입력
    (차) 재고자산감모손실   2,000,000   (대) 원재료(타계정으로 대체)   2,000,000
    결산자료입력에는 28,000,000원을 입력함
(2) 일반전표입력 : 분개하지 않음 (결산자료입력에서 전표추가함)
    결산자료입력에는 39,000,000원을 입력함

○ 예제 2. 재고자산의 저가평가 - 평가손실

(주) 솔로몬의 상품에 대한 내역이다. 결산 시 일반전표에서 행할 회계처리와 결산자료입력에서 기말 상품재고액에 입력할 금액을 각각 구하시오.

- 역사적원가 : 40,000,000원
- 현행대체원가 : 38,000,000원
- 판매가능금액 : 42,000,000원
- 판매부대비용 : 5,000,000원

해답

① 일반전표입력
    (차) 상품매출원가   3,000,000   (대) 재고자산평가충당금   3,000,000
    순실현가능가치 (42,000,000 - 5,000,000)와 비교하여 회계처리한다.
② 결산자료입력에서는 기말 상품재고액에 40,000,000원으로 입력
    부분 재무상태표를 작성하면 다음과 같다.

재무상태표

상품	40,000,000	
재고자산평가충당금	(3,000,000)	37,000,000

여기까지의 내용은 12/31 일반전표입력에 입력하고, 다음의 내용은 결산자료입력에 기록한다.

2) 결산자료입력에 기록할 내용들

결산자료입력에서 실행할 내용에는 다음의 것들이 있다.

(1) 기말 재고자산(상품, 원재료, 재공품, 제품)

기말 결산시 남아 있는 재고자산 금액을 입력해준다.

과 목	결산분개금액	결산전금액	결산반영금액	결산후금액
제품매출원가				2,324,940,260
1)원재료비		1,812,652,260		1,812,652,260
원재료비		1,812,652,260		1,812,652,260
① 기초 원재료 재고액		67,000,000		67,000,000
② 당기 원재료 매입액		1,745,652,260		1,745,652,260
⑩ 기말 원재료 재고액				
3)노 무 비		185,500,000		185,500,000
1). 임금 외		185,500,000		185,500,000
임금		167,500,000		167,500,000
잡급		18,000,000		18,000,000
2). 퇴직급여(전입액)				
3). 퇴직연금충당금전입액				
7)경 비		257,788,000		257,788,000
1). 복리후생비 외		257,788,000		257,788,000
복리후생비		24,073,000		24,073,000
세금과공과		16,500,000		16,500,000
운반비		33,000,000		33,000,000
소모품비		36,715,000		36,715,000
외주가공비		147,500,000		147,500,000
2). 일반감가상각비				
건물				
기계장치				
차량운반구				
공구와기구				
비품				
8)당기 총제조비용		2,255,940,260		2,255,940,260
① 기초 재공품 재고액		15,000,000		15,000,000
⑩ 기말 재공품 재고액				
9)당기완성품제조원가		2,270,940,260		2,270,940,260
① 기초 제품 재고액		54,000,000		54,000,000
⑩ 기말 제품 재고액				

제5장 · 결 산

(2) 퇴직급여충당부채 추가전입액

생산직 (노무비), 사무직(판관비)를 구분하여 입력한다. 입력시에는 퇴직연금충당금전입액이 아니라 퇴직급여(전입액)에 입력하여야 한다.

① 퇴직급여충당부채 설정전 금액과 목표금액이 주어진 경우
상단의 CF8 퇴직충당 메뉴를 활용할 수 있다.

퇴직충당부채								
코드	계정과목명	퇴직급여추계액	설정전 잔액				추가설정액(결산반영) (퇴직급여추계액-설정전잔액)	유형
			기초금액	당기증가	당기감소	잔액		
0508	퇴직급여		30,000,000			30,000,000	-30,000,000	제조
0806	퇴직급여		20,000,000			20,000,000	-20,000,000	판관

(기말 퇴직금 추계액을 기록)

[새로불러오기] [결산반영] [취소(Esc)]

② 추가설정액만 주어진 경우
해당칸에 추가로 설정할 퇴직급여충당부채를 직접 입력

(3) 감가상각비의 인식

공장 (경비), 본사 등 (판관비)을 구분하여 기록한다. 보통 시험에서는 주어지지만 고정자산등록을 요구하는 경우도 있다.

5부 · 전산실습

과 목	결산분개금액	결산전금액	결산반영금액	결산후금액	
3)노 무 비			185,500,000		185,500,000
1). 임금 외			185,500,000		185,500,000
임금			167,500,000		167,500,000
잡급			18,000,000		18,000,000
2). 퇴직급여(전입액)					추가로 설정할 생산직
3). 퇴직연금충당금전입액					퇴직급여충당부채
7)경 비			257,788,000		257,788,000
1). 복리후생비 외			257,788,000		257,788,000
복리후생비			24,073,000		24,073,000
세금과공과			16,500,000		16,500,000
운반비			33,000,000		33,000,000
소모품비			36,715,000		36,715,000
외주가공비			147,500,000		147,500,000
2). 일반감가상각비					
건물					공장, 생산, 제조와
기계장치					관련된 유형자산의
차량운반구					감가상각비 기록
공구와기구					
비품					
8)당기 총제조비용			2,255,940,260		2,255,940,260
① 기초 재공품 재고액			15,000,000		15,000,000
⑩ 기말 재공품 재고액					
9)당기완성품제조원가			2,270,940,260		2,270,940,260
① 기초 제품 재고액			54,000,000		54,000,000
⑩ 기말 제품 재고액					
3. 매출총이익			1,226,439,740		1,226,439,740
4. 판매비와 일반관리비			748,226,320		748,226,320
1). 급여 외			315,000,000		315,000,000
급여			280,000,000		280,000,000
상여금			35,000,000		35,000,000
2). 퇴직급여(전입액)					추가로 설정할 사무직
3). 퇴직연금충당금전입액					퇴직급여충당부채
4). 감가상각비					
건물					본사, 영업부, 관리부와
기계장치					관련된 유형자산의
차량운반구					감가상각비 기록

(4) 대손충당금 추가설정액

기업이 채권에 대하여 대손충당금을 설정하는 것도 결산자료입력에서 시행하게 된다. 상단에 F8 대손상각 메뉴를 클릭한 후 대손율을 기록한다. 만일 문제에서 매출채권에 대해서만 대손충당금을 설정한다면 나머지는 지워주어야 한다.

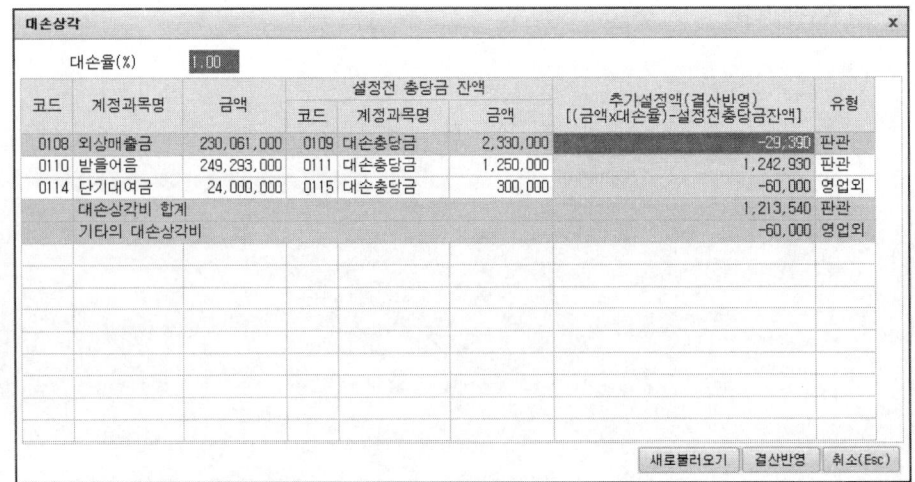

제5장 · 결 산

대손충당금의 차등설정

매출채권과 기타채권의 설정률이 서로 다른 경우에는 대손율에는 매출채권 대손율을 적고, 기타 채권은 해당 대손금액을 계산하여 기록한다. 예를 들어 매출채권은 2%, 기타채권은 1% 대손율을 설정한다면 다음과 같이 작업한다.

대손상각							
대손율(%)	2.00	(1) 매출체권 대손율로 기록					
코드	계정과목명	금액	설정전 충당금 잔액		추가설정액(결산반영) [(금액×대손율)-설정전충당금잔액]	유형	
			코드	계정과목명	금액		
0108	외상매출금	387,370,000	0109	대손충당금	2,614,400	5,133,000	판관
0110	받을어음	79,140,000	0111	대손충당금	1,252,600	330,200	판관
0114	단기대여금	120,000,000	0115	대손충당금		1,200,000	영업외
	대손상각비 합계					5,463,200	판관
	기타의 대손상각비					1,200,000	영업외

기타채권의 경우 추가설정액을 별도로 계산하여 기록한다.

(5) 법인세 계상

결산자료입력 맨 아래에 쯤에 법인세등에 대한 메뉴가 있다. 선납세금이 있는 경우에는 오른쪽에 같은 금액을 그대로 기록하고, 추가로 납부할 세액은 추가계상액에 기록한다.

(예) 연간 납부할 법인세가 40,000,000원이고, 이미 납부한 선납세금이 18,000,000원이 있는 경우

9. 법인세등			40,000,000	40,000,000
1). 선납세금		18,000,000	18,000,000	18,000,000
2). 추가계상액			22,000,000	22,000,000

중요 결산자료입력이 끝나면 반드시 F3 전표추가를 하여 결산분개를 생성하여야 한다.

예제 3. 결산관련 회계처리 1

다음은 (주)두목의 결산일 현재 합계잔액시산표이다. 시산표의 자료를 보고 결산일에 행하여야 할 회계처리를 행하시오. 단, 전산실습을 요구하는 것이 아니라 결산분개를 연습하기 위한 문제이다.

잔 액	합 계	계정과목	합 계	잔 액
		...		
15,000,000	20,000,000	단 기 매 매 증 권	5,000,000	
60,000,000	160,000,000	외 상 매 출 금	100,000,000	
		대 손 충 당 금	600,000	600,000
5,000,000	5,000,000	소 모 품		
100,000	100,000	현 금 과 부 족		
75,000,000	75,000,000	상 품		
10,000,000	10,000,000	특 허 권		
		장 기 차 입 금	30,000,000	30,000,000
12,000,000	12,000,000	보 험 료		
		...		

[1] 단기매매증권의 기말 공정가치가 18,000,000원이 되었다.
　　(차)　　　　　　　　　　　　　　(대)

[2] 외상매출금 중 10,000,000원은 외화 외상매출금 $ 10,000에 해당한다. 기말 결산일의 환율은 $1당 1,100원이 되었다.
　　(차)　　　　　　　　　　　　　　(대)

[3] 소모품 구입시 자산으로 처리하고 있다. 기말 결산시 소모품 잔액은 1,000,000원으로 확인되었다.
　　(차)　　　　　　　　　　　　　　(대)

[4] 기말 결산일까지 현금과부족의 원인을 알 수 없었다.
　　(차)　　　　　　　　　　　　　　(대)

[5] 상품의 순실현가능가치는 70,000,000원으로 확인되었다. 차액은 전액 비정상적인 감모로 인한 것이다.
(차)   (대)

[6] 경쟁 기업에서 더 우수한 신기술을 개발함에 따라 당사가 보유한 특허권의 가치는 0으로 판명되었다. 손상차손에 대한 회계처리를 하시오.
(차)   (대)

[7] 장기차입금 중에서 10,000,000원은 만기가 1년 이내에 도래한다.
(차)   (대)

[8] 이미 납부하고 비용처리한 보험료 중에서 5,000,000원은 귀속시기가 차기에 해당하는 보험료이다.
(차)   (대)

해답

[1]	(차) 단기매매증권	3,000,000	(대) 단기매매증권평가이익		3,000,000
[2]	(차) 외상매출금	1,000,000	(대) 외화환산이익		1,000,000
[3]	(차) 소모품비	4,000,000	(대) 소모품		4,000,000

* 장부상 소모품이 5,000,000원인데, 1,000,000원이 남아 있다는 것은 4,000,000원을 사용했다는 의미이다.

[4]	(차) 잡손실	100,000	(대) 현금과부족		100,000
[5]	(차) 재고자산감모손실	5,000,000	(대) 상품		5,000,000
[6]	(차) 무형자산손상차손	10,000,000	(대) 특허권		10,000,000
[7]	(차) 장기차입금	10,000,000	(대) 유동성장기부채		10,000,000
[8]	(차) 선급비용	5,000,000	(대) 보험료		5,000,000

예제 4. 결산관련 회계처리 2

다음은 (주)어울림의 결산일 현재 합계잔액시산표이다. 시산표의 자료를 보고 결산일에 행하여야 할 회계처리를 행하시오. 단, 전산실습을 요구하는 것이 아니라 결산분개를 연습하기 위한 문제이다.

잔 액	합 계	계정과목	합 계	잔 액
		...		
	30,000,000	보 통 예 금	31,000,000	1,000,000
		현 금 과 부 족	1,000,000	1,000,000
6,000,000	6,000,000	선 급 비 용		
8,000,000	8,000,000	매 도 가 능 증 권		
100,000,000	100,000,000	장 기 대 여 금		
	18,000,000	외 상 매 입 금	20,000,000	2,000,000
		장 기 차 입 금	30,000,000	30,000,000
		매도가능증권평가이익	1,000,000	1,000,000
3,500,000	3,500,000	소 모 품 비		
		임 대 료	12,000,000	12,000,000
		...		

[1] 보통예금 잔액은 현재 음수(-)이다. 이를 정리하는 회계처리를 하시오.
 (차)   (대)

[2] 현금과부족의 원인을 파악한 결과 900,000원은 거래처 외상매출금을 회수한 것이고, 나머지는 원인을 알 수 없었다.
 (차)   (대)

[3] 회사는 보험료 납입시 전액 선급비용으로 처리했었다. 납부한 보험료 중에서 4,000,000원은 당기에 기간이 경과하였고, 나머지 2,000,000원은 차기분 보험료이다.
 (차)   (대)

[4] 매도가능증권의 기말 공정가치가 6,500,000원이 되었다.
 (차)   (대)

[5] 외상매입금은 전액 외화 외상매입금이며 $ 2,000이 있다. 기말 결산일의 환율은 $1 당 1,100원이다.
 (차)   (대)

[6] 장기차입금은 매년 6월 30일에 연 1회 이자를 지급한다. 당기 경과분 이자는 1,200,000원이 발생하였다.
 (차)   (대)

제5장 · 결 산

[7] 소모품은 구입시 전액 비용으로 처리하고 있다. 결산일 현재 소모품 미사용액은 900,000원 이다.
(차)   (대)

[8] 당기중에 1년분 임대료를 미리 받고 전액 수익으로 처리했다. 수령한 임대료 중에서 3,000,000원은 차기분의 임대료에 해당한다.
(차)   (대)

해답

[1]	(차) 보통예금	1,000,000	(대) 단기차입금	1,000,000
[2]	(차) 현금과부족	1,000,000	(대) 외상매출금	900,000
			(대) 잡이익	100,000
[3]	(차) 보험료	4,000,000	(대) 선급비용	4,000,000

　　　* 당기 기간 경과분만큼은 보험료(비용)로 처리한다.

[4]	(차) 매도가능증권평가이익	1,000,000	(대) 매도가능증권	1,500,000
	(차) 매도가능증권평가손실	500,000		
[5]	(차) 외화환산손실	200,000	(대) 외상매입금	200,000
[6]	(차) 이자비용	1,200,000	(대) 미지급비용	1,200,000
[7]	(차) 소모품	900,000	(대) 소모품비	900,000
[8]	(차) 임대료	3,000,000	(대) 선수수익	3,000,000

결산문제를 풀이할 때에는 우선 일반전표입력에서 작업할 내용인지, 결산자료입력에서 작업할 내용인지 확인하여야 한다. 먼저 12월 31일 일반전표에서 작업할 내용을 먼저 작업한 후 결산자료입력을 한다.
결산자료입력에서 작업할 내용은 5~6가지 정도밖에 없으므로, 이것들을 제외하고는 일반전표에서 작업한다고 보면 된다.
① 기말 재고자산 금액
② 퇴직급여충당부채 추가설정액
③ 감가상각비 계상액
④ 대손충당금 추가설정액
⑤ 법인세 (선납세금과 추가계상액)
⑥ 이익잉여금의 처분 (결산에서 전표 추가후 작성)

03 재무제표의 마감

결산자료입력에서 전표추가를 하고나서, 일반전표입력 12월을 새로 열거나 조회를 클릭하면 결산분개가 반영된 것을 확인 할 수 있다. 재무제표를 마감할 때에는 정해진 순서대로 하여야 한다. 예를들어 마감순서를 무시한 채 재무상태표를 조회하면 에러메세지가 나타난다.

따라서, 순서대로 조회를 하여야 하는데, 다음 순서에 의하여야 한다.

<재무제표 마감순서>

> 합계잔액시산표 : 계정금액 확정, 차대변 일치여부
> → 제조원가명세서 : 당기제품제조원가를 확인
> → 손익계산서 : 당기순이익을 확인
> → 이익잉여금처분계산서 : 미처분이월이익잉여금을 확인(전표추가 후 종료를 하여야 저장이 된다.)
> → 재무상태표

각 메뉴의 역할은 다음과 같다. 조회를 한다.

(1) 합계잔액시산표의 조회 : 차대변 차액 확인
(2) 제조원가명세서의 조회 : 당기제품제조원가 확인
(3) 손익계산서의 조회 : 당기순이익 확인 (주당손익 표시 요구시 F3 주식수 기록)
(4) 이익잉여금처분계산서에 다음과 같이 입력
(5) 재무상태표 : 지금까지 충실하게 하였다면 오류메세지 없이 재무상태표 화면이 조회된다.

제5장 · 결 산

○ 결산 전산실습 1회 : 64회 기출문제

다음 자료를 이용하여 회사코드 5264번 (주)세종기업의 결산을 완료하시오.

[1] 보험료계정 중 1,800,000원은 공장 건물에 대한 화재보험료(2022.05.01. ~ 2023.04.30.) 출금액이다. (단, 월할계산으로 하며, 회계처리시 음수로 입력하지 말 것)

[2] 당사는 회사홍보용 우산을 광고선전비(판관비)로 계상하였으나, 결산시 미사용된 잔액 1,000,000원을 소모품(자산)으로 대체하기로 하였다.(단, 음수로 입력하지 말 것)(2점)

[3] 다음의 유형자산에 대한 감가상각 내역을 결산에 반영하시오.

계정과목	당기상각비(원)	용도
기계장치	42,000,000	생산부서 기계장치
비품	1,400,000	관리부서 비품
차량운반구	1,600,000	생산부서 운반용 차량

[4] 당사는 기말잔액에 대해 외상매출금은 2%, 받을어음은 1%의 대손률을 적용하여 보충법에 의해 설정하고자 한다.

[5] 기말 현재 수탁자에게 미판매 제품 15,000,000원이 있다고 통보받았으며, 기말재고 실사결과 원재료 25,000,000원, 재공품 10,000,000원, 제품 30,000,000원이 있는 것으로 확인되었다.

해답

[1] 12월 31일 일반전표입력
    (차) 선급비용   600,000   (대) 보험료(521)   600,000

[2] 12월 31일 일반전표입력
    (차) 소모품   1,000,000   (대) 광고선전비(833)   1,000,000

[3] 다음 ①, ② 중 선택하여 입력
① 결산자료입력 메뉴에 다음과 같이 입력
    기계장치 감가상각비 42,000,000(제조경비)
    비품 감가상각비 1,400,000(판매비와관리비)
    차량운반구 1,600,000(제조경비)

② 일반전표입력에서 12월 31일에 다음과 같이 입력
  (차) 감가상각비(518) 42,000,000 (대) 감가상각누계액(207) 42,000,000
  (차) 감가상각비(818) 1,400,000 (대) 감가상각누계액(213) 1,400,000
  (차) 감가상각비(518) 1,600,000 (대) 감가상각누계액(209) 1,600,000

[4] · 대손충당금(외상매출금) : 1,010,770,000 × 2% - 5,000,000 = 15,215,400
 · 대손충당금(받을어음) : 201,000,000 × 1% - 850,000 = 1,160,000
 · 다음 ①, ② 중 선택하여 입력
  ① 결산자료 입력에 입력
  ② 12월 31일 일반전표입력
   (차) 대손상각비(판) 16,375,400 (대) 대손충당금(외상매출금) 15,215,400
                 대손충당금(받을어음) 1,160,000
   ※ 차변을 분리하여 다음과 같이 입력해도 무방함
   (차) 대손상각비(판) 15,215,400 (대) 대손충당금(외상매출금) 15,215,400
     대손상각비(판) 1,160,000   대손충당금(받을어음) 1,160,000

[5] 결산자료입력메뉴에 원재료 25,000,000원, 재공품 10,000,000원, 제품 45,000,000원 입력 후 전표추가

제5장 · 결 산

○ 결산 전산실습 2회 : 65회 기출문제

다음 자료를 이용하여 회사코드 5265번 (주)한양기업의 결산을 완료하시오.
- 회사코드에 주의할 것

[1] 당기말 보유하고 있는 매도가능증권의 내역은 다음과 같다.

주식명	취득일	주식수	1주당 단가(2022년 12월 31일 기준)	
㈜수로	2022. 1. 1.	1,000주	장부가액 : 10,000원	공정가액 : 10,500원

[2] 다음 2기확정 부가가치세신고서의 일부 내용을 참조하여 부가세대급금과 부가세예수금을 정리한다. 단, 환급 또는 납부세액 발생시 미수금 또는 미지급세금 계정으로 회계처리하고, 전자신고세액공제 10,000원은 영업외수익 중 적절한 계정과목을 선택하여 반영한다.

구분	금액(원)	세액(원)
과세표준 및 매출세액	398,730,000	36,020,000
매입세액	319,450,000	31,945,000
전자신고세액공제		10,000
차감납부할세액		4,065,000

[3] 전기말 선급비용(선급임차료) 24,000,000원은 공장임차료 (계약기간 2022.1.1.~2022.12.31.)를 1년치 선납한 부분에 대한 것이다. 당사는 2022년 4월 1일에 공장건물을 신축완공하여 이전하였으며, 이전 후 구 공장건물은 영업관리부 직원들의 휴게시설로 사용하였다.(선급비용에 대하여는 월할계산하기로 하며, 음수(-)로 분개하지 마시오)

[4] 기말현재 외화장기차입금(국민은행, $10,000)의 계정과목으로 반영된 차입금이 9,000,000원으로 계상되어 있다. 결산일 현재 환율은 1,100원/$이다.

[5] 기말 현재 재고자산은 다음과 같다. 단, 기말제품 중에는 구매자가 구매의사를 표시한 시송품 4,200,000원이 포함되어 있다.

· 기말원재료 : 9,000,000원   · 기말재공품 : 5,000,000원   · 기말제품 : 16,200,000원

해답

[1] 12월 31일 일반전표입력
(차) 매도가능증권(178)   500,000   (대) 매도가능증권평가이익   500,000

[2] 12월 31일 일반전표입력
(차) 부가세예수금   36,020,000   (대) 부가세대급금   31,945,000
                                              잡이익   10,000
                                              미지급세금   4,065,000

[3] 12월 31일 일반전표입력
(차) 임차료(제)   6,000,000   (대) 선급비용   24,000,000
(차) 임차료(판)   18,000,000

[4] 12월 31일 일반전표입력
(차) 외화환산손실   2,000,000   (대) 외화장기차입금   2,000,000
                                                    (거래처 : 국민은행)

[5] 결산및재무제표입력 메뉴의 결산자료입력란에 기간입력 후 다음과 같이 입력하고 전표 추가
 · 기말원재료재고액 : 9,000,000원
 · 기말재공품재고액 : 5,000,000원
 · 기말제품재고액 : 12,000,000원(구매의사표시 한 시송품 제외)

제5장 · 결 산

○ 결산 전산실습 3회 : 66회 기출문재

다음 자료를 이용하여 회사코드 5266번 (주)온누리기업의 결산을 완료하시오.
- 회사코드에 주의할 것

[1] 생산부서에서 월간기술지를 6개월 정기구독(정기구독기간 2022.12.1. ~ 2023.5.31.)하고 구독료 900,000원을 12월 1일에 전액 지급하고 선급비용으로 회계처리하였다.(단, 월할계산하고 거래처 입력은 생략한다)

[2] 기말 현재 현금과부족 300,000원에 대한 내용을 확인한 결과 영업부 직원의 출장비 지급을 누락한 것이었다. 해당 거래일의 분개를 수정하시오.

[3] 당사는 재평가모형에 따라 유형자산을 인식하고 있으며, 2022년 12월 31일자로 보유하고 있던 토지에 대한 감정평가를 시행한 결과 다음과 같이 평가액이 산출되어 유형자산재평가익(손)으로 처리하였다.

> · 2022년 토지 취득가액: 455,000,000원
> · 2022년 12월 31일자 토지 감정평가액: 600,000,000원

[4] 매출채권(외상매출금 및 받을어음) 기말잔액에 대하여 1%의 대손충당금을 보충법에 의하여 설정하고자 한다.

[5] 2023년 2월 15일에 이익잉여금으로 현금배당 12,000,000원과 주식배당 10,000,000원을 하기로 결의하였다. 처분 예정된 배딩내역과 이익준비금(적립률 10%)을 고려하여 당기 이익잉여금처분계산서를 작성하시오.

해답

[1] 12월 31일 일반전표입력
　　(차) 도서인쇄비(제)　　　　　　　150,000　(대) 선급비용　　　　　　150,000

[2] 12월 3일 일반전표입력
　　차변의 현금과부족 계정을 여비교통비(판)으로 수정

[3] 12월 31일   일반전표입력
   (차) 토지   145,000,000   (대) 재평가차익   145,000,000
                                                  (기타포괄손익누계액)

[4] 외상매출금과 받을어음, 대손충당금 기말 잔액 조회
   · 대손충당금(외상매출금) : 263,502,300 × 1% - 900,000 = 1,735,023
   · 대손충당금(받을어음) : 237,000,000 × 1% - 1,110,000 = 1,260,000
   다음 ①, ② 중 선택입력
    ① : 결산자료 입력에 입력
    ② : 12월 31일 일반전표입력
       (차) 대손상각비(835)   2,995,023   (대) 대손충당금(109)   1,735,023
                                                     대손충당금(111)   1,260,000
 * 단, 앞에서 전표입력을 하지 않은 경우에는 답이 달라질 수 있음

[5] 당기 이익잉여금처분계산서 메뉴에서 당기처분예정일 2023년 2월 15일, 이익준비금에 1,200,000원, 현금배당에 12,000,000원, 주식배당에 10,000,000원을 입력한다.

제5장 · 결 산

○ 결산 전산실습 4회 : 67회 기출문제

다음 자료를 이용하여 회사코드 5267번 (주)만세공업의 결산을 완료하시오.
- 회사코드에 주의할 것

[1] 보험료계정 중 1,200,000원은 공장 건물에 대한 화재보험료(2022.07.01.~2023.06.30.) 출금액이다.(단, 월할계산으로 하며, 회계처리시 음수로 입력하지 말 것)

[2] 당사는 장기차입금 중 다음의 차입금을 만기에 상환하기로 하였다.

> · 차입기관 : 우리은행 · 차입액 : 100,000,000원 · 차입기간 : 2020. 10. 1. ~ 2023. 9. 30.

[3] 당기말 보유하고 있는 단기매매증권의 내역은 다음과 같다.

주식명	취득일	주식수	2022. 1. 1. 주당 단가	2022. 12. 31. 주당 단가
(주)개원	2022. 1. 1.	2,000주	10,000원	11,000원

[4] 결산일 현재 재고자산을 실사 평가한 결과는 다음과 같다. 제품의 수량감소는 감모손실로서 비정상적으로 발생된 것이다. 감모손실과 관련한 결산정리사항만 입력하시오.

구분	장부상내역			실사내역		
	단위당 취득원가	수량	평가액	단위당 시가	수량	평가액
제품	10,000	1,000	10,000,000	10,000	900	9,000,000
재공품	5,000	1,000	5,000,000	5,000	1,000	5,000,000

[5] 기말 현재 보유중인 제조부분의 감가상각대상 자산은 다음과 같다. 제시된 자료 이외에 감가상각대상자산은 없다고 가정하고, 고정자산 등록 없이 감가상각금액을 계산하여 전표에 입력하시오.

계정과목	취득원가	잔존가치	내용연수	전기말 감가상각누계액	취득일자	상각방법	상각률
기계장치	80,000,000원	0원	5년	8,000,000원	2021.7.20.	정액법	0.2

해답

[1] 12월 31일 일반전표입력
　　(차) 선급비용　　　　　　　　　　600,000　　(대) 보험료(제)　　　　　　600,000

[2] 12월 31일 일반전표입력
　　(차) 장기차입금(우리은행)　　100,000,000　　(대) 유동성장기부채(우리은행) 100,000,000

[3] 12월 31일 일반전표입력
　　(차) 단기매매증권　　　　　　　2,000,000　　(대) 단기매매증권평가이익　145,000,000

[4] 12월 31일 일반전표 입력
　　(차) 재고자산감모손실　　　　　1,000,000　　(대) 제 품　　　　　　　　1,000,000
　　　　　　　　　　　　　　　　　　　　　　　(적요 8 : 타계정으로 대체)

[5] 결산자료입력에서 감가상각비 금액을 16,000,000원 입력 후 전표추가 또는 일반전표에서 다음과 같이 수동분개한다.
　　(차) 감가상각비(518)　　　　　16,000,000　　(대) 감가상각누계액(207)　16,000,000

제5장 · 결 산

○ 결산 전산실습 5회 : 68회 기출문제

다음 자료를 이용하여 회사코드 5268번 (주)태풍의 결산을 완료하시오.
- 회사코드에 주의할 것

[1] 독일의 벤스에 대한 장기차입금 중 외화장기차입금 4,500,000원(차입 당시 900원/$)에 대한 결산일 현재의 환율은 1,150원/$이다.

[2] 결산일 현재 가수금 3,000,000원의 내역이 다음과 같이 확인되었다.

> · (주)정지에 대한 거래로 제품매출을 위한 계약금을 받은 금액 : 500,000원
> · (주)정지에 대한 외상대금 중 일부를 회수한 금액 : 2,500,000원

[3] 결산일 현재 외상매출금 잔액의 5%에 대하여 대손을 예상하고 보충법으로 대손충당금을 설정한다. 대손상각비가 발생하는 경우 판매비와관리비로 처리하고, 대손충당금환입이 발생하는 경우 영업외수익 항목으로 처리한다.

[4] 당기 법인세(지방소득세 포함)는 5,200,000원으로 확정되었다(당기 법인세 중간예납액은 2,000,000원이다).

[5] 기말 현재 재고자산은 다음과 같다. 단, 기말제품 중에는 수탁자의 창고에 보관중인 위탁품 4,000,000원이 포함되어 있다.

> · 기말원재료 : 1,000,000원   · 기말재공품 : 3,500,000원   · 기말제품 : 14,000,000원

해답

[1] 12월 31일 일반전표입력
  (차) 외화환산손실   1,250,000 (대) 외화장기차입금(벤스)   1,250,000
 $5,000(=4,500,000원/900원) 차입분으로 결산일의 환율이 달러당 250원이 올랐으므로 $5,000×250 = 1,250,000원 손실이다.

[2] 12월 31일 일반전표입력
  (차) 가수금   3,000,000 (대) 선수금(㈜정지)   500,000
                        외상매출금(㈜정지)   2,500,000

[3] 12월 31일 일반전표입력
　　(차) 대손상각비　　　　　　　　　　18,296,600　　(대) 대손충당금(109)　　　18,296,600
　　외상매출금 잔액 : 418,220,000
　　당기 대손상각비 : 418,220,000×5% - 2,614,400 = 18,296,600

[4] 다음 ①, ② 중 선택하여 입력
　　① 결산자료입력 메뉴에서 법인세등 → 선납세금 2,000,000원, 추가계상액 3,200,000원 입력 후 전표추가
　　② 12월 31일 일반전표입력
　　　(차) 법인세등　　　　　　　　　　5,200,000　　(대) 선납세금　　　　　　　2,000,000
　　　　　　　　　　　　　　　　　　　　　　　　　　　　미지급세금　　　　　　　3,200,000

[5] 결산및재무제표입력 메뉴의 결산자료입력란에 기간입력 후 다음과 같이 입력하고 전표 추가
　　・기말원재료재고액 : 1,000,000원
　　・기말재공품재고액 : 3,500,000원
　　・기말제품재고액　 : 14,000,000원(수탁자의 창고에 보관중인 위탁품 포함)

제5장 · 결 산

○ 결산 전산실습 6회 : 69회 기출문제

다음 자료를 이용하여 회사코드 5269번 ㈜대흥의 결산을 완료하시오.
- 회사코드에 주의할 것

[1] 7월 1일에 영업부의 자동차보험료 720,000원(1년분)을 현금으로 납부하면서 모두 자산계정으로 처리하였다.(단, 보험료는 월할계산 하도록 한다)

[2] 장부상 현금잔액이 실제 보유하고 있는 현금잔액 보다 12,670원이 많으며 그에 대한 원인이 밝혀지지 아니하였다. 영업외비용 중 적절한 계정과목에 의하여 회계처리하시오.

[3] 당기말 보유하고 있는 단기매매증권의 내역은 다음과 같다.

주식명	취득일	주식수	1주당 단가(2022년 12월 31일 기준)	
㈜덕희	2022. 11. 1.	2,000주	장부가액 : 5,000원	공정가액 : 10,000원

[4] 다음의 유형자산에 대한 감가상각 내역을 결산에 반영하시오

계정과목	당기상각비(원)	용 도
기계장치	2,000,000	제조공장 기계장치
비 품	100,000	본사 영업팀 비품
차량운반구	10,000,000	관리팀 이사 업무용 차량

[5] 기말재고자산의 내역은 다음과 같으며 장부상 재고와 실제 재고는 일치한다.

· 원재료 : 8,000,000원   · 재공품 : 4,000,000원   · 제품 : 12,840,000원   · 상품 : 5,000,000원

해답

[1] 12월 31일 일반전표입력
    (차) 보험료(판) 360,000   (대) 선급비용 360,000
720,000원 × 6개월 / 12개월 = 360,000원(비용처리금액)

[2] 12월 31일 일반전표입력
    (차) 잡손실 12,670   (대) 현금 12,670

[3] 12월 31일 일반전표입력
    (차) 단기매매증권 10,000,000   (대) 단기매매증권평가이익 10,000,000

[4] 결산자료입력 메뉴에 다음과 같이 입력 후 전표추가
   기계장치 감가상각비 2,000,000원(제조경비)
   비품 감가상각비   100,000원(판매비와관리비)
   차량운반구   10,000,000원(판매비와관리비)

[5] 결산자료입력 메뉴에서 입력 후 전표추가
   기말원재료재고액 8,000,000원, 기말재공품재고액 4,000,000원, 기말제품재고액 12,840,000원
   기말상품 재고액 5,000,000원

제5장 • 결 산

○ 결산 전산실습 7회 : 70회 기출문제

다음 자료를 이용하여 회사코드 5270번 (주)소풍의 결산을 완료하시오.
- 회사코드에 주의할 것

[1] 두일은행으로부터 차입한 장기차입금 30,000,000원의 만기는 2023년 10월 31일이다. 유동성 대체를 하시오.(3점)

[2] 당기말 장기투자목적으로 보유한 매도가능증권의 내역은 다음과 같다.(2점)

주식명	취득당시			2022.12.31 현재	
	취득일	주식수	주당 취득단가	주식수	주당 공정가액
㈜미소	2022. 1. 3.	1,000주	11,000원	1,000주	10,000원

[3] 결산 마감전 영업권(무형자산) 잔액 3,300,000원이 있으며, 이 영업권은 2020년 1월 초에 취득한 것이다. 단, 회사는 무형자산에 대하여 5년간 월할 균등상각하고 있으며, 상각기간 계산 시 1월 미만의 기간은 1월로 간주한다.(3점)

[4] 당기분 법인세가 66,000,000원(법인지방소득세 포함)으로 계산되었다. 단, 회사는 법인세 중간 예납세액과 이자소득원천징수세액을 선납세금으로 계상하고 있다.(3점)

[5] 당사의 주주총회에서 현금배당 10,000,000원과 주식배당 20,000,000원을 결의하였다. 이와 관련하여 이익잉여금 처분계산서를 작성하고 처분내용이 분개(전표)에 반영되도록 하시오.(단, 잉여금처분결의 일은 2023년 3월 28일이며, 이익준비금은 금전배당액의 10%를 적립한다)(4점)

해답

[1] 12월 31일 일반전표입력
 (차) 장기차입금(두일은행)   30,000,000   (대) 유동성장기부채(두일은행) 30,000,000

[2] 12월 31일 일반전표입력
 (차) 매도가능증권평가손실   1,000,000   (대) 매도가능증권(178)   1,000,000

[3] 12월 31일 일반전표입력
 (차) 무형자산상각비   1,100,000   (대) 영 업 권   1,100,000

또는 결산자료입력메뉴에서 무형자산상각비 1,100,000원 입력 후 전표추가 3,300,000원 ÷ 3년(남은 연수) = 1,100,000원

[4] 12월 31일 일반전표입력
(차) 법인세등　　　　　　　　　　66,000,000　(대) 미지급세금　　　26,000,000
　　　　　　　　　　　　　　　　　　　　　　　　 선납세금　　　　40,000,000
또는 결산자료입력메뉴에서 선납세금 40,000,000원, 추가계상액 26,000,000원 입력 후 전표추가

[5] 이익잉여금 처분계산서 작성 후 F6 전표추가를 클릭.
이익준비금 1,000,000원, 현금배당 10,000,000원, 주식배당 20,000,000원 입력

제5장 · 결 산

○ 결산 전산실습 8회 : 71회 기출문제

다음 자료를 이용하여 회사코드 5271번 (주)성빈의 결산을 완료하시오.
- 회사코드에 주의할 것

[1] 당기말 장기투자목적으로 보유한 매도가능증권의 내역은 다음과 같다.

구분	2021.11.30 취득	2021.12.31 공정가치	2022.12.31 공정가치
매도가능증권	3,100,000원	2,500,000원	3,300,000원

[2] 단기차입금계정 잔액 중 $10,000은 당기 8월 1일에 한마음은행에서 차입한 것으로 2022년 말 현재 환율은 1$당 1,050원이다. 차입당시 환율은 1$당 1,000원이었다.

[3] 하나은행으로부터 차입한 장기차입금 중 10,000,000원은 2023년 7월 31일에 상환기일이 도래한다.

[4] 기말 현재 공장 및 창고에 보유 중인 재고자산은 다음과 같다.

· 기말원재료 : 6,000,000원 · 기말재공품 : 9,000,000원 · 기말제품 : 10,000,000원

단, 도착지인도조건으로 매입한 원재료 4,000,000원은 운송 중이며 위탁판매 용도로 수탁업자들이 보유하고 있는 당사의 제품(적송품)이 3,000,000원이 있다.

[5] 당기 법인세 등은 6,000,000원으로 확정되었다.(당기 법인세 중간예납세액 2,000,000원은 선납세금 계정으로 반영되어 있음)

해답

[1] 12월 31일 일반전표입력
    (차) 매도가능증권(178)   800,000   (대) 매도가능증권평가손실   600,000
                                                매도가능증권평가이익   200,000

[2] 12월 31일 일반전표입력
    (차) 외화환산손실   500,000   (대) 단기차입금(한마음은행)   500,000

[3] 12월 31일 일반전표입력
    (차) 장기차입금(하나은행)   10,000,000   (대) 유동성장기부채(하나은행) 10,000,000

[4] 결산자료입력
· 기말원재료 : 6,000,000원 · 기말재공품 : 9,000,000원 · 기말제품 : 13,000,000원

[5] 결산자료 입력 메뉴에서 법인세등 → 선납세금 2,000,000원, 추가계상액 4,000,000원 입력 후 전표 추가

제6장 원천징수

01 사원등록

〈기본사항〉

입사연월일을 비롯하여 사원의 기타 인적사항들을 기록한다.

〈부양가족명세〉

소득자의 부양가족을 기록한다. 기본공제 대상자에 포함되면 관계를 기록하고, 생계를 같이하나 기본공제대상자가 아니면 0.부로 표시한다.

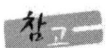

사원등록 체크포인트

1. 문제에서 요구하는 경우 맨 오른쪽 위탁관계도 같이 기록한다.

2. 나이제한이 있는 기본공제 대상자는 다음과 같이 판단한다. 과세기간 동안 하루라도 기본공제 대상자에 해당하면 공제가 가능하다. 2022년 귀속 연말정산은 다음과 같이 판단한다.
    - 20세 이하 : 2002. 1. 1 이후 출생 (기본공제)
    - 60세 이상 : 1962.12.31 이전 출생 (기본공제)
    - 65세 이상 : 1957.12.31 이전 출생 (특별세액공제 중 경로자 의료비)
    - 70세 이상 : 1952.12.31 이전 출생 (추가공제)

3. 당해 사업연도에 사망한 부양가족은 기본공제 대상자에 포함, 당해 이혼한 배우자는 기본공제 대상자에서 제외

4. 배우자와 자녀는 생계를 같이하지 않아도 기본공제 대상자에 포함이 가능하다. 부모님이나 형제자매의 경우에는 생계를 같이 하여야 공제가 가능하다. 단, 취업, 질병, 취학 등의 사유로 일시적으로 퇴거한 경우에도 실질적으로 부양하고 있으면 공제가 가능하다.

5. 부양가족은 연간 소득금액이 100만원 이하인 자여야 기본공제가 가능하다.

6. 소득과 소득금액은 다른 개념이다. 부양가족의 경우 소득금액을 기준으로 기본공제 여부를 판단
   이자소득   = 이자소득금액
   배당소득 + 배당소득공제 = 배당소득금액
   사업소득 – 필요경비   = 사업소득금액
   근로소득 – 근로소득공제   = 근로소득금액
   연금소득 – 연금소득공제   = 연금소득금액
   기타소득 – 필요경비   = 기타소득금액
   퇴직소득 – 퇴직소득공제   = 퇴직소득금액
   양도소득 – 필요경비   = 양도소득금액
   * 소득금액 계산시 비과세소득(예 : 작물재배업에서 발생하는 소득, 1세대 1주택이하의 주택임대소득 등)과 원천징수만으로 납세의무가 종결되는 소득(예 : 일용근로자의 소득, 연간 2,000만원 이하의 일반적인 이자소득 등)은 제외하고 계산하여야 한다.

7. 앞의 6을 정리하면 다음과 같다.
   ① 이자소득, 배당소득이 있는 부양가족
      - 이자소득, 배당소득 합계가 2,000만원 이상이면 공제불가
      - 이자소득금액, 배당소득금액이 종합과세 대상(예:국외원천이자)인 경우에는 100만원을 초과하면 공제불가
      - 그 외 이자소득, 배당소득 합계가 2,000만원 미만이면 원천징수만으로 납세의무가 종결되므로 공제가능
   ② 사업소득이 있는 부양가족
      사업소득(총수입금액) 보다 필요경비가 더 크면 공제 가능하다. 사업소득의 결손금(부동산임대업*에서 발생한 소득은 제외)은 다른 소득과 통산하여 계산한다. 사업소득 결손금 500만원, 근로소득금액 550만원인 부양가족이 있다면 사업소득 결손금 때문에 전체 소득금액은 100만원 이하가 되어 공제 가능하다.
      * 2015년 개정세법에서 주택임대업에 한하여 타소득과 통산이 가능한 것으로 개정됨.
   ③ 총급여액이 주어진 부양가족
      "총급여액 - 근로소득공제 = 근로소득금액"으로 계산한다. **단, 총급여액이 500만원 이하이고, 다른 소득이 없는 부양가족은 공제 가능하다.**
   ④ 기타소득이 있는 부양가족
      - 필요경비가 60% 인정되는 소득(원고료, 강연료 등)등으로 구성된 경우
        기타소득(총수입금액)이 250만원 이하인 경우 필요경비 150만원 차감시 소득금액이 100만원 이하가 된다.
      - 선택적 분리과세 : 기타소득금액이 300만원 이하인 경우에는 거주자의 선택에 따라 분리과세와 종합과세 선택이 가능하다. 문제에서 본인의 세부담을 최소화한다는 단서가 붙는 경우에는 기타소득금액 300만원 이하의 부양가족도 기본공제 대상자에 포함시킨다.
   ⑤ 사적연금소득 1,200만원 이하인 경우에는 종합과세와 분리과세 선택이 가능하다. 공적연금소득만 있는 경우에는 연금수입금액이 5,166,666원일 때 연금소득공제 4,166,666원을 차감하여 연금소득금액이 100만원이 된다.
   ⑥ 부녀자 공제를 적용받기 위해서는 연간 종합소득금액이 3천만원 이하여야 한다. 총급여액이 약 4,174만원이고, 다른 소득이 없는 경우에 근로소득공제를 차감하면 연간 종합소득금액은 3,000만원이 된다.

○ 보충문제 1. 기본공제대상자의 판정

다음의 자료를 보고, 공제대상 부양가족에 해당하면 O, 공제대상 부양가족에 해당하지 않으면, X라고 표시하시오. 단, 이들은 모두 생계를 같이 하고 있다.

(1) 연간 총급여액이 500만원이고, 다른 소득이 없는 배우자 ······················· ( )
(2) 강연료 수입이 200만원이고, 다른 소득이 없는 배우자 ························ ( )
(3) 사업수입금액이 5,000만원, 필요경비가 6,000만원 발생한 배우자 ············ ( )
(4) 은행예금이자수입이 1,000만원이고, 다른 소득이 없는 배우자 ················ ( )
(5) 배당금 수입금액이 5,000만원이고, 다른 소득이 없는 배우자 ·················· ( )

(6) 일용근로자 수입금액이 3,000만원이고, 다른 소득이 없는 배우자 ············ ( )
(7) 연간 총급여액이 300만원이고, 양도소득금액이 200만원인 배우자 ············ ( )
(8) 작물재배업 수입금액이 3,000만원이고, 다른 소득이 없는 배우자 ············ ( )
(9) 양도소득금액이 300만원이고, 다른 소득이 없는 배우자 ························ ( )
(10) 1세대 1주택(고가주택 아님)이면서 주택임대수입 300만원이 있는 자녀 ······ ( )

(11) 소득이 없는 3세 손자 ··· ( )
(12) 소득이 없는 3세 조카 ··· ( )
(13) 소득이 없는 장애인 며느리 (단, 아들도 장애인임) ······························ ( )
(14) 소득이 없는 장애인 며느리 (단, 아들은 장애인이 아님) ························ ( )
(15) 소득이 없는 삼촌 ··· ( )

(16) 소득이 없는 매형 ··· ( )
(17) 소득이 없는 25세 아들 (장애인은 아님) ······································· ( )
(18) 소득이 없는 25세 아들 (장애인) ·· ( )
(19) 소득이 없으며 당해연도에 장애가 치유된 25세 아들 ··························· ( )
(20) 소득이 없으며 별거 중인 배우자 ··· ( )

(21) 소득이 없으며 당해연도에 사망한 배우자 ····································· ( )
(22) 소득이 없으며 당해연도에 이혼한 배우자 ····································· ( )
(23) 강연료 수입이 500만원이고, 분리과세를 신청한 배우자. 다른 소득 없음 ········ ( )
(24) 근로소득금액 200만원인 배우자 ··· ( )
(25) 당해연도 7월 20일에 사망한 70세 장모. 단, 배우자와 8월 10일에 이혼함 ····· ( )
(26) 증여받은 재산이 3,000만원이 있는 18세 자녀 ·································· ( )

해답

(1) O 총급여액이 500만원 이하이고, 다른 소득이 없는 배우자는 기본공제 가능하다.
(2) O 필요경비를 차감하면 소득금액이 100만원 이하가 된다.
(3) O 필요경비를 차감하면 오히려 결손금이 발생한다.
(4) O 분리과세만으로 납세의무가 종결되므로 부양가족 공제가 가능하다.
(5) X 금융소득도 연간 수입금액이 2,000만원을 초과하면 종합과세 된다.

(6) O 원천징수만으로 납세의무가 종결되는 소득은 제외하고 소득금액을 산정한다.
(7) X 양도소득금액이 100만원을 초과한다. 소득금액 기준은 종합소득 뿐만 아니라 퇴직소득과 양도소득도 합산하여 계산하여야 한다.
(8) O 작물재배업에서 발생한 소득은 비과세 소득이다.
(9) X 양도소득금액 100만원을 초과하므로 공제 불가능하다.
(10) O 1세대 1주택이면서 발생하는 주택임대수입은 비과세소득에 해당한다.

(11) O 손자도 직계비속으로서 소득공제 가능하다.
(12) X 조카는 공제대상 범위에 해당하지 않는다.
(13) O 직계비속이 장애인이고, 그 배우자도 장애인인 경우에는 사위나 며느리도 공제 가능하다.
(14) X 며느리는 기본공제대상자가 아니다. (예외 : (13)번)
(15) X 삼촌은 기본공제대상자가 아니다.

(16) X 매형은 기본공제대상자가 아니다.
(17) X 연령이 만 20세 이하여야 공제가능하다.
(18) O 장애인은 연령제한 없이 공제가능하다.
(19) O 장애가 치유된 연도까지는 공제가능하다.
(20) O 별거 중인 배우자도 공제 가능하다. 참고로 아내와 자녀를 해외유학을 시킨 기러기 아빠들도 배우자와 자녀에 대하여 공제가능하다.

(21) O 사망한 연도까지는 부양가족에 대한 공제가 가능하다.
(22) X 이혼한 배우자는 공제가 불가능하다.
(23) O 분리과세를 신청하면 원천징수만으로 납세의무가 종결된다.
(24) X 소득금액이 100만원을 초과하므로 공제가 불가능하다.
(25) O 사망한 경우에는 사망일 전일의 상황에 따른다. 사망일 전일에는 부양가족이었으므로 공제 가능하다.

(26) O 증여를 받은 것은 소득세법상 소득에 해당하지 않으므로 기본공제 적용이 가능하다.

제6장 • 원천징수

○ 전산실습 1. 사원등록

[1] 다음은 회사코드 5263번 ㈜세진의 김예림(사번 101, 여성, 세대원, 2022년 1월 1일 입사)의 부양가족 내역이다. 사원등록메뉴에서 연말정산시 세부담최소화를 할 수 있도록 사원등록 및 부양가족명세를 입력하시오. 본인 포함 부양가족 전원을 반영하되, 기본공제 대상자가 아닌 경우에는 기본공제 항목에 "부"로 입력한다. 세대주는 본인이 아니라 남편이 세대주이며, 주어진 주민등록번호는 맞다고 가정한다. (63회)

성명	관계	주민등록번호	내/외국인	동거여부	비고
김예림	본인	870530-2134567	내국인	-	연간 총급여액 2,400만원
최영	배우자	770420-1234567	내국인	근무형편상 별거	연간 총급여액 350만원
김진훈	부	390330-1345678	내국인	주거형편상 별거	복권당첨소득 500만원
유지유	모	380730-2345678	내국인	주거형편상 별거	소득 없음
최유선	딸	090805-4123456	내국인	취학상 별거	소득 없음, 장애인임(장애인복지법)
최상욱	아들	100505-3123456	내국인	동거	소득 없음

해답

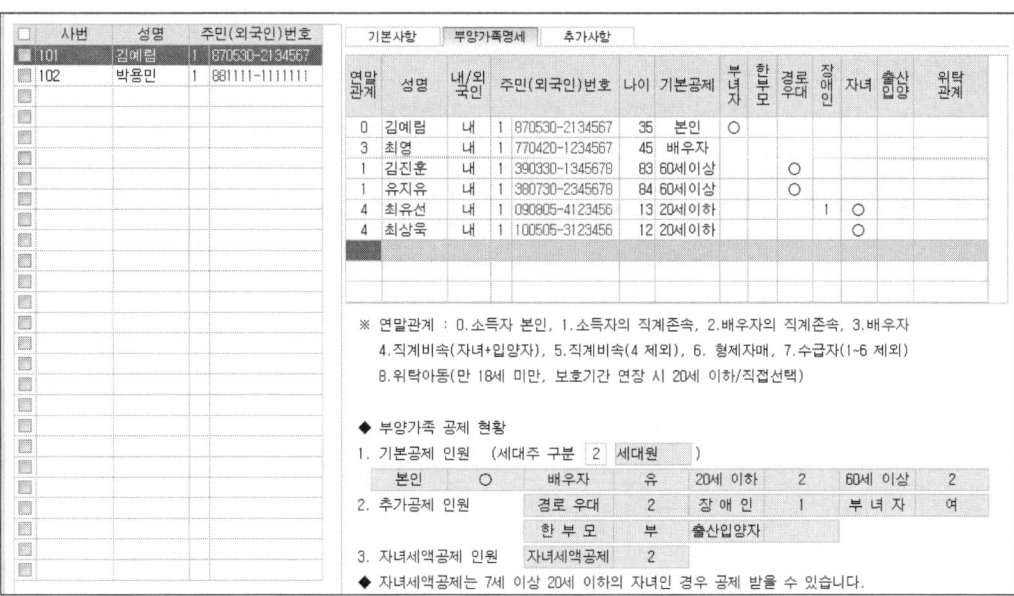

[2] 다음은 회사코드 5264번 ㈜세종기업의 여성사원인 박예승(사번 : 101)의 생계를 같이하고 있는 가족사항에 대한 내용이다. 다음 사항을 참조하여 사원등록 메뉴에 연말정산에 필요한 소득공제사항(인적사항)을 사원등록의 부양가족명세탭에 입력하시오. 단, 기본공제 대상자가 아닌 경우에는 반영하지 아니한다.(64회)

기본정보	· 아래에서 제시하는 소득이 없는 경우에는 별도의 소득이 발생하지 않은 것으로 가정한다. · 박예승씨의 경우에는 종합소득과세표준을 계산할 때 합산되는 종합소득금액이 3,000만원 이하인 것으로 가정한다. · 부양가족들은 소득세법상 소득공제요건을 충족한 경우, 모두 박예승씨가 소득 및 세액공제를 받는 것으로 한다.
본인정보	· 입사일 : 2022. 8. 11. · 주민등록번호 : 920215-2101412 · 주소 : 생략 · 직종 : 사무직 · 세대주 여부 : 부
가족사항	· (친할머니) 김지연 : (주민등록번호 : 460201-1220001), 주거형편상 별거중임 · (배우자) 이진욱 : (주민등록번호 : 900404-1068116), 근로소득금액 5,200만원 · (장남) 이민호 : (주민등록번호 : 150521-3010110) · (차남) 이민우 : (주민등록번호 : 170101-3010110) · (친동생) 박시후 : (주민등록번호 : 940101-1234567)

해답

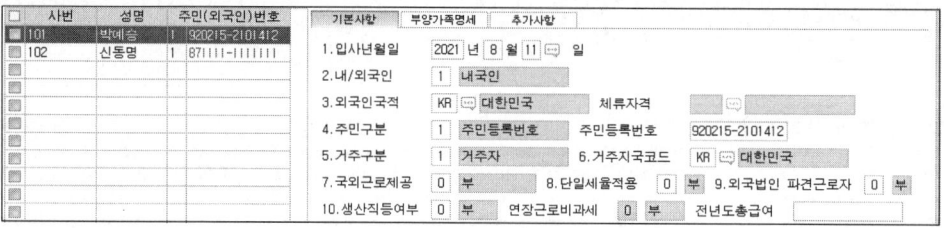

제6장 · 원천징수

[3] 회사코드 5267번 ㈜만세공업에서 2022.5.1. 입사한 사원코드 101번 심인경(810128-2436807, 세대원, 사무직, 총급여 45,000,000원)의 부양가족사항은 다음과 같다. 심인경의 세부담이 최소화되도록 사원등록에서 부양가족명세서를 작성하시오.(단, 본인 포함 부양가족 전원을 반영하되, 기본공제 대상자가 아닌 경우에는 기본공제 항목에 "부"로 입력할 것)(5점)

관계	이름	주민등록번호	비고
배우자	조태오	750826-1476711	근로소득자, 총급여 24,000,000원
시부	조진수	440806-1173915	2022년 4월 25일 사망, 소득 없음
시모	하지수	520914-2535224	항시 치료를 요하는 중증환자로서 치료목적으로 별거 중이며, 소득 없음
자	조상아	000330-4035224	모델전속계약금(기간 2022년 1월~2022년 6월, 기타소득) 50,000,000원
자	조상혁	020228-3078514	소득 없음

※위 주민등록번호는 모두 정확한 것으로 가정한다.

해답

* 연간 종합소득금액이 3천만원을 초과하므로 부녀자 공제 적용 불가
* 사원등록 (부양가족명세) : 조태오는 소득이 있으므로 공제불가
* 부양가족 공제 현황 : 세대원으로 표시

5부 • 전산실습

[4] 다음은 회사코드 5269번 ㈜대흥에서 2022년 5월 1일자로 입사한 사원코드 101번 황진이(810128-2436807, 세대원, 생산직, 전년도와 당해연도 총급여 32,000,000원, 주소생략)와 생계를 같이하는 주민등록표상의 부양가족사항은 다음과 같다. 황진이씨의 세부담이 최소화되도록 사원등록에서 부양가족명세서를 작성하시오.(본인 포함 부양가족 전원을 반영하되, 기본공제 대상자가 아닌 경우에는 기본공제 항목에 "부"로 입력하며, 아래 주민등록번호는 모두 정확한 것으로 가정한다)(5점)

관계	이름	주민등록번호	비고
배우자	홍길동	790826-1476711	일용근로소득자(총급여 12,000,000원), 모두 분리과세 하였음
모	사임당	380310-2412811	부동산임대소득금액 1,200,000원, 장애인
자녀	홍순아	061130-4035224	2022년 3월 학업을 위하여 주소를 타지로 이전함.
동생	황매화	840427-1412312	장애인(1), 2022년 증여받은 재산가액 50,000,000원

해답

사원등록 : * 10.생산직 : 여로 표시   * 세대원 표시 추가

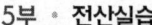

제6장 · 원천징수

[5] 회사코드 5272번 ㈜청용은 매월 말일에 급여를 지급하고 있다. 다음 자료를 참고하여 사원등록을 수정하고, 수당등록 또한 등록 및 수정한다. 생산직 사원 박나래(사원코드 101)의 1월 급여자료를 입력하시오.(급여지급일 : 31일)(72회)

· 1월 급여내역				
기본급	자가운전보조금	식대	설수당	야간근로수당
1,000,000원	200,000원	100,000원	400,000원	150,000원

· 자가운전보조금은 비과세요건을 충족함.
· 식사는 구내식당에서 무상으로 직원들에게 제공함.
· 설수당은 회사가 명절에 지급하는 수당임.
· 사용하는 수당 이외의 항목은 부로 체크할 것.
· 야간근로수당은 야간근무시 지급하는 수당임.
· 정기적 성격의 수당은 식대만 해당함.
  (박나래씨 직전년도 총급여는 2,750만원이고 월정액 급여는 140만원임)
· 공제항목 : 고용보험 10,720원, 소득세 12,020원, 지방소득세 1,200원

해답

[1] 사원등록, 수당등록, 급여자료입력
1. 사원등록 : 박나래(10.생산직여부 : 야간근로비과세 "부"로 수정)
2. 수당등록 - 상여, 직책수당, 월차수당, 식대 사용여부에서 "부"로 체크
     - 설수당, 식대를 과세로 추가 등록함.

	사번	사원명	감면율	급여항목	금액	공제항목	금액
☐	101	박나래		기본급	1,000,000	국민연금	
☐	102	김갑돌		자가운전보조금	200,000	건강보험	
☐				야간근로수당	150,000	장기요양보험	
☐				식대	100,000	고용보험	10,720
☐				설수당	400,000	소득세(100%)	12,020
☐						지방소득세	1,200
☐						농특세	

5부 · 전산실습

02 급여자료입력

매월 급여의 지급내역을 기록하는 양식이다. 보통 시험에서는 사원은 이미 등록이 되어 있고, 수당등록을 한 후 급여자료입력을 요구하는 형식으로 출제된다. 그리고, 드물게 특정 사원의 급여를 1월부터 12월까지 입력하도록 요구하는 문제도 출제되니 연습해 보기로 한다.

1. 과세소득과 비과세소득의 구분

기본적인 내용은 근로소득편에서 설명하였으므로, 여기에서는 예제를 통해 정리해 보기로 한다.

○ 보충문제 2. 과세, 비과세의 판단

다음에서 과세대상 소득은 "과", 비과세소득은 "비"라고 기록하시오. 단, 한도액은 고려하지 않는다.
(예) 기본급 ·· (과)
(1) 일직료, 숙직료, 여비로서 실비변상정도의 금액 ·· ( )
(2) 종업원 소유의 차량을 업무수행을 위해 이용하고 받는 자가운전보조금 ········· ( )
(3) 모든 종업원에게 일괄적으로 지급되는 자가운전보조금 ······································ ( )
(4) 6세 이하 자녀가 있는 근로자에게 지급하는 육아수당 ······································ ( )
(5) 7세 이상 자녀가 있는 근로자에게 지급하는 육아수당 ······································ ( )
(6) 직급에 따라 지급하는 직책수당 ·· ( )
(7) 월정액 급여 190만원 이하인 생산직 근로자가 받는 연장근로수당
    (직전 과세급여 없음) ··· ( )
(8) 업무관련 자격증 소지자에게 지급하는 자격수당 ·· ( )
(9) 식사를 별도로 제공하지 않고 지급하는 식대 ·· ( )
(10) 식사를 별도로 제공하면서 지급하는 식대 ·· ( )

해답
(1) 비   (2) 비   (3) 과   (4) 비   (5) 과   (6) 과   (7) 비   (8) 과   (9) 비   (10) 과

2. 급여자료입력의 작업방법

상단의 인사급여 메뉴에서 근로소득관리 중 급여자료입력을 클릭해서 작업한다. 그 다음 급여지급월을 기록한 후 수당공제 탭을 클릭한 후 수당등록 등의 작업을 한다.

만일 수당항목이 비과세 항목인 경우에는 어떠한 사유로 인하여 비과세인지도 기록하여야 한다. 그리고, 공제항목도 검토한 후 필요한 경우 추가로 등록한다. (가불금, 상조회비 등이 있는 경우)

그리고, 매월 반복된 급여자료의 입력이 번거로울수도 있는데, 급여자료입력시 "전월 데이터를 복사하시겠습니까?" 라고 물어보는 경우가 있다. 여기에서 "예"를 선택하면 전월의 자료를 자동으로 불러오므로 입력할 때 편리하다.

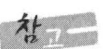

급여자료입력에서 주의할 점

1) 식대, 자가운전보조금의 과세, 비과세 여부
무조건 비과세로 설정하는 것이 아니라 문제에서 비과세 요건을 충족했는지 확인하고 작업한다. 식대, 자가운전보조금이 비과세가 아니라 과세로 분류되는 경우는 다음과 같다.
① 본인명의가 아니라 타인명의의 승용차를 업무에 사용
② 본인명의가 아니라 공동명의의 승용차를 업무에 사용. (단, 배우자와 공동명의인 경우에는 가능)
③ 업무사용과 관계없이 모든 직원에게 자가운전보조금을 지급
④ 식사를 제공받으면서 식대도 받는 경우

2) 급여자료입력에서 학자금상환의 등록
기본설정에서 학자금상환은 나타나지 않고, 수당공제 항목에서도 학자금상환 등록이 불가능한 것으로 세팅되어 있다. 만약 문제에서 학자금상환을 요구하는
경우에는 사원등록에서 각 사원별로 추가사항 탭을 클릭한 다음에 학자금상환공제여부를 "여"로 체크해야 한다. 사원코드 101번 홍길동에 대해 등록하면 다음과 같다.

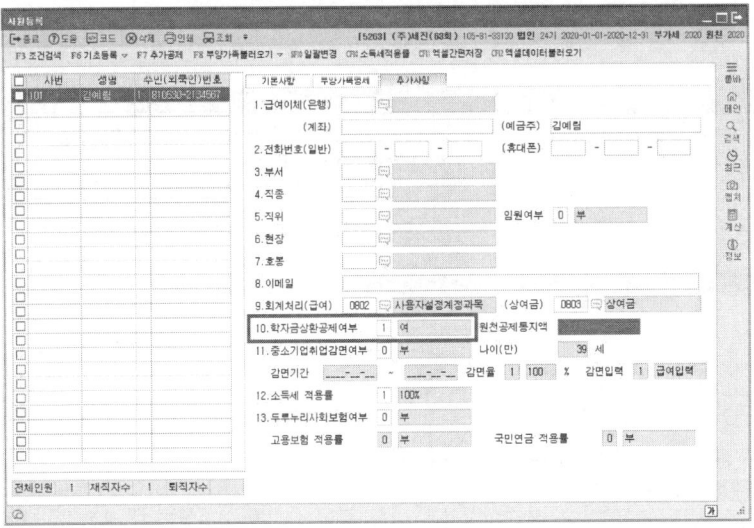

5부 · 전산실습

○ 전산실습 2. 급여자료입력

[1] 다음 자료를 이용하여 회사코드 5262번 ㈜소망의 김연말(사번 101번) 사원의 5월분 급여 자료 입력을 하시오. (62회)

> ① 김연말의 급여지급일은 매월 25일이다.
> ② 5월에 지급할 내역은 다음과 같으며 모두 월정액이다. 비과세로 인정받을 수 있는 항목은 최대한 반영하기로 한다.
>
>> · 기본급 : 4,000,000원 · 식대 : 100,000원(중식을 별도로 제공하지 않음)
>> · 자가운전보조금 : 200,000원 · 야간근로수당 : 100,000원
>> · 육아수당 : 100,000원(만6세의 자녀가 있음)
>> · 출근수당 : 50,000원(원거리 출·퇴근자에게 지급함)
>> · 체력단련수당 : 50,000원
>
> ※ 자가운전보조금은 본인 명의의 배기량 2,000CC의 비영업용 소형승용차를 업무에 사용하면서 받았다.
> ③ 5월 공제할 항목은 다음과 같다.
>
>> · 국민연금 : 180,000원 · 건강보험료 : 121,400원 (장기요양보험료 : 8,950원)
>> · 고용보험료 : 27,300원 · 주차비 : 100,000원 (공제소득유형 : 기타)
>> · 소득세 : 149,040원 (지방소득세 : 14,900원)

해답

[1-1] 수당공제

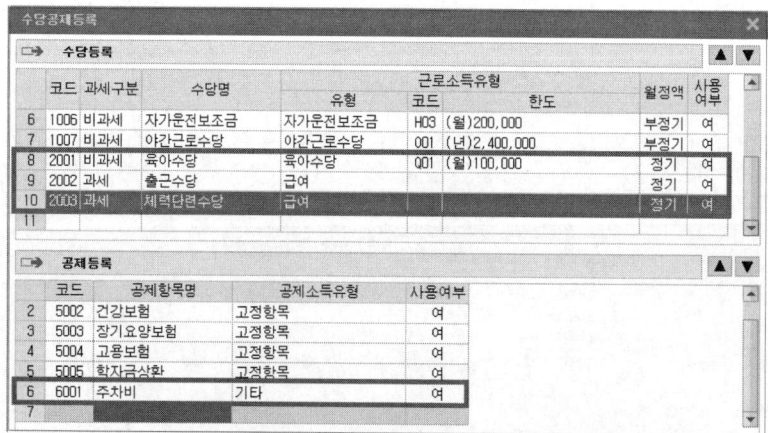

(1) 수당등록 : 비과세 육아수당, 과세 출근수당, 과세 체력단련수당 등록
(2) 공제등록 : 주차비(기타) 등록

제6장 • 원천징수

[1-2] 급여자료입력 : 귀속 2022년 5월, 지급 2022년 5월 25일

□	사번	사원명	감면율	급여항목	금액	공제항목	금액
□	101	김연말		기본급	4,000,000	국민연금	180,000
□				상여		건강보험	121,400
□				직책수당		장기요양보험	8,950
□				월차수당		고용보험	27,300
□				식대	100,000	주차비	100,000
□				자가운전보조금		소득세(100%)	149,040
□				야간근로수당	100,000	지방소득세	14,900
□				육아수당	100,000	농특세	
□				출근수당	50,000		
□				체력단련수당	50,000		
				과 세	4,200,000		
				비 과 세	200,000	공 제 총 액	601,590
	총인원(퇴사자)	1(0)		지 급 총 액	4,400,000	차 인 지 급 액	3,798,410

[2] 회사코드 5265번 ㈜한양기업에서 김성진(코드:201)의 7월 급여자료를 입력하시오. (65회)

김성진의 7월 급여 (급여지급일 7/25)	· 기본급 : 2,200,000원 · 상여 : 1,000,000원 · 직책수당 : 250,000원 · 월차수당 : 150,000원 · 자가운전보조금 : 200,000원 · 식대 : 150,000원 · 자격증수당(정기) : 350,000원 · 국민연금 : 180,000원 · 건강보험료 : 121,400원 · 장기요양보험료 : 12,440원 · 고용보험료 : 30,400원 · 소득세 : 184,260원 · 지방소득세 : 18,420원
기타 자료	· 식대 이외에 별도의 식사를 제공하고 있지 않다. · 자가운전보조금은 김성진 본인소유차량을 업무수행에 이용하고, 실제 소요된 여비 대신에 지급한 부분을 실비변상 성격으로 보상해주는 것이다. · 필요시 수당 등을 등록하고 과세여부를 판단하여 급여자료에 입력한다. · 국민연금, 건강보험료 등은 등급표 대신 표시된 자료를 기준으로 적용한다.

해답

1. 수당등록 : 과세-자격증수당을 추가로 등록
2. 급여자료입력 : 귀속년월 2022년 7월, 지급년월일 2022년 7월 25일

□	사번	사원명	감면율	급여항목	금액	공제항목	금액
□	201	김성진		기본급	2,200,000	국민연금	180,000
□				상여	1,000,000	건강보험	121,400
□				직책수당	50,000	장기요양보험	12,440
□				월차수당	150,000	고용보험	30,400
□				식대	150,000	소득세(100%)	184,260
□				자가운전보조금	200,000	지방소득세	18,420
□				야간근로수당		농특세	
□				자격증수당	350,000		
				과 세	3,800,000		
				비 과 세	300,000	공 제 총 액	546,920
	총인원(퇴사자)	1(0)		지 급 총 액	4,100,000	차 인 지 급 액	3,553,080

5부 · 전산실습

[3] 다음 자료를 이용하여 회사코드 5266번 ㈜온누리기업에서 김용식의 필요한 수당등록과 5월분 급여자료입력을 하고, 원천징수이행상황신고서를 작성하시오.(급여지급일은 매월 말일, 원천징수신고는 매월하고 있으며, 연말정산으로 인한 전월미환급세액 130,000원이 있다. 회사는 별도의 식사를 제공하지 않으며, 자가운전에 따른 별도의 보조금은 없고, 6세 이하의 자녀가 있는 경우 자녀 1인당 100,000원의 육아수당을 지급하고 있다) (66회)

㈜온누리기업 2022년 5월 급여내역			
이 름	김 용 식	지 급 일	2022년 5월 31일
기본급여	2,000,000원	소 득 세	11,900원
직책수당	300,000원	지방소득세	1,190원
식 대	150,000원	고용보험	16,900원
교 통 비	150,000원	국민연금	117,000원
육아수당	200,000원	건강보험	79,560원
		장기요양보험	5,210원
급 여 계	2,800,000원	공제합계	231,760원
노고에 감사드립니다.		지급총액	2,568,240원

해답

① 급여자료입력 – 수당등록 : 과세 – 교통비, 비과세–육아수당 등록
② 급여자료입력 : 귀속년월 5월, 지급 5월 31일

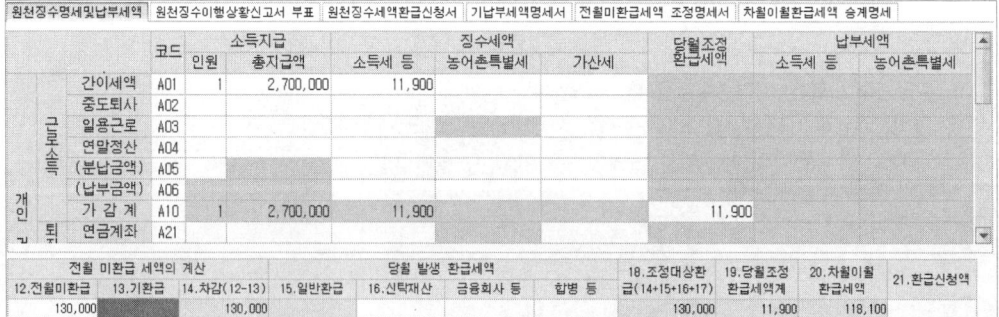

③ 원천징수이행상황신고서 : 귀속 5월~5월, 지급 5월~5월, 전월미환급세액 130,000원을 기록

제6장 • 원천징수

[4] 다음 자료를 이용하여 회사코드 5270번 ㈜소풍에서 사원코드 102번 이기자(남자)의 6월 수당공제 등록 후 급여자료를 입력하시오. (70회)

급여내역 (급여지급일 6/30)	· 기본급 : 2,000,000원 · 상여 : 1,000,000원 · 직책수당 : 250,000원 · 월차수당 : 150,000원 · 자가운전보조금 : 200,000원 · 식대 : 100,000원 · 자격증수당 : 350,000원
공제내역	· 국민연금 : 180,000원 · 건강보험료 : 121,400원 · 장기요양보험료 : 7,950원 · 고용보험료 : 26,000원 · 소득세 : 80,000원 · 지방소득세 : 8,000원
기타 자료	· 식대 이외에 별도의 식사를 제공하고 있지 않다. · 자가운전보조금은 본인소유차량을 업무수행에 이용하고, 실제 소요된 시내 교통비 대신에 지급한 부분을 실비변상 성격으로 보상해주는 것이다. · 필요시 수당 등을 등록하고 과세여부를 판단하여 급여자료에 입력한다. · 국민연금, 건강보험료 등은 등급표 대신 표시된 자료를 기준으로 적용한다.

해답

① 수당등록 : 과세-자격증수당을 등록
② 급여자료입력 : 귀속년월 2022년 6월, 지급년월일일 2022년 6월 30일

사번	사원명	감면율	급여항목	금액	공제항목	금액
102	이기자		기본급	2,000,000	국민연금	180,000
104	이상민		상여	1,000,000	건강보험	121,400
			직책수당	250,000	장기요양보험	7,950
			월차수당	150,000	고용보험	26,000
			식대	100,000	소득세(100%)	171,560
			자가운전보조금	200,000	지방소득세	17,150
			야간근로수당		농특세	
			자격증수당	350,000		

[5] 회사코드 5271번 ㈜성빈에서 이상미씨의 1월분 급여자료(급여지급일은 매월 25일임)이다. 아래 사항에 따라서 수당등록과 1월분 급여자료입력 사항을 반영하되, 수당등록시 사용하지 않는 항목은 사용여부에서 '부'로 표시하고 공제항목은 제시된 것으로 한다.(71회)

이름	이상미	지급일	2022년 1월 25일
기본급	2,000,000원	소득세	30,770원
직책수당	200,000원	지방소득세	3,070원
식대	150,000원	고용보험	15,270원
자가운전보조금	150,000원	국민연금	105,750원
육아수당	200,000원	건강보험	71,910원
		장기요양보험	4,710원
급여계	2,700,000원	공제합계	231,480원
노고에 감사드립니다.		지급총액	2,468,520원

※ 육아수당, 식대, 자가운전보조금은 비과세 요건을 충족한 것으로 본다.

5부 · 전산실습

해답

① 수당등록
- 상여, 월차수당, 야간근로수당의 사용여부를 부로 변경
- 비과세 항목으로 육아수당 등록

② 급여자료입력 : 귀속년월 2022년 1월, 지급년월일 2022년 1월 25일

□	사번	사원명	감면율	급여항목	금액	공제항목	금액
□	101	이상미		기본급	2,000,000	국민연금	105,750
□				직책수당	200,000	건강보험	71,910
□				식대	150,000	장기요양보험	4,710
□				자가운전보조금	150,000	고용보험	15,270
□				육아수당	200,000	소득세(100%)	30,770
□						지방소득세	3,070
□						농특세	

[6] 회사코드 5272번 ㈜청용은 매월 말일에 급여를 지급하고 있다. 다음 자료를 참고하여 사원등록을 수정하고, 수당등록 또한 등록 및 수정한다. 생산직 사원 박나래(사원코드 101)의 1월 급여자료를 입력하시오.(급여지급일 : 31일) (72회)

1월 급여내역

기본급	자가운전보조금	식대	설수당	야간근로수당
1,000,000원	200,000원	100,000원	400,000원	150,000원

- 자가운전보조금은 비과세요건을 충족함.
- 식사는 구내식당에서 무상으로 직원들에게 제공함.
- 설수당은 회사가 명절에 지급하는 수당임.
- 사용하는 수당 이외의 항목은 부로 체크할 것.
- 야간근로수당은 야간근무시 지급하는 수당임.
- 정기적 성격의 수당은 식대만 해당함.
  (박나래씨 직전년도 총급여는 2,750만원이고 월정액 급여는 140만원임)
- 공제항목 : 고용보험 10,720원, 소득세 12,020원, 지방소득세 1,200원

해답

1. 사원등록 : 박나래(10.생산직여부 : 야간근로비과세 "부"로 수정)
2. 수당등록 – 상여, 직책수당, 월차수당, 식대 사용여부에서 "부"로 체크
   – 설수당, 식대를 과세로 추가 등록함.

□	사번	사원명	감면율	급여항목	금액	공제항목	금액
□	101	박나래		기본급	1,000,000	국민연금	
□	102	김갑돌		자가운전보조금	200,000	건강보험	
□				야간근로수당	150,000	장기요양보험	
□				식대	100,000	고용보험	10,720
□				설수당	400,000	소득세(100%)	12,020
□						지방소득세	1,200
□						농특세	

제6장 • 원천징수

[7] 다음은 회사코드 5273번 ㈜소망의 급여대장(귀속월 : 1월, 지급일 : 1월 31일) 내용이다. 주어진 자료를 이용하여 1월분 급여자료 입력하고 원천징수이행상황신고서(1.정기신고)에 반영하시오. (식대와 차량유지비[비과세유형: 자가운전보조금]은 비과세 요건을 충족하며, 신고일 현재 전월이월된 미환급세액 30,000원이 있다) (73회)

2022년 1월 급여대장 (지급연월일 : 2022년 1월 31일, 단위 : 원)

성명	지급내용				
	기본급	상여금	자가운전보조금	식대	급여계
김갑돌	3,000,000	500,000	200,000	100,000	3,800,000
김갑순	2,500,000	500,000	-	100,000	3,100,000
합계	5,500,000	1,000,000	200,000	200,000	6,900,000

성명	공제내용						차감 수령액
	소득세	지방소득세	국민연금	건강보험	장기요양	고용보험	
김갑돌	142,220	14,220	135,000	91,800	6,010	22,750	3,388,000
김갑순	84,850	8,480	112,500	76,500	5,010	19,500	2,793,160
합계	227,070	22,700	247,500	168,300	11,020	42,250	6,181,160

해답

급여자료입력, 원천징수이행상황신고서 : 귀속 2022년 1월, 지급년월일 : 2022년 1월 31일

① 급여자료입력

김갑돌

급여항목	금액	공제항목	금액
기본급	3,000,000	국민연금	135,000
상여	500,000	건강보험	91,800
직책수당		장기요양보험	6,010
월차수당		고용보험	22,750
식대	100,000	소득세(100%)	142,220
자가운전보조금	200,000	지방소득세	14,220
야간근로수당		농특세	

김갑순

급여항목	금액	공제항목	금액
기본급	2,500,000	국민연금	112,500
상여	500,000	건강보험	76,500
직책수당		장기요양보험	5,010
월차수당		고용보험	19,500
식대	100,000	소득세(100%)	84,850
자가운전보조금		지방소득세	8,480
야간근로수당		농특세	

② 원천징수이행상황신고서 : 전월 미환급세액 30,000원 기록

		코드	소득지급		징수세액			당월조정 환급세액	납부세액	
			인원	총지급액	소득세 등	농어촌특별세	가산세		소득세 등	농어촌특별세
개인거주자	근로소득	간이세액	A01	2	6,500,000	227,070					
		중도퇴사	A02								
		일용근로	A03								
		연말정산	A04								
		(분납금액)	A05								
		(납부금액)	A06								
		가 감 계	A10	2	6,500,000	227,070			30,000	197,070	
	퇴직소득	연금계좌	A21								
		그 외	A22								

전월 미환급 세액의 계산				당월 발생 환급세액			18.조정대상환급(14+15+16+17)	19.당월조정 환급세액계	20.차월이월 환급세액	21.환급신청액
12.전월미환급	13.기환급	14.차감(12-13)	15.일반환급	16.신탁재산	금융회사 등	합병 등				
30,000		30,000					30,000	30,000		

[8] 다음을 회사코드 5263번 ㈜세진에서 작업하시오.
(1) 사원등록
① 사번 1004번
② 성명 : 서영택 (사무직이며 세대주임)
③ 입사연월일 : 2022년 1월 1일
④ 주민등록번호 : 771111-1111111
⑤ 주소 : 생략
⑥ 부양가족 : 해당 가족은 모두 생계를 같이 함.
  · 배우자 (한수지) : 811111-2222227 (일용근로소득 1,200만원)
  · 아버지 (서정환) : 511111-1111111 (양도소득금액 600만원)
  · 어머니 (이영미) : 550101-2000002 (복권당첨소득 1,000만원)
  · 자녀 1 (서지원) : 020825-3333331 (소득 없음)
  · 자녀 2 (서재영) : 050505-4111112 (소득 없음)
⑦ 국민연금, 건강보험, 고용보험에 대한 보수월액은 모두 3,000,000원으로 하며 산재보험도 적용한다. 건강보험료 경감은 부로 표시한다.

(2) 급여자료입력(1월 ~12월)
① 상여가 없는 달 (1월, 2월, 4월, 5월, 7월, 8월, 10월, 11월) : 매월 25일 지급

기본급	식대	자가운전 보조금	국민연금, 건강보험 장기요양보험, 고용보험	소득세	지방 소득세
3,000,000	100,000	200,000	자동계산	20,830	2,080

* 식대는 식사를 제공받으면서 별도로 받는 금액이다.
* 자가운전보조금은 서영택의 아버지 명의의 차량을 업무에 사용하면서 받는 금액이다.
② 상여가 있는 달(3월, 6월, 9월, 12월) : 매월 25일 지급
   기본급의 100%를 추가 지급함

해답

[1] 사원등록
① 한수지 : 배우자 공제, ② 서정환 : 부, ③ 이영미 : 60세 이상
④ 서지원 : 20세이하, 자녀 ⑤ 서재영 : 20세 이하, 자녀

[2] 급여자료입력
식사를 제공받으면서 별도로 받는 식대는 과세이다. 본인 명의가 아닌 타인 명의 차량을 사용하는 것은 비과세 대상이 될 수 없다.
* 수당등록(날짜 입력전 들어갈 수 있음)에서 비과세 식대, 비과세 자가운전보조금의 사용여부를 부로 수정한다.
* 수당등록 메뉴 작업
 (1) 기존에 기록된 비과세 식대와 비과세 자가운전보조금의 사용여부를 부로 변경한다.

(2) 과세 식대와 과세 자가운전보조금을 사용여부에서 여로 등록한다.

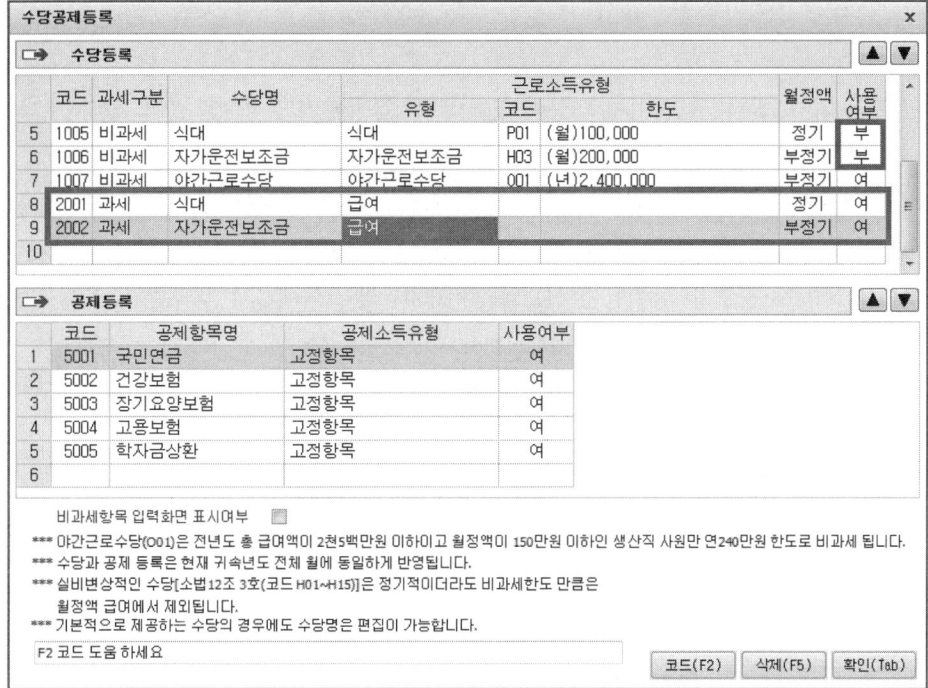

① 상여가 없는 달 : 1월, 2월, 4월, 5월, 7월, 8월, 10월, 11월

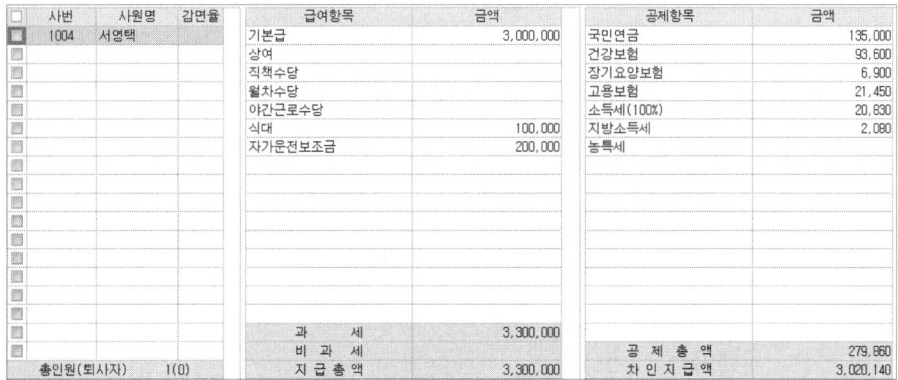

* 2월의 경우 전월자료를 불러오겠습니까? 라고 물어보면 "예"로 하면 된다.
* 상여금을 받고 다음달은 전월데이터를 불러온 후 상여금에서 0으로 수정한다.

② 상여금이 있는 달 : 3월, 6월, 9월, 12월 (소득세는 추후에 달라질 수 있음)
  * 전월 자료를 불러온 후 상여금 3,000,000원을 입력한다.
  * 상여금 지급의 다음달인 4월, 7월, 10월에는 불러오기를 한 후 상여금 3,000,000원을 삭제한다.

03 연말정산추가자료 입력

근로소득자는 1월~12월 급여에 대하여 2월 급여지급시에 연말정산을 하게 된다(단, 퇴사자는 퇴사일에 연말정산을 한다).

예를들어 A라는 근로자가 있는데, 1월부터 12월까지 급여액에 대한 소득세를 계산을 하였더니 500,000원이 계산되었다고 가정하자. 만일 급여지급일까지 원천납부한 소득세가 700,000원이었다면 그동안 200,000원을 더 납부한 것이므로 200,000원의 소득세가 환급되는 것이고, 원천납부한 소득세가 350,000원이라면 추가로 150,000원을 더 내게 된다.

연말정산 자료입력의 화면은 다음과 같다.

[1] 우측 소득명세 탭

종(전)근무지 내역이 있는 경우에 작업한다.

[2] 부양가족 소득공제 입력

보험료, 의료비, 신용카드 등의 지출액이 있는 경우 부양가족별로 기록한다. 의료비의 경우 구분에서 전액공제 의료비(본인, 경로자, 장애인)인지, 일반 의료비인지 구분하여야 한다. 교육비도 본인 교육비인지, 부양가족의 교육비인지 구분하여야 한다.

[3] 연금/저축, 월세액 등

퇴직연금이나 연금저축, 월세액 등의 불입액이 있는 경우에 작업한다. 개연연금저축과 연금저축은 가입일을 기준으로 판단한다. 2000.12.31 이전에 가입했으면 개인연금저축, 2001.1.1 이후에

제6장 · 원천징수

가입했으면 연금저축으로 입력한다.

[4] 연말정산 입력

의료비 지급명세서와 부양가족 명세에서 작업한 보험료 등은 연말정산 메뉴에서 "F8 부양가족 탭 불러오기"를 클릭한다.

단, 기부금의 경우 정확하게 불러오기가 되지 않으므로 직접 확인한 후 입력해 주어야 한다. 전산세무2급에서는 이러한 절차 없이 직접 연말정산에 입력하는 문제가 많이 출제되고 있다. 마지막으로 연말정산 작업이 끝나면 작업완료를 해주어야 한다.

○ 전산실습 4. 연말정산 추가자료입력

[1] 다음 자료를 이용하여 회사코드 5262번 ㈜소망의 사번 102의 김범수씨의 연말정산추가 자료입력메뉴에서 연말정산입력탭을 작성 하시오.(62회)

① 부양가족 인적사항(가족 중에 장애인은 없다)

| · 배우자 이정연 : 1977년 4월 12일생 | · 자녀 김시온 : 2000년 11월 24일생 |
| · 자녀 김시우 : 2003년 2월 9일생 | · 자녀 김시진 : 2004년 8월 9일생 |

※배우자는 총급여액 3,300,000원이 있으며, 자녀들은 소득이 없다.

② 보험료, 의료비, 교육비 국세청 자료: 본인 김범수의 총급여액은 48,000,000원이다.

보험료	· 배우자의 생명보험료(보장성보험) : 844,000원 · 본인의 자동차보험료 : 600,000원
의료비	· 본인의 의료비 : 4,052,400원　　　· 김시온의 의료비 : 1,400,500원 · 김시우의 의료비 : 477,250원
교육비	· 본인의 대학원 교육비 : 10,000,000원 · 김시온의 대학교 교육비 : 10,000,000원

※의료비는 전부 김범수씨 본인이 부양가족들을 위하여 지출한 금액이다.

5부 · 전산실습

③ 신용카드관련자료

· 신용카드 사용액 : 20,169,390원   · 현금영수증 사용액 : 7,958,400원
· 직불카드 사용액 : 2,484,570원   · 전통시장 사용액 : 70,550원
· 대중교통 사용액 : 62,240원

※ 신용카드 · 현금영수증 · 직불카드 사용액은 전통시장 사용액 및 대중교통 사용액이 제외된 금액이다.

해답

① 42.신용카드 : (신용) 20,169,390원, (현금) 7,598,408원, (직불) 2,484,570원
　　　　　　　 (전통)   70,550원, (대중)   62,240원

신용카드 등 공제대상금액										
▶ 신용카드 등 사용금액 공제액 산출 과정				총급여	48,000,000		최저사용액(총급여 25%)		12,000,000	
구분		대상금액	공제율금액	공제제외금액	공제가능금액	공제한도	일반공제금액	추가공제금액	최종공제금액
전통시장/ 대중교통 제외	㉮신용카드	20,169,390	15%	3,025,408	1,800,000	4,303,415	3,000,000	3,000,000	53,116	3,053,116
	㉯직불/선불카드	2,484,570		745,371						
	㉰현금영수증	7,598,400	30%	2,279,520						
㉱도서공연 등 사용분										
㉲전통시장사용분		70,550	40%	28,220						
㉳대중교통이용분		62,240		24,896						
신용카드 등 사용액 합계(㉮-㉳)		30,385,150		6,103,415	아래참조*1	공제율금액- 공제제외금액	아래참조*2	MIN[공제가능금 액,공제한도]	아래참조*3	일반공제금액+ 추가공제금액

② 60.보험료 : 1,440,000원 (한도 1,000,000원만큼만 적어도 무방)
③ 61.의료비 : 의료비명세서 작성 후 연말정산자료입력에서 F8부양가족탭 불러오기

의료비지급명세서													
					(2022)년 의료비 지급명세								
의료비 공제대상자					지급처			지급명세					14.산후조리원 해당여부 (7천만원이하)
성명	내/외	5.주민등록번호	6.본인등 해당여부	8.상호	7.사업자 등록번호	9.의료증빙코드	10. 건수	11.금액	11-1.실손 의료보험금	12.난임시술비 해당여부	13.미숙아 해당여부		
김범수	내	751111-1111111	1	0		국세청장		4,052,400		X	X	X	
김시온	내	001124-3333333	3	X		국세청장		1,400,500		X	X	X	
김시우	내	030209-3333333	3	X		국세청장		477,250		X	X	X	
					합계			5,930,150					
일반의료비 (본인)		4,052,400	일반의료비 (그 외)		1,877,750	난임시술비			65세 이상자,장애인 건강보험산정특례자				

④ 62.교육비 : 본인 10,000,000원, 대학생 9,000,000원(한도액까지만 기록)

제6장 • 원천징수

[2] 다음은 회사코드 5263번 ㈜세진의 2022년 10월 1일 입사한 박용민의 연말정산 관련자료는 다음과 같다. 연말정산추가자료입력 메뉴의 소득명세 및 연말정산입력 탭을 입력하시오. 단, 박용민은 무주택 세대주이며 부양가족은 없다.(63회)

현 근무지	· 급여총액 : 18,000,000원(상여·비과세 없음, 국민연금·보험료 등 생략) · 소득세 기납부세액 : 1,500,000원(지방소득세 150,000원)
종전 근무지	· (주)신승상사(근무기간 2022.1.1.~2022.9.30., 사업자등록번호 111-11-11111) · 급여총액 : 54,000,000원(상여·비과세 없음, 국민연금·보험료 등 생략) · 소득세 결정세액 : 4,000,000원(지방소득세 400,000원) · 소득세 기납부세액 : 5,000,000원(지방소득세 500,000원) · 소득세 차감징수세액 : -1,000,000원(지방소득세 -100,000원)
연말정산 자료	· 2022년 신용카드 등 사용금액 내역(총 26,000,000원 사용) | 구 분 | 연간사용액 | 추가자료 | |---|---|---| | 신용카드 | 10,000,000원 | 대중교통 2,000,000원 포함 | | 현금영수증 | 16,000,000원 | 전통시장 4,000,000원 포함 | · 일반 보장성 보험료 : 1,000,000원 · 본인 의료비 : 5,000,000원(의료기관에서 받은 건강진단을 위한 비용 500,000원 포함)

해답

(1) 소득명세탭 - (종)전근무지
  ㈜신승상사, 근무기간 2022.1.1~2022.9.30
  급여총액 54,000,000원, 소득세(결정세액으로 기록) 4,000,000원, 지방소득세 400,000원
  * 기납부세액란에 결정세액을 기록해야 하며, 기납부세액을 기록하면 틀림.

(2) 연말정산입력 탭
  42. 신용카드
  : (신용) 8,000,000원 (대중교통) 2,000,000원, (현금영수증) 14,000,000원, (전통) 4,000,000원
  60. 보장성보험 : 일반 1,000,000원
  61. 의료비 : (본인) 5,000,000원

의료비지급명세서													
의료비 공제대상자				지급처			지급명세						14.산후조리원 해당여부 (7천만원이하)
성명	내/외	5.주민등록번호	6.본인등 해당여부	8.상호	7.사업자 등록번호	9. 의료증빙코드	10. 건수	11.금액	11-1.실손 의료보험금	12.난임시술비 해당여부	13.미숙아 해당여부	
박용민	내	881111-1111111	1	0			국세청장		5,000,000		X	X	X
				합계					5,000,000				
		일반의료비 (본인)	5,000,000	일반의료비 (그 외)			난임시술비			65세 이상자,장애인 건강보험산정특례자			

5부 · 전산실습

[3] 다음 자료를 이용하여 회사코드 5264번 ㈜세종기업의 사원코드 102번인 신동명(남자)의 사원등록메뉴의 부양가족명세탭과, 연말정산추가자료입력메뉴의 연말정산입력탭에 입력하시오. 신동명이 공제받을 수 있는 공제는 모두 공제받도록 하고, 세부담이 최소화 되도록 한다. 단, 기본공제 대상자가 아닌 경우에도 반드시 입력하시오. (64회)

1. 부양가족사항(모두 생계를 같이하고 있으며, 아래 주민등록번호는 모두 정확한 것으로 가정한다)

이 름	관계	주민등록번호	비 고
신동명	본인	871111-1111111	소득자 본인(2022년 총급여 5,000만원), 무주택세대주
정인영	배우자	881111-2111111	2022년 총급여 3,000,000원
신윤우	장남	081111-3111111	초등학생, 소득없음
신윤호	차남	221111-3111111	당해연도 출생, 소득없음
유정희	장모	481111-2111111	2022년 양도소득금액 1,500,000원

2. 연말정산 추가자료

항 목	내 용
보험료	· 본인 생명보험료 : 1,200,000원 · 장모(유정희) 보장성보험료 : 1,000,000원
신용카드 등	· 본인 신용카드사용액 : 20,000,000원(대중교통 이용액 800,000원 포함) · 배우자(정인영) 직불카드사용액 : 10,000,000원(전통시장 사용액 4,000,000원 포함) · 장남(신윤우) 현금영수증사용액 : 500,000원 ※ 추가사용공제는 해당 없는 것으로 한다.
의료비 본인결제	· 본인 건강검진비 : 500,000원 · 본인 컨택트렌즈 구입 : 600,000원 · 차남(신윤호) 진료비 : 2,000,000원 · 장모(유정희) 입원비 : 1,500,000원
교육비	· 장남(신윤우) 초등학교 방과후학교(영어회화) 수업료 : 900,000원 · 장남(신윤우) 수학 보습학원 수강료 : 2,400,000원 · 장모(유정희) 방송통신대학 수업료 : 3,000,000원

해답

① 60. 보장성 보험 : 일반 1,200,000원 (장모는 소득이 있으므로 공제불가, 한도 100만원만 적어도 무방함)

② 42. 신용카드 : (신용카드) 19,200,000원, (현금영수증) 500,000원
              (대중교통)   800,000원, (직불카드) 6,000,000원, (전통시장) 4,000,000원

③ 61. 의료비 : 참고로 안경은 500,000원 한도

의료비 공제대상자				지급처			지급명세					14.산후조리원 해당여부 (7천만원이하)
성명	내/외	5.주민등록번호	6.본인등 해당여부	8.상호	7.사업자 등록번호	9.의료증빙코드	10.건수	11.금액	11-1.실손 의료보험금	12.난임시술비 해당여부	13.미숙아 해당여부	
신동명	내	871111-1111111	1	0			국세청장		1,000,000		X	X	X
신윤호	내	221111-3111111	3	X			국세청장		2,000,000		X	X	X
유정희	내	481111-2111111	2	0			국세청장		1,500,000		X	X	X

④ 62. 교육비 : (초중고) 900,000원 : 초등학생의 보습학원 수강료, 직계존속 교육비 공제불가

제6장 · 원천징수

[5] 다음은 회사코드 5265번 ㈜한양기업의 사무직 계속근로자인 황설아(710128-2436807, 입사일 2016.7.1., 총급여액 58,000,000원, 세대주)씨의 연말정산추가자료입력 메뉴의 연금저축등 탭과 연말정산입력탭을 입력하시오. 단, 배우자는 근로소득으로 총급여 3,000,000원이 있고, 자녀와 아버지는 모두 소득이 없으며, 아버지는 장애인이다. 자료는 종교단체 기부금을 제외하고, 모두 국세청자료로 가정하며, 제시된 주민등록번호는 모두 정확한 것으로 간주한다.(65회)

관 계	내 용	금액(원)
본인 황설아 (총급여액 58,000,000원)	자동차 보험료	1,128,000
	저축성 변액보험료	6,000,000
	종교단체 기부금	5,000,000
	의료비(질병치료 목적 4,000,000원 및 미용 목적 3,000,000원)	7,000,000
	직불카드 사용(취득세 3,000,000원 및 대중교통 1,800,000원 포함)	20,000,000
	연금저축((주)우리은행, 증권번호 : 115577)	4,000,000
배우자 최민석 (620210-1458369)	지정기부금단체인 세이브더칠드런 기부금	1,200,000
	신용카드 사용(중고차량 구입 4,000,000원 포함)	13,000,000
자녀 최철환 (9911130-1458207)	고등학교 등록금	2,400,000
	시력보정용 안경구입	800,000
	수학보습학원비	3,000,000
	의료비(질병치료 목적)	1,000,000
아버지 황만철 (440328-1436257)	장애인전용 보장성 실비보험료	2,000,000
	의료비(질병치료 목적)	7,000,000

해답

① 연금저축 등 – [2]연금계좌세액공제

2 연금계좌 세액공제 - 연금저축계좌(연말정산입력 탭의 38.개인연금저축, 59.연금저축)						크게보기	
연금저축구분	코드	금융회사 등	계좌번호(증권번호)	납입금액	공제대상금액		소득/세액공제액
2.연금저축	304	(주) 우리은행	115577	4,000,000	4,000,000		480,000
개인연금저축							
연금저축				4,000,000	4,000,000		480,000

② 42.신용카드 : (신용카드) 9,400,000원, (직불카드) 15,200,000원, (대중교통) 1,800,000원
  * 중고차는 지출액의 10%만 가능하다.
③ 60.보장성보험 : (일반) 1,128,000원, (장애인) 2,000,000원
④ 의료비지급명세서 : (황설아) 4,000,000원, (황만철) 7,000,000원, (최철환) 1,500,000원
⑤ 62.교육비 : (초중고) 2,400,000원
⑥ 63.기부금 : (지정–종교단체이외) 1,200,000원, (종교) 5,000,000원

[6] 다음은 회사코드 5266번 ㈜온누리기업에서 2022년 8월 1일 입사한 박경수씨의 연말정산 관련자료이다. 연말정산추가자료입력 메뉴의 소득명세 및 연말정산입력 탭을 입력하시오. 단, 박경수는 무주택 세대주이다. (65회)

현 근무지	· 급여총액 : 10,000,000원(상여·비과세 없음, 국민연금· 보험료 등 생략) · 소득세 기납부세액 1,000,000원(지방소득세 100,000원)
종전 근무지	· (주)엘론(근무기간 2022. 1. 1. ~ 2022. 7. 31, 사업자등록번호 220-21-78596) · 급여총액 : 14,000,000원(상여·비과세 없음, 국민연금·보험료 등 생략) · 소득세 결정세액 : 1,500,000원(지방소득세 150,000원) · 소득세 기납부세액 : 1,800,000원(지방소득세 180,000원) · 소득세 차감징수세액 : -300,000원(지방소득세 -30,000원)
연말 정산 국세청 자료	· 2022년 신용카드 등 사용금액 내역(총 13,000,000원 사용) | 구분	연간사용액(원)
신용카드	5,000,000원 (대중교통 1,000,000원 포함)
직불카드	6,000,000원 (전통시장 2,000,000원 포함)
현금영수증	2,000,000원
총 계	13,000,000원 | · 신용카드등 추가 사용에 따른 공제는 적용하지 않는다. · 일반 보장성 보험료 : 2,000,000원 · 본인 의료비 : 3,500,000원(의료기관에서 받은 건강진단을 위한 비용 500,000원 포함) · 본인 교육비 : 3,000,000원(본인 대학원)

해답

① 소득명세 – 종전근무지
  (주)엘론, 근무기간 : 2022.1.1~2022.7.31, 사업자등록번호 220-21-78956
  급여총액 14,000,000원, 기납부세액 : 소득세 1,500,000원, 지방소득세 150,000원 (결정세액기록)
② 연말정산입력
  42.신용카드 : (신용카드) 4,000,000원 (현금영수증) 2,000,000원 (직불카드) 4,000,000원
         (전통시장) 2,000,000원 (대중교통) 1,000,000원
  60.보장성보험 : (일반) 2,000,000원
  61.의료비   : (본인) 3,500,000원
  62.교육비   : (본인) 3,000,000원

제6장 • 원천징수

[7] 다음은 회사코드 5267번에서 사무직 계속근로자인 박성민(800101-1234567, 입사일 2022. 4. 1. 총급여 54,000,000원, 세대주)씨의 세부담 최소화를 위한 사원등록 메뉴의 부양가족명세 탭을 수정하고 연말정산추가자료 입력메뉴의 연말정산입력탭을 입력하시오.(67회)

· 연말정산추가자료입력메뉴 실행시 나타나는 공지사항과 메뉴 종료시 나타나는 기부금 확인 사항은 모두 무시한다.
· 종전근무지는 없으며, 국민연금·건강보험 및 고용보험료는 입력된 자료를 이용한다.
· 신용카드 등 사용액 소득공제시 추가사용공제는 없다.
· 비고에 언급된 사항을 제외하고는 모두 근로제공기간에 지출되었다.
· 주민등록번호는 모두 정확한 것으로 가정하며, 자녀들은 모두 소득이 없다.
· 기부금을 제외한 모든 공제항목은 국세청 자료이고 지출액은 모두 박성민의 소득에서 지급되었다.

관계	이름	주민번호	비고
배우자	김소연	850701-2234567	총급여 3,000,000원
자녀	박상아	121130-4035224	초등학생
자녀	박상혁	100228-3078514	초등학생, 장애인
자녀	박상철	220515-3078516	2021년 출생

지출내역 구분		지출액(원)	대상자	비고
보험료	자동차보험료	500,000	김소연	
	실비보장성보험료	300,000	박성민	2022년 2월 지출
	교육저축성보험료	600,000	박상아	
	장애인전용보험료	700,000	박상혁	
	실비보장성보험료	400,000	박상철	
의료비	맹장수술비	2,000,000	박성민	2022년 3월 지출
	질병치료 약값	1,350,000	박성민	
	성형수술비	3,000,000	김소연	
	시력교정용안경	600,000	박상아	
교육비	초등학교 방과후 수업료	800,000	박상아	
	장애인 특수교육비	3,240,000	박상혁	
	주1회 미술학원비	1,800,000	박상아	
기부금	국방헌금	250,000	박성민	
	종교단체	1,200,000	김소연	
신용카드	신용카드	8,000,000	박성민	재산세납부분 300,000원 포함
	신용카드	2,400,000	김소연	전통시장사용분 1,000,000원 포함
	현금영수증	750,000	박상아	대중교통이용분 400,000원 포함

해답

연말정산추가자료입력 - 연말정산입력

① 42.신용카드 : (신용카드) 9,100,000원 (현금영수증) 350,000원
　　　　　　　　(전통시장) 1,000,000원 (대중교통) 400,000원
② 60.보장성보험 : (일반) 900,000원 - 근로기간 외 지출분 제외 (장애인) 700,000원
③ 의료비지급명세서 : (박성민) 1,350,000원 - 근로기간 외 지출분 제외 (박상아) 500,000원
④ 62.교육비 : (초중고) 800,000원 (장애인) 3,240,000원
⑤ 63.기부금 : (법정) 250,000원 (종교) 1,200,000원

[8] 다음은 회사코드 5268번 ㈜태풍의 사원코드 102번 이기자의 연말정산추가자료입력메뉴의 월세주택임차차입탭과 연말정산입력탭에 입력하시오(단, 이기자는 남성이며 본인 외 부양가족은 없다).(68회)

- 보장성보험료(일반) : 2,500,000원
- 의료비 : 6,500,000원(이 중 2,000,000원은 본인의 미용성형수술 금액이다)
- 대학원 교육비 : 3,000,000원
- 월세관련 자료 - 월세 : 월 500,000원(계약기간 2020.11.01. ~ 2022.10.31.)
　　　　　　　　　- 주소 : 서울특별시 동작구 사당동 사당오피스텔 10동 101호
　　　　　　　　　- 임대인 : 나상가(550101-2522140) 오피스텔 55㎡
- 근로소득 총급여액 : 39,300,000원

해답

① 월세액 공제

임대인	주민등록번호	유형	계약면적	주소지	계약서상 임대차 계약기간	연간 월세액
나상가	550101-2552140	오피스텔	55	서울특별시 동작구 사당동 사당오피스텔 10동 101호	2020.11.01. ~ 2022.10.31	5,000,000

② 연말정산입력
60. 보장성보험 : (일반) 2,500,000원 - 한도 1,000,000원만 적어도 무방
61. 의료비 : (본인) 4,500,000원 - 미용목적 성형수술은 제외
62. 교육비 : (본인) 3,000,000원

제6장 • 원천징수

[9] 다음은 회사코드 5269번 ㈜대흥에서 이신소(사번 104)의 연말정산과 관련된 자료를 연말정산추가자료입력 메뉴의 월세주택임차차입탭과 연말정산입력탭에 입력하시오. 단, 부양가족은 모두 생계를 같이하고 있으며, 세액공제가 있는 경우 세액공제도 반영하되 인적공제(기본공제, 추가공제)와 관련된 사항은 작성을 생략한다.(69회)

성명	관계	소득	소득공제 내용
이부여	아버지	사업소득금액 500만원	· 질병치료비 300만원을 이신소의 신용카드로 결제하였다. · 보장성보험료(계약자 : 이신소) 30만원을 납입하였다.
김부여	어머니	없음	· 교회에 헌금(지정기부금)으로 150만원을 지출하였다. · 노인대학 교육비로 200만원을 지출하였다.
이신소	본인 (세대주)	총급여 3,600만원	· 국민주택규모 주택의 월세를 월 50만원 지급하였다. · 임대인 : 이기자(660105-1234567) · 주택유형 : 아파트, 면적 : 66㎡ · 주소 : 서울 서초구 명달로 14 · 임대기간 : 2021.04.01~2023.03.31 · 정치자금으로 정당에 20만원을 기부
유신라	배우자	없음	· 청약저축(계약자:유신라) 불입액으로 120만원을 지출하였다. · 세액공제대상 연금저축불입액(계약자:유신라)으로 300만원을 지출하였다.(국민은행, 계좌번호 12345)
이강남	형제	없음	· 대학교 교육비 200만원을 이신소씨가 납입하였다.
이하나	자녀	없음	· 고등학교 교육비로 250만원을 지출하였다. · 보장성보험료(계약자:이신소) 50만원을 납입하였다.
이현민	자녀	없음	· 유치원수업료 240만원을 지출하였다(유치원에서 구입한 방과후 수업 도서구입비 20만원 포함). · 태권도장 수업료(월단위 실시, 1주 5일 수업) 120만원을 지출하였다.

해답

① 월세액 공제

임대인	주민등록번호	유형	계약면적	주소지	계약서상 임대차 계약기간	연간 월세액
이기자	660105-1234567	아파트	66	서울 서초구 명달로 14	2021.04.01.~2023.03.31	6,000,000

② 연말정산입력
- 42.신용카드 : (신용카드) 3,000,000원
- 60.보장성보험 : 500,000원
- 61.의료비 : (이부여) 3,000,000원
- 62.교육비 : (취학전) 3,600,000원, (초중고) 2,500,000원, (대학교) 2,000,000원
- 63.기부금 : (정치자금) 10만원 이하 – 100,000원, 10만원 초과 – 100,000원
  (종교) 1,500,000원

[10] 다음은 회사코드 5270번 ㈜소풍 다음의 자료를 참고하여 생산직 계속근로자인 이상민씨(2021년 총급여액 50,000,000원, 2018. 7. 1. 입사, 해당 근로소득외 다른 소득금액 없음)의 세부담 최소화를 위한, 연말정산추가자료입력 메뉴의 연금저축등 탭과 연말정산입력탭을 입력하시오. 단, 배우자는 부동산임대에 의한 사업소득금액 12,000,000원이 있고 자녀와 부모님은 모두 소득이 없으며, 신용카드 등 사용액 소득공제시 추가사용공제는 없는 것으로 하고, 제시된 주민등록번호는 모두 정확한 것으로 간주한다.(주어진 자료 외의 상황은 고려하지 않는다)(10점)

가족관계증명서

등록기준지	경상남도 진주시 상평동 1288번지				

구분	성 명	출생연월일	주민등록번호	성별	본
본인	이상민	1974년 02월 08일	740208-1436807	남	慶州

가족사항

구분	성 명	출생연월일	주민등록번호	성별	본
부	이수봉	1947년 10월 20일	471020-1845286	남	慶州
모	김춘자	1951년 12월 11일	511211-2854621	여	金海
배우자	박미선	1981년 03월 30일	810330-2525326	여	密陽
자녀	이애기	2006년 11월 11일	061111-3845859	남	慶州
자녀	이간난	2007년 12월 30일	071230-4845286	여	慶州

소득공제증명서류 : 기본(지출처별)내역 [보장성 보험, 장애인전용보장성보험]

■계약자 인적사항

성명	이상민	주민등록번호	740208-1436807

■보장성보험(장애인전용보장성보험)납입내역 (단위:원)

종류	상호	보험종류		납입금액 계
	사업자번호	증권번호	주피보험자	
	종피보험자1	종피보험자2	종피보험자3	
보장성	현대해상		740208-1436807 이상민	500,000
	102-81-45476			
보장성	삼송생명		810330-2525326 박미선	300,000
	104-01-25467			
인별합계금액				800,000

소득공제증명서류 : 기본(지출처별)내역 [의료비]

■ 환자 인적사항

성명	박미선	주민등록번호	810330-2525326

■ 의료비 지출내역 (단위:원)

사업자번호	상호	종류	납입금액 계
4-10-42*	강****	일반	3,000,000
4-96-05*	이****	일반	2,000,000
9-07-35*	나****	일반	500,000
의료비 인별합계금액			
안경구입비 인별합계금액			
인별합계금액			5,500,000

소득공제증명서류 : 기본(지출처별)내역 [의료비]

■ 환자 인적사항

성명	이수봉	주민등록번호	471020-1845286

■ 의료비 지출내역 (단위:원)

사업자번호	상호	종류	납입금액 계
4-10-42*	최****	일반	500,000
4-96-05*	로****	일반	350,000
9-07-35*	미****	일반	50,000
의료비 인별합계금액			
안경구입비 인별합계금액			
인별합계금액			900,000

소득공제증명서류 : 기본(지출처별)내역 [의료비]

■ 환자 인적사항

성명	김춘자	주민등록번호	511211-2854621

■ 의료비 지출내역 (단위:원)

사업자번호	상호	종류	납입금액 계
4-10-42*	제****	일반	100,000
4-96-05*	이****	일반	200,000
9-07-35*	하****	일반	135,000
의료비 인별합계금액			
안경구입비 인별합계금액			
인별합계금액			435,000

소득공제증명서류 : 기본(지출처별)내역 [교육비]

■ 인적사항

성명	이애기	주민등록번호	061111-3845859

■ 교육비 지출내역 (단위:원)

교육비 종류	학교명	사업자번호	납입금액 계
초등학교	일진초등학교	**5-82-*****	1,200,000
인별합계금액			1,200,000

소득공제증명서류 : 기본(사용처별)내역 [신용카드]

■ 사용자 인적사항

성명	박미선	주민등록번호	810330-2525326

■ 신용카드 사용내역 (단위:원)

사업자번호	상호	종류	공제대상금액합계
120-81-*****	높데카드(주)	일반	2,535,000
202-81-*****	(주)KED한아은행	전통시장	1,325,000
202-14-*****	심한카드(주)	일반	535,000
214-81-*****	험대카드(주)	전통시장	22,000
213-86-*****	빗이카드(주)	일반	333,000
일반 인별합계금액			3,403,000
전통시장 인별합계금액			1,347,000
인별합계금액			4,750,000

소득공제증명서류 : 기본(지출처별)내역[기부금]

■ 기부자 인적사항

성명	이상민	주민등록번호	740208-1436807

■ 기부금 지출내역 (단위:원)

사업자번호	단체명	기부유형	기부금액 계
120-81-*****	***선교회	종교단체기부금	800,000
인별합계금액			800,000

제6장 · 원천징수

소득공제증명서류 : 기본(취급기관별)내역 [연금저축]

■가입자 인적사항

성명	이상민	주민등록번호	740208-1436807

■연금저축 납입내역 (단위:원)

취급기관	사업자번호	계좌/증권번호	계약시작일	계약종료일	납입금액 계
동부화재해상보험	201-81-*****	2531242855	2010.10.10	2030.10.10.	6,000,000
합계					6,000,000

해답

① 42.신용카드 : 배우자는 소득이 있으므로 기록하지 않음
② 60.보장성보험 : (일반) 500,000원, 배우자는 소득이 있으므로 기록하지 않음
③ 의료비지급명세서 : (이수봉) 900,000원, (김춘자) 435,000원, (박미선) 5,500,000원
④ 62.교육비 : (초중고) 1,200,000원
⑤ 63.기부금 : (종교) 800,000원
⑥ 연금저축

2 연금계좌 세액공제 - 연금저축계좌(연말정산입력 탭의 38.개인연금저축, 59.연금저축)

연금저축구분	코드	금융회사 등	계좌번호(증권번호)	납입금액
2.연금저축	427	DB손해보험(주)(구. 동부화	2531242855	6,000,000
개인연금저축				
연금저축				6,000,000

5부 · 전산실습

[11] 다음은 회사코드 5271번 ㈜성빈에서 홍길동(사번 102)과 생계를 같이하고 있는 가족에 대한 자료이다. 연말정산추가자료입력 메뉴의 [연말정산입력]탭을 이용하여 추가자료를 반영하시오.(단, 홍길동의 세부담 최소화를 위해 모든 가능한 공제는 홍길동이 받기로 한다) (71회)

> · 본인 : 연간총급여 56,000,000원, 야간대학원학비 6,000,000원, 질병치료비 9,000,000원, 자동차보험료 900,000원
> · 아버지(홍영민) : 질병치료비(경로자) 3,000,000원
> · 어머니(김미순) : 상가임대소득금액 15,000,000원, 대학교학비 1,500,000원
> · 배우자(이순임) : 연간총급여 15,000,000원, 시력보정용안경구입비 600,000원, 야간대학교 교육비 5,000,000원
> · 자녀(홍미순) : 고등학교학비 3,000,000원, 학업상의 이유로 타지에서 생활
> · 동생(홍영희) : 연간일용근로소득 5,000,000원, 장애인, 장애인특수교육비 5,000,000원

해답

연말정산추가자료입력
① 60.보장성보험 : (일반) 800,000원
② 61.의료비 : (홍길동) 9,000,000원, (홍영민) 3,000,000원, (이순임) 500,000원(안경 한도)
③ 62.교육비 : (본인) 6,000,000원, (초중고) 3,000,000원, (장애인특수교육비) 5,000,000원

[12] 다음은 회사코드 5272번 김갑돌(사원코드 102)의 부양가족 및 연말정산 자료이다. 기본공제 및 추가공제는 [부양가족소득공제탭]에서, 기타연말정산자료는 [연말정산입력탭]에서 연말정산추가자료입력을 하시오. 단, 세부담 최소화 및 부양가족은 모두 사원 김갑돌과 생계를 같이 한다고 가정함.(기본공제 대상자가 아닌 경우 '부'로 표시) (72회)

1. 사원 김갑돌의 부양가족 및 소득자료

성명	관계	연령	소득
김갑서 (장애인)	부친	68세	연간 총급여 3,500,000원/장애인복지법에 의한 장애인
이선수	장인 (배우자의 부친)	72세	(주)한국의 사외이사, 연간 근로소득금액 30,000,000원
김갑돌	본인	37세	(주)청용의 사원, 연간 근로소득금액 35,000,000원
이도미	배우자	32세	소득없음
김이리	자녀	5세	소득없음

2. 사원 김갑돌의 연말정산 추가자료

성명	지출내역
김갑서 (장애인)	김갑서의 질병치료비 5,000,000원과 장애인 전용 보장성보험 1,500,000원을 모두 김갑돌의 신용카드로 결제하였다.
이선수	이선수의 평생교육원 등록비 5,000,000원을 김갑돌이 현금 지급하였다.
김갑돌	보장성보험료 2,000,000원과 대학원 등록금 10,000,000원을 모두 본인의 신용카드로 결제하였다.
이도미	미용 성형의료비 1,000,000원을 본인의 신용카드로 결제하였다.
김이리	세하유치원 원비 7,000,000원을 현금으로 지급하였다. (현금영수증은 미수취함)

해답

연말정산추가자료입력
① 42.신용카드 : (신용카드) 6,000,000원 – 보험료, 등록금 등은 제외
② 60.보장성보험 : (일반) 2,000,000원, (장애인) 1,500,000원
③ 의료비지급명세서 : (김갑서) 5,000,000원 – 미용목적 성형수술비는 제외
④ 62.교육비 : (취학전) 7,000,000원, (본인) 10,000,000원

[13] 다음은 회사코드 5273번 ㈜소망의 대표이사 이재영(사번101)씨의 연말정산추가자료입력 메뉴에서 연말정산입력탭을 작성하시오.(73회)

1. 사원 김갑돌의 부양가족 및 소득자료

관계	성명	생년월일	소득
배우자	신소희	1987년 3월 25일생	총급여액 5,000,000원
모	김을숙	1950년 1월 21일생	장애인, 소득없음
자녀	이아랑	2010년 9월 9일생	어린이모델로 활동. 사업소득금액 5,000,000원
자녀	이세랑	2013년 10월 10일생	소득없음

2. 사원 이재영의 연말정산 추가자료

보험료	- 배우자 보장성 보험료 : 900,000원 - 모 김을숙 장애인전용 보험료 : 1,200,000원 - 본인 자동차 보험료 : 300,000원
의료비	- 본인 의료비 : 1,000,000원 - 김을숙 의료비 : 3,000,000원 - 이아랑 의료비 : 2,000,000원
교육비	- 아래 교육비 납입증명서 참조
기부금	- 아래 기부금영수증 참조

교육비 납입 증명서

성 명	이재영	주민등록번호	790909-1111111
주 소			

대상 원아	성 명	이아랑	납부자와의관계	자녀
	주민등록번호		인가번호	제 2012-3
	상 호	자연유치원	고유번호증	135-89-02352

교육비납입내역

납부년월일	기 분	금 액	비 고
2022. 8.21	1학기 수업료	432,000원	
2022. 12.2	2학기 수업료	288,000원	
2022. 8.21	1학기 수익자부담금	788,600원	
2022. 12.2	2학기 수익자부담금	542,400원	
2022. 8.21	1학기 기타납입금	850,000원	방과후
2022. 12.2	1학기 기타납입금	600,000원	방과후
2022. 12.14	기타납입금	1,100,000원	체육수업비
합 계		4,601,000원	
용 도	교육비 공제 신청용		

위와같이 교육비를 납부하였음을 확인하여 주시기 바랍니다.

2022. 년   1월   28일

신청인 (서명 또는 인)

위와같이 교육비를 납입하였음을 확인합니다.

2022. 년   1월   28일

자 연 유 치 원

기부금 영수증

1. 기부자

성명	이재영	주민등록번호 사업자등록번호	790909-1111111
주소	서울특별시 강남구 청담동 321-1		

2. 기부금단체

단체명	대한예수교장로회 참평화교회	주민등록번호 사업자등록번호	500710-1*****
소재지	경기도 광주시 초월읍 쌍동2리 253-49		

3. 기부금 모집처(언론기관등)

단체명		사업자등록번호	
소재지			

4. 기부내용

유형	코드	년월	내용	금액
십일조	41	2022.1~2022.12	500,000 X 12	6,000,000
합계				6,000,000

소득세법 제34조, 조세특례제한법 제73조, 제76조 및 제88조의4에 따른 기부금을 위와 같이 기부하였음을 증명하여 주시기 바랍니다.

2022 년 12 월 25 일

신청인   이 재 영   (서명 또는 인)

위와 같이 기부금을 기부하였음을 증명합니다.

2022 년 12 월 25 일

기부금수령인   지 난 천 (서명 또는 인)

작성방법
1. "3. 기부금모집처(언론기관 등)"는 방송사 신문사, 통신회사 등 기부금을 대신접수하여 기부금 단체에 전달하는 기관을 말합니다.
2. "4. 기부내용" 란에 적는 유형, 코드는 다음과 같습니다.
   가. 소득세법 제 34조제2항에 따른 기부금 : 법정기부금, 코드 10
   나. 조세특례제한법 제76조에 따른 기부금 : 조특법 76, 코드20
   다. 조세특례제한법 제73조제1항제1호에 따른 기부금 : 전통기금출연, 코드21
   라. 조세특례제한법 제73조제1항(제1호 및 제15호 제외)에 따른 기부금 : 조특법73, 코드30
   마. 조세특례제한법 제73조제1항제1호제15호에 따른 공익법인인신탁기부금 : 조특법73, 코드31
   바. 소득세법 제34조제1항(종교단체 기부금제외)에 따른 기부금 : 지정기부금, 코드40
   사. 소득세법 제34조제1항에 따른 기부금 중 종교단체기부금 : 종교단체기부금, 코드41
   아. 조세특례제한법 제88조외4에 따른 기부금 : 우리사주조합기부금, 코드42
   자. 기타기부금 : 기타기부금, 코드50

제6장 • 원천징수

해답

연말정산추가자료입력
① 60.보장성보험 : (일반) 1,200,000원, (장애인) 1,200,000원
② 61.의료비 : (김갑돌) 1,000,000원, (김을숙) 3,000,000원, (이아랑) 2,000,000원
  * 장애인에 기록하지 않고 (본인, 경로자)에 4,000,000원 기록하는 것도 가능
③ 62.교육비 : 사업소득금액이 100만원을 초과하므로 기록하지 않음
④ 63.기부금 : (종교) 6,000,000원

연말정산 보충문제

다음 각 상황에 따라 소득공제나 세액공제가 가능하면 O, 불가능한 경우에는 X로 표시하시오. 단, 이들은 모두 생계를 같이 하고 있으며 가급적 본인이 소득공제 및 세액공제를 받고자 한다.

(1) 아들 (소득 없음)의 중학교 교복 구입비 40만원 ······················· (   )
(2) 딸 (소득 없음)의 고등학교 방과후 보충수업료 ·························· (   )
(3) 아들 (5세, 소득 없음)의 유치원 야외활동비 ······························ (   )
(4) 배우자 (소득 있음)의 안경구입비 30만원 ·································· (   )
(5) 배우자와 이혼 전까지 배우자를 피보험자로 하는 생명보험료 납입액 ······ (   )

(6) 장애인 아들 (18세, 소득 있음)의 장애인 전용 학교 수업료 ········ (   )
(7) 고등학생 자녀의 보습학원 수강료 ·· (   )
(8) 학업으로 인하여 별거중인 자녀 (22세, 소득 없음)의 신용카드 사용액 ······ (   )
(9) 당기에 취업한 아들에 대한 취업 전까지 부담한 대학교 수업료 ······ (   )
(10) 우리사주조합 (본인이 가입되어 있음)의 출연금액 ······················ (   )

(11) 총급여액이 4,000만원 (종합소득금액 4,500만원)인 근로자의 월세 지출액 ······ (   )
(12) 동생 (19세, 소득 없음)이 지출한 신용카드 사용금액 ·················· (   )
(13) 자녀 (23세, 소득 없음)의 해외 유학 (대학교)에 대한 교육비 송금액 ······ (   )
(14) 본인의 해외 여행시 외국에서 가입한 여행자 보험료 ···················· (   )
(15) 본인이 종친회에 기부한 금액 ·· (   )

(16) 소득이 없는 배우자의 교회 헌금 기부액 ····································· (   )
(17) 자녀 (소득 없음, 21세)를 피보험자로 하고 납입하는 생명보험료 ······· (   )
(18) 근로자퇴직급여보장법에 따른 퇴직연금 납부액 ··························· (   )
(19) 배우자가 해외여행시 외국에서 지출한 신용카드 사용액 ··············· (   )
(20) 본인의 신형 자동차 구입시 사용한 카드 지출액 ·························· (   )

(21) 아버지 (59세, 소득 있음, 장애인)의 암 치료비 지출액 ················ (   )
(22) 주택을 담보로 한 장기주택 저당차입금의 이자 상환액 ················ (   )
(23) 주택을 담보로 한 장기주택 저당차입금의 원리금 상환액 ·············· (   )
(24) 본인의 건강보험료 지역 가입분 ·· (   )
(25) 본인의 연금저축 납입액 (2010년 가입) ·· (   )

제6장 · 원천징수

해답

(1) O : 중고생 교복구입비는 50만원 한도로 공제 가능
(2) O : 학교에서 시행하는 보충수업료, 보충수업 교재도 교육비 공제에 포함
(3) O : 유치원이나 어린이집의 야외활동비, 식비도 교육비 공제에 포함
(4) O : 의료비는 소득이 있는 부양가족을 위한 것도 공제 가능
(5) O : 기본공제대상자의 해당이 중단되는 경우 - 그 직전까지 부담한 금액은 공제 가능

(6) O : 의료비와 장애인 특수교육비는 소득이 있는 부양가족도 공제 가능
(7) X : 자녀의 학원 수업료 등은 미취학 아동만 교육비 공제 가능
(8) O : 학업, 취업, 요양 등으로 인한 경우에는 생계를 같이 하는 것으로 본다.
(9) O : 기본공제대상자의 해당이 중단되는 경우 - 그 직전까지 부담한 금액은 공제 가능
(10) O

(11) O : 총급여액 7,000만원 이하이면서 종합소득금액이 6,000만원 이하인 근로자는 월세액 공제 가능
(12) X : 형제자매는 신용카드사용소득공제 대상이 아님
(13) O
(14) X : 보험료는 국내 지출분만 공제가능
(15) X : 동창회, 향우회, 종친회 기부금 등은 공제 불가

(16) O
(17) X : 보험료 공제는 나이 제한이 있다.
(18) O
(19) X : 해외에서 지출한 신용카드 사용액은 공제 불가
(20) X : 신용카드사용 소득공제 배제항목

(21) O : 의료비는 나이 및 소득제한이 없음
(22) O : 주택의 취득과 관련한 차입금은 이자 상환액만 공제 가능
(23) X
(24) O
(25) O (2000년까지 가입분은 개인연금저축, 2001년 이후 가입분은 연금저축)

04 원천징수이행상황신고서

원천징수이행상황신고서는 원천징수대상 소득의 내역을 기록한 서식이다. 원천징수이행상황신고서 작성시에는 다음의 사항을 주의한다.

① 최초 원천징수이행상황신고서를 들어갈 때에는 급여자료입력 등을 저장한 후 작업해야 한다. 급여자료입력 없이 직접 입력할 때 총지급액은 비과세 급여는 제외한 금액으로 기록한다.
② 원천징수이행상황신고서에서 소득세란에는 지방소득세를 제외한 금액으로 기록한다.
③ 전월 미환급세액은 화면 좌측하단에 있는 "12.전월미환급"에 기록한다.
 전월미환급세액에 금액 기록시 당월환급세액에 자동반영된다.
④ 가산세 금액이 주어지지 않고 계산해야 하는 경우에는 다음과 같이 계산한다. 전산세무2급 시험에서는 가산세 금액이 주어질 것이다. 수험 대비용으로는 원천징수불성실가산세만 기억해 두도록 한다.
⑤ 수정신고세액이 있는 경우에는 우측 스크롤바를 잡아서 내린 후에 보면 A90번에 수정신고란이 있다.

* 원천징수불성실가산세 : 납부기한을 넘기거나 과소신고한 경우
 3% + (과소 및 미납세액 × 2.2/10,000 × 경과일수) : 단, 10% 한도

제6장 · 원천징수

○ 전산실습 5. 퇴사자의 연말정산 - 원천징수이행상황신고서 자동불러오기

회사코드 5268번 ㈜태풍의 관리부 소속인 김수당(사번:101) 사원이 2022년 7월 31일 퇴사하여, 7월 급여 지급시 중도퇴사에 대한 연말정산을 실시하였다. 김수당씨의 7월분의 급여대장을 아래의 내용대로 수당등록 및 공제항목을 추가하여 7월분 급여자료입력을 하고, 7월 급여대장 작성시 중도퇴사에 대한 연말정산 금액을 급여대장에 반영하시오. (68회)

① 김수당의 급여지급일은 매월 말일이다.
② 7월에 지급할 내역은 다음과 같으며 모두 월정액이다. 비과세로 인정받을 수 있는 항목은 최대한 반영하기로 한다.

- 기 본 급 : 3,000,000원
- 식대 : 100,000원(별도의 식사를 제공함)
- 자격수당 : 200,000원
- 야간근로수당 : 100,000원
- 육아수당 : 100,000원(만9세의 자녀가 있음)
- 출근수당 : 50,000원(원거리 출·퇴근자에게 지급함)

③ 7월 공제할 항목은 다음과 같다.

- 국민연금 : 180,000원
- 건강보험료 : 121,400원
- 장기요양보험료 : 7,950원
- 고용보험료 : 23,070원
- 주차비 : 100,000원(공제소득유형 : 기타)

해답

① 수당등록, 공제등록
  - 비과세 식대의 사용여부를 부로 변경
  - 식대, 자격수당, 육아수당, 출근수당을 과세대상 급여로 등록
  - 공제등록 : 주차비 (공제유형 기타) 등록
② 급여자료입력 7월분 : 지급일 2022년 7월 31일
  문제에서 주어진대로 금액을 기록, 소득세 부분에서 엔터키를 누르면 연말정산 팝업이 나오는데, 급여반영을 클릭
③ 원천징수이행상황신고서 : 지급 2022년 7월, 귀속 2022년 7월

5부 · 전산실습

◎ 전산실습 6. 원천징수이행상황신고서 직접 작성하기

[1] 다음 자료를 보고 회사코드 5269번 (주)대흥의 원천징수이행상황신고서를 작성하라. 단, 급여자료입력은 생략한다. (47회)

1. 당월(2022년 5월) 정규근로자(일용근로자가 아님) 급여지급내역

성명	기본급여및제수당(원)				공제액(원)			
	기본급	상여	식대	지급합계	국민연금 등	근로소득세	지방소득세	공제합계
김갑동	1,500,000	300,000	100,000	1,900,000	110,000	11,000	1,100	122,100
이을동	2,000,000	300,000	100,000	2,400,000	150,000	15,000	1,500	166,500
박병동	2,500,000	300,000	100,000	2,900,000	170,000	21,000	2,100	193,100
최정동	3,000,000	300,000	100,000	3,400,000	190,000	25,000	2,500	217,500
합계	9,000,000	1,200,000	400,000	10,600,000	620,000	72,000	7,200	699,200

※ '식대'항목은 소득세법상 비과세요건을 충족한다.
※ '국민연금 등'항목은 국민연금, 건강보험, 고용보험료를 합계한 금액이다.
※ 당월 중 퇴직직원은 없다.

2. 당월(2022년 5월) 공장 일용근로자 급여지급내역

성명	급여액			공제액		
	당월 근로 제공 일수	일급여 (원)	지급합계 (원)	근로소득세 (원)	지방소득세 (원)	공제합계 (원)
이태백	10일	100,000	1,000,000	-	-	-
박문수	10일	50,000	500,000	-	-	-
정약용	5일	200,000	1,000,000	13,500	1,350	14,850
합계		350,000	2,500,000	13,500	1,350	14,850

※ 일용근로자 모두는 국민연금, 건강보험, 고용보험 가입대상자가 아니다.

3. 기타사항
- 당사는 당월분 급여(일용근로자 급여 포함)를 당월말일에 일괄 지급하고 있다.
- 당사는 매월별 원천징수세액 납부대상사업자이다.
- 전월분 원천징수이행상황신고서상의 전기이월 미환급세액은 17,500원이었으며, 환급세액에 대하여는 일체의 환급신청을 하지 않았다.

제6장 • 원천징수

해답

		코드	인원	소득지급 총지급액	징수세액 소득세 등	농어촌특별세	가산세	당월조정 환급세액	납부세액 소득세 등	농어촌특별세
개인 거주자 비거주자	근로소득	간이세액 A01	4	10,200,000	72,000					
		중도퇴사 A02								
		일용근로 A03	3	2,500,000	13,500					
		연말정산 A04								
		(분납신청) A05								
		(납부금액) A06								
		가 감 계 A10	7	12,700,000	85,500			17,500	68,000	
	퇴직소득	연금계좌 A21								
		그 외 A22								
		가 감 계 A20								
	사업소득	매월징수 A25								
		연말정산 A26								
		가 감 계 A30								
	기타	연금계좌 A41								
		종교인매월 A43								
		종교인연말 A44								

전월 미환급 세액의 계산			당월 발생 환급세액				18.조정대상환급(14+15+16+17)	19.당월조정 환급세액계	20.차월이월 환급세액	21.환급신청액
12.전월미환급	13.기환급	14.차감(12-13)	15.일반환급	16.신탁재산	금융회사 등	합병 등				
17,500		17,500					17,500	17,500		

* 소득지급액에서는 비과세소득 (식대)는 제외하고 기록
* 소득세등에는 지방소득세를 제외한 금액으로 기록
* 전월미환급세액은 좌측하단 12번에서 기록한다.

6부

기출문제

86회 기출문제
87회 기출문제
88회 기출문제
90회 기출문제
91회 기출문제
92회 기출문제
93회 기출문제
94회 기출문제
95회 기출문제
96회 기출문제
97회 기출문제
98회 기출문제

6부 · 기출문제

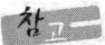

문제 입력시 유의사항

(1) 기본전제
    문제에서 한국채택국제회계기준을 적용하도록 하는 전제조건이 없는 경우, 일반기업회계기준을 적용한다.

(2) 일반전표입력의 입력시 유의사항
    · 일반적인 적요의 입력은 생략하지만, 타계정 대체거래는 적요번호를 선택하여 입력한다.
    · 채권·채무와 관련된 거래는 별도의 요구가 없는 한 반드시 기 등록되어 있는 거래처코드를 선택하는 방법으로 거래처명을 입력한다.
    · 제조경비는 500번대 계정코드를, 판매비와 관리비는 800번대 계정코드를 사용한다.
    · 회계처리시 계정과목은 별도제시가 없는 한 등록되어 있는 계정과목 중 가장 적절한 과목으로 한다.

(3) 매입매출전표의 입력시 유의사항
    · 일반적인 적요의 입력은 생략하지만, 타계정 대체거래는 적요번호를 선택하여 입력한다.
    · 별도의 요구가 없는 한 반드시 기 등록되어 있는 거래처코드를 선택하는 방법으로 거래처명을 입력한다.
    · 제조경비는 500번대 계정코드를, 판매비와 관리비는 800번대 계정코드를 사용한다.
    · 회계처리시 계정과목은 별도제시가 없는 한 등록되어 있는 계정과목 중 가장 적절한 과목으로 한다.
    · 입력화면 하단의 분개까지 처리하고, 전자세금계산서는 전자입력으로 반영한다.

[저자주 1]
본문에서는 입력시 유의사항의 내용이 계속 중복되어 나타난다. 교재 본문에서는 입력시 유의사항에 대한 언급은 생략하고, 편집하도록 한다.

[저자주 2]
본 교재에서는 86회 기출문제부터 98회 기출문제까지 편집되어 있다. 99회 이후의 기출문제를 연습해보고 싶은 독자분들은 한국세무사회 자격시험 홈페이지에서 문제를 다운로드 받을 수 있다.

제86회 기출문제

(제한시간 : 90분, 난이도 : 합격률 23.89%)

1. 재고자산의 원가흐름에 대한 가정 내용 중 틀린 것은?

   ① 일반적으로 선입선출법은 후입선출법보다 수익·비용 대응이 적절하다.
   ② 이동평균법은 상품을 구매할 때마다 가중평균단가를 계산하여 기말재고액을 결정하는 방법이다.
   ③ 후입선출법은 재무상태표보다는 손익계산서에 충실한 방법이다.
   ④ 개별법은 실제 물량의 원가 대응에 충실한 방법이다.

2. 다음은 자본적 지출과 수익적 지출에 대한 설명이다. 틀린 것은?

   ① 엘리베이터 설치 등 자산의 가치를 증대시키는 지출은 자본적 지출로 처리한다.
   ② 증축, 개축 등 자산의 내용 연수를 연장시키는 지출은 자본적 지출로 처리한다.
   ③ 파손된 유리 교체 등 자산의 원상복구를 위한 지출은 수익적 지출로 처리한다.
   ④ 건물의 도색 등 자산의 현상유지를 위한 지출은 자본적 지출로 처리한다.

3. 다음 중 사채와 관련된 설명으로 잘못된 것은?

   ① 사채의 발행가액은 사채의 미래현금흐름을 발행 당시 해당 사채의 시장이자율(유효이자율)로 할인한 가치인 현재가치로 결정된다.
   ② 사채발행차금은 유효이자율법에 의하여 상각(또는 환입)하도록 되어 있다.
   ③ 사채가 할인발행되면 매년 인식하는 이자비용은 감소한다
   ④ 사채가 할증발행되면 매년 인식하는 이자비용은 감소한다.

4. 다음 중 자본에 관한 내용으로 틀린 것은?

① 미교부주식배당금은 주식배당을 받는 주주들에게 주식을 교부해야하므로 부채로 계상한다.
② 자본잉여금은 증자나 감자 등 주주와의 거래에서 발생하여 자본을 증가시키는 잉여금이다.
③ 주식할인발행차금은 주식발행초과금의 범위 내에서 상계처리한다.
④ 자기주식은 자본에서 차감되는 항목이며, 자기주식처분이익은 자본에 가산되는 항목이다.

5. 다음 중 회계추정의 변경에 대한 설명으로 틀린 것은?

① 회계추정의 변경효과는 변경 전에 사용하였던 손익계산서 항목과 동일한 항목으로 처리한다.
② 감가상각방법의 변경은 회계추정의 변경에 해당한다.
③ 회계추정의 변경은 전진적으로 처리하여 그 효과를 당기와 당기 이후 기간에 반영한다.
④ 회계변경이 회계정책의 변경인지 회계추정의 변경인지 구분하기가 어려운 경우에는 이를 회계정책의 변경으로 본다.

6. 원가구성요소의 분류상 해당 항목에 포함되는 내용 중 틀린 것은?

	기본원가	가공비	제조원가
①	직접노무비	제조간접비	직접재료비
②	직접재료비	제조간접비	직접노무비
③	직접노무비	직접재료비	간접노무비
④	직접노무비	간접재료비	간접노무비

7. 다음의 자료를 이용하여 당기 말 제품 재고액을 계산하면 얼마인가?

· 당기 말 재공품은 전기와 비교하여 45,000원이 증가하였다.
· 전기 말 제품 재고는 620,000원이었다.
· 당기 중 발생원가집계
  - 직접재료비 : 360,000원   - 직접노무비 : 480,000원   - 제조간접비 : 530,000원
· 당기 손익계산서상 매출원가는 1,350,000원이다.

① 640,000원 ② 595,000원
③ 540,000원 ④ 495,000원

8. 다음 자료를 이용하여 제조부문 A에 배분해야 하는 보조부문 총변동원가는 얼마인가?

㈜동일제조는 두 개의 보조부문 S1, S2와 두 개의 제조부문 A, B를 두고 있다. 당년도 6월 중에 각 보조부문에서 생산한 보조용역의 사용원가율은 다음과 같았다.

제공\사용	보조부문		제조부문	
	S1	S2	A	B
S1	0	0.2	0.4	0.4
S2	0.4	0	0.2	0.4

S1부문과 S2부문에서 당월에 발생한 변동원가는 각각 400,000원과 200,000원이었다. ㈜동일제조는 보조부문원가의 배분에 단계배분법을 사용하며 S2부문부터 배분한다.

① 310,000원 ② 140,000원
③ 200,000원 ④ 280,000원

9. ㈜서림은 제조간접비를 직접노동시간을 기준으로 배부한다. 20x1년 제조간접비 예상액은 6,000,000원, 예상 직접노동시간은 40,000시간이다. 20x1년 말 실제로 발생한 제조간접비는 5,860,000원, 실제 발생 직접노동시간은 39,000시간이라고 할 때, 제조간접비 배부차이는 얼마인가?

① 10,000원 과대배부 ② 10,000원 과소배부
③ 140,000원 과대배부 ④ 140,000원 과소배부

10. 완성품이 2,000개이고, 기말 재공품은 500개(완성도 40%)인 경우 평균법에 의한 종합원가계산에서 재료비 및 가공비 완성품 환산량은 몇 개인가?(단, 재료는 공정 50% 시점에 전량 투입되며, 가공비는 전 공정에 균일하게 투입됨.)

	재료비 완성품 환산량	가공비 완성품 환산량
①	2,000개	2,200개
②	2,000개	2,500개
③	2,500개	2,200개
④	2,500개	2,500개

11. 다음 중 부가가치세법상 과세대상인 재화의 공급으로 보는 것은?

① 공장건물, 기계장치가 국세징수법에 따라 공매된 경우
② 택시운수업을 운영하는 사업자가 구입 시 매입세액공제를 받은 개별소비세 과세대상 소형승용차를 업무목적인 회사 출퇴근용으로 사용하는 경우
③ 컴퓨터를 제조하는 사업자가 원재료로 사용하기 위해 취득한 부품을 동 회사의 기계장치 수리에 대체하여 사용하는 경우
④ 회사가 종업원에게 사업을 위해 착용하는 작업복을 제공하는 경우

12. 다음 중 부가가치세법상 사업자등록과 관련된 설명으로 틀린 것은?

① 사업자는 원칙적으로 사업장마다 사업개시일부터 20일 이내에 사업자등록을 하여야 한다.
② 신규로 사업을 시작하려는 자는 사업개시일 전에 사업자등록을 할 수 없다.
③ 사업장이 둘 이상인 사업자는 사업자 단위로 해당 사업자의 본점 또는 주사무소 관할 세무서장에게 등록을 신청할 수 있다.
④ 사업자는 사업자등록의 신청을 사업장 관할 세무서장이 아닌 다른 세무서장에게도 할 수 있다.

13.
컴퓨터를 제조하여 판매하는 ㈜백두산의 다음 자료를 이용하여 부가가치세법상 납부세액을 계산하면 얼마인가?

- 매출처별세금계산서합계표상의 공급가액은 10,000,000원이다.
- 매입처별세금계산서합계표상의 공급가액은 5,000,000원이다. 이중 개별소비세 과세대상 소형 승용자동차의 렌트비용과 관련한 공급가액은 100,000원이다.
- 모든 자료 중 영세율 적용 거래는 없다.

① 410,000원 ② 490,000원
③ 500,000원 ④ 510,000원

14.
다음 중 과세되는 근로소득으로 보지 않는 것은?

① 여비의 명목으로 받은 연액 또는 월액의 급여
② 법인세법에 따라 상여로 처분된 금액
③ 사업자가 그 종업원에게 지급한 경조금 중 사회통념상 타당하다고 인정되는 범위 내의 금액
④ 임원·사용인이 주택(주택에 부수된 토지를 포함)의 구입·임차에 소요되는 자금을 저리 또는 무상으로 대여 받음으로써 얻는 이익

15.
다음 중 소득세법상 원천징수에 대한 설명으로 틀린 것은?

① 원천징수의무자는 원칙적으로는 원천징수대상 소득을 지급하는 자이다.
② 모든 이자소득의 원천징수세율은 14%이다.
③ 신고기한 내에 원천징수이행상황신고를 못했더라도 신고불성실가산세는 없다.
④ 원천징수세액은 원천징수의무자가 납부한다.

㈜현대기업 (회사코드:5286)은 제조, 도·소매 및 무역업을 영위하는 중소기업이며, 당기(5기)회계기간은 2022.1.1.~2022.12.31. 이다. 전산세무회계 수험용 프로그램을 이용하여 다음 물음에 답하시오.

문제 1

다음 거래를 일반전표입력 메뉴에 추가 입력하시오.(15점)

[1] 1월 17일 공장에서 사용할 청소용품 22,000원을 경기철물에서 현금으로 구입하고 간이영수증을 받았다.(단, 전액 당기 비용 처리할 것.)(3점)

[2] 3월 27일 우리은행에 예치된 정기예금이 만기가 되어 원금 50,000,000원과 이자 1,000,000원 중 소득세 등 154,000원이 원천징수되어 차감 잔액인 50,846,000원이 보통예금계좌로 입금되었다.(단, 원천징수세액은 자산으로 처리 할 것.)(3점)

[3] 6월 25일 1기 예정신고기간의 부가가치세 미납세액 1,500,000원(미지급세금으로 처리되어 있음)과 가산세(납부지연 가산세로 가정함) 100,000원을 법인카드(신한카드)로 납부하였다. 국세카드납부 수수료는 결제대금의 1%로 가정한다.(단, 가산세는 세금과공과(판), 카드수수료는 수수료비용(판)으로 회계처리하며, 하나의 전표로 회계처리 할 것.)(3점)

[4] 7월 3일 원재료 구매 거래처 직원 김갑수의 결혼축의금으로 500,000원을 보통예금에서 이체하였다.(3점)

[5] 11월 30일 ㈜필연에 제품을 판매하고 받은 약속어음 3,000,000원이 ㈜필연의 부도로 인하여 대손이 확정되었다. 받을어음에 대한 대손충당금 2,000,000원이 기설정되어 있으며, 부가가치세법의 대손세액공제는 고려하지 아니한다.(3점)

문제 2

다음 거래자료를 매입매출전표입력 메뉴에 추가로 입력하시오.(15점)

[1] 4월 22일 물품의 운송을 목적으로 사용하던 운반용 트럭을 ㈜해후에 아래와 같이 매각을 하고 전자세금계산서를 발급하였다. 매각대금은 매각일에 보통예금으로 즉시 수령 하였으며 매각관련 처분손익분개를 매입매출전표입력메뉴에서 진행한다.(3점)

- 취득가액 : 12,500,000원(감가상각누계액 : 5,200,000원)
- 공급가액 : 9,000,000원(부가가치세 별도)
- 매각일까지 감가상각비는 무시한다.

[2] 4월 30일 중앙상사에 2월 3일 외상 판매했던 제품 중 3대(대당 2,500,000원, 부가가치세 별도)가 불량으로 반품 처리되었다. 이에 따라 반품 전자세금계산서를 발급하였다. 대금은 외상매출금과 상계처리하기로 하며 음의부수(-)로 회계처리한다.(3점)

[3] 6월 30일 ㈜영세상사로부터 구매확인서에 의해 원재료를 15,000,000원에 매입하고 대금 중 5,000,000원은 현금으로 결제하고 잔액은 3개월 외상으로 하여 영세율전자세금계산서를 발급 받았다.(3점)

[4] 7월 9일 미국 STAR사에 제품을 $10,000에 직수출 (수출신고일 7월 1일, 선적일 7월 9일)하고, 수출대금 전액을 7월 31일에 미국 달러화로 받기로 하였다. 수출과 관련된 내용은 다음과 같다.(단, 수출신고번호입력은 생략함.)(3점)

일 자	7월 1일	7월 9일	7월 31일
기준환율	1,100원/$	1,200원/$	1,150원/$

[5] 8월 25일 영업부 사무실의 임대인에게서 받은 전자계산서의 내역은 다음과 같다. 수도료는 수도광열비로 회계처리하고 대금은 이달 말일에 지급하기로 한다.(3점)

전자계산서 (공급받는자 보관용)						승인번호		20220825-3420211-86d02gk1	
공급자	등록번호	211-86-78456	종사업장번호		공급받는자	등록번호	610-81-22436	종사업장번호	
	상호(법인명)	㈜성일빌딩	성명	박성일		상호(법인명)	㈜현대기업	성명	박찬호
	사업장주소	서울시 서초구 강남대로 265				사업장주소	충북 청주시 흥덕구 오송읍 오송생명로 305		
	업태	부동산업	종목	부동산임대		업태	제조,도소매	종목	전자제품
	이메일	sung11t@naver.com				이메일	cidar@daum.net		
작성일자	공급가액		수정사유		비고				
2022-08-25	50,000		해당없음						
월	일	품목	규격	수량	단가		공급가액		비고
08	25	수도료					50,000		
합계금액		현금		수표		어음	외상미수금	이 금액을 (청구)함	
50,000							50,000		

문제 3

부가가치세신고와 관련하여 다음 물음에 답하시오.(10점)

[1] 다음 자료를 이용하여 2022년 제2기 부가가치세 예정신고기간(7월~9월)의 신용카드매출전표등수령명세서(갑)를 작성하시오. 사업용신용카드는 신한카드(1000-2000-3000-4000)를 사용하고 있으며, 현금지출의 경우에는 사업자등록번호를 기재한 현금영수증을 수령하였다. 상대 거래처는 모두 일반과세자라고 가정하며, 매입매출전표 입력은 생략한다.(3점)

일자	내 역	공급가액	부가가치세	상 호	사업자등록번호	증 빙
7/15	직원출장 택시요금	100,000원	10,000원	신성택시	409-21-73215	신용카드
7/31	사무실 복합기 토너 구입	150,000원	15,000원	㈜오피스	124-81-04878	현금영수증
8/12	사무실 탕비실 음료수 구입	50,000원	5,000원	이음마트	402-14-33228	신용카드
9/21	원재료구입 시 법인카드 결제(세금계산서 수취함)	8,000,000원	800,000원	㈜스마트	138-86-01157	신용카드

[2] 다음은 ㈜현대기업의 2022년 제2기 부가가치세 확정신고기간(2022.10.1~2022.12.31)에 대한 관련 자료이다. 이를 반영하여 2022년 제2기 확정 신고기간 분 [대손세액공제신고서]를 작성

하고 [부가가치세 신고서]를 작성하시오.(부가가치세신고서, 대손세액공제신고서 이외의 부속서류 작성은 생략하고, 기존에 입력된 자료는 무시할 것.)(7점)

매출 자료	1. 세금계산서 과세 매출액 : 970,000,000원(부가가치세 별도) 2. 신용카드 과세 매출액 : 33,000,000원(부가가치세 포함) 　(신용카드매출전표발행공제등도 기록할 것) 3. 현금 과세 매출액 : 11,550,000원(부가가치세 포함), 현금영수증 미발급분임 4. 직수출액 : 70,000,000원 5. 아래의 대손확정은 재화용역의 공급일로부터 5년이내에 발생한 것이다. 　- ㈜세무에 대한 외상매출금으로써 2022년 10월 5일 소멸시효 완성분 : 44,000,000원(부가가치세 포함) 　- ㈜회계에 대한 받을어음 (㈜회계는 2022년 2월 6일 부도발생함) : 55,000,000원(부가가치세 포함)
매입 자료	1. 전자 세금계산서 과세 매입액 : 공급가액 710,000,000원, 세액 71,000,000원 　→ 원재료 매입분 : 공급가액 620,000,000원, 세액 62,000,000원 　　업무용 기계장치 매입분 : 공급가액 90,000,000원, 세액 9,000,000원 2. 제2기 예정신고시 미환급된 세액 : 3,000,000원
기타	1. 당사는 부가가치세법상 현금영수증 의무발행 업종이 아님.(현금영수증 미발급 가산세 없음)

문제 4

다음 결산자료를 입력하여 결산을 완료하시오.(15점)

[1] 당사는 하나은행으로부터 1년 갱신조건의 마이너스통장 대출을 받고 있다. 12월 31일 현재 통장 잔고는 (-)16,965,000원이다. 결산분개를 하시오.(단, 음수(-)회계처리하지 마시오.)(3점)

[2] 다음 자료를 이용하여 정기예금에 대한 당기분 경과이자를 회계처리하시오.(단, 월할계산할 것.)(3점)

| · 예금금액 : 200,000,000원 | · 가입기간 : 2022.07.01. ~ 2023.06.30. |
| · 연이자율 : 2% | · 이자수령시점 : 만기일(2023.06.30.)에 일시불 수령 |

[3] 아래에 제시된 자료를 토대로 당초에 할인발행된 사채의 이자비용에 대한 회계처리를 하시오.(단, 전표는 하나로 입력할 것.)(3점)

· 2022년 귀속 사채의 액면이자는 300,000원으로 보통예금에서 이체됨.(이자지급일 : 12월 31일)
· 2022년 귀속 사채할인발행차금상각액은 150,254원이다.

[4] 기말 현재 보유하고 있는 감가상각자산은 다음과 같다. 감가상각비와 관련된 회계처리를 하시오.(단, 제시된 자료 이외에 감가상각자산은 없다고 가정하고, 월할상각할 것.)(3점)

· 자산종류 : 차량운반구	· 사용부서 : 영업부
· 취득가액 : 30,000,000원	· 전기말감가상각누계액 : 3,000,000원
· 취득일 : 2021년 7월 1일	· 감가상각방법 : 정액법
· 내용연수 : 5년	· 잔존가치는 없음

[5] 기말재고자산의 내역은 다음과 같다. 기말재고액 및 비정상감모손실과 관련한 결산사항을 입력하시오.(3점)

재고자산 내역	실사한 금액	장부상 금액	금액 차이 원인
원재료	5,500,000원	5,500,000원	-
제 품	14,000,000원	14,400,000원	비정상감모
상 품	16,000,000원	16,500,000원	정상감모

문제 5

2022년 귀속 원천징수자료와 관련하여 다음의 물음에 답하시오.(15점)

[1] 다음 자료를 이용하여 사원 김민국씨(사번 : 101)의 필요한 수당등록과 7월분 급여자료입력(수당등록 및 공제항목은 불러온 자료는 무시하고 아래 자료에 따라 입력함)을 하고, 원천징수이행상황신고서를 작성하시오.(단, 급여지급일은 매월 말일이며, 전월미환급세액 310,000원이 있다. 원천징수이행상황신고서는 매월 작성하며, 김민국씨의 급여내역만 반영 할 것.)(5점)

㈜현대기업 2022년 7월 급여내역			
이 름	김 민 국	지 급 일	2022년 7월 31일
기 본 급	2,200,000원	국민연금	135,000원
상 여	0원	건강보험	96,900원
직책수당	200,000원	장기요양보험	8,240원
월차수당	500,000원	고용보험	19,500원
식 대	100,000원	소득세	84,850원
자가운전보조금	0원	지방소득세	8,480원
육아수당	200,000원		
급 여 계	3,200,000원	공제 합계	352,970원
노고에 감사드립니다.		차인지급액	2,847,030원

※ 식대, 육아수당은 비과세 요건을 충족한다.

[2] 다음은 사원 박기술(사번 : 301)의 연말정산을 위한 국세청 제공자료와 기타 증빙자료이다. 부양가족은 제시된 자료 이외에는 소득이 없고, 박기술과 생계를 같이하고 있다. 사원등록 [부양가족명세] 탭에서 부양가족을 입력하고, 연말정산추가자료입력 [연말정산 입력] 탭을 작성하시오.(단, 세부담 최소화를 가정할 것.)(10점)

1. 박기술의 부양가족현황(아래의 주민번호는 정확한 것으로 가정한다.)

관계	성명	주민번호	비고
본인	박기술	760906-1458320	총급여 60,000,000원
배우자	김배우	780822-2184326	총급여 42,000,000원
본인의 직계존속	박직계	431203-1284322	장애인(장애인복지법)
직계비속	박일번	040703-4675359	고등학생
직계비속	박이번	140203-3954114	초등학생

2. 보험료 내역

2022년 귀속 소득공제증명서류 : 기본(지출처별)내역
[보장성 보험, 장애인전용보장성보험]

■계약자 인적사항

성명	박기술	주민등록번호	760906-*******

■보장성보험(장애인전용보장성보험)납입내역 (단위:원)

종류	상호	보험종류		납입금액 계
	사업자번호	증권번호	주피보험자	
	종피보험자1	종피보험자2	종피보험자3	
보장성	교보생명	드림장애인보험		940,000
	106-81-41***		431111-******	박직계	
인별합계금액				940,000

3. 교육비 내역

2022년 귀속 소득공제증명서류 : 기본(지출처별)내역 [교육비]

■학생 인적사항

성명	박일번	주민등록번호	040703-*******

■교육비 지출내역 (단위:원)

교육비 종류	학교명	사업자번호	납입금액 계
수업료	**고등학교	**5-82-*****	960,000
교복구입비	**고등학교	***-**-*****	550,000
인별합계금액			1,510,000

4. 기부금 내역

(1) 국세청 자료

2022년 귀속 소득공제증명서류 : 기본(지출처별)내역 [기부금]

■기부자 인적사항

성명	박일번	주민등록번호	040703-*******

■기부금 납부내역   (단위:원)

사업자번호	상 호	공제대상금액합계
106-83-*****	유엔난민기구(지정기부금)	120,000
인별합계금액		120,000

(2) 기타자료

■ 소득세법 시행규칙 [별지 제45호의2서식]

기 부 금 영 수 증

일련번호 [   ]

※ 아래의 작성방법을 읽고 작성하여 주시기 바랍니다.

❶ 기부자

성 명	박 기 술	주민등록번호 (사업자등록번호)	760906-1******
주 소	서울 중구 남산동2가 18-6		

❷ 기부금 단체

단 체 명	한세교회	주민등록번호 (사업자등록번호)	106 - 82 - 00445
소 재 지	서울 용산구 효창동 3-6	기부금공제대상 기부금단체 근거법령	소득세법 제34조제1항

❸ 기부금 모집처(언론기관 등)

단 체 명		사업자등록번호	
소 재 지			

❹ 기부내용

유 형	코 드	구 분	년 월	내 용	금 액
종교단체	41	금전	2022.01.01-12.31.	십 일 조	2,400,000
				합 계	2,400,000

6부 • 기출문제

86회 기출문제

이론시험

| 1 ① | 2 ④ | 3 ③ | 4 ① | 5 ④ | 6 ③ | 7 ② | 8 ④ | 9 ② | 10 ① |
| 11 ② | 12 ② | 13 ④ | 14 ③ | 15 ② | | | | | |

[1] ① 선입선출법은 매출은 최근 단가이고 매출원가는 과거의 원가이므로 수익비용대응이 적절하지 않다.
[2] ④ 건물의 도색 등 자산의 현상유지를 위한 지출은 수익적 지출로 처리한다.
[3] ③ 사채가 할인발행되면 매년 인식하는 이자비용은 증가한다.
[4] ① 미교부주식배당금은 자본으로 계상한다.
[5] ④ 회계변경이 회계정책의 변경인지 회계추정의 변경인지 구분하기가 어려운 경우에는 이를 회계추정의 변경으로 본다.
[6] ③ 가공비는 직접노무비, 제조간접비로 구성된다.
[7] ② (1) 당기제품제조원가 : (360,000+480,000+530,000) - 45,000 = 1,325,000원
　　　 (2) 기말 재고액 : (620,000+1,325,000) - 1,350,000 = 595,000원
[8] ④ 280,000원
배부해야할 S1보조부문 변동원가 : (200,000원 × 0.4) + 400,000원 = 480,000원
제조부문 A에 배분해야하는 보조부문 총변동원가 : (200,000원 × 0.2) + (480,000원 × 0.5) = 280,000원

	S1	S2	A	B	합계
배분전원가	400,000원	200,000원			600,000원
S1원가배분	(480,000원)		240,000원	240,000원	0
S2원가배분	80,000원	(200,000원)	40,000원	80,000원	0
배분후원가	0원	0원	280,000원	320,000원	600,000원

* 1. S2의 서비스 제공비율 0.4 : 0.2 : 0.4
　2. S1의 서비스 제공비율(S2 제공서비스 제외) 0.4 : 0.4
[9] ② • 제조간접비 배부율 : 6,000,000원 ÷ 40,000시간 = 150원/시간
　　　• 배부차이 : 5,860,000원 - (150원× 39,000시간)= 10,000원(과소배부)
[10] ① 재료비 : 2,000개, 가공비 : 2,000 + 500 * 0.4 = 2,200 개
[11] ② 부가가치세법 제10조 제2항 제2호 및 부가가치세 집행기준 10-0-4 ① 2, 사업자가 자기의 과세사업을 위하여 자기생산•취득재화 중 개별소비세 과세대상 승용자동차를 고유의 사업목적(판매용, 운수업용 등)에 사용하지 않고 비영업용 또는 업무용(출퇴근용 등)으로 사용하는 경우는 간주공급에 해당한다.
[12] ② 신규사업자는 사업개시일 전이라도 사업자등록을 할 수 있다.
[13] ④
　　　- 매출세액 : 1,000,000
　　　- 매입세액 : 500,000-10,000=490,000

해답 및 해설

- 납부세액 : 1,000,000-490,000=510,000
  · 비영업용 소형승용차 관련 비용은 매입세액불공제 사항이다.
[14] ③ 사회통념상 타당하다고 인정되는 범위의 경조금은 근로소득으로 보지 아니한다.(소득세법 시행규칙 10①)
[15] ② 비영업대금이익의 원천징수세율은 25% 이다.

실무시험

문제 1.

[1] 1월 17일 일반전표입력
(차) 소모품비(제) 또는 사무용품비(제)   22,000원   (대) 현금   22,000원
    또는 출금 소모품비(제) 22,000원

[2] 3월 27일
(차) 보통예금   50,846,000원   (대) 정기예금   50,000,000원
    선납세금   154,000원   이자수익   1,000,000원

[3] 6월 25일
(차) 미지급세금   1,500,000원   (대) 미지급금(또는 미지급비용)   1,616,000원
    세금과공과(판)   100,000원   (거래처:신한카드)
    수수료비용(판)   16,000원

[4] 7월 3일
(차) 접대비(제)   500,000   (대) 보통예금   500,000

[5] 11월 30일
(차) 대손충당금(받을어음)   2,000,000   (대) 받을어음((주)필연)   3,000,000
    대손상각비(판관비)   1,000,000

문제 2.

[1] 4월 22일 매입매출전표입력
유형:11. 과세, 공급가액 : 9,000,000원, 부가세 : 900,000원, 거래처 : (주)해후, 전자 : 여, 분개 : 혼합
(차) 감가상각누계액(계정코드:209)   5,200,000   (대) 차량운반구   12,500,000
    보통예금   9,900,000   부가세예수금   900,000
                유형자산처분이익   1,700,000

[2] 4월 30일 매입매출전표 입력
유형:11.과세, 공급가액: -7,500,000원, 부가세: -750,000원, 거래처:중앙상사, 전자: 여, 분개:외상 또는 혼합
(차) 외상매출금   -8,250,000원   (대) 제품매출   -7,500,000원
                부가세예수금   -750,000원

6부 · 기출문제

[3] 6월30일 유형 52 영세 공급가액 15,000,000 부가세 0원 거래처 ㈜영세상사 전자 여 분개 혼합
(차) 원재료　　　　　　　　　　　15,000,000원　(대) 현　　　금　　　　　5,000,000원
　　　　　　　　　　　　　　　　　　　　　　　　　　외상매입금(㈜영세상사) 10,000,000원

[4] 7월 9일 유형 16.수출(영세율 구분:1)　　거래처명: STAR사 분개 : 혼합 또는 외상
(차) 외상매출금　　　　　　　　　12,000,000원　(대) 제품매출　　　　　12,000,000원

[5] 8월 25일, 유형: 53(면세), 거래처: ㈜성일빌딩, 공급가액: 50,000원, 부가세: 0원, 전자:여, 분개: 혼합
(차) 수도광열비(판관비)　　　　　　50,000원　(대) 미지급금(또는 미지급비용) 50,000원

문제 3.

[1] 신용카드매출전표 수령명세서 7월~9월

월/일	구분	공급자	공급자 사업자등록번호	카드회원번호	신용카드 거래내역 합계		
					거래건수	공급가액	세액
07-31	현금	㈜오피스	124-81-04878		1	150,000	15,000
08-12	사업	이음마트	402-14-33228	1000-2000-3000-4000	1	50,000	5,000

[2] 대손세액공제신고서 10월~12월

대손확정일	대손금액	공제율	대손세액	거래처		대손사유
2022-10-05	44,000,000	10/110	4,000,000	㈜세무	6	소멸시효완성
2022-08-07	55,000,000	10/110	5,000,000	㈜회계	5	부도(6개월 경과)

부가가치세신고서

	구분		정기신고금액			구분		금액	세율	세액
			금액	세율	세액					
과세표준및매출세액	과세 세금계산서발급분	1	970,000,000	10/100	97,000,000	16.공제받지못할매입세액				
	매입자발행세금계산서	2		10/100		공제받지못할 매입세액	50			
	신용카드·현금영수증발행분	3	30,000,000		3,000,000	공통매입세액면세등사업분	51			
	기타(정규영수증외매출분)	4	10,500,000	10/100	1,050,000	대손처분받은세액	52			
	영세 세금계산서발급분	5		0/100		합계	53			
	기타	6	70,000,000	0/100		18.그 밖의 경감·공제세액				
	예정신고누락분	7				전자신고세액공제	54			
	대손세액가감	8			-9,000,000	전자세금계산서발급세액공제	55			
	합계	9	1,080,500,000	㉮	92,050,000	택시운송사업자경감세액	56			
매입세액	세금계산서수취분 일반매입	10	620,000,000		62,000,000	대리납부세액공제	57			
	수출기업수입분납부유예	10				현금영수증사업자세액공제	58			
	고정자산매입	11	90,000,000		9,000,000	기타	59			
	예정신고누락분	12				합계	60			
	매입자발행세금계산서	13								
	그 밖의 공제매입세액	14								
	합계(10)-(10-1)+(11)+(12)+(13)+(14)	15	710,000,000		71,000,000					
	공제받지못할매입세액	16								
	차감계 (15-16)	17	710,000,000	㉯	71,000,000					
납부(환급)세액(매출세액㉮-매입세액㉯)				㉰	21,050,000					
경감공제세액	그 밖의 경감·공제세액	18								
	신용카드매출전표등 발행공제등	19	33,000,000							
	합계	20		㉱						
예정신고미환급세액		21		㉲	3,000,000					
예정고지세액		22		㉳						
사업양수자의 대리납부 기납부세액		23		㉴						
매입자 납부특례 기납부세액		24		㉵						
신용카드업자의 대리납부 기납부세액		25		㉶						
가산세액계		26		㉷						
차감·가감하여 납부할세액(환급받을세액) X㉰-㉱-㉲-㉳-㉴-㉵-㉶+㉷		27			18,050,000					
총괄납부사업자가 납부할 세액(환급받을 세액)										

해답 및 해설

문제 4.

[1] 12월 31일 일반전표입력
(차) 보통예금　　　　　　　　　　16,965,000원　(대) 단기차입금(하나은행)　16,965,000원

[2] 12월 31일 일반전표입력
(차) 미수수익　　　　　　　　　　2,000,000　(대) 이자수익 2,000,000 또는 1,999,999원

[3] 12월 31일 일반전표입력
(차) 이자비용　　　　　　　　　　450,254　(대) 보통예금　　　　　　　300,000
　　　　　　　　　　　　　　　　　　　　　　　　사채할인발행차금　　　150,254

[4] 다음 ①, ② 중 선택하여 입력
① 결산자료 입력에 감가상각비금액 입력 후 전표추가
　　차량운반구 감가상각비 6,000,000원 입력 전표추가
② 일반전표입력
12월 31일 (차) 감가상각비(판)　　6,000,000원　(대) 감가상각누계액(209)　6,000,000원
→ 감가상각금액 : 취득가액 30,000,000원 / 내용연수 5년 = 6,000,000원

[5] 12월 31일 일반전표에 다음과 같이 입력한 후
(차) 재고자산감모손실　　　　　　400,000원　(대) 제품　　　　　　　　　400,000원
　　　　　　　　　　　　　　　　　　　　　　　(적요 8. 타계정으로 대체액 손익계산서 반영분)
결산자료입력 해당란에 다음과 같이 입력하고 전표추가.
　· 원재료 :　5,500,000원　　· 제 품 : 14,000,000원　　· 상 품 : 16,000,000원

문제 5.

[1] 급여자료입력 + 원천징수이행상황신고서
(1) 급여자료입력 7월
① 수당공제 : 육아수당을 비과세로 등록
② 기본급을 비롯한 금액을 기록
(2) 원천징수이행상황신고서 : 귀속 7월, 지급 7월
: 불러오기를 한 후 12.전월미환급 란에 310,000원을 기록

[2] 부양가족명세 + 연말정산
(1) 부양가족명세

기본사항		부양가족명세		추가사항							
연말관계	성명	내/외국인	주민번호	나이	기본공제	부녀자	한부모	경로우대	장애인	자녀	출산입양
0	박기술	내 1	730909-14583230	48	본인						
3	김배우	내 1	750822-2184326	81	60세이상			○	1		
1	박직계	내 1	401203-1284322	46	부						
4	박일번	내 1	010703-4675359	20	20세이하					○	
4	박이번	내 1	110203-3954114	10	20세이하					○	

(2) 연말정산자료입력
60. 보장성보험 : 장애인 940,000원
62. 교육비 : (초중고) 1명 1,460,000원 (교복은 50만원 한도)
63. 기부금 : (지정) 120,000원   (종교) 2,400,000원

제87회 기출문제

(제한시간 : 90분, 난이도 : 합격률 31.15%)

1. 다음 중 재무제표 작성과 표시에 대한 설명으로 틀린 것은?
   ① 자산과 부채는 유동성이 높은 항목부터 배열하는 것을 원칙으로 한다.
   ② 자산은 1년 또는 정상영업주기를 기준으로 유동자산과 비유동자산으로 분류한다.
   ③ 중요하지 않은 항목은 성격이나 기능이 유사한 항목과 통합하여 표시할 수 있다.
   ④ 기타포괄손익누계액은 만기보유증권평가손익, 해외사업환산손익 및 현금흐름위험회피 파생상품평가손익 등으로 구분하여 표시한다.

2. 다음 중 감가상각 대상자산이 아닌 것은?
   ① 일시적으로 사용중지 상태인 기계장치
   ② 할부로 구입한 차량운반구
   ③ 사옥으로 이용하기 위해 건설중인 건물
   ④ 정부보조금으로 취득한 기계장치

3. ㈜우연의 단기매매목적으로 취득한 유가증권의 취득 및 처분 내역은 다음과 같다. 20x1년 ㈜우연의 손익계산서에 보고될 유가증권의 평가손익은 얼마인가?(㈜우연의 결산일은 12월 31일이며, 시가를 공정가액으로 본다.)

   · 20x1. 02. 15 : 1주당 액면금액이 4,000원인 ㈜필연의 주식 20주를 주당 150,000원에 취득함
   · 20x1. 10. 20 : ㈜필연 주식 중 6주를 220,000원에 처분함
   · 20x1. 12. 31 : ㈜필연의 주식의 시가는 주당 130,000원이었음

   ① 평가이익 80,000원　　② 평가이익 420,000원
   ③ 평가손실 280,000원　　④ 평가손실 120,000원

4. ㈜거성의 20x1년 1월 1일 자본금은 40,000,000원(주식수 40,000주, 액면가액 1,000원)이다. 20x1년 8월 1일 주당 900원에 10,000주를 유상증자하였다. 20x1년 기말 자본금은 얼마인가?

    ① 49,000,000원　　　　② 50,000,000원
    ③ 53,000,000원　　　　④ 65,000,000원

5. 수익적지출 항목을 자본적지출로 잘못 회계처리한 경우 재무제표에 미치는 영향으로 틀린 것은?

    ① 당기순이익이 과대계상 된다.
    ② 현금유출액에는 영향을 미치지 않는다.
    ③ 자산이 과대계상 된다.
    ④ 자본이 과소계상 된다.

6. 다음 중 조업도의 증감에 관계 없이 관련범위 내에서 총액이 항상 일정하게 발생하는 원가요소는?

    ① 수도광열비　　　　② 직접노무비
    ③ 동력비　　　　　　④ 임차료

7. 다음 자료를 이용하여 개별원가계산방법으로 직접노무원가를 계산하면 얼마인가?

    ・제조간접원가는 직접노무원가의 120%이다.
    ・직접재료원가는 900,000원이다.
    ・제조간접원가는 1,200,000원이다.

    ① 900,000원　　　　② 1,000,000원
    ③ 1,080,000원　　　④ 1,200,000원

8. 정상원가계산제도하에서 제조간접비의 배부차이를 총원가기준법(비례배부법)으로 조정하고 있으나 만약 배부차이 전액을 매출원가에서 조정한다면, 매출총이익의 변화에 대한 설명으로 올바른 것은?

  · 과소배부액 : 1,000,000원   · 기말재공품 : 1,000,000원
  · 기말제품 : 1,000,000원   · 매출원가 : 3,000,000원

  ① 400,000원 감소   ② 1,000,000원 감소
  ③ 600,000원 감소   ④ 400,000원 증가

9. 다음 중 제품 생산과정에서 발생하는 비정상적인 공손품원가를 처리하는 항목으로 가장 타당한 것은?

  ① 제조원가   ② 영업비용
  ③ 영업외비용   ④ 판매관리비

10. 종합원가계산의 흐름을 바르게 나열한 것은?

  가. 물량의 흐름을 파악한다.
  나. 완성품과 기말재공품 원가를 계산한다.
  다. 재료원가와 가공원가의 완성품환산량 단위당 원가를 구한다.
  라. 재료원가와 가공원가의 기초재공품원가와 당기총제조원가를 집계한다.
  마. 재료원가와 가공원가의 완성품환산량을 계산한다.

  ① 가 → 나 → 다 → 라 → 마   ② 가 → 마 → 라 → 다 → 나
  ③ 가 → 라 → 마 → 다 → 나   ④ 나 → 가 → 다 → 라 → 마

11. 부가가치세법상 재화 또는 용역의 공급이 아래와 같을 경우 세금계산서 발급 대상에 해당하는 공급가액의 합계액은 얼마인가?

· 내국신용장에 의한 수출 : 25,000,000원
· 외국으로의 직수출액 : 15,000,000원
· 부동산임대보증금에 대한 간주임대료 : 350,000원
· 견본품 무상제공(장부가액 : 4,000,000원, 시가 : 5,000,000원)

① 25,000,000원 ② 25,350,000원
③ 30,000,000원 ④ 30,350,000원

12. 다음 중 부가가치세법상 환급에 대한 설명으로 틀린 것은?

① 일반환급은 각 과세기간별로 확정신고기한 경과 후 30일 이내에 환급하여야 한다.
② 재화 및 용역의 공급에 영세율이 적용되는 경우에는 조기환급이 가능하다.
③ 고정자산매입 등 사업설비를 신설하는 경우 조기환급이 가능하다.
④ 영세율 등 조기환급기간별로 당해 조기환급신고기한 경과 후 25일 이내에 환급해야 한다.

13. 다음 중 부가가치세법상 공급시기가 잘못된 것은?

① 상품권 등을 현금 또는 외상으로 판매한 후 해당 상품권 등이 현물과 교환되는 경우 : 재화가 실제로 인도되는 때
② 중간지급조건부로 재화를 공급하는 경우 : 재화가 인도되거나 이용 가능하게 되는 때
③ 현금판매, 외상판매, 할부판매의 경우 : 재화가 인도되거나 이용 가능하게 되는 때
④ 직수출 및 중계무역방식의 수출의 경우 : 수출재화의 선(기)적일

14. 다음 중 소득세법상 과세기간에 대한 설명으로 틀린 것은?

① 일반적인 소득세의 과세기간은 1월 1일부터 12월 31일까지 1년으로 한다.
② 거주자가 사망한 경우의 과세기간은 1월 1일부터 사망한 날까지로 한다.
③ 폐업사업자의 사업소득의 과세기간은 1월 1일부터 폐업일까지로 한다.
④ 거주자가 주소 또는 거소를 국외로 이전하여 비거주자가 되는 경우의 과세기간은 1월 1일부터 출국한 날까지로 한다.

15. 다음 중 소득세법상 특별세액공제에 대한 설명으로 가장 틀린 것은? (정답 2개)

① 의료비는 총급여액의 3%를 초과하지 않는 경우에도 의료비세액공제를 적용받을 수 있다.
② 일반보장성보험료 납입액과 장애인전용보장성보험료 납입액의 공제한도는 각각 100만원이다.
③ 장애인 특수교육비 세액공제는 제외하고, 직계존속의 대학교등록금은 교육비 세액공제 대상이 아니다.
④ 근로소득이 있는 거주자가 항목별 특별소득공제·항목별 특별세액공제·월세세액공제를 신청하지 않은 경우 연 13만원의 표준세액공제를 적용한다.

6부 • 기출문제

㈜미래전자 (회사코드:5287)은 제조, 도·소매 및 무역업을 영위하는 중소기업이며, 당기(6기)회계기간은 2022.1.1.~2022.12.31. 이다. 전산세무회계 수험용 프로그램을 이용하여 다음 물음에 답하시오.

문제 1

다음 거래를 일반전표입력 메뉴에 추가 입력하시오.(15점)

[1] 1월 20일 ㈜대한에 9,000,000원을 15개월 후 회수조건으로 대여하기로 하고 보통예금 계좌에서 이체하였다.(3점)

[2] 2월 17일 1월 15일에 자기주식 400주를 1,350,000원에 취득하였다. 이 중 300주를 주당 5,700원에 매각하고 대금은 전액 보통예금으로 입금 받았다. 자기주식의 주당 액면가액은 5,400원이다.(3점)

[3] 2월 25일 영업부 직원들이 출장업무 중 가나분식에서 다음의 신용카드매출전표(법인우리카드)로 결제하였다. 거래일 현재 가나분식은 간이과세자이고, 복리후생비로 처리할 것.(3점)

```
       가나분식
    506-20-43238    TEL: 02-546-1857    김미영
    서울시 관악구 관악로 894
    2022-02-25  12:21     POS:02      BILL:000042
    -----------------------------------------------
    품명          단가          수량            금액
    -----------------------------------------------
    라면         2,500원         4           10,000원
    -----------------------------------------------
    소계                                     10,000원
    -----------------------------------------------
    청구금액                                 10,000원
    받은금액                                 10,000원
    거스름액                                      0원
    -----------------------------------------------
    신용카드                                 10,000원
    -----------------------------------------------
    신용카드 매출전표 [ 고 객 용 ]
    [카 드 번 호] 1111-****-****-4444
    [할 부 개 월] 일시불
    [카 드 사 명] 우리카드
    [가 맹 번 호] 00856457
    [승 인 번 호] 07977800
    -----------------------------------------------
```

[4] 3월 21일 퇴직연금부담금(확정기여형) 10,000,000원(제조 5,000,000원, 판매 5,000,000원)을 당회사의 보통예금계좌에서 이체하였다.(3점)

[5] 11월 10일 당사는 액면가액 1주당 10,000원인 보통주 1,000주를 1주당 12,000원에 발행하고 전액 보통예금으로 납입받았으며, 주식발행에 관련된 법무사 수수료(부가가치세는 무시하기로 함) 500,000원은 현금으로 지급하였다.(주식할인발행차금 잔액은 없고, 하나의 전표로 입력하시오.)(3점)

문제 2

다음 거래자료를 매입매출전표입력 메뉴에 추가로 입력하시오.(15점)

[1] 4월 11일 회사의 판매관리부서에서 업무용으로 사용하기 위한 컴퓨터를 ㈜컴마트에서 구입하고 구매대금 1,650,000원(부가가치세 포함)을 법인카드인 하나카드로 결제하였다. 비품계정으로 회계처리할 것.(3점)

```
단말기번호
8002124738                  120524128234
카드종류
하나카드                      신용승인
회원번호                      유효기간
4906-0302-****-9958         2022/04/11  13:52:46
일반
일시불                       거래금액        1,500,000원
은행확인                      부가세           150,000원
비씨
판매자                       봉사료           0
                           합계           1,650,000원
대표자                       가맹점명
이판매                       ㈜컴마트
사업자등록번호                  가맹점주소
116-81-52796               서울 양천 신정4동 973-12
                           서명           Semusa
```

[2] 4월 22일 국내 체류 중인 앤드류(현재 국내의 호텔에 200일 째 거주하고 있음)에게 제품을 220,000원(공급대가)에 판매하였다. 대금은 현금으로 수령하고 현금영수증을 발급하였다. (3점)

[3] 5월 9일 수출업체인 ㈜영일에 제품을 같은 날짜로 받은 내국신용장에 의해 납품하고 다음의 영세율 전자세금계산서를 발급하였다. 대금은 아직 결제받지 않았다.(3점)

영세율전자세금계산서(공급자 보관용)					승인번호	20220509-1000000-00002121				
공급자	사업자등록번호	143-81-17530	종사업장번호		공급받는자	사업자등록번호	220-81-39938	종사업장번호		
	상호(법인명)	㈜미래전자	성명(대표자)	황석영		상호(법인명)	㈜영일	성명	김영일	
	사업장 주소	서울 마포구 독막로 233				사업장 주소	서울 강남구 도곡로 150			
	업태	제조외	종목	전자제품		업태	도소매	종목	전자제품	
	이메일	susu88@naver.com				이메일	young99@daum.net			
작성일자	공급가액		세액		수정사유					
2022-05-09	30,000,000원		0							
비고										
월	일	품목	규격	수량	단가	공급가액	세액	비고		
5	9	제품	set	20	1,500,000원	30,000,000원	0			
합계금액		현금	수표		어음	외상미수금	이 금액을 영수/청구 함			
30,000,000원						30,000,000				

[4] 5월 16일 ㈜선우에 제품판매계약을 체결하고 5,500,000원(부가가치세 포함)을 보통예금으로 수령하여 전자세금계산서를 발급하였다. 해당 제품은 6월 10일에 인도하기로 하였다.(3점)

[5] 7월 3일 마케팅 부서의 업무용 차량(5인승 승용차, 2,500cc)을 ㈜K자동차에서 35,000,000원(부가가치세 별도)에 취득하면서 전자세금계산서를 수취하였다. 대금은 취득세 2,240,000원과 함께 보통예금에서 지급하였다.(하나의 전표로 회계처리하시오.)(3점)

문제 3

부가가치세신고와 관련하여 다음 물음에 답하시오.(10점)

[1] 다음은 수출신고필증의 일부자료와 선적일 및 환율정보이다. 제품매출에 대한 거래 자료를 [매입매출전표에 입력]하고 제2기 부가가치세 확정신고를 위한 [수출실적명세서]를 작성하시오.(5점)

```
· 품목 : ADAS A1                        · 거래처 : Ga.Co.Ltd(US)
· 수출신고번호 : 010-05-23-0000010-2      · 수량 : 150 EA
· 단가 : $300 USD                        · 거래구분 : 직수출
· 결제금액 : FOB($45,000 USD)            · 수출신고일 : 12월 12일
· 선적일 : 12월 15일
· 결제조건 : T/T후불(결재기일 : 적재일로부터 35일 후)
· 기준환율
   12월12일 :  1,150원/USD
   12월15일 :  1,210원/USD
```

[2] 다음 자료는 2022년 제2기 확정 부가가치세 신고기간(10월 ~12월)의 부동산 임대내역이다. 부동산임대공급가액명세서를 작성하시오.(이자율은 1.2%로 가정한다.)(5점)

거래처명	층/호수	면적	용도	임대기간	보증금	월세	관리비
㈜고향상사 (102-81-95063)	1층 /102호	88㎡	사무실	2020.11.01.~ 2022.10.31.	10,000,000원	1,000,000원	100,000원
				2022.11.01.~ 2024.10.31.	20,000,000원	1,500,000원	150,000원
대영 (101-02-21108)	2층 /201호	88㎡	사무실	2022.12.01.~ 2024.11.30.	15,000,000원	2,000,000원	150,000원

문제 4

다음 결산자료를 입력하여 결산을 완료하시오.(15점)

[1] 다음 자료를 이용하여 12월 31일 부가세대급금과 부가세예수금을 정리하는 분개를 입력하시오. 제2기 부가가치세 예정신고 시 예정신고와 관련된 부가세대급금과 부가세예수금에 대한 회계처리는 적절하게 이루어진 것으로 가정한다.(납부세액은 미지급세금으로 계상하고 환급세액은 미수금으로 계상하되, 거래처는 입력하지 말 것.)(3점)

- 부가세대급금 : 18,000,000원
- 부가세예수금 : 20,000,000원
- 예정신고 미환급세액 : 2,000,000원

[2] 기말 현재 장기대여금 계정과목 중에는 RET사에 외화로 빌려준 10,000,000원($10,000)이 계상되어 있다. 기말 현재 기준환율은 1$당 1,200원이다.(3점)

[3] 당기 말 현재 보유하고 있는 매도가능증권(투자자산)에 대한 내역은 다음과 같다. 기말 매도가능증권 평가에 대한 회계처리를 하시오.(단, 제시된 자료만 고려하며 하나의 전표로 입력할 것.)(3점)

회사명	2021년 취득가액	2021년 기말 공정가액	2022년 기말 공정가액
㈜마인드	25,000,000원	24,500,000원	26,000,000원

[4] 당기 법인세(법인세에 대한 지방소득세 포함)는 8,500,000원이고 결산일 현재 선납세금계정에는 법인의 이자수익에 대한 선납법인세 및 선납지방소득세 합계 956,000원과 법인세 중간예납액 3,456,000원이 존재한다. 적절한 회계처리를 하시오.(3점)

[5] 당기의 이익잉여금 처분은 다음과 같이 결의되었다.(3점)

- 당기처분 예정일 : 2023년 3월 15일
- 전기처분 확정일 : 2022년 2월 28일
- 보통주 현금배당 : 20,000,000원
- 보통주 주식배당 : 20,000,000원
- 이익준비금 : 현금배당액의 10%
- 사업확장적립금 : 5,000,000원

문제 5

2022년 귀속 원천징수자료와 관련하여 다음의 물음에 답하시오.(15점)

[1] 사원코드 150번인 사원 김최고(사무직, 배우자와 부양가족은 없음)는 2022년 3월 31일에 퇴사하였다. 김최고 사원은 퇴사일에 3월분 급여를 받았고 이에 대한 자료는 아래와 같다. 퇴사에 관련된 [급여자료입력]을 입력하고, 중도퇴사에 대한 연말정산을 실행하여 2022년 4월 10일에 신고해야 할 [원천징수이행상황신고서]를 작성하시오.(단, 그 외의 사원은 없는 것으로 가정한다.)(5점)

<사원 김최고의 2022년 3월 급여내역- 지급일 : 2022년 3월 31일>

1. 지급내역
 · 기본급 : 3,500,000원　　　· 식대 : 120,000원
 · 자가운전보조금 : 180,000원　　· 야간근로수당 : 300,000원　　· 상여금 : 1,200,000원

2. 공제내역
 · 국민연금 : 157,500원　　· 건강보험 : 113,050원
 · 고용보험 : 32,630원　　· 장기요양보험 : 9,620원

3. 추가사항
 · 김최고사원은 본인 소유의 차량을 직접 운전하여 출퇴근 및 업무에 사용하고 있으며, 자가운전보조금은 비과세요건을 충족한다. 식대도 비과세 요건을 충족한다.

6부 • 기출문제

[2] 다음의 연말정산자료를 토대로 최수지 사원(사원코드 : 151)의 연말정산추가자료입력 메뉴의 [연말정산입력]탭에 반영하시오. 아래의 표시된 부양가족 이외의 가족은 없으며, 부양가족의 소득금액은 없고 지출내역은 모두 국세청 연말정산 간소화 자료에서 확인된 내역이다.(10점)

- 최수지(본인, 세대주, 주민번호 : 790530 - 2345671)
  1. 보험료 : 720,000원(생명보험료 : 보장성보험)
  2. 의료비
     (1) 미용을 목적으로한 성형수술비 : 4,500,000원
     (2) 시력보정용 안경구입비 : 500,000원
     (3) 동네약국에서 질병에 대한 약품구입비 : 450,000원
  3. 교육비
     (1) 대학원등록금 : 9,600,000원
     (2) 요가학원 수업료 : 250,000원
  4. 기부금
     (1) 정당의 후원금 : 300,000원
     (2) 지정기부금 단체(종교단체 아님)에 기부한 후원금 : 360,000원
  5. 신용카드
     (1) 대중교통 이용분 : 150,000원
     (2) 기타 공제가능 신용카드 사용액 15,000,000원(자녀의 건강진단비 결제분 : 900,000원 포함)
  6. 현금영수증 : 250,000원(요가학원 수업료)

- 최딸기(자녀, 주민번호 : 130405 - 4401235)
  1. 의료비 : 900,000원(건강진단비)
  2. 교육비 : 300,000원(어린이집 납입액)

해답 및 해설

87회 기출문제

이론시험

1 ④	2 ③	3 ③	4 ②	5 ④	6 ④	7 ②	8 ①	9 ③	10 ②
11 ①	12 ④	13 ②	14 ③	15 ①,③					

[1] ④ 만기보유증권평가손익이 아니라 매도가능증권평가손익을 기타포괄손익누계액으로 표시한다.(일반기업회계기준 [문단 2.39])

[2] ③ 감가상각은 자산이 사용 가능한 때부터 하기 때문에, 건설중인자산은 완공 시까지 감가상각을 할 수 없다.

[3] ③ (130,000원 - 150,000원) × (20주 - 6주) = △280,000원(평가손실)

[4] ② 40,000,000원 + 1,000원 × 10,000주 = 50,000,000원

[5] ④ 비용을 자산으로 계상하게 되면 자산과 당기순이익이 과대 계상되고, 자본이 과대 계상 된다. 현금 유출액에는 영향을 미치지 않는다.

[6] ④ 임차료는 관련범위 내에서 고정비에 해당한다.

[7] ② 직접노무원가 = 1,200,000원 X 100%/120% = 1,000,000원

[8] ① 총원가배부법에 의할 경우에 비해 매출원가 배부법에 의할 경우의 매출원가가 400,000원 증가한다. 따라서 매출총이익은 400,000원 감소한다.

[9] ③ 정상 공손원가는 제조원가로 처리하고, 비정상 공손원가는 영업외비용처리 한다.

[10] ② 가 마 라 다 나.

[11] ① 외국으로의 직수출과 간주임대료는 세금계산서 발급 면제이고, 견본품의 제공은 재화의 공급으로 보지 아니한다.

[12] ④ 부가가치세법 제59조 영세율 등 조기환급기간별로 당해 조기환급신고기한 경과 후 15일 이내에 환급해야 한다

[13] ② 중간지급조건부로 재화를 공급하는 경우에는 대가의 각 부분을 받기로 한 때이다.

[14] ③ 소득세의 과세기간은 사업개시나 폐업에 의하여 영향을 받지 않는다.(소득세법 제5조)

[15] ①, ③ 복수정답

6부 • 기출문제

실무시험

문제 1.

[1] 1월 20일
(차) 장기대여금(㈜대한)또는 단기대여금　9,000,000원　(대) 보통예금　9,000,000원

[2] 2월 17일
(차) 보통예금　1,710,000원　(대) 자기주식　1,012,500원
　　　　　　　　　　　　　　　　　　자기주식처분이익　697,500원

　　* 처분되는 주식의 장부가액 : 1,350,000원 × 300주/400주 = 1,012,500원

[3] 2월 25일
(차) 복리후생비(판)　10,000원　(대) 미지급금　10,000원
　　　　　　　　　　　　　　　　　　(우리카드(법인)) (또는 미지급비용)

[4] 3월 21일 일반전표입력
(차) 퇴직급여(806)　5,000,000원　(대) 보통예금(103)　10,000,000원
　　퇴직급여(508)　5,000,000원

[5] 11월 10일
(차) 보통예금　12,000,000원　(대) 자본금　10,000,000원
　　　　　　　　　　　　　　　　　　주식발행초과금　1,500,000원
　　　　　　　　　　　　　　　　　　현금　500,000원

문제 2.

[1] 4월11일 유형 57(카과) 공급가액 1,500,000원 부가세 150,000원 거래처 ㈜컴마트 분개 : 카드 또는 혼합
(차) 비품(212)　1,500,000원　(대) 미지급금(하나카드)　1,650,000원
　　부가세대급금　150,000원

[2] 4월 22일 유형:22.현과, 공급가액: 200,000원, 부가세: 20,000원, 거래처: 앤드류, 분개: 혼합(현금)
(차) 현금　220,000원　(대) 제품매출　200,000원
　　　　　　　　　　　　　　　　　　부가세예수금　20,000원

[3] 5월 9일　유형:12.영세 , 공급가액:30,000,000원, 부가세:0원, 거래처명:㈜영일, 전자:여, 분개: 혼합
(영세율구분 : 3. 내국신용장, 구매확인서에 의하여 공급하는 재화)
(차) 외상매출금　30,000,000원　(대) 제품매출　30,000,000원

[4] 5월 16일 유형:11. 과세, 공급가액: 5,000,000원, 부가세: 500,000원, 거래처: ㈜선우, 전자: 여, 분개: 혼합
(차) 보통예금　5,500,000원　(대) 선수금　5,000,000원
　　　　　　　　　　　　　　　　　　부가세예수금　500,000원

[5] 7월 3일 유형 : 54 불공(불공제사유 : 3) 공급가액: 35,000,000원, 부가세: 3,500,000원, 거래처: ㈜K자동차, 전자: 여, 분개: 혼합
(차) 차량운반구　40,740,000원　(대) 보통예금　40,740,000원

해답 및 해설

또는 (차) 차량운반구   38,500,000원   (대) 보통예금   40,740,000원
           차량운반구   2,240,000원

문제 3.

[1] 1) 12월 15일 매입매출전표입력
16수출 공급가액 54,450,000, 거래처 Ga.Co.Ltd, 분개 외상 또는 혼합, 영세율 구분 : 1. 직접수출,
(차) 외상매출금   54,450,000   (대) 제품매출   54,450,000

(2) 수출실적명세서 작성 10월 ~ 12월

수출신고번호	선(기)적일자	통화코드	환율	금액		전표정보	
				외화	원화	거래처	거래처명
010-05-23-0000010-2	2022-12-15	USD	1,210	45,000	54,450,000	101	Ga.Co.Ltd

[2] 부동산임대공급가액명세서 10월~12월

No	코드	거래처명(임차인)	동	층	호
1	0122	(주)아세아		1	102
2	0127	대영		2	201
3					

등록사항
1. 사업자등록번호: 114-86-59916   2. 주민등록번호: _____-_____
3. 면적(㎡): 88.00 ㎡   4. 용도: 사무실
5. 임대기간에 따른 계약 내용

No	계약갱신일	임대기간
1		2020-11-01 ~ 2022-10-31
2	2022-11-01	2022-11-01 ~ 2024-10-31
3		

6. 계약내용	금액	당해과세기간계
보증금	10,000,000	10,000,000
월세	1,000,000	1,000,000
관리비	100,000	100,000
7. 간주 임대료	10,191	10,191 31 일
8. 과세표준	1,110,191	1,110,191

No	코드	거래처명(임차인)	동	층	호
1	0122	(주)아세아		1	102
2	0127	대영		2	201
3					

등록사항
1. 사업자등록번호: 114-86-59916   2. 주민등록번호: _____-_____
3. 면적(㎡): 88.00 ㎡   4. 용도: 사무실
5. 임대기간에 따른 계약 내용

No	계약갱신일	임대기간
1		2020-11-01 ~ 2022-10-31
2	2022-11-01	2022-11-01 ~ 2024-10-31
3		

6. 계약내용	금액	당해과세기간계
보증금	20,000,000	20,000,000
월세	1,500,000	3,000,000
관리비	150,000	300,000
7. 간주 임대료	40,109	40,109 61 일
8. 과세표준	1,690,109	3,340,109

6부 · 기출문제

No	코드	거래처명(임차인)	동	층	호
1	0122	(주)아세아		1	102
2	0127	대영		2	201
3					

등록사항

1. 사업자등록번호: 101-02-21108   2. 주민등록번호: ―――――-――――――
3. 면적(㎡): 88.00 ㎡   4. 용도: 사무실
5. 임대기간에 따른 계약 내용

No	계약갱신일	임대기간
1		2022-12-01 ~ 2024-11-30
2		

6. 계약내용	금액	당해과세기간계
보증금	15,000,000	15,000,000
월세	2,000,000	2,000,000
관리비	150,000	150,000
7. 간주임대료	15,287	15,287 31 일
8. 과세표준	2,165,287	2,165,287

소계
| 월세 | 2,000,000 | 관리비 | 150,000 |
| 간주임대료 | 15,287 | 과세표준 | 2,165,287 |

전체합계
| 월세등 | 6,550,000 | 간주임대료 | 65,587 | 과세표준(계) | 6,615,587 |

문제 4.

[1] 12/31 일반전표입력
(차) 부가세예수금   20,000,000원   (대) 부가세대급금   18,000,000원
                                              미수금   2,000,000원

또는   (차) 부가가치세 예수금   20,000,000원   (대) 부가세대급금   18,000,000원
                                              미지급세금   2,000,000원

       (차) 미지급세금   2,000,000원   (대) 미수금   2,000,000원

[2] 12월 31일 일반전표입력
(차) 장기대여금(RET)   2,000,000원   (대) 외화환산이익   2,000,000원

[3] 12월 31일
(차) 매도가능증권(178)   1,500,000원   (대) 매도가능증권평가손실   500,000원
                                              매도가능증권평가이익   1,000,000원

[4] 선납세금 : 956,000원 + 3,456,000원 = 4,412,000원
    미지급세금 : 8,500,000원 - 4,412,000원 = 4,088,000원
(차) 법인세 등   8,500,000원   (대) 선납세금   4,412,000원
                                              미지급세금   4,088,000원

해답 및 해설

[5] 결산자료입력 전표추가 - 손익계산서 - 이익잉여금처분계산서
   당기처분예정일 : 2023년 3월 15일, 전기처분 예정일 : 2022년 2월 28일
   Ⅲ. 이익잉여금 처분액
   1. 이익준비금 2,000,000원
   4. 배당금 - 가.현금배당 20,000,000원, 나.주식배당 20,000,000원
   5. 사업확장적립금 5,000,000원

문제 5.
[1] 중도퇴사자의 연말정산 : 사원등록에서 퇴사일 2022년 3월 31일 등록
   1. 연말정산자료입력 전에 급여자료입력(귀속시기 : 3월, 지급연월일 : 2022년 3월 31일)
   (1) 급여항목 : 기본급 3,500,000원, 상여 1,200,000원, 식대 120,000원, 자가운전 180,000원, 야간근로수당 300,000원
   (2) 공제항목 : 국민연금 157,500원, 건강보험 113,050원, 장기요양보험 9,620원, 고용보험 32,630원
   (3) 중도퇴사자 정산 : 중도정산소득세 -210,960원, 중도정산지방소득세 -21,090원
   (4) 원천징수이행상황신고서 조회 : 3월

[2] 연말정산 추가자료입력
   42. 신용카드 : 신용카드 15,000,000원, 현금영수증 250,000원, 대중교통 150,000원
   60. 보험료 : (일반) 720,000원
   61. 의료비 : 미용목적 성형수술비 제외

의료비지급명세서													
의료비 공제대상자				지급처			(2022)년 의료비 지급명세	지급명세					14.산후조리원 해당여부 (7천만원이하)
성명	내/외	5.주민등록번호	6.본인등 해당여부	8.상호	7.사업자 등록번호	9.의료증빙코드	10.건수	11.금액	11-1.실손 의료보험금	12.난임시술비 해당여부	13.미숙아 해당여부		
최수지	내	820530-2345671	1	0			국세청장		950,000		X	X	X
최말기	내	160405-4401235	3	X			국세청장		000,000		X	X	X

   62. 교육비 : 본인 학원수강료 제외

교육비			
구분	지출액	공제대상금액	공제금액
취학전아동(1인당 300만원)	300,000	9,900,000	1,485,000
초중고(1인당 300만원)			
대학생(1인당 900만원)			
본인(전액)	9,600,000		
장애인(전액)			
장애인(특수교육)			

   63 기부금 : 정치자금 100,000원, 10만원 초과 정치자금(법정) 200,000원, 지정 360,000원

6부 • 기출문제

제88회 기출문제

(제한시간 : 90분, 난이도 : 합격률 48.76%)

1. 다음의 자료에서 설명하는 재고자산의 평가방법은?

   - 일반적인 물가상승시 당기순이익이 과대계상된다.
   - 기말재고자산이 현시가를 반영하고 있다.
   - 인플레이션시에는 경영진의 경영 실적을 높이려는 유혹을 가져올 수 있다.

   ① 선입선출법   ② 후입선출법   ③ 개별법   ④ 이동평균법

2. 다음 중 유형자산의 취득원가에 포함되는 요소를 모두 고른 것은?

ㄱ. 설계와 관련하여 전문가에게 지급하는 수수료	ㄴ. 매입관련 운송비
ㄷ. 설치장소 준비를 위한 지출	ㄹ. 취득세
ㅁ. 재산세	

   ① ㄴ, ㄷ, ㅁ   ② ㄱ, ㄴ, ㄷ, ㄹ
   ③ ㄴ, ㄷ, ㄹ, ㅁ   ④ ㄱ, ㄴ, ㄷ, ㄹ, ㅁ

3. 다음 중 무형자산에 대한 설명으로 틀린 것은?

   ① 기업회계기준에서는 사업 결합 등 외부에서 취득한 영업권만 인정하고, 내부에서 창출된 영업권은 인정하지 않는다.
   ② 무형자산은 인식기준을 충족하지 못하면 그 지출은 발생한 기간의 비용으로 처리 한다.
   ③ 무형자산을 개별적으로 취득한 경우에는 매입가격에 매입 부대비용을 가산한 금액을 취득원가로 한다.
   ④ 무형자산의 합리적인 상각방법을 정할 수 없는 경우에는 정률법을 사용한다.

4. 다음 중 유가증권에 대한 설명으로 틀린 것은?

   ① 단기매매증권에 대한 미실현보유손익은 기타포괄누계액으로 처리한다.
   ② 단기매매증권이 시장성을 상실한 경우에는 매도가능증권으로 분류하여야 한다.
   ③ 채무증권은 취득한 후에 만기보유증권, 단기매매증권, 매도가능증권 중의 하나로 분류한다.
   ④ 지분증권과 만기보유증권으로 분류되지 않는 채무증권은 단기매매증권 또는 매도가능증권으로 분류한다.

5. 다음 중 사채에 대한 설명으로 틀린 것은?

   ① 사채의 액면이자율이 시장이자율보다 더 크면 사채는 할증발행 된다.
   ② 사채발행시 발생한 비용은 발행가액에서 직접 차감한다.
   ③ 사채할증발행차금은 자본잉여금에 해당한다.
   ④ 사채할인발행시에 유효이자율법 적용시 기간이 경과함에 따라 사채의 장부가액은 증가한다.

6. 공장에 설치하여 사용하던 기계가 고장이 나서 처분하려고 한다. 취득원가는 2,000,000원, 고장시점까지의 감가상각누계액은 1,500,000원이다. 동 기계를 바로 처분하는 경우 600,000원에 처분 가능하며 100,000원의 수리비를 들여 수리하는 경우 800,000원에 처분할 수 있다. 이 때 매몰원가는 얼마인가?

   ① 100,000원   ② 500,000원
   ③ 600,000원   ④ 800,000원

7. 다음의 원가특성에 대한 설명으로 틀린 것은?

> · 전기료, 수도료 등은 사용하지 않는 경우에도 기본요금을 부담해야 하고 또한 사용량에 비례하여 종량요금은 증가한다.

① 조업도의 변동과 관계없이 일정하게 발생하는 고정비와 조업도의 변동에 따라 비례하여 발생하는 변동비의 두 요소를 모두 가지고 있다.
② 계단원가(step costs)라고도 한다.
③ 준변동비의 특성에 대한 설명이다.
④ 혼합원가(mixed costs)라고도 한다.

8. 다음중 보조부문원가를 제조부문에 배부하는 기준으로 가장 적합한 것은?
① 건물관리부문 : 종업원 수
② 종업원복리후생부문 : 종업원의 연령
③ 식당부문 : 사용면적
④ 전력부문 : 전력사용량

9. 다음은 ㈜경성의 제조원가와 관련된 자료이다. 당기제품제조원가는 얼마인가?

> · 기초원재료매입 : 100,000원   · 기말원재료재고 : 50,000원
> · 당기원재료매입 : 200,000원   · 직접노무비 : 150,000원
> · 제조간접비 : 200,000원   · 기초재공품재고 : 200,000원
> · 기말재공품재고 : 100,000원   · 기초제품재고 : 150,000원
> · 당기매출원가 : 450,000원

① 500,000원   ② 600,000원   ③ 700,000원   ④ 800,000원

10. ㈜우연은 선입선출법에 의한 종합원가계산을 채택하고 있다. 당기 가공원가(전공정에서 균등하게 발생함)에 대한 완성품환산량 단위당 원가가 12,000원인 경우 다음의 자료에 의하여 당기 가공원가 발생액을 계산하면 얼마인가?

· 기초재공품 : 400단위(완성도 75%) · 기말재공품 : 700단위(완성도 40%)
· 당기착수수량 : 3,500단위 · 당기완성수량 : 3,200단위

① 38,160,000원   ② 41,760,000원
③ 42,960,000원   ④ 45,360,000원

11. 다음 중 부가가치세법상 재화공급의 특례에 해당하지 않는 것은?(단, 아래의 보기에서는 모두 구입시 정상적으로 매입세액공제를 받았다고 가정한다.)

① 자기의 과세사업을 위하여 구입한 재화를 자기의 면세사업에 사용하는 경우
② 직접 제조한 과세재화(1인당 연간 10만원 이내)를 직원 생일선물로 제공하는 경우
③ 과세사업자가 사업을 폐업할 때 잔존하는 재화
④ 특정거래처에 선물로 직접 제조한 과세재화를 제공하는 경우

12. 다음 중 부가가치세법상 영세율 적용대상이 아닌 것은?

① 사업자가 내국신용장 또는 구매확인서에 의하여 공급하는 수출용 재화
② 수출업자와 직접 도급계약에 의한 수출재화임가공용역
③ 국외에서 공급하는 용역
④ 수출업자가 타인의 계산으로 대행위탁수출을 하고 받은 수출대행수수료

13. 다음 중 부가가치세법상 납부세액 계산 시 공제대상 매입세액에 해당되는 것은?

① 대표자의 개인적인 구입과 관련된 부가가치세 매입세액
② 공장부지 및 택지의 조성 등에 관련된 부가가치세 매입세액
③ 렌트카업의 영업에 직접 사용되는 승용자동차 부가가치세 매입세액
④ 거래처 체육대회 증정용 과세물품 부가가치세 매입세액

14. 다음 중 소득세법상 배당소득 중 Gross-up 적용 대상이 아닌 것은?

① 내국법인으로부터 받는 배당
② 감자·해산·합병·분할로 인한 의제배당
③ 법인세법에 따라 배당으로 처분된 금액
④ 주식발행액면초과액을 재원으로 한 의제배당

15. 소득세법상 다음 자료에 의한 소득만 있는 거주자 김영민의 종합소득금액을 계산하면 얼마인가?(단, 이월결손금은 전기에 부동산임대업을 제외한 사업소득금액에서 이월된 금액이다.)

| · 부동산임대 이외의 사업소득금액 : 25,000,000원 | · 근로소득금액 : 10,000,000원 |
| · 부동산임대 사업소득금액 : 15,000,000원 | · 이월결손금 : 40,000,000원 |

① 10,000,000원
② 15,000,000원
③ 20,000,000원
④ 25,000,000원

제88회 · 기출문제

실무문제

㈜반도전자 (회사코드:5288)은 제조, 도·소매 및 부동산임대업을 영위하는 중소기업이며, 당기(7기)회계기간은 2022.1.1.~2022.12.31. 이다. 전산세무회계 수험용 프로그램을 이용하여 다음 물음에 답하시오.

문제 1

다음 거래를 일반전표입력 메뉴에 추가 입력하시오.(15점)

[1] 1월 15일 영업사원 직무교육에 대한 강사료 3,500,000원을 지급하고 원천징수 하였다. 강사료는 원천징수세액(지방소득세 포함) 115,500원을 차감하고 보통예금 계좌에서 이체하였다.(3점)

[2] 3월 24일 회사가 보유하고 있던 매도가능증권(투자자산)을 다음과 같은 조건으로 처분하고 대금은 현금으로 회수하였다.(단, 전기의 기말평가는 일반기업회계기준에 따라 처리하였다.)(3점)

취득가액	시가(전기 12월 31일 현재)	처분가액	비고
28,000,000원	24,000,000원	26,000,000원	시장성이 있다.

[3] 6월 11일 당사는 확정급여형(DB)퇴직연금을 가입하고 있으며, 가입한 퇴직연금에 대한 이자 150,000원이 퇴직연금계좌로 입금되었다.(3점)

[4] 7월 9일 단기 투자목적으로 주식시장에 상장되어 있는 ㈜중앙의 주식을 주당 13,000원의 가격으로 1,000주를 매입하였으며, 이 매입과정에서 카오증권에 80,000원의 수수료가 발생하였다. 주식 매입과 관련된 모든 대금은 보통예금에서 이체하였다.(3점)

[5] 12월 15일 전기에 제품을 수출한 수출거래처 STAR사의 외화외상매출금 $100,000이 전액 보통예금으로 입금되었다. 전기말 적용 환율은 $1당 1,200원으로서 외화자산, 부채평가는 적절하게 이루어졌고, 회수 시 적용환율은 $1당 1,100원이다.(단, 외화외상매출금은 외상매출금 계정과목으로 반영할 것.)(3점)

6부 • 기출문제

문제 2

다음 거래자료를 매입매출전표입력 메뉴에 추가로 입력하시오.(15점)

[1] 7월 1일 영업부서에서 사용할 컴퓨터를 ㈜전자상회에서 현금으로 구입하고 현금영수증(지출증빙용)을 발급받았다.(단, 자산으로 처리할 것.)(3점)

```
㈜전자상회
114-81-80641   남재안
서울 송파구 문정동 101-2  TEL:3289-8085
홈페이지 http://www.kacpta.or.kr
                          현금(지출증빙)
구매 2022/07/1/13:06   거래번호 : 0026-0107
        상품명              수량            금액
        컴퓨터              2대         4,400,000원

                          과세물품가액    4,000,000원
                          부  가  세       400,000원
         합   계                       4,400,000원
         받은금액                       4,400,000원
```

[2] 7월 21일 ㈜서울지게차로부터 공장에 사용할 지게차(차량운반구)를 구입하고 전자세금계산서를 발급받았다. 매입매출전표에 입력하시오.(외상대금은 미지급금으로 처리 할 것)(3점)

전자세금계산서(공급자 보관용)						승인번호		20220721-31000013-44346631		
공급자	사업자등록번호	114-81-32149	종사업장번호			공급받는자	사업자등록번호	137-81-87797	종사업장번호	
	상호(법인명)	㈜서울지게차	성명(대표자)	김서울			상호(법인명)	㈜반도전자	성 명	손흥민
	사업장주소	서울 서초구 방배동 2136-9					사업장주소	경기도 오산시 외삼미로104-12		
	업 태	도소매	종 목	지게차			업 태	제조외	종 목	전자제품
	이메일	aa@dauum.com					이메일	sl@dauum.com		
작성일자	공급가액		세액			수정사유				
2022.07.21	35,000,000원		3,500,000원							
비고										
월 일	품 목		규격	수량	단 가	공 급 가 액	세액		비 고	
7 21	지게차		1대	1	35,000,000	35,000,000	3,500,000			
합 계 금 액	현 금		수 표		어 음	외 상 미 수 금		이 금액을	영수	함
38,500,000						38,500,000			청구	

514

[3] 8월 9일 미국의 벤토사로부터 수입한 상품과 관련하여 부산세관으로부터 과세표준 30,000,000원(부가가치세별도)의 수입전자세금계산서를 수취하고 관련 부가가치세는 보통예금에서 이체하였다.(단, 재고자산의 회계처리는 생략할 것.)(3점)

[4] 9월 30일 경영지원팀 직원들이 야근식사를 하고 다음과 같이 종이세금계산서를 수취하였다. 제2기 부가가치세 예정신고 시 해당 세금계산서를 누락하여 제2기 확정 신고기간의 부가가치세 신고서에 반영하려고 한다. 반드시 해당 세금계산서를 제2기 확정 신고기간의 부가가치세 신고서에 반영시킬 수 있도록 입력·설정하시오.(단, 외상대금은 미지급금으로 처리할 것.)(3점)

세금계산서(공급받는자 보관용)								책 번 호	권 호		
								일련번호	-		
공급자	등록번호	106-54-73541				공급받는자	등록번호	137-81-87797			
	상호(법인명)	남해식당	성명(대표자)	박미소			상호(법인명)	㈜반도전자	성명(대표자)	손흥민	
	사업장 주소	경기도 오산시 외삼미로 200					사업장 주소	경기도 오산시 외삼미로 104-12			
	업태	음식	종목	한식			업태	제조외	종목	전자제품	
작성		공 급 가 액					세 액			비 고	
연 월 일 공란수	백 십 억 천 백 십 만 천 백 십 일					십 억 천 백 십 만 천 백 십 일					
22 9 30	1 0 0 0 0 0 0					1 0 0 0 0 0					
월 일	품 목		규격	수량	단가	공급가액	세액		비 고		
9 30	야근식대			1		1,000,000원	100,000원				
합계금액	현 금	수 표		어 음		외상미수금	이 금액을	영수 함			
1,100,000원						1,100,000원		청구			

[5] 12월 16일 최종소비자인 김전산씨에게 세금계산서나 현금영수증을 발행하지 아니하고 제품을 판매하였는데 대금 660,000원(부가가치세 포함)이 당일 보통예금계좌에 입금되었다.(3점)

문제 3

부가가치세신고와 관련하여 다음 물음에 답하시오.(10점)

[1] 다음의 자료에 의하여 제1기 부가가치세 예정신고기간(1.1.~3.31.)의 부가가치세 신고서를 작성하시오.(단, 과세표준명세의 입력 및 신고서 이외의 부속서류의 작성은 생략한다.)(7점)

- 매출내역
  - 신용카드매출전표의 발행 : 27,500,000원(VAT 포함)
  - 현금매출 : 2,200,000원(VAT 포함), 이는 전액 현금영수증 미발행임(소비자와의 거래로서 현금영수증 의무발행업종이 아님)
  - 전자세금계산서 발급 : 250,000,000원(VAT 별도), 이 중 공급가액 30,000,000원(공급시기 : 2월 15일)은 발급시기를 경과하여 3월 20일에 전자세금계산서를 발급하였다.
- 매입내역
  - 세금계산서 수취분 : 공급가액 180,000,000원, 부가세 18,000,000원[이 중에는 업무용소형승용차(1,500CC, 5인승)의 공급가액 25,000,000원, 부가세 2,500,000원과 기계장치의 공급가액 13,000,000원, 부가세 1,300,000원이 포함된 금액이다.]

[2] 다음의 자료를 이용하여 1기 확정신고기간에 대한 [건물등감가상각자산취득명세서]를 작성하시오.(3점)

일자	내역	공급가액	부가가치세	상호	사업자 등록번호
4/15	영업부의 업무용 승용차(2,000CC) 구입(전자세금계산서 수취)	30,000,000원	3,000,000원	㈜한세모터스	204-81-12349
4/18	공장에서 사용할 포장용 기계구입 (전자세금계산서 수취)	25,000,000원	2,500,000원	㈜한세기계	201-81-98746
4/30	영업부 환경개선을 위해 에어컨 구입 (전자세금계산서 수취)	3,000,000원	300,000원	㈜한세전자	203-81-55457

문제 4

다음 결산자료를 입력하여 결산을 완료하시오.(15점)

[1] 8월 1일 임차인인 ㈜최강상사로부터 6개월 동안의 임대료 3,600,000원(2022.08.01.~2023.01.31.)을 미리 받고, 임대료를 받은 날에 전액 임대료 계정(0904)으로 계상하였다.(단, 월할계산하고 회계처리시 음수로 입력하지 말 것.)(3점)

[2] 당사는 당기초에 소모품 6,000,000원을 구입하고 소모품 계정과목으로 회계 처리하였으며, 기말에 소모품 잔액을 확인해보니 600,000원이 남아있었다. 사용한 소모품 중 40%는 영업부서에서 사용하고 나머지는 생산부서에서 사용한 것으로 밝혀졌다.(단, 회계처리 시 음수로 입력하지 말 것.)(3점)

[3] 기말 현재 외화장기차입금으로 계상된 외화차입금 10,000,000원은 외환은행에서 차입한 금액($10,000)으로 결산일 현재 환율은 1,200원/$이다.(3점)

[4] 결산 마감 전 영업권(무형자산) 잔액이 6,000,000원이 있으며 이 영업권은 2020년 1월 초에 취득한 것이다. (단, 회사는 무형자산에 대하여 5년간 월할 균등상각하고 있으며, 상각기간 계산시 1월 미만은 1월로 간주한다.)(3점)

[5] 기말 현재 외상매출금 잔액의 2%와 단기대여금 잔액의 1%에 대하여 대손을 예상하고 대손충당금을 보충법으로 설정하기로 한다. 당기 중 대손처리된 금액은 없다.(3점)

6부 · 기출문제

문제 5

2022년 귀속 원천징수자료와 관련하여 다음의 물음에 답하시오.(15점)

[1] 다음 자료를 이용하여 영업직 사원 김영수씨(사번:201)의 필요한 수당과 8월분 급여자료를 입력하고(수당등록 및 공제항목은 불러온 자료는 무시하고 아래 자료에 따라 입력하며, 사용하는 수당 이외의 항목은 '부'로 체크할 것), 원천징수이행상황신고서를 작성하시오.(단, 전월 미환급액은 300,000원 있다. 원천징수이행상황신고서는 매월 작성하며, 김영수씨의 급여내역만 반영한다.)(5점)

이 름	김영수		지 급 일	2022-08-31	
기본급	1,800,000	원	소 득 세	50,000	원
직책수당	200,000	원	지방소득세	5,000	원
상 여	250,000	원	고용보험	16,250	원
식대	150,000	원	국민연금	112,500	원
자가운전보조금	200,000	원	건강보험	80,750	원
육아수당	200,000	원	장기요양보험	6,870	원
급 여 계	2,800,000	원	공제합계	271,370	원
노고에 감사드립니다.			지급총액	2,528,630	원

<추가자료>
· 급여 지급일은 매달 말일이다.
· 회사는 별도의 식사를 제공하고 있다.
· 실제여비를 받는 대신 자가운전보조금을 받고 있다.(비과세 요건을 갖추었음)
· 김영수씨는 만 3세와 만 5세의 자녀가 있으며, 자녀 1인당 10만원씩 육아수당을 지급받고 있다.

[2] 2022년 6월 1일 입사한 장현성(사번 : 300번)의 연말정산 자료는 다음과 같다. 연말정산추가입력에 전근무지를 반영한 소득명세, 연금저축 등, 연말정산입력 탭을 작성하시오.(10점)

1. 2022년 5월 말까지 다니던 직장(㈜삼영전자)에서 받은 근로소득원천징수영수증 자료를 입력하시오.
2. 장현성씨는 2022년 1월에 관악구 오피스텔에 월세 계약을 하였다.(월세소득공제 요건을 충족한다고 가정한다.)
3. 장현성씨는 과세기간 종료일 현재 주택을 소유하지 아니한 세대의 세대주이며 부양가족은 없다.

<장현성의 전근무지 근로소득원천징수영수증>

<table>
<tr><td colspan="2">구 분</td><td>주(현)</td><td>종(전)</td><td>⑯-1 납세조합</td><td>합 계</td></tr>
<tr><td rowspan="11">Ⅰ 근무처별소득명세</td><td>⑨ 근 무 처 명</td><td>㈜삼영전자</td><td></td><td></td><td></td></tr>
<tr><td>⑩ 사업자등록번호</td><td>245-81-22547</td><td></td><td></td><td></td></tr>
<tr><td>⑪ 근무기간</td><td>2022.1.1.~2022.5.31.</td><td>~</td><td>~</td><td>~</td></tr>
<tr><td>⑫ 감면기간</td><td>~</td><td>~</td><td>~</td><td>~</td></tr>
<tr><td>⑬ 급 여</td><td>20,000,000</td><td></td><td></td><td></td></tr>
<tr><td>⑭ 상 여</td><td>5,000,000</td><td></td><td></td><td></td></tr>
<tr><td>⑮ 인 정 상 여</td><td></td><td></td><td></td><td></td></tr>
<tr><td>⑮-1 주식매수선택권 행사이익</td><td></td><td></td><td></td><td></td></tr>
<tr><td>⑮-2 우리사주조합인출금</td><td></td><td></td><td></td><td></td></tr>
<tr><td>⑮-3 임원 퇴직소득금액 한도초과액</td><td></td><td></td><td></td><td></td></tr>
<tr><td>⑯ 계</td><td>25,000,000</td><td></td><td></td><td></td></tr>
<tr><td rowspan="8">Ⅱ 비과세 및 감면소득명세</td><td>⑱ 국외근로</td><td colspan="4">M0X</td></tr>
<tr><td>⑱-1 야간근로수당</td><td colspan="4">O0X</td></tr>
<tr><td>⑱-2 출산·보육수당</td><td colspan="4">Q0X</td></tr>
<tr><td>⑱-4 연구보조비</td><td colspan="4">H0X</td></tr>
<tr><td>~</td><td colspan="4"></td></tr>
<tr><td>⑱-29</td><td colspan="4"></td></tr>
<tr><td>⑲ 수련보조수당</td><td colspan="4">Y22</td></tr>
<tr><td>⑳ 비과세소득 계</td><td colspan="4"></td></tr>
<tr><td>⑳-1 감면소득 계</td><td colspan="4"></td></tr>
</table>

<table>
<tr><td colspan="3">구 분</td><td>⑱ 소 득 세</td><td>⑲ 지방소득세</td><td>⑳ 농어촌특별세</td></tr>
<tr><td rowspan="6">Ⅲ 세액명세</td><td colspan="2">㉒ 결 정 세 액</td><td>320,000</td><td>32,000</td><td></td></tr>
<tr><td rowspan="3">기납부세액</td><td>㉓ 종(전)근무지 (결정세액란의 세액을 적습니다)</td><td>사업자등록번호</td><td></td><td></td><td></td></tr>
<tr><td colspan="5"></td></tr>
<tr><td colspan="5"></td></tr>
<tr><td colspan="2">㉔ 주(현)근무지</td><td>1,360,000</td><td>136,000</td><td></td></tr>
<tr><td colspan="2">㉕ 납부특례세액</td><td></td><td></td><td></td></tr>
<tr><td></td><td colspan="2">㉖ 차 감 징 수 세 액(㉒-㉓-㉔-㉕)</td><td>△1,040,000</td><td>△104,000</td><td></td></tr>
</table>

(국민연금 980,000원   건강보험 807,500원   장기요양보험 68,700원   고용보험 162,500원)
위의 원천징수액(근로소득)을 정히 영수(지급)합니다.

<장현성의 2022년 연말정산자료>

항목	내용
보험료	· 자동차보험료 : 880,000원 · 저축성보험료 : 500,000원
교육비	· 야간대학원 등록금 : 6,000,000원
의료비 (의료증빙 국세청장)	· 시력보정용 안경구입비 : 500,000원(본인 신용카드 결제) · 질병치료비 : 4,500,000원(본인 신용카드 결제)
신용카드 등 사용액	· 신용카드 사용액 : 11,700,000원(의료비지출액 포함) · 직불카드 사용액 : 1,530,000원 · 현금영수증 사용액 : 1,200,000원
월세	· 연간월세지급액 : 6,000,000원 · 임대인의 인적사항 　· 임대인 : 김민수(470531-1535487) 　· 주소지 : 서울 관악구 관악로 155 　· 계약면적 : 55.00(㎡) 　· 임대차 계약기간 : 2022.1.1.~ 2022.12.31. 　· 주택유형 : 오피스텔
퇴직연금	· 퇴직연금 본인불입액 : 1,200,000원(㈜우리은행, 계좌번호 120-350-120)

위의 내역은 본인이 사용하고 지출한 금액이다.

해답 및 해설

88회 기출문제

이론시험

1 ①	2 ②	3 ④	4 ①	5 ③	6 ②	7 ②	8 ④	9 ③	10 ①
11 ②	12 ④	13 ③	14 ④	15 ①					

[1] ① 선입선출법은 후입선출법에 비해 기말재고가 현재의 시가에 근접하며 일반적으로 물가상승 시 당기순이익을 과대계상하게 된다.

[2] ② 유형자산의 취득원가는 매입원가 또는 제작원가와 자산을 사용할 수 있도록 준비하는데 직접적으로 관련된 지출 등으로 구성이 된다. 재산세는 취득과 관련되어 발생한 지출이 아니라 보유와 관련된 지출이므로 기간비용으로 처리한다.

[3] ④ 무형자산의 합리적인 상각방법을 정할 수 없는 경우에는 정액법을 사용한다.

[4] ① 단기매매증권의 미실현보유손익은 당기손익으로 처리한다.(일반기업회계기준6.31)

[5] ③ 사채할증발행차금은 사채의 액면가액에 부가하는 형식으로 기재한다. (일반기업회계기준 [문단 6.12])

[6] ② 매몰원가는 이미 발생하여 현재의 의사결정과는 관련이 없는 원가를 말한다.

[7] ② 준변동비에 대한 설명이다. 계단원가는 준고정비라고 한다.

[8] ④ 전력부문은 전력사용량으로 배분하는 것이 합리적이다.

[9] ③ 100,000원 +200,000원 - 50,000원 +150,000원 + 200,000원 +200,000원 -100,000원 = 700,000원

[10] ① 완성품환산량 : 기초재공품(400×25%=100)+당기투입분(2,800)+기말재공품(700×40%=280) =3,180단위

당기가공원가발생액 : 완성품환산량×단위당원가=3,180단위×12,000원=38,160,000원

[11] ② 1인당 연간 10만원 이내의 경조사와 관련된 재화는 간주공급에 해당하지 않는다.
1) 간주공급에는 자가공급, 개인적 공급, 사업상 증여, 폐업시 잔존재화가 있다.
2) 사업자가 실비변상적이거나 복리후생적인 목적으로 그 사용인에게 대가를 받지 않거나 시가보다 낮은 대가를 받고 공급하는 것으로서 아래의 경우는 재화의 공급으로 보지 않는다. (부가가치세법 시행령 제 19조의 2)
  - 작업복, 작업모, 작업화
  - 직장체육, 직장연예와 관련된 재화
  - 1인당 연간 10만원 이내의 경조사와 관련된 재화

[12] ④ 서면3팀-1062 수출업자가 타인의 계산으로 대행위탁수출을 하고 받은 수출대행수수료는 세금계산서를 교부하여야 함, 영세율 아닌 일반세율(10%) 적용

[13] ③ 부가가치세법 제39조 제5항, 자동차임대업의 영업에 직접 사용되는 승용자동차는 매입세액공제 대상이다.

[14] ④ 주식발행액면초과액은 법인세가 과세되지 않기 때문에 이를 재원으로 한 의제배당은 Gross-up

521

적용 대상이 아니다.
[15] ① 25,000,000원+ 10,000,000원 + 15,000,000원 - 40,000,000원 = 10,000,000원
부동산임대업을 제외한 사업소득에서 발생한 이월결손금은 모든 종합소득에서 통산.

실무시험

문제 1.
[1] 1월 15일 일반전표입력
(차) 교육훈련비(825)　　　　　　　　3,500,000원　(대) 예수금(254)　　　　　115,500원
　　　　　　　　　　　　　　　　　　　　　　　　　　 보통예금(103)　　　 3,384,500원

[2] 3월 24일
(차) 현 금　　　　　　　　　　　　26,000,000원　(대) 매도가능증권(투자자산) 24,000,000원
　　 매도가능증권처분손실　　　　　　2,000,000원　　　 매도가능증권평가손실　 4,000,000원
　　 * 전기말의 회계처리 내역
　　　 : (차) 매도가능증권평가손실　　4,000,000　(대) 매도가능증권　　　4,000,000
　　 처분손익 : 처분가액 - 취득가액 = 26,000,000원 - 28,000,000원 = (-)2,000,000원 (처분손실)

[3] 6월 11일　(차) 퇴직연금운용자산　　150,000원　(대) 이자수익　　　　　　150,000원

[4] 7월 9일
(차) 단기매매증권　　　　　　　　　13,000,000원　(대) 보통예금　　　　　13,080,000원
　　 수수료비용(영업외비용)　　　　　　80,000원

[5]　(차) 보통예금　　　　　　　　110,000,000원　(대) 외상매출금(STAR사) 120,000,000원
　　　 외환차손　　　　　　　　　　10,000,000원

문제 2.
[1] 유형 : 61.현과 거래처 : ㈜전자상회, 공급가액:4,000,000원, 부가세:400,000원,분개 : 현금 또는 혼합
(차) 비품　　　　　　　　　　　　　4,000,000원　(대) 현금　　　　　　　 4,400,000원
　　 부가세대급금　　　　　　　　　　400,000원

[2] 7월21일 유형: 51.과세 공급가액 35,000,000원 부가세 3,500,000원 ㈜서울지게차 전자 여 혼합
(차) 차량운반구(208)　　　　　　　35,000,000원　(대) 미지급금　　　　　38,500,000원
　　 부가세대급금　　　　　　　　　3,500,000원

해답 및 해설

[3] 8월 9일 유형55. 수입, 공급가액: 30,000,000원, 부가세:3,000,000원, 공급처: 부산세관,전자:여,분개: 혼합
(차) 부가세대급금　　　　　　　　　3,000,000원　(대) 보통예금　　　　　3,000,000원

[4] 09월 30일　유형:51.과세, 공급가액:1,000,000, 부가세:100,000, 거래처:남해식당, 전자:부, 분개:혼합,
　　F11 → 예정누락분 → 확정신고 개시연월 2022년 10월 입력 → 확인(Tab)
(차) 복리후생비(판)　　　　　　　　1,000,000원　(대) 미지급금　　　　　1,100,000원
　　부가세대급금　　　　　　　　　　100,000원

[5] 12월 16일 유형:14. 건별, 공급가액 : 600,000원, 부가세 : 60,000원, 거래처 : 김전산, 분개 : 혼합
(차) 보통예금　　　　　　　　　　　660,000원　(대) 제품매출　　　　　　600,000원
　　　　　　　　　　　　　　　　　　　　　　　　부가세 예수금　　　　　60,000원

문제 3.
[1] 부가가치세신고서 1월~3월

구분			금액	세율	세액
과세표준및매출세액	세금계산서발급분	1	250,000,000	10/100	25,000,000
	매입자발행세금계산서	2		10/100	
	신용카드·현금영수증발행분	3	25,000,000	10/100	2,500,000
	기타(정규영수증외매출분)	4	2,000,000	10/100	200,000
	세금계산서발급분	5		0/100	
	기타	6		0/100	
	예정신고누락분	7			
	대손세액가감	8			
	합계	9	277,000,000	㉔	27,700,000
매입세액	세금계산서수취분	일반매입	10	142,000,000		14,200,000
		수출기업수입분납부유예	10-1			
		고정자산매입	11	38,000,000		3,800,000
	예정신고누락분	12			
	매입자발행세금계산서	13			
	그 밖의 공제매입세액	14			
	합계(10)-(10-1)+(11)+(12)+(13)+(14)	15	180,000,000		18,000,000
	공제받지못할매입세액	16	25,000,000		2,500,000
	차감계 (15-16)	17	155,000,000	㉕	15,500,000
납부(환급)세액(매출세액㉔-매입세액㉕)				㉺	12,200,000
경감공제세액	그 밖의 경감·공제세액	18			
	신용카드매출전표등 발행공제등	19			
	합계	20		㉻	
예정신고미환급세액	21		㉼	
예정고지세액	22		㉽	
사업양수자의 대리납부 기납부세액	23		㉾	
매입자 납부특례 기납부세액	24		㉿	
신용카드업자의 대리납부 기납부세액	25		ⓐ	
가산세액계	26			300,000
차감.가감하여 납부할세액(환급받을세액)X㉺-㉻-㉼-㉽-㉾-㉿-ⓐ+ⓑ	27			12,500,000
총괄납부사업자가 납부할 세액(환급받을 세액)					

25.가산세명세					
사업자미등록등		61		1/100	
세금계산서	지연발급 등	62	30,000,000	1/100	300,000
	지연수취	63		5/1,000	
	미발급 등	64		뒤쪽참조	
전자세금 발급명세	지연전송	65		3/1,000	
	미전송	66		5/1,000	
세금계산서 합계표	제출불성실	67		5/1,000	
	지연제출	68		3/1,000	
신고불성실	무신고(일반)	69		뒤쪽	
	무신고(부당)	70		뒤쪽	
	과소·초과환급(일반)	71		뒤쪽	
	과소·초과환급(부당)	72		뒤쪽	
납부지연		73		뒤쪽	
영세율과세표준신고불성실		74		5/1,000	
현금매출명세서불성실		75		1/100	
부동산임대공급가액명세서		76		1/100	
매입자	거래계좌 미사용	77		뒤쪽	
납부특례	거래계좌 지연입금	78		뒤쪽	
합계		79			300,000

예정신고 시에는 지연발급가산세를 적용하지 않아도 무관함

[2] 건물등감가상각자산취득명세서 : 4월~6월

취득내역

감가상각자산종류	건수	공급가액	세액	비고
합계	3	58,000,000	5,800,000	
건물·구축물				
기계장치	1	25,000,000	2,500,000	
차량운반구	1	30,000,000	3,000,000	
기타감가상각자산	1	3,000,000	300,000	

거래처별 감가상각자산 취득명세

No	월/일	상호	사업자등록번호	자산구분	공급가액	세액	건수
1	04-15	(주)한세모터스	204-81-12349	차량운반구	30,000,000	3,000,000	1
2	04-18	(주)한세기계	201-81-98746	기계장치	25,000,000	2,500,000	1
3	04-30	(주)한세전자	203-81-55457	기타	3,000,000	300,000	1

문제 4.

[1] 12월 31일 일반전표입력
(차) 임대료(0904)　　　　　　　　　600,000원　(대) 선수수익　　　　　　600,000원

[2] 12월 31일 일반전표입력
(차) 소모품비(판)　　　　　　　　　2,160,000원　(대) 소모품　　　　　　5,400,000원
　　소모품비(제)　　　　　　　　　3,240,000원
　　(6,000,000원-600,000원)*40%=2,160,000원(판관비) (6,000,000원-600,000원)*60%= 3,240,000원

[3] (차) 외화환산손실　　　　　　　2,000,000원　(대) 외화장기차입금(외환은행) 2,000,000원

[4] 12월 31일 일반전표입력
(차) 무형자산 상각비　　　　　　　2,000,000원　(대) 영업권　　　　　　　2,000,000원
또는 결산자료입력메뉴에서 무형자산 상각비 2,000,000원 입력 후 전표추가
취득가액 : 6,000,000원 x 5년/3년 = 10,000,000원
무형자산 상각비 10,000,000원/5년 =2,000,000원

[5] 12월 31일 일반전표입력(결산자료입력 메뉴를 이용해도 됨)
(차) 대손상각비　　　　　　　　　3,500,000원　(대) 대손충당금　　　　3,500,000원
(차) 기타의대손상각비　　　　　　1,200,000원　(대) 대손충당금　　　　1,200,000원
대손상각비 : 250,000,000원 × 2% - 1,500,000원 = 3,500,000원
기타의 대손상각비 : 200,000,000원 × 1% - 800,000원 = 1,200,000원

해답 및 해설

문제 5.
[1] 급여자료입력

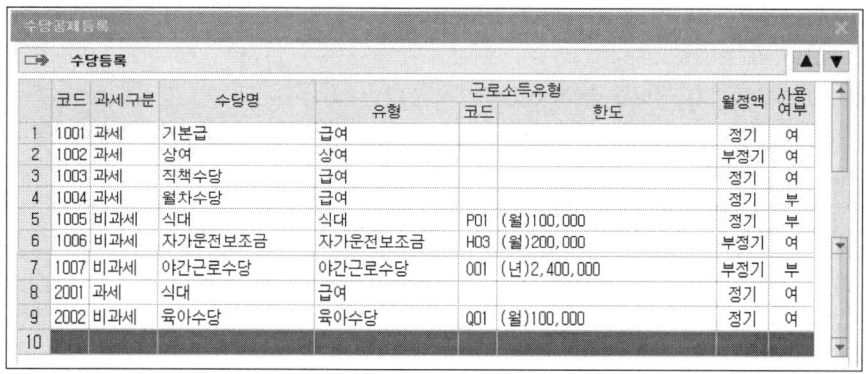

2. 급여대장 작성

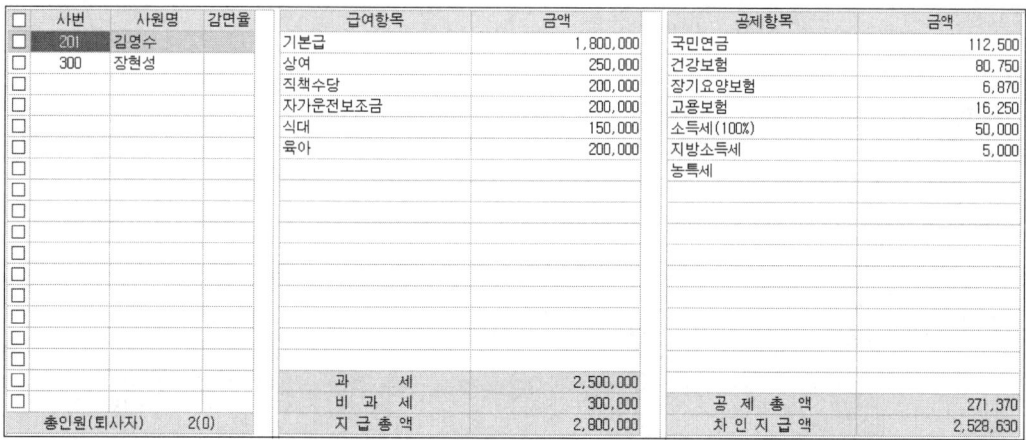

3. 원천징수이행상황신고서 작성 : 불러오기 후에 좌측하단 전월미환급 300,000원 기록

6부 · 기출문제

[2] 연말정산

1. 소득명세 탭

(9) 근무처명 : (주)삼영전자. (10) 사업자등록번호 245-81-22547

(11) 근무기간 : 2022-01-01 ~ 2022-05-31

(13-1) 급여 : 20,000,000원, (14) 상여 : 5,000,000원

(33) 건강보험료 807,500원, 장기요양보험료 68,700원, 고용보험료 162,500원, 국민연금 980,000원
기납부세액 : 소득세 320,000원, 지방소득세 32,000원

2. 연금저축등 탭

퇴직연금 구분	코드	금융회사 등	계좌번호(증권번호)	납입금액	공제대상금액	세액공제금액
1.퇴직연금	304	(주) 우리은행	120-350-120	1,200,000	1,200,000	180,000
퇴직연금 과학기술인공제회				1,200,000	1,200,000	180,000

3. 연말정산입력 탭

(60) 보장성보험료 (일반) 880,000원, (61) 의료비 5,000,000원, (62) 교육비 6,000,000원

4. 월세, 주택임차 탭

임대인	주민등록번호	유형	계약면적	주소지	계약서상 임대차 계약기간	연간 월세액
김민수	470531-1535487	오피스텔	55	서울특별시 관악구 관악로 155	2022.01.01. ~ 2022.12.31	6,000,000

5. 교육비

구분	지출액	공제대상금액	공제금액
취학전아동(1인당 300만원)			
초중고(1인당 300만원)			
대학생(1인당 900만원)		6,000,000	900,000
본인(전액)	6,000,000		
장애인(전액)			
장애인(특수교육)			

6. 의료비

(2022)년 의료비 지급명세

의료비 공제대상자				지급처			지급명세				14.산후조리원 해당여부 (7천만원이하)
성명	내/외	5.주민등록번호	6.본인등 해당여부	8.상호	7.사업자 등록번호	9.의료증빙코드	10.건수	11.금액	11-1.실손 의료보험금	12.난임시술비 해당여부	13.미숙아 해당여부	
장현성	내	881111-1111111	1	0		국세청장		5,000,000		X	X	X

해답 및 해설

7. 신용카드

신용카드 등 공제대상금액

▶ 신용카드 등 사용금액 공제액 산출 과정

| | | 총급여 | 48,000,000 | 최저사용액(총급여 25%) | 12,000,000 |

구분		대상금액		공제율금액	공제제외금액	공제가능금액	공제한도	일반공제금액	추가공제금액	최종공제금액
전통시장/ 대중교통 제외	㉮신용카드	11,700,000	15%	1,755,000	1,845,000	729,000	3,000,000	729,000		729,000
	㉯현금영수증	1,200,000	30%	360,000						
	㉰직불/선불카드	1,530,000		459,000						
㉱도서공연사용분			30%							
㉲전통시장사용분			40%							
㉳대중교통이용분										
신용카드 등 사용액 합계(㉮~㉳)		14,430,000		2,574,000	아래참조*1	공제율금액- 공제제외금액	아래참조*2	MIN[공제가능금액, 공제한도]	아래참조*3	일반공제금액+ 추가공제금액

제90회 기출문제

(제한시간 : 90분, 난이도 : 합격률 54.65%)

1. 다음 중 재무제표 작성과 표시에 대한 설명으로 틀린 것은?

   ① 자산과 부채는 유동성이 높은 계정부터 차례로 배열하여 작성해야 한다.
   ② 자산과 부채는 원칙적으로 상계하여 순액으로 표시하여야 한다.
   ③ 수익과 비용은 각각 총액으로 보고하는 것을 원칙으로 한다.
   ④ 자본금은 발행 주식 수에 액면금액을 곱하여 계산한다.

2. 물가가 하락한다고 가정할 경우 당기순이익이 가장 적게 계상되는 재고자산의 평가방법은 무엇인가?

   ① 선입선출법   ② 후입선출법   ③ 총평균법   ④ 이동평균법

3. 유형자산의 취득원가로 볼 수 없는 항목은?

   ① 유형자산의 취득과 관련된 취득세
   ② 자본화대상인 금융비용
   ③ 유형자산의 보유와 관련된 재산세
   ④ 유형자산의 설계와 관련된 설계비용

4. 다음의 사채를 20x1년 1월 1일 발행하였다. 이자는 매년 말에 지급한다고 가정할 경우 사채와 관련한 다음 설명 중 잘못된 것은?

액면가액	액면이자율	유효이자율	만기	발행가액
100,000원	8%	10%	3년	92,669원

① 20x1년 결산일 현재 사채 장부가액은 사채 액면가액보다 작다.
② 20x1년 현금으로 지급된 이자는 8,000원이다.
③ 20x3년 말 이자비용 인식 후 사채할인발행차금 잔액은 0원이다.
④ 사채할인발행차금 상각액은 매년 감소한다.

5. 재화의 판매로 인한 수익 인식의 조건에 대한 설명으로 옳지 않은 것은?

   ① 수익금액을 신뢰성 있게 측정할 수 있다.
   ② 경제적 효익의 유입 가능성이 매우 높다.
   ③ 재화의 소유에 따른 유의적인 위험과 보상이 판매자에게 있다.
   ④ 거래와 관련하여 발생했거나 발생할 원가를 신뢰성 있게 측정할 수 있다.

6. 다음은 제조원가 및 재고자산에 관한 자료이다. 매출원가는 얼마인가?

구분	기초재고	기말재고
재공품	500,000원	2,000,000원
제 품	1,000,000원	2,000,000원
당기총제조원가는 10,500,000원이다.		

   ① 6,000,000원   ② 7,000,000원   ③ 8,000,000원   ④ 9,000,000원

7. 제조간접원가를 각 부문에 배부하는 기준으로 가장 적합하지 않은 것은?

   ① 건물관리부문 : 사용면적   ② 노무관리부문 : 종업원 수
   ③ 검사부문 : 검사수량, 검사시간   ④ 구매부문 : 기계시간

8. ㈜한국의 제조간접비 예정배부율은 작업시간당 5,000원이다. 실제 작업시간이 1,000시간이고, 제조간접비 배부 차이가 2,000,000원 과소 배부인 경우 실제 발생한 제조간접비는 얼마인가?

   ① 7,000,000원   ② 8,000,000원   ③ 9,000,000원   ④ 10,000,000원

9. 다음 중 개별원가계산과 종합원가계산에 대한 설명으로 틀린 것은?

① 개별원가는 작업원가계산표에 원가를 집계하나, 종합원가는 제조원가보고서에 원가를 집계한다.
② 개별원가는 공정별로 원가를 집계하나, 종합원가는 각 작업별로 원가를 집계한다.
③ 개별원가는 원가를 직접비와 간접비로 구분하나, 종합원가는 재료비와 가공비로 구분한다.
④ 개별원가는 다품종 소량 생산에, 종합원가는 동종제품 대량생산업종에 적합하다.

10. 원재료는 공정 초기에 전량 투입되고, 가공비는 전공정에 걸쳐 균등하게 투입된다. 종합원가계산에의한 재료비와 가공비의 완성품환산량은?

• 기초재공품 : 0개 • 당기투입량 : 600개 • 기말재공품 : 400개(완성도 60%)

① 재료비 : 600개, 가공비 : 440개　② 재료비 : 360개, 가공비 : 300개
③ 재료비 : 240개, 가공비 : 300개　④ 재료비 : 160개, 가공비 : 400개

11. 다음 중 부가가치세법상 영세율과 면세제도에 관한 설명으로 옳지 않은 것은?

① 면세사업자가 영세율을 적용받기 위해서는 면세를 포기하여야 한다.
② 국내거래도 영세율 적용대상이 될 수 있다.
③ 면세제도는 부가가치세 부담이 전혀 없는 완전면세형태이다.
④ 면세의 포기를 신고한 사업자는 신고한 날로부터 3년간 면세 재적용을 받지 못한다.

12. 다음은 부가가치세법상 사업자등록에 대한 설명이다. 가장 틀린 것은?

① 사업자는 원칙적으로 사업장마다 사업개시일부터 20일 이내에 사업자등록을 신청하여야 한다.
② 신규로 사업을 시작하려는 자는 사업개시일 전에 사업자등록을 신청할 수 없다.
③ 사업장이 둘 이상인 사업자는 사업자 단위로 해당 사업자의 본점 또는 주사무소 관할 세무서장에게 등록을 신청할 수 있다.
④ 사업자 단위로 등록신청을 한 경우에는 원칙적으로 사업자 단위 과세 적용 사업장에 한 개의 등록번호가 부여된다.

13. 다음 중 부가가치세법상 세금계산서에 대한 설명으로 옳지 않은 것은?

① 법인사업자와 직전연도의 사업장별 재화 및 용역의 공급가액(면세공급가액 포함)의 합계액이 2억원 이상인 개인사업자는 세금계산서를 발급하려면 전자세금계산서를 발급하여야 한다.
② 전자세금계산서의 기재 사항을 착오로 잘못 적은 경우 수정전자세금계산서를 발급할 수 있다.
③ 전자세금계산서를 발급하여야 하는 사업자가 아닌 사업자는 전자세금계산서를 발급할 수 없다.
④ 전자세금계산서를 발급하였을 때에는 전자세금계산서 발급일의 다음 날까지 전자세금계산서 발급명세를 국세청장에게 전송하여야 한다.

14. 다음 중 소득세법상 거주자의 종합소득에 해당하지 않는 것은?

① 배당소득   ② 사업소득   ③ 기타소득   ④ 퇴직소득

15. 문제 출제 오류로 인하여 삭제합니다.

용마물산㈜(회사코드:5290)은 제조, 도·소매 및 무역업을 영위하는 중소기업이며, 당기(15기)회계기간은 2022.1.1.~2022.12.31. 이다. 전산세무회계 수험용 프로그램을 이용하여 다음 물음에 답하시오.

문제 1

다음 거래를 일반전표입력 메뉴에 추가 입력하시오.(15점)

[1] 3월 13일 제조공장의 직원을 위한 확정기여형(DC) 퇴직연금에 가입하고 18,000,000원을 보통예금 계좌에서 퇴직연금계좌로 이체하였다.(3점)

[2] 3월 17일 영업팀의 고객응대친절교육을 위해 항공사에서 근무하는 스튜어디스를 초빙하여 교육을 진행하였다. 총 강의료 400,000원에서 원천세 35,200원을 차감한 금액을 보통예금으로 지급하였다.(3점)

[3] 7월 12일 당사는 ㈜미라컴에 제품을 판매하여 계상되었던 외상매출금 3,000,000원(부가가치세 불포함 금액)이 회수불능채권으로 확정되어 대손처리하였다.(단, 부가가치세는 고려하지 않으며 대손충당금을 조회한 후 분개하시오.)(3점)

[4] 10월 11일 회사가 발행 중인 사채(액면가액 50,000,000원) 중 액면가 30,000,000원을 30,850,000원에 보통예금 계좌에서 이체하여 조기에 상환하였다. 당사의 사채할인(할증)발행차금 계정의 잔액은 없었다.(3점)

[5] 12월 10일 유상증자로 신주 10,000주(주당 액면가액 1,000원)를 1주당 2,000원에 발행하여 대금은 보통예금에 입금되었다. 주식 발행과 관련하여 김법무사 수수료 300,000원이 미지급되었다.(단, 현재 주식 할인 발행차금 500,000원이 있으며, 하나의 전표로 입력할 것.)(3점)

문제 2

다음 거래자료를 매입매출전표입력 메뉴에 추가로 입력하시오.(15점)

[1] 7월 10일 다음과 같이 원재료를 매입하면서 대금 중 50%는 보통예금에서 지급하고 잔액은 다음 달말에 지급하기로 하였다.(3점)

전자세금계산서 (공급받는자 보관용)						승인번호	20220710-410000012-7c00mk0		
공급자	등록번호	110-86-05330	종사업장번호		공급받는자	등록번호	110-81-41568	종사업장번호	
	상호(법인명)	㈜필프리	성명	이종석		상호(법인명)	용마물산㈜	성명	김도윤
	사업장주소	경기 김포시 양촌읍 황금1로80번길 39				사업장주소	서울특별시 금천구 가산디지털1로 104(가산동)		
	업태	도소매,무역,제조	종목	전자부품, 수출		업태	제조,도소매	종목	전자제품
	이메일	dlwhdtjri@naver.com				이메일	rlaenaks@daum.net		
작성일자		공급가액		세액		수정사유	비고		
2022-07-10		50,000,000원		5,000,000원		해당없음			
월	일	품목	규격	수량		단가	공급가액	세액	비고
7	10	CN24-k2		5,000		10,000원	50,000,000원	5,000,000원	
합계금액		현금	수표		어음		외상미수금	이 금액을 (영수,청구)함	
55,000,000원		27,500,000원					27,500,000원		

[2] 7월 20일 ㈜두산기공에서 2월 5일 구입한 기계장치에 하자가 있어 반품하고 수정전자세금계산서(공급가액 -20,000,000원, 부가가치세 -2,000,000원)를 발급받고 대금은 전액 미지급금과 상계처리하였다.(3점)

[3] 8월 2일 ㈜한국에 부가가치세가 면제되는 제품을 2,000,000원에 판매하고 전자계산서를 발급하였다. 판매대금은 10월 16일에 보통예금으로 입금될 예정이다.(3점)

[4] 9월 9일 수출업체인 ㈜영스타에 구매확인서에 의하여 제품 100개(개당 150,000원)를 판매하고 영세율전자세금계산서를 발급하였으며, 대금은 다음달 10일까지 지급받기로 하였다.(3점)

[5] 9월 16일 다음과 같이 대표이사가 업무용으로 사용하는 소형승용차(2,500CC)의 타이어를 교체하면서 대금 중 150,000원은 현금으로 지급하고 잔액은 외상으로 하였다.(차변 계정과목을 차량유지비로 회계 처리할 것.)(3점)

전자세금계산서 (공급받는자 보관용)						승인번호	20220916-410000012-7c00mk0		
공급자	등록번호	129-86-11103	종사업장번호		공급받는자	등록번호	110-81-41568	종사업장번호	
	상호(법인명)	㈜이영타이어	성명	김이영		상호(법인명)	용마물산㈜	성명	김도윤
	사업장주소	서울 영등포구 영중로 225				사업장주소	서울시 금천구 가산디지털1로 104(가산동)		
	업태	도소매, 제조	종목	타이어, 자동차부품		업태	제조,도소매	종목	전자제품
	이메일	ezero@daum.net				이메일	rlaenaks@daum.net		
작성일자	공급가액		세액		수정사유		비고		
2022-09-16	480,000원		48,000원		해당없음				
월	일	품목	규격	수량	단가	공급가액	세액	비고	
09	16	타이어		4	120,000원	480,000원	48,000원		
합계금액		현금		수표		어음	외상미수금	이 금액을 (영수,청구)함	
528,000원		150,000원					378,000원		

문제 3

부가가치세신고와 관련하여 다음 물음에 답하시오.(10점)

[1] 다음의 자료에 근거하여 중소기업에 해당하는 용마물산㈜의 2022년 1기 부가가치세 확정신고 시 제출하여야 할 대손세액공제신고서를 작성하시오.(3점)

· 대손관련 자료

매출채권 유형	거래일자	대손금액 (VAT포함)	거래처	비고
받을어음	2021. 7. 31.	7,700,000원	㈜가경	부도발생일 2021. 10. 31.
외상매출금	2021. 5. 31.	5,500,000원	㈜비하	2022. 4. 1.에 법원으로부터 파산 확정판결을 받음
미수금 (기계장치판매대금)	2020. 6. 10.	8,800,000원	정리상회	2022. 5. 9. 대손 처리함 (해당 법인이 채무자의 재산에 대하여 저당권을 설정하고 있음)

[2] 다음 자료를 토대로 2022년 제2기 확정 신고기간의 부가가치세신고서를 작성하시오.(7점)

매출 자료	1. 전자세금계산서 과세 매출액 : 843,000,000원(부가가치세 별도) 2. 임대보증금에 대한 간주임대료 : 619,045원 3. 일본 도쿄상사 제품 직수출 : 선적일의 환율에 의한 대금 45,000,000원이 선적일에 보통예금으로 입금됨
매입 자료	1. 제품생산용으로 구입한 기계장치 : 공급가액 235,000,000원, 세액 23,500,000원 2. 제조관련 원재료 일반매입액 : 공급가액 450,000,000원, 세액 45,000,000원 (원재료 매입액에는 지연수취분 공급가액 20,000,000원, 세액 2,000,000원이 포함되어 있음) 3. 법인신용카드매출전표 수취분 중 공제대상 일반매입 : 공급가액 9,000,000원, 세액 900,000원
기타 자료	· 2022년 2기 예정신고 미환급세액은 13,500,000원이다. · 종이세금계산서 과세매입액(공급가액 : 10,000,000원, 세액 : 1,000,000원) 예정신고시 누락됨
유의 사항	· 불러오는 자료는 무시하고 직접 입력할 것. · 세부담 최소화를 가정하고 전자신고세액공제는 생략함. · 부가가치세신고서 이외의 과세표준명세 등 기타 부속서류의 작성은 생략함.

문제 4

다음 결산자료를 입력하여 결산을 완료하시오.(15점)

[1] 2022년 3월 1일에 영업부 건물에 대한 화재보험료(보험기간: 2022. 3. 1.~2023. 2. 28.) 12,000,000원을 일시에 납입하고 선급비용으로 회계 처리하였다. 기말 수정 분개를 하시오. (단, 월할계산할 것.)(3점)

[2] 당기 말 현재 보유하고 있는 단기매매증권의 내역은 다음과 같다.(3점)

주식명	취득일	주식수	전기 말 주당 시가	당기 말 주당 시가
㈜갑	2021.12.30.	1,000주	105,000원	115,000원

[3] 기말 현재 외화장기차입금(ABC은행)이 65,000,000원(미화 $50,000)으로 계상되어 있으며, 결산일 현재 환율은 1,200원/$이다. 결산분개를 하시오.(3점)

[4] 당사는 당해 연도 결산을 하면서 법인세 20,000,000원(지방소득세 포함)을 확정하였다. 이자수익에 대한 원천징수세액 500,000원 및 법인세 중간예납세액 6,000,000원은 선납세금으로 계상하였다.(3점)

[5] 기말 현재 보유하고 있는 제조부의 감가상각자산은 다음과 같다. 감가상각비와 관련된 회계처리를 하시오.(단, 제시된 자료 이외에 감가상각자산은 없다고 가정하고, 월할상각하며 고정자산등록은 생략한다.)(3점)

계정과목	취득일자	취득원가	잔존가치	내용연수	상각방법	상각률
기계장치	2022년 9월 1일	30,000,000원	0원	5년	정률법	0.451

문제 5

2022년 귀속 원천징수자료와 관련하여 다음의 물음에 답하시오.(15점)

[1] 다음 자료를 보고 거주자인 사무직 사원 박민해(여성, 입사일자 2022년 8월 1일, 국내근무)를 사원등록(사번 107)하고, 박민해의 부양가족을 모두 부양가족명세에 등록 후 세부담이 최소화 되도록 공제여부를 입력하시오. 본인 및 부양가족의 소득은 다음의 소득이 전부이며, 주민등록번호는 정확한 것으로 가정한다.(단, 기본공제 대상자가 아닌 경우 기본공제 여부에 '부'로 표시할 것.)(5점)

성명	관계	주민등록번호	내/외국인	동거여부	비고
박민해	본인	771003-2549756	내국인	세대주	연간 총급여액 2,900만원
김영광	배우자	811120-1634566	내국인	동거	양도소득금액 500만원
박노현	아버지	491224-1870981	내국인	미국 거주	소득 없음
김예슬	딸	040505-4186455	내국인	미국 유학중	소득 없음
김예찬	아들	061214-3143578	내국인	동거	소득 없음
박민호	오빠	750112-1549722	내국인	동거	퇴직소득금액 90만원

[2] 다음은 강호성(사번 1010)의 2022년 귀속 연말정산 관련 자료이다. 다음 자료를 이용하여 연말정산추가자료입력 메뉴의 ① 「월세,주택임차」탭과 ② 「연말정산입력」탭에 입력하시오.(10점)

[부양가족 현황] : 모두 동거중임			
성 명	관 계	연령(만)	비 고
강호성	본인	39세	총급여 6,000만원(근로소득자), 무주택자 세대주
강민철	부	68세	양도소득금액 1,000만원(무직)
이금희	모	59세	일용근로소득 960만원(세법상 장애인에 해당)
안윤정	배우자	39세	소득 없음(전업주부)
안윤석	처남	21세	소득 없음(대학생)
강지희	자녀	11세	소득 없음(초등학생)
강샘물	자녀	5세	소득 없음(취학전아동)

6부 • 기출문제

[연말정산 관련 자료-국세청자료]	
항목	내 용
보험료	• 보장성보험료(피보험자 : 강민철, 계약자 : 강호성) 60만원 • 보장성보험료(피보험자 : 강샘물, 계약자 : 강호성) 40만원
의료비	• 어머니(이금희) : 보청기구입비 100만원, 질병치료용 한약구입비 50만원 • 배우자(안윤정) : 어깨수술비(미용·성형수술아님) 100만원, 시력보정용 안경구입비 30만원
교육비	• 처남(안윤석) : 대학교 교육비 400만원(강호성이 납입함) • 자녀(강지희) : 초등학교 현장 체험학습비 60만원, 방과후학교 수업료 30만원 • 자녀(강샘물) : 유치원수업료 240만원, 미술학원 수업료(월단위 실시, 1주 2일 수업) 30만원
기부금	• 본인(강호성) : 정치자금기부금 20만원 • 처남(안윤석) : 국군장병 위문금품 50만원
월세, 주택임차	• 임대인 : 김광일(사업자등록번호 747-46-01155) • 임차인 : 강호성 • 주택유형 : 아파트 • 주택계약면적 : 84.00㎡ • 임대차계약서상 주소지(주민등록표등본상의 주소지) : 서울시 금천구 가산로 99 • 임대차계약기간 : 2021. 7. 1.~2023. 6. 30. • 매월 월세액 : 80만원(2022년 총 지급액 960만원)
신용카드등 사용액	• 신용카드 : 2,500만원(전통시장사용액 40만원, 대중교통이용액 60만원, 회사경비 사용금액 200만원 포함) • 현금영수증 : 중고자동차 구입비 1,000만원, 미술학원 수업료 30만원(자녀 강샘물에 대한 교육비 지출액임) • 위 신용카드등사용액은 모두 본인이 지출한 것임

[유의사항]
• 부양가족의 소득·세액공제 내용 중 강호성이 공제받을 수 있는 내역은 모두 강호성이 공제받는 것으로 함.
• 「월세,주택임차」 탭은 월세액 세액공제 대상이 아니면 작성하지 말 것.

해답 및 해설

90회 기출문제

이론시험

1 ② 2 ① 3 ③ 4 ④ 5 ③ 6 ③ 7 ④ 8 ① 9 ② 10 ①
11 ③ 12 ② 13 ③ 14 ④ 15 ×

[1] ② 자산, 부채, 자본은 총액에 의하여 기재함을 원칙으로 하고, 자산항목과 부채 또는 자본 항목을 상계함으로써 그 전부 또는 일부를 재무상태표에서 제외해서는 안된다.

[2] ① 선입선출법

[3] ③ 재산세는 당기비용 처리한다.

[4] ④ 사채할인발행차금 상각액은 매년 증가한다.

[5] ③ 재화의 소유에 따른 유의적인 위험과 보상이 구매자에게 이전된다.

[6] ③ 당기제품제조원가는 9,000,000원이고 매출원가는 기초제품(1,000,000원)+당기제품제조원가(9,000,000원)-기말제품(2,000,000원)= 8,000,000원이다.

[7] ④ 구매부문은 주문횟수, 주문수량으로 배부하는 것이 합리적이다.

[8] ① 5,000원 × 1,000시간 + 2,000,000원 = 7,000,000원

[9] ② 개별원가는 각 작업별로 원가를 집계하나, 종합원가는 공정별로 원가를 집계한다.

[10] ①
 재료비 : 600개 × 100% = 600개
 가공비 : 200개 × 100% + 400개 × 60% = 440개

[11] ③ 부가가치세법에서는 매출금액에 영의 세율을 적용함으로써 매출단계에서도 부가가치세를 면제받고 전단계 거래에서 부담한 매입세액도 환급받게 되어 부가가치세 부담이 전혀 없게 되는 완전면세형태인 영세율제도와 그 적용대상이 되는 단계의 부가가치세만을 단순히 면제해 줌으로써 전단계 거래에서는 부가가치세를 부담(매입세액 불공제)하게 되는 면세제도가 있다.

[12] ② 신규로 사업을 시작하려는 자는 사업 개시일 이전이라도 사업자등록을 신청할 수 있다(부가가치세법 제8조 제1항 단서).

[13] ③ 전자세금계산서를 발급하여야 하는 사업자가 아닌 사업자도 전자세금계산서를 발급할 수 있다(부가세법 제32조 제5항).

[14] ④ 퇴직소득은 거주자의 종합소득에 해당하지 않는다(소득세법 제4조 제1항).

[15] 해당문제 삭제

6부 · 기출문제

실무시험

문제 1.

[1] 3월 13일 일반전표 입력
(차) 퇴직급여(제)　　　　　　　　18,000,000원　(대) 보통예금　　　　　18,000,000원

[2] 3월 17일 일반전표 입력
(차) 교육훈련비(판)　　　　　　　　400,000원　(대) 예수금　　　　　　　　35,200원
　　　　　　　　　　　　　　　　　　　　　　　　보통예금　　　　　　　364,800원

[3] 7월 12일 일반전표 입력
(차) 대손충당금(109.외상매출금)　　2,500,000원　(대) 외상매출금　　　　3,000,000원
　　　대손상각비　　　　　　　　　　500,000원　　　　(㈜미라컴)

[4] 10월 11일 일반전표 입력
(차) 사　　채　　　　　　　　　30,000,000원　(대) 보 통 예 금　　　　30,850,000원
　　　사채상환손실　　　　　　　　850,000원

[5] 12월 10일
(차) 보통예금　　　　　　　　　20,000,000원　(대) 자 본 금　　　　　10,000,000원
　　　　　　　　　　　　　　　　　　　　　　　　주식할인발행차금　　　500,000원
　　　　　　　　　　　　　　　　　　　　　　　　미지급금(김법무사)　　300,000원
　　　　　　　　　　　　　　　　　　　　　　　　주식 발행 초과금　　9,200,000원

문제 2.

[1] 7월 10일 유형:51.과세, 공급가액:50,000,000원, 부가세:5,000,000원, 공급처명:㈜필프리, 전자:여, 분개:혼합
(차) 원재료　　　　　　　　　　50,000,000원　(대) 보통예금　　　　　　27,500,000원
　　　부가세대급금　　　　　　　5,000,000원　　　　외상매입금(㈜필프리)　27,500,000원

[2] 7월 20일　유형:51.과세, 공급가액:-20,000,000원, 부가세:-2,000,000원, 거래처:㈜두산기공, 전자:여, 분개:혼합
(차) 기계장치　　　　　　　　-20,000,000원　(대) 미지급금　　　　　-22,000,000원
　　　부가세대급금　　　　　　-2,000,000원
또는
(차) 기계장치　　　　　　　　- 20,000,000원
(차) 부가세　　　　　　　　　- 2,000,000원
(차) 미지급금　　　　　　　　22,000,000원

해답 및 해설

[3] 8월 2일 유형: 13.면세, 공급가액: 2,000,000원, 거래처: ㈜한국, 전자: 여, 분개: 혼합(또는 외상)

(차) 외상매출금(㈜한국)   2,000,000원   (대) 제품매출   2,000,000원

[4] 9월 9일 유형:12.영세, 구분:3, 공급가액:15,000,000원, 부가세:0, 거래처명:㈜영스타, 전자:여, 분개: 외상 또는 혼합

(차) 외상매출금   15,000,000원   (대) 제품매출   15,000,000원

[5] 9월 16일 유형:54, 불공(사유:3), 공급가액:480,000원, 부가세:48,000원 공급처명:㈜이영타이어, 전자: 여, 분개:혼합

(차) 차량유지비(판)   528,000원   (대) 현금   150,000원
                                     미지급금   378,000원

문제 3.

[1] 대손세액공제신고서 2021년 4월~2021년 6월 (대손발생)

대손확정일	대손금액	공제율	대손세액	거래처		대손사유
2021-05-01	7,700,000	10/110	700,000	㈜가경	5	부도(6개월 경과)
2021-04-01	5,500,000	10/110	500,000	㈜비하	1	파산

[2] 부가가치세 신고서 2021년 10월 1일~2021년 12월 31일

구분				금액	세율	세액		구분		금액	세율	세액
과세표준및매출세액	과세	세금계산서발급분	1	843,000,000	10/100	84,300,000	7.매출(예정신고누락분)	예정누락분	과 세금계산서	33		10/100	
		매입자발행세금계산서	2		10/100				세 기타	34		10/100	
		신용카드·현금영수증발행분	3		10/100				영 세금계산서	35		0/100	
		기타(정규영수증외매출분)	4	619,045	10/100	61,904			세 기타	36		0/100	
	영세	세금계산서발급분	5		0/100				합계	37			
		기타	6	45,000,000	0/100		12.매입(예정신고누락분)	예정누락분	세금계산서	38	10,000,000		1,000,000
	예정신고누락분		7						그 밖의 공제매입세액	39			
	대손세액가감		8						합계	40	10,000,000		1,000,000
	합계		9	888,619,045	㉮	84,361,904			신용카드매출 일반매입				
매입	세금계산서수취분	일반매입	10	450,000,000		45,000,000			수령금액합계 고정매입				
		수출기업수입분납부유예	10						의제매입세액				
		고정자산매입	11	235,000,000		23,500,000			재활용폐자원등매입세액				
	예정신고누락분		12	10,000,000		1,000,000			과세사업전환매입세액				
	매입자발행세금계산서		13						재고매입세액				
	그 밖의 공제매입세액		14	9,000,000		900,000			변제대손세액				
	합계(10)-(10-1)+(11)+(12)+(13)+(14)		15	704,000,000		70,400,000			외국인관광객에대한환급/합계				
	공제받지못할매입세액		16				14.그 밖의 공제매입세액		신용카드매출 일반매입	41	9,000,000		900,000
	차감계 (15-16)		17	704,000,000	㉯	70,400,000			수령금액합계표 고정매입	42			
납부(환급)세액(매출세액㉮-매입세액㉯)						13,961,904			의제매입세액	43		뒤쪽	
경감공제세액	그 밖의 경감·공제세액		18						재활용폐자원등매입세액	44		뒤쪽	
	신용카드매출전표등 발행공제등		19						과세사업전환매입세액	45			
	합계		20		㉰				재고매입세액	46			
예정신고미환급세액			21		㉱	13,500,000			변제대손세액	47			
예정고지세액			22		㉲				외국인관광객에대한환급세액	48			
사업양수자의 대리납부 기납부세액			23		㉳				합계	49	9,000,000		900,000
매입자 납부특례 기납부세액			24		㉴								
신용카드업자의 대리납부 기납부세액			25		㉵								
가산세액계			26			100,000							
차감.가감하여 납부할세액(환급받을세액) X ⓓ-ⓔ-ⓕ-ⓖ-ⓗ-ⓘ-ⓙ+ⓚ			27			561,904							
총괄납부사업자가 납부할 세액(환급받을 세액)													

가산세 : 63. 세금계산서 지연수취 : 금액 20,000,000원, 가산세액 100,000원

6부 · 기출문제

문제 4.

[1] 12월 31일 일반전표 입력
(차) 보험료(판) 10,000,000원 (대) 선급비용 10,000,000원

[2] 12월 31일, 일반전표입력
(차) 단기매매증권 10,000,000원 (대) 단기매매증권평가이익 10,000,000원

[3] 12월 31일 일반전표 입력
(차) 외화장기차입금(ABC은행) 5,000,000원 (대) 외화환산이익 5,000,000원

[4] 12월31일 일반전표입력
(차) 법인세등 20,000,000원 (대) 선납세금 6,500,000원
                                    미지급세금 13,500,000원

또는 결산자료입력메뉴 결산반영금액란 선납세금란에 6,500,000원, 추가계상액 13,500,000원을 입력 후 전표추가

[5] 다음 ①, ② 중 선택하여 입력
① 결산자료 입력에 제조경비- 기계장치 감가상각비금액 4,510,000원 입력 후 전표추가
② 일반전표입력
12월 31일 (차) 감가상각비(제) 4,510,000원 (대) 감가상각누계액(207) 4,510,000원
→ 감가상각비 : 취득가액 30,000,000원 × 0.451 × 4월÷12월 = 4,510,000원

문제 5.

[1] 사원등록
(1) 사원등록 : 사번:107, 성명 : 박민해, 입사년월일 : 2022년 8월 1일, 내국인, 주민등록번호 : 771003-2549756, 거주자, 한국, 국외근로제공 : 부, 생산직여부 : 부
(2) 부양가족등록 : 종합소득금액이 3천만원이하이고, 배우자가 있으므로 부녀자 공제가 가능하다. 배우자는 소득금액요건을 충족하지 못하므로 기본공제대상이 아니다. 해외에 거주하는 직계존속(부친)의 경우 주거의 형편에 따라 별거한 것으로 볼 수 없고, 오빠도 20세 이하 60세 이상이 아니므로 기본공제대상이 아니다.

[2] 연말정산
① 월세액 세액공제

임대인	주민등록번호	유형	계약면적	주소지	계약서상 임대차 계약기간	연간 월세액
김광일	747-46-01155	아파트	84.00	서울시 금천구 가산로 99	2021-07-01 ~2023-06-30	9,600,000

해답 및 해설

② 「연말정산입력」 탭
- 보험료 : 강민철의 경우 양도소득금액이 100만원을 초과하여 기본공제대상자에 해당하지 않으므로 강민철을 피보험자로 하는 보장성보험료 60만원은 공제대상이 아니고 강샘물을 피보험자로 하는 보장성보험료 40만원만 공제대상이다.
- 의료비 : 모두 공제대상이다.
- 교육비 : 교육비의 경우 연령 요건을 따지지 않으므로 처남 안윤석에 대한 대학교 교육비 400만원은 공제대상이다. 현장체험학습비는 30만원이 공제한도이다.
- 기부금 : 기부금의 경우 연령 요건을 따지지 않으므로 처남 안윤석이 지출한 기부금은 공제대상이다. 국군장병 위문금품은 법정기부금에 해당한다.
- 신용카드등사용액 : 회사경비로 처리한 신용카드 사용금액은 공제대상에서 제외한다. 취학전아동의 사설학원비 관련 현금영수증 수령금액은 신용카드등사용액에 포함한다. 현금영수증을 수령한 중고자동차 구입비의 10%를 신용카드등사용액에 포함한다.
- 강호성은 총급여액이 7천만원이 이하인 자로서 월세액 세액공제가 가능하다.

의료비지급명세서

				(2022) 년 의료비 지급명세							
의료비 공제대상자			6.본인등해당여부	지급처			지급명세				14.산후조리원해당여부(7천만원이하)
성명	내/외	5.주민등록번호		8.상호	7.사업자등록번호	9.의료증빙코드	10.건수	11.금액	11-1.실손의료보험금	12.난임시술비해당여부	13.미숙아해당여부	
이금회	내	631111-2222222	2	0			국세청장		1,500,000	X	X	X
안윤정	내	831111-2222222	3	X			국세청장		1,300,000	X	X	X

교육비

구분	지출액
취학전아동(1인당 300만원)	2,700,000
초중고(1인당 300만원)	600,000
대학생(1인당 900만원)	4,000,000
본인	
장애인	

기부금

구분	지출액	공제대상금액	공제금액
정치자금 기부금(10만원 이하분)	100,000	100,000	90,909
정치자금 기부금(10만원 초과분)	100,000	100,000	15,000
법정이월(2013년)			
법정당해기부금	500,000	500,000	75,000
법정이월(2014년)			

신용카드 등 공제대상금액

▶ 신용카드 등 사용금액 공제액 산출 과정

구분		대상금액
전통시장/대중교통 제외	㉮신용카드	22,000,000
	㉯직불/선불카드	
	㉰현금영수증	1,300,000
㉱도서공연 등 사용분		
㉲전통시장사용분		400,000
㉳대중교통이용분		600,000
신용카드 등 사용액 합계(㉮~㉳)		24,300,000

특별세액공제	60.보장성보험	일반		400,000
		장애인		
	61.의료비			2,800,000
	62.교육비			7,300,000
	63.기부금			700,000
	1)정치자금기부금	10만원이하		100,000
		10만원초과		100,000
	2)법정기부금(전액)			500,000
	3)우리사주조합기부금			
	4)지정기부금(종교단체외)			
	5)지정기부금(종교단체)			
	64.특별세액공제 계			

6부 · 기출문제

제91회 기출문제

(제한시간 : 90분, 난이도 : 합격률 57.35%)

1. 다음 중 대손금 회계처리에 대한 설명으로 틀린 것은?

   ① 모든 채권에서 발생된 대손처리 비용은 판매비와 관리비로 처리한다.
   ② 매출채권잔액기준법에 의한 대손예상금액은 기말 매출채권 잔액에 대손추정률을 곱하여 산정한다.
   ③ 전기에 대손된 채권을 회수하는 경우에는 대손충당금을 회복시킨다.
   ④ 대손발생시 대손충당금 잔액이 있으면 먼저 대손충당금과 상계한다.

2. 문제출제 오류로 삭제합니다.

3. ㈜우리가 보유한 다음의 유가증권을 단기매매증권으로 분류하는 경우와 매도가능증권으로 분류하는 경우의 당기에 계상되는 당기손익의 차이 금액은 얼마인가?

   > · A회사 주식 1,000주를 주당 10,000원(공정가치)에 매입하였다.
   > · 기말에 A회사 주식의 주당 공정가치가 10,500원으로 평가되었다.

   ① 400,000원   ② 450,000원   ③ 500,000원   ④ 550,000원

4. 다음은 재고자산에 대한 설명이다. 가장 옳지 않은 것은?

① 할부판매상품의 경우 대금이 모두 회수되지 않더라도 상품의 판매시점에서 판매자의 재고자산에서 제외한다.
② 재고자산의 매입원가는 매입금액에 매입운임, 하역료 및 보험료 등 취득과정에서 정상적으로 발생한 부대원가를 가산한 금액이다.
③ 선적지 인도조건인 경우 판매되어 운송중인 상품은 판매자의 재고자산에 포함된다.
④ 재고자산의 장부상 수량과 실제 수량과의 차이에서 발생하는 감모손실의 경우 정상적으로 발생한 감모손실은 매출원가에 가산한다.

5. 다음 중 일반기업회계기준에 따른 자본의 표시에 대한 설명으로 옳지 않은 것은?

① 자본금은 보통주자본금과 우선주자본금으로 구분하여 표시한다.
② 자본잉여금은 주식발행초과금과 기타자본잉여금으로 구분하여 표시한다.
③ 자본조정 중 자기주식은 별도 항목으로 구분하여 표시한다.
④ 기타포괄손익누계액은 법정적립금, 임의적립금 및 미처분이익잉여금(또는 미처리결손금)으로 구분하여 표시한다.

6. 다음 자료에 의하여 제조원가에 포함될 금액은 얼마인가?

· 간접 재료비 : 250,000원	· 제조 공장 화재보험료 : 50,000원
· 제조 공장장 급여 : 85,000원	· 영업부 건물 화재보험료 : 80,000원
· 제조 기계 감가상각비 : 75,000원	· 영업부 여비 교통비 : 20,000원
· 제조 공장 임차료 : 120,000원	· 영업부 사무실 임차료 : 100,000원

① 495,000원   ② 580,000원   ③ 600,000원   ④ 660,000원

7. 다음 중 보조부문원가의 배분방법에 대한 설명으로 옳지 않은 것은?

① 직접배분법은 보조부문간 용역수수관계를 전혀 고려하지 않는 배부방법이다.
② 단계배분법은 배분순위를 고려한 배부방법이다.
③ 직접배분법은 가장 정확성이 높은 배부방법이다.
④ 단계배분법과 상호배분법은 보조부문 상호 간의 용역제공관계를 고려한다.

8. 다음은 실제개별원가계산과 정상개별원가계산에 대한 설명이다. 틀린 것은?

① 실제개별원가계산과 정상개별원가계산 모두 직접재료비와 직접노무비는 실제발생액을 개별작업에 직접 부과한다.
② 실제개별원가계산은 일정기간 동안 실제 발생한 제조간접비를 동일기간의 실제 배부기준 총수로 나눈 실제배부율에 의하여 개별제품에 배부한다.
③ 정상개별원가계산은 개별작업에 직접 부과할 수 없는 제조간접비를 예정배부율을 이용하여 배부한다.
④ 원가계산이 기말까지 지연되는 문제를 해결하고자 실제개별원가계산이 도입되었다.

9. 다음 자료를 이용하여 정상공손 수량과 비정상공손 수량을 계산했을 때 옳은 것은?(단, 정상공손은 당기 완성품의 5%로 가정한다)

| ・기초재공품 : 200개 | ・기말재공품 : 150개 |
| ・당기착수량 : 900개 | ・당기완성량 : 800개 |

① 정상공손 40개, 비정상공손 100개 ② 정상공손 40개, 비정상공손 110개
③ 정상공손 50개, 비정상공손 100개 ④ 정상공손 50개, 비정상공손 110개

10. 당해연도에 제조간접비의 예정배부에 따른 제조간접비가 2,500원이 과대배부된 경우 다음 조건하에서 제조간접비 예정배부액은 얼마인가?(직접재료비 12,000원, 간접재료비 2,000원, 직접노무비 20,000원, 간접노무비 4,000원, 간접경비 4,000원이 실제로 발생하였다)

① 10,000원   ② 10,500원   ③ 11,500원   ④ 12,500원

11. 부가가치세법상 재화의 공급시기에 관한 설명이다. 틀린 것은?

① 재화의 이동이 필요하지 않은 경우 : 재화의 공급이 확정되는 때
② 상품권 등을 현금 또는 외상으로 판매하고 그 후 그 상품권 등이 현물과 교환되는 경우 : 재화가 실제로 인도되는 때
③ 사업자가 자기의 과세사업과 관련하여 생산하거나 취득한 재화로서 자기의 고객에게 증여하는 경우 : 재화를 증여하는 때
④ 2회 이상으로 분할하여 대가를 받고 해당 재화의 인도일의 다음 날부터 최종 할부금 지급기일까지의 기간이 1년 이상인 장기할부판매의 경우 : 대가의 각 부분을 받기로 한 때

12. 다음 중 세금계산서의 필요적 기재사항이 아닌 것은?

① 작성연월일   ② 공급가액
③ 공급받는 자의 등록번호   ④ 공급품목

13. ㈜구룡은 제품을 외국에 수출하는 업체이다. 당사 제품 $50,000를 수출하기 위하여 11월 20일에 선적하고 대금은 12월 10일에 수령하였다. 수출관련 과세표준은 얼마인가?

| 11월 20일 기준환율 | 1,000원/$ | 12월 10일 기준환율 | 1,100원/$ |
| 11월 20일 대고객매입율 | 1,050원/$ | 12월 10일 대고객매입율 | 1,200원/$ |

① 50,000,000원   ② 55,000,000원   ③ 50,500,000원   ④ 60,000,000원

14. 소득세법상 종합소득공제 중 기본공제에 대한 설명으로 가장 옳지 않은 것은?

① 종합소득이 있는 거주자(자연인만 해당)에 대해서는 기본공제대상자 1명당 연 100만원을 곱하여 계산한 금액을 그 거주자의 해당 과세기간의 종합소득금액에서 공제한다.
② 거주자의 배우자로서 해당 과세기간의 소득금액 합계액이 100만원 이하인 사람은 기본공제대상자에 해당한다.
③ 거주자의 배우자로서 해당 과세기간에 총급여액 500만원 이하의 근로소득만 있는 배우자는 기본공제대상자에 해당한다.
④ 거주자의 형제자매(장애인 아님)가 기본공제대상자에 해당하기 위해서는 형제자매의 나이가 20세 이하이거나 60세 이상이어야 한다.

15. 다음 중 이자소득의 원칙적인 수입시기에 관한 설명으로 맞는 것은?

① 보통예금의 수입시기는 이자를 지급받기로 한 날이다.
② 통지예금의 이자는 통지한 날을 수입시기로 한다.
③ 정기적금의 이자는 실제로 이자를 지급받는 날을 수입시기로 한다.
④ 비영업대금의 이자는 실제로 이자를 지급받는 날을 수입시기로 한다.

제91회 · 기출문제

㈜두타전자(회사코드:5291)은 제조, 도·소매 및 부동산임대업을 영위하는 중소기업이며, 당기(12기)회계기간은 2022.1.1.~2022.12.31. 이다. 전산세무회계 수험용 프로그램을 이용하여 다음 물음에 답하시오.

문제 1

다음 거래를 일반전표입력 메뉴에 추가 입력하시오.(15점)

[1] 4월 20일 당사는 단기투자목적으로 시장성이 있는 주식을 주당 20,000원에 2,000주를 매입하고, 매입수수료 300,000원을 포함하여 보통예금에서 이체하였다.(3점)

[2] 5월 2일 액면가액 20,000,000원인 3년 만기의 사채를 19,200,000원에 발행하였으며, 대금은 보통예금에 입금되었다.(3점)

[3] 5월 9일 미지급세금으로 처리되어 있던 1기 예정신고분의 부가가치세 미납분 1,200,000원을 납부지연가산세 10,000원과 함께 보통예금에서 이체하여 납부하였다.(단, 납부지연가산세는 판매비와 관리비의 세금과공과로 처리할 것)(3점)

[4] 7월 30일 착한토스트에서 공장직원들이 먹을 간식을 주문하고 아래와 같은 신용카드매출전표를 받았다.(단, 거래일 현재 착한토스트는 간이과세자이다)(3점)

```
착한토스트
123-45-65438   TEL: 031-224-8282   안지성
경기도 평택시 세교산단로 10
2022-07-30  20:05(화)  POS:01   BILL:000125
--------------------------------------
품명         단가      수량        금액
--------------------------------------
햄치즈토스트  2,500원    4        10,000원
샐러드토스트  2,000원    5        10,000원

소계                              20,000원

청구금액                          20,000원
받은금액                          20,000원
거스름액                               0원
--------------------------------------
신용카드                          20,000원
--------------------------------------
신용카드 매출전표 [ 고 객 용 ]
[카 드 번 호] 2541-****-****-4848
[할 부 개 월] 일시불
[카 드 사 명] 현대카드
[가 맹 번 호] 00616543
[승 인 번 호] 01975885
--------------------------------------
```

[5] 8월 21일 외상매출금계정에 있는 해외 매출처인 NewYork Co. Ltd. 에 대한 외화 외상매출금 $40,000이 전액 회수되고 원화로 환가되어 보통예금에 입금되었다.(3점)

· 외상매출금 인식 당시 적용환율 : 1,150원/$
· 입금시점의 적용환율 : 1,200원/$

문제 2

다음 거래자료를 매입매출전표입력 메뉴에 추가로 입력하시오.(15점)

[1] 7월 10일 공장을 신축하기 위하여 구입한 토지에 대한 토지정지비로 백두건설㈜로부터 전자세금계산서를 발급받았다. 토지정지비용으로 11,000,000원(부가가치세포함)을 보통예금으로 이체하였다.(3점)

[2] 8월 10일 당사는 수출대행업체인 ㈜대일통상에 구매확인서에 의해 제품을 판매하고 영세율전자세금계산서를 발급하였다.(3점)

영세율전자세금계산서(공급자 보관용)					승인번호		20220810-1000000-00002111		
공급자	사업자 등록번호	127-81-86165	종사업장번호		공급받는자	사업자 등록번호	130-81-55668	종사업장번호	
	상호(법인명)	㈜두타전자	성명(대표자)	박윤식		상호(법인명)	㈜대일통상	성명	정선채
	사업장 주소	경기도 양주시 고덕로 219(고읍동)				사업장 주소	서울 강남구 역삼로 1504-20		
	업태	제조외	종목	컴퓨터		업태	도소매	종목	전자제품
	이메일					이메일			
작성일자		공급가액		세액			수정사유		
2022-08-10		40,000,000원		0					
비고									
월	일	품목	규격	수량	단가		공급가액	세액	비고
8	10	제품	set	10	4,000,000원		40,000,000원	0	
합계금액		현금		수표	어음		외상미수금	이 금액을	영수 함 청구
40,000,000원		10,000,000원			30,000,000원				

[3] 9월 3일 공장에서 사용하던 기계장치를 ㈜대운상사에 매각하고 전자세금계산서를 발급하였다. 판매대금은 다음 달 말일에 받기로 하였다.(단, 당기의 감가상각비는 고려하지 말고 하나의 전표로 입력할 것)(3점)

· 매각대금 : 3,300,000원(부가가치세 포함)   · 취득가액 : 6,000,000원
· 매각 당시 감가상각누계액 : 2,000,000원

[4] 9월 9일 ㈜서울로부터 원재료를 매입하고 전자세금계산서(공급가액 13,000,000원, 세액 1,300,000원)를 발급 받았다. 매입대금 중 5월 1일에 지급한 선급금 1,000,000원을 제외한 나머지 금액을 보통예금으로 지급하였다(단, 하나의 전표로 처리할 것)(3점)

[5] 10월 8일 당사의 판매부서는 거래처 접대용 근조 화환을 주문하고, 다음과 같은 전자계산서를 발급받았다.(3점)

전자계산서(공급받는자 보관용)						승인번호	20221008-2038712-00009327		
공급자	사업자등록번호	134-91-72824	종사업장번호		공급받는자	사업자등록번호	127-81-86165	종사업장번호	
	상호(법인명)	제이슨꽃화원	성 명(대표자)	이제이슨		상호(법인명)	㈜두타전자	성 명	박윤식
	사업장주소	경기도 과천시 과천대로 12				사업장 주소	경기도 양주시 고덕로219(고읍동)		
	업 태	도매	종 목	생화, 분재		업 태	제조, 도소매무역	종 목	컴퓨터
	이메일					이메일			
작성일자		공급가액					수정사유		
2022. 10. 08.		80,000원							
비고									

월	일	품 목	규 격	수 량	단 가	공 급 가 액	비 고
10	08	근조 화환		1	80,000원	80,000원	

합 계 금 액	현 금	수 표	어 음	외 상 미 수 금	이 금액을 영수/청구 함
80,000원				80,000원	

문제 3

부가가치세신고와 관련하여 다음 물음에 답하시오.(10점)

[1] 이 문제에 한하여 ㈜두타전자는 과일인 사과와 복숭아를 가공하여 통조림을 제조하는 중소기업으로 가정한다. 다음 자료를 이용하여 제1기 확정신고(4월~6월) 의제매입세액공제신고서를 작성하시오.(단, 전표입력은 생략하고 원단위 미만은 절사하며, 불러오는 자료는 무시하고 직접 입력하시오)(3점)

1. 매입자료

공 급 자	사업자등록번호	매 입 일	물품명	수 량	매입가격	증 빙 서	건수
한솔청과	123-45-67891	2022.05.31.	사 과	1,000	10,000,000원	계 산 서	1
두솔청과	101-21-34564	2022.06.10.	복숭아	500	5,000,000원	신용카드	1

2. 제1기 예정시 과세표준은 15,000,000원이며, 확정시 과세표준은 20,000,000원(기계공급가액 5,000,000원은 제외한 것임)이다.
3. 예정신고시(1월~3월) 의제매입세액 180,000원을 공제받았다.

[2] 다음 자료를 이용하여 ㈜두타전자의 제2기 확정신고기간(10.1.~12.31.)에 대한 부가가치세 신고서를 작성하시오. 단, 부가가치세 신고서 이외의 부속서류 및 과세표준명세 입력은 생략하며(신고서 작성을 위한 전표입력도 생략), 세부담이 최소화되도록 작성하시오.(7점)

구분	내 역	공급가액	부가가치세	비 고
매출자료	제품매출	200,000,000원	20,000,000원	전자세금계산서 발급
	신용카드로 결제한 제품매출	60,000,000원	6,000,000원	전자세금계산서 미발급
	내국신용장에 의한 재화공급	50,000,000원	0원	영세율전자세금계산서 발급
	재화의 직수출액	120,000,000원	0원	영세율 대상이며, 전자세금계산서 미발급
	대손확정된 매출채권	20,000,000원	2,000,000원	대손세액공제 요건 충족
매입자료	원재료 매입	150,000,000원	15,000,000원	전자세금계산서 수취
	법인카드로 구입한 원재료 매입	8,000,000원	800,000원	세금계산서 미수취, 매입세액공제 요건 충족
	거래처 접대용 선물세트 매입	7,700,000원	770,000원	전자세금계산서 수취, 고정자산 아님
	원재료 매입	9,000,000원	900,000원	예정신고 누락분이며, 전자세금계산서는 정상적으로 수취
기타	·부가가치세 신고는 홈택스에서 전자신고하기로 한다. ·전자세금계산서 발급 시 국세청 전송도 정상적으로 이뤄졌다.			

문제 4

다음 결산자료를 입력하여 결산을 완료하시오.(15점)

[1] 2기 부가가치세 확정신고와 관련하여 부가가치세대급금 12,000,000원 및 부가가치세예수금 20,000,000원 그리고 전자신고세액공제액 10,000원이 발생하였다. 부가가치세 관련 회계처리를 하시오.(납부세액의 경우 미지급세금, 환급세액의 경우 미수금, 전자세액공제액은 잡이익으로 처리하시오.)(3점)

[2] 당사는 부동산임대사업을 하고 있다. 11월 1일 임차인으로부터 6개월치 임대료 1,200,000원(2022. 11. 01. ~ 2023. 04. 30.)을 미리 받고, 수령일에 전액 임대료수입(매출)으로 계상하였다.(단, 월할계산으로 하며, 회계처리시 음수로 입력하지 말 것)(3점)

[3] 아래에 제시된 자료를 토대로 당초에 할증발행된 사채의 이자비용에 대한 회계처리를 하시오.(단, 전표는 하나로 입력할 것)(3점)

- 2022년 귀속 사채의 액면이자는 550,000원으로 보통예금에서 이체됨.(이자지급일 : 12월 31일)
- 2022년 귀속 사채할증발행차금상각액은 215,300원이다.

[4] 당해 연도 퇴직급여추계액은 생산직 100,000,000원, 관리직 60,000,000원이고 이미 설정된 퇴직급여충당부채액으로는 생산직 50,000,000원, 관리직은 25,000,000원이다. 당사는 퇴직급여추계액의 100%를 퇴직급여충당부채로 계상한다.(3점)

[5] 결산일 현재 외상매출금 잔액과 미수금 잔액의 3%에 대하여 대손을 예상하고 대손충당금을 보충법에 의해 설정하시오.(3점)

문제 5

2022년 귀속 원천징수자료와 관련하여 다음의 물음에 답하시오.(15점)

[1] 당사는 매월 말일에 급여를 지급하고 있다. 이영미(사번 : 100번)의 아래 5월 급여대장을 바탕으로 [급여자료입력]메뉴에서 급여항목과 공제항목을 입력하고, 원천징수이행상황신고서를 작성하시오. (단, 수당공제 등록시 해당 없는 항목은 사용여부를 '부'로 체크하고, 월정액 정기, 부정기 여부를 무시한다. 또한, 식대와 육아수당은 비과세요건을 충족하며, 전월이월된 미환급세액은 63,000원으로 가정한다.)(5점)

2022년 5월 급여대장

■지급일 : 2022년 5월 31일 (단위:원)

이 름	이영미	직 책	사 원
급 여 항 목			
기본급	월차수당		상 여
2,300,000원	100,000원		200,000원
식 대	육아수당		계
100,000원	100,000원		2,800,000원
공 제 항 목			
소득세	지방소득세	고용보험	국민연금
50,190원	5,010원	20,800원	112,500원
건강보험	장기요양보험	공제계	차감수령액
80,750원	8,270원	277,520원	2,522,480원
귀하의 노고에 진심으로 감사드립니다.			

[2] 다음의 연말정산 관련자료를 보고 사무직 사원 최민상(791001-1234563, 사번 : 105, 입사일 : 2020년 1월 14일, 세대주, 총급여액 : 50,000,000원으로 가정한다.)의 세부담 최소화를 위한 연말정산추가자료입력 메뉴의 연말정산입력 탭을 입력하시오.(단, 부양가족탭은 무시할 것)(10점)

항목	내용
보험료	· 본인 저축성보험료 : 1,200,000원 · 본인 자동차보험료 : 550,000원 · 배우자 보장성보험료 : 720,000원 · 자녀 보장성보험료 : 240,000원
의료비	· 본인 보약구입(건강증진목적) : 700,000원 · 모친 질병치료목적 병원비 : 2,200,000원(최민상 신용카드 결제됨) · 배우자 임플란트시술비 : 2,000,000원
교육비	· 본인 대학원비 : 6,000,000원 · 모친 노인대학등록금 : 400,000원 · 자녀 유치원비 : 1,000,000원
기부금	· 본인 종교단체 기부금 : 3,000,000원 · 배우자 정치자금 기부금 : 100,000원
신용카드 등 사용액	· 본인 신용카드 : 13,050,000원(의료비 항목 중 신용카드로 결제한 모친 병원비 2,200,000원, 대중교통 이용분 900,000원, 전통시장 사용액 90,000원 포함) · 배우자 신용카드 : 7,000,000원(대중교통이용분 150,000원, 전통시장사용분 910,000원 포함)

〈추가자료〉

1. 부양가족
 · 배우자(만 40세) 소득 없음.
 · 자녀 만 5세(유치원), 소득 없음.
 · 모친(주거형편상 별거, 만 71세), 부동산 임대소득금액 24,000,000원

91회 기출문제

이론시험

| 1 ① | 2 × | 3 ③ | 4 ③ | 5 ④ | 6 ② | 7 ③ | 8 ④ | 9 ② | 10 ④ |
| 11 ① | 12 ④ | 13 ① | 14 ① | 15 ③ | | | | | |

[1] ① 매출채권 이외의 채권에서 발행한 대손처리 비용은 영업외 비용으로 처리한다.(일반기업회계기준 6.17의2)

[3] ③
- 단기매매증권인 경우 : 단기매매증권평가이익 500,000원(1,000주×500원). 따라서 당기손익은 500,000원 증가
- 매도가능증권인 경우 : 매도가능증권평가이익은 기타포괄손익누계액으로 처리하므로 당기손익에는 영향이 없음

따라서 단기매매증권으로 분류되는 경우와 매도가능증권으로 분류되는 경우의 당기손익 차이는 500,000원이 된다.

[4] ③ 선적지 인도조건인 경우에는 상품이 선적된 시점에 소유권이 매입자에게 이전되기 때문에 미착상품은 매입자의 재고자산에 포함된다.

[5] ④ 기타포괄손익누계액이 아닌 이익잉여금에 대한 설명이다(일반기업회계기준 제2장 문단 2.40).

[6] ② 간접재료비 (250,000원) + 제조공장화재보험료 (50,000원) + 제조공장장급여 (85,000원) + 제조기계감가상각비 (75,000원) + 제조 공장임차료 (120,000원) = 580,000원

[7] ③ 보조부문의 용역수수관계까지 고려하므로 가장 정확성이 높은 방법은 상호배분법이다.

[8] ④ 원가계산이 기말까지 지연되는 문제를 해결하고자 정상개별원가계산이 도입되었다.

[9] ② 정상공손량 : 800개×5% = 40개
비정상공손량 : (200개+900개)-(800개+150개)-40개 = 110개

[10] ④ 실제발생액(10,000원) + 과대배부(2,500원) = 예정배부액(12,500원)

[11] ① 재화의 이동이 필요하지 않은 경우 : 재화가 이용가능하게 되는 때(부가가치세법 제15조 [재화의 공급시기], 부가가치세법시행령 제28조 [구체적인 거래 형태에 따른 재화의 공급시기])

[12] ④ 공급품목은 임의적 기재사항이다(부가가치세법 제32조 제1항 제5호 및 같은 법 시행령 제67조 제2항 제4호).

[13] ① 공급시기 이후에 외화 대금을 수령시 공급시기(선적일)의 기준환율 또는 재정환율을 적용한다.

[14] ① 기본공제대상자 1명당 연 150만원이다.(소득세법 제50조 제1항 본문).

[15] ③ 보통예금: 실제로 이자를 지급 받는날, 통지예금: 인출일, 비영업대금의 이익: 약정에 따른 이자지급일

해답 및 해설

실무시험

문제 1.

[1] 4월 20일.일반전표입력
(차) 단기매매증권   40,000,000원   (대) 보통예금   40,300,000원
    수수료비용(영업외비용)   300,000원

[2] 5월 2일 (차) 보통예금   19,200,000원   (대) 사채   20,000,000원
          사채할인발행차금   800,000원

[3] 5월 9일 (차) 미지급세금   1,200,000원   (대) 보통예금   1,210,000원
          세금과공과(판)   10,000원

[4] 7월 30일 (차) 복리후생비(제)   20,000원   (대) 미지급금   20,000원
                                              (현대카드) (또는 미지급비용)

[5] 8월 21일 (차) 보통예금   48,000,000원   (대) 외상매출금   46,000,000원
                                              (NewYork Co. Ltd.)
                                              외환차익   2,000,000원

문제 2.

[1] 7월 10일, 매입매출전표입력 유형: 54 불공, 공급가액: 10,000,000원, 세액: 1,000,000원, 거래처: 백두건설㈜, 전자: 여, 분개: 혼합, 불공제사유: 6
   (차) 토지   11,000,000원   (대) 보통예금   11,000,000원

[2] 8월 10일, 유형: 12영세(구분 3), 공급가액: 40,000,000원, 거래처: ㈜대일통상, 전자: 여, 분개: 혼합
   (차) 현금   10,000,000원   (대) 제품매출   40,000,000원
       받을어음   30,000,000원

[3] 9월 3일 유형:11 과세, 공급가액:3,000,000원, 세액:300,000원, 거래처:㈜대운상사, 전자:여, 분개:혼합
   (차) 미 수 금   3,300,000원   (대) 기 계 장 치   6,000,000원
       감가상각누계액(207)   2,000,000원   부가세예수금   300,000원
       유형자산처분손실   1,000,000원

[4] 9월 9일 유형: 51.과세, 공급가액: 13,000,000원, 부가세: 1,300,000원, 거래처: ㈜서울, 전자:여, 분개: 혼합
   (차) 원재료   13,000,000원   (대) 보통예금   13,300,000원
       부가세대급금   1,300,000원   선급금   1,000,000원

[5] 10월 08일 유형:53.면세, 공급가액:80,000원, 거래처명:제이슨꽃화원, 전자:여, 분개:혼합
   (차) 접대비(판)   80,000원   (대) 미지급금(또는 미지급비용) 80,000원

6부 · 기출문제

문제 3.
[1] 의제매입세액공제신고서

공급자	사업자/주민등록번호	취득일자	구분	물품명	수량	매입가액	공제율	의제매입세액	건수
한솔청과	123-45-67891	2022-05-31	계산서	사과	1,000	10,000,000	4/104	384,615	
				합계	1,000	10,000,000		384,615	

	매입가액 계	의제매입세액 계	건수 계
계산서 합계	10,000,000	384,615	
신용카드등 합계			
농·어민등 합계			
총계	10,000,000	384,615	

면세농산물등 | 제조업 면세농산물등

가. 과세기간 과세표준 및 공제가능한 금액등 불러오

과세표준			대상액 한도계산		B.당기매입액	공제대상금
합계	예정분	확정분	한도율	A.한도액		[MIN (A,B
			40/100		10,000,000	

나. 과세기간 공제할 세액

공제대상세액			이미 공제받은 금액		공제(납부)할서
공제율	C.공제대상금액	D.합계	예정신고분	월별조기분	(C-D)
4/104					

공급자	사업자/주민등록번호	취득일자	구분	물품명	수량	매입가액	공제율	의제매입세액	건수
한솔청과	123-45-67891	2022-06-10	신용카드등	복숭아	500	5,000,000	4/104	192,307	
두솔청과	101-21-34564								
				합계	500	5,000,000		192,307	

	매입가액 계	의제매입세액 계	건수 계
계산서 합계	10,000,000	384,615	
신용카드등 합계	5,000,000	192,307	
농·어민등 합계			
총계	15,000,000	576,922	

면세농산물등 | 제조업 면세농산물등

가. 과세기간 과세표준 및 공제가능한 금액등 불러오

과세표준			대상액 한도계산		B.당기매입액	공제대상금
합계	예정분	확정분	한도율	A.한도액		[MIN (A,B
35,000,000	15,000,000	20,000,000	40/100	14,000,000	15,000,000	14,000,

나. 과세기간 공제할 세액

공제대상세액			이미 공제받은 금액		공제(납부)할서
공제율	C.공제대상금액	D.합계	예정신고분	월별조기분	(C-D)
4/104	538,461	180,000	180,000		358,

해답 및 해설

(2) 부가가치세 신고서 : 2022년 10월 1일~2022년 12월 31일

구분			금액	세율	세액
과세표준및매출세액	과세	세금계산서발급분 1	200,000,000	10/100	20,000,000
		매입자발행세금계산서 2		10/100	
		신용카드·현금영수증발행분 3	60,000,000		6,000,000
		기타(정규영수증외매출분) 4		10/100	
	영세	세금계산서발급분 5	50,000,000	0/100	
		기타 6	120,000,000	0/100	
	예정신고누락분 7				
	대손세액가감 8				-2,000,000
	합계 9		430,000,000	㉮	24,000,000
매입세액	세금계산서수취분	일반매입 10	157,700,000		15,770,000
		수출기업수입분납부유예 10			
		고정자산매입 11			
	예정신고누락분 12		9,000,000		900,000
	매입자발행세금계산서 13				
	그 밖의 공제매입세액 14		8,000,000		800,000
	합계(10)-(10-1)+(11)+(12)+(13)+(14) 15		174,700,000		17,470,000
	공제받지못할매입세액 16		7,700,000		770,000
	차감계 (15-16) 17		167,000,000	㉯	16,700,000
납부(환급)세액(매출세액㉮-매입세액㉯)				㉰	7,300,000
경감공제세액	그 밖의 경감·공제세액 18				10,000
	신용카드매출전표등 발행공제등 19		66,000,000		
	합계 20			㉱	10,000
소규모 개인사업자 부가가치세 감면세액 20				㉲	
예정신고미환급세액 21				㉳	
예정고지세액 22				㉴	
사업양수자의 대리납부 기납부세액 23				㉵	
매입자 납부특례 기납부세액 24				㉶	
신용카드업자의 대리납부 기납부세액 25				㉷	
가산세액계 26				㉸	
차가감하여 납부할세액(환급받을세액)㉰-㉱-㉲-㉳-㉴-㉵-㉶-㉷+㉸ 27					7,290,000
총괄납부사업자가 납부할 세액(환급받을 세액)					

구분	금액	세율	세액
7.매출(예정신고누락분)			
예정누락분 과세 세금계산서 33		10/100	
기타 34		10/100	
영세 세금계산서 35		0/100	
기타 36		0/100	
합계 37			
12.매입(예정신고누락분)			
세금계산서 38	9,000,000		900,000
예정누락분 그 밖의 공제매입세액 39			
합계 40	9,000,000		900,000
신용카드매출 일반매입			
수령금액합계 고정매입			
의제매입세액			
재활용폐자원등매입세액			
과세사업전환매입세액			
재고매입세액			
변제대손세액			
외국인관광객에대한환급/			
합계			
14.그 밖의 공제매입세액			
신용카드매출 일반매입 41	8,000,000		800,000
수령금액합계표 고정매입 42			
의제매입세액 43		뒤쪽	
재활용폐자원등매입세액 44		뒤쪽	
과세사업전환매입세액 45			
재고매입세액 46			
변제대손세액 47			
외국인관광객에대한환급세액 48			
합계 49	8,000,000		800,000

구분	금액	세율	세액
16.공제받지못할매입세액			
공제받지못할 매입세액 50	7,700,000		770,000
공통매입세액면세등사업분 51			
대손처분받은세액 52			
합계 53	7,700,000		770,000
18.그 밖의 경감·공제세액			
전자신고세액공제 54			10,000
전자세금계산서발급세액공제 55			
택시운송사업자경감세액 56			
대리납부세액공제 57			
현금영수증사업자세액공제 58			
기타 59			
합계 60			10,000

※ 신용카드매출전표등 발행공제등 란에는 금액을 입력하지 않아도 무방함

6부 • 기출문제

문제 4.

[1] 12월31일 일반전표입력

(차) 부가세예수금　　　　　　　　　20,000,000원　　(대) 부가세대급금　　　12,000,000원
　　　　　　　　　　　　　　　　　　　　　　　　　　　　잡이익　　　　　　　　10,000원
　　　　　　　　　　　　　　　　　　　　　　　　　　　　미지급세금　　　　7,990,000원

[2] 12월 31일 (차) 임대료수입　　　800,000원　　(대) 선수수익　　　800,000원

[3] 12월 31일 일반전표입력

(차) 이자비용　　　　　　　　　　　334,700원　　(대) 보통예금　　　　550,000원
　　사채할증발행차금　　215,300원

[4] 12월 31일 일반전표입력 또는 결산자료입력 해당금액 입력후 전표추가

(차) 퇴직급여(508)　　　　　　　　50,000,000원　　(대) 퇴직급여충당부채　　85,000,000원
　　퇴직급여(806)　　　　　　　　35,000,000원

[5] · 대손충당금(외상매출금) : 451,412,000원 x 3% - 4,150,000원 = 9,392,360원
　　· 대손충당금(미수금) : 53,800,000원 x 3% =1,614,000원
　　· 다음 ①, ② 중 선택하여 입력
　　　　① 결산자료 입력 메뉴에 입력(대손율 3%) 후 전표 추가
　　　　② 12월 31일 일반전표입력
　　　　　　　(차)　대손상각비(835)　　　　9,392,360원　(대) 대손충당금(외상매출금) 9,392,360원
　　　　　　　　　기타의대손상각비(954)　1,614,000원　　　대손충당금(미수금)　1,614,000원

문제 5.

[1] 급여자료입력

수당등록

코드	과세구분	수당명	근로소득유형			월정액	사용여부
			유형	코드	한도		
1002	과세	상여	상여			부정기	여
1003	과세	직책수당	급여			정기	부
1004	과세	월차수당	급여			정기	여
1005	비과세	식대	식대	P01	(월)100,000	정기	여
1006	비과세	자가운전보조금	자가운전보조금	H03	(월)200,000	부정기	부
2001	비과세	육아수당	육아수당	Q01	(월)100,000	정기	여

해답 및 해설

2. 급여자료 입력

3. 원천징수이행상황신고서 작성

6부 · 기출문제

[2] 연말정산 추가자료입력

- 보험료 : 본인 자동차, 배우자 보장성, 자녀 보장성 =>550,000원+720,000원+240,000원=1,510,000원
- 의료비 : (모친 이엄마) 2,200,000원 (배우자 이배우) 2,000,000원
- 교육비 : 본인 대학원비, 자녀 유치원비 =>6,000,000원+1,000,000원=7,000,000원
- 기부금 : 본인 종교단체 기부금 =>3,000,000원, 배우자명의 정치자금기부금은 공제대상이 아님
- 신용카드 등 : 대중교통 1,050,000원, 전통시장사용분 1,000,000원, 그 외 신용카드 18,000,000원

※ 의료비는 2,200,000원 또는 4,200,000원

※ 기부금 : 종교단체당해기부금란에 3,000,000원 입력

제92회 기출문제

(제한시간 : 90분, 난이도 : 합격률 50.15%)

1. 다음 중 회계정보의 질적특성에 대한 설명으로 틀린 것은?

   ① 목적적합성에는 예측가치, 피드백가치, 적시성이 있다.
   ② 신뢰성에는 표현의 충실성, 검증가능성, 중립성이 있다.
   ③ 예측가치는 정보이용자의 당초 기대치를 확인 또는 수정할 수 있는 것을 말한다.
   ④ 중립성은 회계정보가 신뢰성을 갖기 위해서는 편의 없이 중립적이어야 함을 말한다.

2. 다음 중 유가증권에 대한 설명으로 가장 틀린 것은?

   ① 채무증권은 취득한 후에 만기보유증권, 단기매매증권, 매도가능증권 중의 하나로 분류한다.
   ② 만기보유증권으로 분류되지 아니하는 채무증권은 매도가능증권으로 분류한다.
   ③ 매도가능증권에 대한 미실현보유손익은 기타포괄손익누계액 항목으로 처리한다.
   ④ 단기매매증권에 대한 미실현보유손익은 당기손익항목으로 처리한다.

3. 다음 중 충당부채, 우발부채 및 우발자산에 대한 설명으로 틀린 것은?

   ① 우발부채는 부채로 인식하지 않으나 우발자산은 자산으로 인식한다.
   ② 우발부채는 자원 유출 가능성이 아주 낮지 않는 한, 주석에 기재한다.
   ③ 충당부채는 자원의 유출가능성이 매우 높은 부채이다.
   ④ 충당부채는 그 의무 이행에 소요되는 금액을 신뢰성 있게 추정할 수 있다.

4. 다음 중 자본거래에 관한 설명으로 가장 틀린 것은?

① 자기주식은 취득원가를 자기주식의 과목으로 하여 자본조정으로 회계처리한다.
② 자기주식을 처분하는 경우 처분금액이 장부금액보다 크다면 그 차액을 자기주식처분이익으로 하여 자본조정으로 회계처리한다.
③ 처분금액이 장부금액보다 작다면 그 차액을 자기주식처분이익의 범위내에서 상계처리하고, 미상계된 잔액이 있는 경우에는 자본조정의 자기주식처분손실로 회계처리한다.
④ 이익잉여금(결손금) 처분(처리)로 상각되지 않은 자기주식처분손실은 향후 발생하는 자기주식처분이익과 우선적으로 상계한다.

5. 다음 중 현금 및 현금성자산에 대한 설명으로 틀린 것은?

① 취득당시 만기가 1년인 양도성 예금증서(CD)는 현금및현금성자산에 속한다.
② 지폐와 동전(외화 포함)은 현금 및 현금성자산에 속한다.
③ 우표와 수입인지는 현금 및 현금성자산이라고 볼 수 없다.
④ 직원가불금은 단기대여금으로서 현금 및 현금성자산이라고 볼 수 없다.

6. 다음 중 원가에 대한 설명으로 가장 틀린 것은?

① 직접재료비는 기초원가에 포함되지만 가공원가에는 포함되지 않는다.
② 직접노무비는 기초원가와 가공원가 모두에 해당된다.
③ 기회비용(기회원가)은 현재 이 대안을 선택하지 않았을 경우 포기한 대안 중 최소 금액 또는 최소 이익이다.
④ 제조활동과 직접 관련없는 판매관리활동에서 발생하는 원가를 비제조원가라 한다.

7. 다음 중 재공품 및 제품에 관한 설명으로 틀린 것은?

① 당기제품제조원가는 재공품계정의 대변에 기입한다.
② 매출원가는 제품계정의 대변에 기입한다.
③ 기말재공품은 손익계산서에 반영된다.
④ 직접재료비, 직접노무비, 제조간접비의 합계를 당기총제조원가라고 한다.

8. ㈜세계는 직접배부법을 이용하여 보조부문 제조간접비를 제조부문에 배부하고자 한다. 보조부문 제조간접비를 배분한 후 절단부문의 총원가는 얼마인가?

구 분	보조부문		제조부문	
	수선부문	전력부문	조립부문	절단부문
전력부문 공급(kw)	60	-	500	500
수선부문 공급(시간)	-	100	600	200
자기부문원가(원)	400,000	200,000	600,000	500,000

① 600,000원   ② 700,000원   ③ 800,000원   ④ 900,000원

9. 다음 중 개별원가계산에 대한 설명이 아닌 것은?

① 기말재공품의 평가문제가 발생하지 않는다
② 제조간접비의 배분이 중요한 의미를 갖는다.
③ 동종 대량생산형태보다는 다품종 소량주문생산형태에 적합하다.
④ 공정별로 원가 집계를 하기 때문에 개별작업별로 작업지시서를 작성할 필요는 없다.

10. 다음 자료를 이용하여 비정상공손 수량을 계산하면 얼마인가?(단, 정상공손은 당기 완성품의 10%로 가정한다)

  · 기초재공품 : 200개   · 기말재공품 : 50개
  · 당기착수량 : 600개   · 당기완성량 : 650개

① 25개   ② 28개   ③ 30개   ④ 35개

11. 다음은 부가가치세법상 사업자 단위 과세제도에 대한 설명이다. 가장 틀린 것은?

① 사업장이 둘 이상 있는 경우에는 사업자 단위과세제도를 신청하여 주된 사업장에서 부가가치세를 일괄하여 신고와 납부, 세금계산서 수수를 할 수 있다.
② 주된 사업장은 법인의 본점(주사무소를 포함한다) 또는 개인의 주사무소로 한다. 다만, 법인의 경우에는 지점(분사무소를 포함한다)을 주된 사업장으로 할 수 있다.
③ 주된 사업장에 한 개의 사업자등록번호를 부여한다.
④ 사업장 단위로 등록한 사업자가 사업자 단위 과세 사업자로 변경하려면 사업자 단위 과세 사업자로 적용받으려는 과세기간 개시 20일 전까지 변경등록을 신청하여야 한다.

12. 다음은 부가가치세법상 영세율과 면세에 대한 설명이다. 가장 틀린 것은?

① 재화의 공급이 수출에 해당하면 면세를 적용한다.
② 면세사업자는 부가가치세법상 납세의무가 없다.
③ 간이과세자는 간이과세를 포기하지 않아도 영세율을 적용받을 수 있다.
④ 토지를 매각하는 경우에는 부가가치세가 면제된다.

13. 다음은 수정세금계산서 또는 수정전자세금계산서의 발급사유 및 발급절차를 설명한 것이다. 가장 틀린 것은?

① 계약의 해제로 재화나 용역이 공급되지 아니한 경우 : 계약이 해제된 때에 그 작성일은 계약해제일로 적고 비고란에 처음 세금계산서 작성일을 덧붙여 적은 후 붉은색 글씨로 쓰거나 음(陰)의 표시를 하여 발급한다.
② 면세 등 발급대상이 아닌 거래 등에 대하여 발급한 경우 : 처음에 발급한 세금계산서의 내용대로 붉은색 글씨로 쓰거나 음(陰)의 표시를 하여 발급한다.
③ 처음 공급한 재화가 환입된 경우 : 처음 세금계산서를 작성한 날을 작성일로 적고 비고란에 재화가 환입된 날을 덧붙여 적은 후 붉은색 글씨로 쓰거나 음(陰)의 표시를 하여 발급한다.
④ 착오로 전자세금계산서를 이중으로 발급한 경우 : 처음에 발급한 세금계산서의 내용대로 음(陰)의 표시를 하여 발급한다.

14. 다음은 소득세법상 납세의무자에 관한 설명이다. 가장 틀린 것은?

① 외국을 항행하는 선박 또는 항공기 승무원의 경우 생계를 같이하는 가족이 거주하는 장소 또는 승무원이 근무기간 외의 기간 중 통상 체재하는 장소가 국내에 있는 때에는 당해 승무원의 주소는 국내에 있는 것으로 본다.
② 국내에 거소를 둔 기간은 입국하는 날의 다음날부터 출국하는 날까지로 한다.
③ 거주자란 국내에 주소를 두거나 183일 이상의 거소를 둔 개인을 말한다.
④ 영국의 시민권자나 영주권자의 경우 무조건 비거주자로 본다.

15. 다음은 소득세법상 결손금과 이월결손금에 관한 설명이다. 가장 틀린 것은?

① 해당 과세기간의 소득금액에 대하여 추계신고를 하거나 추계조사 결정하는 경우에는 예외 없이 이월결손금공제규정을 적용하지 아니한다.
② 사업소득의 이월결손금은 사업소득, 근로소득, 연금소득, 기타소득, 이자소득, 배당소득의 순서로 공제한다.
③ 주거용 건물 임대 외의 부동산임대업에서 발생한 이월결손금은 타소득에서는 공제할 수 없다.
④ 결손금 및 이월결손금을 공제할 때 해당 과세기간에 결손금이 발생하고 이월결손금이 있는 경우에는 그 과세기간의 결손금을 먼저 소득금액에서 공제한다.

문제 1

다음 거래를 일반전표입력 메뉴에 추가 입력하시오.(15점)

[1] 3월 21일 ㈜SJ컴퍼니의 외상매입금(11,000,000원)을 결제하기 위하여 ㈜영동물산으로부터 받은 약속어음 6,000,000원을 ㈜SJ컴퍼니에게 배서양도하고 잔액을 보통예금에서 지급하였다.(3점)

[2] 4월 30일 회사는 영업부서 직원들에 대해 확정급여형 퇴직연금(DB)에 가입하고 있으며, 4월 불입액인 3,000,000원을 보통예금에서 지급하였다.(3점)

[3] 5월 12일 당사는 자금 악화로 주요 매입 거래처인 ㈜상생유통에 대한 외상매입금 40,000,000원 중 38,000,000원은 보통예금에서 지급하고, 나머지 금액은 면제받았다.(3점)

[4] 5월 25일 당사는 1주당 발행가액 4,000원, 주식수 50,000주의 유상증자를 통해 보통예금으로 200,000,000원이 입금되었으며, 증자일 현재 주식발행초과금은 20,000,000원이 있다.(1주당 액면가액은 5,000원이며, 하나의 거래로 입력할 것)(3점)

[5] 6월 15일 단기매매목적으로 보유 중인 주식회사 삼삼의 주식(장부가액 50,000,000원)을 전부 47,000,000원에 처분하였다. 주식처분 수수료 45,000원을 차감한 잔액이 보통예금으로 입금되었다.(3점)

문제 2

다음 거래자료를 매입매출전표입력 메뉴에 추가로 입력하시오.(15점)

[1] 6월 13일 당사가 제조한 전자제품을 ㈜대한에게 판매하고 다음과 같은 전자세금계산서를 발급하였으며 판매대금은 전액 다음 달 말일에 받기로 하였다.(3점)

전자세금계산서(공급자 보관용)						승인번호	20220613-3420112-73b		
공급자	사업자등록번호	122-81-04585			공급받는자	사업자등록번호	203-85-12757		
	상호	용인전자㈜	성 명(대표자)	김영도		상호	㈜대한	성 명(대표자)	김대한
	사업장주소	서울 영등포구 여의나루로 53-1				사업장 주소	경기도 고양시 덕양구 삼송동 45		
	업태/종목	제조 및 도소매업	전자제품외			업태/종목	도소매업	전자제품등	
	이메일	45555555@daum.net				종목	kkllkkll@naver.com		
비고						수정사유			
작성일자		2022. 6. 13.			공급가액	15,000,000원	세액	1,500,000원	
월	일	품 목	규격	수량	단 가	공 급 가 액	세 액	비 고	
6	13	전자제품		30	500,000원	15,000,000원	1,500,000원		
합 계 금 액		현 금	수 표		어 음	외 상 미 수 금	이 금액을 청구함		
16,500,000원						16,500,000원			

[2] 7월 25일 회계부서에서 사용하기 위한 책상을 ㈜카이마트에서 구입하고 구매대금을 다음과 같이 법인카드인 세무카드로 결제하였다.(구입 시 자산계정으로 입력할 것)(3점)

```
카드종류
세무카드              신용승인
회원번호              유효기간
1405-1204-****-4849  2022/7/25 13:52:49
일반
일시불                 거래금액    2,000,000원
                      부가세         200,000원
                      봉사료              0원
                      합계        2,200,000원
판매자
대표자                 가맹점명
최명자                 ㈜카이마트
사업자등록번호         가맹점주소
116-81-52796          경기 성남 중원구 산성대로382번길 40
                      서명
```

[3] 9월 15일 생산부문의 매입거래처에 선물을 전달하기 위하여 ㈜영선으로부터 선물세트(공급가액 1,500,000원, 세액 150,000원)를 매입하고 전자세금계산서를 발급받았다. 대금 중 300,000원은 즉시 보통예금으로 지급하였고 나머지는 한 달 후에 지급하기로 하였다.(3점)

[4] 9월 22일 당사의 보통예금계좌에 1,100,000원(부가가치세 포함)이 입금되어 확인한 바, 동 금액은 비사업자인 김길동에게 제품을 판매한 것이다.(단, 별도의 세금계산서나 현금영수증을 발급하지 않았으며, 거래처는 입력하지 않아도 무방함)(3점)

[5] 9월 28일 당사는 원재료(공급가액 50,000,000원, 부가세 5,000,000원)를 ㈜진행상사에서 매입하고 전자세금계산서를 발급받았다. 이와 관련하여 대금 중 15,000,000원은 보통예금에서 지급하고 나머지는 외상으로 하였다.(3점)

문제 3

부가가치세신고와 관련하여 다음 물음에 답하시오.(10점)

[1] 다음 자료를 보고 2022년 제1기 확정신고기간의 [수출실적명세서]를 작성하시오.(단, 거래처 코드 및 거래처명도 입력할 것)(3점)

상대국	거래처	수출 신고번호	선적일	원화 환가일	통화	수출액	기준환율	
							선적일	원화환가일
미국	ABC사	13042-10 -044689X	04.06.	04.08.	USD	$50,000	1,150원/$	1,140원/$
미국	DEF사	13045-10 -011470X	05.01.	04.30.	USD	$60,000	1,140원/$	1,130원/$
중국	베이징사	13064-25 -247041X	06.29.	06.30.	CNY	700,000위안	170원/위안	171원/위안

[2] 다음은 제2기 부가가치세 확정신고기간에 대한 관련 자료이다. 이를 반영하여 제2기 확정 부가가치세 신고서를 작성하시오.(단, 세부담 최소화를 가정한다.)(7점)

매출자료	· 세금계산서 과세 매출액 : 공급가액 800,000,000원(부가세 별도)
	· 신용카드 과세 매출액 : 공급대가 55,000,000원(부가세 포함)
	· 현금영수증 과세 매출액 : 공급대가 11,000,000원(부가세 포함)
	· 내국 신용장에 의한 영세율매출(세금계산서 발급) : 60,000,000원
	· 직수출 : 20,000,000원
	· 대손세액공제 : 과세 재화·용역을 공급한 후 그 공급일부터 10년이 지난 날이 속하는 과세기간에 대한 확정신고 기한까지 아래의 사유로 대손세액이 확정된다.
	  - 2022년 9월 25일에 부도발생한 ㈜한국에 대한 받을어음 : 33,000,000원(부가세 포함)
	  - 2022년 10월 5일에 소멸시효 완성된 ㈜성담에 대한 외상매출금 : 22,000,000원(부가세 포함)

매입자료	· 전자세금계산서 과세 일반매입액 : 공급가액 610,000,000원, 세액 61,000,000원
	· 전자세금계산서 고정자산 매입액
	  - 업무용 기계장치 매입액 : 공급가액 60,000,000원, 세액 6,000,000원
	  - 비영업용승용차(5인승, 1,800cc) 매입 : 공급가액 30,000,000원, 세액 3,000,000원

기타	· 제2기 예정신고시 미환급된 세액 : 3,000,000원 · 정상적으로 수취한 종이세금계산서(원재료 구입) 예정신고 누락분 : 공급가액 10,000,000원, 세액 1,000,000원 · 매출자료 중 전자세금계산서 지연전송분 : 공급가액 5,000,000원, 세액 500,000원

문제 4

다음 결산자료를 입력하여 결산을 완료하시오.(15점)

[1] 영업사원 출장용 차량에 대한 보험료 전액을 가입 당시(2022.07.01.)에 보통예금으로 계좌이체 후 비용처리 하였다.(단, 월할계산할 것)(3점)

· 자동차보험료 : 10,000,000원   · 가입기간 : 2022년 7월 1일 ~ 2023년 6월 30일

[2] 2022년 9월 1일 기업은행으로부터 2억원을 연 3%의 이자율로 1년간 차입하였다. 이자는 원금상환과 함께 1년 후 보통예금에서 지급할 예정이다.(단, 월할 계산할 것)(3점)

[3] 당사가 기말에 공장에서 보유하고 있는 재고자산은 다음과 같다. 추가정보를 고려하여 결산에 반영하시오.(3점)

기말 재고자산
· 기말원재료 : 1,500,000원   · 기말재공품 : 6,300,000원   · 기말제품 : 6,500,000원

2. 추가정보
· 매입한 원재료 1,940,000원은 운송 중 : 선적지 인도조건
· 당사의 제품(적송품) 4,850,000원을 수탁업자들이 보유 중 : 위탁판매용도

[4] 결산일 현재 외상매출금 잔액에 대하여 1%의 대손추정률을 적용하여 보충법에 의해 일반기업회계기준법에 따라 대손충당금을 설정한다.(3점)
   ※ 반드시 결산자료입력메뉴만을 이용하여 입력하시오.

[5] 결산 마감전 영업권(무형자산) 잔액이 30,000,000원이 있으며, 이 영업권은 2022년 5월 20일에 취득한 것이다.(단, 무형자산에 대하여 5년간 월할 균등상각하며, 상각기간 계산시 1월 미만의 기간은 1월로 한다.)(3점)

문제 5

2022년 귀속 원천징수자료와 관련하여 다음의 물음에 답하시오.(15점)

[1] 다음은 기업부설연구소의 연구원인 김현철의 9월분 급여명세서이다. [급여자료입력] 및 [원천징수이행상황신고서]를 작성하시오.(단, 수당등록 및 공제항목은 불러온 자료는 무시하고 직접 입력할 것)(5점)

<9월분 급여명세서>

이름	김현철	지급일	10월 10일
기본급	2,500,000원	소득세	110,430원
직책수당	300,000원	지방소득세	11,040원
식대	150,000원	국민연금	146,250원
자가운전보조금	300,000원	건강보험	104,970원
연장수당	200,000원	장기요양보험	10,750원
[기업연구소]연구보조비	300,000원	고용보험	26,000원
급여합계	3,750,000원	공제총액	409,440원
귀하의 노고에 감사드립니다.		차인지급액	3,340,560원

· 수당 등록 시 급여명세서에 적용된 항목 이외의 항목은 사용여부를 '부'로 체크한다.
· 당사는 모든 직원에게 식대를 지급하며 비과세요건을 충족한다.
· 당사는 본인명의의 차량을 업무 목적으로 사용한 직원에게 자가운전보조금을 지급하며, 실제 발생된 시내교통비를 별도로 지급하지 않는다.
· 당사는 기업(부설)연구소의 법적 요건을 충족하며, [기업연구소]연구보조비는 비과세요건을 충족한다.
· 원천징수이행상황신고서 작성과 관련하여 전월미환급세액은 180,000원이다.
· 별도의 환급신청은 하지 않는다.

[2] 2022년 6월 1일 입사한 최민국(사번:102)의 전근무지 근로소득원천징수영수증 자료와 연말정산자료는 다음과 같다. 전 근무지를 반영한 연말정산추가자료입력 메뉴의 [소득명세], [월세주택임차차입명세] 및 [연말정산입력] 탭을 입력하시오.(단, 최민국은 무주택 세대주이며, 부양가족은 없다)(10점)

< 전 근무지 근로소득 원천징수영수증 자료 >

	구 분		주(현)	종(전)	⑯-1 납세조합	합 계
Ⅰ 근무처별소득명세	⑨ 근 무 처 명		㈜안전양회			
	⑩ 사업자등록번호		114-86-06122			
	⑪ 근무기간		2022.1.1.~2022.5.31.	~	~	~
	⑫ 감면기간		~	~	~	~
	⑬ 급 여		18,000,000원			
	⑭ 상 여		2,000,000원			
	⑮ 인 정 상 여					
	⑮-1 주식매수선택권 행사이익					
	⑮-2 우리사주조합인출금					
	⑮-3 임원 퇴직소득금액 한도초과액					
	⑯ 계		20,000,000원			
Ⅱ 비과세 및 감면소득명세	⑱ 국외근로	M0X				
	⑱-1 야간근로수당	O0X				
	⑱-2 출산·보육수당	Q0X				
	⑱-4 연구보조비	H0X				
	~					
	⑱-29					
	⑲ 수련보조수당	Y22				
	⑳ 비과세소득 계					
	⑳-1 감면소득 계					

	구 분			㉘ 소 득 세	㉙ 지방소득세	㉚ 농어촌특별세
Ⅲ 세액명세	㉒ 결 정 세 액			245,876원	24,587원	
	기납부세액	㉓ 종(전)근무지 (결정세액란의 세액을 적습니다)	사업자등록번호			
		㉔ 주(현)근무지		1,145,326원	114,532원	
	㉕ 납부특례세액					
	㉖ 차 감 징 수 세 액(㉒-㉓-㉔-㉕)			△899,450원	△89,945원	

(국민연금 960,000원   건강보험 785,000원   장기요양보험 49,600원   고용보험 134,000원)
위의 원천징수액(근로소득)을 정히 영수(지급)합니다.

< 연말정산관련자료 >
· 다음의 지출 금액은 모두 본인을 위해 사용한 금액이다.

항목	내용
보험료	· 자동차보험료 : 750,000원, 저축성보험료 : 600,000원
의료비	· 치료목적 허리디스크 수술비 : 3,600,000원(최민국의 신용카드로 결제) · 치료·요양 목적이 아닌 한약 구입비 : 2,400,000원 · 시력보정용 안경구입비 : 550,000원
교육비	· 대학원 등록금 : 10,000,000원 · 영어학원비(업무관련성 없음) : 2,000,000원
기부금	· 종교단체 당해 기부금 : 3,000,000원, · 종교단체외의 지정기부금단체에 기부한 당해 기부금 : 100,000원
신용카드 등 사용액	· 신용카드 : 34,000,000원(이 중 8,000,000원은 본인이 근무하는 법인의 비용해당분이고, 3,600,000원은 허리디스크수술비임) · 현금영수증 : 2,500,000원(이 중 300,000원은 대중교통이용분이고, 120,000원은 공연관람사용분임)
월세 자료	· 임대인 : 임부자 · 주민등록번호 : 631124-1655498 · 주택유형 : 다가구주택 · 주택계약면적 : 52.00㎡ · 임대차계약서상 주소지 : 서울시 영등포구 여의나루로 121 · 임대차 계약기간 : 2022.1.1.~2022.12.31. · 매월 월세액 : 700,000원(2022년 총 지급액 8,400,000원) · 월세는 세액공제요건이 충족되는 것으로 한다.

6부 · 기출문제

92회 기출문제

이론시험

| 1 ③ | 2 ② | 3 ① | 4 ② | 5 ① | 6 ③ | 7 ③ | 8 ② | 9 ④ | 10 ④ |
| 11 ② | 12 ① | 13 ③ | 14 ④ | 15 ① | | | | | |

[1] ③ 피드백가치에 대한 설명이다.
[2] ② 만기보유증권으로 분류되지 아니하는 채무증권은 단기매3매증권과 매도가능증권 중의 하나로 분류한다.
[3] ① 우발자산은 자산으로 인식하지 않는다.(일반기업회계기준 14.5, 14.6)
[4] ② 자기주식을 처분하는 경우 처분금액이 장부금액보다 크다면 그 차액을 자기주식처분이익으로 하여 자본잉여금으로 회계처리한다.(일반기업회계기준 15.9)
[5] ① 취득당시 만기가 3개월 이내에 도래하는 양도성예금증서(CD)는 현금및현금성자산에 속한다.
[6] ③ 기회비용(기회원가)은 현재 이 대안을 선택하지 않았을 경우 포기한 대안 중 최대 금액 또는 최대 이익이다.
[7] ③ 기말재공품은 재무상태표에 반영된다.
[8] ② 수선부문이 절단부문에 배분한 금액 : 400,000원 × 200/800 = 100,000원
전력부문이 절단부문에 배분한 금액 : 200,000원 × 500/1,000 = 100,000원
절단부문 총원가 : 100,000원 + 100,000원 + 500,000원 = 700,000원
[9] ④ 종합원가계산에 대한 설명이다.
[10] ④ 정상공손량 : 650개×10% = 65개
비정상공손량 : (200개+600개)-(650개+50개)-65개 = 35개
[11] ② 법인의 경우 본점만 주된 사업장이 가능하다.
[12] ① 재화의 공급이 수출에 해당하면 영세율을 적용한다.
[13] ③ 처음 공급한 재화가 환입된 경우: 재화가 환입된 날을 작성일로 적고 비고란에 처음 세금계산서 작성일자를 덧붙여 적은 후 붉은색 글씨로 쓰거나 음(陰)의 표시를 하여 발급한다.
[14] ④ 비거주자란 거주자가 아닌 개인을 말한다.
[15] ① 해당 과세기간의 소득금액에 대하여 추계신고를 하거나 추계조사 결정하는 경우에는 이월결손금공제규정을 적용하지 아니한다. 다만, 천재지변이나 그 밖의 불가항력으로 장부나 그 밖의 증명서류가 멸실되어 추계신고하거나 추계조사 결정을 하는 경우에는 그러하지 아니한다.

해답 및 해설

실무시험

문제 1.

[1] 3월 21일 일반전표입력

(차) 외상매입금 (㈜SJ컴퍼니)	11,000,000원	(대) 받을어음 (㈜영동물산)	6,000,000원
		보통예금	5,000,000원

[2] 4월 30일 일반전표입력

(차) 퇴직연금운용자산	3,000,000원	(대) 보통예금	3,000,000원

[3] 5월 12일 일반전표입력

(차) 외상매입금(㈜상생유통)	40,000,000원	(대) 보통예금	38,000,000원
		채무면제이익	2,000,000원

[4] 5월 25일 일반전표입력

(차) 보통예금	200,000,000원	(대) 자본금	250,000,000원
주식발행초과금	20,000,000원		
주식할인발행차금	30,000,000원		

[5] 6월 15일 일반전표입력

(차) 보통예금	46,955,000원	(대) 단기매매증권	50,000,000원
단기매매증권처분손실	3,045,000원		

문제 2.

[1] 6월13일 매입매출전표입력
유형:11. 과세, 공급가액:15,000,000원, 부가세 1,500,000원 거래처:(주)대한 전자:여, 분개: 혼합또는 외상

(차) 외상매출금	16,500,000원	(대) 제품매출	15,000,000원
		부가가치세예수금	1,500,000원

[2] 7월 25일 매입매출전표입력
유형: 57.카과, 공급가액:2,000,000원, 부가세:200,000원, 거래처:㈜카이마트, 분개:혼합 또는 카드

(차) 비　　품	2,000,000원	(대) 미지급금 (세무카드)	2,200,000원
부가세대급금	200,000원		

[3] 9월 15일 매입매출전표입력
유형:54, 불공(불공제 사유4), 공급가액:1,500,000원, 부가세:150,000원, 거래처: ㈜영선, 전자: 여, 분개: 혼합

6부 • 기출문제

(차) 접대비(제)	1,650,000원	(대) 보통예금	300,000원
		미지급금(㈜영선)	1,350,000원
		또는 미지급비용	

[4] 9월 22일 매입매출전표입력
유형: 14 건별, 공급가액 1,000,000원 부가세 100,000원, 거래처: 김길동, 분개: 혼합

| (차) 보통예금 | 1,100,000원 | (대) 제품매출 | 1,000,000원 |
| | | 부가세예수금 | 100,000원 |

[5] 9월 28일 매입매출전표입력
유형:51.과세, 공급가액:50,000,000원, 부가세:5,000,000원, 거래처명:(주)진행상사, 전자:여, 분개:혼합

| (차) 원재료 | 50,000,000원 | (대) 보통예금 | 15,000,000원 |
| 부가세대급금 | 5,000,000원 | 외상매입금 | 40,000,000원 |

문제 3.
[1] 수출실적명세서 4월~6월

조회기간: 2022년 04월 ~ 2022년 06월	구분: 1기 확정	과세기간별입력				
구분	건수	외화금액		원화금액		비고
⑨합계	3	810,000.00		244,300,000		
⑩수출재화[=⑪합계]	3	810,000.00		244,300,000		
⑪기타영세율적용						

No		(13)수출신고번호	(14)선(기)적일자	(15)통화코드	(16)환율	금액		전표정보	
						(17)외화	(18)원화	거래처코드	거래처명
1		13042-10-044689x	2022-04-06	USD	1,150.0000	50,000.00	57,500,000	00238	ABC사
2		13045-10-011470x	2022-05-01	USD	1,130.0000	60,000.00	67,800,000	00239	DEF사
3		13064-25-247041x	2022-06-29	CNY	170.0000	700,000.00	119,000,000	00240	베이징사
4									

공급시기(선적일)가 되기 전에 원화로 환가한 경우 그 공급가액은 환가한 금액임
(부가가치세법 시행령 제59조 제1호)

해답 및 해설

[2] 부가가치세 신고서

구분			정기신고금액		
			금액	세율	세액
과세표준및매출세액	과세	세금계산서발급분	1	800,000,000	10/100	80,000,000
		매입자발행세금계산서	2		10/100	
		신용카드·현금영수증발행분	3	60,000,000		6,000,000
		기타(정규영수증외매출분)	4		10/100	
	영세율	세금계산서발급분	5	60,000,000	0/100	
		기타	6	20,000,000	0/100	
	예정신고누락분		7			
	대손세액가감		8			-2,000,000
	합계		9	940,000,000	㉮	84,000,000
매입세액	세금계산서수취분	일반매입	10	610,000,000		61,000,000
		수출기업수입분납부유예	10-1			
		고정자산매입	11	90,000,000		9,000,000
	예정신고누락분		12	10,000,000		1,000,000
	매입자발행세금계산서		13			
	그 밖의 공제매입세액		14			
	합계(10)-(10-1)+(11)+(12)+(13)+(14)		15	710,000,000		71,000,000
	공제받지못할매입세액		16	30,000,000		3,000,000
	차감계 (15-16)		17	680,000,000	㉯	68,000,000
납부(환급)세액(매출세액㉮-매입세액㉯)						16,000,000
경감공제세액	그 밖의 경감·공제세액		18			
	신용카드매출전표등 발행공제등		19			
	합계		20		㉰	
소규모 개인사업자 부가가치세 감면세액			20		㉱	
예정신고미환급세액			21		㉲	3,000,000
예정고지세액			22		㉳	
사업양수자의 대리납부 기납부세액			23		㉴	
매입자 납부특례 기납부세액			24		㉵	
신용카드업자의 대리납부 기납부세액			25		㉶	
가산세액계			26		㉷	15,000
차가감하여 납부할세액(환급받을세액)㉮-㉯-㉰-㉱-㉲-㉳-㉴-㉵-㉶+㉷			27			13,015,000
총괄납부사업자가 납부할 세액(환급받을 세액)						

구분		금액	세율	세액
7.매출(예정신고누락분)				
예정누락분	과세 세금계산서	33		10/100	
	기타	34		10/100	
	영세 세금계산서	35		0/100	
	기타	36		0/100	
	합계	37			
12.매입(예정신고누락분)				
	세금계산서	38	10,000,000		1,000,000
예정누락분	그 밖의 공제매입세액	39			
	합계	40	10,000,000		1,000,000
	신용카드매출수령금액합계 일반매입				
	고정매입				
	의제매입세액				
	재활용폐자원등매입세액				
	과세사업전환매입세액				
	재고매입세액				
	변제대손세액				
	외국인관광객에대한환급/합계				
14.그 밖의 공제매입세액				
신용카드매출	일반매입	41			
수령금액합계표	고정매입	42			
의제매입세액		43		뒤쪽	
재활용폐자원등매입세액		44		뒤쪽	
과세사업전환매입세액		45			
재고매입세액		46			
변제대손세액		47			
외국인관광객에대한환급세액		48			
합계		49			

구분		금액	세율	세액
16.공제받지못할매입세액				
공제받지못할 매입세액	50	30,000,000		3,000,000
공통매입세액면세등사업분	51			
대손처분받은세액	52			
합계	53	30,000,000		3,000,000
18.그 밖의 경감·공제세액				
전자신고세액공제	54			
전자세금계산서발급세액공제	55			
택시운송사업자경감세액	56			
대리납부세액공제	57			
현금영수증사업자세액공제	58			
기타	59			
합계	60			

25.가산세명세					
사업자미등록등		61		1/100	
세금계산서	지연발급 등	62		1/100	
	지연수취	63		5/1,000	
	미발급 등	64		뒤쪽참조	
전자세금발급명세	지연전송	65	5,000,000	3/1,000	15,000
	미전송	66		5/1,000	

문제 4.

[1] 12월 31일 일반전표입력

(차) 선급비용　　　　　　　　　5,000,000원　(대) 보험료(판)　　　　　　5,000,000원

[2] 12월 31일 일반전표 입력

(차) 이자비용　　　　　　　　　2,000,000원　(대) 미지급비용　　　　　2,000,000원
200,000,000원 × 3% × 4/12 = 2,000,000원

[3] 결산자료입력에서 다음과 같이 입력 후 전표추가

・기말원재료: 3,440,000원　　　・기말재공품: 6,300,000원　　　・기말제품: 11,350,000원

[4] 결산자료입력에서 대손상각(외상매출금) -1,400,600원을 입력 후 전표추가

[5] 결산자료입력에서 무형자산상각비(영업권)에 4,000,000원을 입력 후 전표추가

또는 일반전표입력 12월 31일

(차)무형자산상각비　　　　　　4,000,000원　(대) 영업권　　　　　　　4,000,000원
30,000,000원 ÷ 5년 × 8/12 = 4,000,000원

문제 5.

[1] 급여자료입력

□	사번	사원명	감면율	급여항목	금액	공제항목	금액
□	101	김현철		기본급	2,500,000	국민연금	146,250
□	102	최민국		직책수당	300,000	건강보험	104,970
□				식대	150,000	장기요양보험	10,750
□				자가운전보조금	300,000	고용보험	26,000
□				[기업연구소]연구보조비	300,000	소득세(100%)	110,430
□				연장수당	200,000	지방소득세	11,040
□						농특세	
□							
□							
□							
□							
□							
□							
□							
□							
□				과　　세	3,250,000		
□				비 과 세	500,000	공 제 총 액	409,440
	총인원(퇴사자)	2(0)		지 급 총 액	3,750,000	차 인 지 급 액	3,340,560

해답 및 해설

		코드	소득지급		징수세액			당월조정 환급세액	납부세액	
			인원	총지급액	소득세 등	농어촌특별세	가산세		소득세 등	농어촌특별세
개인 거주자 비거주자	근로소득	간이세액 A01	1	3,450,000	110,430					
		중도퇴사 A02								
		일용근로 A03								
		연말정산 A04								
		(분납금액) A05								
		(납부금액) A06								
		가 감 계 A10	1	3,450,000	110,430			110,430		
	퇴직소득	연금계좌 A21								
		그 외 A22								
		가 감 계 A20								
	사업소득	매월징수 A25								
		연말정산 A26								
		가 감 계 A30								
	기타	연금계좌 A41								
		종교인매월 A43								
		종교인연말 A44								

전월 미환급 세액의 계산			당월 발생 환급세액				18.조정대상환급 (14+15+16+17)	19.당월조정 환급세액계	20.차월이월 환급세액	21.환급신청액
12.전월미환급	13.기환급	14.차감(12-13)	15.일반환급	16.신탁재산	금융회사 등	합병 등				
180,000		180,000					180,000	110,430	69,570	

[2] 1. 연말정산 소득명세

구분	합계	주(현)	납세조합	종(전) [1/2]
9.근무처명		용인전자(주)(92회)		(주)안전양회
10.사업자등록번호		122-81-04585	---–--–----	114-86-06122
11.근무기간		2022-06-01 ~ 2022-12-31	----–--–---- ~ ----–--–----	----–--–---- ~ ----–--–----
12.감면기간		----–--–---- ~ ----–--–----	----–--–---- ~ ----–--–----	----–--–---- ~ ----–--–----
13-1.급여(급여자료입력)	53,000,000	35,000,000		18,000,000
13-2.비과세한도초과액				
13-3.과세대상추가(인정상여추가)				
14.상여	2,000,000			2,000,000
15.인정상여				
15-1.주식매수선택권행사이익				
15-2.우리사주조합 인출금				
15-3.임원퇴직소득금액한도초과액				
15-4.직무발명보상금				
16.계	55,000,000	35,000,000		20,000,000

6부 · 기출문제

공제보험료명세	직장	건강보험료(직장)(33)	1,882,600	1,097,600		785,000
		장기요양보험료(33)	176,000	126,400		49,600
		고용보험료(33)	390,000	256,000		134,000
		국민연금보험료(31)	2,400,000	1,440,000		960,000
	공적연금보험료	공무원 연금(32)				
		군인연금(32)				
		사립학교교직원연금(32)				
		별정우체국연금(32)				
세액명세	기납부세액	소득세	1,933,556	1,687,680		245,876
		지방소득세	193,307	168,720		24,587
		농어촌특별세				
	납부특례세액	소득세				
		지방소득세				
		농어촌특별세				

2. 월세주택임차차입명세

임대인명(상호)	주민등록번호(사업자번호)	유형	계약면적(㎡)	임대차계약서 상 주소지	계약서상 임대차 계약기간 개시일 ~ 종료일		연간 월세액
임부자	631124-1655498	다세대주택	52.00	서울시 영등포구 여의나루로	2022-01-01 ~	2022-12-31	8,400,000

3. 연말정산입력

(1) 보험료공제 : 저축성보험료는 공제하지 아니한다.
(2) 의료비공제 : 치료·요양 목적이 아닌 한약 구입비는 공제하지 아니하며, 시력보정용 안경구입비는 1명당 연 50만원을 한도로 공제한다.
(3) 교육비공제 : 업무관련성이 없는 본인 학원비용은 공제하지 아니한다.
(4) 신용카드사용등소득공제 : 법인의 비용해당분은 공제하지 아니하나, 의료비 사용액은 공제 가능하다.

의료비지급명세서

의료비 공제대상자				(2022)년 의료비 지급명세									14.산후조리원 해당여부 (7천만원이하)
				지급처				지급명세					
성명	내/외	5.주민등록번호	6.본인등 해당여부	8.상호	7.사업자 등록번호	9.의료증빙코드	10.건수	11.금액	11-1.실손 의료보험금	12.난임시술비 해당여부	13.미숙아 해당여부		
최민국	내	911111-1111111	1	0		국세청장		4,100,000		X	X	X	

교육비

구분	지출액	공제대상금액
취학전아동(1인당 300만원)		
초중고(1인당 300만원)		
대학생(1인당 900만원)		10,000,000
본인(전액)	10,000,000	
장애인 특수교육비		

해답 및 해설

기부금

구분	지출액	공제대상금액	공제금액
정치자금 기부금(10만원 이하분)			
정치자금 기부금(10만원 초과분)			
법정이월(2013년)			
법정이월(2014년)			
법정이월(2015년)			
법정이월(2016년)			
법정이월(2017년)			
법정이월(2018년)			
법정이월(2019년)			
법정당해기부금			
우리사주조합기부금			
종교단체외이월(2013년이전)			
종교단체이월(2013년이전)			
종교단체외이월(2014년)			
종교단체외이월(2015년)			
종교단체외이월(2016년)			
종교단체외이월(2017년)			
종교단체외이월(2018년)			
종교단체외이월(2019년)			
종교단체외 당해기부금	100,000		
종교단체이월(2014년)			
종교단체이월(2015년)			
종교단체이월(2016년)			
종교단체이월(2017년)			
종교단체이월(2018년)			
종교단체이월(2019년)			
종교단체 당해기부금	3,000,000		

신용카드 등 공제대상금액

▶ 신용카드 등 사용금액 공제액 산출 과정

구분		대상금액	공제율	금액
전통시장/대중교통 제외	㉮신용카드	26,000,000	15%	3,900,000
	㉯직불/선불카드			
	㉰현금영수증	2,080,000	30%	624,000
㉱도서공연 등 사용분		120,000		36,000
㉲전통시장사용분			40%	
㉳대중교통이용분		300,000		120,000
신용카드 등 사용액 합계(㉮~㉳)		28,500,000		4,680,000

특별세액공제	60.보장성보험	일반		750,000	750,000	90,000
		장애인				
	61.의료비			4,100,000	2,924,000	438,600
	62.교육비			10,000,000	10,000,000	665,282
	63.기부금			3,100,000		
	1)정치자금기부금	10만원이하				
		10만원초과				
	2)법정기부금(전액)					
	3)우리사주조합기부금					
	4)지정기부금(종교단체외)			100,000		
	5)지정기부금(종교단체)			3,000,000		

제93회 기출문제

(제한시간 : 90분, 난이도 : 합격률 52.74%)

1. 다음 중 회계정책 또는 회계추정의 변경과 관련한 설명으로 틀린 것은?

   ① 회계추정의 변경은 소급하여 적용하는 것이 원칙이다.
   ② 회계정책의 변경과 회계추정의 변경이 동시에 이루어지는 경우 회계정책의 변경에 의한 누적효과를 먼저 계산한다.
   ③ 회계변경의 효과를 회계정책의 변경과 회계추정의 변경으로 구분이 불가능한경우 회계추정의 변경으로 본다.
   ④ 회계정책의 변경을 반영한 재무제표가 더 신뢰성 있고 목적 적합한 정보를 제공한다면 회계정책을 변경할 수 있다

2. 다음 중 유형자산 취득시 회계처리와 관련한 설명으로 틀린 것은?

   ① 유형자산을 취득하는 과정에서 국·공채 등을 불가피하게 매입하는 경우 해당 채권의 실제 매입가액과 채권의 공정가치의 차액은 해당 유형자산의 취득원가에 포함한다.
   ② 건물을 증여로 취득한 경우 취득원가를 계상하지 않는다.
   ③ 건물을 신축하기 위하여 사용중인 기존 건물을 철거하는 경우 철거비용은 전액 당기비용으로 처리한다.
   ④ 정부보조금으로 자산 취득시 해당 정부보조금은 해당 자산의 취득원가에서 차감하는 형식으로 기재한다.

3. 다음 중 무형자산에 대한 설명으로 틀린 것은?

   ① 무형자산의 상각방법에는 정액법, 유효이자율법, 정률법, 연수합계법, 생산량비례법 등이 있다.
   ② 내부적으로 창출한 영업권은 무형자산으로 인식할 수 없다.
   ③ 무형자산에 대한 지출로서 과거 회계연도에 비용으로 인식한 지출은 그 후의 기간에 무형자산의 원가로 인식할 수 없다.
   ④ 무형자산의 상각대상금액은 그 자산의 추정내용연수동안 체계적인 방법에 의하여 비용으로 배분한다.

4. 다음 중 자본조정에 해당하지 않는 것은?

   ① 자기주식
   ② 주식할인발행차금
   ③ 감자차손
   ④ 매도가능증권평가이익

5. 다음 중 사례의 회계처리에 관한 설명으로 가장 틀린 것은?

   <사 례>
   3월 1일 : $10,000 상당의 제품을 해외에 외상으로 판매하였다.(적용환율 : 1,000원/1$)
   3월 31일 : $10,000의 외상매출금이 보통예금에 입금되었다.(적용환율 : 1,050원/1$)

   ① 3월 1일 회계처리시 차변에는 외상매출금을 계정과목으로 한다.
   ② 3월 1일 회계처리시 대변에는 제품매출을 계정과목으로 한다.
   ③ 3월 31일 회계처리시 차변에는 보통예금을 계정과목으로 한다.
   ④ 3월 31일 회계처리시 대변에는 외상매출금의 감소와 외화환산이익의 발생이 나타난다.

6. 다음의 그래프는 조업도에 따른 원가의 변화를 나타낸 것이다. 변동원가에 해당하는 그래프만 짝지은 것은?

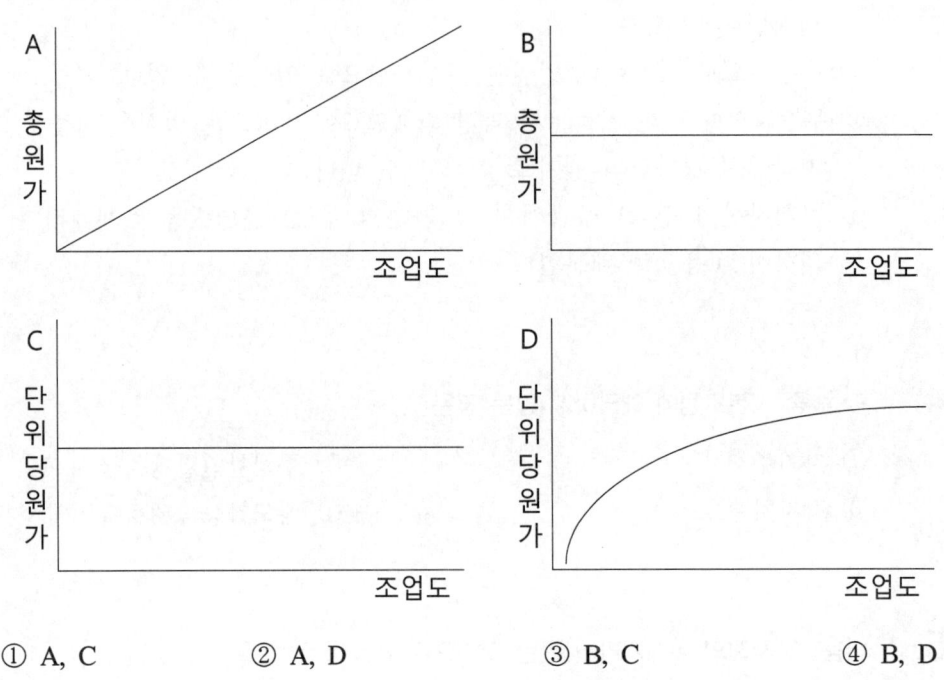

① A, C ② A, D ③ B, C ④ B, D

7. 다음 자료를 이용하여 매출원가를 계산하면 얼마인가?

· 기초재공품재고액 : 500,000원   · 기말재공품재고액 : 1,000,000원
· 당기총제조원가 : 2,000,000원   · 기초제품재고액 : 400,000원
· 기말제품재고액 : 450,000원

① 1,450,000원 ② 1,500,000원 ③ 1,550,000원 ④ 1,600,000원

8. 다음 중 보조부문의 원가를 제조부문에 배분하는 방법에 대한 설명으로 틀린 것은?

   ① 직접배분법은 보조부문 상호간에 행해지는 용역의 수수를 무시하고 보조부문원가를 각 제조부문에만 배분하는 방법이다.
   ② 단계배분법은 보조부문 원가의 배분순서를 정하여 그 순서에 따라 보조부문원가를 다른 보조부문과 제조부문에 단계적으로 배분하는 방법이다.
   ③ 상호배분법은 보조부문간의 용역수수관계를 완전히 고려하는 방법이다.
   ④ 상호배분법은 이론적으로 가장 타당하고 계산이 간단하여 효율적이다.

9. 개별원가계산과 종합원가계산에 대한 설명 중 틀린 것은?

   ① 개별원가계산은 직접재료비, 직접노무비, 제조간접비로 구분하여 작업원가표에 집계한다.
   ② 종합원가계산은 동종제품을 대량생산하는 방식으로 식품가공업 등의 업종에서 많이 쓰이는 원가계산방식이다.
   ③ 종합원가계산은 총제조원가를 해당 기간 중에 만들어진 완성품 환산량으로 나누어 완성품환산량 단위당 원가를 계산한다.
   ④ 종합원가계산이 개별원가계산에 비해서 제품별 원가계산이 보다 정확하다.

10. 다음의 자료에 의하여 종합원가계산에 의한 가공비의 완성품환산량을 계산하시오.(단, 가공비는 가공 과정 동안 균등하게 발생한다고 가정한다)

    · 기초재공품 : 200개(완성도 30%)   · 당기착수량 : 500개
    · 당기완성량 : 500개   · 기말재공품 : 200개(완성도 50%)

	평균법	선입선출법		평균법	선입선출법
①	600개	540개	②	620개	540개
③	600개	600개	④	540개	540개

11. 다음은 부가가치세법에 따른 대손세액공제를 설명한 것이다. 가장 틀린 것은?

① 재화나 용역을 공급한 후 그 공급일로부터 5년이 지난 날이 속하는 과세기간에 대한 확정신고기한까지 대손이 확정되어야 한다.
② 채무자의 파산·강제집행·사업의 폐지, 사망·실종·행방불명으로 인하여 회수할 수 없는 채권은 대손사유의 요건을 충족하여 대손세액공제를 적용받을 수 있다.
③ 대손세액공제는 일반과세자에게만 적용되고 간이과세자는 적용하지 아니한다.
④ 부가가치세 확정신고서에 대손세액공제(변제)신고서와 대손사실 등을 증명하는 서류를 첨부하여 관할세무서장에게 제출하여야 한다.

12. 다음 중 부가가치세법상 재화 또는 용역의 공급으로 보지 않는 것은?

① 채무불이행으로 담보물이 채무변제에 충당된 경우
② 사업자가 폐업할 때 당초매입세액이 공제된 자기생산·취득재화 중 남아있는 재화
③ 사업자가 당초 매입세액이 공제된 자기생산·취득재화를 사업과 직접적인 관계없이 자기의 개인적인 목적으로 사용하는 경우
④ 질권, 저당권 또는 양도담보의 목적으로 동산, 부동산 및 부동산상의 권리를 제공하는 경우

13. 다음 중 부가가치세법상 공제되는 매입세액이 아닌 것은?

① 전자세금계산서 의무발급 사업자로부터 발급받은 전자세금계산서로서 국세청장에게 전송되지 아니하였으나 발급한 사실이 확인되는 경우 당해 매입세액
② 매입처별세금계산서합계표를 경정청구나 경정시에 제출하는 경우 당해 매입세액
③ 예정신고시 매입처별 세금계산서합계표를 제출하지 못하여 해당 예정신고기간이 속하는 과세기간의 확정신고시에 제출하는 경우 당해 매입세액
④ 공급시기 이후에 발급받은 세금계산서로서 해당 공급시기가 속하는 과세기간에 대한 확정신고기한 이 지난 후 발급받은 경우 당해 매입세액

14. 다음 중 소득세법상 이자소득 총수입금액의 수입시기(귀속시기)에 대한 설명으로 가장 옳지 않은 것은?

    ① 저축성 보험의 보험차익은 보험금 또는 환급금의 지급일이며, 다만 기일 전에 해지하는 경우에는 그 해지일이다.
    ② 비영업대금의 이익은 약정일 이후 실제 이자지급일이 원칙이다.
    ③ 채권의 이자와 할인액은 무기명채권은 실제 지급받은 날, 기명채권의 이자와 할인액은 약정에 의한 지급일이다.
    ④ 금전의 사용에 따른 대가의 성격이 있는 이자와 할인액은 약정에 따른 상환일이다. 다만, 기일 전에 상환하는 때에는 그 상환일이다.

15. 다음 중 소득세법상 원천징수대상소득이 아닌 것은?(단, 거주자의 소득으로 한정한다.)

    ① 기타소득
    ② 퇴직소득
    ③ 근로소득
    ④ 양도소득

㈜하나로상사 (회사코드:5293)은 제조, 도·소매 및 무역업을 영위하는 중소기업이며, 당기(13기)회계기간은 2022.1.1.~2022.12.31. 이다. 전산세무회계 수험용 프로그램을 이용하여 다음 물음에 답하시오.

문제 1

다음 거래를 일반전표입력 메뉴에 추가 입력하시오.(15점)

[1] 4월 1일 영업부서 거래처 직원 윤서희의 경조사비로 300,000원을 보통예금에서 이체하였다. (3점)

[2] 4월 10일 무역협회에 협회비 50,000원을 현금으로 납부하였다.(3점)

[3] 5월 1일 공장의 신축을 위한 특정차입금의 이자비용 3,500,000원을 당좌수표를 발행하여 지급하였다. 단, 해당 이자비용은 자본화대상이며, 공장의 완공예정일은 내년 4월 30일이다. (3점)

[4] 6월 5일 액면가액 100,000,000원(5년만기)인 사채를 99,000,000원에 할인발행하였으며, 대금은 전액 보통예금으로 받았다.(3점)

[5] 6월 10일 5월분 급여 지급시 원천징수한 소득세 500,000원 및 지방소득세 50,000원을 보통예금 계좌에서 이체하여 납부하였다.(단, 거래처입력은 생략하며 하나의 전표로 입력할 것)(3점)

문제 2

다음 거래자료를 매입매출전표입력 메뉴에 추가로 입력하시오.(15점)

[1] 8월 7일 수출업체인 ㈜서울에 제품을 동일 날짜로 받은 구매확인서에 의해 납품하고 다음의 영세율 전자세금계산서를 발급하였다. 대금은 전액 외상으로 하였다.(3점)

영세율전자세금계산서(공급자 보관용)

승인번호: 20220807-2000000-200001

공급자:
- 사업자등록번호: 123-81-66212
- 상호(법인명): ㈜하나로상사
- 성명(대표자): 임택수
- 사업장 주소: 경기도 성남시 분당구 서판교로 32
- 업태: 제조
- 종목: 전자제품
- 이메일: world1234@naver.com

공급받는자:
- 사업자등록번호: 130-81-55668
- 상호(법인명): ㈜서울
- 성명: 정쌍룡
- 사업장주소: 서울 강남구 역삼로 150
- 업태: 도소매
- 종목: 전자제품
- 이메일: seoulcompany@naver.com

작성일자: 2022-08-07, 공급가액: 20,000,000원, 세액: 0원

월	일	품목	규격	수량	단가	공급가액	세액	비고
8	7	제품	set	10	2,000,000원	20,000,000원	0원	

합계금액: 20,000,000원, 외상미수금: 20,000,000원 (이 금액을 청구함)

[2] 8월 21일 비사업자인 장현성에게 제품A를 판매하고 판매대금 330,000원(부가가치세 포함)을 현금으로 수령하면서 지출증빙용 현금영수증을 발급하였다.(단, 거래처를 입력할 것)(3점)

```
           ㈜하나로상사
       123-81-66212         임택수
  경기도 성남시 분당구 서판교로 32  TEL: 711-8085
  홈페이지 http://www.kacpta.or.kr
              현금(지출증빙)
  구매 2022/08/21/14:07   거래번호 : 0026-0107
       제품명      수량      단가        금액
       제품A        1    330,000원   330,000원

              과세물품가액        300,000원
              부  가  세         30,000원
       합   계                 330,000원
       받은금액                330,000원
```

[3] 9월 5일 다음은 당사에서 발급한 전자세금계산서 자료이다. 매입매출전표에 입력하시오.(3점)

전자세금계산서(공급자 보관용)						승인번호	20220905-2000000-200000		
공급자	사업자등록번호	123-81-66212	종사업장번호			공급받는자	사업자등록번호	718-86-00027	종사업장번호	
	상호(법인명)	㈜하나로상사	성 명(대표자)		임택수		상호(법인명)	㈜항체	성 명	김우리
	사업장주소	경기도 성남시 분당구 서판교로 32					사업장주소	서울 강남구 테헤란로 156		
	업 태	제조, 도소매	종 목	전자제품			업 태	도소매	종 목	컴퓨터외
	이메일						이메일			
작성일자		공급가액		세액			수정사유			
9월 5일		40,000,000원		4,000,000원						
비고										
월	일	품 목	규격	수량	단가	공급가액	세액	비고		
9	5	제품				40,000,000원	4,000,000원			
합계금액		현 금		수 표		어 음	외상미수금	영수 이 금액을 함 청구		
44,000,000원		3,000,000원					41,000,000원			

[4] 9월 27일 당사는 본사사옥을 신축할 목적으로 기존 건물이 있는 토지를 취득하고 즉시 건물을 철거한 후 ㈜새로용역으로부터 전자세금계산서를 발급받았다. 구 건물 철거비용 총액 44,000,000원(공급가액 40,000,000원, 세액 4,000,000원) 중 25,000,000원은 보통예금에서 지급하고 나머지는 외상으로 하였다.(3점)

[5] 12월 12일 미국 SUN사에 제품을 $20,000에 직수출(수출신고일 11월 26일, 선적일 12월 12일)하고, 수출대금은 12월 31일에 미국달러화로 받기로 하였다. 수출과 관련된 내용은 다음과 같다. (단, 수출신고번호입력은 생략함)(3점)

일 자	11월 26일	12월 12일	12월 31일
기준환율	1,150/$	1,100/$	1,200/$

문제 3

부가가치세신고와 관련하여 다음 물음에 답하시오.(10점)

[1] 다음의 자료를 이용하여 2022년 1기 예정신고기간에 대한 [건물등감가상각자산취득명세서]를 작성하시오.(단, 구입시 감가상각자산으로 처리함)(3점)

일자	내역	공급가액	부가가치세	상호	사업자 등록번호
2/15	생산부서에서 사용할 비품 구입 (신용카드매출전표 수취)	2,000,000원	200,000원	㈜대한전자	118-81-20586
2/28	공장에서 사용할 제품 제작용 기계구입 (전자세금계산서 수취)	30,000,000원	3,000,000원	㈜상신기계	120-81-47521
3/30	영업부서의 업무용 승용차(990CC)인 경차 구입(전자세금계산서 수취)	15,000,000원	1,500,000원	㈜대한모터스	114-87-12242

[2] 다음 자료를 이용하여 1기 확정신고기간(4월~6월)에 대한 부가가치세 신고서를 작성하시오. (단, 주어진 자료 외에는 고려하지 말 것)(7점)

(1) 매출처별세금계산서 합계표상의 금액은 공급가액 250,000,000원, 세액 25,000,000원이다.
(2) 위(1) 외에 카드매출 6,600,000원, 현금영수증 매출 3,300,000원, 정규영수증외 매출 1,100,000원이 발생하였다.(모두 부가가치세가 포함된 금액임)
(3) 선적된 베트남 수출액은 $30,000(수출신고일 1,800원/$, 선적일 1,750원/$)이다.
(4) 매입처별세금계산서 합계표상의 금액(일반매입분)은 공급가액 145,000,000원, 세액 14,500,000원이다.
(5) 위(4)에는 접대비 관련 공급가액 30,000,000원, 세액 3,000,000원이 포함되어 있다.
(6) 신용카드로 매입한 중고승용차(매입세액 공제대상임) 공급가액 3,500,000원, 세액 350,000원이 있다.
(7) 2022년 1기 예정신고기간에 정상적으로 발급·전송된 전자세금계산서(공급가액 3,000,000원, 세액 300,000원)가 2022년 1기 예정신고시 신고·납부가 누락되어 있다.
 - 2022년 1기 예정신고기한은 4월 27일이고, 2022년 1기 확정신고는 2022년 7월 20일에 신고·납부하는 것으로 한다.

문제 4

다음 결산자료를 입력하여 결산을 완료하시오.(15점)

[1] 2022년 9월 1일 1년 이내 상환하는 조건으로 $20,000을 차입하였다. 차입 당시 환율은 1,280원/$이었고 2022년 12월 31일 현재 기말환율이 1,270원/$이다.(3점)

[2] 당사는 3월 1일 1년치 임대료 12,000,000원을 보통예금으로 이체받고, 전액을 영업외수익으로 처리하였다. 임대차계약서상 임대기간은 2022년 3월 1일부터 2023년 2월 28일이다.(단, 월할 계산 할 것)(3점)

[3] 다음 자료를 이용하여 12월 31일에 부가세대급금과 부가세예수금을 정리하는 분개를 입력하시오. (납부세액은 미지급세금으로 계상하고 환급세액은 미수금으로 계상하시오)(3점)

- 부가세대급금 : 14,000,000원
- 부가세예수금 : 20,000,000원
- 2기 예정신고미환급세액 : 4,000,000원(9월 30일자 일반전표를 조회할 것)
- 전자신고세액공제 : 10,000원

[4] 대한은행으로부터 차입한 장기차입금 중 45,000,000원은 2023년 1월 31일에 상환기일이 도래한다.(3점) (단, 거래처도 입력할 것)

[5] 당기분 법인세가 54,000,000원(법인지방소득세 포함)으로 계산되었다. 단, 회사는 법인세 중간예납세액과 이자소득원천징수세액의 합계액인 36,000,000원을 선납세금으로 계상하고 있다.(3점)

문제 5

2022년 귀속 원천징수자료와 관련하여 다음의 물음에 답하시오.(15점)

[1] 다음 자료를 보고 미혼인 영업사원 이희민(사번:1)(주민등록번호 : 801214-1120511)의 필요한 수당공제등록, 4월분 급여자료입력 및 원천징수이행상황신고서를 작성하시오.(5점)

(1) 4월 급여명세내역

- 급여항목
  ① 기본급 : 4,000,000원
  ② 식 대 : 100,000원
  ③ 자가운전보조금 : 200,000원
  ④ 직책수당 : 300,000원
  ⑤ 월차수당 : 600,000원

- 공제항목
  ① 국민연금 : 218,700원
  ② 건강보험 : 163,410원
  ③ 장기요양보험 : 16,740원
  ④ 고용보험 : 39,200원
  ⑤ 소득세 : 336,440원
  ⑥ 지방소득세 : 33,640원

(2) 추가 자료 및 요청 사항
① 4월분 급여지급일은 4월 30일이다.
② 주요 수당내역
  • 식대 : 당 회사는 식사를 별도로 제공하지 아니한다.
  • 자가운전보조금 : 직원명의의 차량을 소유하고 있고, 그 차량을 업무수행에 이용하고 있다. 또한, 시내교통비를 별도로 지급하고 있지 않다.
  • 모든 수당은 월정액(정기)에 해당한다.
③ 급여대장 작성시, 과세여부를 판단하여 필요한 수당은 추가 등록하고, 사용하지 않는 수당은 사용여부를 모두 부로 변경하며, 급여명세서에 제시된 항목 및 금액이 표시될 수 있도록 작성한다.
④ 공제내역
  • 불러온 데이터는 부시하고 직접 작성한다.
(3) 전월 미환급세액 126,000원이 있다.

[2] 다음은 사원 최수정(사번 : 500)의 연말정산을 위한 자료이다. 부양가족은 별도의 소득이 없고, 최수정과 생계를 같이하고 있다. 사원등록 [부양가족명세] 탭에서 부양가족을 입력하고, 연말정산추가자료입력에서 [월세, 주택임차] 탭과 [연말정산 입력] 탭을 작성하시오.
(단, 최수정의 총급여액은 50,000,000원이며 최수정의 세부담 최소화를 가정할 것.) (10점)

6부 • 기출문제

1. 최수정의 부양가족현황(아래의 주민번호는 정확한 것으로 가정한다.)

관계	성명	주민등록번호	비 고
본인	최수정	851006-2458322	과세기간 종료일 현재 무주택자이며, 한부모에 해당함
본인의 직계존속	윤여선	610122-2184321	장애인복지법에 따른 장애인
본인의 직계비속	최안나	150203-3954210	초등학교 취학전 아동

※ 주민등록번호는 정상적인 것으로 가정한다.

2. 주택임대차 현황
- 임대인 : 홍현우(740103-1234567)
- 소재지 : 경기도 성남시 분당구 판교동 5(단독주택, 계약면적 60㎡)
- 임대기간 : 2022년 1월 1일 ~ 2022년 12월 31일
- 세대주 및 임대차 계약자 : 최수정 (전입신고 완료)
- 월 임차료 : 700,000원 (최수정이 1년치 임차료 8,400,000원을 모두 납부함)
- 월세 세액공제 요건을 충족하는 것으로 가정한다.

3. 국세청 연말정산 간소화 자료 및 기타 자료
아래의 신용카드, 직불카드, 현금영수증 사용액은 모두 최수정 본인 명의의 증빙이라고 가정한다.
(1) 최수정의 2022년 귀속 연말정산 자료

항목	내용
신용카드 등 사용액	• 신용카드 사용액 : 20,000,000원(안경구입비 포함) • 직불카드 사용액 : 1,400,000원(전통시장 사용분 400,000원 포함) • 현금영수증 사용액 : 1,200,000원(중국어 학원비 결제금액)
보험료	• 일반 보장성 보험료 : 1,000,000원 (실손의료보험금 수령액은 300,000원) • 장애인(윤여선)전용 보장성 보험료 : 2,000,000원 • 저축성보험료 : 1,000,000원
의료비	• 시력보정용 안경구입비 : 600,000원(신용카드 결제)
교육비	• 원격대학 등록금 납입액 : 2,000,000원 • 중국어 학원비 : 1,200,000원(현금영수증 결제)

(2) 윤여선의 2022년 귀속 연말정산 자료

항목	내용
의료비	· 질병 치료비 : 1,200,000원
교육비	· 노인대학 등록금 납입액 : 2,500,000원

(3) 최안나의 2022년 귀속 연말정산 자료

항목	내용
교육비	· 영유아 보육법에 따른 어린이집 납입액 : 500,000원
의료비	· 건강진단비 : 500,000원

6부 · 기출문제

93회 기출문제

이론시험

| 1 ① | 2 ② | 3 ① | 4 ④ | 5 ④ | 6 ① | 7 ① | 8 ④ | 9 ④ | 10 ① |
| 11 ① | 12 ④ | 13 ④ | 14 ② | 15 ④ |

[1] ① 회계추정의 변경은 전진적으로 처리하는 것이 원칙이다.
[2] ② 증여, 기타 무상으로 취득한 자산은 공정가치를 취득원가로 한다. (일반기업회계기준 10.8)
[3] ① 무형자산의 상각방법에는 정액법, 정률법, 연수합계법, 생산량비례법 등이 있다.
[4] ④ 매도가능증권평가이익은 기타포괄손익누계액의 구성항목이다.
[5] ④ 외화환산이익의 발생이 아닌 외환차익의 발생이 나타난다.
<회계처리>
03월01일(매출시점)
(차변) 외상매출금   10,000,000원   (대변) 제품매출   10,000,000원
03월31일(회수시점)
(차변) 보통예금   10,500,000원   (대변) 외상매출금   10,000,000원
                                                    외환차익   500,000원
[6] ① B는 고정원가의 총원가 그래프이고, D는 변동원가와 고정원가에 해당하지 않는 그래프이다.
[7] ①
    500,000원(기초재공품재고액) + 2,000,000원(당기총제조원가) - 1,000,000원(기말재공품재고액)
    = 1,500,000원(당기제품제조원가)
    400,000원(기초제품재고액) + 1,500,000원(당기제품제조원가) - 450,000원(기말제품재고액)
    = 1,450,000원(매출원가)
[8] ④ 상호배분법은 계산의 복잡성으로 인하여 효율적이지 않다.
[9] ④ 개별원가계산이 종합원가계산에 비해서 제품별 원가계산이 보다 정확하다.
[10] ① 평균법 : 500개 + 200개×50% = 600개
     선입선출법 : 200개×70% + 300개 + 200개×50% =540개
[11] ① 재화나 용역을 공급한 후 그 공급일로부터 10년이 지난 날이 속하는 과세기간에 대한 확정신고 기한까지 대손이 확정되어야 한다.
[12] ④ 부가가치세법 제10조 제8항, 부가가치세법시행령 제22조
     질권, 저당권 또는 양도담보의 목적으로 동산, 부동산 및 부동산상의 권리를 제공하는 경우에는 재화의 공급으로 보지 아니한다. 다만, 채무불이행으로 담보물이 채무변제에 충당된 경우에는 재화의 공급으로 본다.
[13] ④ 재화 또는 용역의 공급시기 이후에 발급받은 세금계산서로서 해당 공급시기가 속하는 과세기간에 대한 확정신고기한까지 발급받은 경우 당해 매입세액은 공제가능하다.

해답 및 해설

[14] ② 비영업대금의 이익은 약정에 의한 이자지급일이 원칙이다. 다만, 이자지급일의 약정이 없거나 약정에 의한 이자지급일 전에 이자를 지급받는 경우 또는 회수 불능으로 인하여 총수입금액계산에서 제외하였던 이자를 지급받는 경우에는 그 이자지급일로 한다.

[15] ④ 거주자의 양도소득은 원천징수대상 소득이 아니다.

실무시험

문제 1.

[1] 4월 1일 일반전표 입력
(차) 접대비(판)   300,000원   (대) 보통예금   300,000원

[2] 4월 10일 일반전표 입력
(차) 세금과공과   50,000원   (대) 현금   50,000원
상공회의소회비, 무역협회비 등 법정단체에 대한 일반회비는 세금과공과로 처리함.

[3] 5월 1일 일반전표 입력
(차) 건설중인자산   3,500,000원   (대) 당좌예금   3,500,000원

[4] 6월 5일 일반전표 입력
(차) 보통예금   99,000,000원   (대) 사채   100,000,000원
    사채할인발행차금   1,000,000원

[5] 6월 10일 일반전표 입력
(차) 예수금   550,000원   (대) 보통예금   550,000원

문제 2.

[1] 8월 7일 매입매출전표입력
유형:12. 영세, 공급가액:20,000,000원, 부가세:0, 거래처:㈜서울, 전자:여, 분개:혼합 또는 외상 (영세율구분 :3. 내국신용장, 구매확인서에 의하여 공급하는 재화)
(차) 외상매출금   20,000,000원   (대) 제품매출   20,000,000원

[2] 8월 21일 매입매출전표입력
유형:22.현과, 공급가액:300,000원, 부가세:30,000원, 거래처명:장현성, 분개:혼합(또는 현금)
(차) 현금   330,000원   (대) 제품매출   300,000원
                              부가세예수금   30,000원

[3] 9월 5일 매입매출전표입력
유형:11.과세, 공급가액:40,000,000원, 부가세:4,000,000원, 공급처명:㈜항체, 전자:여, 분개:혼합
(차) 현금   3,000,000원   (대) 제품매출   40,000,000원
    외상매출금   41,000,000원   부가세예수금   4,000,000원

[4] 9월 27일 매입매출전표입력

유형:54.불공(6), 공급가액:40,000,000원, 부가세:4,000,000원, 공급처명(㈜새로용역), 전자:여, 분개:혼합

(차) 토지	44,000,000원	(대) 보통예금	25,000,000원
		미지급금	19,000,000원

[5] 12월 12일 매입매출전표입력

유형:16.수출(구분1. 직수출), 공급가액:22,000,000원, 부가세:0원, 거래처:미국 SUN사, 분개:혼합 또는 외상

(차) 외상매출금	22,000,000원	(대) 제품매출	22,000,000원

문제 3.

[1] 건물등감가상각자산 취득명세서

취득내역

감가상각자산종류	건수	공급가액	세 액	비 고
합 계	3	47,000,000	4,700,000	
건물 · 구축물				
기 계 장 치	1	30,000,000	3,000,000	
차 량 운 반 구	1	15,000,000	1,500,000	
기타감가상각자산	1	2,000,000	200,000	

No	거래처별 감가상각자산 취득명세						
	월/일	상호	사업자등록번호	자산구분	공급가액	세액	건수
1	02-15	(주)대한전자	118-81-20586	기타	2,000,000	200,000	1
2	02-28	(주)상신기계	120-81-47521	기계장치	30,000,000	3,000,000	1
3	03-30	(주)대한모터스	114-87-12242	차량운반구	15,000,000	1,500,000	1
4							

[2] 부가가치세 신고서 4월 1일 ~ 6월 30일

구분				정기신고금액 금액	세율	세액
과세표준및매출세액	과세	세금계산서발급분	1	250,000,000	10/100	25,000,000
		매입자발행세금계산서	2		10/100	
		신용카드 · 현금영수증발행분	3	9,000,000	10/100	900,000
		기타(정규영수증외매출분)	4	1,000,000		100,000
	영세	세금계산서발급분	5		0/100	
		기타	6	52,500,000	0/100	
	예정신고누락분		7	3,000,000		300,000
	대손세액가감		8			
	합계		9	315,500,000	㉮	26,300,000
매입세액	세금계산서수취분	일반매입	10	145,000,000		14,500,000
		수출기업수입분납부유예	10			
		고정자산매입	11			
	예정신고누락분		12			
	매입자발행세금계산서		13			
	그 밖의 공제매입세액		14	3,500,000		350,000
	합계(10)-(10-1)+(11)+(12)+(13)+(14)		15	148,500,000		14,850,000
	공제받지못할매입세액		16	30,000,000		3,000,000
	차감계 (15-16)		17	118,500,000	㉯	11,850,000
납부(환급)세액(매출세액㉮-매입세액㉯)					㉰	14,450,000
경감공제세액	그 밖의 경감 · 공제세액		18			
	신용카드매출전표등 발행공제등		19			
	합계		20		㉱	
소규모 개인사업자 부가가치세 감면세액			20		㉲	
예정신고미환급세액			21		㉳	
예정고지세액			22		㉴	
사업양수자의 대리납부 기납부세액			23		㉵	
매입자 납부특례 기납부세액			24		㉶	
신용카드업자의 대리납부 기납부세액			25		㉷	
가산세액계			26		㉸	13,800
차가감하여 납부할세액(환급받을세액)㉰-㉱-㉲-㉳-㉴-㉵-㉶-㉷+㉸					27	14,463,800
총괄납부사업자가 납부할 세액(환급받을 세액)						

구분				금액	세율	세액
7.매출(예정신고누락분)						
예정누락분	과세	세금계산서	33	3,000,000	10/100	300,000
		기타	34		10/100	
	영세	세금계산서	35		0/100	
		기타	36		0/100	
	합계		37	3,000,000		300,000
12.매입(예정신고누락분)						
예정누락분	세금계산서		38			
	그 밖의 공제매입세액		39			
	합계		40			
	신용카드매출수령금액합계	일반매입				
		고정매입				
	의제매입세액					
	재활용폐자원등매입세액					
	과세사업전환매입세액					
	재고매입세액					
	변제대손세액					
	외국인관광객에대한환급/					
	합계					
14.그 밖의 공제매입세액						
신용카드매출수령금액합계표		일반매입	41			
		고정매입	42	3,500,000		350,000
의제매입세액			43		뒤쪽	
재활용폐자원등매입세액			44		뒤쪽	
과세사업전환매입세액			45			
재고매입세액			46			
변제대손세액			47			
외국인관광객에대한환급세액			48			
합계			49	3,500,000		350,000

해답 및 해설

구분		금액	세율	세액
16.공제받지못할매입세액				
공제받지못할 매입세액	50	30,000,000		3,000,000
공통매입세액면세등사업분	51			
대손처분받은세액	52			
합계	53	30,000,000		3,000,000
18.그 밖의 경감·공제세액				
전자신고세액공제	54			
전자세금계산서발급세액공제	55			
택시운송사업자경감세액	56			
대리납부세액공제	57			
현금영수증사업자세액공제	58			
기타	59			
합계	60			

2. 가산세 감면

과소신고가산세의 경우 법정기한이 지난후 수정신고를 한 경우에는 기간이 1개월 초과 3개월 이내의 경우에는 75%를 감면한다.

(1) 신고불성실가산세 : 300,000 × 10% × 25% = 7,500원
(2) 납부지연가산세 : 300,000 × 84일 × 2.2/10,000 = 5,544원

문제 4.

[1] 12월 31일 일반전표입력
(차) 단기차입금   200,000원   (대) 외화환산이익   200,000원
   * $20,000 × (1,280-1,270)=200,000

[2] 12월 31일 일반전표입력
(차) 임대료   2,000,000원   (대) 선수수익   2,000,000원

6부 · 기출문제

     * 12,000,000 × 2/12 = 2,000,000원
[3] 12월 31일 일반전표입력
(차) 부가세예수금   20,000,000원   (대) 부가세대급금   14,000,000원
                                           미수금   4,000,000원
                                           잡이익   10,000원
                                           미지급세금   1,990,000원
[4] 12월 31일 일반전표 입력
(차) 장기차입금(대한은행)   45,000,000원   (대) 유동성장기부채(대한은행) 45,000,000원
[5] 12월 31일 일반전표입력
(차) 법인세 등   54,000,000원   (대) 미지급세금   18,000,000원
                                           선납세금   36,000,000원
     또는 결산자료 입력메뉴을 이용하여 동일한 금액을 입력한 후 전표추가 한다.

문제 5.
[1] 1. 급여자료입력

사번	사원명	감면율	급여항목	금액	공제항목	금액
1	이희민		기본급	4,000,000	국민연금	218,700
500	최수정		직책수당	300,000	건강보험	163,410
			월차수당	600,000	장기요양보험	16,740
			식대	100,000	고용보험	39,200
			자가운전보조금	200,000	소득세(100%)	336,440
					지방소득세	33,640
					농특세	
			과 세	4,900,000		
			비 과 세	300,000	공 제 총 액	808,130
총인원(퇴사자)	2(0)		지 급 총 액	5,200,000	차 인 지 급 액	4,391,870

해답 및 해설

2. 원천징수이행상황신고서

구분		코드	인원	소득지급 총지급액	징수세액 소득세 등	농어촌특별세	가산세	당월조정 환급세액	납부세액 소득세 등	농어촌특별세
개인 거주자 비거주자	근로소득	간이세액 A01	1	4,900,000	336,440					
		중도퇴사 A02								
		일용근로 A03								
		연말정산 A04								
		(분납금액) A05								
		(납부금액) A06								
		가 감 계 A10	1	4,900,000	336,440			126,000	210,440	
	퇴직소득	연금계좌 A21								
		그 외 A22								
		가 감 계 A20								
	사업소득	매월징수 A25								
		연말정산 A26								
		가 감 계 A30								
	기타	연금계좌 A41								
		종교인매월 A43								
		종교인연말 A44								

전월 미환급 세액의 계산				당월 발생 환급세액				18.조정대상환급(14+15+16+17)	19.당월조정 환급세액계	20.차월이월 환급세액	21.환급신청액
12.전월미환급	13.기환급	14.차감(12-13)	15.일반환급	16.신탁재산	금융회사 등	합병 등					
126,000		126,000						126,000	126,000		

[2]

1. 사원등록 [부양가족명세] 탭

사번	사원명	완료
1	이희라	×
500	최수정	×

연말관계	성명	내/외국인	주민(외국인)번호	나이	기본공제	세대주 구분	부녀자	한부모	경로우대	장애인	자녀	출산입양
0	최수정	내	1 851006-2458322	35	본인	세대주	○					
1	원여선	내	1 610122-2184321	59	장애인					1		
4	최안나	내	1 150203-3954210	5	20세이하							
	합 계 [명]				3		1			1		

2. 연말정산추가자료입력 [월세,주택임차] 탭

임대인명 (상호)	주민등록번호 (사업자번호)	유형	계약 면적(㎡)	임대차계약서 상 주소지	계약서상 임대차 계약기간 개시일 ~ 종료일		연간 월세액
홍현후	740103-1234567	단독주택	60.00	경기도 성남시 분당구 판교동	2022-01-01 ~ 2022-12-31		8,400,000

3. 연말정산추가자료입력 [연말정산 입력] 탭

(1) 신용카드 등 공제대상금액

신용카드 등 공제대상금액

▶ 신용카드 등 사용금액 공제액 산출 과정

구분		대상금액	공제율	공제율금액
전통시장/ 대중교통 제외	㉮신용카드	20,000,000	15%	3,000,000
	㉯직불/선불카드	1,000,000		300,000
	㉰현금영수증	1,200,000	30%	360,000
㉱도서공연 등 사용분				
㉲전통시장사용분		400,000	40%	160,000
㉳대중교통이용분				
신용카드 등 사용액 합계(㉮~㉳)		22,600,000		3,820,000

(2) 보험료

60.보장 성보험	일반	1,000,000	1,000,000
	장애인	2,000,000	1,000,000

(3) 의료비지급명세서

의료비지급명세서

의료비 공제대상자				(2022)년 의료비 지급명세								14.산후조리원 해당여부 (7천만원이하)
				지급처			지급명세					
성명	내/외	5.주민등록번호	6.본인등 해당여부	8.상호	7.사업자 등록번호	9. 의료증빙코드	10. 건수	11.금액	11-1.실손 의료보험금	12.난임시술비 해당여부	13.미숙아 해당여부	
최수정	내	871006-2458322	1	0			국세청장		500,000		X	X	X
윤여선	내	630122-2184321	2	0			국세청장		1,200,000		X	X	X
최안나	내	170203-3954210	3	X			국세청장		500,000		X	X	X

(4) 교육비

교육비

구분	지출액	공제대상금액
취학전아동(1인당 300만원)	500,000	
초중고(1인당 300만원)		
대학생(1인당 900만원)		2,500,000
본인(전액)	2,000,000	
장애인 특수교육비		

제94회 기출문제

(제한시간 : 90분, 난이도 : 합격률 36.37%)

1. 다음 중 재고자산에 대한 설명으로 틀린 것은?

   ① 개별법은 실제원가가 실제수익에 대응되므로 수익비용원칙에 가장 충실하다.
   ② 가중평균법은 실무적으로 적용하기 편리하나 수익과 비용의 적절한 대응이 어렵다.
   ③ 선입선출법은 물가가 상승하는 경우 당기순이익이 과소계상되는 단점이 있다.
   ④ 후입선출법은 기말재고자산이 과거의 취득원가로 기록되어 현행가치를 나타내지 못한다.

2. 다음은 ㈜세계산업의 대손충당금과 관련된 내용이다. 거래내용을 확인한 후 당기대손충당금으로 설정한 금액은 얼마인가?

   > 가. 기초 매출채권 잔액은 500,000원이고 대손충당금 잔액은 50,000원이다.
   > 나. 당기 외상매출금 중에 20,000원이 대손확정되었다.
   > 다. 전기 대손처리한 매출채권 중 30,000원이 회수되었다.
   > 라. 당기말 대손충당금 잔액은 100,000원이다.

   ① 20,000원　　　　　　　　② 30,000원
   ③ 40,000원　　　　　　　　④ 50,000원

3. 다음 중 유형자산의 감가상각방법에 대한 설명으로 틀린 것은?

   ① 정액법은 매년 동일한 금액만큼 가치가 감소하는 것으로 가정하고 회계처리한다.
   ② 가속상각법(체감상각법)은 내용연수 초기에 감가상각비를 과대계상하는 방식이다.
   ③ 생산량비례법은 생산량에 비례하여 가치가 감소하는 것으로 보고 회계처리한다.
   ④ 초기 감가상각비의 크기는 정률법보다 정액법이 더 크다.

4. 다음 사례의 회계처리를 할 경우 대변의 빈칸에 적절한 계정과목은?

   <사례>
   관리부문 직원의 6월 급여 2,500,000원을 지급하면서 원천세 등 공제항목 250,000원을 제외한 나머지 금액 2,250,000원을 보통예금으로 지급하였다.

   (차변) 급 여   2,500,000원   (대변) (   )   250,000원
                                          보통예금   2,250,000원

   ① 예수금   ② 가수금
   ③ 선수금   ④ 미지급금

5. 다음 중 판매비와 관리비 항목이 아닌 것은?

   ① 급여   ② 복리후생비
   ③ 접대비   ④ 기타의 대손상각비

6. 출제 오류로 인하여 해당 문제를 삭제합니다.

7. 다음 자료를 이용하여 당기제품제조원가를 구하면 얼마인가?

```
· 기초원재료 재고액 : 100,000원        · 기말원재료 재고액 : 30,000원
· 기중원재료 매입액 : 150,000원        · 직접노무비 : 200,000원
· 제조간접비 : 200,000원               · 기초재공품 재고액 : 10,000원
· 기말재공품 재고액 : 150,000원        · 기초제품 재고액 : 80,000원
· 기말제품 재고액 : 200,000원
```

① 340,000원   ② 360,000원   ③ 480,000원   ④ 490,000원

8. 보조부문에서 발생한 원가도 생산과정에서 반드시 필요한 원가이므로 제품원가에 포함시키기 위하여 제조부문에 배분되어야 한다. 이때 보조부문 원가 행태에 따른 배분방법으로는 단일배분율법과 이중배분율법이 있다. 다음 중에서 이중배분율법의 장점만 짝지은 것은?

```
A. 원가 배분절차가 복잡하지 않아 비용과 시간이 절약된다.
B. 원가부문 활동에 대한 계획과 통제에 더 유용한 정보를 제공할 수 있다.
C. 원가발생액과 원가대상 사이의 인과관계가 더 밀접해질 수 있다.
D. 배분과정에서 발생할 수 있는 불공정성이 감소하기 때문에 더 공정한 성과평가가
   이루어질 수 있다.
```

① A, B, C   ② A, C, D   ③ B, C, D   ④ A, B, C, D

9. 개별원가계산은 개별제품 또는 작업별로 원가를 집계하여 제품원가를 계산하는 방법을 말한다. 다음 중 개별원가계산과 관련된 설명으로 가장 틀린 것은?

① 일반적으로 제품 생산 단위당 원가가 낮다.
② 다품종 소량생산방식이나 주문제작하는 경우에 적합하다.
③ 개별제품별로 원가를 계산하기 때문에 개별제품별 원가계산과 손익분석이 용이하다.
④ 다른 원가계산에 비해 상대적으로 정확한 원가계산이 가능하다.

10. 출제 오류로 인하여 해당 문제를 삭제합니다.

11. 다음 중 재화의 간주공급(재화 공급의 특례)으로서 세금계산서 발급대상인 것은?(단, 과세거래에 해당한다고 가정하며, 해당 사업장은 주사업장 총괄납부 또는 사업자단위과세 제도의 적용을 받지 않는다.)

① 면세사업전용
② 직매장 반출(판매목적 타사업장 반출)
③ 개인적공급
④ 사업상증여

12. 다음 중 일반과세자와 간이과세자의 비교 설명으로 틀린 것은?

① 일반과세자의 과세표준은 공급가액이다.
② 간이과세자의 과세표준은 공급대가이다.
③ 일반과세자는 매입세액이 매출세액보다 클 경우 환급세액이 발생할 수도 있다.
④ 간이과세자는 공제세액이 매출세액보다 클 경우 환급세액이 발생할 수도 있다.

13. 다음은 부가가치세법상 영세율에 대한 설명이다. 가장 틀린 것은?

① 영세율제도는 소비지국 국가에서 과세하도록 함으로써 국제적인 이중과세를 방지하고자 하기 위한 제도이다.
② 국외에서 공급하는 용역에 대해서는 영세율을 적용하지 아니한다.
③ 비거주자나 외국법인에 대해서는 영세율을 적용하지 아니함을 원칙으로 하되, 상호주의에 따라 영세율을 적용한다.
④ 국내거래도 영세율 적용 대상이 될 수 있다.

14. 사업소득의 총수입금액에 대한 설명이다. 가장 틀린 것은?

① 환입된 물품의 가액과 매출에누리는 해당 과세기간의 총수입금액에 산입하지 아니한다.
② 부가가치세의 매출세액은 해당 과세기간의 소득금액을 계산할 때 총수입금액에 산입하지 아니한다.
③ 관세환급금등 필요경비에 지출된 세액이 환급되었거나 환입된 경우에 그 금액은 총수입금액에 이를 산입한다.
④ 거래상대방으로부터 받는 장려금 기타 이와 유사한 성질의 금액은 총수입금액에 이를 산입하지 아니한다.

15. 다음 중 소득세법상 반드시 종합소득 과세표준 확정신고를 해야 하는 자는?

    ① 퇴직소득금액 6,000만원과 양도소득금액 5,000만원이 있는 자
    ② 국내 정기예금 이자소득금액 3,000만원과 일시적인 강연료 기타소득금액 310만원이 있는 자
    ③ 일용근로소득 1,200만원과 공적연금소득 2,000만원이 있는 자
    ④ 근로소득금액 6,000만원과 복권당첨소득 5억원이 있는 자

실무문제

㈜다음전자(회사코드:5294)은 제조, 도·소매 및 부동산임대업을 영위하는 중소기업이며, 당기(7기) 회계기간은 2022.1.1.~2022.12.31. 이다. 전산세무회계 수험용 프로그램을 이용하여 다음 물음에 답하시오.

문제 1

다음 거래를 일반전표입력 메뉴에 추가 입력하시오.(15점)

[1] 4월 20일 원금 300,000,000원인 정기예금이 만기가 되어 이자수익 21,000,000원에 대한 원천징수세액(3,234,000원)을 제외한 원금과 이자 전액이 보통예금으로 이체되었다.(원천징수세액은 법인세와 지방소득세를 합친 금액으로서 자산으로 처리하고 거래처입력은 생략할 것)(3점)

[2] 5월 25일 주식발행초과금 5,000,000원을 자본금에 전입하기로 하고, 액면 5,000원의 주식 1,000주를 발행하여 기존 주주들에게 무상으로 교부하였다.(3점)

[3] 6월 18일 공장 신설을 위하여 개인인 홍길동으로부터 토지를 구입하면서 토지구입대금 1억원과 토지의 취득세로 3,500,000원을 보통예금에서 지급하였다.(하나의 전표로 처리할 것)(3점)

[4] 7월 1일 장기투자목적으로 2020년 9월에 취득했던 매도가능증권(취득가액 18,000,000원,

2020년말 공정가액 22,000,000원, 2021년말 공정가액 21,000,000원)를 2022년 7월 1일에 20,000,000원에 매각처분하고 매각수수료 100,000원을 차감한 후 보통예금으로 받았다.(하나의 전표로 처리할 것)(3점)

[5] 8월 21일 5월 21일에 3개월 후 상환조건으로 ㈜치료상사에 외화로 대여한 $8,000에 대하여 만기가 도래하여 회수한 후 원화로 환전하여 보통예금계좌에 입금되었다.(대여시 환율은 $1당 1,200원, 회수시 환율은 1$당 1,100원이다)(3점)

문제 2

다음 거래자료를 매입매출전표입력 메뉴에 추가로 입력하시오.(15점)

[1] 7월 25일 회사는 영업부 부서의 업무용 차량(개별소비세 과세대상 승용차)을 렌트하면서 7월분 렌트료 550,000원(공급대가)을 보통예금으로 지급하고, ㈜세무캐피탈로부터 전자세금계산서를 발급 받았다. (렌트료에 대해서 임차료 계정과목을 사용할 것)(3점)

[2] 8월 13일 ㈜항원으로부터 구매확인서에 의해 상품 20,000,000원을 매입하고 영세율전자세금계산서를 발급받았다. 대금은 보통예금에서 지급하였다.(3점)

[3] 9월 11일 다음과 같은 전자세금계산서를 발급받고 대금 중 10%는 현금으로 지급하고 잔액은 다음달에 지급하기로 하였다.(3점)

전자세금계산서 (공급받는자 보관용)						승인번호	20220911-510000012-7c00mk0		
공급자	등록번호	106-86-66833		종사업장번호		공급받는자	등록번호	106-86-46593	종사업장번호	
	상호(법인명)	㈜리소스		성명	윤수혁		상호(법인명)	㈜다음전자	성명	신경수
	사업장주소	서울특별시 금천구 가산디지털7로 504 (가산동)					사업장주소	서울특별시 금천구 가산디지털1로 33-22(가산동)		
	업태	제조		종목	전자제품		업태	제조,도소매	종목	전자제품
	이메일	abcde@naver.com					이메일	electronic@daum.net		
작성일자		공급가액		세액		수정사유	비고			
2022-9-11		30,000,000원		3,000,000원		해당없음				
월	일	품목	규격	수량	단가	공급가액	세액	비고		
9	11	원재료		1,000	30,000	30,000,000원	3,000,000원			
합계금액		현금		수표		어음	외상미수금	이 금액을 (영수,청구)함		
33,000,000원		3,300,000원					29,700,000원			

[4] 9월 28일 당사가 사용하던 아래와 같은 프린터를 신윤복(비사업자)에게 중고로 판매하고 대금 2,750,000원(부가가치세 포함)을 신윤복 소유의 미래카드로 결제 받았다.(3점)

> 프린터는 2021년 1월 1일에 4,000,000원(부가가치세 별도)에 구입하고 비품으로 감가상각(5년 정액법)하며, 2021년 결산 시에는 정상적으로 감가상각된 것이다. 단, 당기 감가상각비는 고려하지 않는 것으로 한다.

[5] 9월 30일 생산부문에서 사용하는 5t트럭에 경유(공급가액 80,000원, 세액 8,000원)를 넣고 법인명의의 카드(하나카드)로 결제하였다.(3점)

신용카드매출전표

단말기번호 8002124738	120524128234
카드종류 하나카드	신용승인
회원번호 1234-5678-1000-2000	
매출일자 2022/9/30 16:52:46	
일반 일시불	금액 80,000
은행확인	세금 8,000
판매자	봉사료 0
	합계 88,000
대표자 강세무	
사업자등록번호 502-85-10321	
가맹점명 (주)강남주유소	
가맹점주소 서울 강남구 역삼로 888	서명 Semusa

문제 3

부가가치세신고와 관련하여 다음 물음에 답하시오.(10점)

[1] 다음 자료를 이용하여 과세 및 면세사업을 영위하는 겸영사업자인 당사의 2022년도 1기 부가가치세 확정신고기간에 대한 공제받지 못할 매입세액명세서 중 [공통매입세액의 정산내역]탭을 입력하시오. (단, 1기 예정신고서에 반영된 공통매입세액 불공제분은 240,000원이고, 공급가액 기준으로 안분계산 하며, 불러온 데이터값은 무시한다)(3점)

(단위 : 원)

제1기 예정(1월~3월)	제1기 확정(4월~6월)
과세매출 : 공급가액 6,000,000 세액 600,000 면세매출 : 공급가액 4,000,000 공통매입세액 : 공급가액 6,000,000 세액 600,000	과세매출 : 공급가액 20,000,000 세액 2,000,000 면세매출 : 공급가액 8,000,000 공통매입세액 : 공급가액 14,000,000 세액 1,400,000

[2] 다음 자료만을 이용하여 2022년 제2기 확정신고기간(10월~12월)의 부가가치세신고서를 작성하시오. (단, 부가가치세 신고서 이외의 부속서류와 과세표준명세의 작성은 생략하며, 불러오는 데이터 값은 무시하고 직접 입력할 것) (7점)

매출
자료
	전자세금계산서 과세 매출액 : 공급가액 300,000,000원, 부가가치세 30,000,000원
	  (이 중 지연발급분으로 공급가액 20,000,000원, 부가가치세 2,000,000원이 포함되어 있음)
	신용카드·현금영수증 과세 매출액 : 공급가액 60,000,000원, 부가가치세 6,000,000원
	정규증빙 미발급 과세 매출액 : 공급가액 400,000원, 부가가치세 40,000원
	  (소비자와의 거래이며, 회사가 영위하는 업종은 현금영수증 의무발행업종이 아님)
	국내 영세율 매출액 : 50,000,000원(위 ①과 별개로서 전자세금계산서 발급분)
	해외 직수출액 : 100,000,000원
	2019년 제2기 확정신고시 대손세액공제를 받았던 외상매출금 22,000,000원(부가가치세 포함) 중 50%를 회수함

매입 자료	① 전자세금계산서 과세 일반 매입액 : 공급가액 300,000,000원, 부가가치세 30,000,000원 - 상기 금액 중 공급가액 20,000,000원, 부가가치세 2,000,000원은 사업과 직접 관련 없는 지출에 대해서 전자세금계산서를 발급받은 것임. ② 사업용 신용카드 과세 일반 매입액 : 공급가액 20,000,000원, 부가가치세 2,000,000원
기타 자료	2022년 제2기 예정신고 당시 미환급 세액 : 3,000,000원

문제 4

다음 결산자료를 입력하여 결산을 완료하시오.(15점)

[1] 제조부서가 구입한 소모품 2,400,000원 중 결산일까지 사용하지 못하고 남아 있는 것이 600,000원이다.(단, 소모품 구입 시 자산으로 회계처리함)(3점)

[2] 기말 현재 현금과부족 계정의 대변 잔액이 50,000원으로 결산일 현재까지 그 원인을 찾지 못했다. (3점)

[3] 아래의 자료에 근거하여 정기예금에 대한 당기분 경과이자를 회계처리 하시오.(3점)

- 예금금액 : 300,000,000원
- 가입기간 : 2022.04.01. ~ 2023.03.31.
- 연 이자율 : 1%(월할계산 할 것)
- 이자수령시점 : 만기일(2023.03.31.)에 일시불 수령

[4] 기말시점 현재 해외거래처인 ABC사에 대한 외상매출금 $20,000(매출당시 환율은 1,150/$)이며 결산일 현재의 환율은 1,200원/$이다. (단, 거래처 입력은 생략할 것)(3점)

[5] 기말 현재 퇴직급여추계액 및 퇴직급여충당부채를 설정하기 전 퇴직급여충당부채의 잔액은 다음과 같다. (퇴직급여충당부채는 퇴직급여추계액의 100%를 설정하며 제조와 판관비를 구분해서 각각 회계처리 할 것)(3점)

구 분	퇴직급여추계액	퇴직급여충당부채 설정 전 잔액
생산부문	30,000,000원	15,000,000원
판매관리부문	10,000,000원	13,000,000원

문제 5

2022년 귀속 원천징수자료와 관련하여 다음의 물음에 답하시오.(15점)

[1] 아래의 자료를 근거로 하여 영업부 사원 김한국씨(입사일 2022년 01월 01일, 국내근무)의 사원등록(코드번호 105)을 하고, 김한국씨의 부양가족을 부양가족명세서에 등록 후 세부담이 최소화 되도록 공제여부를 입력하시오.(6점)

- 본인과 부양가족은 모두 거주자이며, 주민등록번호는 정확한 것으로 가정함.
- 기본공제 대상자가 아닌 경우 '부'로 표시하시오.

성명	주민등록번호	관계	동거여부	장애인 유무	2022년 소득 현황
김한국	790226-1041318	본인	-	비장애인	연간 총급여액 6,000만원
나여성	821226-2056917	김한국의 배우자	동거	비장애인	사업소득금액 500만원
김조선	490912-1005618	김한국의 직계존속	동거	비장애인	무조건 분리과세 대상인 기타소득금액 200만원
강춘자	511213-2055618	나여성의 직계존속	주거형편상 별거 중	비장애인	양도소득금액 100만원
김우주	170622-4061316	김한국의 직계비속	비동거	장애인 (장애인복지법)	소득없음
김관우	190912-3061624	김한국의 직계비속	비동거	비장애인	소득없음
김부산	810926-1005616	김한국의 남동생	동거	장애인 (중증환자)	소득없음

[2] 다음은 사원 김미영(사번 : 111)의 연말정산을 위한 국세청 제공자료와 기타 증빙자료이다. 부양가족은 제시된 자료 이외에는 소득이 없고, 김미영과 생계를 같이하고 있다. 연말정산추가 자료입력메뉴의 [부양가족]탭을 수정하여 완성하고 [연말정산입력]탭을 작성하시오.(단, 세부담 최소화를 가정할 것.)(9점)

1. 김미영 및 부양가족의 현황(제시된 부양가족 외의 배우자나 부양가족은 없음)

관계	성명	주민번호	비고
본인	김미영	730831-2345677	세대주, 총급여 63,000,000원
직계존속(부)	김철수	400321-1234567	퇴직소득금액 2,000,000원
직계존속(모)	전영희	441111-2456788	
직계비속(자)	박문수	090606-3567898	중학생
직계비속(자)	박분수	151007-3345676	미취학 아동

2. 연말정산 자료

신용카드 및 직불카드, 현금영수증 사용액은 김미영(본인)의 신용카드, 직불카드, 현금영수증을 2022.8.1.부터 2022.12.31.까지 사용한 것으로 가정한다.

관계	성명	지출내역	비고
본인	김미영	종교단체 기부금 2,000,000원, 암보험료 900,000원, 의료비 1,000,000원, 필라테스 학원 수업료 350,000원 신용카드 사용액 1,000만원(대중교통 200만원 도서구입비 70만원 포함) 현금영수증 사용액 975만원(전통시장 300만원 포함)	암보험은 보장성보험임
부	김철수	종교단체 기부금 800,000원, 노인학교 등록금 1,600,000원	김철수의 지출
모	전영희	의료비 600,000원, 종교단체외 지정기부금 200,000원 직불카드 사용액 600만원(전통시장 100만원 포함)	
자	박문수	중학교 등록금 800,000원, 중학교 교복구입비 250,000원 의료비 700,000원, 시력보정용 안경구입비 150,000원 상해보험료 180,000원 현금영수증 사용액 250,000원(전액 도서구입비)	상해보험은 보장성보험임
자	박분수	유치원등록금 1,800,000원, 저축성보험료 280,000원	

※ 위의 모든 의료비는 진찰·진료·질병예방을 위하여 국내 의료기관에 지급한 비용이며, 보험회사로부터 지급받은 실손의료보험금은 없다.

6부 • 기출문제

94회 기출문제

이론시험

1 ③   2 ③   3 ④   4 ①   5 ④   6 ×   7 ③   8 ③   9 ①   10 ×
11 ②   12 ④   13 ②   14 ④   15 ②

[1] ③ 선입선출법은 물가가 상승하는 경우 과거의 취득원가가 현행 매출에 대응되므로 당기순이익이 과대계상된다.
[2] ③ 대손충당금 변동내역 50,000 - 20,000 + 30,000 =60,000원
　　　　100,000 – 60,000 = 40,000원(설정액)
[3] ④ 초기 감가상각비의 크기는 가속상각법 중 하나인 정률법이 정액법보다 더 크다.
[4] ①
[5] ④ 기타의 대손상각비는 판매비와 관리비가 아닌 영업외비용 중 하나이다.
[7] ③ 원재료 사용액 = 100,000 + 150,000 – 30,000 = 220,000원
　　　당기총제조원가 = 220,000 + 200,000 + 200,000 = 620,000원
　　　당기제품제조원가 = 10,000 + 620,000 – 150,000 = 480,000원
[8] ③ 이중배분율법은 원가 배분절차가 복잡하여 비용과 시간이 절약되지는 않는다.(단점임)
[9] ① 개별원가계산에서는 총원가에 비하여 생산량이 적기 때문에 단위당 원가가 일반적으로 크게 나타난다.
[11] ② 재화의 간주공급에 대해서는 원칙적으로 세금계산서 발급의무가 면제되나, 직매장 반출(판매목적 타사업장 반출)이 과세거래에 해당하는 경우에는 세금계산서를 발급하여야 한다. (부가가치세법 제10조 제3항)
[12] ④ 일반과세자와 달리 간이과세자는 환급세액이 발생하지 않는다. (부가가치세법 제63조 [간이과세자의 과세표준과 세액] 제5항)
[13] ② 국외에서 공급하는 용역에 대해서는 영세율을 적용한다
[14] ④ 거래상대방으로부터 받는 장려금등은 총수입금액에 산입한다.
[15] ② 국내 정기예금 이자소득은 2천만원 초과인 경우 종합과세하고, 일시적인 강연료 기타소득금액은 300만원 초과인 경우 종합과세 한다.
　　① 퇴직소득과 양도소득은 종합과세하지 않고, 분류과세한다.
　　③ 일용근로소득은 무조건 분리과세하고, 공적연금소득은 다음해 1월분 연금소득을 지급하는 때에 연말정산 한다.
　　④ 근로소득은 종합과세합산대상 타 소득이 없는 경우 연말정산에 의하여 납세의무가 종결되므로 확정신고를 할 필요가 없고, 복권당첨소득은 무조건분리과세 한다.

해답 및 해설

실무시험

문제 1.

[1] 4월 20일 일반전표 입력

(차)	보통예금	317,766,000원	(대) 정기예금	300,000,000원
	선납세금	3,234,000원	이자수익	21,000,000원

[2] 5월 25일 일반전표 입력

(차)	주식발행초과금	5,000,000원	(대) 자본금	5,000,000원

[3] 6월 18일 일반전표 입력

(차)	토지	103,500,000	(대) 보통예금	103,500,000

[4] 7월 1일 일반전표 입력

(차)	보통예금	19,900,000원	(대) 매도가능증권(178)	21,000,000원
	매도가능증권평가이익 3,000,000원		매도가능증권처분이익	1,900,000원

[5] 8월 21일 일반전표 입력

(차)	보통예금	8,800,000원	(대) 단기대여금(㈜치료상사)	9,600,000원
	외환차손	800,000원		

문제 2.

[1] 7월 25일 매입매출전표 입력

유형 : 54.불공(사유: 3), 공급가액 : 500,000원, 부가세 : 50,000원, 거래처: ㈜세무캐피탈, 전자:여, 분개 : 혼합

(차)	임차료(판)	550,000원	(대) 보통예금	550,000원

[2] 8월 13일 매입매출전표 입력

유형 : 52.영세, 공급가액 : 20,000,000원, 부가세 : 0원, 거래처 : ㈜항원, 전자 : 여, 분개 : 혼합

(차)	상품	20,000,000원	(대) 보통예금	20,000,000원

[3] 9월 11일 매입매출전표 입력

유형:51.과세, 공급가액:30,000,000원, 부가세:3,000,000원, 공급처명: ㈜리소스, 전자:여, 분개:혼합

(차)	원재료	30,000,000원	(대) 현금	3,300,000원
	부가세대급금	3,000,000원	외상매입금	29,700,000원

[4] 9월 28일 매입매출전표 입력

유형:17.카과, 공급가액: 2,500,000원 부가세: 250,000원, 거래처: 신윤복, 분개: 혼합 또는 카드

(차)	미수금(미래카드)	2,750,000원	(대) 비품	4,000,000원
	감가상각누계액	800,000원	부가세예수금	250,000원
	유형자산처분손실	700,000원		

[5] 9월 30일 매입매출전표 입력

6부 · 기출문제

유형: 57.카과, 공급가액 80,000원, 부가세: 8,000원, 거래처: ㈜강남주유소, 분개: 혼합 또는 카드

(차) 차량유지비(제)　　　　　　　　80,000원　(대) 미지급금(미지급비용)(하나카드) 88,000원
　　 부가세대급금　　　　　　　　　 8,000원

문제 3.

[1] 공제받지못할매입세액명세서

산식	구분	(15)총공통매입세액	(16)면세 사업확정 비율			(17)불공제매입세액총액((15)*(16))	(18)기불공제매입세액	(19)가산또는공제되는매입세액((17)-(18))
			총공급가액	면세공급가액	면세비율			
1.당해과세기간의 공급가액기준		2,000,000	38,000,000.00	12,000,000.00	31.578947	631,578	240,000	391,578

[2] 부가가치세 신고서 : 10월~12월

구분			정기신고금액			구분		금액	세율	세액
			금액	세율	세액	7.매출(예정신고누락분)				
과세표준및매출세액	과세	세금계산서발급분	1	300,000,000	10/100	30,000,000	예정누락분	과 세금계산서	33		10/100	
		매입자발행세금계산서	2		10/100			세 기타	34		10/100	
		신용카드·현금영수증발행분	3	60,000,000		6,000,000		영 세금계산서	35		0/100	
		기타(정규영수증외매출분)	4	400,000	10/100	40,000		세 기타	36		0/100	
	영세	세금계산서발급분	5	50,000,000	0/100			합계	37			
		기타	6	100,000,000	0/100		12.매입(예정신고누락분)				
	예정신고누락분		7					세금계산서	38			
	대손세액가감		8			1,000,000	예정누락분	그 밖의 공제매입세액	39			
	합계		9	510,400,000	㉮	37,040,000		합계	40			
매입세액	세금계산서수취분	일반매입	10	300,000,000		30,000,000		신용카드매출 일반매입				
		수출기업수입납부유예	10					수령금액합계 고정매입				
		고정자산매입	11					의제매입세액				
	예정신고누락분		12					재활용폐자원등매입세액				
	매입자발행세금계산서		13					과세사업전환매입세액				
	그 밖의 공제매입세액		14	20,000,000		2,000,000		재고매입세액				
	합계(10)-(10-1)+(11)+(12)+(13)+(14)		15	320,000,000		32,000,000		변제대손세액				
	공제받지못할매입세액		16	20,000,000		2,000,000		외국인관광객에대한환급				
	차감계 (15-16)		17	300,000,000	㉯	30,000,000		합계				
납부(환급)세액(매출세액㉮-매입세액㉯)					㉰	7,040,000	14.그 밖의 공제매입세액				
경감공제세액	그 밖의 경감·공제세액		18					신용카드매출 일반매입	41	20,000,000		2,000,000
	신용카드매출전표등 발행공제등		19					수령금액합계표 고정매입	42			
	합계		20		㉱			의제매입세액	43		뒤쪽	
소규모 개인사업자 부가가치세 감면세액			20		㉲			재활용폐자원등매입세액	44		뒤쪽	
예정신고미환급세액			21		㉳	3,000,000		과세사업전환매입세액	45			
예정고지세액			22		㉴			재고매입세액	46			
사업양수자의 대리납부 기납부세액			23		㉵			변제대손세액	47			
매입자 납부특례 기납부세액			24		㉶			외국인관광객에대한환급세액	48			
신용카드업자의 대리납부 기납부세액			25		㉷			합계	49	20,000,000		2,000,000
가산세액계			26		㉸	200,000						
차가감하여 납부할세액(환급받을세액)㉰-㉱-㉲-㉳-㉴-㉵-㉶-㉷+㉸			27			4,240,000						
총괄납부사업자가 납부할 세액(환급받을 세액)												

25.가산세명세						
사업자미등록등		61		1/100		
세금계산서	지연발급 등	62	20,000,000	1/100	200,000	
	지연수취	63		5/1,000		
	미발급 등	64		뒤쪽참조		
전자세금	지연전송	65		3/1,000		

구분		금액	세율	세액
16.공제받지못할매입세액				
공제받지못할 매입세액	50	20,000,000		2,000,000
공통매입세액면세등사업분	51			
대손처분받은세액	52			
합계	53	20,000,000		2,000,000

해답 및 해설

문제 4.

[1] 12월 31일 일반전표 입력
(차) 소모품비(제조)　　　　　　　　1,800,000원　(대) 소모품　　　　　　1,800,000원

[2] 12월 31일 일반전표 입력
(차) 현금과부족　　　　　　　　　　　50,000원　(대) 잡이익　　　　　　　50,000원

[3] 12월 31일 일반전표입력
(차) 미수수익　　　　　　　　　　2,250,000원　(대) 이자수익　　　　　2,250,000원

[4] 12월31일 일반전표입력
(차) 외상매출금　　　　　　　　　1,000,000원　(대) 외화환산이익　　　1,000,000원

[5]
- 결산자료입력메뉴에서 CF8(퇴직충당)의 퇴직금추계액에 생산부문 30,000,000원과 판매관리부문 10,000,000원을 입력 후 결산에 반영하고 전표 추가
- 결산자료입력에서 퇴직급여(제) 15,000,000원, 퇴직급여(판) -3,000,000원을 입력하고 전표추가
- 퇴직급여(제)와 퇴직급여(판) 둘 중 하나를 일반전표에 입력하고 다른 하나는 결산자료입력을 통해 전표추가

6부 · 기출문제

문제 5.
[1] (1) 사원등록

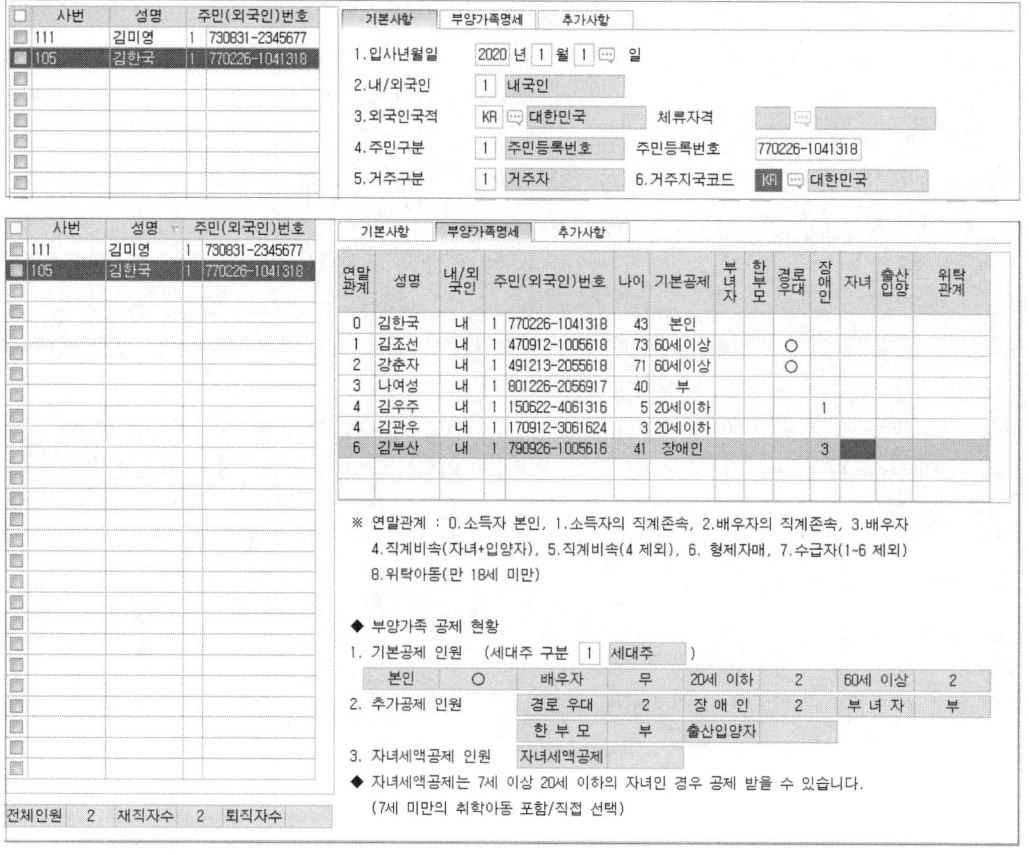

(2)
① 나여성(배우자)은 사업소득금액이 100만원을 초과하므로 기본공제대상자에 해당하지 아니한다.
② 김조선(소득자의 직계존속)은 무조건 분리과세 기타소득금액만 있으므로 기본공제대상자 및 70세이상 경로우대공제에 해당한다.
③ 직계비속 김우주, 김관우는 주소(거소)에 관계없이 생계를 같이하는 것으로 본다.
④ 강춘자는 양도소득금액이 100만원이므로 기본공제대상자 및 70세이상 경로우대공제에 해당한다.(100만원 초과하는 경우에 기본공제대상자에 해당하지 않는다.)
⑤ 김부산은 20세를 초과하나 장애인으로 소득이 없는 동거가족인 상황이므로 기본공제대상자에 해당한다.

[답]
1. 부 김철수는 퇴직소득금액이 200만원이 있어서 기본공제 대상자가 아님
2. 보험료: 보장성 보험료: 900,000(김미영 암보험료) + 180,000(박문수 상해보험) = 1,080,000
3. 의료비: 본인 등: 1,000,000(김미영) + 600,000(전영희) = 1,600,000

해답 및 해설

　　　　기타: 700,000(박문수) + 150,000((박문수 안경구입비) = 850,000
　　　　합계: 2,450,000
4. 교육비: 800,000(박문수 등록금) + 250,000(박문수 교복) + 1,800,000(박분수 유치원) = 2,850,000
　　본인 필라테스 교육비 교육비공제 대상이 아님
5. 신용카드등 : 아래 참조
6. 기부금 : 김철수는 기본공제대상자가 아니므로 김철수가 지출한 기부금은 세액공제 대상이 아님

연말관계	성명	내/외국인	주민(외국인)번호	나이	기본공제	세대주구분	부녀자	한부모	경로	장애인	자녀	출산입양
0	김미영	내 1	730831-2345677	47	본인	세대주	○					
1	김철수	내 1	400321-1234567	80	부							
1	전영희	내 1	441111-2456788	76	60세이상				○			
4	박문수	내 1	090606-3567898	11	20세이하					○		
4	박분수	내 1	151007-3345676	5	20세이하							

60.보장성보험	일반		1,080,000
	장애인		

의료비지급명세서

(2022)년 의료비 지급명세

의료비 공제대상자			6.본인등해당여부	8.상호	7.사업자등록번호	9.의료증빙코드	10.건수	11.금액	11-1.실손의료보험금	12.난임시술비해당여부	13.미숙아해당여부	14.산후조리원해당여부(7천만원이하)
성명	내/외	5.주민등록번호										
김미영	내	750831-2345677	1 0			국세청장		1,000,000		X	X	X
전영희	내	441111-2456788	2 0			국세청장		600,000		X	X	X

교육비

구분	지출액
취학전아동(1인당 300만원)	1,800,000
초중고(1인당 300만원)	1,050,000
대학생(1인당 900만원)	
본인(전액)	
장애인 특수교육비	

신용카드 등 공제대상금액

▶ 신용카드 등 사용금액 공제액 산출 과정

구분		대상금액	공제율	금액
전통시장/대중교통 제외	㉮신용카드	7,300,000	15%	1,095,000
	㉯직불/선불카드	5,000,000		1,500,000
	㉰현금영수증	6,750,000	30%	2,025,000
㉱도서공연 등 사용분		950,000		285,000
㉲전통시장사용분		4,000,000	40%	1,600,000
㉳대중교통이용분		2,000,000		800,000
신용카드 등 사용액 합계(㉮~㉳)		26,000,000		7,305,000

6부 · 기출문제

기부금			
구분	지출액	공제대상금액	공제금액
정치자금 기부금(10만원 이하분)			
정치자금 기부금(10만원 초과분)			
법정이월(2013년)			
법정이월(2014년)			
법정이월(2015년)			
법정이월(2016년)			
법정이월(2017년)			
법정이월(2018년)			
법정이월(2019년)			
법정당해기부금			
우리사주조합기부금			
종교단체외이월(2013년이전)			
종교단체이월(2013년이전)			
종교단체외이월(2014년)			
종교단체외이월(2015년)			
종교단체외이월(2016년)			
종교단체외이월(2017년)			
종교단체외이월(2018년)			
종교단체외이월(2019년)			
종교단체외 당해기부금	200,000	200,000	30,000
종교단체이월(2014년)			
종교단체이월(2015년)			
종교단체이월(2016년)			
종교단체이월(2017년)			
종교단체이월(2018년)			
종교단체이월(2019년)			
종교단체 당해기부금	2,000,000	2,000,000	300,000

확인(Esc)

제95회 기출문제

(제한시간 : 90분, 난이도 : 합격률 43.17%)

1. 다음 중 재무제표의 기본가정이 아닌 것은?
   ① 계속기업의 가정
   ② 발생주의의 가정
   ③ 기업실체의 가정
   ④ 기간별 보고의 가정

2. 기말 재고자산을 확인하기 위하여 창고에 있는 재고자산을 실사한 결과 창고에 보관중인 재고자산의 가액은 2,000,000원으로 확인이 되었다. 이외에 재고자산과 관련된 자료는 다음과 같다. 정확한 기말재고액을 계산하시오.

항 목	금 액	비 고
미착상품	150,000원	선적지 인도조건으로 매입하여 운송중인 상품
시송품	500,000원	40%는 소비자가 매입의사를 표시함
장기할부판매	250,000원	할부판매에 따라 고객에 인도하였으나 대금이 모두 회수되지 않음
적송품	400,000원	수탁자로부터 75% 판매되었음을 통지 받음

   ① 2,350,000원
   ② 2,550,000원
   ③ 2,700,000원
   ④ 2,800,000원

3. 일반기업회계기준상 유가증권에 대한 다음의 설명 중 잘못된 것은?
   ① 지분증권 투자에 대한 현금배당은 배당금을 받을 권리와 금액이 확정되는 시점에 영업외수익으로 인식한다.
   ② 매도가능증권을 공정가치로 평가함으로 인해 발생되는 평가손실은 당기의 순이익에 영향을 미치지 않는다.
   ③ 단기매매증권이 시장성을 상실한 경우에는 만기보유증권으로 분류하여야 한다.
   ④ 매도가능증권은 보유 목적에 따라 유동자산으로 분류될 수도 있다.

4. 다음 중 유형자산의 취득원가에 대한 설명으로 틀린 것은?

① 유형자산을 외부구입한 경우 취득시 부대비용은 유형자산의 취득원가에 가산한다.
② 토지 취득과 관련하여 취득세가 발생한 경우 이는 토지의 취득원가가 아닌 세금과공과로 처리한다.
③ 유형자산 취득과 관련하여 국·공채 등을 불가피하게 매입한 경우 당해 채권의 매입금액과 현재가치와의 차액도 유형자산의 취득원가에 포함한다.
④ 유형자산 설계와 관련하여 전문가에게 지급하는 수수료도 유형자산의 취득원가로 처리한다.

5. 다음의 거래형태별 수익 인식기준 중 옳지 않은 것은?

① 위탁판매 : 위탁자가 수탁자에게 물건을 인도하는 시점
② 시용판매 : 고객이 구매의사를 표시한 시점
③ 상품권 판매 : 상품권을 회수하고 재화를 인도하는 시점
④ 할부판매 : 장·단기 구분 없이 재화를 고객에게 인도하는 시점

6. 다음 중 원가의 개념설명이 옳지 않은 것은?

① 통제가능원가 : 특정한 경영자가 원가 발생액에 대하여 영향을 미칠 수 있는 원가
② 매몰원가 : 과거의 의사결정으로 이미 발생한 원가로 의사결정에 고려되어서는 안 되는 원가
③ 기회원가 : 재화·용역 또는 생산설비를 특정용도 이외의 다른 대체적인 용도로 사용한 경우에 얻을 수 있는 최대 금액
④ 관련원가 : 여러 대안 사이에 차이가 나는 원가로서 의사결정에 간접적으로 관련되는 원가

7. 다음 중 보조부문 원가를 제조부문에 배부하는 방법에 대한 설명으로 틀린 것은?

① 직접배부법을 사용하는 경우에는 특정 보조부문 원가가 다른 보조부문에 배부되지 않는다.
② 단계배부법을 사용하는 경우에는 가장 먼저 배부되는 보조부문 원가는 다른 보조부문에 배부되지 않는다.
③ 상호배부법을 사용하는 경우에는 배부순서에 따라 특정 제조부문에 대한 배부액이 달라지지 않는다.
④ 상호배부법은 보조부문 상호간의 용역 수수 관계를 완전히 고려하는 방법이다.

8. 다음 자료에 의하여 선입선출법에 의한 재료비 완성품환산량을 계산하면 얼마인가?

- 당사는 종합원가계산시스템을 도입하여 원가계산을 하고 있다.
- 재료비는 공정의 초기에 전량 투입되고, 가공비는 공정의 진행에 따라서 균일하게 발생한다.
- 기초재공품 : 400개(가공비 완성도 40%)
- 당기착수분 : 5,000개
- 기말재공품 : 2,000개(가공비 완성도 50%)

① 3,000개
② 4,000개
③ 4,600개
④ 5,000개

9. 연산품원가계산에 대한 다음의 설명 중 틀린 것은?

① 결합원가의 배부방법으로는 상대적판매가치법, 순실현가치법, 물량기준법 등이 있다.
② 결합원가의 배부는 원가통제의 목적이나 투자의사결정에 영향을 미친다.
③ 결합제품 중에서 상대적으로 판매가치가 큰 제품을 주산품이라 하고, 판매가치가 작은 제품을 부산품이라고 한다.
④ 상대적판매가치법은 분리점에서 판매가치가 없는 결합제품이 있을 경우 적용할 수 없다.

10. 아래의 자료에 따라 당월의 기말제품재고액을 구하면 얼마인가?

> • 당월 기초 대비 기말재공품재고액 감소액 : 380,000원
> • 전월 기말제품재고액 : 620,000원
> • 당월 발생한 총제조원가 : 3,124,000원
> • 당월 제품매출원가 : 3,624,000원

① 120,000원 ② 260,000원
③ 500,000원 ④ 740,000원

11. 다음의 기타소득 중 과세방법이 다른 하나는?

① 뇌물, 알선수재 및 배임수재에 의하여 받는 금품
② 복권당첨소득
③ 승마 투표권의 환급금
④ 연금계좌에서 연금 외 수령한 기타소득

12. 다음은 소득세법상의 주택임대소득에 대한 설명이다. 옳지 않은 것은?

① 2개의 주택을 소유한 자가 주택을 전세로만 임대하고 받은 전세 보증금에 대해서는 소득세가 과세되지 않는다.
② 주택임대수입이 2,000만원 이하이면 분리과세를 적용한다.
③ 본인과 배우자가 세대를 달리하여 주택을 소유하여도 주택 수를 합산하지 않는다.
④ 1주택자의 기준시가 9억원을 초과하는 주택에 대한 월세임대소득은 소득세를 과세한다.

13. 부가가치세법에 따른 공통매입세액 안분계산의 배제사유에 해당하지 않는 것은?

    ① 해당 과세기간의 공통매입세액이 500만원이면서 면세공급가액 비율이 3%인 경우
    ② 해당 과세기간 중의 공통매입세액이 5만원 미만인 경우
    ③ 해당 과세기간에 신규로 사업을 시작한 사업자가 해당 과세기간에 공급한 공통사용재화인 경우
    ④ 해당 과세기간의 공통매입세액이 500만원 미만이면서 면세공급가액 비율이 5% 미만인 경우

14. 다음 중 부가가치세법상 영세율 적용 대상거래가 아닌 것은?

    ① 재화의 수출
    ② 국내사업자의 용역의 국외공급
    ③ 내국신용장에 의해서 공급하는 수출재화임가공용역
    ④ 국가·지방자치단체·지방자치단체조합이 공급하는 재화 또는 용역

15. 다음 중 부가가치세법에 따른 세금계산서 발급의무의 면제에 해당하지 않는 것은?

    ① 재화를 직접수출
    ② 미용업을 경영하는 자가 공급하는 재화나 용역
    ③ 구매확인서에 의해 수출업자에게 재화를 공급
    ④ 공급의제에 해당하는 사업상 증여

㈜삼진상사(회사코드:5295)는 제조, 도·소매 및 무역업을 영위하는 중소기업이며, 당기(10기)의 회계기간은 2022.1.1.~2022.12.31.이다. 전산세무회계 수험용 프로그램을 이용하여 다음 물음에 답하시오.

문제 1

다음 거래를 일반전표입력 메뉴에 추가 입력하시오.(15점)

[1] 6월 5일 세금계산서를 발급할 수 없는 간이과세자인 골목토스트에서 영업부직원들이 먹을 간식용 토스트를 주문하고 현금 결제를 하였으며 아래와 같은 영수증을 받았다. (3점)

상호: 골목토스트			
211-17-12346		오윤성	
서울특별시 마포구 백범로 50 TEL:730-8085			
홈페이지 http://www.kacpta.or.kr			
현금(지출증빙)			
구매일자 2022/06/05/17:06		거래번호 : 150	
상품명	단가	수량	금액
치즈토스트	2,500원	5	12,500원
햄토스트	2,000원	5	10,000원
합 계			22,500원
받은금액			22,500원

[2] 6월 10일 당사는 ㈜보영에게 대여한 단기대여금 5,000,000원을 회수불능채권으로 보아 전액 대손 처리하였다. 대손충당금 잔액을 조회하여 보충법으로 회계처리 하여라.(3점)

[3] 7월 8일 ㈜SG화재에 차량보험료 2,300,000원을 보통예금으로 지급하였다. 이 중에서 650,000원은 판매부서의 업무용 차량에 대한 것이고, 나머지는 제조부서의 차량에 대한 보험료이다. (당기비용으로 처리할 것.)(3점)

[4] 8월 20일 당사는 ㈜만길은행의 장기차입금 20,000,000원 중 19,000,000원은 보통예금에서 상환하고 잔액은 금융기관으로부터 면제 받았다.(3점)

[5] 10월 31일 ㈜동국 소유의 건물로 사무실이전을 하면서 임차보증금 15,000,000원 중 10월 1일 지급한 계약금 5,000,000원을 제외한 10,000,000원을 보통예금에서 지급하였다.(3점)

문제 2

다음 거래자료를 매입매출전표입력 메뉴에 추가로 입력하시오.(15점)

[1] 1월 2일 ㈜제일유통에 제품을 공급하고 아래와 같은 전자세금계산서를 발급하였다. 대금은 전월에 계약금으로 받은 1,000,000원을 제외한 잔액을 ㈜아임전자 발행 약속어음(만기일 1월 30일)을 배서양도 받았다.(3점)

전자세금계산서 (공급자 보관용)					승인번호	20220102-410000012-7c00mk0		
공급자	등록번호	129-86-11103	종사업장번호		공급받는자	등록번호	110-81-41568	종사업장번호	
	상호(법인명)	㈜삼진상사	성명	손경은		상호(법인명)	㈜제일유통	성명	김예찬
	사업장주소	서울 영등포구 영중로 22-5				사업장주소	서울시 금천구 가산디지털1로 104(가산동)		
	업태	도소매, 제조	종목	전자제품		업태	도소매	종목	전자제품
	이메일	ezero@daum.net				이메일	rlaenaks@daum.net		
작성일자	공급가액		세액		수정사유		비고		
2022-01-02	7,000,000원		700,000원		해당없음				
월	일	품목	규격	수량	단가	공급가액	세액	비고
1	2	의류				7,000,000원	700,000원	
합계금액		현금		수표		어음	외상미수금	이 금액을 (영수,청구)함
7,700,000원		1,000,000원				6,700,000원		

[2] 2월 12일 당사는 ㈜나간다자동차로부터 준중형승용차(1,600cc, 5인승)를 22,000,000원(부가세 포함)에 구입하고 전자세금계산서를 발급 받았다. 당사는 2월 1일 계약금으로 2,000,000원을 지급하였으며 나머지 금액은 보통예금에서 전액 지급하였다. (3점)

6부 • 기출문제

[3] 3월 5일 중국 야오밍사에 제품 5,000개를 개당 100위안에 직수출(수출신고일 : 3월 3일, 선적일 : 3월 5일)하고, 수출대금은 3월 30일에 받기로 하였다. 수출과 관련된 내용은 다음과 같다. (단, 수출신고번호는 고려하지 말 것)(3점)

일자	3월 3일	3월 5일	3월 30일
기준환율	170원/1위안	171원/1위안	169원/1위안

[4] 3월 27일 직원들의 외근에 사용하기 위해 매입세액공제가 가능한 승합차를 미국으로부터 인천세관을 통하여 수입하고, 수입전자세금계산서를 수취하였다. 부가가치세와 함께 통관수수료 300,000원을 보통예금으로 지급하였다.(부가가치세와 통관수수료에 대해서만 회계처리하기로 한다.)(3점)

품목	공급가액	부가가치세
미국산 승합차	40,000,000원	4,000,000원

[5] 7월 31일 7월 경영지원팀 직원들이 야근식사를 하고 다음과 같이 종이세금계산서를 수취하고 현금지급하였다. 제2기 부가가치세 예정신고시 해당 세금계산서를 누락하여 제2기 확정신고 기간의 부가가치세 신고서에 반영하려고 한다. 반드시 해당 세금계산서를 제2기 확정신고기간의 부가가치세 신고서에 반영시킬 수 있도록 입력·설정하시오. (3점)

세금계산서(공급받는자 보관용)

책 번 호: 권 호
일 련 번 호:

공급자
- 등록번호: 106-54-73541
- 상호(법인명): 남해식당
- 성명(대표자): 박미소
- 사업장 주소: 서울시 영등포구 영중로 22길
- 업태: 음식
- 종목: 한식

공급받는자
- 등록번호: 129-86-11103
- 상호(법인명): ㈜삼진상사
- 성명(대표자): 손경은
- 사업장 주소: 서울시 영등포구 영중로 22-5
- 업태: 제조외
- 종목: 전자제품

작성	공급가액	세액	비고
연 월 일 / 22 7 31	1,455,000	145,500	

월	일	품목	규격	수량	단가	공급가액	세액	비고
7	31	야근식대		1		1,455,000원	145,500원	

합계금액	현금	수표	어음	외상미수금	이 금액을 영수 함
1,600,500원	1,600,500원				

문제 3

부가가치세신고와 관련하여 다음 물음에 답하시오.(10점)

[1] 다음의 자료를 이용하여 2022년 제2기 예정 신고기간의 신용카드매출전표등수령명세서(갑)을 작성하시오. (3점)

- 모든 거래는 일반과세자와의 거래이다.
- 현금지출은 사업자번호를 기재한 지출증빙용 현금영수증을 수령하였다.
- 사업용신용카드는 우리카드(카드번호:1005-2001-3001-1306)를 사용한다.
- 매입매출전표입력은 생략한다.

거래일자	증빙	공급자	사업자등록번호	공급가액	부가가치세	내용
7월 25일	현금영수증	다사소	101-20-45671	45,000원	4,500원	사무실 청소용품 구매
7월 30일	사업용신용카드	별난횟집	102-20-21110	380,000원	38,000원	거래처 식사 접대 지출
8월 10일	사업용신용카드	남서울랜드	108-30-28333	150,000원	15,000원	놀이동산 입장권 (직원 야유회 목적) 구입
8월 14일	사업용신용카드	강남돼지집	109-60-22227	250,000원	25,000원	영업팀 회식비 지출
9월 5일	사업용신용카드	오일뱅크	110-40-13133	70,000원	7,000원	업무용자동차 (2,000cc, 5인승 승용차) 주유비 결제

[2] 다음의 자료에 의하여 제조업을 영위하는 ㈜삼진상사의 2022년 제1기 부가가치세 확정신고기간(4.1.~6.30.)의 부가가치세 신고서를 작성하시오. (단, 부가가치세 신고서 이외의 부속서류의 작성은 생략하고, 기존에 입력된 자료는 무시할 것) (7점)

1. 매출내역
   (1) 제품매출에 대한 전자세금계산서 발급 : 200,000,000원(VAT 별도)
   (2) 제품매출에 대한 신용카드매출전표의 발행 : 27,500,000원(VAT 포함)
   (3) 미국으로의 제품 직수출에 따른 매출 : 20,000,000원
2. 매입내역
   (1) 전자세금계산서 수취분 일반매입 : 공급가액 120,000,000원, VAT 12,000,000원
      1) 일반매입 중 공급가액 10,000,000원(부가세 별도)은 사업과 직접 관련 없는 지출임.
      2) 일반매입 중 1,000,000원(VAT 별도)의 전자세금계산서는 그 공급시기(4.30.)이후인 확정신고기한(7.25.)까지 수취한 내역임.
   (2) 전자세금계산서 수취분 고정자산매입 : 공급가액 20,000,000원, VAT 2,000,000원
3. 기타내역
   (1) ㈜삼진상사는 부가가치세 신고시 홈택스로 전자신고를 하였다.

6부 · 기출문제

문제 4

다음 결산자료를 입력하여 결산을 완료하시오.(15점)

[1] 당사가 보유한 유가증권(단기매매증권)의 내역은 다음과 같다. 제시된 자료 이외의 다른 유가증권은 없고, 당기 중에 처분은 없었다고 가정한다.(당사는 일반기업회계기준에 근거하여 회계처리한다.)(3점)

- 취득금액 : 5,000,000원
- 2021년 12월 31일 공정가치 : 7,000,000원
- 2022년 12월 31일 공정가치 : 9,500,000원

[2] 금강상사에 자금을 대여하면서 장부에 계상한 이자수익 중 230,000원은 차기에 해당하는 금액이다.(거래처 입력은 생략하고, 음수로 회계처리하지 않는다.)(3점)

[3] 2022년 10월 1일 미국의 CVS사로부터 $100,000를 2년 후 상환하는 조건으로 차입하였다. 환율정보가 다음과 같을 때 결산분개를 하시오.(단, 외화장기차입금으로 회계처리하고 거래처코드를 기재하기로 한다.)(3점)

2022년 10월 1일	2022년 12월 31일
₩ 1,100 = $1	₩ 1,050 = $1

[4] 다음의 유형자산에 대한 감가상각 내역을 결산에 반영하시오.(3점)

계정과목	당기 감가상각비	사용부서
차량운반구	2,000,000원	영업부
공구와기구	600,000원	공장 제품생산
기계장치	12,000,000원	공장 제품생산

[5] 당기(2022년)의 이익잉여금 처분은 다음과 같이 결의되었다. 이익잉여금처분계산서를 작성하시오. (3점)

· 당기처분 예정일 : 2023년 3월 15일	· 전기처분 확정일 : 2022년 2월 28일
· 보통주 현금배당 : 20,000,000원	· 보통주 주식배당 : 20,000,000원
· 이익준비금 : 현금배당액의 10%	· 사업확장적립금 : 5,000,000원

문제 5

2022년 귀속 원천징수자료와 관련하여 다음의 물음에 답하시오.(15점)

[1] 다음 자료를 이용하여 당사의 생산직 근로자인 이희만(사번 : 101)의 5월분 [급여자료입력]과 [원천징수이행상황신고서]를 작성하시오.(단, 전월미환급세액은 230,000원이며, 급여지급일은 매월 말일이다. 소득세 감면율은 무시한다.)(5점)

※ 수당등록 및 공제항목은 불러온 자료는 무시하고 아래 자료에 따라 입력하며, 사용하는 수당 이외의 항목은 "부"로 체크하기로 한다.
※ 원천징수이행상황신고서는 매월 작성하며, 이희만씨의 급여내역만 반영하고 환급신청은 하지 않기로 한다.

5월 급여내역

이름	이희만	지급일	5월 31일
기본급	1,800,000원	소득세	17,180원
식대	100,000원	지방소득세	1,710원
자가운전보조금	200,000원	국민연금	85,500원
야간근로수당	200,000원	건강보험	59,280원
		장기요양보험	6,820원
		고용보험	15,200원
		공제합계	185,690원
급여합계	2,300,000원	지급총액	2,114,310원

(1) 식대 : 당 회사는 현물 식사를 별도로 제공하고 있다.
(2) 자가운전보조금 : 당사는 본인 명의의 차량을 업무목적으로 사용한 직원에게만 자가운전보조금을 지급하고 있으며, 실제 발생된 교통비를 별도로 지급하지 않는다.
(3) 야간근로수당 : 올해 들어 5월부터 업무시간외 추가로 근무를 하는 경우 야근수당을 지급하고 있으며, 생산직근로자가 받는 시간외근무수당으로서 비과세요건을 충족하고 있다.

[2] 이남동(사번:508) 사원의 2022년 귀속 연말정산과 관련된 자료는 다음과 같다. 자료를 이용하여 연말정산추가자료입력 메뉴의 [부양가족]탭을 수정하고, [월세,주택임차], [연말정산입력]탭을 작성하시오.(10점)

[보장성보험료 내역]
· 이송도 장애인전용 보장성보험료 : 1,300,000원
· 이미도 보장성 보험료 : 600,000원

[교육비 내역]
· 김강화 평생교육시설 교육비 : 2,400,000원
· 이준 초등학교 현장체험학습비 : 800,000원
· 이미도 유치원 급식비 : 2,600,000원

[의료비 내역]
· 최연수 질병 치료비 : 600,000원
· 김강화 의료기기 구입비 : 2,750,000원(의사 처방에 따른 구입)
· 이송도 건강증진용 의약품 : 1,100,000원

[기부금 내역]
· 이준 불우이웃돕기성금 : 200,000원

[신용카드 등 사용내역]
· 이남동 신용카드 사용액 : 19,500,000원(전통시장/대중교통/도서 등 사용분 없음)
· 최연수 신용카드 사용액 : 6,180,000원(전통시장/대중교통/도서 등 사용분 없음)

[월세 내역]
· 소재지 : 서울특별시 영등포구 영신로 11길 3

임대인	주민등록번호	임대기간	면적	유형	2022년분 지급액
서장미	631218-2345678	2022.11.1.~2023.10.31.	106㎡	다세대 주택 (기준시가 2억)	1,000,000원

[가족사항]

관계	성명	연령	소득	비고
본인	이남동	37	총급여 3,000만원	세대주
배우자	최연수	35	양도소득금액 120만원	
장모	김강화	65	기타소득금액 100만원	
동생	이송도	34	일용근로소득 600만원	장애인(국가유공 상이자)
딸	이준	9	소득없음	
아들	이미도	6	소득없음	

- 근로자 본인의 세부담이 최소화 되도록 하고, 언급된 가족들은 모두 동거하며 생계를 같이 한다.
- 가족 구성원 모두는 주택을 소유하고 있지 않고, 제시된 자료 외의 다른 소득은 없다고 가정한다.
- 월세세액공제 요건은 충족한다.
- 이송도는 국가유공자등 예우 및 지원에 관한 법률에 의한 상이자이다.

해답 및 해설

95회 기출문제

이론시험

1 ②	2 ②	3 ③	4 ②	5 ①	6 ④	7 ②	8 ④	9 ②	10 ③
11 ①	12 ③	13 ①	14 ④	15 ③					

[1] ② 재무제표의 기본가정에는 기업실체의 가정, 계속기업의 가정, 기간별 보고의 가정이 있다.
[2] ② 창고재고액 2,000,000원 + 미착상품 150,000원 + 시송품 300,000원 + 적송품 100,000원
    = 2,550,000원
[3] ③ 단기매매증권이 시장성을 상실한 경우에는 매도가능증권으로 분류한다.
[4] ② 토지 취득과 관련하여 취득세가 발생하면 이는 토지의 취득원가로 처리한다.
[5] ① 위탁판매는 수탁자가 위탁품을 판매하는 시점에 수익을 인식한다.
[6] ④ 여러 대안 사이에 차이가 나는 원가로서 의사결정에 직접적으로 관련되는 원가
[7] ② 단계배부법을 사용하는 경우에는 가장 먼저 배부되는 보조부문 원가는 다른 보조부문에 배부된다.
[8] ④ · 기초재공품 완성품환산량 : 400개 × 0% = 0개
    · 당기착수분 완성품환산량 : 3,000개 × 100% = 3,000개
    · 기말재공품 완성품환산량 : 2,000개 × 100% = 2,000개
    따라서 완성품환산량은 5,000개이다.
[9] ② 모두정답
[10] ③ 당월 제품제조원가 : 3,124,000원 + 380,000원 = 3,504,000원
    당월 기말제품재고 : 기초제품재고(620,000원) + 제품제조원가(3,504,000원) − 제품매출원가
    (3,624,000원) = 500,000원
[11] ① 뇌물, 알선수재 및 배임수재에 의한 금품은 무조건 종합과세대상이며, 나머지는 무조건 분리과세 대상이다.
[12] ③ 본인과 배우자가 세대를 달리하여 주택을 소유하여도 주택 수를 합산한다.
[13] ① 해당 과세기간의 총공급가액 중 면세공급가액이 5% 미만인 경우는 안분계산을 배제한다. 다만, 공통매입세액이 500만원이상인 경우는 제외한다.
[14] ④ 국가·지방자치단체·지방자치단체조합이 공급하는 재화 또는 용역은 면세대상에 해당한다.
[15] ③ 내국신용장·구매확인서에 의해 공급하는 재화는 세금계산서 발급대상에 해당한다.

6부 • 기출문제

실무시험

문제 1.

[1] 6월 5일 일반전표 입력
(차) 복리후생비(판)   22,500원   (대) 현금   22,500원

[2] 6월 10일 일반전표 입력
(차) 대손충당금(115)   3,000,000원   (대) 단기대여금 (㈜보영)   5,000,000원
    기타의대손상각비   2,000,000원

[3] 7월 8일 일반전표 입력
(차) 보험료(판)   650,000원   (대) 보통예금   2,300,000원
    보험료(제)   1,650,000원

[4] 8월 20일 일반전표 입력
(차) 장기차입금(㈜만길은행) 20,000,000원   (대) 보통예금   19,000,000원
                                              채무면제이익   1,000,000원

[5] 10월 31일 일반전표 입력
(차) 임차보증금(㈜동국)   15,000,000원   (대) 선급금 (㈜동국)   5,000,000원
                                              보통예금   10,000,000원

문제 2.

[1] 1월 2일 매입매출전표 입력
유형: 11.과세, 공급가액: 7,000,000원, 부가세: 700,000원 공급처명:㈜제일유통, 전자:여, 분개:혼합
(차) 선수금(㈜제일유통)   1,000,000원   (대) 제품매출   7,000,000원
    받을어음(㈜아임전자)   6,700,000원   부가세예수금   700,000원

[2] 2월 12일 매입매출전표 입력
유형:54.불공(불공제사유 3), 공급가액:20,000,000원, 부가세:2,000,000원, 공급처명:㈜나간다자동차, 전자:여, 분개:혼합
(차) 차량운반구   22,000,000원   (대) 선급금(㈜나간다자동차) 2,000,000원
                                              보통예금   20,000,000원

[3] 3월 5일 매입매출전표 입력
유형:16. 수출, 공급가액:85,500,000원, 부가세:0원, 공급처명: 야오밍사, 영세율구분:1(직접수출), 분개:혼합 또는 외상
(차) 외상매출금   85,500,000원   (대) 제품매출   85,500,000원

[4] 3월 27일 매입매출전표 입력
유형:55.수입, 공급가액:40,000,000원, 부가세:4,000,000원, 공급처명:인천세관, 전자:여, 분개:혼합
(차) 부가세대급금   4,000,000원   (대) 보통예금   4,300,000원
    차량운반구   300,000원

해답 및 해설

[5] 7월 31일 매입매출전표 입력
유형:51.과세, 공급가액:1,455,000원, 부가세:145,500원, 공급처명:남해식당, 전자:부, 분개:혼합 또는 출금
F11 → 예정누락분 → 확정신고 개시연월 2022년 10월 입력 → 확인(Tab)

(차) 복리후생비(판)		1,455,000원	(대) 현금	1,600,500원
부가세대급금		145,500원		

문제 3.

[1]

- 접대비, 비영업용 소형 승용자동차의 구입 및 유지비용 등 매입세액이 공제되지 않는 것은 입력하지 않는다.
- 일반과세자라 하더라도 입장권 발행을 영위하는 사업은 매입세액공제를 받을 수 없다.

6부 · 기출문제

[2]

공급시기(04.30.)이후에 공급시기가 속하는 과세기간에 대한 확정신고기한(07.25.)까지 발급받은 세금계산서의 경우 매입세액공제는 가능하나, 해당 공급가액의 0.5%만큼 지연수취 가산세가 발생한다.
(부가가치세법 제60조 제7항, 부가가치세법 시행령 제108조, 제75조 3호)

문제 4.

[1] 12월 31일 일반전표입력
(차) 단기매매증권   2,500,000원   (대) 단기매매증권평가이익   2,500,000원

[2] 12월 31일 일반전표 입력
(차) 이자수익   230,000원   (대) 선수수익   230,000원

[3] 12월 31일 일반전표입력
(차) 외화장기차입금(CVS사)   5,000,000원   (대) 외화환산이익   5,000,000원

해답 및 해설

[4] 다음 ①, ② 중 선택하여 입력
　① 결산자료 입력에 아래의 감가상각비 금액 입력
　② 12월 31일 일반전표입력

(차) 감가상각비(판)　　　　　　　　　　2,000,000원　(대) 감가상각누계액(209)　　2,000,000원
　　 감가상각비(제)　　　　　　　　　　12,600,000원　　　 감가상각누계액(211)　　　600,000원
　　　　　　　　　　　　　　　　　　　　　　　　　　　　　 감가상각누계액(207)　12,000,000원

[5] 이익잉여금처분계산서에서 다음과 같이 입력 후, F6 전표추가한다.

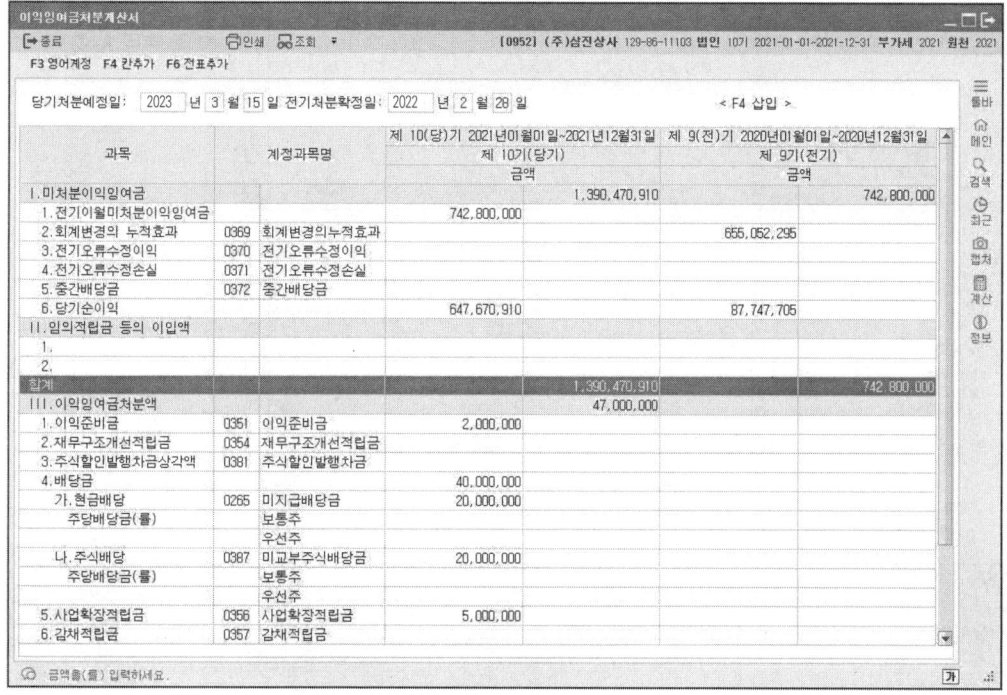

6부 · 기출문제

문제 5.
[1]
1. 수당등록 – 식대 : 과세, 야간근로수당 : 비과세

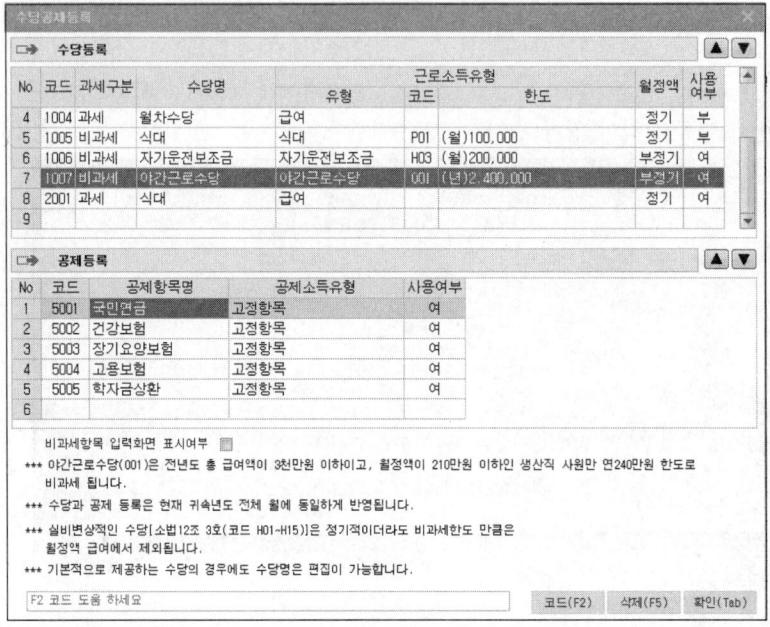

2. 급여자료입력

해답 및 해설

3. 원천징수이행상황신고서

		코드	소득지급		징수세액			당월조정 환급세액	납부세액	
			인원	총지급액	소득세 등	농어촌특별세	가산세		소득세 등	농어촌특별세
개인 거주자 비거주자	근로소득	간이세액 A01	1	2,100,000	17,180					
		중도퇴사 A02								
		일용근로 A03								
		연말정산 A04								
		(분납신청) A05								
		(납부금액) A06								
		가 감 계 A10	1	2,100,000	17,180			17,180		
	퇴직소득	연금계좌 A21								
		그 외 A22								
		가 감 계 A20								
	사업소득	매월징수 A25								
		연말정산 A26								
		가 감 계 A30								
	기타	연금계좌 A41								
		종교인매월 A43								
		종교인연말 A44								

전월 미환급 세액의 계산				당월 발생 환급세액				18.조정대상환급(14+15+16+17)	19.당월조정환급세액계	20.차월이월환급세액	21.환급신청액
12.전월미환급	13.기환급	14.차감(12-13)	15.일반환급	16.신탁재산	금융회사 등	합병 등					
230,000		230,000						230,000	17,180	212,820	

[2]

연말관계	성명	내/외국인	주민(외국인)번호	나이	기본공제	세대주 구분	부녀자	한부모	경로우대	장애인	자녀	출산입양
0	이남동	내	1 840719-1765433	37	본인	세대주						
2	김강화	내	1 560313-2153951	65	60세이상							
3	최연수	내	1 861218-2345677	35	부							
4	이준	내	1 120917-3456781	9	20세이하						○	
4	이미도	내	1 150624-4019389	6	20세이하							
6	이송도	내	1 870906-1467820	34	장애인					2		

최연수는 소득금액이 100만원을 초과해서 기본공제대상에서 제외

1 월세액 세액공제 명세									크게보기
임대인명 (상호)	주민등록번호 (사업자번호)	유형	계약 면적(㎡)	임대차계약서 상 주소지	계약서상 임대차 계약기간		연간 월세액	공제대상금액	
					개시일	종료일			
서장미	631218-2345678	다세대주택	106.00	서울시 영등포구 영신로 11길	2022-11-01	2023-10-31	1,000,000	1,000,000	

60.보장성보험	일반	600,000
	장애인	1,300,000

의료비지급명세서													
					(2022)년 의료비 지급명세								14.산후조리원 해당여부 (7천만원이하)
	의료비 공제대상자				지급처				지급명세				
성명	내/외	5.주민등록번호	6.본인등해당여부	8.상호	7.사업자등록번호	9.의료증빙코드	10.건수	11.금액	11-1.실손의료보험금	12.난임시술비 해당여부	13.미숙아 해당여부		
최연수	내	871111-2111111	3	X		국세청장		600,000		X		X	
김강화	내	571111-2111111	2	0		국세청장		2,750,000		X	X	X	

641

6부 • 기출문제

교육비			
구분	지출액	공제대상금액	공제금액
취학전아동(1인당 300만원)	2,600,000	2,900,000	435,000
초중고(1인당 300만원)	300,000		
대학생(1인당 900만원)			
본인(전액)			
장애인 특수교육비			

건강증진을 위한 의약품 구입은 의료비 공제대상에서 제외한다.

직계존속을 위해 지출한 교육비는 공제대상에서 제외되고, 현장학습비 공제대상금액의 한도는 30만원이다.

기부금			
구분	지출액	공제대상금액	공제금액
정치자금 기부금(10만원 이하분)			
정치자금 기부금(10만원 초과분)			
법정이월(2013년)			
법정이월(2014년)			
법정이월(2015년)			
법정이월(2016년)			
법정이월(2017년)			
법정이월(2018년)			
법정이월(2019년)			
법정이월(2020년)			
법정당해기부금			
우리사주조합기부금			
종교단체외이월(2013년이전)			
종교단체이월(2013년이전)			
종교단체외이월(2014년)			
종교단체외이월(2015년)			
종교단체외이월(2016년)			
종교단체외이월(2017년)			
종교단체외이월(2018년)			
종교단체외이월(2019년)			
종교단체외이월(2020년)			
종교단체외 당해기부금	200,000		
종교단체이월(2014년)			
종교단체이월(2015년)			
종교단체이월(2016년)			
종교단체이월(2017년)			
종교단체이월(2018년)			
종교단체이월(2019년)			
종교단체이월(2020년)			
종교단체 당해기부금			

확인(Esc)

법정기부금도 정답으로 인정

해답 및 해설

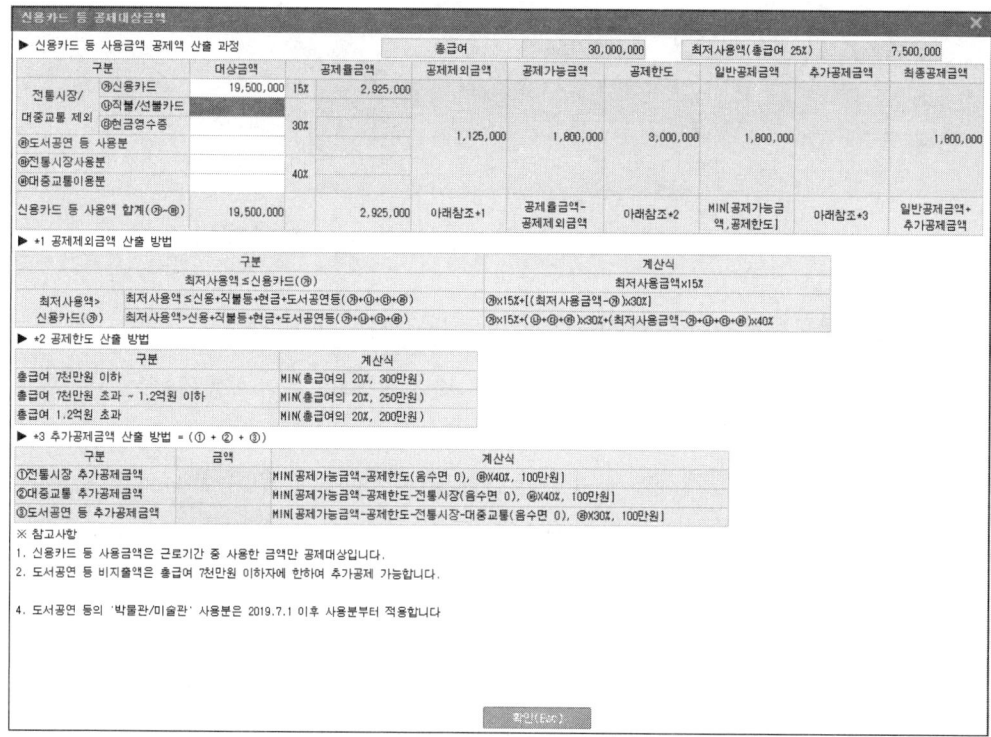

최연수는 소득금액이 기준을 초과하여 신용카드 등에 대한 공제대상에서 제외된다.

6부 · 기출문제

제96회 기출문제

(제한시간 : 90분, 난이도 : 합격률 39.66%)

1. 다음 중 재무회계에 관한 설명으로 적절하지 않은 것은?

   ① 재무제표에는 재무상태표, 손익계산서, 자본변동표, 현금흐름표, 주석이 있다.
   ② 자산과 부채는 원칙적으로 상계하여 표시하지 않는다.
   ③ 기업의 외부이해관계자에게 유용한 정보를 제공하는 것을 주된 목적으로 한다.
   ④ 특정 기간의 경영성과를 나타내는 보고서는 재무상태표이다.

2. 다음 중 재고자산에 대한 설명으로 틀린 것은?

   ① 재고자산이란 정상적인 영업과정에서 판매를 목적으로 하는 자산을 말한다.
   ② 재고자산의 수량을 결정하는 방법에는 계속기록법, 실지재고조사법, 혼합법이 있다.
   ③ 재고자산의 단가결정방법에는 개별법, 선입선출법, 후입선출법, 가중평균법이 있다.
   ④ 가중평균법 적용시 계속기록법을 적용한 평균법을 총평균법이라 하고, 실지재고조사법을 적용한 평균법을 이동평균법이라 한다.

3. 회계변경에 대한 다음의 설명 중 틀린 것은?

   ① 매출채권의 대손추정률을 변경하는 것은 회계추정의 변경에 해당한다.
   ② 회계정책의 변경과 회계추정의 변경이 동시에 이루어지는 경우는 회계정책의 변경에 의한 누적효과를 먼저 적용한다.
   ③ 회계정책의 변경과 회계추정의 변경을 구분하기가 불가능한 경우에는 이를 회계정책의 변경으로 본다.
   ④ 이익조정을 주된 목적으로 한 회계변경은 정당한 회계변경으로 보지 아니한다.

4. 다음 중 자본에 대한 설명으로 틀린 것은?

① 자본은 자본금, 자본잉여금, 자본조정, 기타포괄손익누계액, 이익잉여금으로 구성된다.
② 이익준비금은 자본잉여금에 속한다.
③ 자기주식처분손실은 자본조정에 속한다.
④ 주식배당이 진행되어도 자본총계에는 변화가 없다.

5. 다음 자료는 시장성 있는 유가증권에 관련된 내용이다. 이 유가증권을 단기매매증권으로 분류하는 경우와 매도가능증권으로 분류하는 경우 20×2년 당기손익의 차이는 얼마인가?

   · 20×1년 7월 1일 A회사 주식 1,000주를 주당 6,000원에 매입하였다.
   · 20×1년 기말 A회사 주식의 공정가치는 주당 7,000원이다.
   · 20×2년 6월 30일 A회사 주식 전부를 주당 7,500원에 처분하였다.

   ① 차이없음   ② 500,000원   ③ 1,000,000원   ④ 1,500,000원

6. 다음 중 공손에 대한 설명으로 틀린 것은?

① 공손은 작업공정에서 발생한 불합격품을 의미한다.
② 공손은 정상공손과 비정상공손으로 구분할 수 있다.
③ 정상공손과 비정상공손은 제조원가에 포함시킨다.
④ 정상공손은 원가성이 있다.

7. 다음의 자료는 ㈜블루오션의 선박제조와 관련하여 발생한 원가자료이다. 유람선B의 당기 총제조원가는 얼마인가?(당기 제조간접비 발생액은 250,000원이며, 회사는 직접노무비를 기준으로 제조간접비를 배부하고 있다.)

구분	유람선A	유람선B	합계
직접재료비	400,000원	600,000원	1,000,000원
직접노무비	300,000원	200,000원	500,000원

① 900,000원   ② 950,000원   ③ 1,000,000원   ④ 1,050,000원

8. 다음의 그래프가 나타내는 원가에 대한 설명으로 틀린 것은?

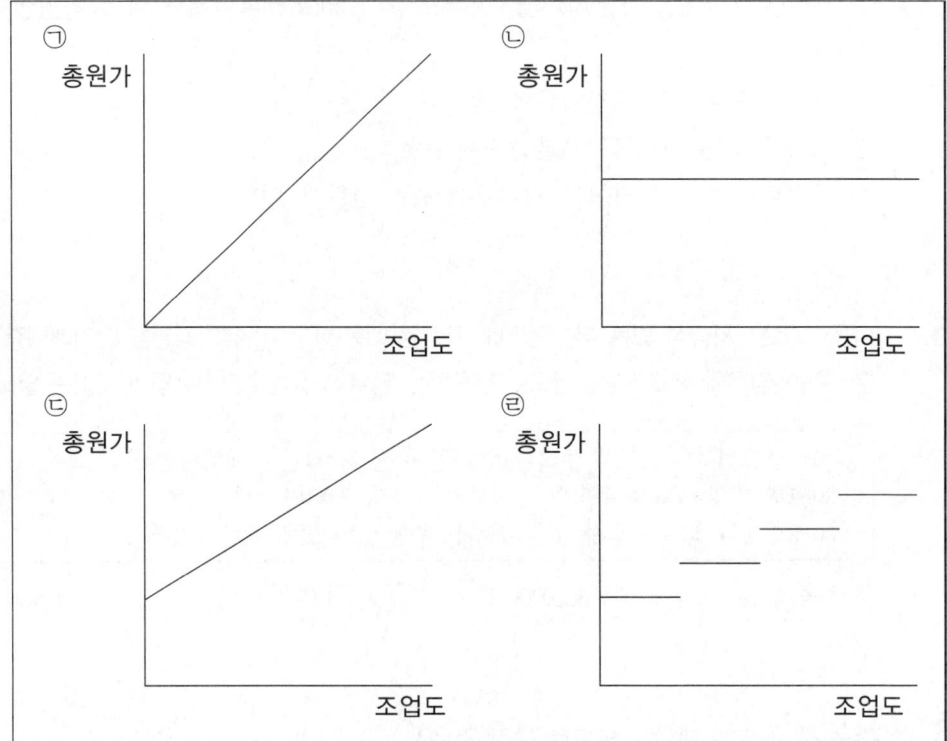

① ㉠은 조업도의 변동에 따라 원가총액이 비례적으로 변화하는 변동비에 대한 그래프이다.
② ㉡은 단위당 원가가 일정한 고정비에 대한 그래프이다.
③ ㉢은 변동원가와 고정원가가 혼합된 준변동원가에 대한 그래프이다.
④ ㉣은 일정한 범위의 조업도 내에서는 일정한 금액이 발생하지만 그 범위를 벗어나면 원가발생액이 달라지는 준고정비를 나타낸다.

9. 제조간접비 예정배부율은 직접노동시간당 1,000원이다. 실제 직접노동시간이 1,000시간 발생했을 때 제조간접비 배부 차이가 100,000원 과대 배부인 경우 제조간접비 실제 발생액은 얼마인가?

① 900,000원
② 1,000,000원
③ 1,100,000원
④ 1,200,000원

제96회 · 기출문제

10. 수선부문과 동력부문에 각각 600,000원, 630,000원의 부문원가가 집계되어 있을 경우 아래의 자료를 바탕으로 성형부문에 배부될 원가는 얼마인가?(직접원가배부법을 사용하는 것으로 가정한다.)

구분	제조부문		보조부문		합계
	성형	조립	수선	동력	
수선	800시간	400시간	–	600시간	1,800시간
동력	9,100KW	3,500KW	7,000KW	–	19,600KW

① 820,000원　　　　　　　　② 840,000원
③ 855,000원　　　　　　　　④ 875,000원

11. 다음 중 부가가치세 과세표준에 포함하는 항목이 아닌 것은?

① 재화의 수입에 대한 관세, 개별소비세, 주세, 교육세, 농어촌특별세 상당액
② 할부판매, 장기할부판매의 경우 이자 상당액
③ 공급대가의 지급 지연으로 인하여 지급받는 연체이자
④ 대가의 일부로 받은 운송보험료, 산재보험료

12. 다음 중 비과세 근로소득의 설명이다. 가장 틀린 것은?

① 자가운전보조금 – 월 20만원 이하의 금액
② 근로자가 제공받는 식대 – 식사를 제공받지 않으며 월 10만원 이하의 금액
③ 출산·보육수당 – 월 20만원 이하의 금액
④ 직무발명보상금 – 연 500만원 이하의 금액

13. 다음 재화의 간주공급 중 세금계산서의 발급이 가능한 경우는 어느 것인가?

① 직매장(타사업장)반출　　　② 개인적공급
③ 사업상증여　　　　　　　　④ 폐업시 잔존재화

14. 소득세법에 따른 사업소득 필요경비에 해당하지 않는 것은?

① 해당 사업에 직접 종사하고 있는 사업자의 배우자 급여
② 판매한 상품 또는 제품의 보관료, 포장비, 운반비
③ 운행기록을 작성비치한 업무용승용차 관련비용 중 업무사용비율에 해당하는 금액(복식부기의무자)
④ 새마을금고에 지출한 기부금

15. 부가가치세법에 따른 수정세금계산서에 대한 다음의 설명 중 옳은 것은?

① 수정세금계산서는 반드시 전자로 발급하여야 한다.
② 과세표준 또는 세액을 경정할 것을 미리 알고 있는 경우는 적법한 수정세금계산서의 발급사유에 해당하지 않는다.
③ 계약의 해제로 인한 발급의 경우 그 작성일은 처음 세금계산서 작성일로 한다.
④ 일반과세자에서 간이과세자로 과세유형이 전환되기 전에 공급한 재화 또는 용역에 수정발급 사유가 발생하는 경우의 작성일은 그 사유가 발생한 날을 작성일로 한다.

㈜평화전자(회사코드:5296)는 제조, 도·소매 및 무역업을 영위하는 중소기업이며, 당기(제8기)의 회계기간은 2022.1.1.~2022.12.31.이다. 전산세무회계 수험용 프로그램을 이용하여 다음 물음에 답하시오.

문제 1

다음 거래를 일반전표입력 메뉴에 추가 입력하시오.(15점)

[1] 8월 31일 당사의 법인세중간예납세액(자산으로 처리) 5,000,000원을 보통예금에서 이체하였다.(3점)

[2] 9월 3일 미국의 바이든은행으로부터 금년 2월 10일 차입한 단기차입금 $20,000를 보통예금에서 달러로 환전하여 상환하였다. 상환당시 환율은 1$당 1,100원이었고, 차입당시 환율은 1$당 1,200원이었다. 환전수수료등 기타 비용은 없었다.(3점)

[3] 9월 30일 9월분 직원급여가 아래와 같을 경우 이에 대한 회계처리를 하시오. 당사의 급여지급일은 매월 말일이며, 보통예금에서 지급하였다.(계정과목은 급여와 임금을 사용하여 분개하기로 하며, 하나의 전표로 처리할 것)(3점)

【9월 급여대장】
(단위:원)

부서	성명	지급내용		공제내용						차감수령액
		기본급	직책수당	소득세	지방소득세	고용보험	국민연금	건강보험	공제계	
영업	박홍민	2,400,000	100,000	41,630	4,160	16,800	94,500	77,200	234,290	2,265,710
생산	차희찬	2,300,000	-	29,160	2,910	16,000	90,000	73,530	211,600	2,088,400
합계		4,700,000	100,000	70,790	7,070	32,800	184,500	150,730	445,890	4,354,110

[4] 11월 2일 액면가액 30,000,000원인 3년 만기의 사채를 32,000,000원에 발행하였으며, 대금은 보통예금으로 입금되었다.(3점)

[5] 12월 8일 출장중인 영업부 직원들이 법인신용카드로 까페마음에서 ICE아메리카노를 주문하고 다음의 신용카드매출전표(나라카드)를 제출하였다. 거래일 현재 까페마음은 세금계산서를 발급할 수 없는 간이과세자이고, 여비교통비로 처리하시오.(3점)

```
까페 마음
123-45-67891   TEL: 031-646-1858      서달미
경기도 안산시 단원구 광덕대로 894
2022-12-08  14:21  POS:03     BILL:000057
------------------------------------------
품명            단가         수량          금액
------------------------------------------
ICE아메리카노   3,000원       3          9,000원
소계                                     9,000원
------------------------------------------
청구금액                                 9,000원
받은금액                                 9,000원
거스름액                                     0원
------------------------------------------
신용카드                                9,000원
------------------------------------------
신용카드 매출전표  [고 객 용]
[카 드 번 호] 8945-****-****-8977
[할 부 개 월] 일시불
[카 드 사 명] 나라카드
[가 맹 번 호] 00856468
[승 인 번 호] 07977897
------------------------------------------
```

문제 2

다음 거래자료를 매입매출전표입력 메뉴에 추가로 입력하시오.(15점)

[1] 5월 11일 당사는 ㈜전자랜드로부터 업무용 컴퓨터를 1,100,000원(부가가치세 포함)에 현금으로 구입하고 현금영수증(지출증빙용)을 수취하였다.(단, 자산으로 처리한다.)(3점)

```
              ㈜전자랜드
      128-85-46204              박정민
서울특별시 구로구 구로동 2727 TEL: 02-117-2727
홈페이지 http://www.kacpta.or.kr
              현금(지출증빙)
구매 2022/05/11/17:27  거래번호 : 0031-0027
   제품명      수량     단가          금액
   컴퓨터       1    1,100,000원   1,100,000원

              공급가액            1,000,000원
              부가가치세             100,000원
   합   계                       1,100,000원
   받은금액                      1,100,000원
```

[2] 7월 16일 당사의 영업부서에서 출장용 차량(배기량 1,000cc 미만의 경차)의 연료가 부족하여 ㈜가득주유소에서 휘발유(공급가액 30,000원, 세액 3,000원)를 넣고 법인명의의 국민카드로 결제하였다.(3점)

[3] 8월 11일 거래처 ㈜오대양에 제품을 매출하고, 아래와 같이 전자세금계산서를 발급하였다. 이에 대한 회계처리를 하시오.(전자세금계산서는 적법하게 발급된 것으로 가정한다.)(3점)

전자세금계산서(공급자 보관용)							승인번호	20220811-111-11111	
공급자	사업자등록번호	214-81-07770				공급받는자	사업자등록번호	213-81-52063	
	상호	㈜평화전자	성 명(대표자)	정수영			상호	㈜오대양	성 명(대표자)	정우영
	사업장주소	경기도 성남시 분당구 삼평동 651					사업장 주소	인천광역시 연수구	
	업태/종목	제조 및 도소매업	전자제품				업태/종목 종목	도소매업	전자제품
	이메일								
비고						수정사유			
작성일자	2022. 8. 11.				공급가액	6,800,000원	세액	680,000원	
월	일	품 목	규 격	수 량	단 가	공 급 가 액	세 액	비 고	
8	11	전자제품		2,000	3,400원	6,800,000원	680,000원		
합 계 금 액	현 금	수 표	어 음	외 상 미 수 금	이 금액을 청구함				
7,480,000원	3,000,000원			4,480,000원					

[4] 8월 16일 사업자가 아닌 한지평씨에게 제품을 판매하였는데 대금 880,000원(부가가치세 포함)이 당일 보통예금계좌에 입금되었다. (단, 세금계산서나 현금영수증은 발행하지 아니하였다.)(3점)

[5] 9월 5일 태풍으로 인해 손상된 공장건물을 수선하고, ㈜다고쳐로부터 아래와 같은 내용의 전자세금계산서를 발급받았다. 대금 중 10,000,000원은 ㈜다고쳐에 대한 외상매출금과 상계하기로 하였고, 나머지는 다음 달 말일에 지급하기로 하였다. 단, 세금계산서 품목은 복수거래로 입력할 것(3점)

품명	공급가액	부가세	비고
증축공사	35,000,000원	3,500,000원	자본적 지출
도색공사	2,000,000원	200,000원	수익적 지출
합 계	37,000,000원	3,700,000원	

문제 3

부가가치세신고와 관련하여 다음 물음에 답하시오.(10점)

[1] 다음 자료를 이용하여 당사의 2022년 1기 부가가치세 확정신고시 대손세액공제신고서를 작성하시오.(3점)

1. 2020년 7월 27일 당사에서 사용하던 비품(냉난방기)을 신라상사에 3,300,000원(공급대가)에 대한 세금계산서를 발급하고 외상으로 판매하였다. 2022년 6월 1일 현재 신라상사의 대표자가 실종되어 비품(냉난방기) 대금을 회수할 수 없음이 객관적으로 확인되었다.

2. 2019년 3월 15일 ㈜민교전자에 제품을 판매한 매출채권 11,000,000원(공급대가)을 받기 위해 법률상 회수 노력을 하였으나 회수하지 못하고 2022년 3월 15일자로 상기 매출채권의 소멸시효가 완성 되었다.

3. 2022년 1월 9일 ㈜순호상사에 판매하고 받은 약속어음 22,000,000원(부가가치세 포함)이 2022년 6월 11일 최종 부도 처리되었다.

4. 2021년 7월 채무자의 파산을 근거로 하여 대손세액공제를 받았던 ㈜경건상사에 대한 매출채권 77,000,000원(부가가치세 포함) 중 23,100,000원(부가가치세 포함)을 2022년 5월 31일 보통예금 통장으로 수령하였다. 당사는 해당 채권액에 대하여 2021년 제2기 부가가치세 확정신고시 대손세액공제를 적용받았다. (대손사유는 "7. 대손채권 일부회수"로 직접입력)

[2] 다음은 2022년 제2기 부가가치세 확정신고와 관련된 자료이다. 이를 반영하여 부가가치세 제2기 확정신고서(2022.10.1.~2022.12.31.)를 작성하시오.(제시된 자료만 있는 것으로 가정하고, 아래의 내용 중에서 예정신고누락분은 전표입력하고, 가산세를 반영할 것.)(7점)

구분		공급가액	부가가치세
매출내역	전자 세금계산서 발급	350,000,000원	35,000,000원
	종이 세금계산서 발급	25,000,000원	2,500,000원
	합계	375,000,000원	37,500,000원
매입내역	전자 세금계산서 수취(일반매입)	290,000,000원	29,000,000원
	법인카드 사용(일반매입)	21,000,000원	2,100,000원
	합계	311,000,000원	31,100,000원
추가로 고려할 사항	[매출] - 9월 25일 비사업자 김대웅씨에게 제품을 현금으로 매출하고 발급한 현금영수증 4,070,000원(부가가치세 포함) 누락분 반영 [매입] - 9월 16일 ㈜샘물에게 원재료를 현금으로 매입하면서 수취한 종이 세금계산서 1,700,000원(부가가치세 별도) 누락분 반영 [기타] • 위의 예정신고 누락분은 매입매출전표에 입력(분개포함) 후 불러오고, 나머지는 입력된 자료는 무시하고, 제시된 자료를 직접 입력하시오. • 법인카드 사용액은 모두 매입세액공제 요건을 충족하였다. • 부가가치세 2기 예정신고일로부터 3개월 이내인 2023년 1월 23일에 2기 확정신고 하는 것으로 가정하고, 납부지연가산세 미납일수는 90일로 한다.		

문제 4

다음 결산자료를 입력하여 결산을 완료하시오.(15점)

[1] 공장에서 사용 중인 트럭에 대한 자동차보험료(2022.10.01~2023.09.30) 3,600,000원을 10월 1일 지급하고 전액 선급비용으로 처리하였다.(보험료의 기간배분은 월할계산으로 하며, 회계처리시 음수로 입력하지 않는다.)(3점)

[2] 다른 자료는 무시하고, 다음 자료를 이용하여, 제2기 확정 부가가치세 신고기간의 부가가치세 예수금과 부가가치세대급금을 정리하는 회계처리를 하시오.(단, 환급세액의 경우는 미수금으로, 납부세액의 경우는 미지급세금으로, 전자신고세액공제액은 잡이익으로 처리한다.)(3점)

구분	금액
부가가치세 대급금	47,000,000원
부가가치세 예수금	70,000,000원
전자신고세액공제	10,000원

[3] 2022년 5월 1일 하나은행으로부터 3억원을 연 4%의 이자율로 1년간 차입하였다. 이자는 원금상환과 함께 1년 후에 보통예금에서 지급할 예정이다.(단, 월할 계산할 것)(3점)

[4] 2022년 10월부터 사용이 가능하게 된 상표권(무형자산) 18,000,000원에 대해 5년 동안 정액법으로 상각하기로 하였다. 이에 대한 회계처리를 하시오.(단, 월할 계산할 것)(3점)

[5] 기말 현재 퇴직급여추계액 및 퇴직급여충당부채를 설정하기 전 퇴직급여충당부채의 잔액은 다음과 같다. 퇴직급여충당부채는 퇴직급여추계액의 100%를 설정한다.(3점)

구분	퇴직급여추계액	퇴직급여충당부채 잔액
생산직	40,000,000원	15,000,000원
영업직	20,000,000원	9,000,000원

문제 5

2022년 귀속 원천징수자료와 관련하여 다음의 물음에 답하시오. (15점)

[1] 아래 자료를 보고 대한민국 국적의 거주자인 사무직 팀장 윤성수 (남성, 입사일자 2022년 3월 1일, 국내근무)를 "사원등록"(사번 105)하고, "부양가족명세"에 윤성수의 부양가족을 등록한 후 세부담이 최소화 되도록 공제여부를 입력하시오. 본인 및 부양가족의 소득은 아래 비고란의 소득이 전부이며, 주민등록번호는 정확한 것으로 가정한다. (단, 기본공제 대상자가 아닌 경우 기본공제 여부에 '부'로 표시할 것.) (5점)

성명	관계	주민등록번호	내/외국인	동거여부	비 고
윤성수	본인	841003-1549757	내국인	세대주	연간 총급여액 6,000만원
김연희	배우자	861120-2634568	내국인	동거	사업소득금액 3,000만원
박연순	어머니	561224-2870987	내국인	주거형편상 별거임	소득 없음 윤성수의 직계존속인 故人(고인) 윤성오가 생전에 재혼(법률혼)한 배우자로서 윤성수가 부양중
윤아현	딸	130505-4186453	내국인	동거	소득 없음
윤건우	아들	171214-3143573	내국인	동거	소득 없음, 7세 미만 미취학 아동

6부 · 기출문제

[2] 2022년 4월 1일 입사한 김신희(사원코드:202)의 연말정산 관련자료는 다음과 같다. [연말정산 추가자료입력] 메뉴의 <소득명세>, <의료비지급명세서>, <연금저축 등>, <월세,주택임차>, <연말정산입력> 탭을 작성하시오. 단, 김신희는 무주택 세대주로 부양가족이 없으며, 근로소득 이외에 다른 소득은 없다.(10점)

현근무지	· 급여총액 : 32,000,000원(비과세 급여, 상여, 감면소득 없음) · 소득세 기납부세액 : 1,348,720원(지방소득세 : 134,850원) · 이외 소득명세 탭의 자료는 불러오기 금액을 반영한다.
종전근무지	<종전근무지 근로소득원천징수영수증상의 내용> · 근무처 : ㈜동서울상사 (사업자번호 : 214-86-55210) · 근무기간 : 2022.01.01~2022.03.20 · 급여총액 : 9,000,000원 (비과세 급여, 상여, 감면소득 없음) · 국민연금 : 405,000원 · 건강보험료 : 300,150원 · 장기요양보험료 : 30,760원 · 고용보험료 : 351,000원 · 소득세 결정세액 : 100,000원(지방소득세 : 10,000원) · 소득세 기납부세액 : 200,000원(지방소득세 : 20,000원) · 소득세 차감징수세액 : -100,000원(지방소득세 : -10,000원)
2022년도 연말정산자료	<연말정산 자료는 모두 국세청 홈택스 및 기타증빙을 통해 확인된 자료임>

항목	내용
보험료	· 일반 보장성 보험료 : 850,000원 · 저축성 보험료 : 1,200,000원
교육비	· 본인 야간대학원 교육비 : 4,000,000원
의료비	· 질병치료비 : 2,500,000원(본인 신용카드 결제) (국세청) · 시력보정용 콘택트렌즈 구입비용 : 600,000원 (국세청) · 미용목적 피부과 시술비 : 1,000,000원 (국세청)
신용카드 등 사용금액	· 본인신용카드 사용액 : 10,000,000원(질병 치료비 포함) · 직불카드 사용액 : 1,500,000원 · 현금영수증 사용액 : 300,000원 ※ 전통시장, 대중교통 사용분은 없음
월세액 명세	· 임대인 : 박부자(주민등록번호 : 700610-1977210) · 유형 : 다가구 · 계약면적 : 35㎡, · 임대주택 주소지 : 경기도 성남시 분당구 탄천로 90 · 임대차기간 : 2022.1.1~2023.12.31 · 월세액 : 400,000원
개인연금	· 본인 개인연금저축 불입액 : 1,200,000원 · ㈜신한은행, 계좌번호 : 110-120-1300

해답 및 해설

96회 기출문제

이론시험

1 ④	2 ④	3 ③	4 ②	5 ③	6 ③	7 ①	8 ②	9 ①	10 ③
11 ③	12 ③	13 ①	14 ④	15 ②					

[1] ④ 특정 기간의 손익상태를 나타내는 보고서는 손익계산서이다.
[2] ④ 계속기록법을 적용한 평균법을 이동평균법이라 하고, 실지재고조사법을 적용한 평균법을 총평균법이라 한다.
[3] ③ 회계정책의 변경과 회계추정의 변경을 구분하기가 불가능한 경우에는 이를 회계추정의 변경으로 본다.
[4] ② 이익준비금은 이익잉여금에 속한다.
[5] ③ 1,500,000원 - 500,000원 = 1,000,000원
 • 단기매매증권인 경우 처분이익 500,000원(=1,000주×(7,500원-7,000원))
 • 매도가능증권인 경우 처분이익 1,500,000원(=1,000주×(7,500원-6,000원))
[6] ③ 정상공손은 원가성이 있는 것으로 제조원가에 포함되지만, 비정상공손은 영업외비용으로써 제조원가에 포함 시키지 않는다.
[7] ①
 • 제조간접비 배부율: 제조간접비 250,000원 ÷ 총직접노무비 500,000원 = 50%
 • 당기총제조원가(유람선B) : 직접재료비 600,000원 + 직접노무비 200,000원 + 제조간접비 200,000 × 50% = 900,000원
[8] ② ㉡은 고정비에 대한 그래프이다. 조업도가 증가하면 총원가는 일정하지만 단위당 원가는 감소한다.
[9] ① 1,000원 × 1,000시간 - 100,000원 = 900,000원
[10] ③ 수선→성형 배부 : 600,000 × 800 ÷ 1,200 = 400,000원
 동력→성형 배부 : 630,000 × 9,100 ÷ 12,600 = 455,000원
 ∴ 400,000 + 455,000 = 855,000원
[11] ③ 부가가치세법 제29조 5항 5호. 공급대가의 지급 지연으로 지급받은 연체이자는 공급가액에 포함하지 않는다.
[12] ③ 출산·보육수당 - 월 10만원 이하의 금액
[13] ① 간주공급중 직매장(타사업장)반출의 경우 세금계산서를 발급한다.
[14] ④ 새마을금고에 지출한 기부금은 비지정기부금에 해당하여 필요경비에 산입하지 않는다.
[15] ② 종이세금계산서도 수정발급이 가능하다. 계약의 해제로 인한 발급의 경우 작성일은 계약해제일로 적는다. 과세유형이 전환되기 전에 공급한 재화나 용역의 수정발급의 경우는 처음에 발급한 세금계산서 작성일을 수정발급의 작성일로 한다.(부가령 제70조 제2항)

6부 • 기출문제

실무시험

문제 1.
[1] 8월 31일 일반전표 입력
(차) 선납세금　　　　　　　　　　5,000,000원　　(대) 보통예금　　　　　　　　5,000,000원
[2] 9월 3일 일반전표 입력
(차) 단기차입금(바이든은행)　　24,000,000원　　(대) 보통예금　　　　　　　22,000,000원
　　　　　　　　　　　　　　　　　　　　　　　　　　외환차익　　　　　　　　 2,000,000원
[3] 9월 30일 일반전표 입력
(차) 급여(801)　　　　　　　　　 2,500,000원　　(대) 예수금　　　　　　　　　 445,890원
　　임금(504)　　　　　　　　　 2,300,000원　　　　보통예금　　　　　　　　 4,354,110원
[4] 11월 2일 일반전표 입력
(차) 보통예금　　　　　　　　　 32,000,000원　　(대) 사채　　　　　　　　　 30,000,000원
　　　　　　　　　　　　　　　　　　　　　　　　　　사채할증발행차금　　　　 2,000,000원
[5] 12월 8일 일반전표 입력
(차) 여비교통비(판)　　　　　　　　　9,000원　　(대) 미지급금(나라카드)　　　　　 9,000원
　　　　　　　　　　　　　　　　　　　　　　　　　　또는 미지급비용

문제 2.
[1] 5월 11일 매입매출전표 입력
유형:61.현과, 공급가액:1,000,000원 부가세:100,000원, 공급처:㈜전자랜드, 분개:현금 또는 혼합
(차) 비품　　　　　　　　　　　 1,000,000원　　(대) 현금　　　　　　　　　　 1,100,000원
　　부가세대급금　　　　　　　　　100,000원
[2] 7월 16일 매입매출전표 입력
유형:57.카과, 공급가액:30,000원, 부가세:3,000원, 거래처명:㈜가득주유소, 분개:카드 또는 혼합
(차) 차량유지비(판)　　　　　　　　30,000원　　(대) 미지급금(국민카드)　　　　 33,000원
　　부가세대급금　　　　　　　　　　3,000원　　　　또는 미지급비용
[3] 8월 11일 매입매출전표 입력
유형:11.과세, 공급가액:6,800,000원, 부가세:680,000원, 거래처:㈜오대양, 전자:여, 분개:혼합
(차) 현금　　　　　　　　　　　 3,000,000원　　(대) 제품매출　　　　　　　　 6,800,000원
　　외상매출금　　　　　　　　　 4,480,000원　　　　부가세예수금　　　　　　　 680,000원
[4] 8월 16일 매입매출전표 입력
유형:14. 건별, 공급가액 : 800,000원, 부가세 : 80,000원, 거래처 : 한지평, 분개 : 혼합
(차) 보통예금　　　　　　　　　　 880,000원　　(대) 제품매출　　　　　　　　　 800,000원
　　　　　　　　　　　　　　　　　　　　　　　　　　부가세예수금　　　　　　　　80,000원

해답 및 해설

[5] 9월 5일 매입매출전표 입력
유형:51.과세, 품목: 증축공사 도색공사 복수입력, 공급가액:37,000,000원, 부가세:3,700,000원, 공급처명: ㈜다고쳐, 전자: 여, 분개: 혼합

(차) 건물	35,000,000원	(대) 외상매출금(㈜다고쳐)	10,000,000원
수선비(제조원가)	2,000,000원	미지급금(㈜다고쳐)	30,700,000원
부가세대급금	3,700,000원		

문제 3.

[1] 3. 부도발생일로부터 6개월이 경과 하지 않아 대손세액공제를 받을 수 없다.

[2]
1. 매입매출전표 입력

9월 25일 매입매출전표에 입력 후 상단 메뉴의 간편집계 메뉴의 예정누락분 클릭 또는 Shift+F5 입력 후 확정신고 개시년월 2022년 10월 입력

6부 · 기출문제

9월 16일 매입매출전표에 입력 후 상단 메뉴의 간편집계 메뉴의 예정누락분 클릭 또는 Shift+F5 입력 후 확정신고 개시년월 2022년 10월 입력

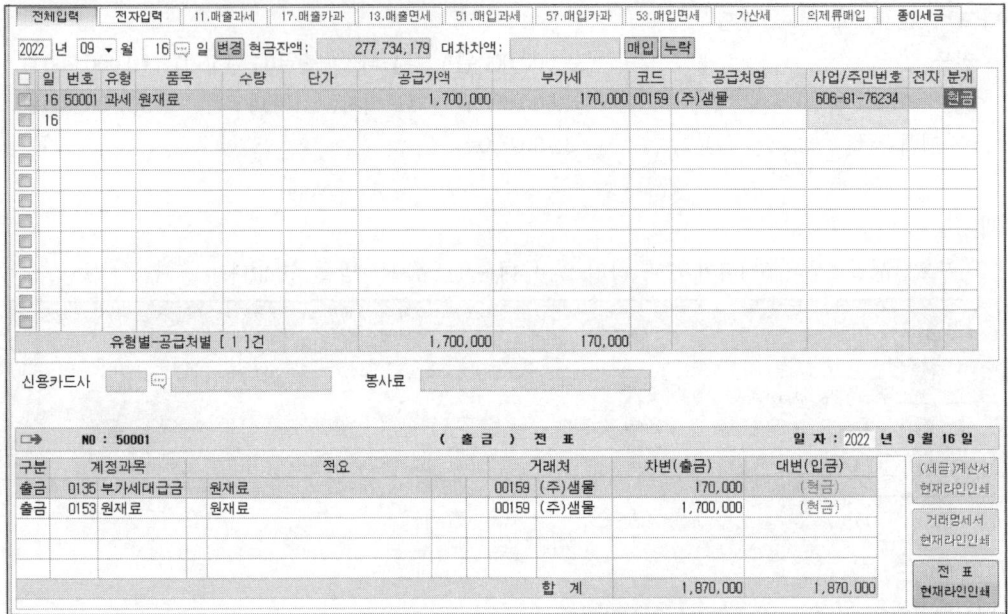

2. 부가가치세 신고서 작성

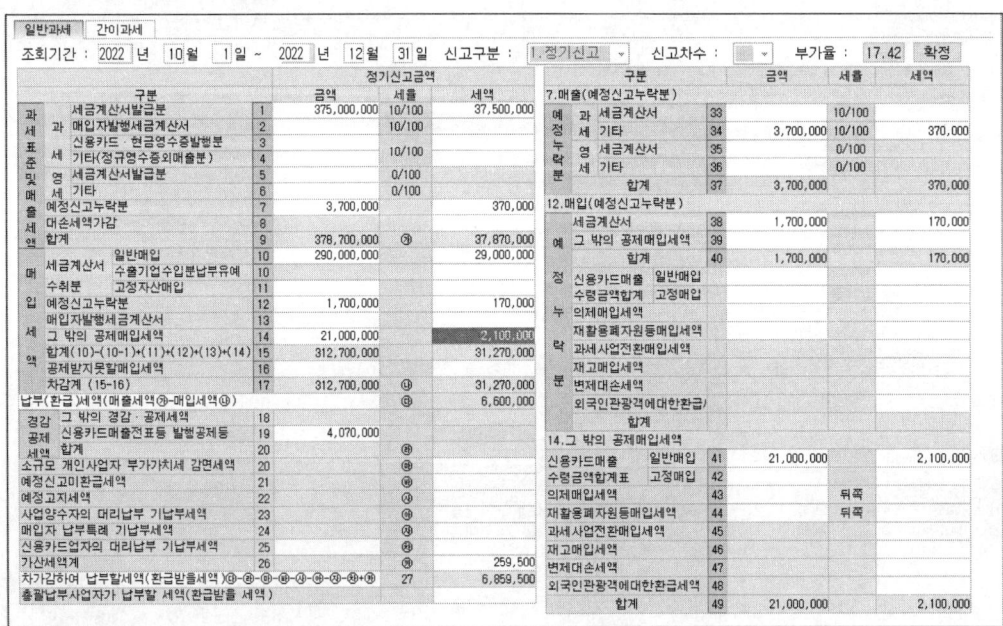

해답 및 해설

구분		정기신고금액			25.가산세명세				
		금액	세율	세액	사업자미등록등	61		1/100	
과세표준및매출세액	과세 세금계산서발급분	1	375,000,000	10/100	37,500,000	세금계산서	지연발급 등	62		1/100
	매입자발행세금계산서	2		10/100			지연수취	63		5/1,000
	신용카드·현금영수증발행분	3		10/100			미발급 등	64	25,000,000	뒤쪽참조	250,000
	기타(정규영수증외매출분)	4				전자세금발급명세	지연전송	65		3/1,000
	영세 세금계산서발급분	5		0/100			미전송	66		5/1,000
	기타	6		0/100		세금계산서합계표	제출불성실	67		5/1,000
	예정신고누락분	7	3,700,000		370,000		지연제출	68		3/1,000
	대손세액가감	8				신고불성실	무신고(일반)	69		뒤쪽
	합계	9	378,700,000	㉮	37,870,000		무신고(부당)	70		뒤쪽
매입세액	세금계산서수취분	일반매입	10	290,000,000		29,000,000		과소·초과환급(일반)	71	200,000		5,000
		수출기업수입분납부유예	10					과소·초과환급(부당)	72		뒤쪽
		고정자산매입	11				납부지연		73	200,000	뒤쪽	3,960
	예정신고누락분	12	1,700,000		170,000	영세율과세표준신고불성실		74		5/1,000
	매입자발행세금계산서	13				현금매출명세서불성실		75		1/100
	그 밖의 공제매입세액	14	21,000,000		2,100,000	부동산임대공급가액명세서		76		1/100
	합계(10)-(10-1)+(11)+(12)+(13)+(14)	15	312,700,000		31,270,000	매입자	거래계좌 미사용	77		뒤쪽
	공제받지못할매입세액	16				납부특례	거래계좌 지연입금	78		뒤쪽
	차감계 (15-16)	17	312,700,000	㉯	31,270,000	합계		79			258,960
납부(환급)세액(매출세액㉮-매입세액㉯)				㉰	6,600,000					
경감공제세액	그 밖의 경감·공제세액	18								
	신용카드매출전표등 발행공제등	19	4,070,000							
	합계	20		㉱						
소규모 개인사업자 부가가치세 감면세액		20		㉲						
예정신고미환급세액		21		㉳						
예정고지세액		22		㉴						
사업양수자의 대리납부 기납부세액		23		㉵						
매입자 납부특례 기납부세액		24		㉶						
신용카드업자의 대리납부 기납부세액		25		㉷						
가산세액계		26		㉸	258,960					
차가감하여 납부할세액(환급받을세액)(㉰-㉱-㉲-㉳-㉴-㉵-㉶-㉷+㉸)		27			6,858,960					
총괄납부사업자가 납부할 세액(환급받을 세액)										

- 전자세금계산서 의무 발급사업자가 발급시기에 전자세금계산서 외의 세금계산서를 발급한 경우 공급가액의 1%를 가산세로 한다.
- 3개월 이내 수정신고를 할 경우 과소신고 가산세 75%를 감면한다.

문제 4.

[1] 12월 31일 일반전표입력

(차) 보험료(제)   900,000원   (대) 선급비용   900,000원

· 3,600,000원 × 3/12 = 900,000원

[2] 12월 31일 일반전표 입력

(차) 부가세예수금   70,000,000원   (대) 부가세대급금   47,000,000원
                                          잡이익   10,000원
                                          미지급세금   22,990,000원

[3] 12월 31일 일반전표 입력

(차) 이자비용   8,000,000원   (대) 미지급비용   8,000,000원

· 300,000,000원 × 4% × 8/12 = 8,000,000원

[4] 12월 31일 일반전표 입력

(차) 무형자산상각비   900,000원   (대) 상표권   900,000원

또는 결산자료입력 메뉴에서 상표권 결산반영금액에 900,000원 입력 후 전표추가

6부 · 기출문제

[5] 12월 31일 일반전표 입력

다음 ①과 ② 중 선택하여 입력

① 결산자료입력 메뉴에 다음과 같이 입력 후 전표 추가

    퇴직급여(전입액)(제) 25,000,000원, 퇴직급여(전입액)(판) 11,000,000원 추가 입력후 전표추가

② 12월 31일 일반전표입력

(차) 퇴직급여(제)   25,000,000원   (대) 퇴직급여충당부채   36,000,000원

     퇴직급여(판)   11,000,000원

문제 5.

[1]

(1) 사원등록

사번:105, 성명 : 윤성수, 입사년월일 : 2022년 3월 1일, 내국인,

주민등록번호 : 841003-1549757, 거주자, 한국, 국외근로제공 : 부, 생산직여부 : 부

(2) 부양가족등록

1) 배우자 '김연희'의 사업소득금액이 100만원을 초과하므로 기본공제대상이 아니다.

2) 어머니 '박연순'의 경우 윤성수의 직계존속인 故人(고인) 윤성오가 생전에 재혼한 배우자(법률혼)로서 윤성수가 부양중이므로 기본공제대상이 된다. (소득세법 시행령 제106조 제5항 제2호)

    <참고> 소득세법시행령 제106조 [부양가족등의 인적공제]

    ⑤ 법 제50조 제1항 제3호 가목에서 "대통령령으로 정하는 사람"이란 다음 각 호의 어느 하나에 해당하는 사람을 말한다.(2020.02.11 개정)

      2. 거주자의 직계존속이 사망한 경우에는 해당 직계존속의 사망일 전날을 기준으로 혼인(사실혼은 제외한다) 중에 있었음이 증명되는 사람(2020.02.11. 신설)

해답 및 해설

3) 자녀세액공제는 7세 이상의 자녀만 받을 수 있다. (적용시기.2020.01.01.이후 발생하는 소득분부터 적용)(소득세법 제59조의 2)

[2]
· 소득명세 탭

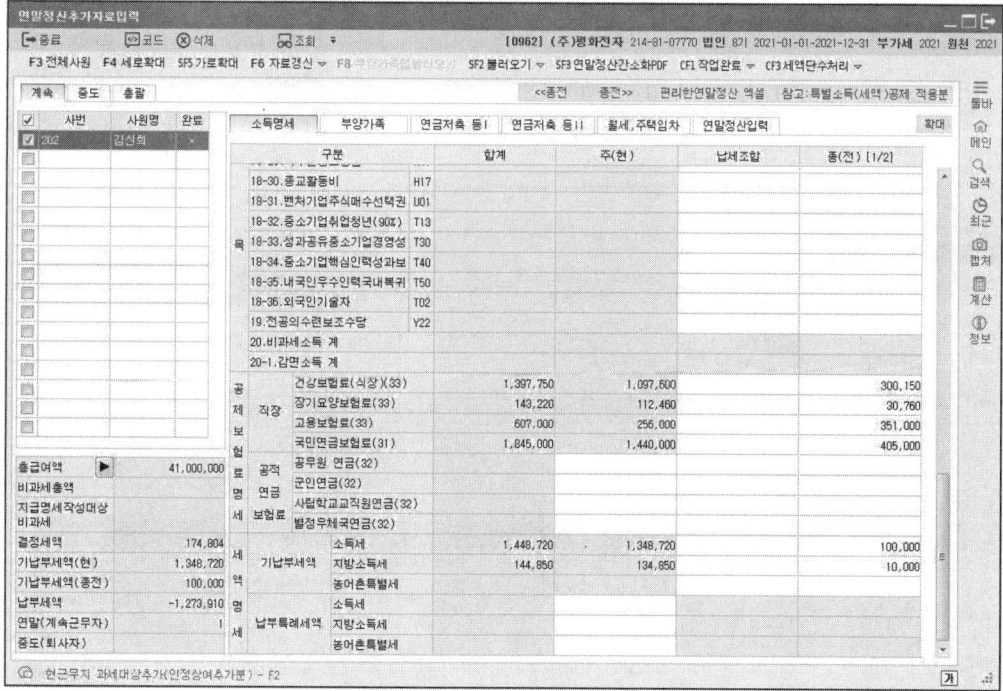

6부 • 기출문제

• 연금저축 탭

• 월세, 주택임차 탭

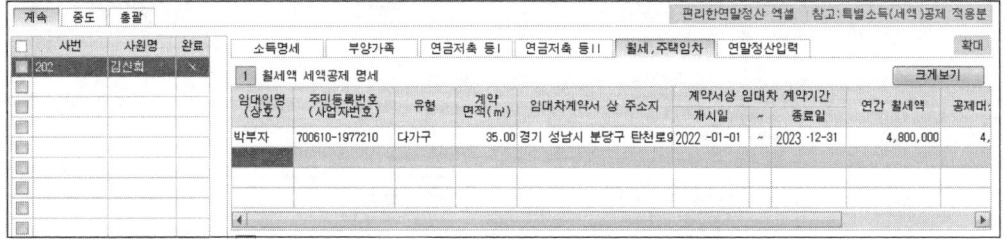

• 신용카드 등 공제대상금액 입력

해답 및 해설

• 의료비 입력

의료비 공제대상자					(2022)년 의료비 지급명세				지급명세				14.산후조리원 해당여부 (7천만원이하)
성명	내/외	5.주민등록번호	6.본인등 해당여부		8.상호	7.사업자 등록번호	9.의료증빙코드	10.건수	11.금액	11-1.실손 의료보험금	12.난임시술비 해당여부	13.미숙아 해당여부	
김신희	내	911111-2111111	1	0			국세청장		3,000,000		X	X	X

• 보험료 입력

60.보장	일반		850,000
성보험	장애인		

• 교육비 입력

교육비				
구분	지출액	공제대상금액	공제금액
취학전아동(1인당 300만원)			
초중고(1인당 300만원)		4,000,000	600,000
대학생(1인당 900만원)			
본인(전액)	4,000,000		
장애인 특수교육비			

제97회 기출문제

(제한시간 : 90분, 난이도 : 합격률 34.30%)

1. 다음 중 매출채권의 대손충당금을 과소 설정한 것이 재무제표에 미치는 영향으로 옳지 않은 것은?

   ① 자산의 과대계상
   ② 당기순이익의 과대계상
   ③ 이익잉여금의 과대계상
   ④ 비용의 과대계상

2. 다음 중 무형자산의 감가상각에 대한 설명으로 틀린 것은?

   ① 무형자산의 잔존가치는 없는 것(0원)을 원칙으로 한다.
   ② 무형자산의 내용연수는 법적 내용연수와 경제적 내용연수 중 짧은 것으로 한다.
   ③ 무형자산의 감가상각은 자산을 취득한 시점부터 시작한다.
   ④ 무형자산의 상각기간은 일반적으로 20년을 초과할 수 없다.

3. 다음 중 부채에 대한 설명으로 옳지 않은 것은?

   ① 부채는 과거의 거래나 사건의 결과로 현재 기업실체가 부담하고 있고 미래에 자원의 유출 또는 사용이 예상되는 의무이다.
   ② 부채의 정의를 만족하기 위해서는 금액이 반드시 확정되어야 한다.
   ③ 과거 사건으로 인해 현재 의무가 존재할 가능성이 매우 높고 인식기준을 충족하는 경우에는 충당부채로 인식한다.
   ④ 선수금은 유동부채로 분류된다.

4. 결산시 아래 사항들이 누락된 것을 발견하였다. 누락사항들을 반영할 경우 당기순이익의 증감액은 얼마인가?

   · 당기발생 외상매출 : 100,000원   · 1기 확정 부가가치세의 납부 : 300,000원

   ① 100,000원 증가   ② 100,000원 감소
   ③ 300,000원 증가   ④ 300,000원 감소

5. 다음의 자본에 대한 설명 중 틀린 것은?
   ① 미교부주식배당금과 자기주식처분손실은 자본조정으로 분류된다.
   ② 유상감자가 이루어지면 회사의 순자산이 감소하게 된다.
   ③ 신주발행비는 주식의 발행과 직접 관련하여 발생하는 비용으로서 영업외비용으로 처리한다.
   ④ 자본은 자본금, 자본잉여금, 자본조정, 기타포괄손익누계액, 이익잉여금으로 구성되어 있다.

6. 다음 중 제조간접비 배부차이 조정방법에 해당하지 않는 것은?
   ① 비례배부법   ② 직접배분법
   ③ 매출원가조정법   ④ 영업외손익법

7. 다음 자료를 이용하여 평균법을 적용한 기말재공품원가를 구하시오. 당기완성품은 1,200개이며 기말재공품은 400개(완성도 : 50%)이다. 재료비는 공정초기에 모두 발생하며 가공비는 공정 전체에 균일하게 발생한다.

구분	수량	재료비	가공비
기초재공품원가	500개^{주1)}	500,000원	300,000원
당기총제조원가	1,100개	700,000원	400,000원
주1) 기초재공품의 완성도는 50%이다.			

   ① 400,000원   ② 450,000원   ③ 500,000원   ④ 550,000원

8. 20×1년 기간에 사용한 원재료는 3,000,000원이다. 20×1년 12월 31일 기말 원재료재고액은 20×1년 1월 1일 기초 원재료재고액보다 200,000원이 더 많다. 20×1년 기간의 원재료 매입액은 얼마인가?

① 2,800,000원 ② 3,100,000원 ③ 3,200,000원 ④ 3,400,000원

9. 다음 원가 집계과정에 대한 설명 중 틀린 것은?

① 당기총제조원가는 재공품계정의 차변으로 대체된다.
② 당기제품제조원가(당기완성품원가)는 재공품 계정의 대변으로 대체된다.
③ 당기제품제조원가(당기완성품원가)는 제품 계정의 차변으로 대체된다.
④ 제품매출원가는 매출원가 계정의 대변으로 대체된다.

10. 다음 제조원가에 대한 설명 중 틀린 것은?

① 직접재료비와 직접노무비의 합은 기초원가(기본원가)이다.
② 직접노무비와 제조간접비의 합은 가공원가(전환원가)이다.
③ 제조원가는 직접재료비, 직접노무비, 제조간접비로 구분된다.
④ 생산근로자의 식대와 판매근로자의 식대는 모두 제조원가이다.

11. 다음 중 부가가치세법상 재화 및 용역의 공급시기에 대한 설명으로 옳지 않은 것은?

① 완성도기준지급조건부 판매 : 대가의 각 부분을 받기로 한 때
② 폐업시 잔존재화 : 폐업하는 때
③ 내국물품 외국반출(직수출) : 수출재화의 공급가액이 확정되는 때
④ 반환조건부 판매 : 조건이 성취되거나 기한이 지나 판매가 확정되는 때

12. 다음 중 부가가치세법상 영세율 적용을 받을 수 없는 사업자는?

① 중계무역방식의 수출업자
② 위탁판매수출의 수출업자
③ 수출품 생산 후 외국으로 반출하는 사업자
④ 수출을 대행하는 수출업자

13. 다음 중 부가가치세법상 간이과세자에 대한 설명으로 옳은 것은?

① 직전 연도 재화와 용역의 공급가액의 합계액이 8,500만원에 미달하는 개인사업자를 말한다.
② 2021년 7월 1일 이후 재화 또는 용역을 공급하는 모든 간이과세자는 세금계산서 발급이 원칙이다.
③ 2021년 7월 1일 이후 모든 간이과세자는 전액매입세액 공제할 수 있다.
④ 간이과세자는 과세사업과 면세사업 등을 겸영할 수 있다.

14. 다음 중 소득세법상 부동산임대업에 대한 설명 중 틀린 것은?

① 주거용 건물 임대업에서 발생한 수입금액 합계액이 2천만원을 초과하는 경우에도 분리과세가 가능하다.
② 1주택 소유자가 1개의 주택을 임대하고 있는 경우 주택의 임대보증금에 대한 간주임대료 계산을 하지 않는다.
③ 주거용 건물 임대업에서 발생한 수입금액 합계액이 2천만원 이하인 경우 분리과세를 선택할 수 있다.
④ 부동산을 임대하고 받은 선세금에 대한 총수입금액은 그 선세금을 계약기간의 월수로 나눈 금액의 각 과세기간의 합계액으로 한다.(월수계산은 초월산입·말월불산입)

15. 다음 중 소득세법에 따른 근로소득의 수입시기에 대한 설명으로 틀린 것은?

	구분	수입시기
①	급여	근로를 제공한 날
②	주식매수선택권	해당 법인에서 퇴사하는 날
③	잉여금 처분에 의한 상여	해당 법인의 잉여금 처분결의일
④	인정상여	해당 사업연도 중의 근로를 제공한 날

㈜금성전자(회사코드:5297)는 제조, 도·소매 및 부동산임대업을 영위하는 중소기업이며, 당기(14기)의 회계기간은 2022.1.1.~2022.12.31.이다. 전산세무회계 수험용 프로그램을 이용하여 다음 물음에 답하시오.

문제 1

다음 거래를 일반전표입력 메뉴에 추가 입력하시오.(15점)

[1] 5월 1일 당사는 단기투자목적으로 시장성이 있는 주식을 주당 10,000원에 1,000주를 매입하고, 매입과정에서 발생한 매입수수료 200,000원을 포함하여 보통예금에서 이체하였다.(3점)

[2] 5월 6일 당사는 산불피해 이재민을 돕기 위하여 제품인 컴퓨터 10대를 양양시에 기부하였다. 컴퓨터 원가는 30,000,000원이며 시가는 35,000,000원이다.(3점)

[3] 6월 11일 회사는 보유하고 있던 자기주식 1,000주(주당 10,000원에 취득) 중에서 300주를 주당 10,500원에 처분하고 대금은 보통예금으로 수령하였다.(처분일 현재 자기주식처분손실 잔액은 30,000원이다.)(3점)

[4] 7월 1일 당사의 기계장치(취득원가 30,000,000원, 감가상각누계액 5,500,000원)를 직원의 중대한 실수로 인하여 더 이상 사용 할 수 없게 되었다. (단, 순공정가치와 사용가치는 모두 0원이며 당기 감가상각비는 고려하지 않는다.)(3점)

[5] 7월 30일 생산부서 직원들에 대한 확정기여형(DC형) 퇴직연금 불입액 5,000,000원을 보통예금 계좌에서 이체하였다.(3점)

문제 2

다음 거래자료를 매입매출전표입력 메뉴에 추가로 입력하시오.(15점)

[1] 7월 15일 수출업체인 ㈜대박인터내셔널에 구매확인서를 통하여 제품 100개(개당 200,000원)를 공급하고 영세율전자세금계산서를 발급하였다. 대금은 전액 외상으로 하였다. (하단 영세율 구분을 입력하고 서류번호는 무시하기로 한다.) (3점)

[2] 8월 10일 당사의 영업부서에서 매달 월간 마케팅 잡지를 구독 중에 있고, ㈜마케팅으로부터 전자계산서를 수취한다. 대금은 매달 25일에 지급하기로 하였다.(3점)

전자계산서(공급받는자 보관용)							승인번호		20220810-2038712-00009327	
공급자	사업자 등록번호	211-81-73441		종사업장 번호		공급받는자	사업자 등록번호	126-81-34136	종사업장 번호	
	상호 (법인명)	㈜마케팅		성 명(대표자)	윤영신		상호(법인명)	㈜금성전자	성 명	장지우
	사업장 주소	서울특별시 마포구 임정로 415					사업장 주소	서울특별시 강남구 영동대로 202(대치동)		
	업 태	출판업		종 목	잡지		업 태	제조, 도소매	종 목	전자제품
	이메일						이메일			
작성일자		공급가액				수정사유				
2022. 8. 10.		30,000원								
비고										
월 일	품 목		규 격	수 량	단 가		공 급 가 액		비 고	
8 10	마케팅 잡지			1	30,000원		30,000원			
합 계 금 액	현 금		수 표		어 음		외 상 미 수 금	이 금액을	영수 청구	함
30,000원							30,000원			

[3] 8월 20일 생산부서 직원 생일을 축하해주기 위해 회식을 하고 카드결제 후 아래의 증빙을 수취하였다.(해당 음식점은 일반과세자이고, 당사는 매입세액을 공제받고자 한다.)(3점)

```
           카드매출전표
------------------------------------
카드종류 : ㈜우리카드
회원번호 : 1234-5678-****-9015
거래일시 : 2022. 8. 20. 16:05:16
거래유형 : 신용승인
매   출 : 325,000원
부 가 세 : 32,500원
합   계 : 357,500원
결제방법 : 일시불
승인번호 : 81999995
------------------------------------
가맹점명 : 제주수산
         - 이 하 생 략 -
```

[4] 9월 11일 사업자등록증이 없는 비사업자 한석규(주민등록번호 780705-1234567)씨에게 제품을 1,320,000원(부가가치세 포함)에 현금판매하고 현금영수증을 발급하였다.(3점)

[5] 9월 30일 당사는 ㈜광고사랑과 1년간의 영업목적 광고용역계약을 체결하고 전자세금계산서를 수취하였다. 1년 기준 광고비는 1,320,000원(부가가치세 포함)이며 보통예금으로 지급하였다. (비용으로 처리하시오)(3점)

문제 3

부가가치세신고와 관련하여 다음 물음에 답하시오.(10점)

[1] 다음 자료를 보고 2022년 1기 확정신고기간의 수출실적명세서를 작성하시오.(단, 거래처코드와 거래처명은 입력하지 말 것.)(3점)

상대국	수출신고번호	선적일	환가일	통화	수출액	기준환율 선적일	기준환율 환가일
일본	13041-20-044589X	2022.04.06.	2022.04.15.	JPY	¥300,000	₩994/¥100	₩997/¥100
미국	13055-10-011460X	2022.05.18.	2022.05.12.	USD	$60,000	₩1,040/$	₩1,080/$
영국	13064-25-147041X	2022.06.30.	2022.07.08.	GBP	£75,000	₩1,110/£	₩1,090/£

[2] 다음 자료를 이용하여 2022년 제2기 부가가치세 확정신고기간의 부가가치세신고서를 작성하시오.(단, 부가가치세신고서 이외의 기타 신고서류 작성은 생략하고, 불러오는 데이터 값은 무시하고 새로 입력할 것)(7점)

구분	자료
매출자료	· 전자세금계산서 발급 과세 매출액(공급가액: 230,000,000원, 세액: 23,000,000원) · 제품 직수출 매출액(공급가액: 45,000,000원, 영세율)
매입자료	· 전자세금계산서 발급 과세 매입액(공급가액: 90,000,000원, 세액: 9,000,000원). 단, 과세 매입액 중 공급가액 10,000,000원은 공장 기계장치 구매금액이며 나머지는 재고자산 상품 매입액이다. · 법인신용카드 매입액(공급대가: 8,800,000원). 전액 본사 사무용품 매입액이며, 매입세액은 공제가능하다.
예정 신고 누락분	· 직수출액(공급가액 3,000,000원, 영세율)
기타	· 전자세금계산서의 발급 및 국세청 전송은 정상적으로 이루어졌다. · 세부담 최소화를 위하여 전자신고세액공제를 받기로 하였다. · 부가가치세 확정신고한 날은 2023년 1월 20일이다.

문제 4

다음 결산자료를 입력하여 결산을 완료하시오.(15점)

[1] 당사는 결산일 현재 다음과 같은 매도가능증권(투자자산)을 보유하고 있다. 매도가능증권 평가에 대한 기말 회계처리를 하시오.(제시된 자료만 고려하여 하나의 전표로 입력할 것)(3점)

회사명	2021년 취득가액	2021년 기말 공정가액	2022년 기말 공정가액
㈜금성전자	15,000,000원	12,000,000원	22,000,000원

[2] 당사는 2022년 9월 1일 거래처에 30,000,000원을 대여하고, 이자는 2023년 8월 31일 수령하기로 약정하였다.(단, 대여금에 대한 이자율은 연 7%이고 월할계산하시오.)(3점)

[3] 전기에 유동성장기부채로 대체한 중앙은행의 장기차입금 20,000,000원에 대하여 자금사정이 어려워 상환기간을 2년 연장하기로 계약하였다. 결산 회계처리하시오. (단, 관련 회계처리 날짜는 12월 31일 결산일로 함.)(3점)

[4] 회사는 자금을 조달할 목적으로 사채를 아래와 같이 발행하였다. 이외의 다른 사채는 없다고 가정할 경우 결산시점의 적절한 회계처리를 하시오.(3점)

- 액면가액 10,000,000원의 사채를 2022년 1월 1일에 할인발행하였다.(만기 3년)
- 발행가액은 9,455,350원이고, 액면이자율은 연 3%, 유효이자율은 연 5%이다.
- 액면이자는 매년 말 현금으로 지급하며, 유효이자율법을 이용하여 상각한다.
- 원 단위 미만은 절사하기로 한다.

[5] 당사는 당해 연도 결산을 하면서 법인세 22,000,000원(지방소득세 포함)을 확정하였다. 이자수익에 대한 원천징수세액 600,000원 및 법인세 중간예납세액 8,000,000원은 선납세금으로 계상되어 있다.(3점)

문제 5

2022년 귀속 원천징수자료와 관련하여 다음의 물음에 답하시오.(15점)

[1] 다음 자료를 보고 내국인이며 거주자인 사무직사원 권예원(여성, 입사일자 2022년 7월 1일, 국내근무)를 사원등록(코드번호 101)하고, 권예원의 부양가족을 모두 부양가족명세에 등록 후 세부담이 최소화 되도록 공제여부를 입력하시오.(단, 기본공제 대상자가 아닌 경우 기본공제 여부에 '부'로 표시할 것.)(5점)

성명	관계	주민등록번호	내/외국인	동거여부	비 고
권예원	본인	900123-2548754	내국인	-	연간 총급여액 3,000만원
구정민	배우자	860420-1434561	내국인	동거	연간 총급여액 7,000만원
권정무	본인의 아버지	610324-1354877	내국인	비동거	복권당첨소득 50만원
손미영	본인의 어머니	630520-2324876	내국인	비동거	양도소득금액 800만원
구태성	아들	180103-3143571	내국인	동거	소득없음
권우성	오빠	860112-1454522	내국인	동거	소득없음, 장애인(장애인복지법)

※ 본인 및 부양가족의 소득은 위의 소득이 전부이며, 위의 주민등록번호는 정확한 것으로 가정한다.

6부 · 기출문제

[2] 다음은 영업부 사원 최원호(사번 : 120 / 입사년월일 : 2022.01.01.)의 연말정산을 위한 자료이다. 부양가족은 별도의 소득이 없고, 최원호와 생계를 같이하고 있다. 지출내역은 모두 국세청 연말정산 간소화 자료 및 기타증빙에서 확인된 내역이며 주민등록번호는 모두 옳은 것으로 가정한다. 사원등록 메뉴의 [부양가족명세]탭에서 부양가족 입력, 연말정산추가자료입력메뉴에서 [월세,주택임차]탭과 [연말정산 입력]탭을 작성하시오. (단, 최원호의 총급여액은 60,000,000원이며 최원호의 세부담 최소화를 가정할 것.) (10점)

■ 최원호(본인, 세대주, 주민등록번호 : 870530-1245672)
1. 신용카드 등 사용액
  (1) 신용카드 사용액 : 20,000,000원 (의료비 지출 포함)
  (2) 직불카드 사용액 : 10,000,000원 (전통시장 사용분 500,000원 포함)
  (3) 현금영수증 사용액 : 1,000,000원 (독일어 학원비 결제금액임)
2. 보험료 : 1,200,000원(상해보험료 : 일반보장성보험)
3. 의료비 (국세청)
  (1) 진찰·진료를 위해 「의료법」 제3조에 따른 의료기관에 지급한 비용 : 2,500,000원
  (2) 시력보정용 콘택트렌즈 구입비용 : 600,000원
  (3) 「약사법」 제2조에서 정하는 의약품 등이 아닌 건강기능식품 구입비용 : 500,000원
4. 교육비
  (1) 「독학에 의한 학위 취득에 관한 법률」에 따른 교육과정 지출비용 : 3,000,000원
  (2) 독일어 학원 지출비용(대학부설 어학원 아님) : 1,000,000원
5. 기부금
  (1) 천재지변으로 생기는 이재민을 위한 구호금품의 가액 : 200,000원
  (2) 「정치자금에 관한 법률」에 의해 특정 정당에 기부한 정치자금 : 100,000원

■ 윤선희(배우자, 주민등록번호 : 901204-2567541, 별도의 소득은 없음)
1. 의료비 : 「모자보건법」 제2조 제10호 따른 산후조리원 지출비용 3,000,000원 (국세청)
2. 교육비 : 「고등교육법」에 따른 통신대학 교육비 지출비용 1,000,000원

■ 최슬기(첫째 자녀, 주민등록번호 : 220101-4561788)
1. 의료비 : 500,000원(의료기관 건강진단비) (국세청)

■ 월세·주택임차 내역
1. 임대인 : 서현근 (사업자등록번호 797-97-01255)
2. 임차인 : 최원호
3. 주택유형/계약전용면적 : 단독주택/84.00㎡
4. 임대차계약서상 주소지(주민등록표등본상의 주소지) : 서울시 중랑구 망우로 200
5. 임대차계약기간 : 2022.1.1.~2023.12.31.
6. 매월 월세 지급액 : 월 70만원 (2022년 연간 총 지급액 840만원)

해답 및 해설

97회 기출문제

이론시험

1 ④ 2 ③ 3 ② 4 ① 5 ③ 6 ② 7 ① 8 ③ 9 ④ 10 ④
11 ③ 12 ④ 13 ④ 14 ① 15 ②

[1] ④ 대손충당금을 과소 설정한 것은 손익계산서에 계상될 대손상각비를 과소계상했거나, 대손충당금 환입을 과대계상한 경우이다. 따라서 자산 및 당기순익이 과대계상되고 이익잉여금은 과대계상 된다.

[2] ③ 무형자산의 감가상각은 자산이 사용 가능한 때부터 시작한다.

[3] ② 금액이 반드시 확정되어야 함을 의미하는 것은 아니다.

[4] ① 당기발생한 외상매출을 결산시 반영할 경우 당기순이익은 100,000원이 증가한다.
한편 1기 확정 부가가치세의 납부는 당기손익에 영향을 주지 않는다.

[5] ③ 신주발행비는 주식발행초과금에서 차감하거나 주식할인발행차금에 가산한다.

[6] ② 제조간접비의 배부차이는 비례배부법, 매출원가조정법, 영업외손익법으로 조정한다.

[7] ①

(1) 물량 흐름 파악

재공품			
기초	500개	완성	1,200개
착수	1,100개	기말	400개
	1,600개		1,600개

(2) 완성품 환산량

구분	재료비	가공비
완성품	1,200개	1,200개
기말 재공품	400개	200개*
완성품 환산량	1,600개	1,400개

*400개 × 50%(완성도) = 200개

(3) 완성품 환산량 단위당 원가

1) 재료비 : (500,000원 + 700,000원) / 1,600개 = 750원

2) 가공비 : (300,000원 + 400,000원) / 1,400개 = 500원

(4) 기말재공품원가

400개×750원 + 200개×500원 = 400,000원

[8] ③ 기초재고액 + 당기원재료매입액 - 당기재고사용액 = 기말재고액
x + y - 3,000,000 = x + 200,000

[9] ④ 제품매출원가는 매출원가 계정의 차변으로 대체된다.

[10] ④ 생산근로자의 식대는 제조원가이나 판매근로자의 식대는 비제조원가이다.

[11] ③ 내국물품 외국반출(직수출) : 수출재화의 선(기)적일

[12] ④ 수출을 대행하는 수출업자는 그 수출대행수수료에 대해서 10%의 부가가치세를 적용한다.
[13] ④
   ① 직전 연도 재화와 용역의 공급대가의 합계액이 8,000만원에 미달하는 개인사업자이다.
   ② 2021년 7월 1일 이후 재화 또는 용역을 공급하는 분부터는 48,000,000원 이상 간이과세자는 세금계산서 발급이 원칙이다.
   ③ 2021년 7월 1일 이후부터 48,000,000원 이상 간이과세자는 공급대가의 0.5%에 해당하는 매입세액을 공제할 수 있다.
[14] ① 주거용 건물 임대업에서 발생한 수입금액 합계액이 2천만원을 초과하는 경우 종합과세 대상이다.
[15] ② 주식매수선택권의 근로소득 수입시기는 주식매수선택권을 행사한 날이다.

실무시험

문제 1.

[1] 5월 1일 일반전표입력
(차) 단기매매증권   10,000,000원   (대) 보통예금   10,200,000원
    수수료비용(영업외비용,984)   200,000원

[2] 5월 6일 일반전표입력
(차) 기부금   30,000,000원   (대) 제품(8.타계정대체)   30,000,000원

[3] 6월 11일 일반전표 입력
(차) 보통예금   3,150,000원   (대) 자기주식   3,000,000원
                                         자기주식처분손실   30,000원
                                         자기주식처분이익   120,000원

[4] 7월 1일 일반전표입력
(차) 감가상각누계액(207)   5,500,000원   (대) 기계장치   30,000,000원
    유형자산손상차손   24,500,000원

[5] 7월 30일 일반전표입력
(차) 퇴직급여(제)   5,000,000원   (대) 보통예금   5,000,000원

문제 2.

[1] 7월 15일 매입매출전표 입력
유형:12.영세(영세율구분 3), 공급가액:20,000,000원, 부가세:0원, 공급처명: ㈜대박인터내셔널, 전자:여, 분개: 외상(또는 혼합)
(차) 외상매출금   20,000,000원   (대) 제품매출   20,000,000원

[2] 8월 10일 매입매출전표 입력
유형:53.면세, 공급가액:30,000원, 거래처명:㈜마케팅, 전자:여, 분개:혼합
(차) 도서인쇄비(판)   30,000원   (대) 미지급금   30,000원

[3] 8월 20일 매입매출전표 입력
유형:57.카과, 공급가액:325,000원, 부가세:32,500원, 거래처:제주수산, 분개:카드 또는 혼합
(차) 복리후생비(제)   325,000원   (대) 미지급금(㈜우리카드)   357,500원
    부가세대급금   32,500원   또는 미지급비용

[4] 9월 11일 매입매출전표 입력
유형:22.현과, 공급가액:1,200,000원, 부가세:120,000원, 거래처:한석규, 분개:현금 또는 혼합
(차) 현금   1,320,000원   (대) 제품매출   1,200,000원
                                              부가세예수금   120,000원

[5] 9월 30일 매입매출전표 입력
유형:51.과세, 공급가액: 1,200,000원 부가세: 120,000원, 공급처:㈜광고사랑, 전자:여, 분개:혼합
(차) 광고선전비(판)   1,200,000원   (대) 보통예금   1,320,000원
    부가세대급금   120,000원

문제 3.

[1]

구분	건수	외화금액	원화금액	비고
⑨합계	3	435,000.00	151,032,000	
⑩수출재화[=⑫합계]	3	435,000.00	151,032,000	
⑪기타영세율적용				

No		(13)수출신고번호	(14)선(기)적일자	(15)통화코드	(16)환율	(17)외화	(18)원화	거래처코드	거래처명
1		13041-20-044589x	2022-04-06	JPY	9.9400	300,000.00	2,982,000		
2		13055-10-011460x	2022-05-18	USD	1,080.0000	60,000.00	64,800,000		
3		13064-25-147041x	2022-06-30	GBP	1,110.0000	75,000.00	83,250,000		

6부 · 기출문제

[2]

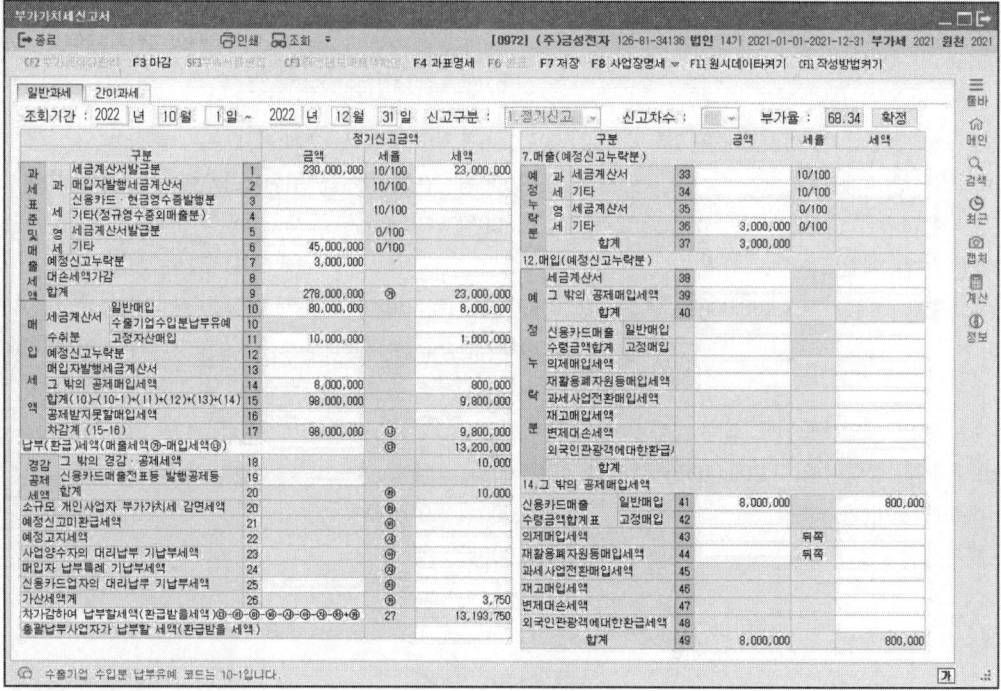

구분		금액	세율	세액
16.공제받지못할매입세액				
공제받지못할 매입세액	50			
공통매입세액면세등사업분	51			
대손처분받은세액	52			
합계	53			
18.그 밖의 경감·공제세액				
전자신고세액공제	54			10,000
전자세금계산서발급세액공제	55			
택시운송사업자경감세액	56			
대리납부세액공제	57			
현금영수증사업자세액공제	58			
기타	59			
합계	60			10,000

해답 및 해설

- 가산세 계산
  - 영세율 과세표준 신고 불성실 가산세: 3,000,000원 × 0.5% × (1-75%) = 3,750원

25.가산세명세					
사업자미등록등		61		1/100	
세금계산서	지연발급 등	62		1/100	
	지연수취	63		5/1,000	
	미발급 등	64		뒤쪽참조	
전자세금발급명세	지연전송	65		3/1,000	
	미전송	66		5/1,000	
세금계산서합계표	제출불성실	67		5/1,000	
	지연제출	68		3/1,000	
신고불성실	무신고(일반)	69		뒤쪽	
	무신고(부당)	70		뒤쪽	
	과소·초과환급(일반)	71		뒤쪽	
	과소·초과환급(부당)	72		뒤쪽	
납부지연		73		뒤쪽	
영세율과세표준신고불성실		74	3,000,000	5/1,000	3,750
현금매출명세서불성실		75		1/100	
부동산임대공급가액명세서		76		1/100	
매입자납부특례	거래계좌 미사용	77		뒤쪽	
	거래계좌 지연입금	78		뒤쪽	
합계		79			3,750

문제 4.

[1] 12월 31일 일반전표 입력
(차) 매도가능증권(178)   10,000,000원   (대) 매도가능증권평가손실   3,000,000원
                                         매도가능증권평가이익   7,000,000원

[2] 12월 31일 일반전표입력
(차) 미수수익   700,000원   (대) 이자수익   700,000원
* 30,000,000원 × 7% × 4/12 = 700,000원

[3] 12월 31일 일반전표입력
(차) 유동성장기부채(중앙은행)   20,000,000원   (대) 장기차입금(중앙은행)   20,000,000원

[4] 12월 31일 일반전표 입력
(차) 이자비용   472,767원   (대) 현금   300,000원
                                사채할인발행차금   172,767원

[5] 12월 31일 일반전표입력
(차) 법인세등   22,000,000원   (대) 선납세금   8,600,000원
                                미지급세금   13,400,000원

또는 결산자료입력메뉴 결산반영금액란 선납세금란에 8,600,000원, 추가계상액 13,400,000원을 입력 후 전표추가

6부 · 기출문제

문제 5.

[1]

(1) 사원등록

　　사번 : 101, 성명 : 권예원, 입사년월일 : 2022년 7월 1일, 내국인

　　주민등록번호 : 900123－2548754, 거주자, 한국, 국외근로제공 : 부, 생산직여부 : 부

(2) 부양가족등록

　　근로소득금액이 3천만원 이하이므로 부녀자 공제가 가능하다.

　　오빠는 20세 이하 60세 이상이 아니지만 소득이 없고 장애인이므로 공제가 가능하다.

연말관계	성명	내/외국인	주민(외국인)번호	나이	기본공제	부녀자	한부모	경로우대	장애인	자녀	출산입양	위탁관계
0	권예원	내	1 900123-2548754	32	본인	○						
3	구정민	내	1 860420-1434561	36	부							
1	권정무	내	1 610324-1354877	61	60세이상							
1	손미영	내	1 630520-2324876	59	부							
4	구태성	내	1 180103-3143571	4	20세이하							
6	권우성	내	1 860112-1454522	36	장애인				1			

※ 권정무 공제여부를 '부'로 한 경우에도 정답 인정

[2]

1. [부양가족명세] 탭

연말관계	성명	내/외국인	주민(외국인)번호	나이	기본공제	세대주구분	부녀자	한부모	경로우대	장애인	자녀	출산입양
0	최원호	내	1 870530-1245672	35	본인	세대주						
3	윤선희	내	1 901204-2567541	32	배우자							
4	최슬기	내	1 220101-4561788	0	20세이하							첫째

2. [월세,주택임차] 탭

1 월세액 세액공제 명세								
임대인명(상호)	주민등록번호(사업자번호)	유형	계약면적(㎡)	임대차계약서 상 주소지	계약서상 임대차 계약기간			연간 월세액
					개시일	~	종료일	
서현근	797-97-01255	단독주택	84.00	서울시 중랑구 망우로 200	2022-01-01	~	2023-12-31	8,400,000

해답 및 해설

3. [연말정산입력] 탭

▶ 신용카드 등 사용금액 공제액 산출 과정

구분		대상금액		공제율금액
전통시장/ 대중교통 제외	㉮신용카드	20,000,000	15%	3,000,000
	㉯직불/선불카드	9,500,000		2,850,000
	㉰현금영수증	1,000,000	30%	300,000
㉱도서공연 등 사용분				
㉲전통시장사용분		500,000	40%	200,000
㉳대중교통이용분				
신용카드 등 사용액 합계(㉮~㉳)		31,000,000		6,350,000

	60.보장	일반	1,200,000		1,000,000
특	성보험	장애인			

의료비지급명세서

(2022)년 의료비 지급명세

의료비 공제대상자				지급처				지급명세				14.산후조리원 해당여부 (7천만원이하)
성명	내/외	5.주민등록번호	6.본인등 해당여부	8.상호	7.사업자 등록번호	9.의료증빙코드	10.건수	11.금액	11-1.실손 의료보험금	12.난임시술비 해당여부	13.미숙아 해당여부	
최원호	내	870530-1245672	1 0			국세청장		3,000,000		X	X	X
윤선희	내	901204-2567541	3 X			국세청장		2,000,000		X	X	0
최슬기	내	220101-4561788	3 X			국세청장		500,000		X	X	X

※ 해당 과세기간의 총급여액이 7천만원 이하인 근로자가 「모자보건법」 제2조 제10호에 따른 산후조리원에 산후조리 및 요양의 대가로 지급하는 비용으로서 출산 1회당 200만원 이내의 금액은 공제대상 의료비이다.(소득세법 시행령 제118조의 5 [의료비 세액공제] 제1항 제7호)

교육비

구분	지출액
취학전아동(1인당 300만원)	
초중고(1인당 300만원)	
대학생(1인당 900만원)	1,000,000
본인(전액)	3,000,000
장애인 특수교육비	

기부금

구분	지출액
정치자금 기부금(10만원 이하분)	100,000
정치자금 기부금(10만원 초과분)	
법정이월(2013년)	
법정이월(2014년)	
법정이월(2015년)	
법정이월(2016년)	
법정이월(2017년)	
법정이월(2018년)	
법정이월(2019년)	
법정당해기부금	200,000

6부 • 기출문제

✔ 세무사회 자격시험 홈페이지를 이용하여 기출문제 연습하기

: 여기에서는 98회 기출문제를 다운로드 받아서 답안저장 하는 것을 연습해보기로 한다.

① 한국세무사회 자격시험 홈페이지 http://license.kacpta.or.kr 접속
② 로그인을 한 후 화면 좌측하단 기출문제 다운로드 클릭
③ 원하는 기출문제를 선택하고, 디스켓 모양의 아이콘을 클릭

번호	제목	파일	작성자	등록일	조회
920	제98회 전산세무1급	💾	자격시험팀	2021-10-18	7183
919	제98회 전산세무2급	💾	자격시험팀	2021-10-18	15108
917	제98회 전산회계1급	💾	자격시험팀	2021-10-18	14410
916	제98회 전산회계2급	💾	자격시험팀	2021-10-18	7620

《 PREV 1 NEXT 》

제목 ▼ 98회   검 색   검색취소

④ 다운로드 받은 파일의 압축을 풀면 다음의 파일들이 나타난다.
  ⅰ. "설치는 이렇게" 파일에서 감독관 확인번호를 확인한다.
  ⅱ. 전산회계1급-케이렙으로 들어가면 Tax라는 파일이 있는데, 이를 실행하여 설치할 수 있다.
    (주의 : 기출문제 설치시에는 케이렙 프로그램이 종료된 상태여야 한다)
  ⅲ. 기출문제 설치 후 추가정보를 기록한다. 설치는 이렇게 파일에서 수험번호와 감독관 확인번호를 기록한다.

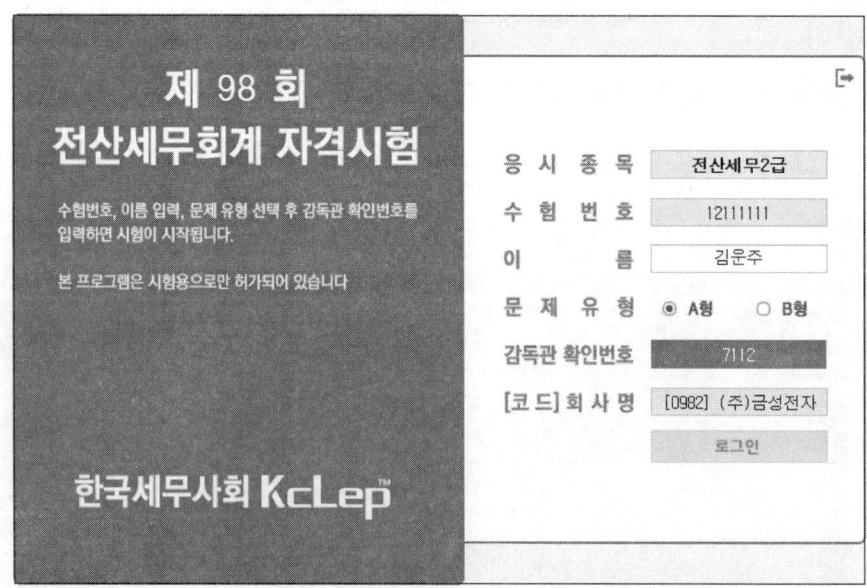

기출문제 연습하기

iv. 메인화면 아래에 있는 답안저장을 클릭하여 답안을 저장할 수 있다.
   - 우선 좌측하단의 이론문제 답안과 장부문제 답안을 기록한다.

v. 실제 시험에서는 usb저장을 한 후 usb는 제출하고, 시험지는 가지고 나올 수 있다.
vi. 추가적인 연습을 원하는 독자들을 위해 웹하드에 추가 기출문제를 올려두었다.
   웹하드   http://www.webhard.co.kr
   아이디   sosbook1   패스워드   sosbook0

(주의사항)
연습할 때는 절대 usb를 컴퓨터에 꽂은 채로 usb 저장을 해서는 안 된다.
usb의 내용이 지워질 위험이 있으니까 주의하기 바란다.

6부 • 기출문제

제98회 기출문제

(제한시간 : 90분, 난이도 : 합격률 13.86%)

1. 다음 중 재무제표의 작성과 표시에 대한 설명으로 틀린 것은?

   ① 재무제표는 재무상태표, 손익계산서, 현금흐름표, 자본변동표로 구성되며, 주석을 포함한다.
   ② 재무제표를 작성할 때 계속기업으로서의 존속가능성을 평가해야 한다.
   ③ 중요한 항목은 재무제표의 본문이나 주석에 그 내용을 가장 잘 나타낼 수 있도록 통합하여 표시할 수 있다.
   ④ 재무제표가 일반기업회계기준에 따라 작성된 경우에는 그러한 사실을 주석으로 기재하여야 한다.

2. 다음 중 재고자산의 단가결정방법에 대한 설명으로 틀린 것은?

   ① 선입선출법은 기말재고자산이 가장 최근 매입분으로 구성되어 기말재고자산 가액이 시가에 가깝다.
   ② 개별법은 실무에 적용하기 쉬우며 가장 정확한 단가산정방법이다.
   ③ 후입선출법은 매출원가가 가장 최근 매입분으로 구성되므로 수익·비용의 대응이 선입선출법보다 적절히 이루어진다.
   ④ 평균법에는 총평균법과 이동평균법이 있다.

3. 다음 중 유형자산에 대한 설명으로 틀린 것은?

   ① 유형자산은 재화의 생산, 용역의 제공, 타인에 대한 임대 또는 자체적으로 사용할 목적으로 보유하는 물리적 형체가 있는 자산을 말한다.
   ② 특정 유형자산을 재평가할 때, 해당 자산이 포함되는 유형자산 분류 전체를 재평가한다.
   ③ 유형자산은 최초에는 취득원가로 측정한다.
   ④ 새로운 시설을 개설하는 데 소요되는 원가는 유형자산의 원가이다.

4. 다음 중 회계추정의 변경에 해당하지 않는 것은?

① 재고자산 평가방법을 후입선출법에서 선입선출법으로 변경하는 경우
② 기계설비의 감가상각 대상 내용연수를 변경하는 경우
③ 매출채권에 대한 대손추정률을 변경하는 경우
④ 비품의 감가상각방법을 정률법에서 정액법으로 변경하는 경우

5. 다음의 거래로 증감이 없는 자본항목은 무엇인가?

> ㈜절세는 자기주식 500주(액면금액 주당 200원)를 주당 300원에 취득한 후, 이 중 300주는 주당 400원에 매각하고, 나머지 200주는 소각하였다. 단, ㈜절세의 자기주식 취득 전 자본항목은 자본금뿐이다.

① 자본금
② 자본잉여금
③ 자본조정
④ 기타포괄손익누계액

6. 다음 중 원가계산 항목이 아닌 것은?

① 생산시설 감가상각비
② 생산직 근로자 인건비
③ 생산시설 전기요금
④ 영업용 차량 유지비

7. ㈜세금은 제조간접비를 직접노무시간으로 예정배부하고 있다. 당초 제조간접비 예산금액은 1,500,000원이고, 예산직접노무시간은 500시간이다. 당기말 현재 실제 제조간접비는 1,650,000원이 발생하였고, 제조간접비의 배부차이가 발생하지 않을 경우 실제직접노무시간은 얼마인가?

① 450시간
② 500시간
③ 550시간
④ 600시간

6부 · 기출문제

8. 다음의 자료를 이용하여 당월의 제품 매출원가를 계산하면 얼마인가?

- 월초제품수량 500개, 월말제품수량 300개, 당월제품판매수량 1,000개
- 월초 제품원가 67,000원, 월말 제품원가 55,000원
- 당월에 완성된 제품 단위당 원가 110원

① 80,000원   ② 90,000원   ③ 100,000원   ④ 110,000원

9. 다음 중 제조원가명세서에서 제공하고 있는 정보가 아닌 것은?

① 매출원가   ② 당기제품제조원가
③ 당기총제조원가   ④ 기말재공품재고액

10. 당사의 제조활동과 관련된 물량흐름은 다음과 같다. 설명 중 옳은 것은?

- 기초재공품 : 1,500개   · 당기착수량 : 8,500개
- 기말재공품 :   700개   · 공손품 : 1,300개

① 완성품의 3%가 정상공손이면 완성품수량은 10,000개이다.
② 완성품의 3%가 정상공손이면 비정상공손수량은 1,060개이다.
③ 완성품의 3%가 정상공손이면 정상공손수량은 300개이다.
④ 완성품의 3%가 정상공손이면 비정상공손수량은 1,000개이다.

11. 다음 자료는 20×2년 2기 예정신고기간의 자료이다. 부가가치세 과세표준은 얼마인가?
(단, 제시된 자료 이외는 고려하지 말 것)

- 발급한 세금계산서 중 영세율세금계산서의 공급가액은 2,000,000원이다.
  그 외의 매출 및 매입과 관련된 영세율 거래는 없다.
- 세금계산서를 받고 매입한 물품은 공급가액 15,500,000원, 부가가치세 1,550,000원이다.
  이 중 거래처 선물용으로 매입한 물품(공급가액 500,000원, 부가가치세 50,000원)이 포함되어 있다.
- 납부세액은 2,500,000원이다.

① 40,000,000원   ② 40,500,000원   ③ 42,000,000원   ④ 45,000,000원

12. 부가가치세법상 사업자등록과 관련된 설명 중 틀린 것은?

① 신규로 사업을 시작하려는 자는 사업 개시일 이전이라도 사업자등록을 신청할 수 있다.
② 사업자등록의 신청을 받은 관할세무서장은 신청일부터 3일 이내에 사업자등록증을 신청자에게 발급하는 것이 원칙이다.
③ 휴업 또는 폐업을 하는 경우 지체 없이 사업장 관할 세무서장에게 신고하여야 한다.
④ 과세사업을 경영하는 자가 면세사업을 추가할 경우에는 면세사업자등록 신청을 별도로 할 필요가 없다.

13. 다음 중 해당 과세기간에 전액 필요경비에 불산입하는 항목이 모두 몇 개인지 고르시오.

> 가. 사업과 직접적인 관계없이 무상으로 지급하는 법령에서 정한 기부금
> 나. 가사의 경비와 이에 관련되는 경비
> 다. 벌금, 과료, 과태료
> 라. 선급비용
> 마. 대손금

① 2개 ② 3개
③ 4개 ④ 5개

14. 다음 중 부가가치세법상 영세율 적용대상이 아닌 것은?

① 사업자가 내국신용장 또는 구매확인서에 의하여 공급하는 수출용 재화(금지금(金地金)은 아님)
② 수출업자와 직접 도급계약에 의한 수출재화임가공용역
③ 국외에서 공급하는 용역
④ 수출업자가 타인의 계산으로 대행위탁수출을 하고 받은 수출대행수수료

15. 다음 중 소득세법상 이자소득이 아닌 것은?

① 직장공제회 초과반환금
② 비영업대금이익
③ 연금저축의 연금계좌에서 연금외 수령하는 일시금
④ 저축성보험의 보험차익(10년 미만)

㈜금성전자(회사코드:0982)는 제조, 도·소매 및 부동산임대업을 영위하는 중소기업이며, 당기(9기)의 회계기간은 2021.1.1.~2021.12.31.이다. 전산세무회계 수험용 프로그램을 이용하여 다음 물음에 답하시오. (답안 저장 연습을 위해 본 회차에 한하여 연도수정을 하지 않는다.)

문제 1

다음 거래를 일반전표입력 메뉴에 추가 입력하시오.(15점)

[1] 2월 15일 당사가 10%의 지분을 소유하고 있는 ㈜한국으로부터 현금배당 5,000,000원과 주식배당 100주(주당 액면가액 5,000원)를 보통예금 및 주식으로 수령하였다. 배당에 관한 회계처리는 기업회계기준을 준수하였고, 원천징수금액은 없다.(3점)

[2] 3월 11일 정기예금이 만기가 되어 원금 5,000,000원과 예금이자(이자소득 490,000원, 원천징수세액 75,460원)가 보통예금으로 이체되었다. 원천징수금액은 자산으로 처리한다.(3점)

[3] 3월 15일 업무와 관련된 자산을 취득하는 조건으로 서울시청으로부터 정부보조금 50,000,000원(이 중 50%는 상환의무가 없는 지원금이며, 나머지 50%는 3년후 원금을 상환해야 함)을 받아 보통예금에 입금하였다.(3점)

[4] 8월 15일 ㈜당진으로부터 제품 매출 후 외상매출금 4,830,000원에 대하여 조기 회수에 따른 매출 할인액(할인율 2%)을 차감한 나머지 금액이 보통예금으로 입금되었다.(단, 부가가치세는 고려하지 않는다.)(3점)

[5] 10월 31일 경영관리부에서 사용할 문구류를 구매하고 보통예금 계좌에서 이체하였다.(사무용품비 계정으로 회계처리 할 것.)(3점)

NO. 01		영 수 증 (공급받는자용)		
				귀하
공급자	사업자 등록번호	778-61-12347		
	상호	대박문구	성명	김대박
	사업장 소재지	서울특별시 구로구 구로동 27		
	업태	도소매	종목	문구
작성일자		금액합계		비고
2021.10.31		27,500		
공급내역				
월/일	품명	수량	단가	금액
10/31	볼펜	25	1,000	25,000
10/31	샤프심	5	500	2,500
합 계		₩		27,500
위 금액을 영수(청구)함				

문제 2

다음 거래자료를 매입매출전표입력 메뉴에 추가로 입력하시오.(15점)

[1] 7월 22일 당사가 생산한 제품(원가 500,000원, 시가 700,000원, 부가가치세별도)을 거래처인 ㈜세무에 선물로 제공하였다. (3점)

[2] 8월 5일 ㈜현명상사에게 제품을 납품하고 다음의 전자세금계산서를 발급하였다.(3점)

전자세금계산서(공급자 보관용)						승인번호		20210805-23000000-000000	
공급자	사업자 등록번호	110-81-35557	종사업장 번호		공급받는자	사업자 등록번호	412-81-28461	종사업장 번호	
	상호 (법인명)	㈜금성전자	성 명 (대표자)	이준호		상호 (법인명)	㈜현명상사	성 명	김현명
	사업장 주소	서울 성북구 대사관로 50(성북동)				사업장 주소	서울 강남구 테헤란로 32		
	업 태	제조업	종 목	전자제품		업 태	도소매	종 목	전자제품
	이메일					이메일			
작성일자	공급가액		세액		수정사유				
2021-08-05	5,000,000원		500,000원						

비고									
월	일	품 목	규격	수량	단 가	공 급 가 액	세 액	비 고	
8	5	전자제품		100	50,000원	5,000,000원	500,000원		

합 계 금 액	현 금	수 표	어 음	외상미수금	이 금액을 영수 청구 함
5,500,000원	3,000,000원			2,500,000원	

[3] 8월 31일 제조부 직원의 식사를 ㈜식신으로부터 제공받고, 8월분 식대(공급가액 900,000원, 세액 90,000원)에 대한 종이세금계산서를 수취하고 법인카드(신한카드)로 결제하였다.(3점)

[4] 9월 7일 ㈜삼진건설로부터 사옥신축계약을 체결하고 본사건물을 신축하기로 하였다. 공사도급계약서중 대금지급에 관한 내용은 다음과 같다. 당일에 계약금에 대한 전자세금계산서를 적절하게 발급받았다.(3점)

- 총 도급금액 : 480,000,000원(부가가치세 48,000,000원 별도)
- 대금 지급 방식
- 계약금(2021.09.07./공사착공일) : 48,000,000원(부가가치세 4,800,000원 별도)
- 중도금(2022.02.07.) : 288,000,000원(부가가치세 28,800,000원 별도)
- 잔금(2022.07.31./공사완공일) : 144,000,000원(부가가치세 14,400,000원 별도)
- 대금은 위 기재된 날짜에 부가가치세 포함하여 보통예금으로 계좌이체가 이루어진 것으로 가정한다.

[5] 9월 30일 당사는 ㈜명국에 제품을 10,000,000원(공급가액)에 판매하고 전자세금계산서를 발급하였다.(단, 4월 30일 계약금을 지급 받았으며 잔액은 10월 15일에 지급 받기로 하였다.)(3점)

문제 3

부가가치세신고와 관련하여 다음 물음에 답하시오.(10점)

[1] 다음의 자료를 이용하여 2021년 2기 확정신고기간에 대한 [건물등감가상각자산취득명세서]를 작성하시오.(다음의 지출금액에 대해서는 자산처리 하기로 함.)(3점)

일자	내역	공급가액	부가가치세	상호	사업자 등록번호
10/6	영업부서에서 사용할 개별소비세 과세대상 승용차 구입(전자세금계산서 수취)	28,000,000원	2,800,000원	㈜경기자동차	126-81-11152
11/22	제조부서에서 사용할 기계구입(전자세금계산서 수취)	13,000,000원	1,300,000원	㈜한국상사	621-81-20059
12/20	영업부서에서 사용할 복사기 구입(종이세금계산서 수취)	1,800,000원	180,000원	시원전자 (일반과세자)	358-52-91995

제98회 · 기출문제

[2] 다음 자료만을 이용하여 2021년 제1기 확정신고기간(4월~6월)의 부가가치세신고서를 작성하시오.(단, 부가가치세 신고서 이외의 부속서류와 과세표준명세의 작성은 생략하며, 불러오는 데이터는 무시하고 직접 입력할 것)(7점)

[매출자료]
- 전자세금계산서 과세 매출액(영세율 매출 포함): 공급가액 400,000,000원, 세액 35,000,000원
- 신용카드·현금영수증 과세 매출액 : 공급가액 5,000,000원, 세액 500,000원
- 정규영수증외 과세 매출액: 공급가액 700,000원, 세액 70,000원
  (최종 소비자와의 거래이며, 당사가 영위하는 업종은 현금영수증 의무발행업종이 아님)
- 해외 직수출액: 40,000,000원
- 회수기일이 2년 6개월 지난 외상매출금(특수관계인과의 거래가 아님): 11,000,000원(부가가치세 포함)

[매입자료]
- 세금계산서 수취한 매입내역

구분	공급가액	세액
일반 매입	250,000,000원	25,000,000원
접대성 물품 매입	1,000,000원	100,000원
기계장치 매입	30,000,000원	3,000,000원
예정신고누락분 매입	3,000,000원	300,000원
합 계	284,000,000원	28,400,000원

- 신용카드 사용분 매입내역

구분	공급가액	세액
일반 매입	25,000,000원	2,500,000원
사업무관 매입	2,000,000원	200,000원
비품 매입	5,000,000원	500,000원
합 계	32,000,000원	3,200,000원

[기타자료]
- 예정신고 미환급세액: 800,000원
- 당사는 부가가치세 신고시 홈택스로 전자신고를 하였다.
- 세부담최소화를 가정할 것

문제 4

다음 결산자료를 입력하여 결산을 완료하시오.(15점)

[1] 당사는 별빛은행으로부터 1년마다 갱신조건의 마이너스통장(보통예금)을 개설하였다. 12월 31일 현재 통장잔고는 (−)10,154,000원이다.(단, 회계처리는 음수(−)로 하지 말 것)(3점)

[2] 당사는 10월 1일 회사 경영에 필요한 보증보험료(보험기간 : 2021년 10월 1일 ~ 2022년 9월 30일) 2,700,000원을 보통예금계좌에서 지출하고 전액 보험료로 당기 비용처리 하였다.(보험료의 기간배분은 월할계산한다.) (3점)

[3] 다음의 자산의 당기(2021년) 감가상각비를 결산에 반영하시오.(월할상각할 것)(3점)

구 분	취득가액	전기말 상각누계액	상각방법	내용연수	상각율	취득일자
건물(영업부서 사무실)	200,000,000원	12,500,000원	정액법	40	0.025	2018.07.01
기계장치(제품생산)	50,000,000원	15,650,000원	정률법	8	0.313	2020.01.01

[4] 당기말 현재 당사의 재고자산은 다음과 같다. (3점)

- 기말원재료 : 4,000,000원
- 기말재공품 : 8,030,000원
- 기말제품 :   7,000,000원 (위탁재고 1,000,000원 별도)

[5] 결산일 현재 다음 채권잔액에 대해 대손충당금(보충법)을 설정하시오.(3점)

과목	대손추정률
외상매출금	1%
단기대여금	2%

문제 5

2021년 귀속 원천징수자료와 관련하여 다음의 물음에 답하시오.(15점)

[1] 2021년 1월 10일에 입사한 사원코드 101번인 나인턴(배우자 및 부양가족은 없음)은 2021년 2월 28일에 퇴사하였다. 1월과 2월의 급여자료는 아래와 같다. 1월과 2월의 급여자료를 [급여자료 입력]에 반영하고, 2월의 [원천징수이행상황신고서]를 작성하시오.(단, 급여 지급일은 귀속월의 말일이고, 2월분 급여자료 입력시 중도퇴사에 대한 연말정산을 포함하여 작성할 것)(5점)

[급여자료]

구 분	1월	2월	비 고
기 본 급	2,000,000원	3,000,000원	
식대	120,000원	180,000원	비과세 요건을 충족한다.
국민연금	-	135,000원	공제항목
건강보험	-	102,900원	
장기요양보험	-	11,850원	
고용보험	16,160원	24,640원	
소득세	20,170원		
지방소득세	2,010원		

※ 국민연금, 건강보험, 장기요양보험, 고용보험은 요율표를 무시하고 주어진 자료를 이용한다.

6부 · 기출문제

[2] 다음은 최태호(사번 : 103번)와 부양가족(자녀를 제외하고는 본인과 생계를 같이함)에 대한 자료이다. 이 자료를 바탕으로 연말정산추가자료입력의 [소득명세], [부양가족], [연금저축등Ⅰ]탭을 완성하고 [연말정산입력]탭과 [의료비지급명세서]를 작성하시오.(단, 제시된 자료 이외에는 부양가족의 소득금액은 없으며, 최태호의 세부담 최소화를 위해 모든 가능한 공제는 최태호가 받기로 한다.)(10점)

<자료 1>

< 전 근무지 근로소득 원천징수영수증 자료 >

	구 분		주(현)	종(전)	⑯-1 납세조합	합 계
Ⅰ. 근무처별소득명세	⑨ 근 무 처 명		(주)태평성대			
	⑩ 사업자등록번호		126-85-33149			
	⑪ 근무기간		2021.1.1~2021.6.30	~	~	~
	⑫ 감면기간		~	~	~	~
	⑬ 급 여		18,000,000원			
	⑭ 상 여		5,000,000원			
	⑮ 인 정 상 여					
	⑮-1 주식매수선택권 행사이익					
	⑮-2 우리사주조합인출금					
	⑮-3 임원 퇴직소득금액 한도 초과액					
	⑯ 계		23,000,000원			
Ⅱ. 비과세 및 감면소득명세	⑱ 국외근로	M0X				
	⑱-1 야간근로수당	O0X				
	⑱-2 출산·보육수당	Q0X				
	⑱-4 연구보조비	H0X				
	~					
	⑱-29					
	⑲ 수련보조수당	Y22				
	⑳ 비과세소득 계					
	⑳-1 감면소득 계					
Ⅲ. 세액명세	구 분			⑱ 소 득 세	⑲ 지방소득세	⑳ 농어촌특별세
	⑫ 결 정 세 액			382,325원	38,232원	
	기납부세액	⑬ 종(전)근무지 (결정세액란의 세액을 적습니다)	사업자등록번호			
		⑭ 주(현)근무지		878,120원	87,812원	
	⑮ 납부특례세액					
	⑯ 차 감 징 수 세 액(⑫-⑬-⑭-⑮)			△495,795원	△49,580원	
	(국민연금 1,035,000원, 건강보험 763,600원, 장기요양보험 61,088원, 고용보험 149,500원) 위의 원천징수액(근로소득)을 정히 영수(지급)합니다.					

<자료 2> 연말정산 자료(국세청 자료로 가정)

본인(최태호) (730505-1111117)	· 야간대학원 학비 : 5,000,000원 · 보장성 보험료 납입액 : 600,000원 · 저축성 보험료 납입액 : 1,200,000원 · 본인의 신용카드사용액 : 21,000,000원[이 중에는 대중교통요금 3,000,000원, 전통시장사용액 7,000,000원, 도서공연 사용액(문체부장관이 지정한 사업자) 1,000,000원 포함됨, 직불/선불카드·현금영수증 사용액 없음.] · 연금저축납입액 : 1,200,000원[(주)우리은행 / 1002-484-652358]
아버지(최진성) (470815-1111112)	· 질병치료비 : 12,000,000원(이중 실손보험 수령금 11,000,000원)
어머니(김순녀) (540804-2222222)	· 상가임대소득금액 : 12,000,000원 · 임대상가의 화재보험료 : 1,200,000원 · 질병치료비 : 3,000,000원(실손보험 수령금 없고, 본인이 실제 어머니 치료비를 부담) · 종교단체 기부금 : 1,500,000원
배우자(신미미) (780822-2222220)	· 연간총급여 : 6,000,000원(이 중에는 일용근로소득자로서 받은 총급여 3,000,000원이 포함되어 있음.) · 시력보정용 안경구입비 : 900,000원 · 질병치료비 : 3,000,000원(이중 실손보험 수령금 1,700,000원) · 건강기능식품 구입비 2,000,000원 · 배우자 명의의 신용카드사용액 : 5,000,000원(이 중에는 대중교통요금 2,000,000원, 전통시장사용액 1,000,000원 포함, 직불/선불카드·현금영수증 사용액 없음.)
자녀(최샛별) (031031-4444443)	· 미국 현지 소재 고등학교(우리나라 교육법에 따른 학교에 해당하는 교육기관임) 수업료 : 6,000,000원 · 보장성 보험료 납입액 : 300,000원 · 건강증진목적의 한약구입비 : 1,500,000원

<유의사항>
* 부양가족 입력시 기본공제대상자가 아닌 경우 기본공제여부에 '부'로 표시할 것.
* 의료비지급명세서에 의료비를 반영할 것.

98회 기출문제

이론시험

| 1 ③ | 2 ② | 3 ④ | 4 ① | 5 ④ | 6 ④ | 7 ③ | 8 ③ | 9 ① | 10 ② |
| 11 ③ | 12 ② | 13 ② | 14 ④ | 15 ③ |

[1] ③ 기업회계기준 2.9
 중요한 항목은 재무제표의 본문이나 주석에 그 내용을 가장 잘 나타낼 수 있도록 구분하여 표시하며, 중요하지 않은 항목은 성격이나 기능이 유사한 항목과 통합하여 표시할 수 있다.

[2] ② 개별법은 가장 정확한 단가산정방법이지만 실무적으로 적용하기 어렵다.

[3] ④ 기업회계기준 10.10
 유형자산의 원가가 아닌 예는 다음과 같다.
 (1) 새로운 시설을 개설하는 데 소요되는 원가

[4] ① 재고자산 평가방법의 변경은 회계정책의 변경에 해당함(일반기업회계기준 제5장 실5.4, 실5.5)

[5] ④ 자기주식 소각−자본금 감소, 자기주식처분이익−자본잉여금, 감자차손−자본조정

(차) 자기주식	150,000원	(대) 현금등	150,000원
(차) 현금등	120,000원	(대) 자기주식	90,000원
		(대) 자기주식처분이익	30,000원
(차) 자본금	40,000원	(대) 자기주식	60,000원
(차) 감자차손	20,000원		

[6] ④ 영업용 차량에 대한 유지비는 판매관리비 항목이다.

[7] ③ 예정배부율 : 1,500,000원 ÷ 500시간 = 3,000원/시간당
 실제발생 제조간접비 = 1,650,000원 = 예정배부액
 실제직접노무시간 : 1,650,000원 ÷ 3,000원 = 550시간

[8] ③ 100,000원
 당기제품제조수량 = 1,000개 + 300개 − 500개 = 800개
 매출원가 = 67,000원 + 88,000원(800개×110원) − 55,000원 = 100,000원

[9] ① 손익계산서에서 제공되는 정보이다.

[10] ② 완성품 수량 : 1,500 + 8,500 − 1,300 − 700 = 8,000개
 정상공손수량 = 8,000 × 3% = 240개
 비정상공손수량 = 1,300 − 240 = 1,060개

[11] ③ 납부세액 = 매출세액 − 매입세액 + 매입세액불공제
 즉, 매출세액 = 납부세액 + 매입세액 − 매입세액불공제
 4,000,000원 = 2,500,000원 + 1,550,000원 − 50,000원
 과세 공급가액 = 매출세액 ÷ 10%
 과세표준 = 과세 공급가액 + 영세율 공급가액
 42,000,000원 = (4,000,000원 ÷ 10%) + 2,000,000원

해답 및 해설

[12] ② 신청일부터 2일 이내에 신청자에게 발급하여야 한다. [부가가치세법시행령 제11조 제5항]
[13] ② 가와 마는 세법에서 정한 범위내에서 필요경비에 산입가능하다.
[14] ④ 수출대행수수료는 세금계산서를 발급하고 영세율 아닌 일반세율(10%) 적용한다.
[15] ③ 연금저축의 연금계좌에서 연금외 수령하는 일시금은 기타소득에 해당된다.

실무시험

문제 1.

[1] 2월 15일 일반전표 입력
(차) 보통예금　　　　　　　　　　5,000,000원　(대) 배당금수익　　　　　5,000,000원

[2] 3월 11일 일반전표 입력
(차) 보통예금　　　　　　　　　　5,414,540원　(대) 이자수익　　　　　　　490,000원
　　 선납세금　　　　　　　　　　 75,460원　　　　정기예금　　　　　　5,000,000원

[3] 3월 15일 일반전표 입력
(차) 보통예금　　　　　　　　　 50,000,000원　(대) 장기차입금(서울시청)　25,000,000원
　　　　　　　　　　　　　　　　　　　　　　　　　정부보조금　　　　　25,000,000원
　　　　　　　　　　　　　　　　　　　　　　　　　(보통예금차감)

[4] 8월 15일 일반전표입력
(차) 보통예금　　　　　　　　　　4,733,400원　(대) 외상매출금(㈜당진)) 　4,830,000원
　　 매출할인(406)　　　　　　　　 96,600원

[5] 10월 31일 일반전표 입력
(차) 사무용품비(판)　　　　　　　　 27,500원　(대) 보통예금　　　　　　　 27,500원

문제 2.

[1] 7월 22일 매입매출전표입력
유형: 14.건별, 공급가액 700,000원, 부가세 70,000원, 거래처명: ㈜세무, 분개: 혼합
(차) 접대비　　　　　　　　　　　　570,000원　(대) 제품(적요8. 타계정대체)　500,000원
　　　　　　　　　　　　　　　　　　　　　　　　　부가세예수금　　　　　　70,000원

[2] 8월 5일 매입매출전표입력
유형:11.과세, 공급가액:5,000,000원, 부가세:500,000원, 공급처명:㈜현명상사, 전자:여, 분개:혼합
(차) 현금　　　　　　　　　　　　3,000,000원　(대) 제품매출　　　　　　5,000,000원
　　 외상매출금　　　　　　　　　2,500,000원　　　 부가세예수금　　　　　500,000원

[3] 8월 31일 매입매출전표 입력
유형:51.과세, 공급가액:900,000원, 부가세:90,000원, 공급처명:㈜식신, 전자:부, 분개:혼합
(차) 복리후생비(제)　　　　　　　　　900,000원　(대) 미지급금(신한카드)　　　990,000원
　　부가세대급금　　　　　　　　　　 90,000원

[4] 9월 7일 매입매출전표 입력
유형:51.과세, 공급가액: 48,000,000원 부가세: 4,800,000원, 공급처: ㈜삼진건설, 전자: 여, 분개: 혼합
(차) 건설중인자산　　　　　　　　48,000,000원　(대) 보통예금　　　　　　52,800,000원
　　부가세대급금　　　　　　　　 4,800,000원

[5] 9월 30일 매입매출전표 입력
유형: 11.과세, 공급가액: 10,000,000원, 부가세: 1,000,000원 공급처명:㈜명국, 전자:여, 분개: 혼합
(차) 외상매출금　　　　　　　　　9,000,000원　(대) 제품매출　　　　　　10,000,000원
　　선수금　　　　　　　　　　　 2,000,000원　　　부가세예수금　　　　 1,000,000원

문제 3.
[1] 건물등감가상각자산취득명세서

조회기간 2021 년 10 월 ~ 2021 년 12 월　구분 2기 확정

취득내역

감가상각자산종류	건수	공급가액	세액	비고
합　계	3	42,800,000	4,280,000	
건물·구축물				
기계장치	1	13,000,000	1,300,000	
차량운반구	1	28,000,000	2,800,000	
기타감가상각자산	1	1,800,000	180,000	

거래처별 감가상각자산 취득명세

No	월/일	상호	사업자등록번호	자산구분	공급가액	세액	건수
1	10-06	㈜경기자동차	126-81-11152	차량운반구	28,000,000	2,800,000	1
2	11-22	㈜한국상사	621-81-20059	기계장치	13,000,000	1,300,000	1
3	12-20	시원전자	358-52-91995	기타	1,800,000	180,000	1

해답 및 해설

[2]

일반과세	간이과세

조회기간: 2021년 4월 1일 ~ 2021년 6월 30일 신고구분: 1.정기신고 신고차수: 부가율: 37.4 확정

	구분		금액	세율	세액
과세표준및매출세액	과세 세금계산서발급분	1	350,000,000	10/100	35,000,000
	매입자발행세금계산서	2		10/100	
	신용카드·현금영수증발행분	3	5,000,000	10/100	500,000
	기타(정규영수증외매출분)	4	700,000		70,000
	영세 세금계산서발급분	5	50,000,000	0/100	
	기타	6	40,000,000	0/100	
	예정신고누락분	7			
	대손세액가감	8			-1,000,000
	합계	9	445,700,000	㉮	34,570,000
매입세액	세금계산서수취분 일반매입	10	251,000,000		25,100,000
	수출기업수입분납부유예	10			
	고정자산매입	11	30,000,000		3,000,000
	예정신고누락분	12	3,000,000		300,000
	매입자발행세금계산서	13			
	그 밖의 공제매입세액	14	30,000,000		3,000,000
	합계(10)-(10-1)+(11)+(12)+(13)+(14)	15	314,000,000		31,400,000
	공제받지못할매입세액	16	1,000,000		100,000
	차감계 (15-16)	17	313,000,000	㉯	31,300,000
납부(환급)세액(매출세액㉮-매입세액㉯)				㉰	3,270,000
경감공제세액	그 밖의 경감·공제세액	18			10,000
	신용카드매출전표등 발행공제등	19			
	합계	20		㉱	10,000
소규모 개인사업자 부가가치세 감면세액		20		㉲	
예정신고미환급세액		21		㉳	800,000
예정고지세액		22		㉴	
사업양수자의 대리납부 기납부세액		23		㉵	
매입자 납부특례 기납부세액		24		㉶	
신용카드업자의 대리납부 기납부세액		25		㉷	
가산세액계		26		㉸	
차가감하여 납부할세액(환급받을세액)㉰-㉱-㉲-㉳-㉴-㉵-㉶-㉷+㉸		27			2,460,000
총괄납부사업자가 납부할 세액(환급받을 세액)					

	구분		금액	세율	세액
7.매출(예정신고누락분)					
예정누락분	과세 세금계산서	33		10/100	
	기타	34		10/100	
	영세 세금계산서	35		0/100	
	기타	36		0/100	
	합계	37			
12.매입(예정신고누락분)					
	세금계산서	38	3,000,000		300,000
예정누락분	그 밖의 공제매입세액	39			
	합계	40	3,000,000		300,000
	신용카드매출 일반매입				
	수령금액합계 고정매입				
	의제매입세액				
	재활용폐자원등매입세액				
	과세사업전환매입세액				
	재고매입세액				
	변제대손세액				
	외국인관광객에대한환급				
	합계				
14.그 밖의 공제매입세액					
신용카드매출	일반매입	41	25,000,000		2,500,000
수령금액합계	고정매입	42	5,000,000		500,000
의제매입세액		43		뒤쪽	
재활용폐자원등매입세액		44		뒤쪽	
과세사업전환매입세액		45			
재고매입세액		46			
변제대손세액		47			
외국인관광객에대한환급세액		48			
합계		49	30,000,000		3,000,000

구분		금액	세율	세액
16.공제받지못할매입세액				
공제받지못할 매입세액	50	1,000,000		100,000
공통매입세액면세등사업분	51			
대손처분받은세액	52			
합계	53	1,000,000		100,000
18.그 밖의 경감·공제세액				
전자신고세액공제	54			10,000
전자세금계산서발급세액공제	55			
택시운송사업자경감세액	56			
대리납부세액공제	57			
현금영수증사업자세액공제	58			
기타	59			
합계	60			10,000

문제 4.

[1] 12월 31일 일반전표 입력
(차) 보통예금   10,154,000원   (대) 단기차입금(별빛은행)   10,154,000원

[2] 12월 31일 일반전표입력
(차) 선급비용   2,025,000원   (대) 보험료(판)   2,025,000원

[3] 12월 31일 일반전표입력
(차) 감가상각비(판)   5,000,000원   (대) 감가상각누계액   5,000,000원
   감가상각비(제)   10,751,550원   감가상각누계액   10,751,550원
   또는 결산자료 입력메뉴을 이용하여 금액을 입력한 후 전표추가

6부 · 기출문제

[4] 12월 31일
[결산자료입력] 메뉴에서 기말원재료 4,000,000원, 기말재공품 8,030,000원, 기말제품 8,000,000원 입력 후 전표추가
[5] 12월 31일 일반전표입력

(차) 대손상각비	3,399,700원	(대) 대손충당금(109)	3,399,700원
(차) 기타의대손상각비	1,600,000원	(대) 대손충당금(115)	1,600,000원

또는 결산자료 입력메뉴을 이용하여 금액을 입력한 후 전표추가

문제 5.

[1]
1. 급여자료입력(1월)

사번	사원명	감면율	급여항목	금액	공제항목	금액
101	나인턴		기본급	2,000,000	국민연금	
			상여		건강보험	
			직책수당		장기요양보험	
			월차수당		고용보험	16,160
			식대	120,000	소득세(100%)	20,170
			자가운전보조금		지방소득세	2,010
			야간근로수당		농특세	
			과 세	2,020,000		
			비 과 세	100,000	공 제 총 액	38,340
총인원(퇴사자)	1(0)		지 급 총 액	2,120,000	차 인 지 급 액	2,081,660

2. 급여자료입력(2월)

사번	사원명	감면율	급여항목	금액	공제항목	금액
101	나인턴(퇴사)		기본급	3,000,000	국민연금	135,000
			상여		건강보험	102,900
			직책수당		장기요양보험	11,850
			월차수당		고용보험	24,640
			식대	180,000	소득세(100%)	
			자가운전보조금		지방소득세	
			야간근로수당		농특세	
					중도정산소득세	-20,170
					중도정산지방소득세	-2,010
			과 세	3,080,000		
			비 과 세	100,000	공 제 총 액	252,210
총인원(퇴사자)	1(1)		지 급 총 액	3,180,000	차 인 지 급 액	2,927,790

3. 원천징수이행상황신고서(2월)

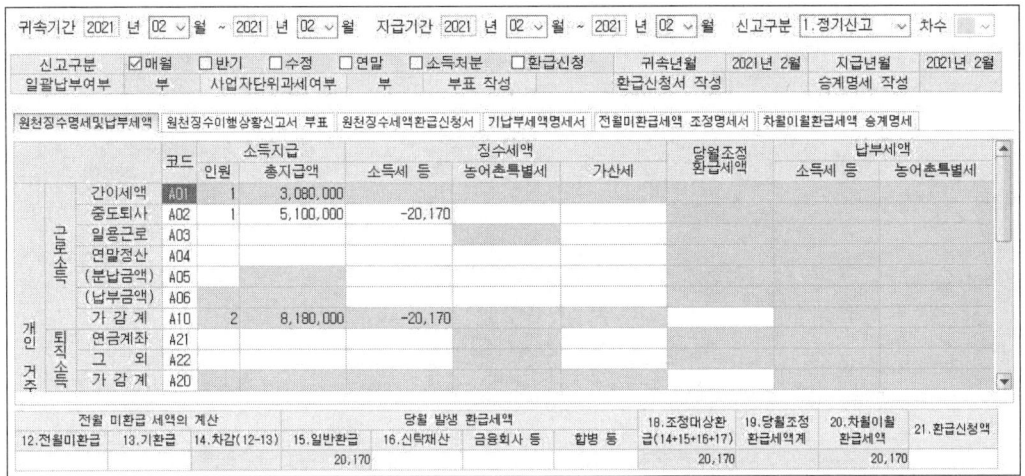

[2]
1. 모 김순녀는 임대소득금액이 100만원 이상이므로 기본공제 대상자가 아님. 배우자는 연간 총급여가 600만원이지만 분리과세되는 일용소득이 300만원이 포함되어 있으므로 기본공제대상자에 해당함)
2. 연금저축 퇴직연금저축 : 아래 참조
3. 보험료 : 보장성 보험료(본인 600,000원, 자녀 300,000원) 총 900,000원(저축성보험은 해당안됨)
4. 의료비 : 부친(12,000,000 - 11,000,000(실손) = 1,000,000), 모친(3,000,000원:의료비는 소득,연령요건을 따지지 않으므로 소득이 높아 기본부양자는 아니지만 실제본인이 부담한 의료비는 포함한다.)
   배우자(3,000,000 - 1,700,000(실손) + 500,000(안경구입) = 1,800,000원)
   배우자의 건강기능식품 구입비와 자녀의 건강증진한약비는 제외한다.
5. 교육비 : 본인의 대학원학비와 자녀의 외국소재학교 수업료는 공제대상임.
6. 기부금 : 어머니는 기본공제대상자가 아니므로 어머니가 지출한 기부금은 세액공제 대상 아님
7. 신용카드 등 : 아래 참조

6부 · 기출문제

| 소득명세 | 부양가족 | 연금저축 등 I | 연금저축 등 II | 월세,주택임차 | 연말정산입력 |

	구분		합계	주(현)	납세조합	종(전) [1/2]
소득명세	9.근무처명			(주)금성전자		(주)태평성대
	10.사업자등록번호			110-81-35557	---_--_-----	126-85-33149
	11.근무기간			2021-07-01~2021-12-31	----_--_--~----_--_--	2021-01-01~2021-06-30
	12.감면기간			----_--_--~----_--_--	----_--_--~----_--_--	----_--_--~----_--_--
	13-1.급여(급여자료입력)		53,000,000	35,000,000		18,000,000
	13-2.비과세한도초과액					
	13-3.과세대상추가(인정상여추가)					
	14.상여		5,000,000			5,000,000
	15.인정상여					
	15-1.주식매수선택권행사이익					
	15-2.우리사주조합 인출금					
	15-3.임원퇴직소득금액한도초과액					
	15-4.직무발명보상금					
	16.계		58,000,000	35,000,000		23,000,000
	18.국외근로					
	18-1.야간근로(년240만원)	001				
	18-2.출산·보육(월10만원)	Q01				
	18-4.연구보조비(월20만원)					

공제보험료명세	직장	건강보험료(직장)(33)	1,963,480	1,200,480		763,000
		장기요양보험료(33)	199,328	138,240		61,088
		고용보험료(33)	429,460	279,960		149,500
		국민연금보험료(31)	2,609,950	1,574,950		1,035,000
	공적연금보험료	공무원 연금(32)				
		군인연금(32)				
		사립학교교직원연금(32)				
		별정우체국연금(32)				
세액	기납부세액	소득세	3,293,885	2,911,560		382,325
		지방소득세	329,352	291,120		38,232
		농어촌특별세				

| 소득명세 | 부양가족 | 연금저축 등 I | 연금저축 등 II | 월세,주택임차 | 연말정산입력 |

연말관계	성명	내/외국인	주민(외국인)번호	나이	기본공제	세대주구분	부녀자	한부모	경로우대	장애인	자녀	출산입양
0	최태호	내	1 730505-1111117	48	본인	세대주						
1	최진성	내	1 470815-1111112	74	60세이상				O			
1	김순녀	내	1 540804-2222222	67	부							
3	신미미	내	1 780822-2222220	43	배우자							
4	최샛별	내	1 031031-4444443	18	20세이하						O	

2 연금계좌 세액공제 - 연금저축계좌(연말정산입력 탭의 38.개인연금저축, 59.연금저축) 크게보기

연금저축구분	코드	금융회사 등	계좌번호(증권번호)	납입금액	공제대상금액	소득/세액공제액
2.연금저축	304	(주) 우리은행	1002-484-652358	1,200,000	1,200,000	144,000
개인연금저축						
연금저축				1,200,000	1,200,000	144,000

해답 및 해설

60.보장	일반	900,000		900,000		900,000
성보험	장애인					

(2021)년 의료비 지급명세

지급처			의료비 공제대상자					지급명세			
9.의료증빙코드	8.상호	7.사업자등록번호	성명	내/외	5.주민등록번호	6.본인등해당여부	10.건수	11.금액	11-1.실손의료보험금	12.난임시술비해당여부	13.산후조리원해당여부(7천만원이하)
국세청장			최진성	내	470815-1111112	2	0	12,000,000	11,000,000	X	X
국세청장			김순녀	내	540804-2222222	2	0	3,000,000		X	X
국세청장			신미미	내	780822-2222220	3	X	3,500,000	1,700,000	X	X

의료비

구분	지출액	실손의료비	공제대상금액
난임시술비		12,700,000	4,660,000
본인			
65세,장애인,건강보험산정특례자	15,000,000		
그 밖의 공제대상자	3,500,000		

교육비

구분	지출액	공제대상금액	공제금액
취학전아동(1인당 300만원)		8,000,000	
초중고(1인당 300만원)	6,000,000		
대학생(1인당 900만원)			
본인(전액)	5,000,000		
장애인 특수교육비			

신용카드 등 공제대상금액

▶ 신용카드 등 사용금액 공제액 산출 과정

구분		대상금액	
전통시장/대중교통 제외	㉮신용카드	12,000,000	15%
	㉯직불/선불카드		
	㉰현금영수증		30%
㉱도서공연 등 사용분		1,000,000	
㉲전통시장사용분		8,000,000	40%
㉳대중교통이용분		5,000,000	
신용카드 등 사용액 합계(㉮~㉳)		26,000,000	

부가가치세 전자신고와 원천징수 전자신고

2022년 4월 시험부터 부가가치세 전자신고와 원천징수 전자신고가 추가되었다. 예제를 통해 정리해 보기로 한다.

1. 부가가치세 전자신고

사례

회사코드 5300번 전자신고2급 기업으로 회사를 변경하고 작업한다.
2022년 1기 예정신고기간, 1기 확정신고기간, 2기 예정신고기간, 2기 확정신고기간의 부가가치세 전자신고를 하시오.

부가가치세신고서에서 마감을 한다.

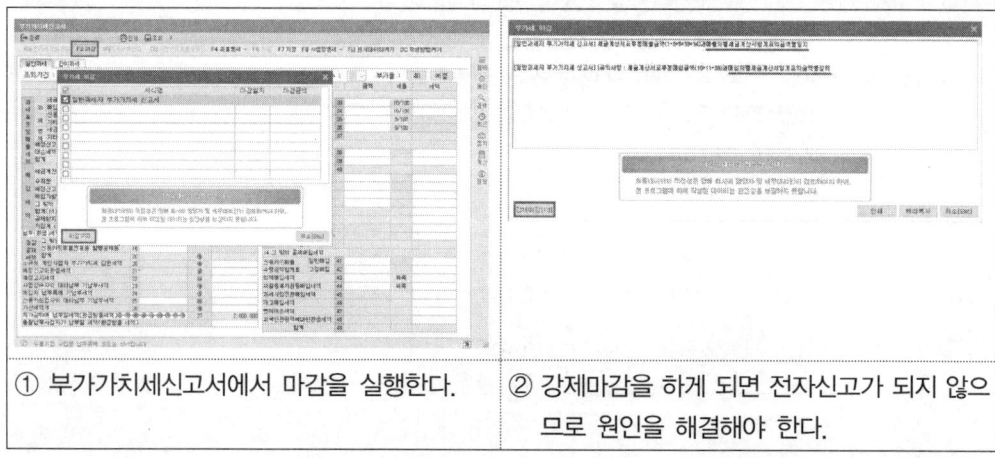

| ① 부가가치세신고서에서 마감을 실행한다. | ② 강제마감을 하게 되면 전자신고가 되지 않으므로 원인을 해결해야 한다. |

부가가치세 전자신고와 원천징수 전자신고

여기 데이터의 경우에는 세금계산서합계표를 마감하고, 부가가치세신고서를 마감하면 된다.

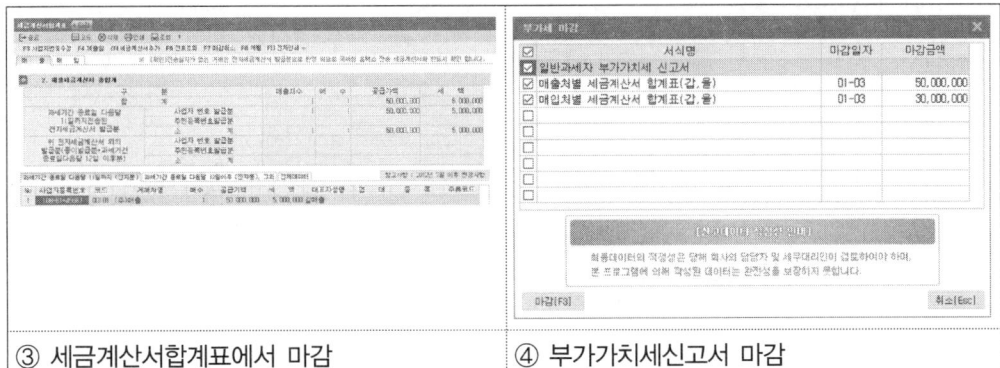

③ 세금계산서합계표에서 마감   ④ 부가가치세신고서 마감

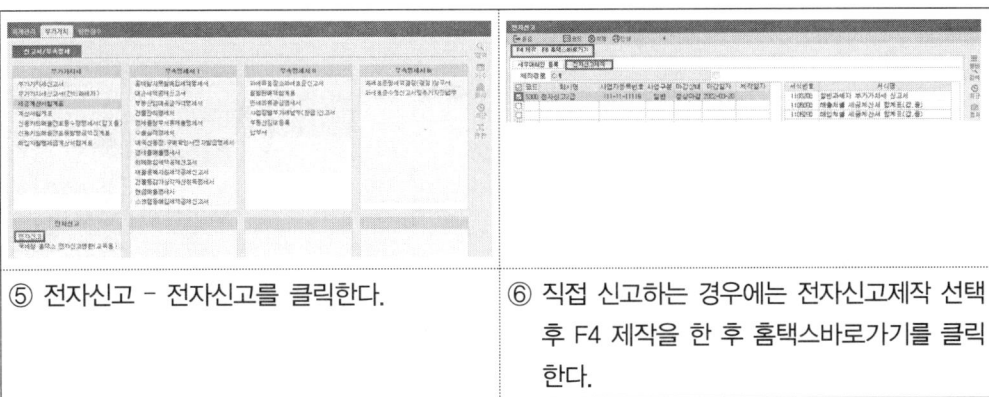

⑤ 전자신고 - 전자신고를 클릭한다.   ⑥ 직접 신고하는 경우에는 전자신고제작 선택 후 F4 제작을 한 후 홈택스바로가기를 클릭한다.

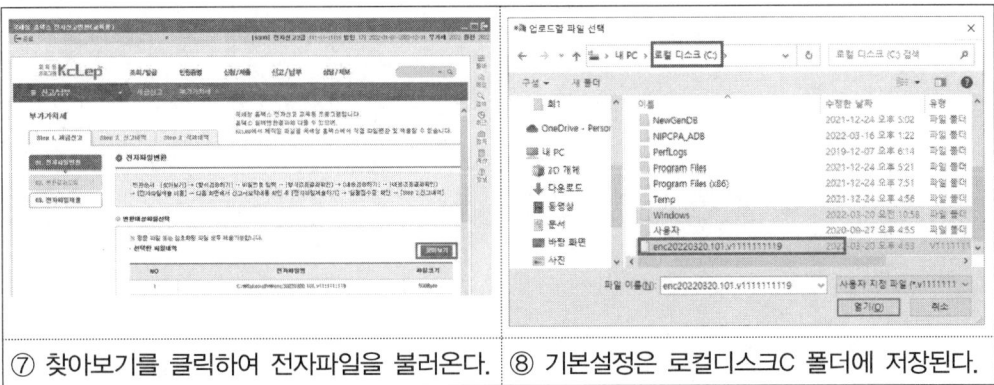

⑦ 찾아보기를 클릭하여 전자파일을 불러온다.   ⑧ 기본설정은 로컬디스크C 폴더에 저장된다.

부록

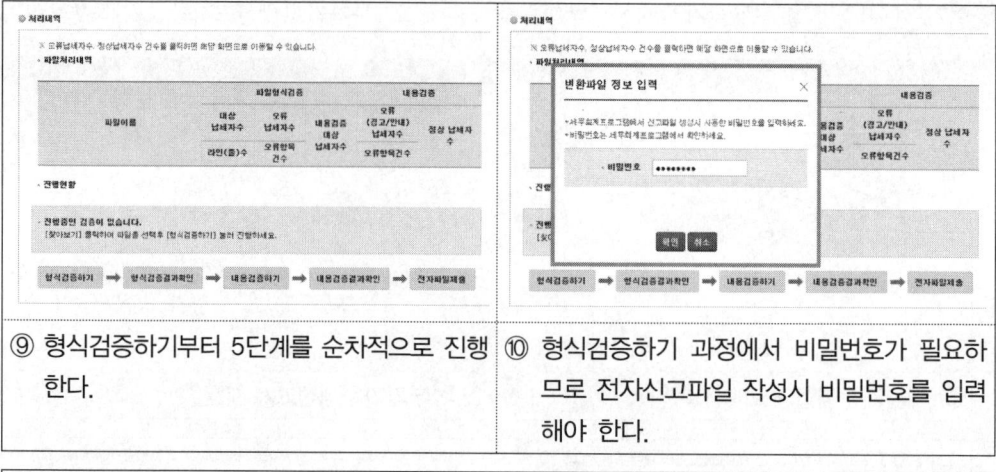

⑨ 형식검증하기부터 5단계를 순차적으로 진행한다.

⑩ 형식검증하기 과정에서 비밀번호가 필요하므로 전자신고파일 작성시 비밀번호를 입력해야 한다.

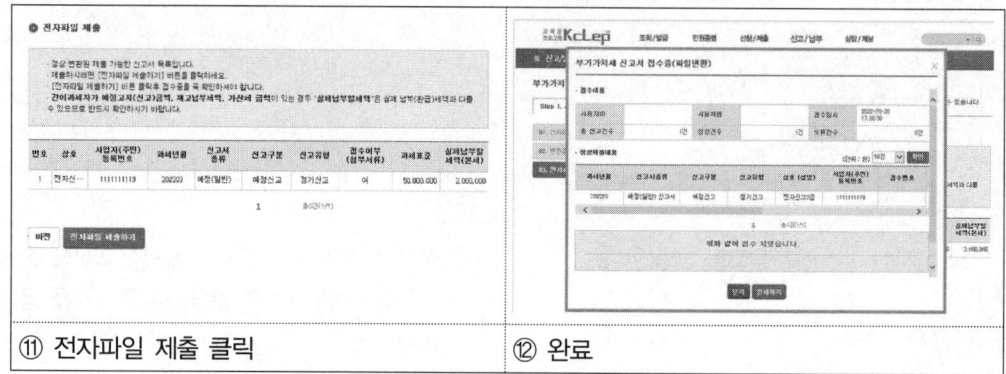

⑪ 전자파일 제출 클릭

⑫ 완료

1기확정, 2기예정, 2기확정신고도 동일한 방법으로 작업하면 된다.

부가가치세 전자신고와 원천징수 전자신고

2. 원천징수 전자신고

회사코드 5300번 전자신고2급 기업으로 회사를 변경하고 작업한다.
귀속시기 2022년 1월, 지급시기 2022년 1월로 하여 원천징수전자신고를 하시오.

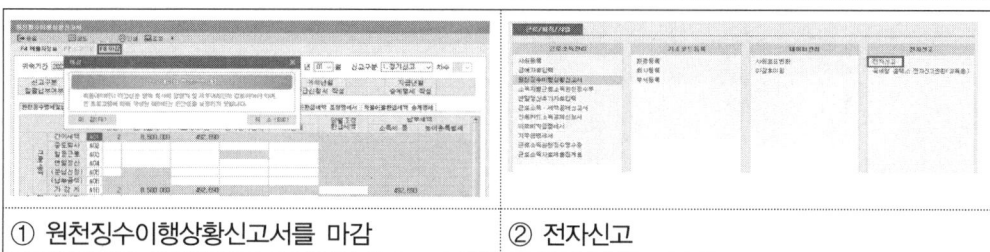

① 원천징수이행상황신고서를 마감   ② 전자신고

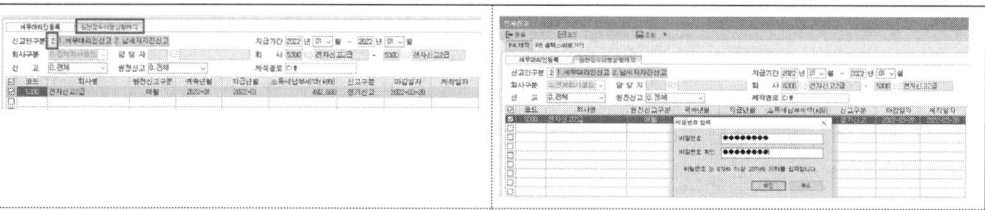

③ 세무대리인에 의한 신고가 아닌 경우에는 납세자자진신고를 선택   ④ F4 제작을 선택한 후 비밀번호 등록후 확인을 클릭한 후 F6 홈택스바로가기

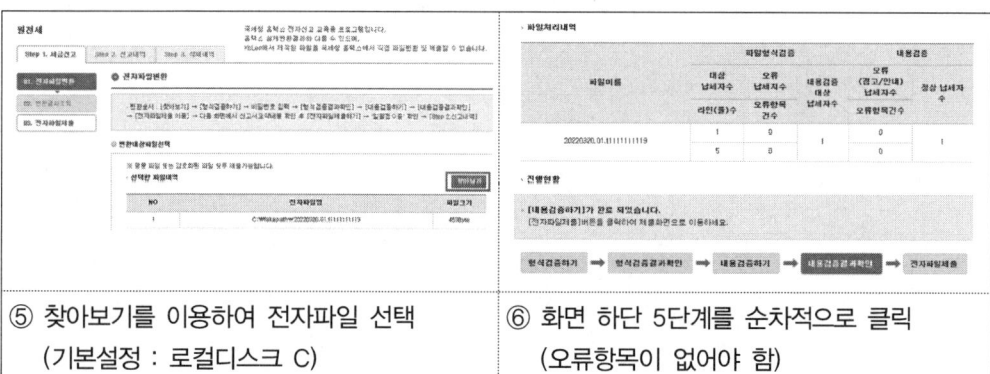

⑤ 찾아보기를 이용하여 전자파일 선택 (기본설정 : 로컬디스크 C)   ⑥ 화면 하단 5단계를 순차적으로 클릭 (오류항목이 없어야 함)

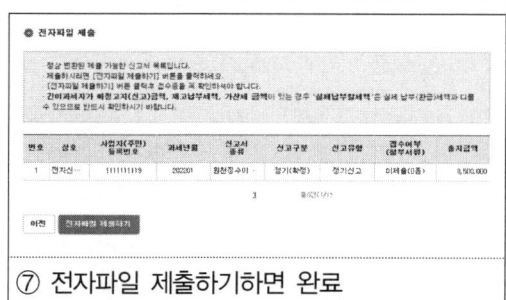

⑦ 전자파일 제출하기하면 완료

■ **저자약력**

김 운 주 경영지도사

- 수원대학교 회계학과 졸업
- (전)한국능률협회 전문위원
- (전)더존평생교육원 강사
- (전)한성재경아카데미 강사
- (현)경영지도사
- (현)Daum카페 회계동아리 시샵
- (현)익스터디(http://dumok.net) 온라인 강사
- (현)어울림아카데미 대표
- 보유자격증 : 재경관리사, 회계관리1급, 전산세무1급,
  기업회계1급, 세무회계1급 자격 취득

저서

- S라인 전산세무 1급(어울림)
- S라인 전산회계 1급(어울림)
- S라인 전산회계 2급(어울림)
- 최신경리실무(도서출판 다음)
- 기업회계2급(도서출판 다음)

2022년 S라인 전산세무 2급

10판 발행	2021년 12월 10일
10판2쇄발행	2022년 3월 30일
저 자	김 운 주
발 행 인	허 병 관
발 행 처	도서출판 어울림
주 소	서울시 영등포구 양산로 57-5, 1301호(양평동3가, 이노플렉스)
등 록	제2-4071호
전 화	02-2232-8607, 8602
팩 스	02-2232-8608
정 가	26,000원
I S B N	978-89-6239-811-3 13320

도서출판 어울림의 발행도서는 정확하고 권위있는 해설 및 정보의 제공을 목적으로 하고 있습니다.
그러나 항상 그 완전성이 보장되는 것은 아니기 때문에 적용결과에 대하여 당사가 책임지지 아니합니다.
따라서 실제 적용할 경우에는 충분히 검토하시고 저자 또는 전문가와 상의하시기 바랍니다.

본서의 무단전재 및 복제행위는 저작권법에 의거, 5년 이하의 징역 또는 5000만원 이하의 벌금에 처하거나 이를 병과할 수 있다.
파본은 구입하신 서점이나 출판사에서 교환해 드립니다.